C. P. Woitschützke

Verkehrsgeographie

Stam 8995

Stam Verlag Köln · München

Vorwort

Verkehrsgeographische Fragen und Entscheidungen gehören für alle Verkehrskaufleute sowie für viele Beschäftigte in Handels- und Industrieunternehmen, die sich mit Gütertransporten befassen, zur täglichen Praxis. Die rasanten und umfangreichen Wandlungen auf den Verkehrsmärkten der Welt erfordern dabei immer höhere Qualifikationen aller Beteiligten, auch in Hinsicht auf ihr geographisches Wissen.

Dieses Lehrbuch behandelt neben grundlegenden geographischen Tatbeständen wesentliche, für die Verkehrswirtschaft wichtige Fragen der Verkehrsgeographie. Es richtet sich in erster Linie an Auszubildende im Bereich des Speditions- und Transportgewerbes. Ferner kann es bei Umschulungen, bei der innerbetrieblichen Speditionsausbildung sowie bei der Weiterbildung etwa zum Verkehrsfachwirt, zum Fachkaufmann Außenwirtschaft oder verwandten Berufen wichtige räumliche und fachspezifische Zusammenhänge vermitteln. Letztlich leistet es auch in der betrieblichen Praxis gute Dienste als Informations- und Nachschlagewerk.

Die politischen und wirtschaftlichen Veränderungen der jüngsten Zeit haben grundlegende verkehrsgeographische Auswirkungen zur Folge. Weltweit haben sich Handels- und Verkehrsströme verlagert, neue Verkehrswege sind entstanden oder befinden sich in der Entstehung. Die Ursachen sind u. a. in der deutschen Einigung, der Schaffung des europäischen Binnenmarktes, der Öffnung der osteuropäischen Staaten und dem Aufstreben neuer dynamischer Wirtschaftsräume oder der Bildung neuer Wirtschaftszonen zu suchen. Auf die Darstellung dieser aktuellen Entwicklungen wurde besonders Wert gelegt.

Um die regionalen und nationalen Besonderheiten einiger Verkehrsräume darzulegen, enthalten mehrere Kapitel neben thematischen auch länderkundliche Aspekte. Dies gilt vor allem für die Abhandlung des europäischen Wirtschafts- und Verkehrsraumes.

Verlag H. Stam GmbH
Fuggerstraße 7 · 51149 Köln
Fernruf (0 22 03) 30 29-0

ISBN 3-8237-**8995**-3

Inhaltsverzeichnis

Themenkreis 1:
Geographische und karthographische Grundzüge

1	Himmelskörper Erde	11
1.1	Erdneigung und Erdumlauf	11
1.2	Das Gradnetz der Erde	13
1.3	Zeitzonen und Datumsgrenze	17
1.4	Erdabbildungen	21
2	Die Erdoberfläche als Verkehrs- und Wirtschaftsraum	24
2.1	Horizontale Erdgliederung	25
2.1.1	Die Verteilung von Land und Wasser, Kontinenten und Meeren	25
2.1.2	Küsten, Küstenformen und Küstengliederung	27
2.1.3	Meer- und Landengen, Inseln	30
2.1.4	Die Festlandsgewässer	31
2.1.4.1	Flußläufe	31
2.1.4.2	Flußmündungen	34
2.1.4.3	Seen	35
2.2	Vertikale Erdgliederung	37
3	Verkehrs- und Wirtschaftsraum Meer	40
3.1	Größe und Gliederung der Meere	40
3.2	Die Nebenmeere der Ozeane	41
3.3	Meeresboden, Salzgehalt, Wassertemperatur	44
3.4	Meeresströmungen	45
3.4.1	Entstehung und Wirkung des Nordatlantikstroms	46
3.4.2	Der Einfluß kalter Strömungen	47
3.5	Gezeiten	48
3.6	Natürliche Hindernisse des Seeverkehrs	50
4	Klima und klimatische Gliederung	54
4.1	Die Lufthülle und ihre Schichtung	54
4.2	Temperatur, Wetter und Klima	55
4.3	Klimazonen der Erde	57
4.4	Luftdruck und Winde	61
4.5	Luftfeuchtigkeit und Niederschlag	66
4.6	Wetterbeobachtungen und -vorhersagen	67
5	Transportgefahren durch Wetter- und Klimaeinflüsse	71

Themenkreis 2:
Die Bundesrepublik Deutschland als Verkehrs- und Wirtschaftsraum

1	Lage und Grenzen	77
2	Politische Gliederung	79
3	Klima, Landschaftseinheiten und natürliche Verkehrsleitlinien	80
4	Verdichtungsgebiete, Verkehrs- und Wirtschaftsschwerpunkte	81
5	Verkehrsgeographische Kurzcharakteristik ausgewählter Wirtschaftsräume	84
5.1	Metropole Berlin	84
5.2	Hamburg und der Raum Unterelbe	86
5.3	Bremen und der Raum Unterweser	87
5.4	Das Ruhrgebiet	88
5.5	Die Rheinschiene	88
5.6	Frankfurt und das Rhein-Main-Gebiet	89
5.7	Das Rhein-Neckar-Dreieck	90
5.8	Saargebiet	91
5.9	Industriegassen am Mittleren Neckar	92
5.10	Städtedreieck Nürnberg-Erlangen-Fürth	92
5.11	Großraum München	93
5.12	Großraum Hannover/Braunschweig	93

5.13 Sächsisches Industrierevier 94
5.14 Halle und Leipzig 94
6 Verkehrsprojekte „Deutsche Einheit" 95

Themenkreis 3:
Güterkraftverkehrswege in Deutschland

1 Entwicklung und Bedeutung von Straße und Kraftwagen 100
2 Das deutsche Straßennetz 101
3 Das Netz der Bundesautobahnen 104
4 Streckenabschnitte von Europastraßen in Deutschland 107
5 Grenzüberschreitender Verkehr und Grenzübergänge 108
6 Fernstrecken und Fahrtzeiten 111

Themenkreis 4:
Eisenbahngüterverkehr in Deutschland

1 Entwicklung und Bedeutung der Eisenbahn 116
2 Deutsche Bundesbahn und Deutsche Reichsbahn 117
3 Das Streckennetz der Deutschen Bahnen 118
3.1 Hauptverkehrsstrecken und -zentren 119
3.1.1 Strecken des Kombinierten Ladungsverkehrs (KLV) 121
3.1.2 Großcontainer-Verkehre 122
3.1.3 Huckepack-Verkehre 123
3.2 Neu- und Ausbaustrecken der Deutschen Bahnen 126
3.3 Rangierbahnhöfe: Verkehrskreuze der Bahn 127
3.3.1 Beispiel Nordkreuz Hamburg-Maschen 128
3.3.2 Beispiel Südkreuz München Nord 130
4 Das Eisenbahnnetz in Ostdeutschland 130
4.1 Transportleistungen und Strecken 130
4.2 Besondere Merkmale des ostdeutschen Streckennetzes 132
4.3 Der Berliner Außenring (BAR) 132
4.4 InterCargo-Verbindungen 133
5 Grenzüberschreitender Verkehr und Grenzübergänge 133
6 TEEM-Verkehre auf deutschen Strecken 138

Themenkreis 5:
Güterverkehr auf deutschen Binnenwasserwegen

1 Entwicklung und Bedeutung der Binnenschiffahrt 141
2 Einteilung, Umfang und Bedeutung der deutschen Binnenwasserwege 142
3 Das Binnenwasserstraßennetz im Überblick 146
4 Verkehrsgeographische Charakteristik der Binnenwasserwege 151
4.1 Verkehrsrückgrat Rhein 151
4.1.1 Gunstfaktoren 152
4.1.2 Schubverkehre 154
4.1.3 Direkte Rhein-Seeverkehre 155
4.1.4 Containerverkehre 156
4.1.5 Das internationale Rheinstatut 156
4.1.6 Status und Aufgaben der Rheinkommission 157
4.2 Wasserwege des Rheinstromgebietes 158
4.2.1 Ruhr und Schiffahrtsweg Rhein-Kleve 158
4.2.2 Großschiffahrtsweg Saar 159
4.2.3 Mosel 159
4.2.4 Main und Neckar 161
4.2.5 Der Rheinseitenkanal 161
4.3 Stromgebiet Weser 162

4.4 Stromgebiet Elbe 163
4.4.1 Elbe, Saale, Havel 163
4.4.2 Elbeseitenkanal (ESK) 164
4.4.3 Elbe-Lübeck-Kanal (ELK) 164
4.5 Grenzfluß Oder 165
4.6 Das Westdeutsche Kanalnetz 165
4.6.1 Dortmund-Ems-Kanal (DEK) 165
4.6.2 Rhein-Herne-Kanal (RHK) 167
4.6.3 Wesel-Datteln-Kanal (WDK) 167
4.6.4 Datteln-Hamm-Kanal (DHK) 168
4.6.5 Küstenkanal (KK) 168
4.6.6 Mittellandkanal (MLK) 168
4.7 Das Märkische Wasserstraßennetz 170
4.8 Donau und Main-Donau-Kanal (MDK) 171

Themenkreis 6:
Binnenhäfen in Deutschland

1 Öffentliche und private Häfen 176
2 Hafentypen und Hafenaufgaben 177
3 Binnenhäfen als Industriestandorte 178
4 Charakteristik ausgewählter Binnenhäfen 180
4.1 Rhein-Ruhr-Hafen Duisburg 181
4.1.1 Die öffentlichen Häfen von Duisburg-Ruhrort 181
4.1.2 Güterversand und -empfang 182
4.1.3 Verbesserung der Wettbewerbssituation 184
4.1.4 Freihafen Duisburg 184
4.2 Rheinhafen Karlsruhe 186
4.3 Die Rheinhäfen Ludwigshafen und Mannheim 186
4.4 Rhein-Seehafen Neuss 187
4.5 Kanalhafen Dortmund 188
4.6 Donauhafen Regensburg 188
5 Container- und Ro/Ro-Häfen entlang des Rheins 189

Themenkreis 7:
Seehäfen und Seehafenwirtschaft in Deutschland

1 Welthafen Hamburg 192
1.1 Überseezentrum Hamburg 195
1.2 Containerterminal Hamburg-Waltershof 195
1.3 Freihafen Hamburg 196
2 Die Bremischen Häfen 197
3 Weitere Nordseehäfen 199
3.1 Häfen an Unterweser und Hunte 200
3.2 Wilhelmshaven und das Jadegebiet 200
3.3 Häfen an Ems und Dollart 201
3.4 Elbemündungshäfen 202
4 Seehäfen an der Ostsee 204
4.1 Kiel, Lübeck-Travemünde, Puttgarden 204
4.2 Seehäfen in Mecklenburg-Vorpommern 207
4.2.1 Rostock 208
4.2.2 Wismar und Stralsund 209
4.2.3 Fährhäfen und Fährverbindungen 210

Themenkreis 8:
Der Luftverkehr in Deutschland

1 Entwicklung und Bedeutung des Luftfrachtverkehrs 214
2 Internationale und regionale Verkehrsflughäfen 217
2.1 Flughafen Frankfurt Rhein-Main 218

2.2 Flughafen Düsseldorf Rhein-Ruhr ... 219
2.3 Flughafen Köln/Bonn ... 220
2.4 Flughafen München 2 ... 220
2.5 Berliner und andere ostdeutsche Flughäfen ... 220
2.6 Regionalflughäfen ... 221
3 Linienverkehre der Deutschen Lufthansa ... 221

Themenkreis 9:
Rohrleitungsverkehre in Deutschland

1 Entwicklung und Bedeutung des Rohrleitungsverkehrs ... 224
2 Bedeutende Rohrleitungen und Verarbeitungszentren ... 225

Themenkreis 10:
Verkehrs- und Wirtschaftsraum Europa

1 Europa im Überblick ... 229
2 Die Staaten und Staatengruppen in Europa ... 230
3 Verkehrsmagistralen und Wirtschaftszentren ... 232
3.1 Europas Verkehrsinfrastruktur in der Übersicht ... 232
3.2 Hauptverkehrsachsen und -zentren ... 233
3.2.1 Hauptverkehrsachsen ... 233
3.2.2 Intermodale Güterverkehrszentren ... 236
3.3 Bedeutende Europastraßen ... 238
3.4 TEEM- und andere Bahnverbindungen ... 238
3.5 Europas Wasserstraßensysteme ... 241
3.6 Grenzübergänge im europäischen Landverkehr ... 243
3.6.1 Straßenübergänge ... 243
3.6.2 Eisenbahnübergänge ... 246
4 Nordeuropa und der Ostseeraum ... 250
4.1 Verkehrsraum Norwegen und Island ... 250
4.2 Verkehrsklammer Dänemark, Schweden und Finnland ... 252
4.3 Interner und externer Ostseeverkehr ... 254
4.4 Ostseefähr- und Verkehrslinien ... 254
4.4.1 Vogelfluglinie ... 254
4.4.2 Die DanLink-Route ... 256
4.4.3 Projekt ScanLink ... 256
4.4.4 Railship und Finnjet ... 257
4.4.5 Fähren über Skagerrak, Kattegat, westliche und mittlere Ostsee ... 258
4.4.6 Wichtige Eisenbahnfähren im Vergleich ... 259
5 Die Britischen Inseln ... 261
5.1 Verkehrszentrum Südengland ... 262
5.2 Der Eurotunnel ... 264
5.3 Verkehrsrandgebiet Irland ... 265
5.4 Fährlinien und Fährhäfen ... 266
6 Der Benelux-Raum und die ARA-Häfen ... 268
6.1 Hafen Antwerpen ... 271
6.1.1 Antwerpens Rolle in der Range ... 272
6.1.2 Von Antwerpen ins Hinterland ... 273
6.2 Der Hafen Rotterdam ... 276
6.2.1 Die Entwicklung zum Welthafen ... 276
6.2.2 Hafenteil Europoort ... 278
6.2.3 Wirtschaftsstruktur des Hafens ... 280
6.2.4 Standortvorteile als Wachstumsmotor ... 283
6.2.5 Von Rotterdam ins Hinterland ... 287
6.3 Hafen Amsterdam ... 288
6.4 Die großen kontinentalen EU-Nordhäfen im Vergleich ... 288
6.5 Wasserstraßen in den Niederlanden ... 291

7 Transitland Frankreich ... 292
7.1 Seehäfen am Kanal und am Atlantik ... 294
7.1.1 Außenhandelszentrum Le Havre ... 294
7.1.2 Umschlagplatz Rouen ... 295
7.2 Großraum Paris–Frankreichs Verkehrsdrehscheibe ... 295
7.3 Verkehrsmagistrale Rhônetal ... 298
7.4 Die Spezial- und Industriehäfen des Rhônedeltas ... 299
8 Die Iberische Halbinsel ... 301
8.1 Verkehr in Portugal und Spanien ... 302
8.2 Transitengpaß Pyrenäenübergänge ... 303
9 Verkehr und Verkehrslinien im Alpenraum ... 305
9.1 Abgrenzung und klimatische Besonderheiten ... 306
9.2 Staaten der Alpenregion ... 306
9.3 Transalpine Straßen und Eisenbahnstrecken ... 307
9.3.1 Der Brenner: Hauptstrecke des Schwerverkehrs ... 310
9.3.2 Die Gotthard-Route ... 312
9.3.3 Alpenquerungen zwischen Frankreich und Italien ... 314
9.3.4 Karawankentunnel ... 315
9.4 Übersicht wichtiger Pässe, Straßen- und Eisenbahntunnel ... 315
10 Die Apenninhalbinsel und der Mittelmeerraum ... 320
10.1 Verkehrs- und Wirtschaftsraum Oberitalien ... 320
10.2 Italiens EU-Südhäfen ... 322
10.3 Italienische Fährverbindungen im Mittelmeerraum ... 324
11 Ost- und Südosteuropa ... 326
11.1 Baltischer Raum und GUS ... 328
11.2 Polen, die Tschechische und Slowakische Republik ... 328
11.3 Ungarn, Slowenien, Kroatien und Rest-Jugoslawien ... 329
11.4 Rumänien, Bulgarien, Albanien ... 330
11.5 Griechenland und Türkei ... 330
11.6 TEM: Osteuropas große Nord-Süd-Straßenachse ... 331
11.7 Verkehrsader Donau ... 332
11.7.1 Donaukonvention und Donaukommission ... 333
11.7.2 Die nationalen Donauabschnitte und ihre Bedeutung ... 333
11.8 Das Wolga-Don-Wasserstraßensystem ... 336
11.9 Containertransitrouten in West-Ost-Richtung ... 338
11.9.1 Trans-Rail ... 338
11.9.2 Tra-Cons ... 339
11.9.3 Trans-Sea ... 339

Themenkreis 11:
Welthandel und Welthandelswege

1 Ursachen und Umfang des Welthandels ... 342
2 Rohstoffgruppen und -lieferanten im Welthandel ... 344
3 Handelsströme von Industriegütern ... 346
4 Staaten und Staatengruppen im Welthandel ... 348
4.1 Das Welt-Handelsgeflecht ... 348
4.2 Länderklassifikationen ... 349
4.3 Wirtschaftliche Zusammenschlüsse, Abkommen und Organisationen ... 351
5 Räumliche und verkehrsgeographische Kurzcharakteristik der Kontinente ... 359
5.1 Asien ... 359
5.2 Afrika ... 360
5.3 Amerika ... 361
5.4 Australien, Neuseeland, Ozeanien ... 362
6 Landverkehrswege des Welthandels ... 363
6.1 Bedeutende Eisenbahnnetze ... 363
6.1.1 Euroasiatische und japanische Eisenbahnen ... 364
6.1.1.1 Transsibirische Eisenbahn ... 364
6.1.1.2 Baikal-Amur-Magistrale ... 367

6.1.1.3 Anschlußstrecken nach China und Vorderasien 367
6.1.1.4 Japans Eisenbahnen 368
6.1.2 Amerikanische Bahnnetze 370
6.1.2.1 Das Bahnsystem in den USA 371
6.1.2.2 West-Ost-Transkontinentalbahnen in den USA 371
6.1.2.3 Container-Landbrücken durch Nordamerika 372
6.1.2.4 Lateinamerikanische Eisenbahnstrecken 374
6.1.3 Afrikanische Bahnsysteme 375
6.1.3.1 Benguelabahn 376
6.1.3.2 Die Tansam-Bahnstrecke 377
6.1.4 Das Bahnnetz in Australien und Neuseeland 378
6.2 Bedeutende Straßennetze der Erde 380
6.2.1 Panamericana – längste Straße der Welt 381
6.2.2 Transamazonika und angebundene Erschließungsstraßen 382
6.2.3 Transafrikanische Fernstraßen 382
6.2.4 Australien 385
6.3 Bedeutende Binnenschiffsnetze 386
6.3.1 Wasserstraßen in Nordamerika 387
6.3.1.1 Große Seen und St.-Lorenzstrom 387
6.3.1.2 Mississippi-Missouri-Flußsystem 390
6.3.1.3 Tennessee-Tombigbee-Waterway 391
6.3.1.4 Intracoastal-Waterways 391
6.3.2 Asiatische Wasserstraßen 394
6.3.2.1 Jangtsekiang und Huang He 394
6.3.2.2 Großer Kanal 395
6.3.2.3 Binnenschiffahrt in Vorder- und Südasien 396
6.3.2.4 Russische Wasserstraßen in Asien 396
6.3.3 Binnenschiffahrtswege in Südamerika 398
6.3.3.1 Amazonas-Flußsystem 398
6.3.3.2 Verkehre auf dem Orinoco 400
6.3.3.3 Flüsse der La-Plata-Region 400
6.3.4 Flußschiffahrt in Afrika 402

Themenkreis 12
Die Seeschiffahrt: Hauptträger des Welthandels

1 Bedeutung der Seeschiffahrt sowie Seeverkehrs- und Seeschiffsarten 405
1.1 Linienverkehre 406
1.1.1 Konventioneller Liniendienst 406
1.1.2 Container-Liniendienste 407
1.1.3 Sonstige Liniendienste 411
1.2 Gelegenheitsverkehre 412
1.3 Küstenschiffahrt 414
2 Schiffahrtsländer und Handelsflotten 416
3 Die Seehäfen: End- und Knotenpunkte im Weltseeverkehr 420
3.1 Lage und Entwicklung von Seehäfen 421
3.2 Seehafentypen 423
3.2.1 Hafentypen nach Meereslage und Gezeiteneinfluß 424
3.2.2 Hafentypen nach Zweck und Funktion 424
3.3.3 Übersicht großer Seehäfen der Welt 428
4 Haupt-Seeverkehrswege und Fahrtgebiete 430
4.1 Hoheitsgewässer 431
4.2 Allgemeine Fahrtroute der Linienschiffahrt 433
4.2.1 Die transatlantische Verkehrsroute 433
4.2.2 Transpazifische Verkehrsrouten 433
4.2.3 Suez-Indik-Route und die Südasienroute 434
4.2.4 Kap-Route 434
4.2.5 Westpazifische Süd-Nord-Route 434
4.2.6 Polare und andere Fahrtrouten 436
4.2.7 Der Containergürtel und seine Häfen 436
4.3 Beispiele für Tramprouten 441

4.4 Fahrtgebiete und Häfen ... 443
4.5 Verkehrsgeographische Charakteristik ausgesuchter Fahrtgebiete ... 447
4.5.1 Nordamerika-Ostküste (NAOK) ... 447
4.5.2 US-Golf-Region ... 448
4.5.3 Nordamerika-Westküste (NAWK) ... 449
4.5.4 Rotes Meer und Persischer Golf ... 451
4.5.5 Südostasien ... 452
4.5.6 Ostasien ... 453
4.5.7 Afrikanische Fahrtgebiete ... 455
4.5.8 Südamerika Ostküste (SAOK) und La Plata-Mündung ... 456
4.5.9 Australien ... 458

5 Seeschiffahrtskanäle und Meerengen ... 459
5.1 Nord-Ostsee-Kanal ... 460
5.1.1 Bau und technische Daten ... 460
5.1.2 Vorteile der Kanalnutzung ... 462
5.1.3 Verkehrsentwicklung ... 463
5.2 Suezkanal ... 464
5.2.1 Geographischer Verlauf und Nutzungsvorteile ... 465
5.2.2 Entwicklung der Fahrwassertiefen ... 466
5.2.3 Kanalgebühren ... 467
5.2.4 Kriseneinflüsse ... 467
5.2.5 Transportumfang ... 467
5.3 Panamakanal ... 469
5.3.1 Geographischer Verlauf und Nutzungsvorteile ... 469
5.3.2 Kanalbau und politische Entwicklung ... 470
5.3.3 Transportleistungen und Alternativrouten ... 470
5.4 Die drei bedeutendsten Seekanäle im Vergleich ... 473
5.5 Sonstige Seeschiffahrtskanäle ... 473
5.6 Meerengen und Meeresstraßen ... 475
5.6.1 Straße von Dover ... 477
5.6.2 Straße von Gibraltar ... 477
5.6.3 Bosporus und Dardanellen ... 477
5.6.4 Straße von Hormus ... 478
5.6.5 Bab el-Mandeb ... 478
5.6.6 Malakkastraße und Straße von Singapur ... 479

Themenkreis 13:
Der Luftfrachtverkehr

1 Entwicklung und Bedeutung des Luftverkehrs ... 481
2 Bedeutende Luftverkehrsgesellschaften ... 483
3 Das Weltluftverkehrsnetz und wichtige Einzelstrecken ... 484
4 Die großen Flughäfen der Welt ... 487
5 Verkehrsgeographische Charakteristik ausgewählter Luftverkehrsregionen ... 489
5.1 USA ... 489
5.2 Europa ... 490
5.3 Ost- und Südostasien ... 492
5.4 Naher Osten und Südasien ... 492
5.5 Lateinamerika ... 492
5.6 Australien/Ozeanien ... 493
5.7 Afrika ... 494
6 Gliederung der Luftverkehrsgebiete nach IATA-Geographie ... 494

Stichwortverzeichnis ... 498

Quellenverzeichnis ... 506

Themenkreis 1: Geographische und karthographische Grundzüge

1 Himmelskörper Erde

Im Vergleich zu den anderen Himmelskörpern ist die Erde nur ein **mittelgroßer Planet**. Ihr Durchmesser beträgt vom Nordpol zum Südpol 12 714 km, am Äquator dagegen 12 757 km. Damit wird deutlich, daß die Form der Erde nicht der einer perfekten Kugel entspricht. Vielmehr ist die Erde an ihren beiden Polen um rund 0,34 % abgeplattet und am Äquator verdickt. Deshalb ist die Erde lediglich ein „kugelähnlicher Körper". In der Fachsprache wird sie als **Geoid** bezeichnet.

Die Erde umkreist mit acht anderen sich sehr stark unterscheidenden Planeten den Zentralkörper Sonne. Es sind dies die großen **äußeren Planeten** Jupiter und Saturn sowie die kleineren äußeren Planeten Mars, Uranus, Neptun und Pluto. Die zwischen Sonne und Erde stehenden Himmelskörper Merkur und Venus heißen **innere Planeten**. Keiner der Planeten ist der Erde gleich; allein der Mars weist nach derzeitigem Wissensstand eine dünne Atmosphäre und gefrorenes Eis an seinen Polkappen auf. Jedoch auch er ist wie die anderen Planeten lebensfeindlich.

Alle Planeten sind nicht selbstleuchtend, sondern werfen das von der Sonne empfangene Licht teilweise zurück (**Reflexion**). Die Sonne, die Planeten und andere Himmelskörper wie Monde und Kometen sind nach heutigem Wissen gleichzeitig vor rund 4,6 Mrd. Jahren aus einer Gaswolke entstanden und stellen heute das Sonnensystem dar. Die Planeten haben im Laufe der Zeit eine stabile elliptische Bahn um die Sonne eingenommen. Der Abstand der Erde zur Sonne beträgt in diesem System etwa 149,6 Mio. km. Um diese Strecke zu bewältigen, würde ein Güterzug mit einer Geschwindigkeit von 100 km/h mehr als 170 Jahre benötigen.

Der **Erdmond** umkreist als Trabant (Begleiter) die Erde in einem Abstand von rund 385 000 km in ungefähr 28 Tagen einmal. Nach mehreren Mondlandungen und Umkreisungen durch die USA ist der Mond seit Jahren mehr oder weniger politisch und wirtschaftlich in den Blickpunkt geraten. Bislang scheiterte die Nutzung des Mondes allerdings an dem Mißverhältnis zwischen Aufwand und Ertrag, d. h. zwischen den Kosten für die Mondflüge und der dabei zur Verfügung stehenden Nutzlast.

1.1 Erdneigung und Erdumlauf

Die Achse der Erde ist ständig um 23,5 Grad gegenüber der Ebene ihrer Umlaufbahn (Ekliptik) geneigt. In 24 Stunden dreht sich die Erde einmal um die eigene Achse, wodurch Tag und Nacht entstehen. Diese tägliche Drehung (**Rotation**) erfolgt von Westen (W) nach Osten (E)[1] und taucht dabei jeweils eine Erdhälfte in

[1] Im folgenden Text wird die Himmelsrichtung Osten mit der Abkürzung E (für engl. East) versehen, um Verwechselungen mit der Zahl Null zu vermeiden.

Sonnenlicht bzw. Dunkelheit. Die Geschwindigkeit, mit der sich die Erde um sich selbst dreht, beträgt am Äquator 465 m/sec., dies entspricht 1 670 km/h. Durch die Achsendrehung wird zum Äquator hin eine zunehmende Fliehkraft erzeugt. Dies ist die Ursache für die Verjüngung der Erde zu den Polen hin und für die Verdickung am Äquator.

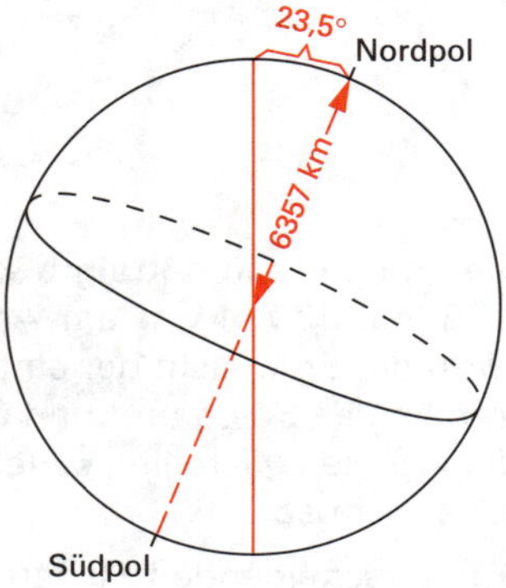

Erdradius vom Nordpol bis zum Erdmittelpunkt

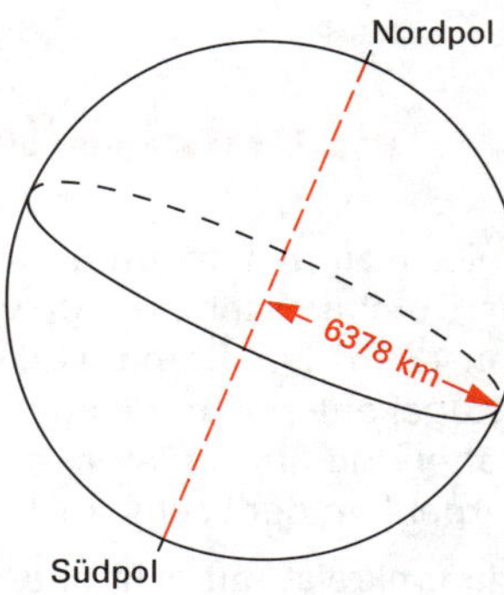

Erdradius vom Äquator bis zum Erdmittelpunkt

Auf einer ellipsenförmigen Bahn vollführt die Erde im Verlauf von 365 Tagen und rund 6 Stunden einen Umlauf um die Sonne. Sie benötigt somit mehr als ein Jahr für einen Sonnenumlauf (**Revolution**). Zum Ausgleich für die überschüssige Zeit wird daher in jedem vierten Jahr (Schaltjahr) ein sog. „Schalttag", der 29. Februar, eingefügt.

Bei ihrer jährlichen Wanderumg um die Sonne bleibt die Erdachse immer um 23,5 Grad geneigt, d. h., die Richtung, in die die Erdachse zeigt, ist stets dieselbe. Diese **Schrägstellung** hat zur Folge, daß es auf der nördlichen und südlichen Erdhalbkugel verschieden lange Sonneneinstrahlungen und verschieden große Einfallswinkel der Sonnenstrahlen gibt. Am 22. Dezember erreicht die Sonne für den Betrachter auf der Nordhalbkugel ihren tiefsten Stand. Sie steht dann senkrecht (**Zenit**) über dem südlichen Wendekreis (23,5 Grad südlich des Äquators – Wendekreis des Steinbocks). Dies ist für die Südhalbkugel der Erde die Jahreszeit Sommer, da dieser Erdteil nun der Sonne zugewandt ist. Bei ihrer scheinbaren Wanderung nach Norden passiert die Sonne dann am 21. März den Äquator. Tag und Nacht sind nun überall gleich lang. Am 22. Juni erreicht die Sonne auf der Nordhalbkugel ihren höchsten, d. h. zenitalen, Stand über dem nördlichen Wendekreis (23,5 Grad nördl. des Äquators – Wendekreis des Krebses). Es herrscht Sommer auf der Nordhalbkugel. Bei dem sich anschließenden scheinbaren Weg nach Süden passiert die Sonne am 23. September wieder den Äquator, es herrscht erneut Tag- und Nachtgleiche, und für die Nordhalbkugel beginnt der Herbst.

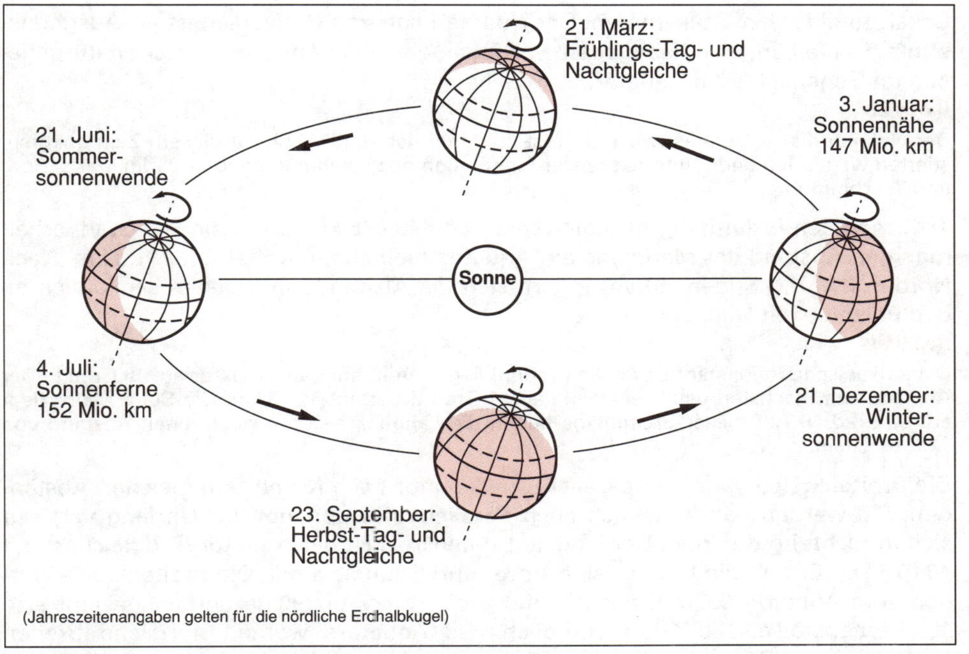

Jährlicher Lauf der Erde um die Sonne

1.2 Das Gradnetz der Erde

Zum Zweck der Orientierung und Vermessung wurde von Geographen schon vor Jahrhunderten ein Netz von gedachten Linien über die Erdkugel gezogen. Dieses Netz ist mathematisch berechnet und ermöglicht zum Beispiel jede Orts- bzw. Positionsbestimmung auf der Erde sowie die Berechnung der Entfernung zwischen zwei beliebigen Orten. Das Netz besteht aus sich rechtwinklig schneidenden Längen- und Breitenkreisen.

Die Längenkreise verlaufen erdumspannend durch den Nord- und Südpol. Sie werden jeweils durch zwei gegenüberliegende Halbkreise gebildet, die Meridiane (Mittagslinien) genannt werden. Alle Längenkreise sind gleich lang, ihr Abstand beträgt am Äquator etwa 111 km, an den Polen 0 km. Alle Orte, die auf einem Meridian liegen, haben zur gleichen Zeit Mittag. Denn die Sonne erreicht auf einem Meridian stets zur gleichen Zeit ihren höchsten Stand (Kulmination).

Beispiel:

In der Bundesrepublik Deutschland liegen mehrere Großstädte auf gleichen Meridianen: auf dem 7. östlichen Meridian Essen und Saarbrücken, auf dem 8. östlichen Meridian Osnabrück und Siegen, auf dem 10. östlichen Meridian Hamburg, Hildesheim und Ulm. Genau betrachtet, haben alle auf den genannten Meridianen liegenden Großstädte exakt dieselbe Zeit.

Zur Festlegung der Längenkreise wurde der Äquatorumfang der Erde (40 076 km) in 360 Grade geteilt, die vom **Nullmeridian** nach Osten (E) und Westen (W) bis zu jeweils 180 gezählt werden. Der Nullmeridian durchläuft die Sternwarte von Greenwich bei London. Die von dort nach W gezählten 180 Grade werden westliche Längen (Abkürzung: w. L.) , die nach E gezählten 180 Grade östliche Längen (Abkürzung: ö. L.) genannt. Der 180. Grad w.L. und der 180. Grad ö. L. fallen im Pazifischen

Ozean zu einer Linie zusammen. Der Nullmeridian von Greenwich ist als Ausgangspunkt für die Längenkreisangaben willkürlich gewählt worden und nicht naturgegeben im Gegensatz zum Äquator.

Beispiel:

Der Nullmeridian von Greenwich gilt erst seit dem Jahre 1911. Bis zu diesem Zeitpunkt existierten wegen fehlender internationaler Einigungen auch Nullmeridiane in Berlin, Paris, Rom und Washington.

Teilt man den Erdumfang (Äquatorlänge) von 40 076 km durch die 360 Grad, erhält man den Abstand der Meridiane am Äquator zueinander, er beträgt 111,3 km. Nach Norden (N) und Süden (S) verringern sich die Abstände und gehen schließlich an den Polen gegen Null.

Beispiel:

Die afrikanische Hafenstadt Libreville (Gabun) liegt unmittelbar am Äquator auf 10 Grad E. Der Abstand zum nächsten östlichen Meridian 11 Grad E beträgt 111,3 km. Die Stadt Mainz liegt auf 50 Grad N. Auf dieser Breitenlage haben die Längenkreise nur noch einen Abstand von 71,6 km zueinander.

Die **Breitenkreise** verlaufen parallel zum Äquator nach N und S in gleichen Abständen. Sie werden daher vielfach auch **Parallelkreise** genannt. Ihr Umfang verjüngt sich in Richtung der Pole. Der längste Breitenkreis ist der **Äquator** (Erdgleicher) mit 40 076 km. Er teilt die Erde in eine Nord- und Südhalbkugel. Die Breitenkreise werden vom Äquator (0 Grad) nach N und S bis zu jeweils 90 gezählt, insgesamt also 180 Breitenkreise. Die Grade nördlich des Äquators werden nördliche Breiten (Abkürzung: n. Br.), die südlich von ihm liegenden südliche Breiten (Abkürzung s. Br.) genannt. Alle Breitenkreise haben einen Abstand von rund 111 km zueinander. Äquatornahe Breiten werden in der Seeschiffahrt gewöhnlich als **niedere Breiten**, polnahe als **hohe Breiten** bezeichnet. Längen- und Breitenkreise können noch durch Winkelminuten (1 Grad = 60') und Winkelsekunden (1 Winkelminute = 60'') präzisiert werden. Eine Winkelminute des Meridiankreises entspricht etwa 1,85 km, eine Winkelsekunde etwa 31 m. Längen- und Breitenkreise bilden zusammen das Gradnetz. Um Orte oder Positionen zu bestimmen, müssen die jeweiligen Längen- und Breitenangaben (**Koordinaten**) angegeben werden. Derartige Lagebestimmungen sind in der internationalen Seeschiffahrt und im Luftverkehr von elementarer Bedeutung.

Beispiel:

Für Frankfurt am Main lauten die Koordinatenangaben: 50 Grad 06' Nord/8 Grad 41' Ost. Für London gilt 52 Grad N/0 Grad.

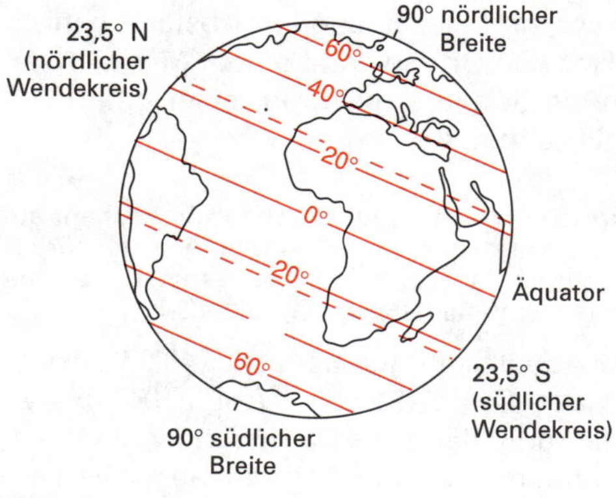

Breitenkreise

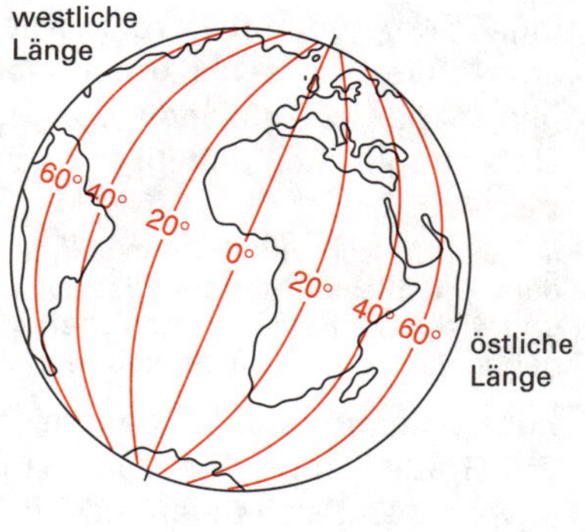

Längenkreise

Das Gradnetz der Erde

Ausgewählte Angaben zum Gradnetz der Erde

Länge des Äquators	40 076 km
Länge des Meridianumfangs	40 009 km
Halbmesser des Äquators (Erdradius)	6 378 km
Wendekreislänge	36 778 km
Polarkreislänge	15 996 km
Länge des 50. Breitenkreises	25 807 km
Abstand zwischen zwei Breitenkreisen	111 km
1 Seemeile (= 1/60 Grad)	rund 1 852 m
1 geogr. Meile (= 1/15 Grad)	rund 7 420 m

Zusammenfassung

1. Die Erde weist keine perfekte Kugelform auf, sie ist an den Polen abgeflacht. Die Fachbezeichnung lautet Geoid.
2. Die Achse der Erde ist ständig um 23,5 Grad gegenüber der Ebene ihrer Umlaufbahn geneigt; dies führt zu unterschiedlichen Sonneneinstrahlungen.
3. Die Drehung der Erde um die eigene Achse heißt Rotation. Sie erfolgt innerhalb von 24 Stunden von Westen nach Osten und bedingt Tag und Nacht.
4. Die Drehung der Erde um die Sonne heißt Revolution. Sie erfolgt innerhalb von 365 Tagen und rund 6 Stunden. Sie bedingt im Zusammenspiel mit der Schrägstellung die Jahreszeiten.
5. Das Gradnetz der Erde besteht aus Längen- und Breitenkreisen.
6. Der 0. Längenkreis verläuft durch Greenwich bei London.
7. Längenkreise oder Meridiane verlaufen zwischen den Polen, sie sind alle gleich lang. Es werden vom 0. Längenkreis aus 180 Längenkreise nach Westen (w. L.) und 180 Längenkreise nach Osten (ö. L.) gerechnet.
8. Der längste Breitenkreis ist mit 40 076 km der Äquator, der auch 0. Breitenkreis heißt.
9. Breitenkeise oder Parallelkreise verlaufen parallel zum Äquator. Sie sind unterschiedlich lang. Es werden vom Äquator 90 Breitenkreise nach Norden (n. Br.) und 90 Breitenkreise nach Süden (s. Br.) gerechnet. Äquatornahe Breiten werden niedere, polnahe Breiten hohe Breiten genannt.
10. Längen- und Breitengrade können durch Winkelminuten (1 Grad = 60 ') und Winkelsekunden (1 ' = 60 '') präzisiert werden.
11. Die in Zahlen gefaßten Längen- und Breitengradangaben werden als Koordinaten bezeichnet. Sie erlauben Lage- und Positionsbestimmungen sowie Entfernungsberechnungen zwischen beliebigen Punkten.

Aufgaben

1. Erklären Sie die Begriffe Reflexion und Rotation.

2. Was ist die Ursache für die Tatsache, daß die Erde lediglich eine kugelähnliche Gestalt hat?

3. Erläutern Sie die Notwendigkeit der Schaltjahrbildung.

4. Zeitlich unterscheiden sich Sommer und Winter auf der Nordhalbkugel von diesen Jahreszeiten auf der Südhalbkugel. Welcher Zusammenhang besteht hier?

5. In welcher Anordnung verlaufen die Breiten- und Längenkreise auf der Erde?

6. In der Seeschiffahrt werden hohe und niedere Breiten unterschieden. Was ist darunter zu verstehen?

7. Breitenkreise werden im Gegensatz zu den Längenkreisen auch Parallelkreise genannt. Erklären Sie den Hintergrund.

8. Verfolgen Sie den Verlauf des nullten Längengrades, und geben Sie an, welche Staaten, Kontinente und Meere er durchquert.

9. Bestimmen Sie die Koordinaten folgender Städte: Köln, St. Petersburg, Lissabon, Ankara, New Orleans, Mexiko City.

10. Bestimmen Sie mit Hilfe des Atlas folgende Punkte:

a)	53,5 Grad n. Br.	/	10 Grad ö. L.	(Seehafen)
b)	35 Grad s. Br.	/	20 Grad ö. L.	(Kap)
c)	45 Grad n. Br.	/	60 Grad ö. L.	(See)
d)	51,5 Grad n. Br.	/	0 Grad	(Stadt)
e)	0 Grad	/	50 Grad w. L.	(Mündungsgebiet)
f)	23,5 Grad s. Br.	/	46 Grad w. L.	(Seehafen)
g)	1,5 Grad n. Br.	/	104 Grad w. L.	(Schiffahrtsweg)
h)	74 Grad n. Br.	/	80,5 Grad ö. L.	(Wetterstation).

11. Informieren Sie sich am Beispiel der folgenden Zeitungsnachricht über die Anwendung von Koordinatenangaben im Transportversicherungwesen.

Transportversicherungen

Mittelost-Prämien gesenkt

London (la), 18. Februar
Die Versicherungsprämien für einen Teil des Golfgebietes sowie Häfen am Roten und am Mittelmeer sind erneut gesenkt worden. Seit Mittwoch vergangener Woche werden für iranische Häfen nördlich 27 Grad 30 Minuten nördlicher Breite 0,25 statt 0,75 Prozent berechnet. Für iranische Häfen südlich 27 Grad 30 Minuten und nördlich 26 Grad nördlicher Breite werden jetzt Prämien von 0,125 Prozent erhoben. Für Plätze südlich 27 Grad 30 Minuten nördlicher Breite und westlich 52 Grad östlicher Länge (außer Iran) werden seitdem nur noch 0,5 statt 1,0 Prozent in Rechnung gestellt. Für die israelischen Häfen am Mittelmeer und am Roten Meer verlangen die Versicherer jetzt nur noch 0,2 (bisher 0,25) Prozent. Dies gilt auch für jordanische Häfen. Angesichts der heftigen Proteste der Seeverlader über die Höhe des von der Far Eastern Freight Conference (FEFC) eingeführten Middle East Emergency Surcharge (MEES) haben die Konferenzlinien ihre Kosten erneut überprüft.

FEFC senken Kriegszuschlag

Als Ergebnis wird für Schiffe, die am 20. Februar oder später mit ihrer Beladung beginnen, nur noch ein Zuschlag von 200 Dollar per TEU (20-Fuß-Einheit) berechnet. Für FCL-Ladung werden acht Dollar pro Frachttonne erhoben.

Quelle: Deutsche Verkehrs-Zeitung (DVZ) 19.02.1991

1.3 Zeitzonen und Datumsgrenze

Im internationalen Verkehrswesen spielen neben der Lage von Orten die jeweils dort gültigen Ortszeiten eine große Rolle. Da ja nur jeweils alle auf einem Längenkreis (Meridian) liegenden Orte die gleiche Zeit haben, war es notwendig, die Zeiten international im Interesse einer sinnvollen Vereinheitlichung zu mitteln und festzuschreiben. Denn je Längengrad verschiebt sich die Ortszeit nach W um –4 Min. und nach E um +4 Min. Dies kann leicht errechnet werden, indem die Tagesstunden (24) mit den Minuten einer Stunde (60) multipliziert werden, dies ergibt 1 440 Min. 1 440 Min : 360 Grad = 4 Min. je Längengrad.
Bis in das 19. Jahrhundert rechnete noch jeder Ort nach seiner „wahren" oder der mittleren Ortszeit, die dem Sonnenhöchststand entsprach. Verschiedene Staaten führten schließlich die National- oder Normalzeit ein, die in der Regel die mittlere Ortszeit ihrer Hauptstädte war. Mit der Anerkennung des Nullmeridians von Greenwich wurde auch eine internationale Zeitrechnung vereinbart, die auf der Einteilung der Erde in 24 Zeitzonen beruht. So gilt seit dem 1. Januar 1925 die mittlere Zeit von Greenwich als Weltzeit. Als Abkürzung verwendet man die Bezeichnung **GMT** (Greenwich Mean Time). Nach dieser Zeit werden beispielsweise alle astronomischen Ereignisse festgelegt. Gelegentlich wird statt GMT von der „koordinierten Weltzeit" **UTC** (= Universal Time Coordinated) gesprochen.
Da eine volle Drehung der Erde (360 Grad) einem Tag (24 Stunden) entspricht, haben alle Orte, die 15 Grad voneinander entfernt liegen (360 : 24 = 15) einen Zeitunterschied von einer Stunde. Hieraus ergeben sich die **24 Zeitzonen** der Erde, die sich westlich und östlich des Nullmeridians aneinander reihen. Genau genommen ist jede Zeitzone ein Meridianstreifen mit 15 Meridianen Weite, auf dessen Mitte mit den Längenkreiszahlen 0, 15, 30, 45, 60 usw. die Zonenzeiten international festgelegt sind.

Beispiel:

Von der als Standard dienenden GMT (bezogen auf den 0. Längengrad) wird nach E je Zeitzone eine Stunde addiert. In Deutschland gilt daher GMT + 1 h. Nach Westen wird von GMT aus je Zeitzone eine Stunde abgezogen. New York hat beispielsweise die Zeit GMT – 6 h.

Europäische Zeiten

Deutschland gehört in den Bereich der **Mitteleuropäischen Zeit** (MEZ). Die MEZ ist die genaue Zeit des 15. östlichen Längengrades, dieser schneidet die Grenzstadt Görlitz und die Ostseeinsel Bornholm als markante Punkte. Westlich des MEZ-Streifens erstreckt sich die Zone der **Westeuropäischen Zeit** (WEZ), die auf den Londoner Nullmeridian bezogen ist und deckungsgleich mit der GMT ist. Die dritte Zeitzone in Europa ist die der **Osteuropäischen Zeit** (OEZ), sie ist bezogen auf den 30. Grad ö. L. und schneidet die Stadt St. Petersburg. Die Grenzlinien der Zeitzonen sind meistens mit Staats- oder Ländergrenzen zusammengelegt worden, denn dies erleichtert die Zeitrechnung für größere Gebietseinheiten. Verändert werden die Zeitabstände allerdings in einigen Fällen durch staatliche Zeitverordnungen. In der ehemaligen Sowjetunion gilt z. B. die **Dekretzeit**, die eine Stunde über der OEZ von St. Petersburg liegt. Man spricht daher bei Zeitangaben, die die ehemalige Sowjetunion betreffen von „Moskauer Zeit". Auch die Einführung von Sommerzeiten führt zu Änderungen im festgelegten Zeitschema.

Beispiel:

Im Bereich der MEZ werden in den Sommermonaten die Uhren um eine Stunde vorgedreht. Die MEZ wird dann als MESZ (Mitteleuropäische Sommerzeit) bezeichnet. Ähnliches gilt für andere Zeitzonen.

Nordamerikanische Zeiten

Die Landfläche des Teilkontinents Nordamerika wird von acht Zeitzonen durchschnitten. Die **Atlantic Time/AT** (60 Grad w. L.) gilt für weite Teile der kanadischen Ostküste, die **Eastern Time/ET** (75 Grad w. L.) gilt für die US-Ostküste und Abschnitte in Ostkanada, im mittleren Teil des Kontinents wird mit der **Central Time/CT** (bezogen auf 90 Grad w. L.) gerechnet. Der 105. Grad w. L. gilt für die **Mountain Time/MT** und schließlich wird an der pazifischen Küste nach der **Pacific-Time/PC** (120 Grad w. L.) gerechnet. Drei Zeitstreifen (Ost-, Zentral- und Westalaska-Zeit) teilen den Nordwesten Kanadas und Alaskas auf. Für Alaska gilt jedoch einheitlich die Ostalaskazeit (auch: Yukon Time/YT genannt) bezogen auf 135 Grad w. L. Zwischen den Wirtschafts- und Verkehrsräumen der beiden amerikanischen Küsten gibt es daher erhebliche Zeitunterschiede.

Beispiel:

Wenn es in New York 6.00 Uhr Ortszeit ist, gilt für San Francisco 3.00 Uhr Ortszeit und für Anchorage/Alaska 2.00 Uhr.

Die Grenzen der weltweit 24 Zeitzonen folgen aus praktischen Gründen durchweg den Ländergrenzen oder Bundesstaatengrenzen. Kleine Staaten, die am Rande einer Zeitzone liegen, benutzen gelegentlich auch noch Nationalzeiten. Besondere Landeszeiten gelten weiterhin in einigen Staaten des arabischen Raumes, wo die Zeit nach dem tatsächlichen Stand der Sonne (Solarzeit) ausgerichtet wird. Einige Staaten benutzen Zwischenzeiten.

Beispiel:

Wenn es in Europa auf 15 Grad ö. L. nach MEZ 12 Uhr ist, rechnet man in Zentral-Australien auf 135 Grad ö. L. statt mit der dort gültigen Japan-Zeit (MEZ + 8 h) mit der Landeszeit von 20.30 Uhr.

Datumsgrenze

Mit der Einführung von Zeitzonen mußte auch eine Grenzlinie festgelegt werden, von der aus die Stundenzählung beginnt. Diese nach einer internationalen Übereinkunft festgelegte Linie ist die sog. mathematische oder **nautische Datumsgrenze**. Sie wird im wesentlichen vom 180. Längengrad gebildet, der durch den Pazifik verläuft. Um Unstimmigkeiten im Verkehrs- und Wirtschaftsleben zu vermeiden, wurde die Datumsgrenze bewußt durch den pazifischen Raum gelegt, da dieser aufgrund der wenigen ozeanischen Kleinstaaten eine einfache Aufteilung erlaubt. Wird die Datumslinie von W nach E überquert, muß das Datum um einen Tag zurückgestellt werden, d. h., man „gewinnt" einen Tag. Beim Überqueren von E nach W muß dagegen ein Datum weitergerechnet werden, man „verliert" einen Tag.

Beispiel:

Ein Frachtflugzeug startet Montag um 2.00 Ortszeit von Tokio-Narita zu einem Flug nach Los Angeles. Die Flugzeit beträgt 10 Stunden, dabei werden sieben Zeitzonen überflogen. Das Flugzeug landet auf dem Zielflughafen Sonntag 19 Uhr.

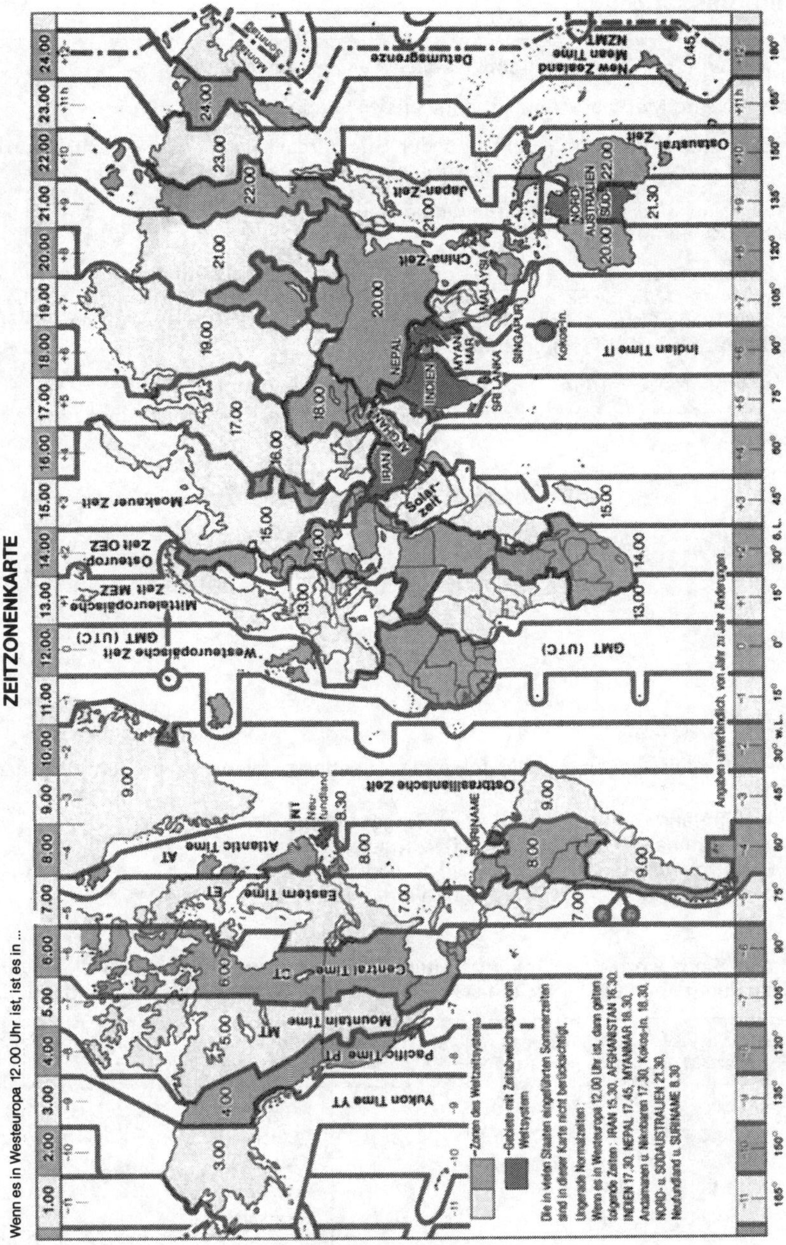

Die Zeitzonen

Quelle: Fischer Weltalmanach 1994, Fischer Taschenbuch Verlag GmbH, Frankfurt am Main, 1994

Zusammenfassung

1. Weltweit wird mit 24 international festgelegten Zeitzonen gerechnet.
2. Zeitzonen sind Meridianstreifen mit jeweils 15 Grad Weite.
3. Die Zeitzonen-Berechnung geht von der Standardzeit GMT (Greenwich Mean Time) aus. Jede Zeitzone hat zur benachbarten einen Unterschied von 1 Stunde.
4. Westlich von GMT wird je 15 Grad eine Stunde subtrahiert, östlich von GMT je 15 Grad eine Stunde addiert.
5. In Europa werden die West-, Mittel- und Osteuropäische Zeit unterschieden. Die Abkürzungen lauten WEZ, MEZ und OEZ. In Nordamerika werden im wesentlichen die Atlantikzeit (AT), die Ostküstenzeit (ET), die Zentralzeit (CT), die Rocky Mountains Zeit (MT) und die Pazifik-Zeit (PT) unterschieden.
6. Die Datumsgrenze wird im wesentlichen vom 180. Längengrad gebildet.

Aufgaben

1. Welche Ortszeiten gelten für die folgenden Seehäfen, wenn es in Hamburg nach MEZ 10 Uhr ist:

a) Hanko/Finnland
b) Odessa/Ukraine
c) Reykjavik/Island
d) Durban/Südafrika
e) Singapur/Singapur
f) Lagos/Nigeria
g) Vancouver/Kanada
h) Valparaiso/Chile

2. Berechnen Sie die örtlichen Ankunftszeiten von Frachtflugzeugen, wenn diese von Frankfurt/M. zu den genannten Uhrzeiten starten und tragen Sie ferner das Zielland ein:

Abflug Ortszeit Frankfurt/Main	Flugzeit in Std.	überquerte Zeitzonen	Zielort	Ankunft Ortszeit	Zielland
14.00	8	–	Kapstadt	....	....
7.00	7	7	Chicago	....	....
23.00	2 h 30	1	Moskau	....	....
19.45	6	2	Dhahran	....	....
9.00	13	6	Djarkarta	....	....
15.25	2 h 15	–	Stavanger	....	....

3. Bestimmen Sie Datum und Ortszeit der Ankunft sowie jeweils das Abflug- und Zielland für die folgenden Kurierflüge:

a) Ab Manila Dienstag 4.00 h. Flugzeit 11 Std., 8 Zeitzonen Differenz, Zielflughafen San Diego.
b) Ab Mexiko City Freitag 17.00 h. Flugzeit 13 Std., 9 Zeitzonen Differenz, Zielflughafen Osaka.
c) Ab Bogota Freitag 23.30 h, Flugzeit 22 Std., 10 Zeitzonen Differenz, Zielflughafen Taipeh.

1.4 Erdabbildungen

Unentbehrliche Hilfsmittel beim Land-, See- und Luftverkehr, bei Forschungsvorhaben, Regelungen von Eigentumsverhältnissen u. a. m. sind die Abbildungen der Erde in Form von Karten und Globus. Der **Globus** ist die verkleinerte Abbildung des kugelähnlichen Erdkörpers. Da sich auf dem Globus entsprechend den natürlichen Verhältnissen alle Grade unter einem Winkel von 90 Grad schneiden können, ist er das einzige „wirklichkeitsgetreue" Abbild der Erde. Nur auf einem Globus können alle Land- und Seeflächen in der richtigen Größenordnung zueinander dargestellt werden. Dies wird durch die dreidimensionale Darstellung des Globus erreicht. Der Vorteil des Globus besteht somit in der Längen-, Flächen- und Winkeltreue. Die Nachteile der Globus-Abbildung bestehen darin, daß die Erde nie als Ganzes überschaubar ist, der Globus unhandlich ist und die Abbildungsmaßstäbe zu klein sind.

Die Aufgabe der **Landkarten** besteht daher darin, die dreidimensionale Ausdehnung von Räumen in zweidimensionalen Flächen wiederzugeben. Karten sind das verebnete, verkleinerte und erläuterte Grundrißbild der gesamten oder eines Teils der Erdoberfläche. Ihre Darstellung beruht immer auf der Zweidimensionalität. Aufgrund ihrer kugelähnlichen Gestalt kann die Erde allerdings nicht in den zwei Dimensionen der Karte dargestellt werden, ohne daß sich dabei Verzerrungen ergeben. Die Verzerrungen sind je nach dem gewählten Umwandlungsverfahren (Kartenprojektionen), mit dem man die Erdoberfläche auf einer Karte darstellt, unterschiedlich groß. Diese Kartenprojektionen sind Verfahren, bei denen die Erdoberfläche auf eine Ebene, eine Zylinder- oder eine Kegeloberfläche übertragen wird. Die Kartenprojektion, also die Art der karthographischen Abbildung, bedingt das Maß der Verzerrung auf einer Karte. Je nach Entwurfsart einer Landkarte kann ein flächengetreues, winkelgetreues oder vermittelndes Bild der Erde oder Teilen davon entstehen. Eine völlige Längentreue mit exakter Längenmessung zwischen zwei Orten ist jedoch ausgeschlossen. Die Abweichungen von den natürlichen Gegebenheiten sind allerdings bei Karten mit großen Maßstäben (z. B. 1 : 5 000) unbedeutend. Dagegen weisen Karten mit kleinen Maßstäben (z. B. 1 : 2,5 Mio.) große Verzerrungen an den Rändern auf.

Ein für den See- und Luftverkehr wichtiger Entwurf ist die **Merkator-Projektion**. Bei ihr wird die Erdoberfläche auf einen dem Äquator anliegenden Zylinder projiziert. Der Entwurf ist winkeltreu und insofern für den See- und Luftverkehr wichtig, da hier der Kurs als Winkel zum Meridian festgelegt werden kann. Dagegen sind die Längen und Flächen stark verzerrt. Dies wird deutlich, wenn auf Weltkarten die Landflächen der Polregionen im Verhältnis zu den Äquatorregionen unnatürlich groß wirken.

Beispiel:

Bei einem Flächenvergleich der Insel Grönland mit dem Teilkontinent Südamerika erscheint bei einer Merkator-Projektion die Insel Grönland so groß wie Südamerika. In Wirklichkeit ist aber Südamerika annähernd neunmal größer als Grönland. Mercator-Projektionen werden daher vorzugweise nur dann angewendet, wenn die Flächen bei der Darstellung eine untergeordnete Rolle spielen, also z. B. bei Klimakarten und wirtschafts- oder verkehrsgeographischen Karten.

In flächenmäßig kleinen Ländern wie der Bundesrepublik Deutschland wird für Landvermessungen üblicherweise die aus der Merkator-Projektion abgeleitete **Gauß-Krüger-Projektion** verwendet. Dabei wird ein Zylinder einem Meridian angelegt. In Staaten mit einer großen West-Ost-Erstreckung (USA und Rußland) kommen dagegen überwiegend winkeltreue Kegelprojektionen zur Anwendung.

Winkeltreue, flächentreue und vermittelnde Darstellungen im Vergleich			
Winkeltreue Darstellung von Grönland und Arabien Maßstab 1 : 150 Mio. (Mercator-Projektion)	**Merkmale:** Längen- und Breitenkreise schneiden sich entsprechend der Wirklichkeit; alle Breitenkreise sind gleich lang; Flächenverhältnis der Länder ist von untergeordneter Bedeutung; Verzerrung in nördlichen und südlichen Bereichen ist besonders groß; Kursangaben können als Gerade eingetragen werden.	**Anwendung:** Luftverkehrskarten Seekarten (Navigationskarten); Klimakarten; Wirtschaftskarten; amtliche topographische Kartenwerke	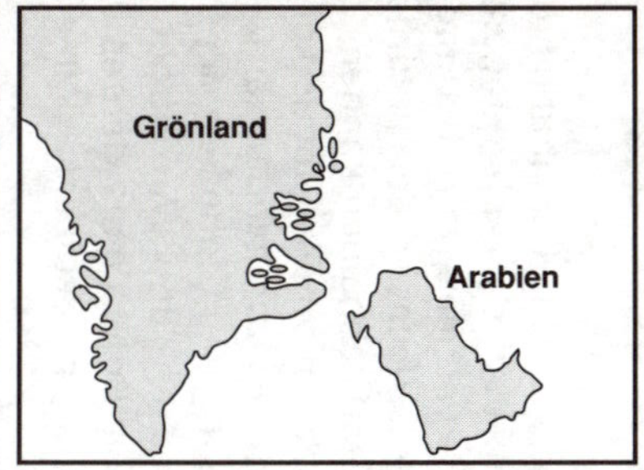
Flächentreue Darstellung von Grönland und Arabien Maßstab 1 : 150 Mio.	**Merkmale:** Längen- und Breitenkreise schneiden sich nicht der Wirklichkeit entsprechend; Land- und Seeflächen sind annähernd flächentreu abgebildet; ausgeglichene Wiedergabe der Kontinente, Verzerrungen gegen die Pole sind jedoch sehr stark.	**Anwendung:** Schulkarten für Anschauungszwecke; Weltübersichten;	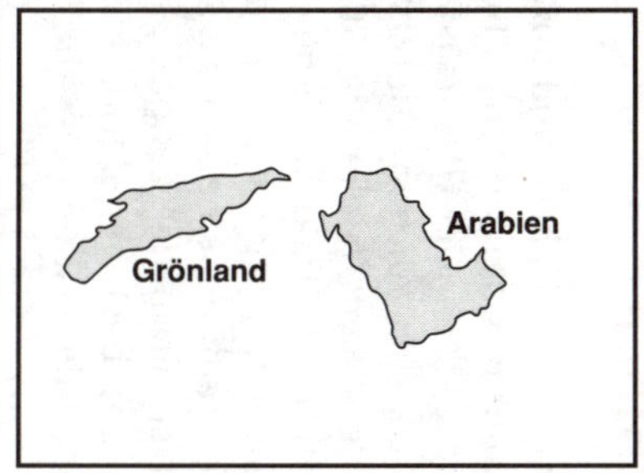
Vermittelnde Darstellung von Grönland und Arabien Maßstab 1 : 150 Mio.	**Merkmale:** Längen- und Breitenkreise schneiden sich nicht der Wirklichkeit entsprechend; Land- und Seeflächen weitgehend flächentreu abgebildet; Verzerrungen an den Polen; keine Verbindung von Flächen- und Winkeltreue, geringere Verzerrung.	**Anwendung:** Häufigste Form der Darstellung für Anschauung; Weltkarten; Wirtschaftskarten.	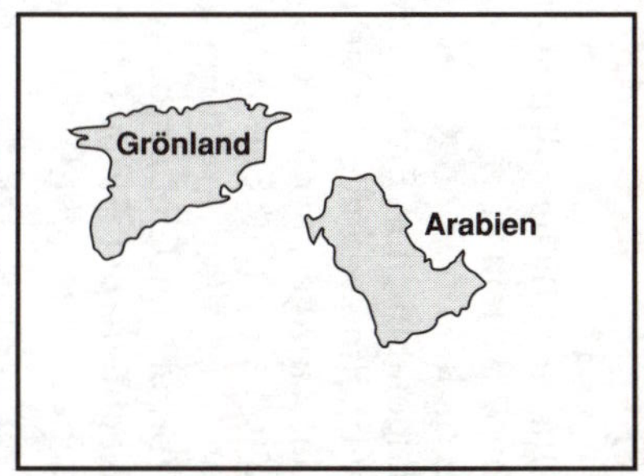

Kartendarstellungen im Vergleich

Karten müssen genau, vollständig, zweckmäßig, klar und verständlich sein. Ihr Aussageumfang wird vom Maßstab bestimmt. Die Kartenmaßstäbe geben das Verhältnis von natürlicher Entfernung und der auf einer Landkarte verwendeten Entfernung an. Das heißt, der Maßstab drückt das Maß der Verkleinerung aus. Eine Landkarte mit dem Maßstab 1 : 100 000 besagt, daß 1 cm auf der Karte in der Natur 100 000 cm oder 1 km entsprechen. Ist die Maßstabzahl groß, spricht man von einem kleinen Maßstab. Ist die Maßstabzahl dagegen klein, handelt es sich um einen großen Maßstab.

Beispiel:

Der Maßstab wird als Bruch oder Division ausgedrückt und gibt damit das Verhältnis von Kartenstrecke zu Naturstrecke M (= Modul) an. M ist jener Wert bzw. jene Kennziffer, mit der die auf einer Karte gemessene Streckenlänge multipliziert werden muß. Ist die Zahl für M klein (z. B. 5 000), so ist der Wert des Bruches groß (= großer Maßstab). Ist die Zahl für M groß (z. B. 5 000 000), so ist der Wert des Bruches klein (= kleiner Maßstab).

Zur Erleichtung der Entfernungsermittlung enthalten Karten meistens am unteren Rand einen Linearmaßstab. Eine weitere wichtige Hilfe ist die Tatsache, daß der obere Rand einer Karte immer nach Norden ausgerichtet ist. Bei Ausnahmen wird üblicherweise eine Windrose bzw. eine Nordmarkierung eingezeichnet. Das Kartenlesen und -interpretieren wird mit Hilfe der Zeichenerklärung, der sog. Kartenlegende, vorgenommen.

Es werden zwei Kartenarten unterschieden. Die topographischen Karten dienen zur Orientierung auf der Erdoberfläche. Sie enthalten immer einen festen Merkmalkatalog, wie z. B. Bodenform, Gewässernetz, Vegetation, Städte, Verkehrslinien, Grenzen usw. Zu diesem Kartentyp zählen alle **physischen Karten**, also Karten, die die Form der Erdoberfläche wiedergeben. Die zweite Kartenart bilden **thematische Karten**. Sie zeigen jeweils nur wenige auf ein bestimmtes Thema ausgerichtete Elemente, z. B. Straßennetze, Autobahnen usw.

Beispiel:

Häufig verwendete Kartenmaßstäbe und ihre Umrechnung

Maßstab	Umrechnung 1 cm = ... km	Kartenbeispiele
1 : 10 Mio.	100	Europakarten in Atlanten
1 : 5 Mio.	50	Deutsche Weltkarte
1 : 3 Mio.	30	Deutschlandkarten, Autobahnübersichten
1 : 1 Mio.	10	Regionalkarten der Bundesländer
1 : 420 000	4,2	Straßenkarten, Straßenatlanten (Handkarten)
1 : 25 000	0,25	Spezialkarten, amtliche Kartenwerke (4-cm-Karte, Meßtischblatt)
1 : 10 000	0,10	Plankarten (Flurkarten, Katasterkarten, Stadtpläne)

Zusammenfassung

1. Landkarten und Globen sind für das Verkehrs- und Wirtschaftsleben unentbehrliche Hilfsmittel.
2. Die einzige wirklichkeitsgetreue Erdabbildung ist der Globus. Seine Darstellung beruht auf der Dreidimensionalität.

3. Landkarten stellen verebnete, verkleinerte und erläuterte Grundrißbilder der Erde oder von Erdteilräumen dar. Ihre Darstellung beruht auf der Zweidimensionalität.

4. Landkartenabbildungen sind je nach der Art der gewählten Kartenprojektion mehr oder weniger stark verzerrt. Es werden flächentreue, winkeltreue und vermittelnde Kartenbilder unterschieden.

5. Die für den Luft- und Seeverkehr bedeutende Merkator-Projektion ist eine winkeltreue Darstellung. Die Flächen sind bei dieser Darstellung allerdings stark verzerrt.

6. Kartenmaßstäbe geben das Verhältnis von natürlicher zu der auf einer Karte verwendeten Entfernung an. Kartenmaßstäbe drücken das Maß der Verkleinerung aus.

7. Es werden großmaßstäbige Karten (z. B. 1 : 5 000) und kleinmaßstäbige Karten (z. B. 1 : 100 Mio.) unterschieden.

2 Die Erdoberfläche als Verkehrs- und Wirtschaftsraum

Eine Betrachtung der Erdoberfläche kann nach unterschiedlichen Gesichtspunkten vorgenommen werden.
Bei der **horizontalen Betrachtung** werden unter anderem das Verhältnis von Land- und Wasserflächen zueinander und die Anzahl, Lage und Größe von Kontinenten und Meeren festgestellt. Ferner können die sich für das Verkehrswesen von überragender Bedeutung darstellenden Flüsse, Küsten und Küstenformen, Meer- und Landengen analysiert und die Lage von Ländern zu den Meeren beschrieben werden. Die horizontale Betrachtung erlaubt es schließlich auch, die Anzahl, Größe und Lage von Ländern auf den jeweiligen Kontinenten (politische Gliederung) festzulegen und die Hoheitsgebiete oder seewärtigen Wirtschaftszonen abzugrenzen (vgl. hierzu ausführlich Themenkreis 12, Abschnitt 4.1).
Bei der **vertikalen Betrachtung** stehen in bezug auf das Verkehrswesen vor allem die Oberflächenformen der Festländer und bezüglich der Meereswirtschaft die politisch bestimmten seewärtigen Hoheitszonen und Meereswirtschaftsgebiete im Vordergrund. Letztere stehen in einer gewissen Abhängigkeit zu den untermeerischen Formen, vgl. hierzu die Abbildung im Themenkreis 12, Abschnitt 4.1.
Nachfolgend werden einige, insbesondere für das Landverkehrswesen interessante Gesichtspunkte eingehender betrachtet. Die Bedeutung der Meere als Verkehrs- und Wirtschaftsräume wird im folgenden Kapitel beschrieben.

Erdbetrachtung

horizontal

- Verhältnis Land/Wasser
- Land: Kontinente
- Wasser: Meere
- Küsten und Küstenformen
- Lage der Länder zum Meer
- Politische Gliederung

vertikal

- Verhältnis Land/Wasser
- Land: Oberflächenformen
- Wasser: Untermeerische Formen
- Küsten und Küstengewässer
- Hoheitszonen
- Wirtschaftszonen

2.1 Horizontale Erdgliederung

2.1.1 Die Verteilung von Land und Wasser, Kontinenten und Meeren

Die gesamte Erdoberfläche wird zu rund 70 % von Wasser und zu rund 30 % von Landmassen eingenommen. Die Verteilung ist sehr ungleich. Die größte Landmasse befindet sich auf der **Nordhalbkugel**, auf der **Südhalbkugel** ist der Festlandanteil dagegen sehr gering. Betrachtet man die Landmassen nach ihrer Zusammengehörigkeit, so zeigt die Weltkarte deutlich zwei Ansammlungen von Kontinenten. Europa, Asien, Afrika und Australien bilden eine Gruppe, die **Ostfeste** genannt wird. Nord- und Südamerika sowie die Antarktis bilden die **Westfeste**.

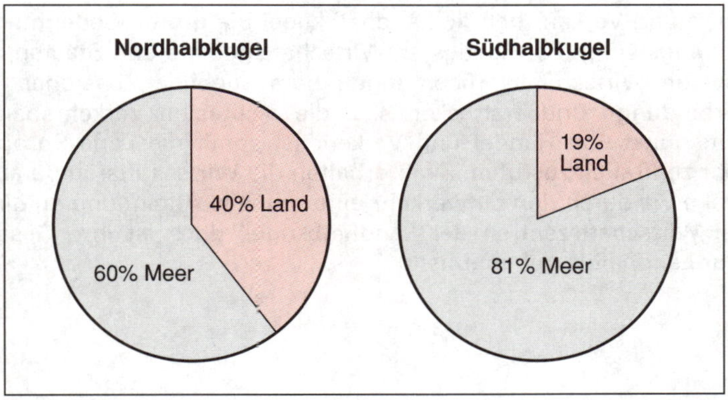

Verteilung von Wasser und Land

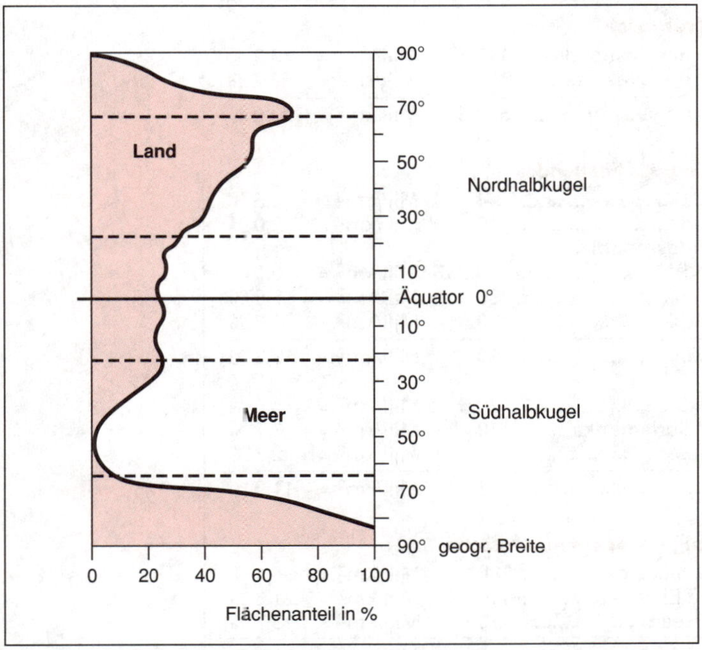

Verteilung von Land und Wasser in bezug auf die Breitenlage

Um die Lagegunst oder -ungunst von Wirtschaftsräumen oder Staaten zu charakterisieren, benutzt man vielfach eine andere Einteilung der Erdoberfläche. Man grenzt die Erdhälfte mit dem größtmöglichen Anteil an Festland und Inseln **(Landhalbkugel)** von der mit der größtmöglichen Wasserfläche **(Wasserhalbkugel)** ab. Bei dieser „schrägen" Betrachtungsweise verlagert sich der Mittelpunkt des Erdkreises – er liegt bei der Landhalbkugel nun in der Nähe der Loire-Mündung in Westfrankreich. Aber selbst die Landhalbkugel wird noch zu 51 % von Wasser eingenommen. Zwischen 40 und 70 Grad n. Br. dominiert das Land, in allen anderen Breiten gibt es mehr Wasser als Land. Die Wasserhalbkugel, auf der nur noch 9 % Landfläche anzutreffen sind, hat ihr Zentrum südöstlich von Neuseeland (Antipodeninseln).

Für Wirtschaft und Verkehr hat die Landhalbkugel die größte Bedeutung, denn auf ihr liegen zwangsläufig die wichtigsten Wirtschaftsgebiete und Staaten, haben sich die intensivsten Wirtschaftsverflechtungen herausgebildet, bestehen die besten Verkehrsverbindungn und erstrecken sich die dichtesten Verkehrsbänder. Unter dem Gesichtspunkt von Handel und Verkehr ist somit die Lage Europas auf der Erde als sehr zentral einzustufen. Zwar erhalten die Wirtschaftsräume auf der Wasserhalbkugel etwa durch den Luftverkehr eine schnelle Anbindung an die Verkehrsströme und Wirtschaftszentren der Landhalbkugel, doch ist ihre Gesamtlage im Vergleich zur Landhalbkugel ungünstig.

Verteilung von Land und Wasser

a) Gesamtvergleich			
Oberfläche des Festlandes ..	149,5	Mill/km² =	29,3 %
Oberfläche des Wassers	360	Mill/km² =	70,7 %
Erdoberfläche gesamt	509,5	Mill/km² =	100,0 %
b) Aufteilung des Festlandes			
Asien	44	Mill/km² =	8,6 %
Europa	10	Mill/km² =	2,0 %
(davon Bundesrepublik Deutschland)	0,357	Mill/km² =	0,07 %
Afrika	30	Mill/km² =	5,9 %
Australien	9	Mill/km² =	1,8 %
Ostfeste	93	Mill/km² =	18,3 %
Nordamerika	23,5	Mill/km² =	4,6 %
Mittel- und Südamerika	19	Mill/km² =	3,7 %
Antarktis	14	Mill/km² =	2,7 %
Westfeste	56,5	Mill/km² =	11,0 %
c) Aufteilung der Wasseroberfläche			
Pazifik	180	Mill/km² =	35,4 %
Atlantik und Eismeer	110	Mill/km² =	21,6 %
Indischer Ozean	70	Mill/km² =	13,7 %
Ozeane	360	Mill/km² =	70,7 %

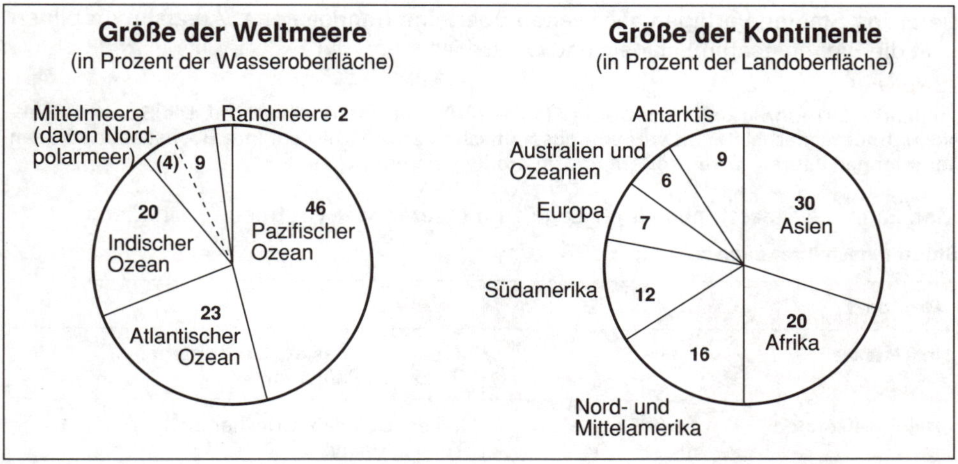

Weltmeere und Kontinente im Vergleich

2.1.2 Küsten, Küstenformen und Küstengliederung

Die Übergangslinie zwischen den Landflächen und dem Wasser sind die **Küsten.** Auf der Erde gibt es rund 2 Mio. km Küsten. Ihre Rolle im modernen Verkehrs- und Wirtschaftsleben ist enorm, denn sie sind eine überragende Leitlinie für Verkehr und Wirtschaft geworden, seit sich an ihnen die Seehäfen zu Zentren eines weltweiten Überseehandels entwickelten. Andere große **Verkehrsleitlinien**, wie z. B. Täler, Vegetationsrandgebiete, Mittelgebirgssäume u. a. m., werden von den Küsten deutlich übertroffen. Die Seehäfen sind die großen Verkehrseinrichtungen an den Küsten, sie üben unmittelbaren Einfluß auf die Wirtschaft eines Landes aus, da sie im Rahmen der Weltwirtschaft den Bezugspunkt der interkontinentalen und oftmals auch der kontinentalen Handels- und Verkehrsverbindungen eines Landes darstellen. Es ist also nicht verwunderlich, daß Staaten bestrebt waren und noch bestrebt sind, einen Meereszugang zu erlangen oder zu sichern, wobei vor allem die sog. „warmen Meere" eine herausragende Rolle einnehmen. Auf der anderen Seite wird so gut wie jede an einem Meer gelegene Nation innerhalb ihrer Verkehrswirtschaft ein besonderes Gewicht auf leistungsfähige Seehäfen legen, um am weltweiten Güteraustausch erfolgreich teilnehmen zu können. Der Besitz einer Küste bzw. eines eigenen Hafens bedeutet, einen offenen Weg zum Welthandel zu haben, ohne von anderen Staaten abhängig zu sein.

Beispiel:

Küstenreichen Staaten wie Griechenland, Schweden und Norwegen sind traditionelle Seefahrerstaaten. Die von ihnen unterhaltenen Handelsflotten befördern zwar Güter von und zu den Heimathäfen (hometrade), überwiegend jedoch sind diese Küstenstaaten im Seeverkehr zwischen Drittländern (crosstrade) tätig. Aufgrund ihrer geographischen Lage an den Meeren haben sie sich im Welthandel zu „Fuhrleuten der Meere" entwickeln können.

Andererseits hat der Besitz von Küstenstreifen auch noch eine daran geknüpfte Nutzung des zugehörigen Meeres zur Folge (vgl. Themenkreis 12, Abschnitt 4.1 Hoheitsgewässer). Staaten ohne Meereszugang sind im weltweiten Überseehandel benachteiligt und vielfach von Nachbarstaaten oder großen Seemächten abhängig.

Derartige Staaten verfügen sehr selten über eine Handelsflotte. Ausnahmen bilden u. a. die Binnenstaaten Schweiz und Österreich.

Beispiel:

Im Jahre 1991 fuhren unter Schweizer Flagge 22 Tanker und Frachtschiffe. Die Schweiz beabsichtigt aus sicherheits- und versorgungspolitischen Erfordernissen, ihre Hochseeflotte in den kommenden Jahren zu vergrößern und zu modernisieren.

Man kann die Staaten nach ihrer Lage zum Meer in vier Gruppen unterteilen:

Staaten nach ihrer Lage zum Meer

Gruppe		***Beispiele***
Inselstaaten		Japan, Indonesien, Großbritannien, Sri Lanka, Philippinen
Halbinselstaaten		Italien, Spanien, Griechenland, Türkei, Malaysia
Uferstaaten	**Languferstaaten**	USA, Chile, Brasilien
	Kurzuferstaaten	Belgien, Benin, Ghana
Binnenstaaten		Österreich, Schweiz, Luxemburg, Ungarn, Bolivien, Paraguay, Tschad, Nepal

Von besonderer Bedeutung für die wirtschaftliche oder verkehrsmäßige Entwicklung eines Gebietes ist die gegenseitige Durchdringung von Land und Wasser, d. h. die **Küstengliederung.** Stark gegliederte Küsten mit vielen Buchten, wie sie in Großbritannien vorherrschen, sind günstiger für den Seeverkehr als Flachküsten, die sich hemmend auswirken. Als ideale Küstenform für den Seeverkehr gilt jene, die es den großen Seeschiffen ermöglicht, einen ungebrochenen Verkehr weit in das Hinterland eines Gebietes durchzuführen. Dazu benötigt man „seeschifftiefes Wasser". Von allen Erdteilen hat Europa diesbezüglich die besten Voraussetzungen, denn mehr als ein Drittel der europäischen Landflächen bestehen aus Inseln oder Halbinseln mit starker Zergliederung. Dies hat zu einer außerordentlichen Dichte an Häfen in Europa geführt.

Beispiel:

An der nur rund 500 km langen nordwesteuropäischen Kontinentalküste haben sich aufgrund der günstigen Küstenformen, der idealen natürlichen Hinterlandverbindungen über große und tiefe Ströme und letztlich durch die klimatisch bedingte ganzjährige Nutzbarkeit der Seewege einige der weltweit größten Seehäfen entwickeln können. Es sind dies u. a. Hamburg und Bremen/Bremerhaven, die ARA-Häfen Antwerpen, Rotterdam, Amsterdam, Le Havre und viele kleinere Hafenplätze.

In Nordamerika zeigt sich die stärkste Küstengliederung in den Nordregionen. Diese Räume sind aber durch ständige Vereisungen als Wirtschafts- und Verkehrsgebiete vielfach kaum oder wie im Falle der Großen Seen nur zeitweise voll nutzbar.

Auch Asien hat in den Regionen der hohen Breiten starke Küstengliederungen. Als Wirtschafts- und Verkehrsstandorte in Form von Häfen werden diese Regionen aber wegen der ganzjährigen Vereisungen nicht oder kaum genutzt.

Die ungünstigsten, weil glatt verlaufenden Küsten zeigen Afrika und Südamerika. Lediglich die Mündungsgebiete von großen Strömen bedingen auf diesen beiden Erdteilen eine gute Verkehrserschließung für die See- und Küstenschiffahrt.

Die Kontinente und ihre Küstengliederung

Kontinent/Subkontinent	%-Anteil in Form von Halbinsel und Inseln
Europa	35
Nordamerika	25
Asien	25
Australien	19
Afrika	2
Südamerika	1

Die Landschaftsformen auf dem Festland sind bekanntlich äußerst vielfältig, ebenso vielfältig sind auch die Küstenformen. Die von der Natur gegebene Verkehrsgunst der Küsten ist dabei sehr unterschiedlich. Aber auch verkehrsungünstige oder als verkehrsfeindlich eingestufte Küstenformen können heute mit den modernen Hafenbautechniken für den Verkehr verwertet werden.

Die Küsten können zu verschiedenen Typen zusammengefaßt werden, und zwar je nach ihrer äußeren Gestalt, nach ihrer Lage zu einem Gebirge oder nach ihrer Entstehung. Für Handel und Verkehr haben sie alle unterschiedliche Bedeutung wie nachfolgende Übersicht zeigt.

Übersicht Küstentypen (Auswahl)

Einteilung nach	Küstentyp	Kennzeichen	Verkehrsbedeutung	Beispiele	
				Europa	Übersee
Gestalt	Steilküste	schroffer Abfall	gering	Kanalküste	Westküste von Südamerika
	Flachküste	niedriger Strand	gering	Biscaya	Ostafrika
	Ausgleichsküste	wechselnde Uferverhältnisse Lagunen- bzw.	Sandbänke hindern, Hafenabschnürung, Versandung	Odermündung, Limanküste des Schwarzen Meeres	Golfküste der USA, Elfenbeinküste
Lage zu Gebirgen	pazifisch	Gebirge nahe der Küste in Längsrichtung, hafenarm	gering, Hafenplätze klein, Hinterland abgeschnürt	Dalmatinische Küste	Kalifornische Küste, Ostbrasilien Westindien
	atlantisch	Gebirge nahe der Küste in Quer- oder Diagonalrichtung, hafenreich	günstig, große Hafenplätze möglich, Hinterlandverbindung ungehemmt, günstige Flußentwässerung;	Nordwestspanien, südlicher Peloponnes	Ostbrasilien
Entstehung	Fjordküste	ertrunkene Täler, geschützte Buchten schmale Ufersäume	gering, Hinterland abgeschnürt, große Häfen selten (Ausnahme: Oslofjord)	Norwegen	Südalaska, Südchile
	Schärenküste	überflutete Felslandschaft	günstig, Hafenbau meistens möglich	Schweden, Norwegen	N/O-Küste von Nordamerika
	Fördenküste	überflutete Eiszeitrinne, hohe Gebirge fehlen	sehr günstig, Häfen leicht zugängig, Hinterlandverbindung	Kieler Förde	–

Einteilung nach	Küstentyp	Kennzeichen	Verkehrsbedeutung	Beispiele	
				Europa	Übersee
Entstehung	Boddenküste	überflutete Kuppenlandschaft	ungünstig, zu geringe Tiefe;	Greifswalder Bodden (Mecklenburg)	–
	Riasküste	ertrunkene Flußtäler alter Gebirge	sehr günstig, buchtenreich, Flußverbindung weit ins Hinterland	Bretagne, Irland, Cornwall, Korsika	Südchina, Korea, Ostbrasilien
	Deltaküste	Flußmündung bestimmt den Küstenverlauf	ungünstig, Verschlammung, Veränderung der der Küstenlinie	Po-Delta Rhônedelta	Irawady-Delta (Burma), Mississippi
	Mangrovenküste	nur in den Tropen, Mangrovenbaum bindet Schlamm	ungünstig, meist Flachwasser, verbrackt	–	Ostsumatra, Südkolumbien
	Korallenküste	nur in den Tropen, Korallen der Küste vorgelagert	ungünstig, Zufahrt behindert oder unmöglich	–	Großes Barriere Riff in Australien, Rotes Meer

2.1.3 Meer- und Landengen, Inseln

Die starke Durchdringung von Land und Wasser hat die Bildung von **Meer- und Landengen** sowie **Inseln** zur Folge. Vor allem die Meer- und Landengen sind unter verkehrsgeographischen und politischen Gesichtspunkten besonders interessant, da sie vielfach im internationalen Güter- und Personenverkehr regelrechte „Nadelöhre" darstellen. Von **Meerengen** spricht man, wenn schmale Meeresverbindungen zwischen zwei Meeren oder Meeresteilen bestehen. Meeresengen dienen oft als Durchfahrten im Seeverkehr, andererseits sind sie aber von Festland zu Festland leicht zu überschreiten und dienen daher auch als Landbrücken.

Beispiele:

Die Straße von Dover, auch Straße von Calais genannt, bündelt auf einer Breite von 31–40 km wichtige Seehandelswege von und nach Europa. Mehr als 60 % der Weltschiffahrt passiert diese Meerenge. Die Ostsee ist über drei Meerengen mit der Nordsee verbunden: dem Kleinen Belt (660 m), dem Großen Belt (15 km) und dem Öresund (3 km). Bis zur Eröffnung des Nord-Ostsee-Kanals (NOK) im Jahre 1895 mußten alle Ostseeanlieger im Seeverkehr diese Meerengen durchfahren. Die Bedeutung der Ostsee-Meerengen als Schiffahrtswege ist mit dem Bau des NOK gesunken, dafür gewannen diese Meerengen Bedeutung als Landbrücken. Der kleine Belt ist überbrückt, über den Öresund und den Großen Belt erfolgt noch ein starker Fährverkehr, der bald Konkurrenz durch eine Brücken/Tunnel-Trasse erhalten wird. Zu den bedeutenden Meerengen der Welt gehören derzeit u. a. die Straße von Gibraltar, die Straße von Messina, die Straße von Otranto, die Florida-Straße und die Straße von Hormus (vgl. hierzu Themenkreis 12, Abschnitt 5.6).

Landengen sind das Gegenstück zu den Meerengen. Es handelt sich dabei um durchweg nur schmale Festlandsbrücken zwischen großen Landflächen, z. B. Kontinenten oder Halbinseln. Eine Landenge wird auch als Isthmus bezeichnet. Ihre Bedeutung für Handel und Verkehr liegt vor allem in der guten Eignung für den Seekanalbau. Alle bedeutenden Seekanäle durchlaufen eine Landenge und stellen dadurch eine Verkürzung der Seewege dar.

Beispiele:

Der Suezkanal ist durch die Landenge von Suez, die zwischen dem afrikanischen Kontinent und der Arabischen Halbinsel liegt, gebaut worden. Der Panamakanal nutzt die Landenge von Panama und der Nord-Ostsee-Kanal überbrückt die Landenge Schleswig-Holsteins. Zu den alten Seewegsverkürzungen gehört ferner der Kanal von Korinth, der den Isthmus von Korinth (Griechenland) schneidet. Für den Seekanalbau könnten künftig zwei weitere Landengen an Bedeutung gewinnen: der Isthmus von Tehuantepec (Mexiko) und der Isthmus von Kra (Malayische Halbinsel). Über den Isthmus von Tehuantepec wird bereits seit Jahren Landbrückenverkehr mit Containern zwischen Pazifik und Atlantik betrieben (vgl. hierzu u. a. Themenkreis 11, Abschnitt 6.1.2).

Inseln sind vielfach den Küsten vorgelagert, aber auch weit in den Weltmeeren verstreut. Sie dienen in verkehrsgeographischer Hinsicht oft als wichtige Stützpunkte (z. B. Island, Azoren). Aufgrund ihrer Sperrwirkung nehmen bzw. nahmen einige Inseln auch eine bedeutende politische, d. h. militärstrategische Rolle ein, wie etwa die zur „Vogelfluglinie" gehörenden dänischen Inseln Seeland, Lolland, Fünen. Ein weiteres Beispiel für einen bedeutenden Insel-Stützpunkt ist Diego Garcia im Indischen Ozean. Ausgesprochene Inselstaaten wie die Republik Indonesien (13 677 Inseln) stoßen allerdings aufgrund der enormen Landeszersplitterung auf große Probleme bei der Erschließung, Versorgung und Verwaltung ihrer Territorien. Für Wirtschaft und Verkehr kann sich daher eine derartige weiträumige Lage in Form von Inseln als sehr ungünstig erweisen.

2.1.4 Die Festlandsgewässer

2.1.4.1 Flußläufe

Für Güterverkehre hatten die Flüsse stets eine überragende Bedeutung. Auch heute sind die natürlichen und kanalisierten Flußläufe unverzichtbare Verkehrswege. Dies wird allein daran deutlich, daß die räumliche Verteilung der Wirtschaft auf allen Kontinenten eng mit den Flußläufen zusammenhängt. Die meisten großen Städte der Welt liegen an schiffbaren Flüssen oder wenigstens an künstlichen Wasserwegen, den Kanälen. Als kostengünstige, sichere und längst nicht völlig ausgenutzte Landverkehrswege für Massen- wie auch für Stückgüter kommt den Flüssen wie den Kanälen im Zuge der Umweltdiskussion eine immer größere Bedeutung zu. Vielfach spricht man bereits von einer Renaissance der Binnenwasserstraßen und des Verkehrsträgers Binnenschiffahrt.

Als **Fluß** wird jedes fließende Gewässer definiert, das Niederschläge sammelt, Quellwässer auffängt und sie den Meeren oder einem Endsee zuführt. Kleine Wasserläufe werden umgangssprachlich Bäche, größere Flüsse oft Ströme genannt. Eine strenge Grenze zwischen ihnen gibt es nicht. Erreicht ein Fluß ein Meer oder einen Endsee, so wird er als **Hauptfluß** bezeichnet. Alle zu seinem Einzugsgebiet gehörenden kleineren Flüsse sind Nebenflüsse der 1., 2., 3. usw. Ordnung, je nachdem, ob sie direkt oder über andere Nebenflüsse in den Hauptfluß münden. Haupt- und Nebenflüsse bilden das **Flußsystem**, das die Form eines verzweigten Baumes annehmen kann. Flußsysteme werden bis auf wenige Ausnahmen durch Wasserscheiden getrennt.

Beispiel:

Der Rhein ist einer der zentraleuropäischen Hauptflüsse. Nebenfluß der 1. Ordnung ist unter anderem die Mosel, die in die Mosel mündende Saar ist ein Fluß der 2. Ordnung.

Flüsse sind nicht generell für den Güter- oder Personenverkehr nutzbar. Der Wert eines Flusses als Verkehrsweg wird entscheidend davon bestimmt, wie der Wasserhaushalt beschaffen ist, in welcher Klimazone er liegt, wie hoch der Materialtransport (Steine und Sande) ist und welche Hindernisse im Flußbett vorhanden sind (Felsen, Wasserfälle, Stromschnellen u. a. m.). Anhand der Merkmale einzelner Flußtypen kann man daher erkennen, welche Verkehrsbedeutung ihnen zugemessen werden kann.

Flußtypen der Erde (Auswahl)

Flußtyp	Merkmale	Beispiele
Küstenflüsse	sie münden nach nur kurzem Lauf in ein Meer	Ter (Spanien), Tiber und Arno (Italien)
Wüstenflüsse und Steppenflüsse	sie versickern oder verdunsten oft schon vor ihrer Einmündung in einen Endsee oder Sumpf	Okawango (S/W-Afrika)
Dauerflüsse in Trockengebieten (Fremdlingsflüsse)	ihre Wasserspeisung erfolgt laufend aus feuchteren Tropengebieten	Nil (Sudan und Ägypten)
Periodische Flüsse	sie führen nur zu bestimmten Jahreszeiten Wasser, die Wasserführung ist klimatisch bedingt	Darling (Australien)
Episodische Flüsse	ihre Wasserführung ist unregelmäßig, jahrelange Pausen sind üblich, sie entwickeln sich plötzlich nach seltenen Regenfällen	Creeks (Australien) Wadis (Arabien)
Permanente Flüsse	ständig fließende Flüsse mit gelegentlichen Wasserstandsschwankungen	Rhein (Westeuropa), Donau (Südeuropa), Kongo (Zentralafrika), Mekong (Ostasien)

Obwohl Flüsse schon seit frühester Zeit dem Gütertransport dienen, man denke hier insbesondere an China und Ägypten, geht ihre Bedeutung jedoch weit über die als Verkehrsweg hinaus. Flüsse sind Energiequellen, Nutz- und Kühlwasserlieferanten, Be- und Entwässerungsgaranten, Trinkwasserspender u.a.m. Bis heute spielen sie ferner eine bedeutende Rolle bei der Festlegung von Staatsgrenzen, nicht selten sind sie auch die natürlichen Grenzlinien von Besitz- oder Verwaltungseinheiten. Allen Flüssen ist gemein, daß man sie von ihrer Quelle bis zur Mündung in die drei charakteristischen Abschnitte Ober-, Mittel- und Unterlauf unterteilen kann.

Oberlauf

Ein starkes Gefälle und eine enge Tallage kennzeichnet viele Flüsse im Oberlauf. In Hochgebirgsregionen können Flüsse leicht bis zu 10 m Höhe auf einem Streckenkilometer verlieren. Auch ein Gefälle von 1 m auf 1 km Strecke wie beim Rhein zwischen Konstanz und Basel gilt noch als hoch. Vorrangigste Nutzung der Flußoberläufe war und ist die Energiegewinnung, der Fischfang und z. T. die Flößerei.

Mittellauf

Mäßigere Fließgeschwindigkeit, geschwungener Verlauf in großen Talweitungen und der Zufluß von Nebenflüssen bestimmen das Bild vieler Flußmittelläufe. Fährschiffahrt und gewerbliche Binnenschiffahrt nutzen diese Flußabschnitte unterschiedlich stark. Die Mittelläufe konnten jedoch oftmals erst durch menschliche Eingriffe einer Nutzung voll zugeführt werden. Auch gefährliche Felsbarrieren, wie bis vor wenigen Jahren noch das Binger Loch am Rhein, konnten erst mit der modernen Flußbautechnik beseitigt werden.

Beispiel:

Der Oberrhein zwischen Basel und Kehl/Straßburg ist seit den Strombauarbeiten, die in Form von Rheinkorrektionen und dem Bau des Rheinseitenkanals (Grand Canal d'Alsace) vorgenommen wurden, zu einer heute sehr leistungsfähigen Großschiffahrtsstraße geworden. Der Oberrhein kann sowohl von Motorgüterschiffen der Europaklasse wie auch von Schubverbänden befahren werden.

Unterlauf

Alle bedeutenden Ströme sind in ihrem Unterlauf Tieflandströme, auf denen sich zum Teil mächtige Verkehrsbänder entwickelt haben. Die Flüsse haben im Unterlauf üblicherweise die geringste Fließgeschwindigkeit, sie lagern daher mitgeführtes Lockermaterial ab (Sedimentation) und bilden breite Flußbögen (Mäander), die beispielsweise an Niederrhein und Maas durch Dämme und Deiche gesichert werden müssen. In den Mündungsbereichen bilden viele Flüsse ein breites Delta, wenn sich der Hauptstrom verlagert oder verzweigt. Insgesamt ist die Wasserführung stets so hoch, daß Küstenmotorschiffe und kleine Seeschiffe im direkten Verkehr Binnenhäfen anlaufen können. Die Unterläufe sind durch eine hohe Verkehrskonzentration, dichte Industrieballungen und eine große Bevölkerungsdichte gekennzeichnet.

Die Flüsse der hohen Breiten mit den an ihren Ufern gelegenen Wirtschaftszentren und Häfen sind die am stärksten dem Verkehr nutzbar gemachten Wasserwege. Sie sind jedoch nicht die wasserreichsten und verkehrssichersten Flüsse, obwohl ihr Einzugsgebiet hohe Niederschlagsmengen wie auch Gletscherabschmelzungen der Hochgebirge auffängt. Denn diese beiden Wasserlieferanten weisen je nach Jahreszeit unterschiedlich hohe Wassermengen aus, die zu beträchtlichen Wasserstandsschwankungen führen können. Großen Schwankungen (bis zu 15 m und mehr) unterliegen auch die tropischen Flüsse, gleichwohl erhalten sie ununterbrochen hohe Niederschlagsmengen infolge ihrer Lage in den regenreichen, immerfeuchten Tropenzonen der Erde. Daher zählen die parallel zum Äquator fließenden Ströme zu den wasserreichsten und für die Schiffahrt sichersten der Welt. Ihre enorm hohen Abflußmengen erlauben es, daß Seeschiffe bis weit in das Binnenland die Flußläufe nutzen können. Dies ist etwa beim Amazonas und seinen Nebenflüssen der Fall (ausführlicher werden einige Flüsse und ihre Schiffbarkeit im Themenkreis 11, Abschnitt 6.3 beschrieben).

Vergleich der Abflußmengen großer Ströme (in m³/sec.)

Amazonas	(Brasilien)	120 000	Wolga	(Rußland)	7 000
Kongo	(Zaire)	75 000	Donau	(Rumänien)	6 200
Brahmaputra	(Bangla Desh)	25 000	Rhein	(Niederlande)	2 230
Niger	(Nigeria)	25 000	Weichsel	(Polen)	1 000
Parana	(Argentinien)	20 000	Elbe	(Deutschland)	700

2.1.4.2 Flußmündungen

Bedeutende Punkte für den see- und landwärtigen Güterverkehr sind die Flußmündungen. Sie sind unterschiedlich geformt. Im wesentlichen hängt ihre Form mit den Wasserverhältnissen des sie aufnehmenden Gewässers, z. B. eines Meeres, zusammen. Als wichtigste Formen können die **Trichter-**, **Haff-** und **Deltamündung** genannt werden. Ihre Bedeutung für den Verkehr ist durchweg sehr hoch, jedoch gelten nicht alle Mündungsarme von Flüssen als verkehrsfördernd.

Trichter- oder Schlauchmündungen

Diese auch **Ästuar** genannte Mündungsform steht unter dem Einfluß der Gezeitenströme. Der starke Wechsel von Ebbe und Flut fördert die Entstehung eines Mündungstrichters, der weit und offen ist. Ebbe und Flut können immer wieder weit ins Land eindringen und die vom Fluß mitgeführten Sinkstoffe wegräumen. Trichtermündungen eignen sich sehr für den Bau von Häfen. An der deutschen Nordseeküste liegen z. B. Hamburg und Bremen an Ästuaren. Der Lagevorteil dieser Seehäfen wird dadurch deutlich, daß sie rund 100 km weit landeinwärts am Ende der Flußtrichter liegen und so die Erschließung des Hinterlandes begünstigen. Trichtermündungen haben aus diesem Grund weltweit immer wieder die Entstehung großer Seehäfen begünstigt.

Beispiel:

Als größte Ästuarmündung gilt der St. Lorenzstrom in Nordamerika mit seinen bedeutenden Häfen Quebec und Montreal. An Trichtermündungen liegen ferner die großen Seehäfen London/Tilbury (Themse), Bordeaux (Gironde-Trichter), Buenos Aires und Montevideo (La Plata-Mündung) u. a. m.

Haffmündungen

Sie sind für die Verkehrswirtschaft ungünstige Mündungsformen, denn die Flüsse werden durch eine schmale Landzunge (Nehrung oder Haken genannt) allmählich vom offenen Meer abgeschnürt. Dies ist u. a. bei den in die Ostsee mündenden Strömen Oder und Weichsel der Fall. Die an den Mündungen liegenden Häfen geraten auf Dauer in Gefahr, den Meeresanschluß zu verlieren. Kostspielige Baggerarbeiten zur Freihaltung der Fahrrinne sind vielfach notwendig. Eine stark von Haffen besetzte Küste ist die südliche Ostseeküste mit dem Kurischen, Frischen und Stettiner Haff. Vergleichbare Formen gibt es desweiteren im Mittelmeerraum und an der Küste des Schwarzen Meeres.

Deltamündungen

Ihre Entstehung vollzieht sich meist dort, wo ein Fuß in einen See, in ein gezeitenarmes Meer oder eine ruhige Bucht mündet. Der träge fließende Fluß lagert mit der Zeit die mitgeführten Sinkstoffe im Mündungsgebiet ab, so daß eine fächerförmige Strommündung entsteht. Der Strom selbst gabelt sich und ufert aus, wobei er immer Altwässer und Sümpfe bildet. Die Bezeichnung Delta wurde zuerst auf die Nilmündung angewandt, da seine Mündungsform dem vierten großgeschriebenen Buchstaben des griechischen Alphabets, dem Delta, gleicht. Deltamündungen haben u. a. die Flüsse Po, Donau, Rhône, Rhein, Huangho und Mississippi. Generell ist diese Form verkehrsungünstig, da die Flüsse ständig Schlamm ablagern, die Anlage von neuen Häfen erschweren und die Freihaltung von Mündungsarmen bei bestehenden Häfen erzwingen. Nicht selten haben deltabildende Flüsse mehrere Mündungsarme, von denen nur einer unter hohen Kosten auf einer beständigen Fahrwassertiefe gehalten wird.

Beispiel:

Die Donaumündung gabelt sich in drei Hauptwasserarme. Günstigste Fahrbedingungen finden sich jedoch nur auf dem mittleren Mündungsarm, dem Sulinalauf, dessen Wassertiefe ständig durch künstliche Eingriffe gesichert wird. In einigen Fällen haben sich Häfen in Deltamündungen nur an jenen Mündungsarmen entwickeln können, die von Gezeitenströmen offengehalten werden. Dies gilt für den Hafen Ho Chi Minh (Saigon) am Mekongdelta und für den Hafen von Kalkutta am Gangesdelta.

Jährliches Vorrücken von Deltamündungen

Terek	(Kaspisches Meer)	rund	500 m
Po	(Europäisches Mittelmeer)	rund	135 m
Mississippi	(Golf von Mexiko)	rund	100 m
Huangho	(Gelbes Meer)	rund	100 m
Rhône	(Europäisches Mittelmeer)	rund	55 m
Nil	(Europäisches Mittelmeer)	rund	33 m
Donau	(Schwarzes Meer)	rund	12 m

Versandung: ein historisches wie neuzeitliches Problem

Da die weitaus meisten Häfen der Welt nicht am offenen Meer, sondern landeinwärts liegen, ist die Freihaltung der seewärtigen Zufahrt für die Hafenverwaltungen eine ständige Herausforderung. Die Versandung von Mündungen hat sich im Laufe der Geschichte oft zu einem existenzgefährdenden Vorgang entwickelt. So verloren der antike Hafen von Rom, **Ostia**, und die Häfen der italienischen Städte **Pisa**, **Ravenna** und **Adria** durch Versandung ihre Seeanschlüsse. Die ehemalige Hafenstadt Adria, Namensgeber für einen der bekanntesten Teile des Mittelmeeres, liegt heute 24 km von der Küste entfernt. Ravenna liegt rund 8 km im Landesinneren. Ursache waren die sog. Sedimentfrachten des Flusses Po, die die Küstenlinie immer weiter ins Meer vorschoben. Gegen die natürliche Kraft von Fluß und Meer konnten sich im Mittelalter auch die großen Handelsstädte **Gent** und **Brügge** nicht behaupten, die im wesentlichen durch Versandungen ihre Hafenfunktionen einbüßten. **Amsterdam** verlor seinen Seeanschluß durch eine Sturmflut im Jahre 1717, bei der riesige Sandmengen in das Ijsselmeer gedrückt wurden und die Zufahrt zum Amsterdamer Hafen blockierten. Erst durch einen Kanal (Nordseekanal) konnte die Seezufahrt wieder gesichert werden. Aus dem Mittelalter sind auch für **Lübeck** und die Trave Maßnahmen (sog. „Dreckmühlen") bekannt, die einer drohenden Versandung vorbeugen sollten. An der Wesermündung wurden im selben Zeitraum sogenannte „Muddemühlen" eingesetzt, um den Versandungsprozeß zu stoppen. Viele große wasserbauliche Maßnahmen, wie etwa in **Rotterdam** die Anlegung des „Nieuwe Waterweg" (1866–1872), hängen ursächlich mit der drohenden Versandung zusammen. Mit dem „Projekt zur Korrektion der Unterweser" von 1881 gelang es der Stadt **Bremen** unter hohen finanziellen Aufwendungen, die einsetzende Versandung der Weser einzudämmen und die Flußströmung zu erhöhen. Auch **Hamburg** mußte bereits im 15. Jahrhundert Eindeichungen und Fahrwasservertiefungen vornehmen, um so das Elbwasser zusammenzudrängen und eine größere Wassertiefe zu erreichen. Allerdings hatte aufgrund der trichterförmigen und gezeitengeprägten Elbmündung die Versandung für Hamburg nie den existenzgefährdenden Charakter wie in Bremen.

2.1.4.3 Seen

Wasseransammlungen ohne natürlichen oder unmittelbaren Zugang zum Meer werden Seen genannt. Im allgemeinen Sprachgebrauch werden einige derartige Gewässer auch als Meere bezeichnet. Diese Bezeichnung ist allerdings unzutreffend, da die Verbindung zum Meer fehlt. So ist das Kaspische Meer der größte See der Welt, jedoch kein Meer.

Die **natürlichen Seen** sind vielfach Überreste ehemaliger Vergletscherungen. Derartige Seen finden sich in Mecklenburg/Vorpommern, dem Alpenvorland, Skandinavien und Nordamerika.

Durch den Bau von Talsperren entstehen ständig neue **künstliche Seen**, die man als Speicher- oder Stauseen bezeichnet.

Auch die natürlichen Seen dienen, wie z. B. der Bodensee, als Speicher der Wasserversorgung. Doch gerade der Bodensee übt noch eine andere Funktion, nämlich die des Wasserausgleichs für den Rhein, aus. Oberhalb des Bodensees beträgt das Verhältnis des tiefsten Wasserstandes zum höchsten des Rheins 1 : 70, bei Basel nur noch 1 : 14. Viele Seen begünstigen die Anlage von Kraftwerken (Schluchsee, Walchensee). Einige aufgestaute Seen, wie die im Jenissej-Angara-Gebiet Rußlands (mit dem Bratsker Stausee), wurden im Laufe der Zeit zu großräumigen und bedeutenden Energiegewinnungszentren. Neben der lokalen und regionalen Bedeutung einiger Seen für den Güter- und Personenverkehr, wie zum Beispiel in Finnland, wo Seeflächen rund 12 % des Staatsgebietes ausmachen, sind diese Binnengewässer gelegentlich wichtige Bindeglieder längerer Binnenschiffahrtswege.

Beispiel:
Die Wolga, Europas längster Strom, verbindet das Kaspische Meer für Schiffe mit bestimmten Abmessungen über den Wolgograder, Saratower, Kuibyschewer und Gorkijer Stausee sowie den Onegasee mit dem Weißen Meer. Ein Kanal mit Wasserzufuhr aus dem Ladogasee stellt weiterhin die Verbindung der Wolga zur Ostsee her. Ähnlich werden Stauseen zur Schiffbarkeit des Dnjepr, der in das Schwarze Meer mündet, genutzt. Schließlich ist das Kaspische Meer mit der Hafenstadt Astrachan über die Wolga, den Lenin-Kanal, den Zimljansker Stausee und den Fluß Don mit dem Schwarzmeerhafen Rostow verbunden und erhält damit Zugang zum Mittelmeer und den drei großen Weltmeeren.

In Nordamerika stellt die Kette der Großen Seen, verbunden durch den Welland-Kanal und eine Reihe von Schleusen, die Möglichkeit her, mit Seeschiffen vom Atlantik aus tief in den nordamerikanischen Teilkontinent einzufahren. Oberer See, Michigansee, Huronsee, Eriesee und Ontariosee, an dessen Ausfluß der in den offenen Atlantik mündende St. Lorenzstrom beginnt, sind nicht nur Teil des etwa 3 800 km langen Seeschiffsweges in die USA und Kanada, sondern auch der Standort einer der größten Industriekonzentrationen auf der Welt. Seen erfüllen desweiteren Aufgaben als Bindeglieder in den großen Seeschiffskanälen.

Beispiel:
Der Suezkanal besteht nicht allein aus einer durchgängigen künstlich geschaffenen Kanalstrecke. Große Streckenabschnitte werden durch den Kleinen und Großen Bittersee gebildet. Auch der Panamakanal führt nicht ausschließlich als Kanal durch die Panama-Landenge, sondern nutzt die Gewässer des Gatunsees.

Bedeutende Seen mit Schiffsverkehr (Auswahl)

Name	Fläche in km^2	größte Tiefe in m	Abfluß
Kaspisches Meer	371 000	790	ohne
Oberer See	82 414	393	St. Marys River
Victoriasee	68 000	85	Victoria-Nil
Huronsee	59 586	228	St. Clair River
Michigansee	58 016	282	Mackinac-Str.
Eriesee	25 719	64	Niagara
Ontariosee	19 477	75	St. Lorenz-Strom
Ladogasee	18 400	252	Newa

2.2 Vertikale Erdgliederung

Die Höhenunterschiede sind auf der Erde stark ausgeprägt. Zwischen der höchsten Erhebung des Festlands (Mount Everest 8 882 m) und der größen Meerestiefe (Vitiaz-Tief im Marianengraben –11 034 m) liegt ein Unterschied von fast 20 km. Die untermeerischen Formen umfassen die für die Rohstoffgewinnung und den Küsten- und Seeverkehr bedeutenden Schelfgebiete (küstennahe Zonen mit geringer Wassertiefe), Kontinentalabhänge, Tiefseegebiete, Tiefseegebirge und Tiefseegräben (siehe Abbildung). Während die untermeerischen „Gebirgszüge" für den Seeverkehr nicht von Bedeutung sind, bestimmen die Oberflächenformen der Festlandsgebiete sehr deutlich die Verteilung des Landverkehrs und der Wirtschaftsräume. Vereinfacht können drei Oberflächenformen unterschieden werden: **Tiefland, Hochland** und **Hochgebirge**.

- Zu den Tiefländern oder Tiefebenen (z. B. Niedersächsisches Tiefland) rechnet man alle Gebiete, die bis zu einer Höhe von 200 m über NN reichen, üblicherweise gehören hierzu auch die leicht gewellten Hügelländer.
- Die Hochländer sind Mittelgebirgslandschaften (Eifel, Schwarzwald, Zentralmassiv, Apenninen) deren Erhebungen bis zu etwa 2 000 m reichen.
- Die Hochgebirgsregionen werden ab 2 000 m gerechnet. Zu dieser Oberflächenform, die weltweit nur einen geringen Teil der Erdoberfläche einnimmt, gehören in Europa u. a. die Alpen, die Pyrenäen, die Karparten und der Kaukasus, in Südamerika die Anden, in Nordamerika die Rocky Mountains.

Geringen Anteil an der Erdoberfläche nehmen auch jene Landschaften ein, die unter dem Meeresspiegel liegen. Hierzu zählen Poldergebiete in den Niederlanden und Japan, oder Senken wie die Kaspische Senke bei Astrachan, die bis zu 28 m unter NN liegt. Tiefste Einsenkung der festen Erdoberfläche ist der Wasserspiegel des Toten Meeres mit etwa 400 m unter NN. Umrahmen Gebirge einzelne Landschaften, so spricht man von Beckenlandschaften (Pariser Becken, Becken der Garonne, Ebrobecken); greifen die Tiefebenen in die Gebirgssysteme über, werden diese Landschaften als Tieflandsbuchten bezeichnet (Kölner Bucht, Leipziger Bucht).

Die Höhenlage ist von entscheidender Bedeutung für die Wirtschaft eines Landes, insbesondere die Landwirtschaft, weiterhin auch für die Verkehrserschließung und die Verkehrsausübung. In ihrer Verkehrsgunst sind alle Oberflächenformen daher unterschiedlich zu bewerten.

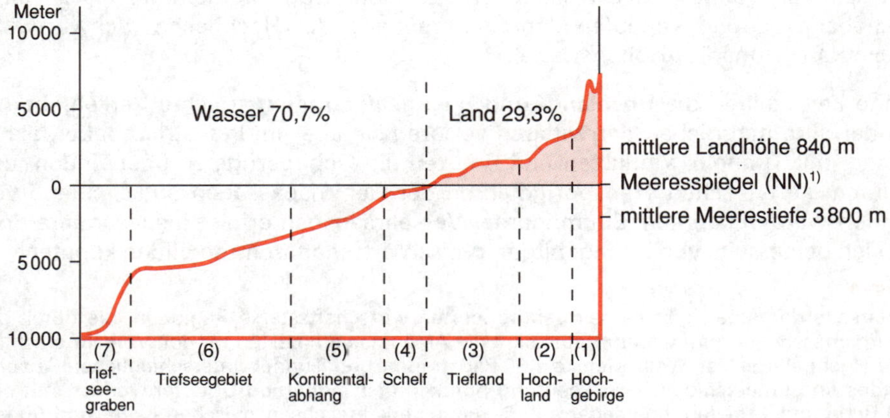

Höhen und Tiefen von Festländern und Meeren (Hypsometrische Kurve)

[1] NN = Normalnull

Anteile der Niveauflächen (Oberflächenformen)

Kennziffer	Niveaufläche	Höhe/Tiefe in m	Fläche in Mio. qkm (ca. Werte)	%-Anteil
1 + 2	Mittel- und Hochgebirge	mehr als +1 000	40	7,5
3 + 4	Kontinental-plattform	+1 000 bis – 200	157,8	29
5	Kontinental-abhang	– 200 bis – 2 400	30	6
6	Tiefseeböden	– 2 400 bis – 5 500	260	48,5
7	tiefste Tief-seeböden	über – 5 500	6	1
7	Tiefseerinnen	bis rd. – 11 000	3	0,5
–	Ozeanische Rücken	verschieden	40	7,5

Die **Tiefländer** spielen weltweit für Verkehr und Wirtschaft die größte Rolle. Insbesondere jene Tiefländer, durch die große Ströme fließen. Diese sogenannten Stromebenen sind zum einen fast ohne Ausnahme hochproduktive Agrarräume. Dies gilt für die europäischen Stromgebiete von Rhein, Po, Rhône, Wolga und Weichsel ebenso wie für die asiatischen von Irawadi, Yangtsekiang, Hwangho und Mekong und die amerikanischen um Mississippi, Amazonas und La Plata. In den Industriestaaten der nördlichen Halbkugel sind die Stromebenen zum anderen auch Standorte großer Industrie- und Verkehrszentren. Insgesamt gesehen sind sie wirtschaftlich wie verkehrstechnisch ausgesprochene Gunsträume mit einer Vielzahl von Vorzügen. Hügel- und Bergregionen, die nicht über 200 m ansteigen, werden ebenfalls zu den Tiefländern gerechnet. Sie gelten als verkehrsgünstig, da es nur selten Behinderungen gibt. Allerdings wird der Verkehr bei dieser Oberflächenform gelegentlich in bestimmte Richtungen gelenkt.

Die **Mittelgebirge** erweisen sich vielfach als verkehrsungünstig. Sie sind zwar nicht wirtschafts- oder verkehrsfeindlich, ihre Erschließung ist jedoch kostspielig und problematisch. Der Eisenbahn- und Autobahnverkehr orientiert sich zwangsläufig an den breiten und leicht zugänglichen Tälern und meidet, wo es möglich ist, steile und schmale Talformen. Oft steigen die Verkehrswege nur einmal bis zu einer Hochebene an und verlaufen dann dort entlang der Hochfläche (Schwarzwald-Hochstraße, Hunsrück-Höhenstraße).

Lange Zeit stellten die **Hochland- und Hochgebirgsregionen** echte Verkehrsbarrieren dar. Ihre natürliche Sperrwirkung verloren sie aber im Industriezeitalter, als es gelang, mit Tunneln, Viadukten und Brücken die Gebirgszüge zu überwinden, und dadurch die typischen Transportgefahren der Gebirgspassagen entscheidend vermindert werden konnten. Ein moderner Verkehrsausbau erfolgt insbesondere dort, wo sich beiderseits von Hochgebirgen große Wirtschaftszentren bilden konnten.

Beispiel:

Beiderseits der Alpen gibt es seit Jahrhunderten wirtschaftsstarke Regionen, die durch das Gebirgsmassiv getrennt waren. Heute sind die Alpen das am besten für den Verkehr erschlossene Hochgebirge der Welt. Mehr als 80 Paßstraßen und Tunnel unterschiedlichen Ausbaustandes und unterschiedlicher Bedeutung bündeln den modernen Güterfernverkehr mit Lkw und Bahn und verteilen ihn wieder auf die Hauptverkehrsachsen zwischen Nord- und Südeuropa (vgl. hierzu Themenkreis 10, Abschnitt 9).

Zusammenfassung

1. Das Verhältnis von Land und Wasser beträgt auf der Erde rund 30 : 70.
2. Die Landhalbkugel umfaßt den größtmöglichen Teil an Festland und Inseln, das Verhältnis von Land und Wasser beträgt dann rund 49 : 51.
3. Leitlinien für Verkehr und Wirtschaft sind insbesondere die Küsten, Täler, Flüsse, Mittelgebirgssäume und Vegetationsrandgebiete.
4. Der Besitz von Küsten oder Seehäfen ist für das Wirtschafts- und Verkehrswesen eines Staates von überragender Bedeutung, da sie einen offenen Weg zum Welthandel bedeuten.
5. Küstenstaaten sind Binnenstaaten gegnüber im Welthandel im Vorteil, da sie nicht auf einen fremden Meereszugang angewiesen sind.
6. Die Küsten Europas sind von allen Kontinenten am stärksten gegliedert. Dies hat zu dem hohen Stellenwert des See- und Küstenverkehrs in Europa entscheidend beigetragen.
7. Meer- und Landengen sind Nadelöhre im internationalen und interkontinentalen Verkehr.
8. Flüsse sind seit alters her überragende Verkehrsleitlinien. Hauptfluß und Nebenflüsse bilden zusammen ein Flußsystem.
9. Flüsse können in die drei charakteristischen Abschnitte Ober-, Mittel- und Unterlauf gegliedert werden. Für das Verkehrswesen ist vor allem der Unterlauf von großer Bedeutung.
10. Flußmündungen bilden oft die Schnittstellen zwischen dem see- und landwärtigen Verkehr. Nach ihrer Form werden sie im wesentlichen in Trichter-, Haff- und Deltamündungen unterteilt. Die Verkehrsbedeutung ist jeweils sehr unterschiedlich.
11. Seen sind Wasseransammlungen ohne natürlichen oder unmittelbaren Meereszugang. Sie sind für den Verkehr vor allem dann wichtige Gewässer, wenn sie als Verbindungswege zwischen anderen Wasserwegen dienen.
12. Die Festlandsgebiete weisen allgemein gesehen die drei Oberflächenformen Tiefland, Mittelgebirge und Hochgebirge auf. Die Tieflandregionen sind wirtschaftliche und verkehrstechnische Gunsträume mit einer Vielzahl von Vorzügen (leichter Verkehrswegebau, Wasserwege nutzbar, günstige Industriestandorte, unmittelbarer oder schneller Seeanschluß, günstige agrarwirtschaftliche Bedingungen usw.).

Aufgaben

1. Grenzen Sie die Land- von der Wasserhalbkugel ab, und bestimmen Sie die dann jeweils geltenden Pole.
2. Nehmen Sie eine horizontale Gliederung der Erde unter folgenden Gesichtspunkten vor:
   a) nach der Verteilung von Land und Wasser,
   b) nach Kontinenten,
   c) nach Hauptverkehrsleitlinien,
   d) nach der Lage einzelner Staaten zum Meer,
   e) nach der Länge der Küstenabschnitte von Staaten,
   f) nach den Küstenformen.
3. Meerengen und Landengen gelten als Nadelöhre im internationalen und interkontinentalen Güterverkehr. Beschreiben Sie, was unter Meer- und Landengen zu verstehen ist, und nennen Sie Beispiele.
4. Welche Vorteile bringt die Nutzung von Meer- und Landengen?

5. Fassen Sie die wesentlichen Merkmale der vertikalen Erdgliederung zusammen.
6. Geben Sie Beispiele für die Vor- und Nachteile der unterschiedlichen Oberflächenformen der Festländer in bezug auf das Verkehrswesen.
7. Wovon hängt die Eignung eines Flusses als Verkehrsweg ab?
8. Woraus wird ein Flußsystem gebildet?
9. Charakterisieren Sie die drei wichtigsten Abschnitte von Flußläufen (Ober-, Mittel- und Unterlauf).
10. Bewerten Sie die unterschiedlichen Mündungsformen von Flüssen für die Verkehrsnutzung und die Anlage von Häfen.
11. Da die weitaus meisten Häfen der Welt nicht am offenen Meer, sondern landeinwärts liegen, ist die Freihaltung der seewärtigen Zufahrt für die Hafenverwaltungen eine ständige Herausforderung. Beschreiben Sie, welche Ursachen dieser Erscheinung zugrunde liegen und welche Maßnahmen von den Hafenverwaltungen ergriffen werden müssen.
12. Erläutern Sie den Unterschied zwischen See und Meer.
13. Im Weltverkehr spielen Seen in einigen Fällen eine bedeutende Rolle. Führen Sie Beispiele an, und stellen Sie die jeweilige verkehrswirtschaftliche Bedeutung heraus.

3 Verkehrs- und Wirtschaftsraum Meer

3.1 Größe und Gliederung der Meere

Betrachtet man das auf der Erde geltende Verhältnis von 30 : 70 bei der Land-Wasser-Verteilung, dann wird deutlich, welchen gewaltigen Umfang die Weltmeere einnehmen und welche große Bedeutung ihnen auch im Verkehrswesen zukommt. Drei Haupt- oder Weltmeere bilden zusammen mit ihren Nebenmeeren die gesamte globale Wasserfläche. Der Größe nach sind es der Pazifische Ozean (Pazifik), der Atlantische Ozean (Atlantik) und der Indische Ozean (Indik). Sie sind deutlich durch Landmassen voneinander abgegrenzt. Die Punkte, die flächenmäßig die Ozeane trennen, sind die Landspitzen von Kap Hoorn in Südamerika (68 Grad W), Kap Agulhas oder Nadelkap in Südafrika (20 Grad E) und das Südkap von Tasmanien (147 Grad E).

Der **Pazifische Ozean** nimmt einschließlich der Nebenmeere rund 180 Mio. km^2 ein, er bedeckt annähernd ein Drittel der Erdoberfläche und ist fast so groß wie Indik und Atlantik zusammen. Er wird daher auch als „Großer Ozean“ bezeichnet. Seine Ausdehnung von W nach E erreicht 15 000 km und ebenso groß ist die N-S-Erstreckung von der Beringstraße bis zur Antarktis. Die Bezeichnung „Pazifischer Ozean“ (= Stiller Ozean) stammt ursprünglich von dem portugiesischen Seefahrer Magellan, der bei seiner Weltumseglung im 16. Jh. dieses Meeresgebiet im Vergleich zum Atlantik als „still“ erlebte. Diese Deutung ist allerdings irreführend, denn die pazifische Wasserfläche wird durch die ungebremst und dauernd wehenden Westwinde oft so stark aufgewühlt, daß Wirbelstürme und Flutwellen die Küsten in den Fahrtgebieten des Fernen Ostens verheerend heimsuchen.

Der **Atlantische Ozean**, dem auch das Nordpolarmeer zugerechnet wird, bedeckt eine Fläche von rund 110 Mio. km² und damit rund ein Fünftel der Erdoberfläche. Sein Verlauf von der sibirischen Küste über den Nordpol bis in die Antarktis ist S-förmig. Die schmalste Stelle liegt zwischen Südamerika und Afrika. Nur 3 000 km trennen die beiden Kontinente zwischen Kap Sao Roque (Brasilien) und den Häfen Conakry (Guinea) und Freetown (Sierra Leone). Zwischen Mexiko und Spanien ist der Atlantik mit rund 8 000 km am breitesten. Würde ein Schiff mit einer durchschnittlichen Geschwindigkeit von 15 Knoten (1 Kn = 1 Seemeile/sm = 1,852 km/h) die beiden Strecken überwinden, so würde es 5 bzw. 12 Tage dafür benötigen.

Das kleinste Weltmeer ist mit rund 74 Mio. km² der **Indische Ozean**. Die N-S-Ausdehnung mißt rund 10 000 km, am Äquator ist der Indik etwa 6 000 km breit. Die Seeroute zwischen Südafrika und Australien beträgt über den Indik etwa 8 000 km.

3.2 Die Nebenmeere der Ozeane

Die Ozeane greifen in die sie begrenzenden Landmassen mit **Nebenmeeren** ein. Als solche eingreifende Nebenmeere werden generell alle **Mittelmeere** und **Randmeere** angesehen. Sie spielen im Seeverkehr eine besonders wichtige Rolle, da sich auf ihnen der Schiffsverkehr der Hauptseerouten verdichtet, bündelt und schließlich auf die Endhäfen an den Küsten auffächert. Außerdem sind sie der Verkehrsraum der Küstenschiffahrt. Von den Hauptmeeren abgegrenzt werden die Nebenmeere durch Inseln, Inselketten, Landengen oder untermeerische Schwellen, jeweils in unterschiedlich starkem Maße.

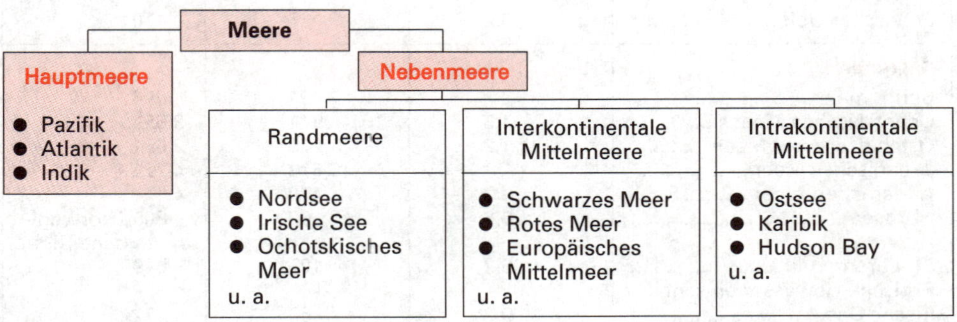

Die Nebenmeere werden je nach ihrer Lage in drei Gruppen unterteilt. Als **Randmeere** werden sie bezeichnet, wenn sie den Kontinenten randlich angegliedert sind. Sind sie zwischen Kontinenten eingebettet, bezeichnet man sie als **interkontinentale Mittelmeere**. Liegt ein Nebenmeer innerhalb eines Kontinents, dann wird es als **intrakontinentales Mittelmeer** bezeichnet. Zu den Nebenmeeren gehören im weiteren Sinne auch die Meeresbusen, Golfe oder Baien (offene Meeresbuchten), die Meeresengen, Sunde, Kanäle und Meeresstraßen. Nicht zu den Weltmeeren bzw. Nebenmeeren werden Wasserflächen ohne direkte Meeresverbindung gerechnet.

Beispiele:

Die Nordsee ist ein ausgesprochenes Randmeer des Atlantiks. Sie wird durch die Britischen Inseln, die Orkney-Inseln und die Shetland-Inseln recht deutlich von ihm abgegrenzt. Die Ostsee mit ihren drei Meeresbusen ist ein intrakontinentales Mittelmeer, da sie vollständig innerhalb Europas liegt. Das gesamte sog. „europäische Mittelmeer" ist mit seinen verschiedenen Meeresgebieten ein interkontinentales Mittelmeer, da es zwischen den Kontinenten Europa, Afrika und Asien eingebettet ist.

Übersicht der Ozeane und der wichtigsten Nebenmeere

Meeresgebiet	Fläche in Mio. km^2 (gerundet)	Meerestiefe	
		Mittel in m	Maximum in m
Ozeane ohne Nebenmeere			
Pazifik	166	4 188	11 034 (Vitiaz-Tiefe im Marianengraben)
Atlantik	84	3 844	9 219 (Puerto-Rico Graben)
Indik	74	2 872	7 455 (Sunda-Graben)
Mittelmeere, interkontinental			
Arktisches Mittelmeer	12	1 177	5 449
Australisches Mittelmeer	9	1 252	7 440 (Bandasee)
Amerikanische Mittelmeer (Golf von Mexiko)	4	2 164	7 680 (Cayman-Graben)
Europäisches Mittelmeer (einschl. Schwarzes Meer)	3	1 450	5 092 (Ionisches Meer)
Mittelmeere, intrakontinental			
Hudson-Bay	1	128	218
Rotes Meer	0,5	538	2 604
Ostsee	0,4	101	459 (Landsort Tief)
Persischer Golf	0,2	25	170
Randmeere			
Beringmeer	2	1 491	4 096
Ochotskisches Meer	1,5	971	3 658
Ostchinesisches Meer	1,2	275	2 681
Japanisches Meer	1	1 673	4 225
Andamanen-Meer	1	470	4 171
Nordsee	0,6	93	809 (Norwegische Rinne)
St.-Lorenz-Golf	0,2	125	549
Britische Gewässer einschl. Irische See	0,2	50	272

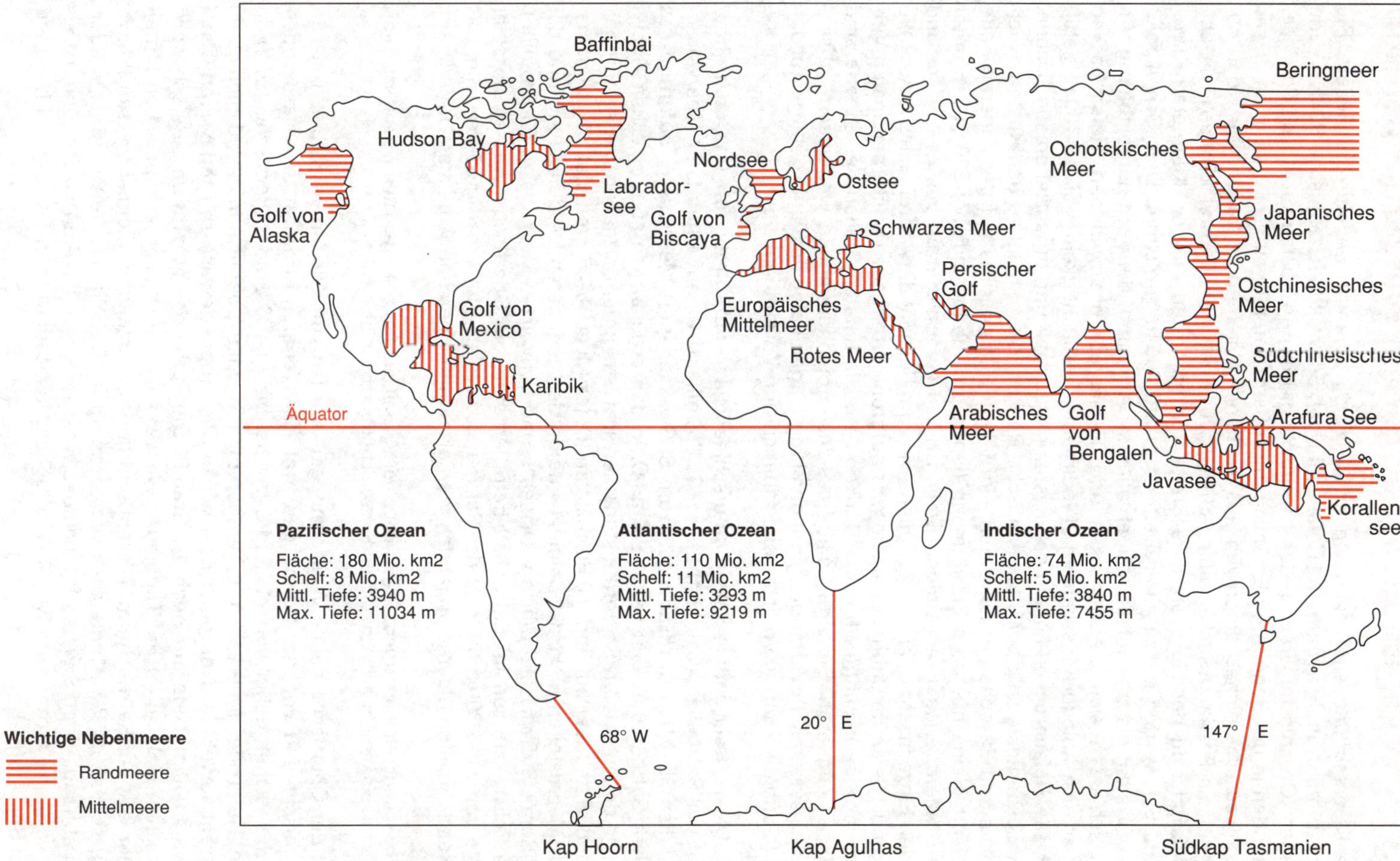

 Die Weltmeere

3.3 Meeresboden, Salzgehalt, Wassertemperatur

Die **Meeresböden** sind nicht einheitlich flach, sondern vielfältig gegliedert. Sie ähneln mit ihren Erhebungen (Tiefseegebirge), Schwellen (Ozeanische Rücken) und Rinnen (Ozeanische Gräben) den Landflächen. Vor den Küsten senkt sich der Meeresboden in der Regel nur allmählich in größere Tiefen hinab. Da die Böden dieses Flachwasserbereiches durchweg aus Festlandsgesteinen bestehen, wird der Abschnitt als Festlandssockel oder **Schelf** bezeichnet. Schelfgürtel können, wie beispielsweise in der Nordsee, eine Breite von mehreren hundert Kilometern erreichen. Sie werden bis zu einer Tiefe von rund 200 m gerechnet. Dem Schelf folgt seewärts ein bis zur Tiefsee steil abfallender Abschnitt, der **Kontinentalabhang**. An ihn schließen sich Tiefseebecken und Tiefseerücken an. In den **Tiefseebecken** haben sich Ablagerungsschichten (Sedimente) in Mächtigkeiten bis zu 700 m gebildet. Die **Tiefseerücken** ähneln den Festlandsgebirgen und durchziehen alle Ozeane. Der bekannteste ist der Mittelatlantische Rücken, der parallel zu den Küsten Westafrikas und Europas auf der einen, Nord- und Südamerikas auf der anderen Seite verläuft. Seine höchsten Erhebungen liegen im Durchschnitt bei 200–300 m unter dem Meeresspiegel. An einigen Stellen ragen Gebirgsspitzen aus dem Meer und bilden Einzelinseln oder Inselgruppen, wie zum Beispiel die Azoren, Island, Ascension und Tristan da Cunha. Ihnen kommt aufgrund ihrer Lage im internationalen Verkehr oft eine wichtige Stützpunktfunktion zu. Die tiefsten Stellen der Ozeane sind die Tiefseegräben. Sie sind Teile eines zusammenhängenden weltweiten Tiefseespaltensystems. In Verbindung mit den jung aufgefalteten Festlandsgebirgen bilden sie häufig die Zentren von starken Erdbeben und Vulkantätigkeiten.

Das Meerwasser enthält Salz in unterschiedlichen Konzentrationen. Im Durchschnitt liegt der **Salzgehalt** (Salinität) bei rd. 35 Promille, d. h., auf einen Liter Meerwasser entfallen 35 g Salz. Im Gegensatz zum Süßwasser friert Meerwasser aufgrund des hohen Salzgehaltes erst bei –1,8 Grad C. In den regenarmen subtropischen Gebieten, in denen eine große Verdunstung herrscht, steigt der Salzgehalt wie im europäischen Mittelmeer auf über 40 Promille an (Rotes Meer 40–45 Promille). In den polnahen Meeresteilen sinkt die Salinität infolge der geringeren Verdungstung und der größeren Süßwasserzufuhr ab (Ostsee 5 und Schwarzes Meer bis zu 20 Promille). Die Schwankungen im Salzgehalt betreffen stets die Oberflächenwasser, ab einer Tiefe von rund 300 m beträgt der Salzgehalt ziemlich gleichmäßig 35 Promille. Das gesamte in allen Meeren angereicherte Salz nimmt einen beträchtlichen Umfang ein.

Beispiel:

Berechnungen haben ergeben, daß bei einer Kristallisierung allen gelösten Meeressalzes die Erde mit einer mehr als 40 m dicken Salzschicht überzogen sein würde.

Die der Oberfläche nahen Wassermengen werden von Winden verwirbelt, mit Luft vermischt und von der Sonne gewärmt. Die **Temperaturen** an der Wasseroberfläche reichen daher von –1 Grad C (Arktis) bis zu +36 Grad C (Persischer Golf). In den Tiefen der Meere ist die Temperatur hingegen überall annähernd gleich, sie beträgt sowohl im Nordpolarmeer wie in den Tropengewässern rund 5 Grad C, bei etwa 4 000 m Tiefe nur noch 1,5 Grad C. Die Farbe des Meereswassers schwankt zwischen blau und grün. Tiefblaues Wasser wie im östlichen europäischen Mittelmeer läßt auf Salzreichtum, Wärme und geringe Anteile an Kleinlebewesen (Plankton) schließen. Planktonreiches Wasser ist grün. Der Planktonreichtum ist wiederum abhängig vom Sauerstoffgehalt des Wassers, der in kaltem Wasser höher ist als in warmem, ferner vom Mineralstoffgehalt, insbesondere in Form von Phosphor- und Stickstoffsalzen.

Temperatur und Salzgehalt des Wassers sind für die Seeschiffahrt von erheblicher Bedeutung, da sich nach ihnen richtet, wie tief ein Schiff vollbeladen im Wasser liegen darf. Kaltes Wasser trägt besser als warmes – ebenso trägt salzhaltiges Wasser wegen seiner höheren Dichte besser als salzarmes Wasser. Es ist daher ein beträchtlicher Unterschied, ob ein Schiff in nordischen Gewässern oder in tropisch warmen Regionen eingesetzt wird. Jedes Schiff hat daher an seinen Bordwänden zur Sicherheit **Lademarken**, die sich auf die unterschiedlichen Bedingungen der Fahrtgebiete beziehen.

Beispiel:

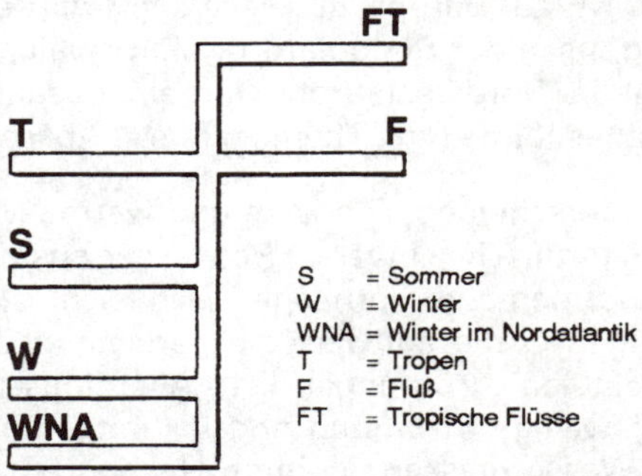

Beispiel für eine Freibordmarke (Plimsoll-Marke)

Lademarken, die an beiden Bordwänden mittschiffs angebracht sind, werden auch als sogenannte „Freibordmarken" bezeichnet. Unter Freibord versteht man dem Wortsinn nach den aus dem Wasser ragenden Teil des Schiffes. Die Freibordmarke, die je Schiff individuell ausgemessen wird, besagt, daß ein bestimmter Teil des Schiffes mindestens aus dem Wasser ragen muß – sie ist daher ein Mindestmaß. Berücksichtigt werden in der Markierung die Art der Fahrtgebiete (Meere, Flüsse), die jahreszeitlichen oder regionalen Besonderheiten in der Wetterlage u. a. m. Eingeführt wurde die Freibordmarke erst im Jahre 1870 in England auf Bestreben des Kohlenhändlers Samuel Plimsoll. Er wollte mit dieser „Sicherheitsmarkierung" das bis dahin häufig zu tiefe „Abladen" der Seeschiffe und die daraus resultierenden Gefahren für Mannschaft und Ladung unterbinden. Freibordmarken werden daher auch als Plimsoll-Marken bezeichnet. Über ihre Anbringung und Festlegung wird von den Seeberufsgenossenschaften in Zusammenarbeit mit Klassifikationsgesellschaften (z. B. Germanischer Lloyd) ein „Freibordzeugnis" ausgestellt. Die Einhaltung der Bestimmungen wird von der Wasserschutzpolizei überwacht: Schiffe ohne gültiges Freibordzeugnis oder zu tiefer Abladung werden im eigenen und im Interesse der Hafenverwaltungen an der Weiterfahrt gehindert.

3.4 Meeresströmungen

Die Oberflächentemperatur des Ozeanwassers wird durch herangeführte warme und kalte Meeresströmungen beeinflußt. Als Motor für diese gewaltigen Wasserbewegungen dienen die Winde (vgl. Themenkreis 1, Abschnitt 4.4), insbesondere die beständig wehenden Winde in Form der **Passate** und der **Westwinde**. Auf der Nordhalbkugel wehen die Passate aus NE, auf der Südhalbkugel aus SE. Auf beiden Halbkugeln treiben die Passate die Oberflächenwasser auf den Äquator zu und bilden so ozeanische Strömungen. Doch stoßen diese Strömungen am Äquator nicht etwa zusammen. Denn auf alle Körper, die sich auf der rotierenden Erde bewegen, wirkt vereinfacht ausgedrückt eine Kraft, die sie vom geraden Weg abbringt. Diese Kraft, **Corioliskraft** oder Coriolisbeschleunigung genannt, lenkt alle sich bewegenden Körper auf der Nordhalbkugel nach rechts, auf der Südhalbkugel nach links ab. Die Kraft schwächt sich von den Polen zum Äquator hin ab. Die von den Passatwinden bewegten Wassermassen werden auf ihrem Weg zum Äquator soweit abgelenkt, daß sie einen westwärts gerichteten Strom bilden, der parallel zum Äquator fließt (**Äquatorialstrom**). Wo er auf die Küsten der Kontinente trifft, wird er nach N und S küstenparallel abgelenkt, vereinigt sich mit anderen Strömungen und bildet auf diese Weise Strömungskreisläufe in den Nord- und Südozeanen heraus. Diese Strömungskreisläufe sind nicht immer geschlossen und nicht zu allen Jahreszeiten gleich stark. Sie wandern mit den Winden und den jahreszeitlichen Temperaturverschiebungen im Rhythmus nach N und S.

Die einzige Meeresströmung, die nicht durch Landflächen abgelenkt wird, ist die ostwärts fließende **Südpolardrift** zwischen der Antarktis und den Südspitzen Afrikas, Amerikas und Australiens. Es ist eine erdumspannende Strömung. Sie kommt durch Westwinde, sog. Westwindtriften, zustande, die in den mittleren Breiten der beiden Erdhalbkugeln beständig von W nach E wehen.
Auf der Nordhalbugel etwa drückt die Westwindtrift die warmen Wasser des Äquatorialstroms nach ihrer Ablenkung vom amerikanischen Kontinent über den Atlantik nach NE auf Europa zu. Diese als **Golfstrom** (Nordatlantikstrom) bekannte Erscheinung, nach der Südpolardrift die gewaltigste und bekannteste Strömung der Erde, sorgt in Nordwesteuropa für ein besonders mildes, aber auch vergleichsweise feuchtes Klima (vgl. Themenkreis 1, Abschnitt 3.4.1).

Zu unterscheiden sind kalte und warme Meeresströmungen. Die kalten transportieren (spezifisch schweres) Polwasser aus den kalten Zonen in die warmen Bereiche, die warmen befördern (spezifisch leichtes) Äquatorialwasser in die kühlen Bereiche. Somit sind die auf die Pole gerichteten Strömungen warm, die auf den Äquator gerichteten Strömungen kalt. Allerdings besagt „kalt" und „warm" lediglich, daß die jeweilige Strömung und ihr mitgeführtes Wasser wärmer oder kälter sind als die Wassermassen in ihrer Nachbarschaft. Alle Meeresströmungen werden im Gegensatz zu den Winden nach der Richtung bezeichnet, in die sie fließen.

Beispiel:

Der kalte Humboldt- oder Perustrom fließt in Richtung der peruanischen Küste. Der warme Antillenstrom fließt aus der Äquatorzone zu der Antillen-Inselkette. Ein Westwind dagegen kommt aus dem Westen.

Übersicht warmer und kalter Meeresströme (Auswahl)

Warme Strömungen		**Kalte Strömungen**	
Name	**Lage**	**Name**	**Lage**
Nordatlantikstrom	Nordatlantik	Humboldtstrom	S/O-Pazifik
Süd-Äquatorialstrom	Mittelatlantik	Westwindtrift (Südpolardrift)	Antarktis
Guineastrom	Westafrika	Westaustralstrom	Westaustralien
Agulhasstrom	S/O-Afrika	Labradorstrom	Ostkanada/Grönland
Kuro-Schio	Ostasien/Westkanada	Oya-Schio	N/O-Asien
Brasilstrom	Ostbrasilien	Benguelastrom	S und S/W-Afrika

3.4.1 Entstehung und Wirkung des Nordatlantikstroms

Seinen Ursprung hat der Nordatlantikstrom, der allgemein auch Golfstrom genannt wird, im Golf von Mexiko, in den die beiden äquatorialen Warmwasserströme (Nord- und Südäquatorialstrom) des Atlantiks zum großen Teil einmünden. Der Zufluß der beiden Strömungen bewirkt im engen Golf einen Wasserüberschuß. Dadurch bildet sich ein Gefälle zum offenen Atlantik, das sich seinen Weg durch die Florida-Straße sucht. Mit relativ hoher Geschwindigkeit zwängt sich das aufgewärmte Wasser aus der Golfregion durch die Florida-Straße und bildet im Atlantik den Warmwasserstrom (Golfstrom). Die Strömungen in den Ozeanen können nur sehr selten scharf abgegrenzt werden. Der Golfstrom bildet diesbezüglich eine große Ausnahme.

Beispiel:

Im Seegebiet zwischen Florida und Kap Hatteras, südlich des US-Ostküstenhafens Norfolk, ist der Nordatlantikstrom über weite Strecken deutlich durch seine braune Farbe vom grünen Atlantik abgesetzt. Aus diesem Grunde wird vielfach von einem „Fluß im Meer" gesprochen.

Im Gebiet vor Neufundland trifft der Nordatlantikstrom auf den vergleichsweise kalten Labradorstrom und wird von ihm weiter nach E abgelenkt. Er überquert den Nordatlantik und wird mit dem Westwind dieser Breiten bis in das Europäische Nordmeer und die Barentssee transportiert. Der Golfstrom ist einer der wärmsten Ströme der Erde, seine Bedeutung für West- und Nordeuropa ist enorm. Denn bei den Shetland-Inseln weist er im Sommer eine Temperatur von durchschnittlich 13 Grad C auf, bei Spitzbergen sind es immerhin noch bis 7 Grad C. Dadurch wirkt der Strom wie eine „Warmwasserheizung" für den Kontinent.

Beispiele:

Bis hin zum Nordkap (rd. 71 Grad n. Br.) frieren die europäischen Atlantikhäfen im Winter nicht zu und bis auf 70 Grad n. Br. (Raum Hammerfest) ist durch den Golfstromeinfluß der Getreideanbau noch möglich. Der Golfstrom drückt ferner die Treibeisgrenze nach Westen, so daß Eisberge die europäischen Nordatlantikregionen nicht bedrohen.

Insgesamt „heizt" der Golfstrom breite Küstensäume Nordwesteuropas so stark auf, daß die jährliche Durchschnittstemperatur um rund 10 Grad C höher liegt als es in diesen geographischen Breiten üblich ist. So befindet sich die Badeinsel Sylt (rd. 55 Grad n. Br.) auf gleicher Höhe mit der eisigen Südgrenze Alaskas.

3.4.2 Der Einfluß kalter Strömungen

Sehr kaltes, nährstoffreiches Wasser transportiert der Humboldtstrom (auch Perustrom genannt) aus den arktischen Gewässern zum Äquator. Vergleichbar dem Golfstrom sind durch diese Strömung bestimmte Wirkungen an den berührten Küsten zu beobachten. So ist es dem Humboldtstrom zuzuschreiben, daß die jährliche Durchschnittstemperatur der südamerikanischen Pazifikküste z. B. bei den Seehäfen Antofagasta, Valparaiso und Valdivia um bis zu 6 Grad C niedriger liegt, als es für diese Breitenlage typisch ist. Wie in allen kalten Strömungen sind auch im Humboldtstrom, bedingt durch hohen Plankton- und Nährstoffgehalt, die Fischbestände außerordentlich hoch. Andererseits bedingt die kalte Strömung auch sehr ungewöhnliche Erscheinungen in der Natur.

Beispiel:

Der Humboldtstrom ist die Ursache für das Phänomen, daß es bei den Galápagos-Inseln, die am Äquator (!) liegen, zwar Pinguine gibt, aber keine Korallen wie auf den Inseln und an den Festlandsküsten in vergleichbaren äquatorialen Gebieten.

Ein der Pazifikküste Südamerikas ähnliches Klima und eine vergleichbare Küstenlandschaft haben sich unter dem Einfluß des kalten Benguelastroms an der südwestafrikanischen Küste gebildet. In beiden Gebieten wehen die Passatwinde von den kälteren Meeresströmungen zu den wärmeren Festlandszonen, sie erreichen jedoch keine Wasserdampfsättigung und bringen den Küsten daher keinen Niederschlag. In Mittelchile entstand aus dem Zusammenspiel von Humboldtstrom und Passat die Atacama-Wüste, in Südwestafrika durch den Benguelastrom und die Passate die Namib-Wüste. Die Atacama-Küstenwüste wird dabei noch zusätzlich von der regensperrenden Wirkung des Andengebirges getroffen.

Im fernöstlichen Nordpazifik übt die kalte Strömung des Oya-Schio (Gelbes Salz) im Gegensatz zum warmen Kuro-Schio (Blaues Salz) ungünstigen Einfluß auf das Festland aus. Der Oya-Schio entstammt der kalten Zone um das Beringmeer und strömt an der Kamtschatka-Halbinsel vorbei südwärts, er wird daher auch als Kamtschatka-Strom bezeichnet. Entlang der nordasiatischen Pazifikküste setzt er die Temperaturen herab und verschiebt dadurch die Getreidegrenze in die niederen Breiten Ostasiens. Die Auswirkungen auf die Verkehrswirtschaft sind ebenfalls beträchtlich.

Beispiel:

Im Einflußbereich des Oya-Schio-Stroms gibt es nur wenige eisfreie Häfen. Im wesentlichen gehören hierzu die russischen Pazifik-Häfen Wladiwostok und Nachodka sowie der bei rd. 48 Grad n. Br. liegende Hafen Sowjetskaja Gawan. Der Oya-Schio sorgt ganzjährig in diesen Küstengebieten für eine Gefährdung der Schiffahrt durch Treibeis.

3.5 Gezeiten

Der Wasserstand der Hauptmeere und der meisten Nebenmeere wird durch die Gezeiten bestimmt. Sie entstehen durch die gegenseitige Anziehungskraft von Erde, Mond und in geringerem Umfang der Sonne sowie dadurch, daß Mond und Erde um einen gemeinsamen, in der Erde liegenden Schwerpunkt kreisen (Fliehkraft). Auf den starren Landmassen wirken diese Kräfte auch, sie sind jedoch dort kaum wahrnehmbar. In den beweglichen Wassermassen hingegen verursacht die Anziehungskraft des nahe zur Erde stehenden Mondes auf der ihm zugewandten Erdseite einen Wasserüberschuß (Wasserberg), der als **Zenitflut** bezeichnet wird. Auf der mondabgewandten Erdseite kommt es durch die entgegengesetzt wirkende Fliehkraft ebenfalls zu einem Wasserberg, der als **Nadirflut** bezeichnet wird. Beide Kräfte bewirken zweimal täglich einen höchsten und zweimal täglich einen niedrigsten Wasserstand. Sie werden als **Flut** (auflaufendes Wasser) und **Ebbe** (ablaufendes Wasser) bezeichnet. Bei der Flut ist die Zenitflut normalerweise stärker ausgeprägt als die Nadirflut.

Der Zeitraum, den eine Flut und eine Ebbe zusammen einnehmen, wird **Tide** genannt. Dementsprechend werden der niedrigste Wasserstand als „Tidenniedrigwasser" (TNW) und der höchste als „Tidenhochwasser" (THW) bezeichnet. Der mittlere Höhenunterschied zwischen beiden Wasserständen ist der **Tidenhub** oder Flutstand. Er wird in Zentimeter bzw. Meter über NN (Normal Null) gemessen und ist je nach Stellung des Mondes und der Sonne zur Erde unterschiedlich. Die Auswirkungen der Stellung von Mond und Sonne zur Erde auf die Höhe des Tidenhubs zeigt folgende Tabelle:

Gezeitenphasen

Stellung von Sonne und Mond	Mondphase	Kraftauswirkung	Tidenhub (Flutstand)	Bezeichnung der Flut
Sonne, Mond und Erde stehen in einer (gedachten) Linie	Voll- und Neumond	Anziehungskraft von Sonne und Mond wirken zusammen	besonders hoch	Springtide* (Springflut)
Sonne und Erde bzw. Mond und Erde stehen in einem rechten Winkel zueinander	erstes oder letztes Viertel	Anziehungskraft von Sonne und Mond wirken entgegengesetzt	besonders niedrig	Nipptide* (Niedrigflut)
Sonne, Mond und Erde stehen in unterschiedlichen Winkeln zueinander	Phase des zu- oder abnehmenden Mondes	Anziehungskraft des Mondes ist größer als die der Sonne	mittlere Werte	mittlere Tide** (normale Flut)

* Der Wechsel erfolgt alle 8 Tage ** Der Wechsel erfolgt zweimal täglich

Läuft das Wasser „auf", so entsteht ein landwärts gerichteter Flutstrom; läuft das Wasser „ab", bildet sich ein seewärts gerichteter Ebbstrom. Der Übergang von einer Fließrichtung in die entgegengesetzte wird „kentern" genannt. Dabei kommt es zu einer kurzen Phase des Wasserstillstandes. Der Gezeitenwechsel erfolgt nach dem Mondlauf alle 6 Stunden und 12,5 Minuten. Dies bedeutet, daß sich der Eintritt von Ebbe und Flut täglich um 50 Minuten (4 × 12,5 Minuten = 50 Minuten) verschiebt. Eine Tide dauert also 12 Stunden und 25 Minuten.

Zu den gefürchteten **Sturmfluten**, von denen die deutsche Nordseeküste häufig bedroht wird, kommt es, wenn die normalen Wasserstände der Gezeiten durch starke Stürme beeinflußt werden. Fallen etwa im Nordseegebiet kräftige Nordwestwinde mit einer Springflut zusammen, kann es zu Sturmfluten an der deutschen und niederländischen Küste kommen. Bei dieser gefährlichen Lage erhöht sich der normale Tidenhub in der Elbmündung bei Cuxhaven von durchschnittlich 3 m über NN gelegentlich auf das Doppelte.

Die Gezeiten sind allerdings nur an den Küsten deutlich spürbar. In den offenen Ozeanen beträgt der Tidenhub dagegen nur rund 1 m, meistens noch weniger. Vor den Küsten wächst der Tidenhub an, weil die Wassermassen gestaut werden. In Trichtermündungen erreichen die Wasserstände besonders hohe Werte. In abgeschnürten Nebenmeeren wirken sich die Gezeiten kaum aus.

Beispiel:

Das durch die Straße von Gibraltar fast völlig vom offenen Atlantik abgegrenzte europäische Mittelmeer hat einen durchschnittlichen Tidenhub von lediglich 0,5 m. In der Ostsee bei Kiel liegt der Tidenhub im Durchschnitt sogar nur bei 0,07 m.

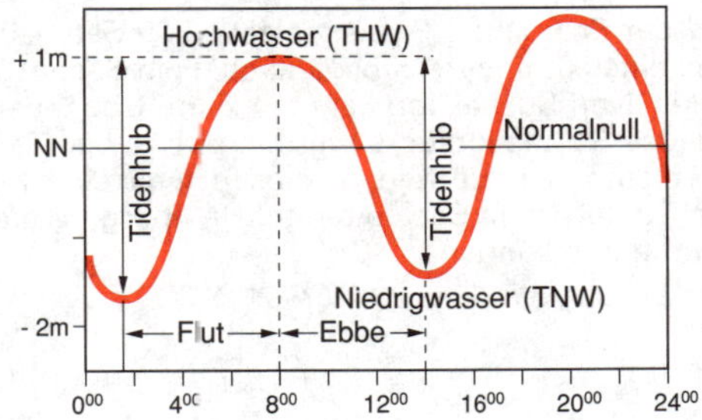

Gezeitenablauf während eines Tages

Der Gezeiteneinfluß wirkt auf die Schiffahrt unterschiedlich. Denn die durch die Gezeiten hervorgerufenen Strömungen, die Geschwindigkeiten bis zu 3 sm erreichen können, haben hemmende wie fördernde Kräfte. Sie vermindern oder erhöhen, je nachdem, ob Ebbe oder Flut herrscht und Schiffe ein- oder auslaufen, die Fahrtgeschwindigkeit und beeinflussen damit die Ankunfts- und Abfahrtszeiten der Linienschiffahrt. Das von der Flut stromaufwärts getriebene Wasser ermöglicht auf manchen Flüssen erst das tiefere Einfahren großer Schiffe. Die Gezeiten können weiterhin die Ästuarmündungen von Flüssen von herangeführten Materialien (Sand, Schlamm) reinigen, so daß diese Wasserstraßen ergänzt durch geringe Baggerarbeiten durchweg günstige Fahrwassertiefen aufweisen. Im Gegensatz zu diesen positiven Einflüssen können die Gezeiten jedoch auch die Verlagerung von Sandbänken bewirken, so daß sich für die Schiffahrt in Küstennähe gefährliche Fahrwasserveränderungen ergeben. Die Wirkung der Gezeiten zeigt sich letztlich auch augenfällig an den Hafenanlagen. Denn der Tidenhub bestimmt, ob ein Hafen als offener Tidehafen oder als geschlossener Dockhafen angelegt wird.

Beispiel:

An Küsten mit großem Tidenhub müssen die Häfen mit hohen Kai- bzw. Uferbefestigungen ausgestattet werden. Diese aufwendige Bauweise wird vielfach durch die Errichtung von Schleusen umgangen. Es entstehen Dockhäfen, die einen konstanten Wasserstand führen und damit einen kontinuierlichen Güterumschlag gewährleisten. Beispiele für derartige Dockhäfen sind die Häfen von London/Tilbury, Amsterdam, Liverpool, St. Malo, Bremerhaven und Emden.

Wirtschaftlich interessant sind Flußmündungsgebiete (Trichtermündungen) mit hohem Tidenhub für die Energiegewinnung in Form der Gezeitenkraftwerke. Es gibt mittlerweile derartige Anlagen in Frankreich (St. Malo/Rancemündung), im US-kanadischen Grenzgebiet (Fundybucht) und am Weißen Meer (bei Murmansk/Kislogubsk). Insgesamt sind aber weltweit kaum mehr als 50 Plätze für diese Kraftwerke geeignet.

3.6 Natürliche Hindernisse des Seeverkehrs

Bestimmte Wetterlagen verursachen im Zusammenspiel mit den Meeresströmungen und den Windsystemen einige sehr gravierende Hindernisse in der Durchführung der weltweiten Seeverkehre. Besondere Gefahrenmomente im Seeverkehr sind die Küsten- und Meeresvereisungen, die Treibeisbildungen, Nebel und Stürme.

Beispiel:

„Mitte Januar 1991 geriet der Erzfrachter Protector etwa 300 Seemeilen südöstlich von Neufundland auf der Rückseite eines umfangreichen Orkantiefs in Seenot und sank innerhalb sehr kurzer Zeit. Trotz einer intensiven Suchaktion konnten keine Überlebenden gefunden werden. Die Wellenhöhen zur Zeit des Schiffsunglücks wurden auf 16 bis 17 m geschätzt ... Einzelne Wellen, sogenannte Kaventsmänner, dürften in diesem Fall eine Höhe von 30 m erreicht haben. Man hätte ... wie es andere vom Seewetteramt Hamburg beratene Schiffe taten, dieses gewaltige Seegangsfeld umfahren können."

Quelle: Deutsche Verkehrs-Zeitung Nr. 63 v. 28.05.1991, S. 11

Vereisungen

Zu den bedeutenden Seeverkehrsbehinderungen gehören die winterlichen Vereisungen von Küsten und großen Teilen der nördlichen Meere. Besonders stark sind davon alljährlich der Atlantik und einige seiner Nebenmeere betroffen, da sie in ihren nördlichen Teilen zwar schwankend, aber unausgesetzt durch **Packeis** aus dem Nordpolarbecken und durch **Gletschereis** von Grönland gespeist werden. Beeinträchtigt ist dadurch im Winter der Seeverkehr in den Gewässern um Neufundland und Neuschottland; monatelang ist der Seeweg zur Hudson-Bay wie auch die Belle-Isle-Straße zwischen Labrador und Neufundland versperrt. Die Zufahrt in den St.-Lorenz-Golf durch die Cabot-Straße ist gelegentlich vereist. Auch der sog. „Nördliche Seeweg" entlang der sibirischen Küste ist nur mit Eisbrechern wenige Wochen im Jahr benutzbar und nur in günstigen Jahren auch wirtschaftlich befahrbar (vgl. hierzu Themenkreis 12, Abschnitt 4.2.6). Von Eis verschlossen sind in den winterlichen Perioden auch Teile der Ostsee, insbesondere der Finnische und der Bottnische Meerbusen. Die Auswirkungen auf die dortige Verkehrswirtschaft sind beträchtlich. Denn die Dauer der Vereisung ist nicht nur für die Schiffahrt von erheblicher Bedeutung, sondern auch für davon betroffene Häfen, da sie ihre Verkehrsfunktion nicht ununterbrochen aufrechterhalten können.

Beispiel:

Der schwedische Erzausfuhrhafen Lulea am Bottnischen Meerbusen ist jährlich bis zu sechs Monate durch Eis blockiert. Wenn die Fahrwasser mit Eisbrechern nicht freigehalten werden können, sind die modernen Erzverschiffungsanlagen somit lange Zeit nicht ausgelastet. Der Export der Rohstoffe muß dann alternativ über den eisfreien norwegischen Seehafen Narvik oder auf dem Landweg per Eisenbahn erfolgen.

Selbst das Kaspische und das Schwarze Meer werden trotz ihrer Lage in den mittleren Breiten in den nördlichen Küstenabschnitten von Vereisungen betroffen. Völlig eisfrei ist, bis auf einen schmalen Saum an der Südseite, der Indische Ozean. Der Pazifik ist von Eisbildung, außer im Süden, vor allem im Raume des Bering- und Ochotskischen Meeres im Norden sehr stark, im Bereich des Japanischen Meeres in minderem Maße betroffen.

Treibeis und Eisberge

Mit der Vereisung ist die regelmäßige Bildung von **Treibeis** und **Eisbergen** verbunden. Die Treibeisgrenzen umfassen eine Meeresfläche von maximal 80 Mio. km^2. In der frühsommerlichen Abschmelzzeit reicht die nordatlantische Treibeisgrenze von Neufundland bis zur Südspitze Grönlands und in das Weiße Meer Rußlands hinein. Besonders der kalte Labradorstrom verfrachtet Eisberge sehr weit nach Süden. Sie sind bis zu 37 Grad n. Br. im Nordwest-Atlantik beobachtet worden, dies entspricht der Breitenlage von Sizilien. Im Pazifik berührt die Treibeisgrenze die Nordspitze der japanischen Insel Hokkaido. Auf der Südhalbkugel dringen die Eisberge bis auf 50 Grad s. Br. vor und können zu Beeinträchtigungen des Schiffsverkehrs auf der Relation Südamerika – Südafrika führen. Die Schiffahrt verlagert wegen der Eisberggefahren entsprechend dem jahreszeitlichen Auftreten ihre Fahrtrouten.

Beispiel:

Auf dem Nordatlantik nutzen die Reedereien in der Zeit zwischen April und Juni nicht die direkten Schiffsrouten zwischen Europa und der Ostküste Nordamerikas, sondern Routen, die mehrere hundert Kilometer weiter südlich verlaufen. Der Schiffsverkehr ist während dieser Zeitspanne vor allem durch Eisberge im Süden der Neufundlandbank gefährdet.

Die Meeresströmungen, die ja nicht nur entscheidend bei der Entstehung und Verbreitung von Seeverkehrshindernissen wie Treibeis und Eisbergen eine Rolle spielen, beeinflussen selbst den Seeverkehr. Die sogenannten Stromversetzungen von nicht selten mehr als 100 sm pro Tag können den Schiffskurs beträchtlich verändern. Die Strömungen üben weiterhin Einfluß auf die Fahrtgeschwindigkeiten und damit auf die Betriebskosten aus.

Beispiel:

Fahrten gegen den Strom vermindern, Fahrten mit dem Strom erhöhen die Geschwindigkeiten von Schiffen. Neben den Wetterfaktoren kann die Berücksichtigung von Strömungsfaktoren daher zu Zeitgewinnen oder Brennstoffeinsparungen führen. Kostenreduzierungen von mehreren tausend Mark lassen sich auf diese Weise vor allem bei längeren Schiffsreisen erzielen.

Nebel und Stürme

Dort, wo sich warme und kalte Meeresströmungen treffen, kommt es zur Bildung von Nebeln. Auf dem verkehrsreichsten Meer der Welt, dem Atlantik, sorgt das Zusammentreffen des kalten Labradorstromes mit dem warmen Golfstrom für eine beständige und besonders verkehrswidrige **Nebelregion** vor Neufundland. Wenngleich durch die heute modernen technischen Einrichtungen (Radar, Signalsysteme, Satellitenbeobachtung usw.) die Nebelgefahr für die Schiffahrt geringer geworden ist, so behindern diese Natureinflüsse im Winter und Herbst doch auch weite Teile der Nordsee und des Ärmelkanals. In einigen Fahrtgebieten kommt es durch den Einfluß der Meeresströmungen zu gefährlichen **Küstennebeln**, so vor der Küste von Chile und Namibia (Südwestafrika).

Trotz der modernen computergestützten Wettervorhersagen sind die durch die Windsysteme bedingten oder geförderten Stürme für die Seeschiffahrt eine der größten Gefahren. Sturmreiche Regionen mit oftmals vernichtenden Wirbelstürmen sind die tropischen Zonen, die Karibische See und die Seegebiete des Fernen Ostens zwischen der Malayischen Halbinsel und Japan. Gefährliche Orkane führen auch auf anderen Seegebieten wie etwa dem Atlantik immer wieder zu tragischen Schiffsunfällen. Die Messung der Windstärke und damit auch die Klassifizierung von Stürmen wird üblicherweise mittels der Beaufortskala vorgenommen. Die Stärkegrade werden zwischen 0 und 17 in Bft (Beaufort) angegeben (vgl. Themenkreis 1, Abschnitt 4.4). Die Windstärken werden zur Zonierung der Meeresgebiete verwendet. Die Gefahrenzonen können dann speziellen Seekarten entnommen werden.

Zusammenfassung

1. Drei Haupt- oder Weltmeere bilden zusammen mit ihren Nebenmeeren die gesamte globale Wasserfläche. Der Größe nach sind es der Pazifische Ozean (Pazifik), der Atlantische Ozean (Atlantik) und der Indische Ozean (Indik).
2. Als Nebenmeere der Ozeane werden alle Mittelmeere und Randmeere angesehen. Sie spielen im Seeverkehr eine besonders wichtige Rolle, da sich auf ihnen der Schiffsverkehr der Hauptseerouten verdichtet, bündelt und schließlich auf die Endhäfen an den Küsten auffächert.
3. Randmeere sind den Kontinenten randlich angegliedert und werden u. a. durch Inselketten oder Inseln von den Ozeanen getrennt. Zwischen Kontinenten eingebettete Nebenmeere bezeichnet man als interkontinentale Mittelmeere, Nebenmeere innerhalb von Kontinenten sind intrakontinentale Mittelmeere.
4. Die Meeresböden gliedern sich in die Formen Schelf, Kontinentalabhang, Tiefseebecken, Tiefseerücken und Tiefseegraben.
5. Der durchschnittliche Salzgehalt (Salidität) der Meere beträgt 35 Promille. Salzreiches Wasser gefriert erst bei –1,8 Grad C.
6. Salzgehalt und Wassertemperatur sind für die Seeschiffahrt von erheblicher Bedeutung. Da kaltes Wasser besser als warmes und salzhaltiges Wasser wegen seiner höheren Dichte besser als salzarmes Wasser trägt, richtet sich danach, wie tief ein Seeschiff vollbeladen im Wasser liegen darf.
7. Lademarken (auch Freibordmarken oder Plimsoll-Marken genannt) sind „Sicherheitsmarkierungen“ an Schiffsbordwänden, an denen abgelesen werden kann, wie tief ein Schiff bei unterschiedlichen Wasserbedingungen „abgeladen“ werden kann.
8. In den Weltmeeren zirkulieren kalte und warme Meeresströmungen, die von dem globalen Windsystem bewegt werden. Der bedeutendste und für Europa wichtigste Meeresstrom ist der Nordatlantikstrom (auch Golfstrom genannt).
9. Meeresströmungen werden immer nach der Richtung bezeichnet, in die sie fließen.
10. Gezeiten entstehen durch die gegenseitige Anziehungskraft von Erde, Mond und in geringerem Umfang der Sonne sowie dadurch, daß Mond und Erde um einen gemeinsamen, in der Erde liegenden Schwerpunkt kreisen.
11. Flut (= auflaufendes Wasser) und Ebbe (= ablaufendes Wasser) bilden zusammen eine Tide. Der niedrigste Wasserstand wird „Tidenniedrigwasser“ (TNW), der höchste „Tidenhochwasser“ (THW) genannt. Der mittlere Höhenunterschied zwischen beiden Wasserständen ist der Tidenhub oder Flutstand. Er wird in Zentimeter bzw. Meter über NN (Normal Null) gemessen.

12. Der Gezeitenwechsel erfolgt nach dem Mondlauf alle 6 Stunden und $12\frac{1}{2}$ Minuten. Der Eintritt von Ebbe und Flut verschiebt sich täglich um 50 Minuten ($4 \times 12\frac{1}{2}$ Minuten = 50 Minuten). Eine Tide dauert 12 Stunden und 25 Minuten.

13. Klima, Meeresströmungen und Windsysteme können gravierende Hindernisse in der Durchführung der weltweiten Seeverkehre hervorrufen. Besondere Gefahrenmomente sind Küsten- und Meeresvereisungen, Treibeisbildungen, Nebel und Stürme.

Aufgaben

1. Informieren Sie sich im Atlas oder auf einem Globus über die Verteilung von Land und Wasser. Charakterisieren Sie die drei großen Weltmeere, und grenzen Sie diese voneinander ab.
2. Erklären Sie die Unterschiede zwischen Randmeeren, interkontinentalen und intrakontinentalen Mittelmeeren.
3. Fertigen Sie mit Hilfe des Atlas eine Übersicht der europäischen Nebenmeere in Form der Rand- und Mittelmeere an. Nennen Sie ihre jeweiligen natürlichen Verbindungswege zu den Ozeanen (Meerengen) und die Anliegerstaaten der von Ihnen genannten Nebenmeere. Verfahren sie dabei nach folgendem Muster:

Art des Nebenmeeres	Bezeichnung des Meeres	Verbindungswege	Anliegerstaaten
Randmeer	Irische See	Nordkanal/ St.-Georgs-Kanal	Irland, Großbritannien

4. Erstellen Sie eine Tabelle für überseeische Räume (vgl. Aufgabe 3). Tragen Sie mit Hilfe des Atlas die Nebenmeere Nord- und Mittelamerikas, des Nahen Ostens, Ost-, Südost- und Nordasiens sowie Australiens ein.
5. Erläutern Sie, was man unter Schelf, Kontinentalabhang, Tiefseebecken, Tiefseerücken und Tiefseegräben versteht.
6. Erklären Sie den Begriff Salinität, und erläutern Sie die Einflußfaktoren.
7. Worauf lassen tiefblaues und grünes Seewasser schließen?
8. Welcher Zusammenhang besteht zwischen Wassertemperatur, Salzgehalt und Abladetiefe eines Seeschiffes?
9. Freibordmarken sind im weiteren Sinne Sicherheitsmarkierungen. Erklären Sie, wie diese Aussage zu verstehen ist.
10. Meeresströmungen sind gewaltige Wasserbewegungen. Sie können als kalte oder relativ warme Wasser auftreten, wobei sie Strömungskreisläufe ausbilden. Schildern Sie die Entstehung und die Einflüsse von Meeresströmungen. Nennen Sie Beispiele für bedeutende Meeresströmungen.
11. Der Einfluß des Nordatlantikstroms auf Europa ist von grundlegender Bedeutung für Wirtschaft und Verkehr auf diesem Kontinent. Zeigen Sie dies anhand von Beispielen auf.
12. Definieren Sie die folgenden Begriffe und Abkürzungen: Flut, Ebbe, Tide, THW, TNW, NN, Tidenhub, Tidenhafen.
13. Was ist die Ursache dafür, daß sich der Eintritt von Ebbe und Flut täglich um 50 Minuten verschiebt?
14. Referieren Sie über die besonderen Gefahrenmomente im Seeverkehr, die sich durch Wettereinflüsse ergeben.

4 Klima und klimatische Gliederung der Erde

Klima und Wetter haben grundlegenden Einfluß auf die Entwicklung von Flora und Fauna und prägen unsere gesamten Lebensverhältnisse. Auch alle Verkehrssysteme, ob zu Lande, zu Wasser oder in der Luft, sind bekanntlich seit eh und je ständig den sich schnell wechselnden lokalen oder regionalen Wetterverhältnissen unterworfen. Auch die Klimazonen haben Einfluß auf das Verkehrswesen. Bei großräumigen interkontinentalen Güterverkehren kann die Durchquerung mehrerer Klimazonen eine Gefahr für die Ladung verursachen, auch wenn sie in Containern verstaut ist. Klima- und Wetterbeobachtungen und die daraus resultierenden Vorhersagen bilden somit unverzichtbare Entscheidungshilfen für die Transportwirtschaft.

4.1 Die Lufthülle und ihre Schichtung

Die gesamte Lufthülle (**Atmosphäre**) der Erde reicht bis in eine Höhe von etwa 1 000 km. Sie läßt sich in fünf Schichten oder Zonen einteilen.

Das eigentliche Wettergeschehen spielt sich in der untersten Zone, der **Troposphäre**, ab. Sie erstreckt sich in eine Höhe von rund 8 bis 18 km. In dieser Zone finden alle wichtigen Vorgänge statt, die das Wetter beeinflussen: Erwärmung und Abkühlung, Verdunstung, Wolkenbildung, Niederschlag usw. Alle diese physikalischen Erscheinungen gehen zumeist auf die Strahlungsenergie der Sonne im Zusammenspiel mit Verdunstungsvorgängen am Erdboden zurück. Luftdruck, Temperatur und Luftfeuchtigkeit sind dabei von Ort zu Ort verschieden. Dadurch ergeben sich in der Troposphäre ständig Luftumwälzungen von großen Ausmaßen. An der Obergrenze dieser Zone wird Wärme in die nachfolgenden Schichten abgestrahlt. Dadurch entsteht ein Temperaturgefälle, das die großen Vertikalbewegungen in der Troposphäre und damit die Wettererscheinungen in Gang setzt. Die Troposphäre ist der Verkehrsraum von Flugzeugen, die keine großen Höhen erreichen können oder die nur im Kurzstreckenverkehr eingesetzt werden.

Die wesentlichen Merkmale der nächsten Luftschicht, der **Stratosphäre**, sind das Fehlen von Wasserdampf und die horizontale Bewegung der Luft („Jet-stream"). In der Stratosphäre, die bis zu max. 50 km Höhe reicht, findet kein Wettergeschehen statt. Sie gilt daher als idealer Verkehrsbereich für den interkontinentalen Luftverkehr. Flugzeuge, die Luftstraßen in Höhen von über 11 km benutzen, fliegen daher „über dem Wetter".

Die dritte Schicht ist die **Mesosphäre**, die bis etwa 80 km in die Höhe reicht. In ihr herrschen Temperaturen von über +50 Grad C in den unteren, bis zu –120 Grad C in den oberen Lagen.

Ihr schließt sich die **Ionosphäre** an, die bis ca. 400 km Höhe gerechnet wird. In dieser Zone herrschen Temperaturen von weit über +200 Grad C. Es ist der Raum, in dem sich die Polarlichter bilden und der für den Nachrichtenverkehr von großer Bedeutung ist. Denn die Ionosphäre ermöglicht den weltweiten Kurzwellen-Funkverkehr, weil an ihrer Schicht die Radiowellen zur Erde reflektiert werden.

Die **Exosphäre** schließlich bildet die Obergrenze der Atmosphäre bei rund 1 000 km, eine genaue Höhengrenze kann jedoch nicht definiert werden. Der Übergang in den luftleeren Raum (Vakuum) des Weltraums erfolgt fließend. Der Weltraum ist wiederum für das Kommunikationswesen von elementarer Bedeutung, seit mit Satelliten eine weltweite Nachrichtenübermittlung betrieben werden kann.

4.2 Temperatur, Wetter und Klima

Die Hauptursache für alle Wettervorgänge ist die Erwärmung der Luft durch die **Wärmestrahlung** der Sonne. Daß es unterschiedlich stark erwärmte Gebiete auf der Erde gibt, hat im wesentlichen zwei Gründe. Zum einen treffen die Sonnenstrahlen die nördlichen Zonen der Erde in einem spitzen Winkel, sie bescheinen also eine viel größere Fläche als in den südlichen Gebieten. Die Heizkraft dieser Wärmestrahlen ist daher auch deutlich geringer als jene, die im rechten Winkel die Äquatorregionen treffen. Zum anderen müssen die Wärmestrahlen durch die mit Staub angereicherte Atmosphäre einen längeren Weg zu den nördlicheren Zonen zurücklegen, ihre Wärmekraft wird dadurch zusätzlich abgeschwächt.

Da die Lufthülle die Sonnenenergie zurückwirft (reflektiert) und aufnimmt (absorbiert) – nur etwa 45 % der Gesamteinstrahlung erreichen die Erdoberfläche – ist die Erwärmung der Erde bei steil auftreffenden Strahlen größer als bei flachen. Von den Polen zum Äquator nimmt die Lufttemperatur daher zu, weil sich der Einfallswinkel der Sonnenstrahlen vergrößert und ein großer Teil der Sonnenenergie durch den kürzeren Weg zur Erde nicht mehr von der Atmosphäre absorbiert wird. Durch den ständigen Wechsel des Einfallswinkels der Sonne sind ferner die Tag- und Nachtdauer auf den Breitenlagen der Erde unterschiedlich.

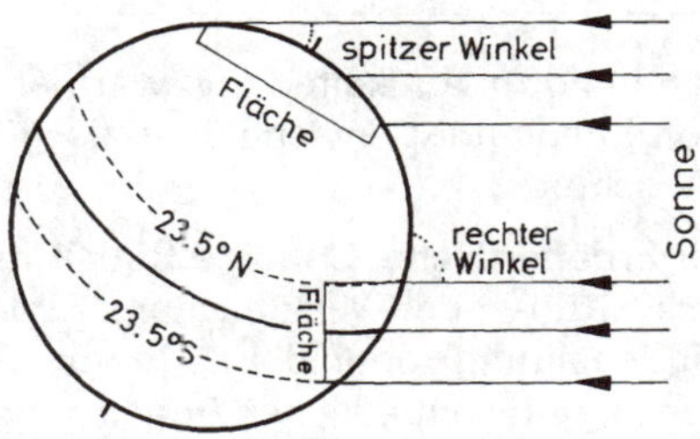

Verschiedene Erwärmung der Erdoberfläche und der Luft

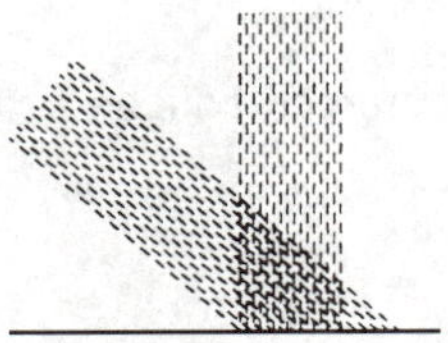

Einfallswinkel der Sonne	90°	50°	30°	10°	0°
Weglänge durch die Atmosphäre	1	1,3	2	5,5	35,5
direkt durchgelassene Strahlung	60 %	54 %	45 %	16 %	0 %

Absorption der Strahlungsenergie bei unterschiedlichen Einfallswinkeln

Mathematische Werte der längsten und kürzesten Tage (keine Berücksichtigung der Dämmerung)				
Geographische Breite	0°	30°	60°	90°
Längster Tag	12h	13h56 '	18h30 '	186 Tage
Kürzester Tag	12h	10h 4'	5h30 '	179 Tage

Doch ist die Breitenlage nicht allein entscheidend für den Grad der Erwärmung eines Ortes. Mehrere andere Faktoren üben wesentlichen Einfluß auf Temperatur und Klima aus:

- Die **Höhenlage** eines Ortes über dem Meeresspiegel. Je 100 m Höhe kann mit einer Temperaturabnahme von 0,5 bis 1 Grad C gerechnet werden.
- Die **Meeresnähe** eines Ortes. Da Landflächen schneller erwärmen als Wasserflächen, sich aber auch schneller wieder abkühlen, ist der Einfluß von Meereslagen auf die Temperatur sehr bedeutsam. In Westeuropa herrscht ein ausgeglichenes Klima (Ozeanisches Klima) mit geringen jahreszeitlichen Schwankungen und hohen Niederschlägen vor. Regionen inmitten von Landmassen weisen dagegen große Temperaturgegensätze (Amplitude) im Sommer und Winter und sog. Niederschlagsspitzen im Sommer auf (Kontinentalklima).

Ozeanisch-kontinentale Temperaturverschiebungen

Station	Lage ö. L.	Jan.-Temp. °C	Juli-Temp. °C	Klima
Vlissingen	3° 35 '	2,9	17,1	ozeanisches Klima
Bocholt	6° 36 '	1,7	18,0	
Münster	7° 36 '	1,2	17,4	
Hannover	9° 43 '	0,1	17,4	
Berlin	13° 18 '	–0,6	18,5	Übergang zu kontinentalem Klima
Posen	16° 50 '	–2,2	18,8	
Warschau	20° 59 '	–3,5	19,2	

- Die **Meeresströmungen** in Form von kalten und warmen Strömungen. Der Nordatlantikstrom (Golfstrom) beeinflußt entscheidend das Klima in Nordwesteuropa (vgl. Themenkreis 1, Abschnitt 3.4).
- Die Beschaffenheit der **Erdoberfläche**. Sandige Böden nehmen z. B. die Sonnenwärme stärker auf als Grün- oder Waldflächen. Ebenso führen wechselnde Bodengestalten (Geländeneigung) oder die Lage von Orten auf den Luv- oder Leeseiten von Gebirgen zu unterschiedlichen Erwärmungen.
- Schließlich sind die **Klimaelemente** Wind, Luftdruck, Luftfeuchte, Bewölkung zu nennen. Sie beeinflussen sich nicht nur gegenseitig, sondern hängen von den vorstehend genannten Klimafaktoren ab und bilden mit diesen ein komplexes Wirkungsgeflecht.

Die Begriffe Wetter und Klima umschreiben jeweils sehr unterschiedliche Erscheinungen.

Wetter

Unter **Wetter** versteht man den augenblicklichen Zustand der Atmosphäre in einem eng begrenzten Gebiet. Es äußert sich in den drei Grundelementen Lufttemperatur, Luftfeuchtigkeit (Niederschlag) und Luftdruck (Winde). Die ständige Aufzeichnung dieser Elemente ermöglicht es, ein Bild der Wetterlage in einem bestimmten Gebiet zu erhalten und außerdem Wettervorhersagen zu treffen. Kurzfristige Vorhersagen beziehen sich auf 48 Stunden, mittelfristige auf rund 14 Tage und langfristige auf Zeiträume bis zu mehreren Monaten.

Klima

Das Klima wird dagegen definiert als durchschnittlicher Wetterverlauf innerhalb eines längeren Zeitraumes (meistens ein Jahr) in einem bestimmten größeren

Gebiet. Das Wort Klima stammt aus dem Griechischen und heißt soviel wie Neigung. Es drückt damit aus, daß die Erwärmung von Erde und Lufthülle vor allem von der „Neigung" der Sonnenstrahlen, also ihrem Einfallwinkel, abhängt. Die Mittelwerte (Monats- und Jahresmittel) der genannten drei Elemente sowie ihr Zusammenspiel bestimmten die Einteilung der Erde in ihre Hauptklimazonen. Die Klimadaten werden in Diagrammen abgebildet, diese erlauben mit den genauen Ort- und Lageangaben präzise Aussagen über das Klima eines Gebietes.

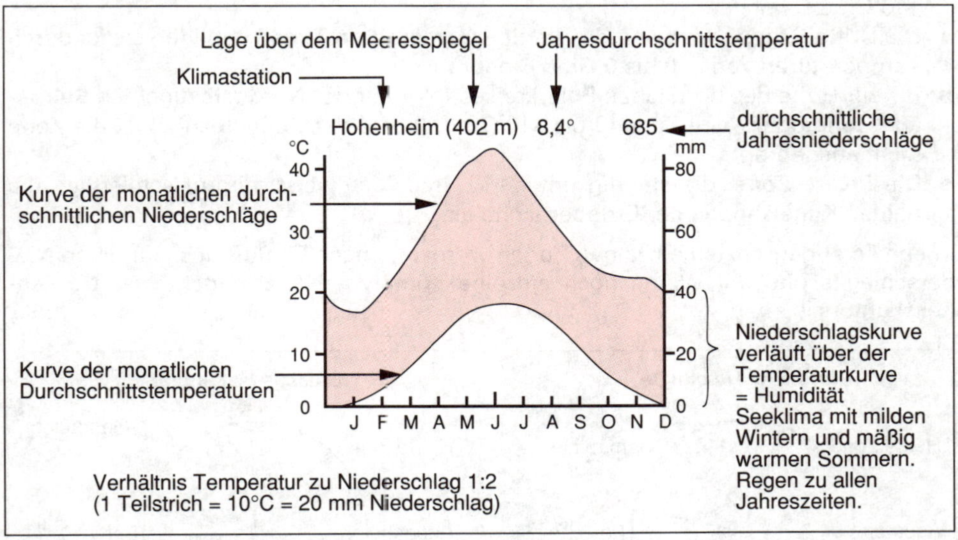

Klimadiagramm für Stuttgart-Hohenheim

4.3 Klimazonen der Erde

Von Geographen wurden bereits sehr früh Verfahren entwickelt, um Gebiete mit gleichem Klima und damit weitgehend gleicher Vegetation zu weltumspannenden Zonen zusammenzufassen. Diese Klimazonen geben eine gute Übersicht über Jahresdurchschnittstemperaturen, Klimaarten, Lebensbedingungen und Vegetationszonen, aber auch über spezifische Probleme einzelner Räume für die Wirtschaft und den Verkehr.

Die Klimazonen kommen zustande, wenn man die Orte mit gleicher Wärme durch Linien miteinander verbindet. Diese Linien gleicher Wärme werden **Isothermen** genannt (von isos: gleich; thermos: warm). Die hierzu notwendigen Messungen von Luft-, Boden-, Wassertemperaturen, Windgeschwindigkeiten, Luftfeuchtigkeiten u. a. m. erfolgt heute unter anderem auch über Wetter- oder Forschungssatelliten. Derartige Klima- und Wetterdaten lieferte u. a. bereits 1972 der von der US-Weltraumbehörde NASA betriebene Landsat-Satellit. Im globalen Wettersatellitensystem ist für Europa vor allem der Wettersatellit „Meteosat" von großer Bedeutung.

Die Klimazonen können auf unterschiedliche Weise festgelegt werden. Bei der mathematischen Methode werden drei Klimazonen (heiße, gemäßigte und kalte) nach Sonneneinfallswinkeln berechnet. Bei den nach wirklichen oder physischen

Gegebenheiten festgelegten Klimazonen gibt es Abweichungen. Bei diesem Verfahren bildet man in der einfachsten Form fünf Temperaturgruppen, aus denen sich dann fünf Zonen mit weitgehend gleichen Klimabedingungen ableiten lassen:

- **Tropische Zone**: Alle Gebiete mit einer jährlichen Durchschnittstemperatur von über +20 Grad C werden der äquatornahen Tropischen Zone zugerechnet.
- Ihr schließen sich nördlich und südlich in Höhe der beiden Wendekreise jeweils eine **Subtropische Zone** an, deren Durchschnittstemperaturen von +20 bis +10 Grad C reichen.
- Die Dritte Gruppe wird von den beiden **Gemäßigten Zonen** gebildet, sie ist durch Temperaturen von +10 bis 0 Grad C geprägt.
- Bis zur Höhe des nördlichen Polarkreises folgt auf der Nordhalbkugel die **Subpolare Zone** oder Kalte Zone (0 bis –10 Grad C). Auf der Südhalbkugel ist die Zone nicht ausgeprägt.
- Die **Polare Zone**, die ständig unter –10 Grad C aufweist, nimmt schließlich die beiden Kugelkappen der Erdoberfläche ein.

In den so abgegrenzten einzelnen Zonen werden je nach Einfluß des jährlichen Niederschlages und der Winde noch einzelne Klimatypen (z. B. feuchtheiß, trockenheiß) unterschieden.

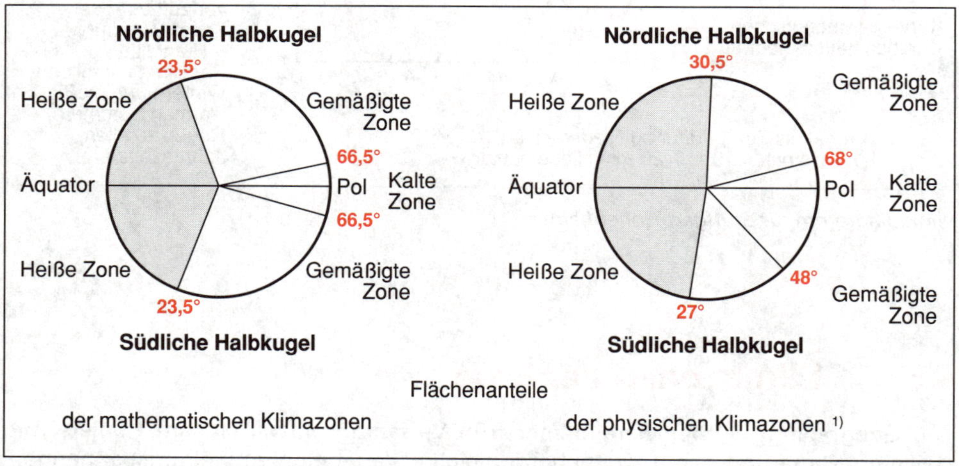

Mathematische und physische Klimazonen

Die Isothermen bzw. die Klimazonenlinien verlaufen mehr oder weniger horizontal um die Nord- und Südhalbkugel. Da aber auf der Nordhalbkugel durch die enge Verflechtung von Land und Wasser sehr unterschiedliche Erwärmungen zustande kommen, sind die Isothermen dort stark verzerrt.

Das Existieren von klimatisch unterschiedlichen Räumen auf der Erde ist im übrigen eine entscheidende Voraussetzung für die seit Jahrhunderten durchgeführten weltweiten Handels- und Verkehrsbewegungen. Denn die Klimaunterschiede sind für die räumlich ungleichmäßige Verteilung vieler natürlicher Rohstoffe (Ressourcen) verantwortlich. Dies trifft insbesondere für die tierischen und pflanzlichen Rohstoffe zu, wie beispielsweise Tropenhölzer, Genußmittel in Form von Kaffee und Tee, Baumwolle, Jute u. a. m.

---

1) Die Grenzlinien und Flächenanteile der physischen Klimazonen ergeben sich durch Berechnung der 20°-Jahresisotherme (Grenze der Tropen) und der 10°-Isotherme des wärmsten Monats (Grenze der gemäßigten Zone) auf jeder Halbkugel.

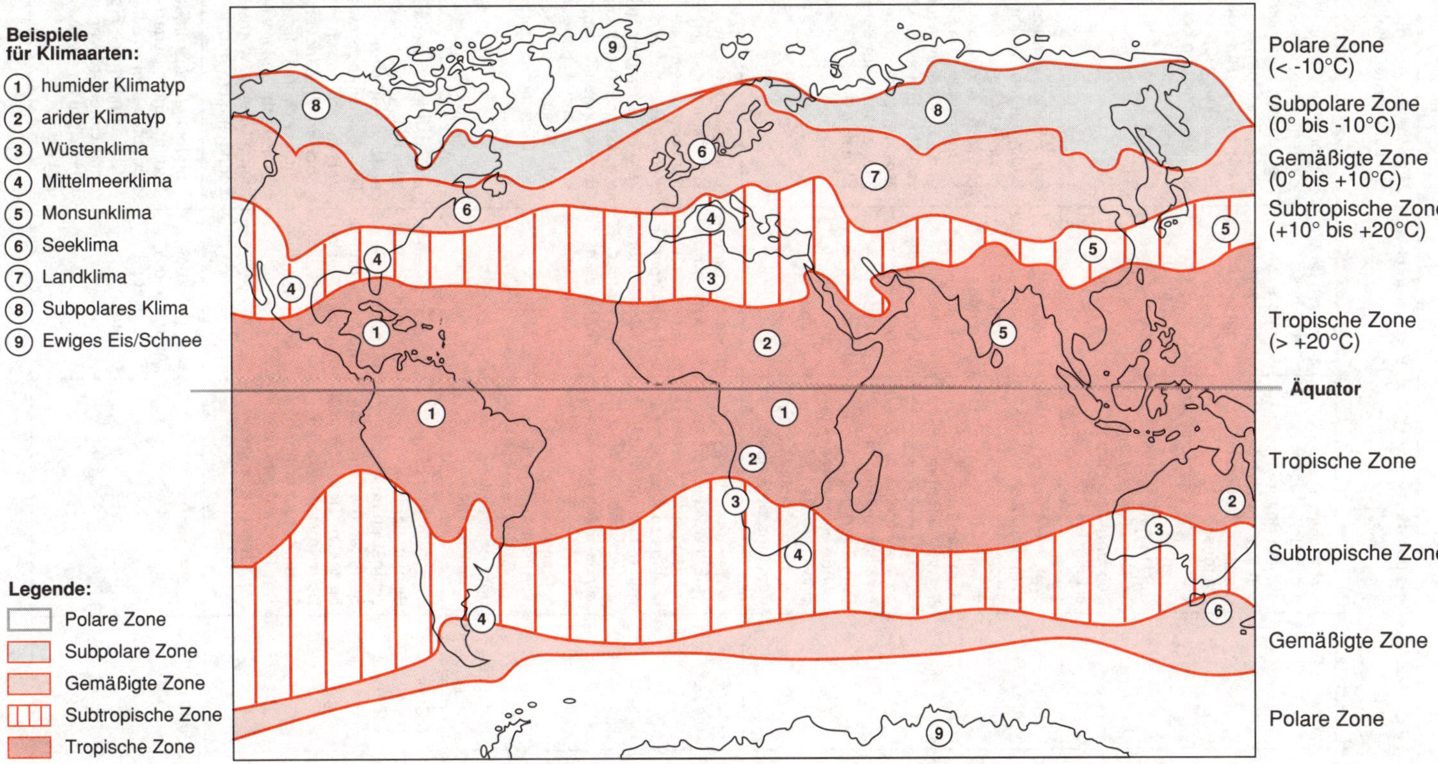

Verlauf der Klimazonen auf der Erde

Übersicht der Klimazonen

Klimazone	Festlandsfläche in %	Jahresdurchschnittstemperatur	Art des Klimas	Verbreitungsgebiet	Wirtschafts- und Verkehrsbedeutung
Tropische Zone	48	über +20 °C	① **humider Typ** feuchtheiß, täglich ergiebige Regenfälle, besonders zur Zeit des höchsten Sonnenstandes ② **arider Typ** trockenheiß, geringe Niederschläge, zum Teil jahrelang niederschlagslos	zu beiden Seiten Seiten des Äquators a) Amazonasgebiet, b) Küstenwüsten Afrikas	ungünstige Wirtschaftsbedingungen, schwierige Verkehrserschließung, Transportprobleme durch Hitze und Feuchtigkeit, Überschwemmungen bei Typ 1
Subtropische Zone	13	+20 °C bis +10 °C	③ **Wüstenklima** immer trocken ④ **Mittelmeerklima** Sommer trocken, im Winter Regen ⑤ **Monsunklima** im Sommer Regen (Monsunregen), Winde wehen vom Meer; Winter trocken, Winde wehen aus dem Inneren Asiens	a) Afrika (Sahara) Arabien, inneres Australien, Innerasien b) Europäisches Mittelmeer, Kalifornien c) Indien, China Indonesien, Japan	günstige Wirtschaftsbedingungen, Verkehrserschließung leichter, Monsune und subtrop. Stürme gefährden See- und Landverkehr, Flußverkehre bedeutsam im Monsunraum, kaum Flußverkehre im Bereich Klimatyp 4
Gemäßigte Zone	22	+10 °C bis 0 °C	⑥ **Seeklima** mäßig warme Sommer, milde Winder, Niederschläge zu allen Jahreszeiten, bedingt durch vorherrschende Westwinde, 4 Jahreszeiten ⑦ **Landklima** Sommer heiß und trocken, Winter kalt und schneereich, 4 Jahreszeiten	a) an den Rändern der Kontinente mit vorherrschender Windrichtung vom Meer b) Im Inneren der Kontinente	sehr günstige Wirtschaftsbedingungen im Seeklimabereich, stets eisfreie Häfen, Landverkehr ohne Hindernisse, eingeschränkt günstige Bedingungen im Landklima-Bereich, periodische Blockade der See- und Binnenschiffahrt im Winter
Subpolare Zone	17	0 C° bis bis −10 °C	⑧ **Subpolares Klima** Eis und Schnee schmelzen im kurzen Sommer, der Boden ist bis 600 m Tiefe gefroren, Dauerfrostgebiete, im Sommer taut er nur bis 1 m Tiefe auf, Wasser kann nicht versickern	Nordrand Asiens, Rußland, Europa (Skandinavien) und Nordamerika (Kanada, Alaska)	ungünstige Wirtschaftsbedingungen durch Permafrost und sommerliche Schlammperioden, Verkehr periodisch blockiert, Pipelineverkehre wichtig, Flüsse vereisen und/oder sind durch Überschwemmungen nicht nutzbar
Polare Zone		unter −10 °C	⑨ **Ewiges Eis und Schnee**	Nordpolkappe (Arktis) und Südpolkappe (Antarktis)	ungünstige Wirtschaftsbedingungen, Dauerbesiedlung selten, Verkehr und Technik durch Eis und Schnee schwer behindert, keine eisfreien Häfen.

4.4 Luftdruck und Winde

Die unterschiedliche Erwärmung der Luft führt zur Bildung von Hochdruck- und Tiefdruckgebieten. Warme Luft dehnt sich aus und steigt nach oben. Erwärmt sich also die Luft über einem Gebiet, während sie über einem benachbarten kühl bleibt, steigt sie auf und vermindert damit den Luftdruck über dem erwärmten Gebiet. Es entsteht eine Zone mit tiefem Druck (**Tiefdruckgebiet = T**). Bei Abkühlung vollzieht sich der Vorgang umgekehrt. Kühle Luft verdichtet sich und sinkt nach unten. Es bildet sich eine Zone mit hohem Luftdruck (**Hochdruckgebiet = H**). Die unterschiedlichen Drucklagen zwischen T und H rufen einen Druckausgleich hervor, der sich in Form von Luftströmungen, den Winden, zeigt. Winde wehen immer vom Hoch zum Tief.

Infolge der Erddrehung von Westen nach Osten werden die Luftströmungen auf ihrem direkten Weg vom Hoch zum Tief abgelenkt. In Äquatornähe herrscht eine hohe Rotationsgeschwindigkeit der Erde. Die sich dort bildenden Hochdruckmassen haben somit eine relativ hohe Geschwindigkeit. Strömt diese Luft zum Tief, wird sie vorher nach rechts abgelenkt. Das nördliche Tief nimmt die Luft aufgrund geringerer Rotation mit einer Linksdrehung auf. Es bilden sich auf diese Weise um die Druckzentren großräumige Wirbel, die die Luftmassen wie beschrieben ansaugen (T) oder abgeben (H). Die Druckausgleichsbewegungen können räumlich sehr eng stattfinden, dann spricht man von lokalen Winden. Das weiträumige und globale Zusammenspiel von H und T prägt die weltweiten **Windgürtel** aus, die als planetarisches Windsystem bezeichnet werden. Beide Windsysteme stellen wohlgeordnete Kreisläufe dar, die alle Wettererscheinungen grundlegend beeinflussen. Beim planetarischen Windsystem wird zwischen regelmäßig und zeitweise wehenden Winden unterschieden.

Beispiel:
Passate und Monsune sind regelmäßig wehende Winde, unregelmäßig auftretende Windbewegungen sind Stürme, Blizzards, Hurrikans und Zyklone.

Lokale Winde

Als typisches Beispiel für lokale Winde können der **See- und Landwind** genannt werden. Da sich das Land schneller erwärmt als das Wasser, steigen täglich an allen Küsten von den Landflächen schnell erwärmte Luftmassen auf (T). Es fließt stets kühle Luft vom Meer (H) als Druckausgleich nach – der „Seewind" ist das Resultat. Nachts steigt über dem wärmeren Meer (T) Luft auf, vom abgekühlten Land (H) strömt Luft als „Landwind" seewärts (ablandiger Wind). Vergleichbar ist die Entstehung von Berg- und Talwinden. Es gibt lokale Winde mit zum Teil beträchtlichen Auswirkungen.

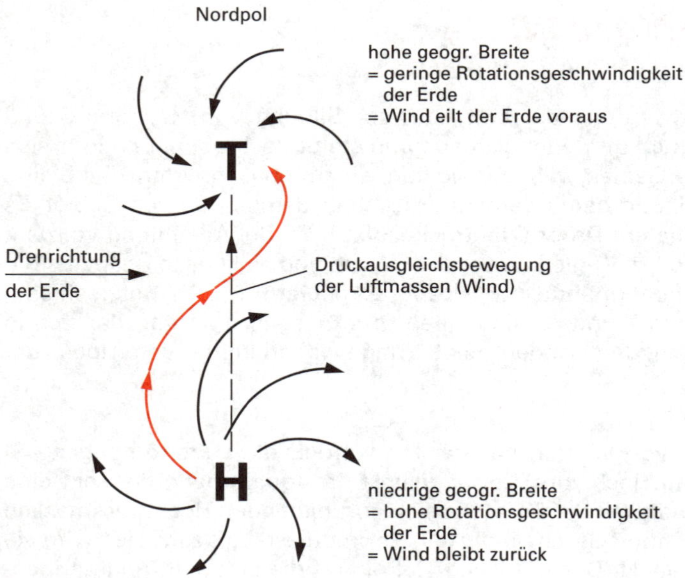

Ablenkung der Winde auf der Nordhalbkugel

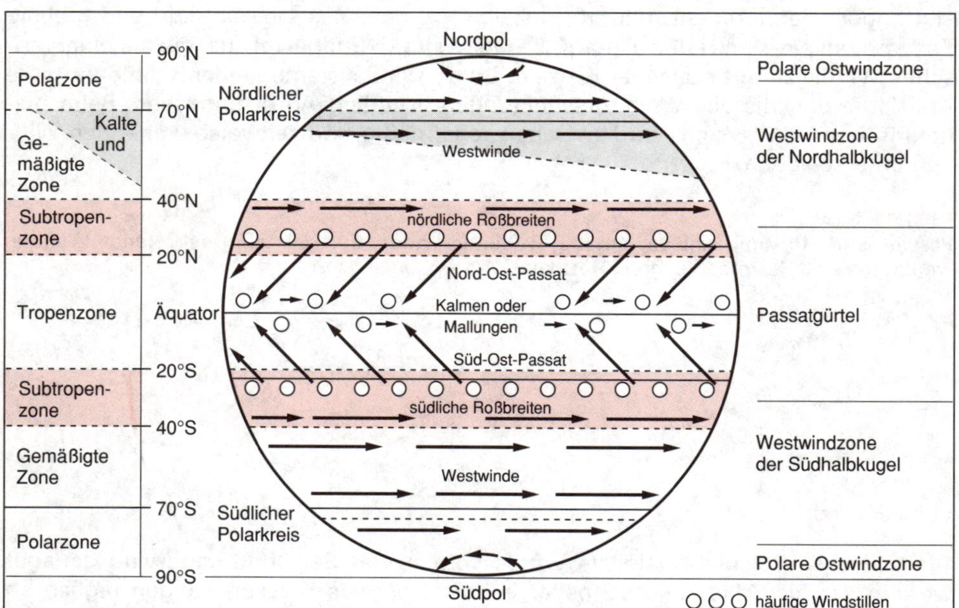

Schematische Darstellung der planetarischen Windgürtel

Beispiele:

Zu den bekannten lokalen Winden gehören der Föhn (warmer Fallwind in den Alpen), die Bora (kalter Fallwind an der istrisch-dalmatinischen Küste), der Mistral (kalter Fallwind im Rhônetal und -delta), der Schirokko (warmer nordafrikanischer Sturm im Mittelmeerraum und Süditalien) und der nordafrikanische Samum (heißer, trockener Sandsturm), der je nach Ort auch als Gibli (Libyen), Chamsin (Ägypten) oder Buran (Mittelasien) bezeichnet wird.

Planetarische Winde

In den Äquatorregionen steigt die Luft durch die starke Sonnenerwärmung ständig auf. Diese vertikale Bewegung kann nicht wie etwa eine horizontale Luftbewegung am Boden wahrgenommen werden – es herrscht quasi Windstille. Der Luftdruck ist sehr niedrig (T). Dieses Gebiet wird seit der Zeit der Segelschiffahrt **Kalmengürtel** oder Mallungen genannt (engl. calm = ruhig). Nach ihrem Aufstieg kühlt die Warmluft wieder ab und löst dann heftige Regenfälle aus (Zenitalregen). In großer Höhe fließen die Luftmassen polwärts und fallen dort – inzwischen trocken und weiter abgekühlt (H) – im Bereich der Wendekreise wieder zur Erde zurück. Hier rufen sie ständigen Sonnenschein und Trockenheit hervor. Diese Zone wird **Roßbreiten** genannt. Die Roßbreiten sind aufgrund der fallenden Luft windarm. Zwischen Roßbreiten und Kalmengürtel mit seinem beständigen Tief fließt die Luft bodennah als Wind zum Äquator. Dieser Wind trägt die Bezeichnung **Passat**. Die Begriffe Passat, Kalmengürtel und Roßbreiten hängen eng mit der historischen Seeschiffahrt zusammen.

Beispiel:

Das Wort Passat ist dem Spanischen entlehnt (span.: passata) und bedeutet Überfahrt. Nach dem Überwinden der Roßbreiten machten die Segelschiffe der früheren Jahrhunderte mit dem Passatwind beträchtlich Fahrt. Die Geschwindigkeit soll im Durchschnitt bei 25 km/h gelegen und für schnelle Überfahrten gesorgt haben. Die Roßbreiten waren dagegen als windstiller Gürtel gefürchtet. Sie erhielten angeblich ihren Namen im Zusammenhang mit Pferdetransporten zwischen Europa und Amerika. Für Segelschiffe, die in diese Zone gerieten, verlängerte sich wider Erwarten die Seereise. Die langen Flauten in den Roßbreiten sollen die Kapitäne schließlich dazu gezwungen haben, daß sie ihre „Rösser" wegen des zu großen Ballasts oder wegen fehlender Futtermittel über Bord warfen.

Die vom Kalmengürtel aufsteigende Luft fällt nur zum Teil über den Roßbreiten wieder ab, ein Teil strömt weiter polwärts. Diese Luftmassen sinken erst in den hohen Breiten zwischen dem 40. Grad n. Br./s. Br. und den Polarkreisen ab. Dort bilden sie mit den ständig wehenden Westwinden den Gürtel der veränderlichen Winde. Da jedoch die Westwinde dominieren, wird die Zone als **Westwindzone** bezeichnet. Mitteleuropa liegt ständig unter ihrem Einfluß. Letztlich entsteht durch den beschriebenen Druckausgleich zwischen den Polen und den Polarkreisen ein ständig wehender kalter **Polarwind**.

Ein besonderes Windsystem hat sich in Süd- und Südostasien herausgebildet. Die dortigen **Monsune** (Arab.: mausim = Jahreszeiten) sind Winde, die jahreszeitlich ihre Richtung wechseln; ihre Entstehung erfolgt aber nach den gleichen physikalischen Gesetzen des Druckausgleichs. Der Monsun weht im Sommer als kühler, feuchter und oftmals regenreicher Wind vom Meer zum Festland (Sommermonsun). Im Winter dagegen ist er ein trockener, kalter Wind, der aus den Kontinenten zum Meer weht. Im wesentlichen hängen die Monsune jedoch auch mit Änderungen der Passatwinde zusammen, die für Indien und Nordaustralien eine tropische Westwindzone bilden, die dann für diese beiden Kontinente den Sommermonsun darstellen.

Alle genannten Winde sind regelmäßig wehende Winde. Im planetarischen Windsystem gibt es daneben auch unregelmäßig auftretende Winde.

Wirbelstürme

Diese mehr oder weniger unregelmäßig auftretenden Winde sind die gefährlichen **Wirbelstürme** oder Zyklone, bei denen man zwischen außertropischen und tropischen unterscheidet. Außertropische Wirbelstürme, die als heftige orkanartige Luftwirbel erscheinen, finden sich vor allem im Winter großräumig in den gemäßigten

Breiten. Die häufiger auftretenden tropischen Zyklone entstehen dort, wo die Meerestemperatur auf über 25 Grad C steigt. Dies sind die Meeresgebiete ober- und unterhalb des Äquators. Die Stürme derartig warmer Meereszonen werden nach ihrer Bildung mit den Passaten nach Westen geweht, an den Festländern flauen sie ab oder drehen nach Osten, wo sie sich auf den kühleren Ozeanen wieder verlieren.

Beispiel:

„Nach dem statistischen Mittel wird die Karibik pro Jahr von sechs und der Pazifik von zwölf Wirbelstürmen heimgesucht. Zwar können die Wettersatelliten die Bahn des wandernden Sturms exakt zur Erde funken, aber nichts und niemand ist imstande, die Naturgewalt über dem Meer aufzuhalten. Sicher ist nur, wann und wo der Taifun oder Zyklon sein Zerstörungswerk beginnen wird. Die „World Meteorological Organization" (WMO) legt die Bezeichnung der Wirbelstürme im voraus für zehn Jahre fest. Dabei beginnen die Wetterforscher in jedem Jahr und in jedem der fünf Wirbelsturmgebiete mit dem Buchstaben A, wobei alternierend Männer- und Frauennamen gewählt werden, die in jeder gefährdeten Region dann anders lauten."

Quelle: Die Zeit, Nr. 42 v. 13.10.1981 (leicht verändert)

Weltweit gibt es mehrere traditionelle Zugbahnen, über die die Wirbelstürme mehrfach im Jahr auf die Kontinente prallen. An der Äquatorzone bilden sich aufgrund der Windstille keine Zyklone. Die tropischen Wirbelstürme, die man **Hurrikans, Orkane, Tornados** und **Taifune** nennt, erreichen Geschwindigkeiten, die weit über 100 km/h liegen und in Nord- und Mittelamerika sowie in Süd-, Südost- und Ostasien verheerende Schäden anrichten. Die unterschiedlichen Ausdrücke für die Wirbelstürme richten sich nach den in den betroffenen Gebieten verwendeten Sprachen, sie beziehen sich jedoch immer auf tropische Zyklone.

Beispiele:

Wirbelstürme, die zwischen August und Oktober in der Karibik auftreten, werden Hurrikans genannt. Der Ursprung des Wortes ist spanisch (= huracán) und bedeutet Orkan; die englische Umschreibung ist hurricane. Wirbelstürme im mittleren Atlantik, im Golf von Mexiko und an der US-Golfküste werden Tornados (aus span.: torsión = Drehung, Drall) genannt. Die von Juli bis November in Ostasien auftretenden tropischen Wirbelstürme heißen Taifune. Das Wort entstammt dem chinesischen t'ai fung = Großer Wind, in englisch wird der Sturm Typhoon genannt. In Australien, wo der Nordosten und Nordwesten zyklongefährdet sind, spricht man wiederum von „Willy-Willies".

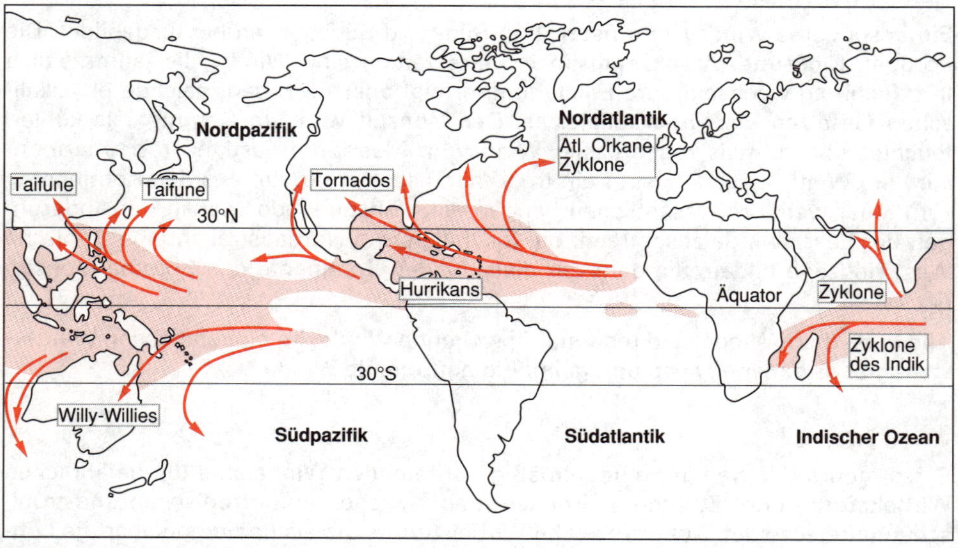

Entstehungsgebiete und Zugbahnen von Wirbelstürmen

Windstärken-Skala

Die Einteilung der Windstärken in einzelne Gruppen erfolgt in Form der seit 1806 gültigen **Beaufort-Skala** (Bft) des englischen Admirals Beaufort. In der Skala sind die Windstärken in Meter pro Sekunde (m/s) zu den Windstärkegruppen Bft 0 bis 17 zusammengefaßt. Die aufgeführten starken Winde werden ab Stärke Bft 9 (Sturm) gerechnet. Die Windstärken Bft 13 bis 17 werden zur Klassifizierung von Wirbelstürmen verwendet.

Windstärken nach der Beaufort-Skala

Stärke	m/s	Bezeichnung	Auswirkungen des Windes	
			im Binnenland	auf See
0	0,0…0,2	still	Windstille; Rauch steigt gerade empor	spiegelglatte See
1	0,3…1,5	leiser Zug	Windrichtung angezeigt nur durch Zug des Rauches	kleine Kräuselwellen ohne Schaumkämme
2	1,6…3,3	leichte Brise	Wind am Gesicht fühlbar; Blätter säuseln; Windfahne bewegt sich	kurze, aber ausgeprägtere Wellen mit glasigen Kämmen
3	3,4…5,4	schwache Brise	bewegt Blätter und dünne Zweige; streckt einen Wimpel	Kämme beginnen sich zu brechen; vereinzelt kleine Schaumköpfe
4	5,5…7,9	mäßige Brise	hebt Staub und loses Papier; bewegt Zweige und dünnere Äste	kleine längere Wellen; vielfach Schaumköpfe
5	8,0…10,7	frische Brise	kleine Laubbäume schwanken; Schaumkämme auf Seen	mäßig lange Wellen; überall Schaumkämme
6	10,8…13,8	starker Wind	stärke Äste in Bewegung;	große Wellen; Kämme brechen sich; größere weiße Schaumflächen
7	13,9…17,1	steifer Wind	ganze Bäume in Bewegung; Hemmung beim Gehen gegen den Wind	See türmt sich; Schaumstreifen in Windrichtung
8	17,2…20,7	stürmischer Wind	bricht Zweige von den Bäumen; sehr erschwertes Gehen	mäßig hohe Wellenberge mit langen Kämmen; gut ausgeprägte Schaumstreifen
9	20,8…24,4	Sturm	kleine Schäden an Häusern	hohe Wellenberge; dichte Schaumstreifen; „Rollen" der See; Gischt beeinträchtigt die Sicht
10	24,5…28,4	schwerer Sturm	entwurzelt Bäume; bedeutende Schäden an Häusern	sehr hohe Wellenberge mit langen überbrechenden Kämmen; See weiß durch Schaum; schweres stoßartiges „Rollen"; Sichtbeeinträchtigung
11	28,5…32,6	orkanartiger Sturm	verbreitete Sturmschäden	außergewöhnlich hohe Wellenberge; Sichtbeeinträchtigung
12	32,7…36,9	Orkan	verheerende Sturmschäden (selten im Binnenland)	Luft mit Schaum und Gischt angefüllt; See vollständig weiß; jede Fernsicht hört auf
13…17	37..>56			

Quelle: Neef, E. (Hrsg.) : Das Gesicht der Erde. Frankfurt/M., Zürich 1970, S. 856.

4.5 Luftfeuchtigkeit und Niederschlag

Das Wasser von Meeren, Seen und Flüssen verdunstet durch die Sonnenerwärmung zu Wasserdampf. Dieser wird von der Luft aufgenommen und von den Winden transportiert. Die Luft hat bei hohen Temperaturen eine größere Wasseraufnahmefähigkeit als bei niedrigen. So faßt 1 m^3 Luft bei 0 Grad C nur 5 g Wasser, bei 20 Grad C bereits 17 g und bei 30 Grad C schon rund 30 g. Dies ist auch die Erklärung dafür, daß die Aufnahmefähigkeit der Tropenluft zehnmal größer ist als die der Luft in den Polarregionen.

Da die Luft nur bestimmte Mengen von Wasser in Gasform aufnehmen kann, wird die Aufnahmefähigkeit der Luft generell durch den sog. „**Sättigungspunkt**" oder Taupunkt begrenzt. Damit ist jene Temperatur der Luft gemeint, bei der die in ihr enthaltene Feuchtigkeit den Sättigungszustand erreicht und die relative Feuchtigkeit 100 % beträgt. Wird dieser Punkt etwa durch Abkühlung erreicht, kommt es zur **Kondensation** (Verdichtung). Dies bedeutet, daß bisher unsichtbare gasförmige Feuchtigkeit sichtbar wird. In der Natur zeigt sich dies in Form von Dunst, Nebel, Wolkenbildung oder Niederschlag. In geschlossenen unbelüfteten Transporträumen von Schiffen, Lkw, Bahnwaggons oder Containern findet dieser Vorgang seinen Ausdruck in der Bildung von Wassertröpfchen.

Die vorstehend genannten Kondensations-Folgen können zum einen Auswirkungen auf die Durchführung von Verkehrsvorgängen mit Wasser- und Landverkehrsmitteln haben, etwa beim Auftreten von Nebel oder Niederschlag. Die Einflüsse von Luftfeuchtigkeit und Temperatur und die damit verbundenen Kondensationsvorgänge reichen jedoch sehr viel weiter, denn auch die transportierten Waren können davon betroffen werden. So spielt beispielsweise in der sog. „Laderaum-Meteorologie" der Seeschiffahrt der Vorgang der Kondensation eine zentrale Rolle.

Beispiel:

Die Folgen von Kondensationsvorgängen in Transportmitteln werden in der Verkehrswirtschaft, insbesondere in der Seeschiffahrt, allgemein als Schweiß- oder Schwitzwasser bezeichnet. Es werden dabei der Schiffs- und der Ladungsschweiß unterschieden. Beide Arten sind gefürchtet, weil durch sie oft ganz allmählich Schäden an den Ladungen entstehen können, die zunächst nicht erkannt werden oder sich erst viel später auswirken können. Zu den typischen Ladungsschäden durch Kondensation werden Rost, Verfärbungen, Feuchtigkeitsflecken, Schimmelbildungen, Fäulnis, Zusammenbacken von Kartons, Ablösen von Aufklebern und ähnliches mehr gerechnet. In Extremfällen kann die in Schiffen oder Containern durch Kondensation entstandene Feuchtigkeit ganze Ladungen vernichten, z. B. in Form von Verblockung von Zucker, Mehl usw. (vgl. hierzu ausführlicher Themenkreis 1, Kap. 5).

Niederschlag ist immer das Ergebnis von Luftabkühlung. Der Niederschlag ist um so stärker, je größer der Wasserdampfgehalt der Luft war. Die Abkühlung der Luft kann auf folgende drei Arten geschehen:

- Durch das **Aufsteigen** von warmen Luftmassen in die Höhe, wobei die Ausdehnung der Luft nach oben Wärme verbraucht. Bei dieser häufigsten Regenursache kühlt sich die Luft pro 100 m um rund 1 Grad C ab, nach der Wolkenbildung noch um 0,6 Grad C.
- Durch das **Vermischen** von warmer und kalter Luft. Der aufgenommene Wasserdampf scheidet sich dann gewöhnlich in Form von Nebel ab. Die in der Seeschiffahrt gefürchteten Nebel bei der Neufundlandbank etwa sind auf das Zusammentreffen warmer Meeresluft des Golfstroms mit kühlerer Luft aus dem Labradorbereich zurückzuführen.
- Durch die **Wärmeausstrahlung** der Luft. Dies kann insbesondere bei Nacht und wolkenfreiem Himmel zur Abkühlung führen und Nebel, Tau und bei Temperaturen unter 0 Grad C auch Reif, Glatteis und Rauhfrost erzeugen.

Die Menge der Niederschläge eines Gebietes hängt in erster Linie von seiner Lage zum Meer und von den Winden ab. Gebiete mit Seeklima, wie z. B. Westeuropa, weisen beständige Niederschläge auf, in Gebieten mit Kontinentalklima, wie z. B. großen Teilen Osteuropas, fällt der Niederschlag stetig ab. Regenreiche Gebiete sind auch die Luvseiten der Gebirge, an denen sich die aufsteigenden Wolken abregnen (sog. Steigungsregen).

Beispiel:
Extrem hoch sind die Niederschläge an der Luvseite der tropischen Gebirge. In Assam/Nordindien, an der Luvseite des Himalayagebirges, beträgt der Niederschlag durchschnittlich 14 000 mm im Jahr. Die Leeseite des Gebirges weist dagegen bei der Wüste Gobi extrem geringe Niederschläge aus.

4.6 Wetterbeobachtungen und -vorhersagen

Die **Meteorologie** ist die Lehre von Klima und Wetter. Eine der Hauptaufgaben von Meteorologen ist die **Wetterbeobachtung** und die Erstellung von **Wettervorhersagen.** Um ein Höchstmaß an meteorologischer Vorhersage zu gewährleisten, arbeiten die meteorologischen Dienste in der ganzen Welt sehr eng zusammen. Ihr Ziel ist es, die Ergebnisse ihrer ständigen Wetterbeobachtungen untereinander auszutauschen und damit einen permanenten Informationsfluß über alle physikalischen Vorgänge innerhalb der Atmosphäre sicherzustellen. Die den Vereinten Nationen (UN) angegliederte **„World Meteorological Organization"** (WMO) sorgt dafür, daß der Austausch dieser Wettermeldungen auf internationaler Basis einheitlich gestaltet ist. Nur so können die weltweiten Wetterdienste auch einen höchstmöglichen Nutzen aus den vielfältigen Wetterdaten ziehen. Wichtiges Arbeitsinstrument ist hierbei das globale Wettersatellitensystem.

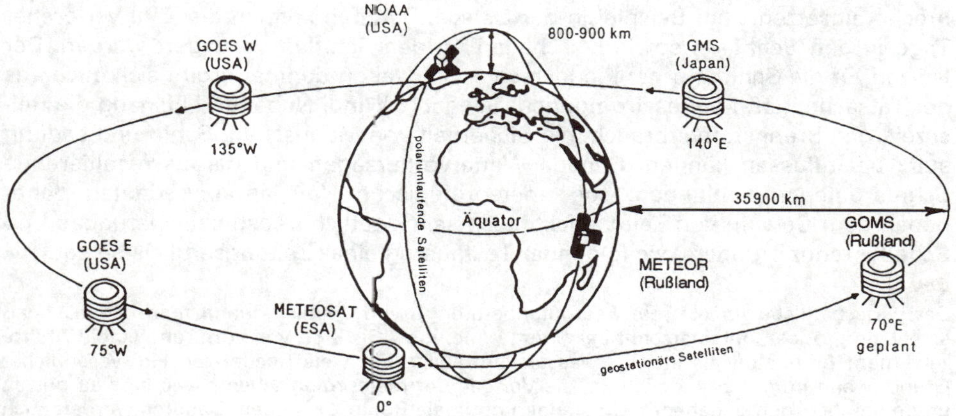

Globales Wettersatellitensystem

Quelle: Verkehrsnachrichten 3/4-91

Meteorologische Zentren der Welt

Es gibt drei „Meteorologische Weltzentren", sie befinden sich in Melbourne, Moskau und Washington. Ihnen sind 23 regionale Zentralen zugeordnet, die für jeweils festgelegte Gebiete das Wetter beobachten. Der **Deutsche Wetterdienst** in Offenbach/Main ist eine derartige Zentrale, sein Tätigkeitsfeld erstreckt sich auf den atlantisch-europäischen Raum. Der Deutsche Wetterdienst ist als Zentralamt eine Bundesbehörde, seine Leistungen sind gebührenpflichtig. Ihm sind sämtliche Wetterämter und Wetterstationen in der Bundesrepublik Deutschland unterstellt. Der Deutsche Wetterdienst sammelt alle Meßwerte von deutschen Wetterstationen bezüglich Temperatur, Niederschlag, Feuchtigkeit, Bewölkung usw. und erstellt daraus Wetterkarten. Diese Karten vermitteln dann das Bild des jeweiligen Zustandes der Atmosphäre in Bodennähe. Zusammen mit Kurzberichten über die Wetterlage und kurzfristigen Wettervorhersagen sind die Wetterkarten unentbehrliche Hilfsmittel für Wirtschaft und Verkehr. Der Deutsche Wetterdienst arbeitet rund um die Uhr und wertet stündlich einlaufende Meldungen aus, leitet sie weiter oder läßt sie abrufen. So wird etwa der bundesweite Flugverkehr halbstündlich mit Wettermeldungen beliefert. Die Vorhersagekarten werden den Flugwetterwarten drahtlos zugeleitet.

Deutsches Seewetteramt in Hamburg

Eine Sonderstellung unter den deutschen Wetterämtern nimmt das **Hamburger Seewetteramt** ein. Seine Aufgaben liegen nicht allein in der Beobachtung der Wetterentwicklung von Nord- und Ostsee, auch Gutachten über klimatische Verhältnisse in Überseegebieten oder Routen-Empfehlungen im Transatlantikverkehr werden erarbeitet.

Beispiel:

Das Seewetteramt betreibt seit über 30 Jahren einen speziellen Routenberatungsdienst für die Schiffahrt, der ... auch weltweit möglich ist. Im Prinzip wird dabei der Schiffsführung eine Entscheidungshilfe aus meteorologisch-ozeanographischer Sicht angeboten, um am sichersten und wirtschaftlichsten von einem Hafen zum anderen über die Ozeane zu gelangen. Bei diesen Empfehlungen beträgt der mittlere Zeitgewinn zum Beispiel in der Transatlantikfahrt pro Reise vier bis acht Stunden. In Anbetracht der hohen Betriebskosten eines Schiffes ist dies ein nützlicher Service, der sowohl von Eignern als auch von Charterern in Anspruch genommen wird.

Quelle: Deutsche Verkehrs-Zeitung Nr. 63 vom 28.05.1991.

Von besonderer Bedeutung sind die mittelfristigen Wettervorhersagen. Sie erlauben beispielsweise im Winter eine bessere Organisation und Koordination von Eisbrechereinsätzen, zum Beispiel in der Ostsee. Dadurch können die Zahl verlorener Tage in den Seehäfen sowie Eisschäden an den Schiffen verringert werden. Der Nutzen für die Schiffahrt geht jedoch sehr viel weiter, denn er ergibt sich auch aus der Tatsache, daß Meeresströmungen, Seegang, Wind, Nebel und Eisgang die Reisezeit, den Brennstoffverbrauch, die Sicherheit von Mannschaft, Schiff und Ladung stark beeinflussen können. Genaue Wettervorhersagen und daraus resultierende Schiffsroutenempfehlungen, sog. meteorologische Navigation, bedeuten daher neben dem Gewinn von Zeit vielfach auch sehr deutliche Kosteneinsparungen und Schadenreduzierungen, wie folgender Textauszug eines Zeitungsartikels belegt.

Beispiel:

Der wirtschaftliche Aspekt [der Seeroutenberatung] wird deutlich, wenn man bedenkt, daß selbst ein großes Containerschiff bei einem Wind von 7 bis 8 Bft von vorn rund 60 bis 70 Prozent mehr Brennstoff als im Glattwasser verbraucht. Für viele Reedereien ein wesentlicher Grund, wenn immer es möglich ist, die Vorteile der meteorologischen Navigation zu nutzen und eine unter den gegebenen Umständen optimale Route zu wählen. Dadurch werden auch Schäden an Schiff und Ladung durch Seeschlag vermieden.

Quelle: Deutsche Verkehrs-Zeitung Nr. 63 vom 28.05.1991.

Beispiel einer Schiffsroutenauswertung durch das Deutsche Seewetteramt, Hamburg

Abgangshafen: Emden

Zielhafen: Wilmington/Fahrtgebiet NAOK (Nordamerika-Ostküste)

Reiseweg: Emden – Straße von Dover – Ärmelkanal – Nordatlantik – Delaware Bay – Wilmington (Philadelphia)

Empfohlene Route = Referenzroute

Interpretation:
Die Routenauswertung umfaßt die Beschreibung der Wetterentwicklung auf dem Nordatlantik während der Reise sowie deren Auswirkung auf den Seegang. Mit Hilfe der wetterbedingten Fahrtreduktion des Schiffes durch den Wind und Seegang wird die Ankunftszeit des Schiffes am Zielhafen berechnet.

Die Referenzroute erbringt trotz einer um 90 sm (Seemeilen) größeren Distanz gegenüber der distanzkürzeren 1. Vergleichsroute eine Zeitersparnis von fast 2,5 Stunden. Wetter- und seegangsmäßig ist die 2. Vergleichsroute, die von dem Schiff mit einer Durchschnittsgeschwindigkeit von 15,6 kt (Knoten, rund 29 km/Std.) befahren werden kann, günstiger. Doch der Umweg von 214 sm zur Referenzroute kann durch die schnellere Fahrt nicht kompensiert werden.

Hinweis: 1 kt (Knoten) = 1 sm (Seemeile) = 1 852 m
= Symbol für Windrichtung und Windstärke

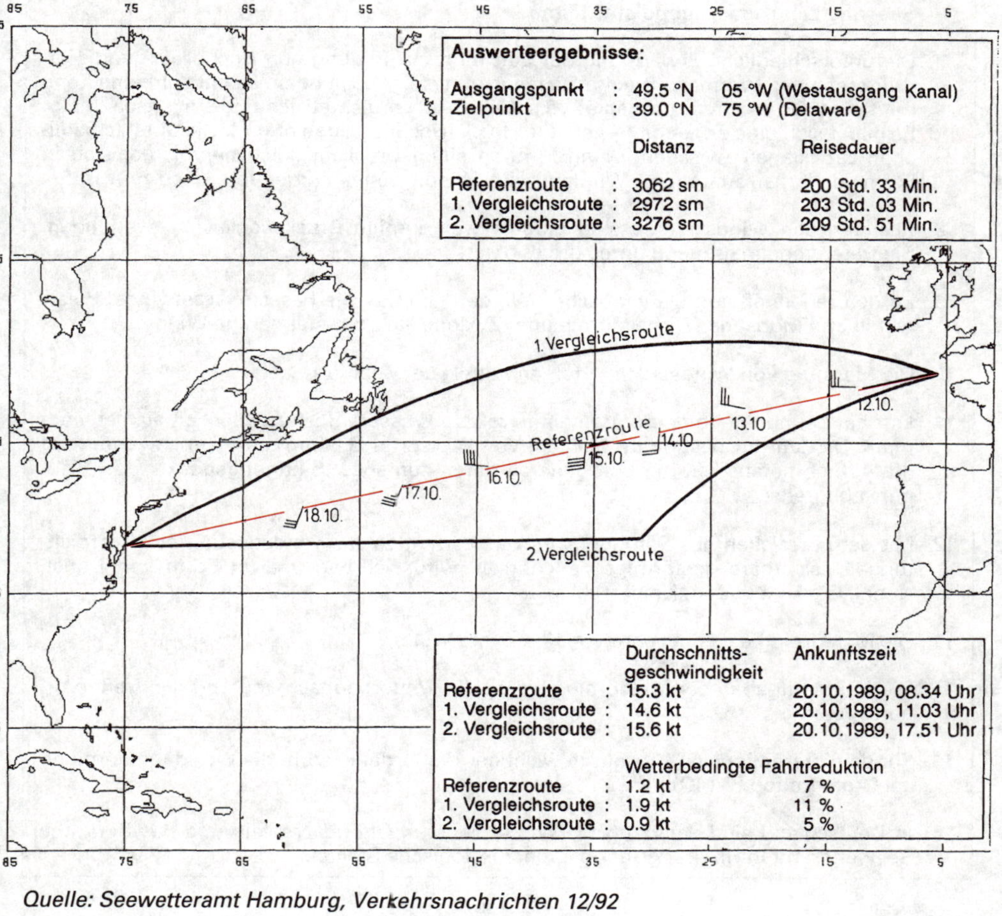

Auswerteergebnisse:

Ausgangspunkt	:	49.5 °N	05 °W (Westausgang Kanal)
Zielpunkt	:	39.0 °N	75 °W (Delaware)
		Distanz	Reisedauer
Referenzroute	:	3062 sm	200 Std. 33 Min.
1. Vergleichsroute	:	2972 sm	203 Std. 03 Min.
2. Vergleichsroute	:	3276 sm	209 Std. 51 Min.

		Durchschnitts-geschwindigkeit	Ankunftszeit
Referenzroute	:	15.3 kt	20.10.1989, 08.34 Uhr
1. Vergleichsroute	:	14.6 kt	20.10.1989, 11.03 Uhr
2. Vergleichsroute	:	15.6 kt	20.10.1989, 17.51 Uhr
		Wetterbedingte Fahrtreduktion	
Referenzroute	:	1.2 kt	7 %
1. Vergleichsroute	:	1.9 kt	11 %
2. Vergleichsroute	:	0.9 kt	5 %

Quelle: Seewetteramt Hamburg, Verkehrsnachrichten 12/92

Zusammenfassung

1. Die gesamte Lufthülle der Erde, die Atmosphäre, wird aus den Schichten Troposphäre, Stratosphäre, Mesosphäre, Ionosphäre und Exosphäre gebildet.

2. Der normale Luftverkehr wird in der Troposphäre durchgeführt. Interkontinentale Luftverkehre nutzen die Stratosphäre.

3. Klima und Temperatur werden von den folgenden Faktoren beeinflußt:
   - Höhenlage,
   - Meeresnähe,
   - Meeresströmungen,
   - Beschaffenheit der Erdoberfläche,
   - Windverhältnisse,
   - Luftfeuchtigkeit,
   - Wolkenbildung,
   - Niederschläge.

4. Unter Wetter versteht man den augenblicklichen Zustand der Atmosphäre in einem eng begrenzten Gebiet. Unter Klima wird dagegen der durchschnittliche Wetterverlauf innerhalb eines längeren Zeitraumes (meistens ein Jahr) in einem bestimmten größeren Gebiet verstanden.

5. Bei der einfachen Zonierung der Erde in Klimate werden die tropische, subtropische, gemäßigte, subpolare und polare Zone unterschieden.

6. In den einzelnen Klimazonen gibt es unterschiedliche Klimaarten. Wesentliche Klimaarten sind das humide und aride Klima, Wüsten-, Mittelmeer- und Monsunklima, See- und Landklima, subpolares Klima.

7. Die unterschiedliche Erwärmung der Luft führt zur Bildung von Hochdruck- und Tiefdruckgebieten. Warme Luft dehnt sich aus und steigt nach oben. Es entsteht eine Zone mit tiefem Druck (Tiefdruckgebiet = T). Kühle Luft verdichtet sich und sinkt nach unten. Es bildet sich eine Zone mit hohem Luftdruck (Hochdruckgebiet = H). Die unterschiedlichen Drucklagen zwischen T und H rufen einen Druckausgleich hervor, der sich in Form von Luftströmungen = Winden, zeigt. Winde wehen immer vom Hoch zum Tief.

8. Planetarische Windsysteme sind globale weiträumige Druckausgleichsbewegungen. Sie treten regelmäßig und unregelmäßig auf.

9. Zu den regelmäßigen planetarischen Winden gehören die Passate, Westwinde, Polarwinde und Monsune. Wirbelstürme oder Zyklone sind unregelmäßige Winde.

10. Die Messung von Windstärken erfolgen mittels der Beaufort-Skala.

11. Luft hat bei hohen Temperaturen eine größere Wasseraufnahmefähigkeit als bei niedrigen. Da Luft nur bestimmte Mengen von Wasser in Gasform aufnehmen kann, wird die Aufnahmefähigkeit der Luft generell durch den sog. „Sättigungspunkt“ oder Taupunkt begrenzt.

12. Mit dem Erreichen des Sättigungspunktes kommt es zur Kondensation oder Verdichtung. Unsichtbare gasförmige Feuchtigkeit wird sichtbar, u. a. in Form von Dunst, Nebel, Wolkenbildung, Niederschlag.

13. Die Meteorologie ist die Lehre von Klima und Wetter.

14. Die Hauptaufgaben der Meteorologie sind die Wetterbeobachtung und die Wettervorhersage.

15. Für den internationalen Austausch wichtiger Wetterdaten sorgt die World Meteorological Organization (WMO).

16. In Deutschland sind der Deutsche Wetterdienst in Offenbach/Main und das Deutsche Seewetteramt in Hamburg zentrale meteorologische Stellen.

5 Transportgefahren durch Klima- und Wettereinflüsse

Hochwasser und Eis

Die Binnenschiffahrt ist erneut stark behindert

Duisburg, 4. März

Auch der starke Frost, der sich bis Dienstag weit nach Süddeutschland verschob, hat das Hochwasser auf dem Rhein und seinen Nebenflüssen nicht stoppen können. Wie ein Sprecher der Mainzer Wasser- und Schiffahrtsdirektion am Mittwoch erklärte, hat sich die Lage allerdings etwas entspannt.

Die Folgen der über die Ufer tretenden Flüsse bekam in diesen Tagen vor allem die Schiffahrt auf dem Neckar und Main zu spüren. Der Main wurde auf voller Länge gesperrt. Auf Neckar, Saar und Lahn ist die Schiffahrt ebenfalls eingestellt.

An den Rheinpegeln Mannheim, Worms, Mainz, Bingen und Kaub ist die Hochwassermarke I überschritten. Bei Koblenz, Andernach und Oberwinter ist der Hochwasserstand II erreicht und zum Teil überschritten. In Köln, Düsseldorf und Emmerich wurde die Hochwassermarke I überschritten.

Bei Hochwassermarke I gilt eine Geschwindigkeitsbegrenzung für Schiffe auf 20 km/h, bei Marke II muß die Schiffahrt eingestellt werden.

In Hamburg normalisierte sich indessen der Wasserstand der Elbe. Der stundenlange Südoststurm hatte am Montag den niedrigsten Wasserstand des Flusses seit 50 Jahren verursacht.

Nicht mit Hochwasser, dafür aber erneut mit Behinderungen durch Eisbildung ist die Binnenschiffahrt auf ostdeutschen Wasserstraßen konfrontiert. Die Untere Havelwasserstraße mußte zwischen Plaue und Havelberg infolge zunehmender Vereisung und Eiszusammenschiebungen für den Schiffsverkehr gesperrt werden. Die Umleitung nach Hamburg erfolgt über den Elbe-Havel-Kanal (...).

Quelle: Deutsche Verkehrs-Zeitung Nr. 27 vom 05.03.1987.

Durch die verbesserten Transport- und Ladetechniken und durch die zunehmende Verzahnung der Verkehrsträger zum Beispiel in Form kombinierter Verkehre werden seit Jahren nicht nur extrem wechselnde Witterungen immer schneller durchquert, sondern auch ganze Kontinente und Meeresgebiete mit sehr unterschiedlichen Klimaten. Damit sind Gefahren verbunden, die sowohl die Verkehrsmittel wie die Ladungen betreffen.

Verkehrsvorgänge können durch eine Fülle atmosphärischer Gefahren beeinträchtigt werden. Nebel, Glatteis oder Schnee legen nicht selten den Straßenverkehr lahm. Eis, Sturm und Windböen können den Bahnverkehr behindern. Starke Regenfälle und damit einhergehende Hochwässer sowie Vereisungen blockieren Binnenschiffsverkehre. Ähnliches gilt für den Luft- und Seeverkehr. Daneben besteht die Gefahr, daß durch zu hohe Temperaturen und Luftfeuchtigkeiten die Güter in den Transportgefäßen beschädigt oder gar vernichtet werden können.

Vor allem ist es die Seeschiffahrt, die sehr ausgeprägten Transportgefahren unterworfen ist. In den gemäßigten Breiten zwischen 40 und 70 Grad sind es die winterlichen **Stürme** mit hohem Seegang, die einzelne Seegebiete zu ausgesprochenen Sturmzonen und damit zu gefährlichen Transportabschnitten machen. Windstärken von 7 Bft (über 50 km/h) aufwärts sind wöchentlich zu beobachten. In den Subtropen und Tropen verursachen die tropischen Wirbelstürme mit Stärken von 8 Bft (ab 62 km/h) aufwärts immer wieder große Verluste. An Land finden diese Wirbelstürme in Form der Tornados ihr gefährliches Gegenstück. Wie an anderer Stelle schon angesprochen, wird die Seeschiffahrt weiterhin durch **Treibeis** und **Seenebel** beeinträchtigt, deren kombiniertes Auftreten eine besondere Gefährdung der Seeschiffahrt darstellt. Die folgende Statistik unterstreicht die Gefahren durch Wettereinfluß.

Weltweite Schiffsverluste

Ursache	Anzahl der verlorenen/beschädigten Schiffe* absolut	%
1. Wetterschäden	46	33,1
2. Untergänge/Schiffsaufgaben	19	13,7
3. Strandungen	19	13,7
4. Kollisionen	16	11,5
5. Grundberührungen	1	0,7
5. Brände/Explosionen	28	20,1
7. Verschollen	5	3,6
8. Technische Schäden	2	1,4
9. Andere Ursachen	3	2,2
Gesamt	139	100

* Stand 1987 *Quelle: London Underwriter's Casualty Returns: in: Nauticus 38.A.*

Neben den bekannten mechanischen treten die klimatischen Gefährdungen von Ladungen vor allem dort auf, wo sich schnelle Temperaturänderungen ergeben. Diese können bei Umschlag und Lagerung wie auch bei Transporten mit Seeschiffen oder kombinierten See-Landverkehren eintreten. Großen Temperaturgegensätzen unterliegen Bahn- oder Containertransporte etwa bei Seenach- bzw. Seevorläufen in Nordamerika und an der Westküste Südamerikas sowie in Asien.

Beispiel:

Ein Transport, der im Januar bei etwa 0 Grad C in Deutschland beginnt, erfährt in Sibirien (auf der Transsibirien-Bahnroute) Temperaturen von minus 40 Grad C und trifft in Südostasien bei plus 35 Grad C ein. Container sind den größten Temperaturbelastungen auf den Terminals ausgesetzt. Bei tropischer Sonneneinstrahlung entstehen unter der Containerdecke Temperaturen bis 70/80 Grad C.

Quelle: Deutsche Verkehrs-Zeitung Nr. 28 v. 9.3.1993.

Schiffsschweiß

Schnelle Änderungen der Wassertemperatur ziehen ebenso schnelle Änderungen des sog. „Temperatur-Feuchte-Milieus" im Laderaum eines Schiffes nach sich. Es kommt dann bei Stückgutschiffen zu der in der Laderaummeteorologie als „Schiffsschweiß" bezeichneten Erscheinung.

Die Bildung von Schiffsschweiß als Folge von Temperaturänderungen ist eine Gefahrenquelle für Ladungen. Einige Ursachen für Schiffsschweiß sind:

- das Wechseln von Seeschiffen zwischen extrem temperierten Meeresströmen,
- das Einfahren von Seeschiffen in kalte Auftriebswasser,
- witterungsbedingte Kaltlufteinbrüche und
- das Befahren von Regionen mit extrem hohen Temperaturen und Luftfeuchtigkeiten, z. B. Suez-Route, Rotes Meer, Golf von Aden und Persischer Golf.

Große Gegensätze bei der Wassertemperatur bestehen zum Beispiel zwischen dem eisigen Labrador- und dem relativ warmen Golfstrom. Ähnlich gefährlich sind die Gebiete des warmen Agulhas-Stroms (südöstlich Afrikas), des kalten Benguela-Stroms (südwestlich Afrikas), des warmen Brasil- und des kalten Peru-Stromes.

Beispiel:

Ein Schiff fährt von einer tropischen Zone in eine Kaltströmung oder ein Auftriebswasser. Die Schiffswände kühlen sich schnell auf die Wasser- bzw. Außentemperatur ab, während die Innentemperatur vergleichsweise hoch bleibt. Sobald die kühlere Temperatur der Innenwände den Raumluft-Taupunkt unterschreitet, tritt Kondensation ein, und es bildet sich Innenwand-Schweiß. Dieses Schwitz- oder Schweißwasser kann bei Gütern, die nicht auf Feuchtigkeit reagieren, unter anderem zur Bildung von Rost führen. Güter, die jedoch Feuchtigkeit anziehen (sog. hygroskopische Güter) oder pflanzliche Nahrungsmittel (sog. Vegetabilien) können durch das Schweißwasser stark geschädigt werden, und zwar indem sie verschimmeln, verfaulen oder durch Geschmacks- oder Geruchsänderungen in ihrem Wert beeinträchtigt werden. In extremen Fällen kann die Bildung von Schimmel und Fäulnis zu starker Selbsterhitzung und zu Selbstentzündung von Gütern führen.

Quelle: nach Puls, K. E., Ladungsschäden durch Klima + Wetter, Hamburg 1992.

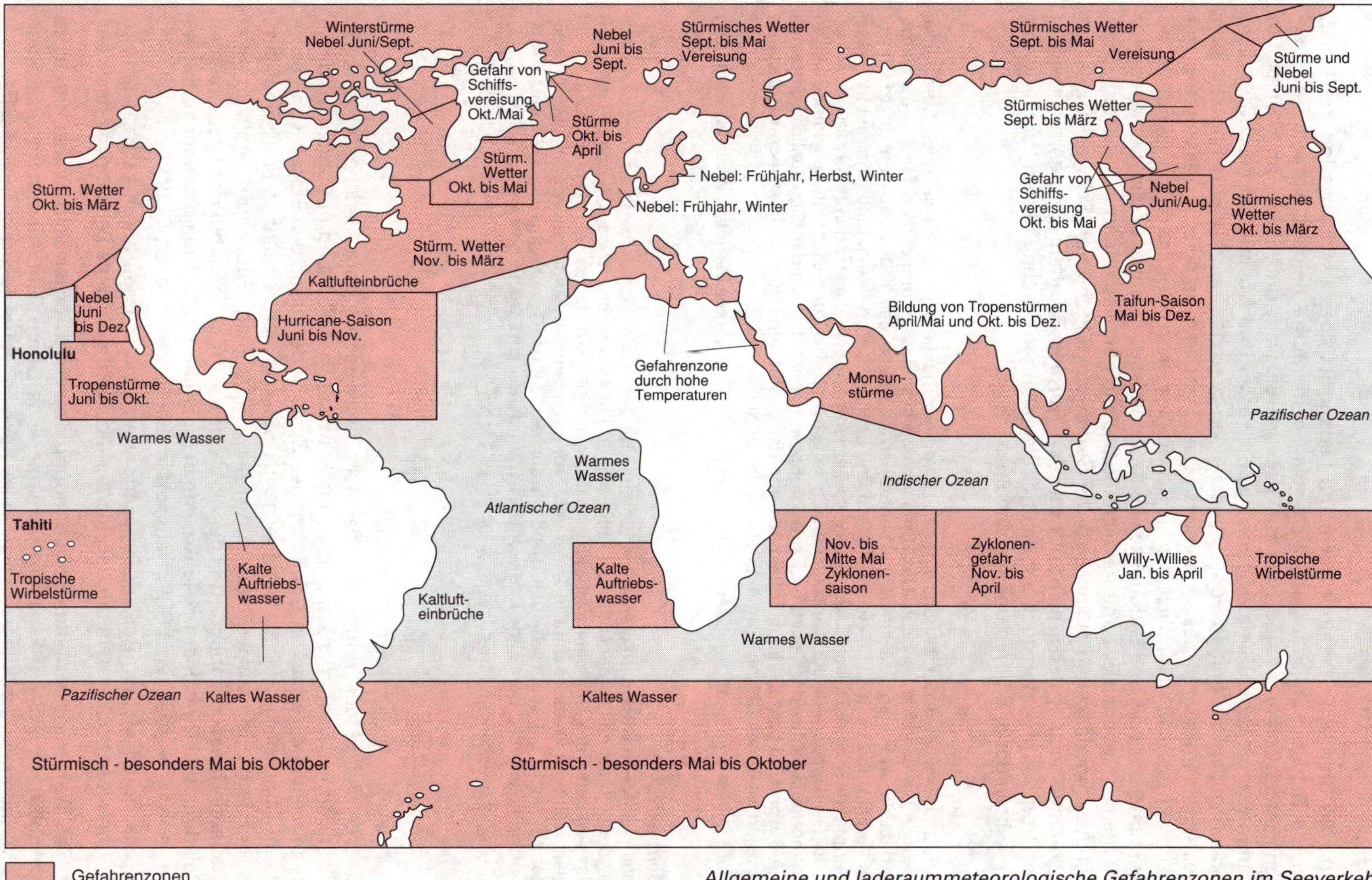

Allgemeine und laderaummeteorologische Gefahrenzonen im Seeverkehr

Ladungs- und Containerschweiß

Auch in Standard-Containern gestaute Ladung ist durch Kondensation gefährdet, da die Behälter üblicherweise nicht wie Schiffsräume belüftet werden. Fest verschlossene Container sind zwar praktisch wasserdicht und die in ihnen verstaute Ladung somit gegen Regen, Schnee, Spritzwasser und feuchte Luft geschützt, nicht jedoch gegen die Folgen von Unterschieden zwischen der Außentemperatur und der Innentemperatur des Containers. Das Temperaturgefälle in Verbindung mit Feuchtigkeiten führt ähnlich wie in Schiffsräumen zu Kondensation in Form von Containerschweiß und Ladungsschweiß. Somit ist der Container als „Klimakammer im Kleinen“ ebenso wie anders gestaute Ladung den vielfältigen meteorologischen Schadenmöglichkeiten ausgesetzt. Die Gefahr der Bildung von Schweißwasser im Container besteht dabei nicht nur auf den warmen Schiffahrtsrouten, sondern in den Sommermonaten auch auf den mit Eisenbahnen durchgeführten Landbrücken-Verkehren durch Sibirien und Nordamerika.

Beispiel 1:

Ein Container wird mit Kartons Konserven, die wochenlang in einem sehr feuchten Klima gelagert worden sind, beladen. Die Türen werden geschlossen und der Container wird bis zur Verladung im Freien abgestellt. Die Sonne heizt während des Tages das Containerdach auf und erwärmt dabei die Luft zwischen Dach und Ladung. Die erwärmte Luft kann mehr Wasserdampf aufnehmen. Diesen zusätzlichen Wasserdampf bezieht sie aus den relativ feuchten Kartons. Die Temperatur der Konservendosen selbst jedoch steigt wesentlich langsamer wegen der höheren Dichte der Dosen und ihrer größeren Entfernung von der Hitzequelle. So bleiben die Dosen kühl und die Feuchtigkeit, die von der erwärmten Luft aufgenommen wurde, kondensiert an ihnen. Diesen Vorgang nennt man Ladungsschweiß.

Quelle: Gütertransport im Seeverkehr. Handbuch für den seewärtigen Versand, Hamburg 1990, S. 190.

Beispiel 2:

Wenn es Nacht wird, wird die von der Containeraußenverkleidung aufgenommene Sonnenhitze ziemlich schnell in die kühle Luft abgestrahlt. Ein klarer Himmel beschleunigt sogar noch das Abkühlen des Containerdaches. Das Dach wird jetzt kühler als die Luft im Container und diese scheidet Wasserdampf in Form von Tropfen innen am Containerdach ab. Wenn genügend Feuchtigkeit ausgeschieden ist oder wenn der Container bewegt wird, fallen diese Wassertropfen auf die obere Lage Kartons. Diesen Vorgang nennt man Containerschweiß.

Quelle: Gütertransport im Seeverkehr, a. a. O., S. 190.

Da der Einfluß der Temperatur bei der Durchquerung verschiedener Klimazonen nicht vermieden werden kann, muß die Schweißwasserbildung in Containern durch entsprechende Verpackung, den richtigen Zustand der Ware, den Einsatz von besonderen Containern oder die entsprechende Stauung der Behälter (z. B. im Seeschiff) vermindert oder ausgeschlossen werden. Befrachter, Spediteure, Ablader oder Stauerein müssen daher, um Ladungsschäden vorzubeugen, bei der fachgerechten Beladung von Containern viele Aspekte berücksichtigen. Beispielhaft können folgende genannt werden (vgl.: Gütertransport im Seeverkehr a. a. O., S. 191 ff.):

- Stauholz, Paletten, Balken, Pappkartons u. a. m. müssen bei ihrer Verladung in Container trocken sein oder dürfen nur eine geringe eigene Feuchtigkeit besitzen.
- Die Waren selbst sollten bei Verladung ebenfalls trocken sein, wobei darauf zu achten ist, daß auf Feuchtigkeit reagierende Güter nicht mit Gütern zusammen verladen werden, die vergleichsweise hohe Feuchtigkeitsgrade aufweisen.

- Bei der Auswahl von Containern spielt deren Baumaterial (Stahl, Aluminium, Sperrholz) eine Rolle, da die Wärmeleitfähigkeit unterschiedlich ist. Metallcontainer haben im Gegensatz zu Holzbauweisen eine hohe Wärmeleitfähigkeit, so daß bei ihnen eine viel schnellere Anpassung der Raumtemperatur an die Temperatur der Außenluft erfolgt.

- Von Bedeutung ist ferner die Farbe der Container. Helle Containeroberflächen absorbieren nur die Hälfte der Strahlungswärme von Boxoberflächen mit dunkler Farbe. In den heißen Seefahrtgebieten der Tropen und Subtropen können an Deck gestaute dunkelfarbige Container Oberflächentemperaturen von bis zu +80 Grad C aufweisen, die Ladungstemperatur kann in diesen Fällen bis zu +50 Grad C und weiter reichen. Ähnliches gilt für Landverkehre in Teilen Afrikas, Asiens oder Mittelamerikas.

- Für empfindliche Waren sind geschützte Stauplätze unter dem Schiffsdeck oder die Benutzung von Spezialcontainern (Isolier- oder Kühlcontainer, belüftungsfähige Container) zu empfehlen.

Eine weitere Möglichkeit, Feuchte-Schäden bei Ladungsgütern in Containern oder anderen Packbehältnissen zu verhindern, besteht in der Verwendung von Trockenmitteln. Anhand von Formeln kann errechnet werden, welche Mengen verschiedener Trockenmittel einer Ladung beigegeben werden müssen, um sie schwitzwasserfrei zu befördern.

Zusammenfassung

1. Klima und Wettereinflüsse stellen für Transportmittel wie für Ladungen eine Gefahrenquelle dar.

2. Klimatisch bedingte Gefährdungen von Ladungen treten besonders dort auf, wo sich schnelle Temperaturänderungen ergeben. Dies kann sowohl bei der Seeschiffahrt als auch bei kombinierten See-Landverkehren (z. B. Nordamerika, Asien) mit Bahnwaggons, Lkw oder Containern vorkommen.

3. Die Bildung von sog. Schiffsschweiß als Folge von Temperaturänderungen (Kondensation) ist eine Gefahrenquelle für seewärtig verfrachtete Ladungen. Schiffsschweiß ist Schwitzwasser an den Innenwänden der Schiffe. Ladungen können durch ihn verschimmeln, verfaulen, sich selbst erhitzen oder durch Geschmacksveränderungen beeinträchtigt werden.

4. Temperaturgefälle in Verbindung mit Feuchtigkeiten können ähnlich wie in Schiffsräumen auch zu Kondensation und damit zu Feuchte-Schäden in Containern und anderen Packbehältnissen führen. Man spricht dann von Container- oder Ladungsschweiß.

5. Um Feuchte-Schäden vorzubeugen, müssen Güter sorgfältig und sachgerecht verpackt und gestaut werden.

Aufgaben

1. Das eigentliche Wettergeschehen vollzieht sich in einer nur rund 11 km in die Höhe reichenden Zone. Beschreiben Sie die sich dort abspielenden Vorgänge.
2. Troposphäre und Stratosphäre sind Räume für Verkehrsbewegungen. Erläutern Sie die Hintergründe.
3. In den vorstehenden Texten wird von Wetter und Klima gesprochen. Erklären Sie anhand der Texte die Unterschiede und fassen Sie eine kurze Definition ab.
4. Die Wärmeverhältnisse sind auf der Erde sehr unterschiedlich. Geben Sie an, worauf dies zurückzuführen ist, und nehmen Sie eine Zonierung der Erde in Klimagebiete vor.
5. Welcher Zusammenhang besteht zwischen den globalen Klimaunterschieden und den weltweiten Handels- und Verkehrsbewegungen?
6. Nicht allein die geographische Breite bestimmt die Temperatur an einem Ort. Erläutern Sie, welche anderen Einflußfaktoren für die Temperatur von Bedeutung sind.
7. Erklären Sie die Entstehung von Hochdruck- und Tiefdruckgebieten, und geben Sie an, wie sich die Druckausgleichsbewegungen im Wettergeschehen widerspiegeln.
8. Bei den Winden werden lokale bzw. regionale und planetarische Winde unterschieden. Nennen Sie Beispiele für diese beiden Arten von Winden und erläutern Sie deren Auswirkungen auf das Verkehrswesen.
9. Definieren Sie die Begriffe Passat, Monsun, Hurrikan, Taifun, Tornado und Zyklon und geben Sie an, wodurch die weltweiten Gefahrenzonen entstehen.
10. Bilden Sie mit Hilfe der Beaufort-Skala zwei Gruppen von Windstärken, die zu keinen bzw. die zu Schäden bei Land- und Seeverkehren führen können.
11. Nennen Sie weitere Naturgefahren, die für Transporte von Gütern zu Land, zu Wasser und in der Luft Beeinträchtigungen bilden können.
12. Kondensation und damit verbundene Folgen bilden für viele Verkehrsvorgänge eine ernste Gefahr. Schildern Sie den Ablauf eines Kondensationsvorganges, und nennen Sie mögliche Gefahren für Ladungen.
13. Niederschläge werden als das Ergebnis von Luftabkühlungen definiert. Auf welche Weisen kann eine Luftabkühlung erfolgen?
14. In welcher Form arbeiten die Meteorologen weltweit zusammen, und worin bestehen ihre Hauptaufgaben?
15. Innerhalb der Bundesrepublik Deutschland nimmt das Hamburger Seewetteramt eine Sonderrolle ein. Nehmen Sie zu dieser Aussage Stellung.
16. Welcher Zusammenhang besteht zwischen Temperatur und der Bildung von Schiffs-, Ladungs- oder Containerschweiß?
17. Welchen Transportgefahren ist der Land- und Seeverkehr durch Klima- und Wettereinflüsse ausgesetzt?
18. Erstellen Sie mit Hilfe von Atlas und Karten eine Übersicht von Transportwegen und Transportgebieten, in denen die Gefahren für Ladungen und Transportmittel besonders hoch sind.
19. Welche Maßnahmen können ergriffen werden, damit meteorologische Schadensmöglichkeiten ausgeschlossen oder wenigstens vermindert werden können?

Themenkreis 2: Die Bundesrepublik Deutschland als Verkehrs- und Wirtschaftsraum

1 Lage und Grenzen

Die Bundesrepublik Deutschland ist ein **zentraleuropäisches Land** mit einer überragenden **Transitfunktion** für den Verkehr. Die längste N-S-Ausdehnung zwischen 47 Grad N (Oberstdorf) und 55 Grad N (List auf Sylt) beträgt rund 876 km. Die größte W-E-Ausdehnung erstreckt sich mit rund 656 km zwischen 6 Grad E im Selfkant (nördl. von Aachen) und 15 Grad E bei Görlitz an der Neiße. Die Landesfläche umfaßt eine Größe von 357 000 qkm, die Einwohnerzahl liegt bei rund 80 Mio., was einer Einwohnerdichte von 221 je qkm entspricht. Von ihrer Größe her ist die Bundesrepublik Deutschland ein mittelgroßer Staat, bevölkerungsmäßig gesehen gehört sie hingegen zu den dicht besiedelten Staaten. Die Bundesrepublik wird in der Höhe von Frankfurt am Main vom 50. nördlichen Breitenkreis geschnitten, damit liegt das Land in den gemäßigten Breiten der Nordhalbkugel. Auf vergleichbaren Breiten liegen u. a die Städte Krakau (Polen), Kiew (Ukraine), Vancouver und die Region Neufundland (Kanada).

Daß die Bundesrepublik Deutschland in Europa eine überragende Mittellage einnimmt, wird auch dadurch unterstrichen, daß sie als einziger Staat der Welt Grenzen mit neun Nachbarländern hat. An den Landgrenzen (sog. trockene Grenzen) mit diesen Nachbarländern gibt es eine Vielzahl von Grenzübergängen. Über die sog. nassen Grenzen an den Seehäfen von Nord- und Ostsee werden direkte Fährverkehre mit einigen anderen Staaten abgewickelt. Diese Staaten erweitern damit indirekt das Spektrum der Nachbarländer. In der Europäischen Union (EU) ist Deutschland einer der Kernstaaten.

Deutschlands zentrale Lage in Europa wird letztlich auch dadurch unterstrichen, daß alle wichtigen europäischen Wirtschafts- und Industriezentren in nur wenigen Stunden von Deutschland aus erreicht werden können. Diese wirtschaftliche und verkehrsgeographische Schlüssellage ist Grund für die wichtigen Transitaufgaben des Landes.

Beispiel:

Schlägt man einen Kreis mit dem Radius von 1 000 km um die Stadt Frankfurt/M., dann umfaßt dieser Kreis alle bedeutenden europäischen Ballungs- und Industriegebiete in Großbritannien (London, Birmingham, Manchester, Liverpool), Frankreich (Paris, Kanalhäfen, Lyon, Marseille), Belgien (Brüssel, Antwerpen und die Borinage), den Niederlanden (Rotterdam und Randstad Holland) sowie in Polen (Warschau, Krakau), der Schweiz, Italien (Turin, Mailand, Rom) und andere mehr.

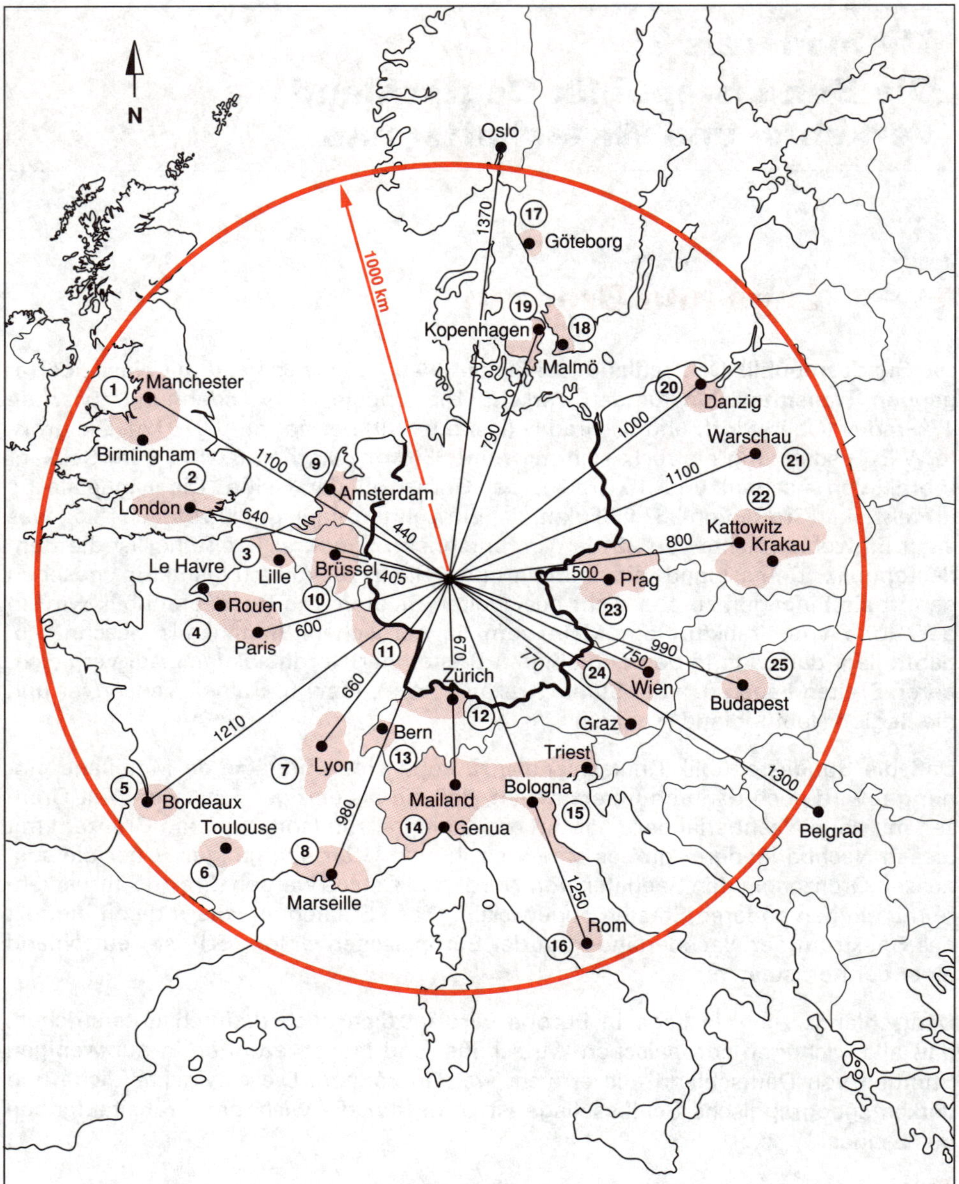

1 Mittelenglisches Industrierevier
2 Südengland, Themsegebiet
3 Pas de Calais/Nordfrankreich
4 Pariser Becken, Seinemündung
5 Bordeaux, Girondetrichter
6 Toulouse
7 Mittleres Rhônetal
8 Rhônedelta
9 Randstad Holland
10 Zentralbelgien, Borinage
11 Elsaß-Lothringen
12 Nordschweiz
13 Westschweiz
14 Lombardei, Piemont
15 Venetien, Emilia Romagna
16 Großraum Rom
17 Göteborg, Westschweden
18 Südschweden/Schonen
19 Kopenhagen/Seeland
20 Danzig/Gdingen/Weichselmündung
21 Mittelweichsel/Warschau
22 Oberschlesisches Industrierevier
23 Nordböhmen/Prag
24 Nord- und Ostösterreich
25 Großraum Budapest
640 ca. Entfernung im Straßen- und Bahnverkehr

Deutschlands Lage zu europäischen Wirtschaftsschwerpunkten

Die Nachbarländer der Bundesrepublik Deutschland

Staat	Internat. Abkürzung	Grenzlänge in km	Landes-hauptstadt
Dänemark	DK	67	Kopenhagen
Polen	PL	390	Warschau
Tschechische Republik	CS	580	Prag
Österreich	A	801	Wien
Schweiz	CH	334	Bern
Frankreich	F	450	Paris
Luxemburg	L	129	Luxemburg
Belgien	B	152	Brüssel
Niederlande	NL	574	Amsterdam

2 Politische Gliederung

Nach dem Zweiten Weltkrieg wurde Deutschland in 4 Besatzungszonen aufgeteilt. Im Gebiet der amerikanischen, britischen und französischen Zone wurde am 24.05.1949 die Bundesrepublik Deutschland mit zunächst 9 Ländern gegründet, während ein Jahr später in der sowjetischen Zone die DDR gegründet wurde. Als 10. Bundesland ging 1957 das Saarland politisch und 1959 auch wirtschaftlich von Frankreich an die Bundesrepublik zurück, Berlin behielt einen Sonderstatus. Seit der deutschen Wiedervereinigung vom 03.10.1990 umfaßt die Bundesrepublik Deutschland mit den neuen Beitrittsländern nun 16 Bundesländer. Regierungssitz ist Bonn, Hauptstadt ist Berlin.

Die Bundesländer im Vergleich (Stand 1993)

Lfd. Nr.	Bundesland	Landes-hauptstadt	Einwohner in Mio.	Fläche in tsd. qkm	Zahl der Gemeinden
1	Nordrhein-Westfalen	Düsseldorf	17,7	34,1	396
2	Bayern	München	11,6	70,6	2 051
3	Baden-Württemberg	Stuttgart	10,0	35,8	1 111
4	Niedersachsen	Hannover	7,5	47,4	1 031
5	Hessen	Wiesbaden	5,9	21,1	426
6	Sachsen	Dresden	4,7	18,3	1 623
7	Rheinland-Pfalz	Mainz	3,9	19,8	2 303
8	Berlin	Berlin	3,4	0,9	1
9	Sachsen-Anhalt	Magdeburg	2,8	20,4	1 349
10	Thüringen	Erfurt	2,6	16,3	1 699
11	Brandenburg	Potsdam	2,6	29,1	1 775
12	Schleswig-Holstein	Kiel	2,6	15,7	1 131
13	Mecklenburg-Vorpommern	Schwerin	1,9	23,8	1 117
14	Hamburg	Hamburg	1,7	0,8	1
15	Saarland	Saarbrücken	1,1	2,6	52
16	Bremen	Bremen	0,7	0,4	2
	Verteilung:				
	alte Bundesländer		63,7	248,7	8 505
	neue Bundesländer		17,0	108,3	7 564
	Insgesamt		80,7	357,0	16 068

3 Klima, Landschaftseinheiten und natürliche Verkehrsleitlinien

Durch die Lage in der kühlgemäßigten Klimazone sind die Unterschiede zwischen den Jahreszeiten deutlich ausgeprägt. Die Niederschläge verteilen sich über das ganze Jahr mit Spitzenwerten in den Sommermonaten. Sie liegen jährlich zwischen 500 und 1 000 mm. Klimatisch gibt es sowohl **ozeanische** wie **kontinentale** Bereiche. Im ozeanischen Klimaeinfluß sind die Sommer relativ kühl und die Winter mild, die Temperaturen liegen selbst im Januar üblicherweise über 0 Grad. Hohe Luftfeuchtigkeit und relativ kräftige Winde sind weitere Merkmale dieses Klimatyps, der im gesamten Westen des Landes vorherrscht und in etwa bis zur Elbe reicht. Ozeanisch beeinflußt sind weiterhin die höheren Mittelgebirgslagen. Im Übergangsbereich zum kontinentalen Klima liegen die Gebiete östlich der Elbe. Die Sommer sind sonnenscheinreicher und wärmer, die Luftfeuchtigkeit und Windtätigkeit geringer, insgesamt sind die Winter kälter. Ähnliche Klimaverhältnisse gibt es im östlichen bayerischen Alpenvorland und in den Mittelgebirgsschwellen Hessens und Nordbayerns. Die mittlere Jahrestemperatur beträgt für ganz Deutschland 8–9 Grad C.

In der Geographie wird üblicherweise eine Einteilung Deutschlands in drei große Landschaftszonen oder Naturräume vorgenommen: Norddeutsches Tiefland, Mittelgebirge und Stufenland, Alpenvorland und Alpen. Diese werden jeweils wieder in eigene Landschaftstypen untergliedert, wie folgende Kurzcharakteristik zeigt:

Norddeutsches Tiefland

Es umfaßt Teile der Bundesländer Niedersachsen, Nordrhein-Westfalen, Brandenburg und Sachsen-Anhalt sowie in vollem Umfang die Länder Schleswig-Holstein, Bremen, Hamburg, Mecklenburg-Vorpommern und Berlin. Als eigenständige Landschaftstypen dieses Naturraumes treten deutlich die Küstenzonen von Nord- und Ostsee, die sandigen Geest- und Heideflächen im Binnenland Niedersachsens und Brandenburgs, die Seenplatten Mecklenburg-Vorpommerns und die See- und Flußlandschaft Berlins hervor. Die Verkehrsentwicklung stößt auf keine großen Hindernisse, Verkehrsleitlinien sind seit jeher die Flußmündungen und Urstromtäler.

Mittelgebirge und Stufenland

Anteile an den Mittelgebirgen, die ein Mosaik von vielfältigen Einzelformen wie Beckenlandschaften, Tälern und Hügelländern mit Höhen von einigen hundert bis zu 1 300 m darstellen, haben bis auf die Küstenstaaten so gut wie alle Bundesländer, denn diese Zone erstreckt sich vom Norddeutschen Tiefland bis zur Donau. Die folgenden ausgewählten Beispiele unterstreichen dies: Nordrhein-Westfalen (Eifel, Sauerland), Niedersachsen (Weserbergland, Harz), Sachsen-Anhalt (Harz), Thüringen (Thüringer Wald), Sachsen (Erzgebirge, Elbsandsteingebirge), Hessen (Rhön, Spessart, Odenwald, Taunus), Rheinland-Pfalz (Eifel, Hunsrück), Baden-Württemberg (Schwarzwald, Schwäbischer Jura) und Bayern (Fränkischer Jura, Bayerischer Wald). Von besonderer Bedeutung sind für den Verkehr die Tal- und Beckenlandschaften, da sich in ihnen die Verkehrsbänder sammeln. Dies wird deutlich bei den Flußtälern von Rhein (Rheintal), Mosel, Weser, Fulda, Neckar und Main, die deutliche Verkehrsleitlinien bilden. Als Ballungsgebiete von Industrie und Bevölkerung heben sich die Beckenlandschaften und Mittelgebirgsränder hervor. Hier sind u. a. die Kölner Bucht, die Münsterländische Bucht, die Leipziger Bucht und die Oberrheinische Tiefebene zu nennen. Auch die Mittelgebirgsränder sind traditionelle Verkehrsleitlinien.

Alpenvorland und Alpen

Geographisch gesehen umfaßt das Alpenvorland den Gebietsstreifen zwischen der Donau und der Hochgebirgskette der Alpen. Es liegt, bis auf wenige Teile Baden-Württembergs, im Bundesland Bayern. Die deutschen Alpen liegen ausschließlich in Bayern. Sie sind Teil der sog. Nördlichen Kalkalpen, man gliedert sie in einzelne Gebirgsstöcke oder Gebirgsgruppen. Die bedeutendsten sind die Allgäuer Alpen, das Wettersteingebirge mit der Zugspitze (2 963 m) und das Steinerne Meer mit dem Watzmann. Die Alpenzone ist als Hochgebirge für den Verkehr die schwierigste natürliche Landschaftsform, doch mit den modernen Bautechniken ist auch diese lange als „natürliche Verkehrsbarriere" bezeichnete Naturlandschaft heute voll für den Verkehr erschlossen. Mittels großer technischer Eingriffe ist hier wie in anderen Hochgebirgen eine moderne Verkehrserschließung erfolgt. Als Kunstbauten zur Überwindung von Verkehrshindernissen dienen dabei die Tunnel, die Brücken (Fluß- und Talübergänge) und die Viadukte (Bogenbrücken vielfach über Tälern).

4 Verdichtungsgebiete, Verkehrs- und Wirtschaftsschwerpunkte

Aufgrund der Wirtschaftsstruktur leben die meisten Menschen in der Bundesrepublik in den sogenannten Verdichtungsgebieten. Darunter versteht man Gebiete, in denen die Bevölkerungsdichte mehr als 300 Einwohner/qkm überschritten hat und wo sich Großstädte mit über einer halben Million Einwohner gebildet haben. Weit ausgedehnte Verdichtungsgebiete mit einer besonders hohen Wirtschafts- und Bevölkerungskonzentration (z. B. über 1 000 Ew/qkm) werden auch Ballungsgebiete genannt. Ist ihre flächenmäßige Ausdehnung dagegen geringer, werden sie als Ballungsräume bezeichnet.

Beispiel:

Als ausgesprochene Ballungsgebiete werden die Regionen Rhein-Ruhr, Rhein-Main und der Großraum von Berlin bezeichnet. Den Charakter von Ballungsräumen haben u. a. die Städte München, Bremen, Stuttgart, Dresden.

Alle Verdichtungsgebiete, und dies sind fast 20, sind heute Schwerpunkte von Industrie (Sekundärer Bereich) und Handel (Tertiärer Bereich) und damit auch Schwerpunkte des Verkehrs. In manchen Verdichtungsgebieten stellt der tertiäre Wirtschaftssektor (Handel, Banken, Versicherungen, Verkehrswesen usw.) den größten Teil der Beschäftigten, so z. B. in Frankfurt, Hamburg, München und Bonn.

Der überragende Verdichtungsraum ist die Region Rhein-Ruhr mit rund 10,4 Mio. Einwohnern oder fast 14 % der deutschen Gesamtbevölkerung. Es folgen die Großräume Berlin (3,4 Mio. E.), Rhein-Neckar-Stuttgart (2,9 Mio. E.), Rhein-Main (2,4 Mio. E.), Hamburg (2 Mio. E.) und München (1,55 Mio. E.). Die meisten Ballungsgebiete und -räume sind durch dichtbevölkerte Zwischenglieder zu Siedlungs- und Verkehrsachsen zusammengewachsen.

Beispiel:

Eine bedeutende Siedlungs- und Verkehrsachse verläuft in West-Ost-Richtung von Aachen über das Rheinische Braunkohlerevier zur Rheinschiene mit den Zentren Köln und Düsseldorf, dann weiter zum Ruhrrevier, von dort über die ostwestfälische Städtekette Bielefeld-Herford-Minden in den Großraum Hannover/Braunschweig. Eine Fortsetzung findet die Achse über Magdeburg in Richtung Berlin und Frankfurt/Oder sowie über Leipzig/Halle in das sächsische Industrierevier von Zwickau, Chemnitz bis nach Dresden. Die Achse folgt im wesentlichen der verkehrsgünstigen Übergangszone zwischen den Mittelgebirgen und dem Tiefland.

In der Nord-Süd-Richtung bilden u. a. mehrere Flüsse Siedlungs- und Verkehrsleitlinien.

Beispiel:

Entlang des Rheins bündeln sich zwischen Wesel und dem Großraum von Mainz/Wiesbaden Siedlungsbänder sowie Straßen- und Bahnverkehrslinien. Von dieser überragenden N-S-Achse zweigt bei Wiesbaden/Mainz die Mainlinie und bei Ludwigshafen/Mannheim die Neckarlinie ab. Als Verkehrs- und Siedlungsband zieht sich der Rhein (Oberrhein) weiter bis in die Schweiz.

- I Hamburg und der Raum Unterelbe
- II Bremen und der Raum Unterweser
- III Ruhrgebiet
- IV Rheinschiene
- V Saarbrücken
- VI Rhein-Main-Neckar-Raum
- VII Mittlerer Neckar
- VIII München-Augsburg
- IX Nürnberg-Erlangen-Fürth
- X Hannover-Peine-Salzgitter
- XI Sächsisches Industrierevier
- XII Halle-Leipzig
- XIII Großraum Berlin

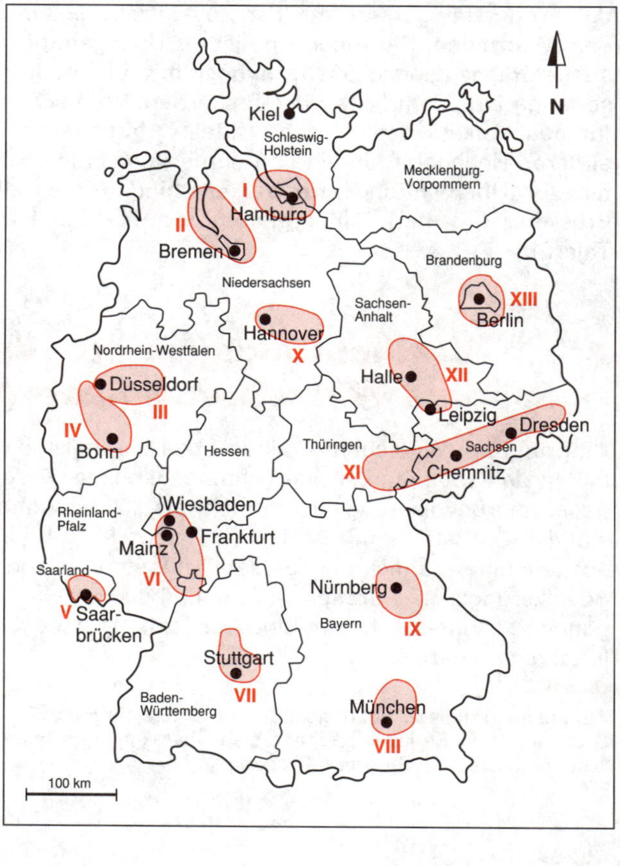

Wichtige Industrie- und Ballungsgebiete in der Bundesrepublik Deutschland

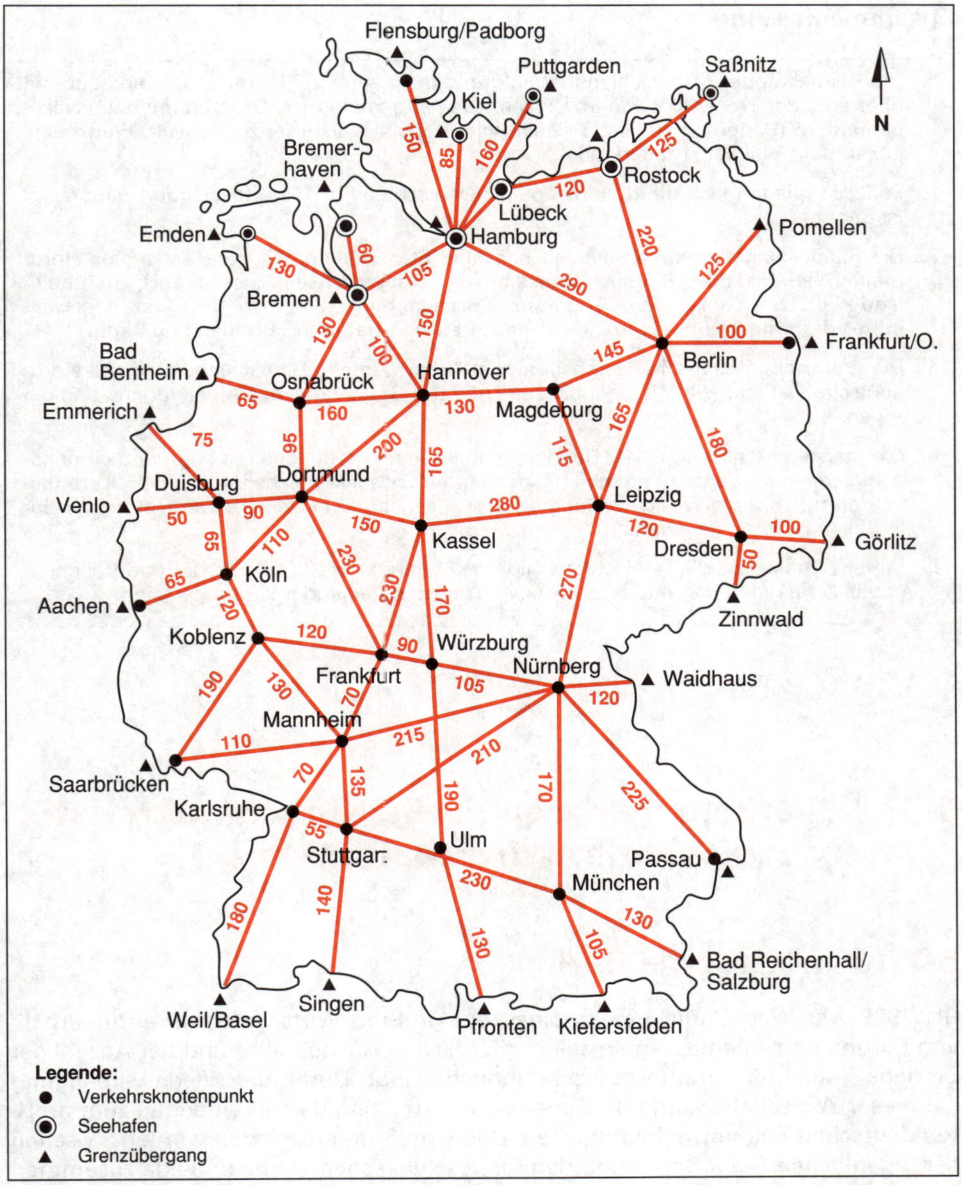

Großkilometrierung zwischen deutschen Verkehrszentren

Zusammenfassung

1. Die Bundesrepublik Deutschland ist aufgrund ihrer Lage in Zentraleuropa ein Land mit überragender Transitfunktion im Verkehr; sie hat gemeinsame Grenzen mit neun Nachbarländern (Dänemark, Polen, Tschechische Republik, Österreich, Schweiz, Frankreich, Luxemburg, Belgien, Niederlande).
2. Politisch gliedert sich die Bundesrepublik Deutschland in 16 Bundesländer; Hauptstadt ist Berlin.
3. Die Bundesländer bestehen aus Flächen- und Stadtstaaten. Flächenstaaten sind Nordrhein-Westfalen, Bayern, Baden-Württemberg, Niedersachsen, Hessen, Sachsen, Rheinland-Pfalz, Sachsen-Anhalt, Thüringen, Brandenburg, Schleswig-Holstein, Mecklenburg-Vorpommern und Saarland, Stadtstaaten sind Hamburg, Bremen und Berlin.
4. Die drei großen Landschaftseinheiten oder Naturräume in Deutschland sind das Norddeutsche Tiefland, die Mittelgebirgszone und das Stufenland, das Alpenvorland und die Alpen.
5. Die meisten Menschen in der Bundesrepublik Deutschland leben in sog. Verdichtungsgebieten. Ausgedehnte Verdichtungsgebiete mit hoher Wirtschafts- und Bevölkerungskonzentration werden auch Ballungsgebiete, flächenmäßig kleinere Verdichtungsgebiete Ballungsräume genannt.
6. In der Bundesrepublik Deutschland gibt es 13 herausragende Industrie- und Ballungsgebiete, die durch mehrere Hauptverkehrsachsen miteinander verbunden sind.

5 Verkehrsgeographische Kurzcharakteristik ausgewählter Wirtschaftsräume

5.1 Metropole Berlin

Bis 1989 war West-Berlin bereits eines der größten Wirtschaftszentren innerhalb von Europa und – gemessen an seiner räumlichen Ausdehnung und der Anzahl der Betriebe – auch die größte deutsche Industriestadt. Durch die Wiedervereinigung hat dieser Wirtschaftsraum nun Dimensionen erhalten, die ihn eindeutig zum **größten deutschen Ballungsgebiet** machen. Dabei muß unterschieden werden zwischen der eigentlichen Stadt Berlin und dem angeschlossenen Umland; beide zusammen bilden den Großraum Berlin. Unter dem Großraum Berlin werden in etwa die heutige Fläche der Hauptstadt Berlin und die Flächen der umgebenden verstädterten Kommunen wie zum Beispiel Neuenhagen, Rüdersdorf, Falkensee, Henningsdorf, Potsdam, verstanden. Insgesamt sind es acht Landkreise und der Stadtkreis von Potsdam, die mit der Stadt Berlin den Großraum bilden.

Die Ausdehnung von Berlin-Stadt ist der des Ruhrgebietes vergleichbar, die Ausdehnung des Großraums Berlin geht weit darüber hinaus. Im Gegensatz zum Ruhrgebiet, das aus einer Vielzahl von Mittel- und Großstädten gebildet wird, stellt Berlin dagegen eine relativ geschlossene städtische Ballung dar. Die Stadt kann daher besser mit Hamburg und dessen Umland verglichen werden, um Größe und Bevölkerungskonzentration zu verdeutlichen.

Strukturmerkmale von Berlin und Hamburg im Vergleich

Strukturmerkmale	Berlin	Hamburg
Fläche in qkm	7 336	7 340
davon Stadt	883	755
davon Umland	6 453	6 585
Bevölkerung in Tsd.	4 286	2 768
davon Stadt	3 413	1 594
(in %)	79,6	57,6
davon Umland	872	1 174
(in %)	20,4	42,4
Einwohner je qkm	584	377
davon Stadt	3 866	2 112
davon Umland	135	178

nach: Deutsches Institut für Wirtschaftsforschung, Wochenbericht 22/90

Berlin hat eine herausragende Stellung im Verkehrswesen. Dies ist historisch begründet, denn die bis 1945 überaus guten Verkehrsanbindungen hängen ursächlich mit der Funktion Berlins als ehemaligem Zentrum des Deutschen Reiches zusammen. Doch schon Jahrzehnte zuvor hatte sich Berlin mit dem Aufkommen der Eisenbahn zu einem der bedeutenden Bahnknotenpunkte Deutschlands und Europas entwickelt. Entscheidend hierfür war die Lage der Stadt: Berlin befindet sich genau im **Kreuzungspunkt** zweier großer europäischer Verkehrsachsen: in Nord-Süd-Richtung die Achse Stockholm–Prag–Wien–Budapest, in West-Ost-Richtung die Achse Paris–Warschau–Moskau. Ähnlich verhielt es sich mit dem Autobahnnetz. Als eine der wenigen deutschen Städte wird Berlin bereits seit den 30er Jahren von einem geschlossenen Autobahnring umgeben, der von Anfang an eine überregional wichtige Verteilerfunktion übernahm. Autobahnen und Bundesstraßen verlaufen sternförmig von der Stadt ins Umland. Die Form dieser Straßenstruktur ähnelt damit der von Paris. In den kommenden Jahren werden im Rahmen der „Verkehrsprojekte Deutsche Einheit“ der Autobahnring und die Autobahnzubringer modernisiert.

Wichtige Verkehrseinrichtungen Berlins lassen sich wie folgt umreißen:

- Im Straßenverkehr ist der stadtumspannende **Autobahnring** (A 10), der dem Transitverkehr die Durchfahrt durch die Stadt erspart, und den ein- und ausgehenden Straßenverkehr sternförmig in alle Himmelsrichtungen verteilt, herausragende Verkehrsachse.
- Im Eisenbahnverkehr bündelt der stadtumspannende sog. Berliner **Eisenbahn-Außenring** (BAR) zehn wichtige Bahnstrecken und mehrere Nebenstrecken, Berlin ist damit zentraler Eisenbahn-Knotenpunkt. Wichtige Rangier-, Betriebs- und Umschlagbahnhöfe befinden sich in Pankow, Berlin-Rummelsburg, Berlin-Wuhlheide, Berlin-Schöneweide, Tempelhof, Grunewald und Seddin (internationale TEEM-Verkehre). Spezielle Güterbahnhöfe u. a. für den Containerverkehr sind der Berliner Ostgüterbahnhof, die Umschlagplätze Hamburger und Lehrter Bahnhof, Oranienburg, Großbeeren und Berlin Frankfurter Allee.
- Der Binnenschiffsverkehr nutzt das **Märkische Wasserstraßennetz** in und um die Stadt, das durch die Havel- und Spreegewässer gebildet wird. Die zu diesem Netz gehörenden Berliner Wasserstraßen haben auch innerhalb des europäischen Wasserstraßennetzes stets einen wichtigen Verkehrsknotenpunkt dargestellt, da drei Hauptwasserstraßen zusammentreffen.

Beispiel:

Von Westen verlaufen der **Elbe-Havel-Kanal** (35 km) und die Untere Havel-Wasserstraße (149 km) als Fortsetzung des Mittellandkanals nach Berlin. Aus Nordosten kommt die **Havel-Oder-Wasserstraße** (90 km), die vom Oderunterlauf nach Berlin abzweigt. Von Osten zieht sich die **Oder-Spree-Wasserstraße** (85 km) vom Oder-Mittellauf über Eisenhüttenstadt nach Berlin. Weitere Wasserwege sind die „Rüdersdorfer Gewässer" und die „Dahme-Wasserstraße". Alle Wasserwege zusammen haben innerhalb Berlins eine Länge von rund 260 km. Umschlagplätze sind der West- und Osthafen in Berlin, ferner die Häfen von Fürstenwalde, Rüdersdorf und Königs Wusterhausen.

– Dem Luftverkehr stehen drei internationale Flughäfen zur Verfügung: im Süden der ehemalige DDR-Zentralflughafen **Berlin-Schönefeld** und im Westen die Flughäfen von **Berlin-Tegel** und **Berlin-Tempelhof**. Umstritten sind nach wie vor der Bau und der Standort eines neuen zentralen Großflughafens.

5.2 Hamburg und der Raum Unterelbe

Unter dem Großraum Hamburg wird der Stadtstaat Hamburg sowie das Umland mit den Kreisen Lauenburg, Pinneberg, Segeberg, Storman, Harburg und Stade verstanden. Zusammen nimmt der Großraum Hamburg eine Fläche von über 7 340 qkm ein. Hamburg ist eines der bedeutendsten deutschen **Verwaltungs- und Dienstleistungszentren**. Obgleich der **Hafen** mit seinen typischen Arbeitsplätzen wichtiger Erwerbszweig der Stadt ist, so ist dies nicht das einzige Standbein der Stadt – heute heißt es: Hamburg ist die größte Industriestadt Deutschlands, die auch einen Seehafen hat. Die Seehafenverkehrswirtschaft beschäftigt rund 30 000 Menschen, die Seehafenindustrien über 34 000. In den letzten Jahrzehnten haben sich viele Unternehmen statt in Hamburg außerhalb entlang der Unterelbe angesiedelt, so daß quasi eine **„Industriegasse"** entstanden ist.

Beispiel:

An dem östlichen Elbufer bilden unterhalb Hamburgs die Orte Wedel, Glückstadt und Brunsbüttel mit Kraftwerken, Chemiebetrieben, Maschinenbauunternehmen u. a. m. Wirtschaftsschwerpunkte. Am Elbe-Westufer sind Stade (Kraftwerke, Chemie und Aluminium) und Cuxhaven bedeutende Industrieschwerpunkte.

Von 1945 bis 1990 unterlag die Hamburger Wirtschaft infolge der politischen Situation **großen Nachteilen**, mehrfach wurde die wirtschaftliche Entwicklung (insbesondere der Hafenwirtschaft) gestoppt. Die Nachteile ergaben sich u. a. aus den außerordentlich starken Zerstörungen von Hafen- und Industriegelände während des Zweiten Weltkrieges, dem Verlust von Teilen des Hafenhinterlandes durch die deutsche Spaltung und der Nähe zur nur rund 50 km entfernt liegenden innerdeutschen Grenze. Negativ wirkte sich ferner aus: die künstliche Aufwertung der Ostblockseehäfen als Konkurrenten, die Randlage der Stadt innerhalb der EG und die große Entfernung zu den Kernräumen der Gemeinschaft. Schließlich verlor Hamburg große Seegütermengen an die günstiger liegenden EG-Häfen, vor allem Rotterdam. Seit der Wiedervereinigung gehören die traditionellen Industriegebiete Sachsens und Berlins wieder zum Hinterland Hamburgs und es wird prognostiziert, daß die Stadt einen starken Zuwachs an Güterumschlag erhält und damit ihre Rolle als führender deutscher Seehafen weiter ausbaut. Eine Stärkung des Transitgeschäfts wird vor allem im Zusammenhang mit Güterverkehren nach Osteuropa erwartet.

Im Straßen- und Bahnnetz der Bundesrepublik ist Hamburg der überragende Knoten- und Verkehrsengpunkt im Norden. Sechs Autobahnen, darunter die großen Achsen A 1 (**Hansalinie**), A 7 und A 24, durchziehen den Raum. Die wichtige Nord-Süd-Autobahn A 7 (Flensburg-Garmisch) wird mittels des **Elbtunnels** durch die Hansestadt geführt. Für den Bahnverkehr ist vor allem der südlich der Stadt liegende Rangierbahnhof **Maschen** außerordentlich wichtig. Vom internationalen Flughafen **Hamburg-Fuhlsbüttel**, gleichzeitig Standort der Lufthansawerft, werden interkontinentale Flüge in alle Welt abgewickelt. Alles beherrschende Verkehrseinrichtung ist der Hafen (vgl. hierzu ausführlicher Themenkreis 7, Kap. 1).

5.3 Bremen und der Raum Unterweser

Als Stadtstaat und kleinstes Bundesland ist **Bremen** mit seiner rund 70 km entfernt liegenden Gemeinde **Bremerhaven** das **Handels- und Industriezentrum** des Raumes Unterweser. Neben Bremen/Bremerhaven gehören die niedersächsischen Kreise Wesermünde, Osterholz, Bremervörde, Rotenburg/Wümme, Verden, Wesermarsch, Oldenburg, Delmenhorst und Hoya der Region an. Wichtige städtische Zentren sind in diesen Kreisen Oldenburg, Nordenham, Brake, Delmenhorst, Bremervörde und Osterholz-Scharmbeck.

Das Verkehrswesen wird von den **Bremischen Häfen** beherrscht. Eine sehr große Rolle spielen die über die Häfen eingehenden klassischen Importgüter Baumwolle, Wolle, Kaffee, Tee, Kakao, Reis, Getreide, Früchte, Holz und Rohtabak, die von der großen Tradition des Überseehandels Bremens zeugen. Speziell diese Güter werden in vielen Betrieben der Region aufbereitet und veredelt, fast 20 % aller Arbeitsplätze des produzierenden Gewerbes entfallen hierauf. Für einige dieser Außenhandelsgüter gibt es in Bremen bedeutende **Warenbörsen**. Ähnlich wie in Hamburg sind in den an der Weser liegenen Orten die wirtschaftlichen Tätigkeiten stark hafenbezogen. Im Dienstleistungssektor dominieren vielfältige speditionelle Tätigkeiten, denn fast drei Viertel aller in den Seehäfen umgeschlagenen Güter sind keine Loco-Güter, d. h. sie entstammen nicht der Region oder werden nicht in ihr verarbeitet, sondern zwischen dem Hinterland und den Überseeräumen vermittelt. Für Bremen gilt daher, stärker als etwa für Hamburg, die Bezeichnung **„Speditionshafen"** (vgl. hierzu ausführlicher Themenkreis 7, Kap. 2). Neben den Häfen sind die wichtigsten Verkehrseinrichtungen die umfassenden **Eisenbahnanlagen** (Bremen-Grolland, Bremerhaven-Seehafen), weil von Bremen/Bremerhaven aus die Hinterlandversorgung mehr über die Bahn und den Lastkraftwagen als über die **Weser-Binnenschiffahrt** erfolgt. Im Straßennetz ist die Autobahn A 27, die Bremen mit seiner Gemeinde Bremerhaven verbindet, von besonderer Bedeutung. Wichtige andere Anschlüsse sind die A 1 **(Hansalinie)**, die A 28 (Bremen-Oldenburg) und die A 29 (Oldenburg-Wilhelmshaven). Der Luftverkehr erfolgt über den Flughafen **Bremen-Neuenland**.

5.4 Das Ruhrgebiet

Das Ruhrgebiet, der älteste und weltweit bekannteste deutsche **Schwerindustrieraum**, ist Teil des rheinisch-westfälischen Industriegebietes. Es bildet grob gesehen ein Rechteck mit den Eckpunkte Dinslaken und Duisburg im Westen und Schwerte und Lünen im Osten. In diesem Gebiet liegen **11 Großstädte**, darunter Oberhausen, Essen, Bochum, Dortmund, Gelsenkirchen, Bottrop, Herne, Castrop-Rauxel u. a. m. sowie am östlichen Rand Unna und Kamen.

Neben dem Kohleabbau waren über ein Jahrhundert lang die Eisen- und Stahlverarbeitung die Schlüsselindustrie des Reviers. Sie sind heute die Krisenbranchen und haben ihre Monopolstellung verloren. Das wirtschaftliche Bild dieses Ballungsgebietes wird heute von anderen Branchen bestimmt. Entsprechend der großen Wirtschaftskraft des Raumes zeigt sich das Verkehrswesen als besonders stark ausgeprägt. Kein vergleichbarer Raum Deutschlands ist derart dicht mit Autobahnen, Bundesstraßen, Eisenbahntrassen und leistungsfähigen Wasserwegen erschlossen. Besonders bemerkenswert ist das **gitterförmige Autobahnnetz** innerhalb des Reviers.

Beispiel:

In West-Ost-Richtung verlaufen die A 2 (**Ruhrgebiet–Hannover**), der **Emscherschnellweg** A 42 und der **Ruhrschnellweg** A 430, in Nord-Süd-Richtung die A 3, A 31, A 43 und A 1. Ihre Knotenpunkte bilden stark belastete Autobahnkreuze, so unter anderem das Kamener-, Westhofener-, Recklinghausener Kreuz, ferner die Autobahnkreuze Oberhausen, Duisburg-Kaiserberg, Herne, Dortmund-West.

Ähnlich engmaschig ist das **Schienennetz** für den Eisenbahnverkehr, dessen große Umschlag- und Verteilerzentren in Dortmund, Essen, Duisburg, Bochum, Hagen und Oberhausen liegen. Das westliche Ruhrgebiet ist über seinen zentralen **Rheinhafen Duisburg-Ruhrort** an die internationale Binnenschiffahrt angeknüpft, das zentrale und östliche Revier erhält durch vier Kanäle Anschluß: den **Dortmund-Ems-Kanal** (DEK), den **Rhein-Herne-Kanal** (RHK), den **Datteln-Hamm-Kanal** (DHK) und den **Wesel-Datteln-Kanal** (WDK). Diese außerordentlich hohe Dichte von Wasserwegen findet sich nur noch im Großraum Berlin, jedoch sind die dortigen Wasserwege weniger leistungsfähig.

5.5 Die Rheinschiene

Entlang des Rheins hat sich im Bundesland Nordrhein-Westfalen eine sehr dynamische Wirtschaftszone entwickelt, die durch einen hohen Anteil von Dienstleistungsunternehmen aller Art, moderne Industrieunternehmen, außerordentlich dichte Verkehrsbänder und eine hohen Bevölkerungsdichte gekennzeichnet ist. Für diese Wachstumszone hat man den Begriff „Rheinschiene“ geprägt. Damit wird ein Raum umschrieben, der stromparallel ungefähr von **Wesel bis Bonn** reicht und der von einer Fülle günstiger Standort-und Strukturvorteile geprägt ist. Wirtschaftliche Kernpunkte sind die Rheinuferstädte **Duisburg**, **Krefeld/Uerdingen**, **Düsseldorf**, **Neuss**, **Leverkusen** und **Köln**. Weitere wichtige Verkehrs- und Wirtschaftskonzentrationen gibt es in Wesel, Dinslaken, Mülheim, Mettmann/Ratingen, Erkrath, Mönchengladbach/Rheydt, Grevenbroich, Dormagen, dem Erftkreis, dem Rhein-Sieg-Kreis und Bonn. Aus der Fülle wichtiger Verkehrseinrichtungen ragen folgende besonders heraus:

- Mehrere bedeutende Autobahnen schneiden die Rheinschiene und machen diese Region damit zu einem der größten Transiträume Deutschlands. In der Hauptsache sind dies die international bedeutenden Autobahnen A 1, A 2, A 3 und A 4 sowie A 46, A 52, A 57 und A 61. Sie stellen stark belastete Achsen dar, die regelmäßig von Staus betroffen sind. Vor allem Köln ist für den Straßenverkehr seit alters her eine Schaltstelle und Drehscheibe. Die ringförmigen innerstädtischen Straßen werden ihrerseits von einem geschlossenen **Autobahnring** umgeben, in den 10 Autobahnen aus allen Himmelsrichtungen münden. Die Verteilung erfolgt über acht Autobahnkreuze.
- Entlang der Rheinschiene ist der **Bahnverkehr** sehr hoch. Alle Städte sind in mehrere internationale Linien eingebunden. Vor allem Kölns Hauptbahnhof gilt als einer der bedeutendsten europäischen Bahnknotenpunkte, denn hier kreuzen sich die Zugverbindungen Athen–London, Stockholm–Rom und Paris–Moskau. Im Personen- und **Güterverkehr per Bahn** passieren Köln täglich 850 Personen- und 250 Güterzüge. Bedeutender Umschlagplatz für Container- und Huckepackverkehre ist der Bahnterminal Köln-Eifeltor. Mit jährlich über 350 000 t Umschlag ist Eifeltor eine der größten Bahnanlagen dieser Art in Deutschland. In Düsseldorf werden Container auf der Bahnanlage Bilk, in Neuss Huckepacksendungen in großen Mengen verladen. Weitere große Eisenbahnanlagen befinden sich in Duisburg (Rangierbahnhof Wedau, Containerumschlagplätze).
- An rund 23 km Rheinufer in Duisburg konzentrieren sich in einer sonst in Deutschland nicht vorhandenen Dichte Binnenhäfen und Industrieanlagen unterschiedlicher Art. Zentraler Standort all dieser Unternehmen und vieler Transportbetriebe ist der Duisburger Hafenkomplex, der sich aus den **öffentlichen Duisburg-Ruhrorter Häfen** und 14 werkseigenen **Privathäfen** und Umschlagstellen der Großindustrie zusammensetzt. Damit ist Duisburg die größte Binnenhafenstadt der Welt. Für die Binnenschiffahrt von großer Bedeutung sind ferner die **beiden Rheinhäfen** in Düsseldorf und Neuss, die Umschlagzentren für den Rhein-Containerdienst sind. Die größte Stadt des Landes Nordrhein-Westfalen, Köln, betreibt an ihrem Rheinufer **sechs Binnenhäfen**: den Ölhafen Niehl, den Handelshafen Niehl, Hafen Mülheim, Hafen Rheinau, Hafen Deutz und Hafen Godorf (Köln-Bonner-Eisenbahn AG). In ihnen werden zusammen jährlich über 10 Mio. t umgeschlagen. Von allen genannten Häfen werden direkte Fluß-Seeverschiffungen, Ro/Ro- oder Containerverkehre abgewickelt.
- Für den Luftverkehr gibt es an der Rheinschiene zwei herausragende Verkehrsknoten. Es sind dies der Düsseldorfer **Rhein-Ruhr-Flughafen**, der zweitgrößter deutscher Airport ist, und der **Flughafen Köln/Bonn**. Das Luftfrachtzentrum auf dem Köln/Bonner Flughafen ist nach Frankfurt Deutschlands zweitgrößter Umschlagplatz für Luftfrachtgüter und Kuriergutsendungen.

5.6 Frankfurt und das Rhein-Main-Gebiet

Der Wirtschaftsraum Rhein-Main befindet sich im südlichen Teil des Bundeslandes Hessen. Er kann in etwa durch ein Achsenkreuz mit den Linien Bingen-Aschaffenburg und Gießen-Bensheim markiert werden. Wirtschafts- und Verkehrsschwerpunkte sind neben **Frankfurt** u. a. die beiden Landeshauptstädte **Mainz** (Rheinland-Pfalz) und **Wiesbaden** (Hessen), sowie **Rüsselsheim**, **Darmstadt**, **Offenbach**, **Aschaffenburg** und **Hanau**. Innerhalb des Achsenkreuzes liegt zentral die Handels-, Messe-, Banken-, Verkehrs- und Verwaltungsmetropole Frankfurt. In ihr haben heute über ein Drittel aller hessischen Industriebetriebe ihren Sitz und über 40 % der Beschäftigten Hessens finden dort ihren Erwerb. In den Grenzen der alten Bundesrepublik lag Frankfurt im außergewöhnlich günstigen geographischen Mittelpunkt und zog von daher viele zentrale Organisationen an. So ist die Stadt Sitz zahlreicher einflußreicher Verwaltungen und Verbände geworden, die bundesweit wirken.

Beispiele:

In Frankfurt befinden sich die Zentrale der Deutschen Bundesbank, die Hauptsitze fast aller führenden deutschen Geschäftsbanken, die wichtigste deutsche Börse und der Bundesrechnungshof. Ferner sind hier die Hauptsitze vieler Einrichtungen des Verkehrswesens, hierzu gehören: die Hauptverwaltung der Deutschen Bundesbahn, wichtige Zentralstellen der Deutschen Bundespost, das Bundesamt für gewerbliche Wirtschaft (Eschborn), die Gewerbevertretungen des Bundesverbandes des gewerblichen Güterfernverkehrs (BDF) und des Güternahverkehrs (BDN) und wichtige Abteilungen der Deutschen Lufthansa. Auch die Europäische Zentralbank (EZB) wird in Frankfurt angesiedelt.

Das Wirtschaftsbild Frankfurts wird maßgeblich auch durch zahlreiche Niederlassungen in- und ausländischer Unternehmen und des Land- und Lufttransportwesens (insbesondere in Kelsterbach), Exportvertretungen, Konsulate und ähnliche Stellen bestimmt. Der größte Arbeitgeber nicht nur Frankfurts, sondern ganz Hessens und viertgrößter westdeutsche Arbeitgeber ist der **Rhein-Main-Flughafen**.

Beispiel:

Anfang 1993 waren am Flughafen Frankfurt über 50 000 Arbeitsplätze mit über 400 unterschiedlichen Arbeitsstätten im Dienstleistungssektor registriert. Von Kurierdiensten, Lkw-Fernverkehrsunternehmen, Lagereibetrieben, Spediteuren und Schalterdiensten reicht das Spektrum der Arbeitsplätze am und im Flughafen bis zu Flugbegleitdiensten, Reinigungsfirmen, Hotels und Cateringunternehmen.

Nach London-Heathrow war Frankfurt Rhein-Main 1992 der zweitgrößte europäische Flughafen im Passagierverkehr, im Bereich der Luftfracht liegt Frankfurt in Europa an erster und weltweit an vierter Stelle. Zu den Standortvorteilen Frankfurts gehören die zentrale europäische Lage, die dadurch bedingten ständig steigenden Aufgaben beim Personenverkehr und der interkontinentalen Verteilung von Gütern sowie die hervorragenden Verkehrsverbindungen mittels Eisenbahn und Fernstraßen. Die **Autobahnen** (A 5, A 3, A 60, A 61, A 67 und andere) sowie die Autobahnkreuze im Rhein-Main-Raum gehören zu den großen Schaltstellen des deutschen Straßenverkehrs, ähnliches gilt für den **Bahnverkehr** (Frankfurt/M.-Ost). Mehrere **Binnenhäfen** an Rhein und Main (Bingen, Mainz, Wiesbaden, Rüsselsheim, Frankfurt, Offenbach, Hanau, Aschaffenburg) ergänzen das Bild einer außerordentlich vielfältigen Verkehrslandschaft.

5.7 Das Rhein-Neckar-Dreieck

Das Rhein-Neckar-Dreieck wird durch die Städte Worms, Neustadt und Heidelberg eingegrenzt, es ist der sechstgrößte Ballungsraum in der Bundesrepublik. Die wirtschaftlichen Zentren dieser Region, die sich über drei Bundesländer (Hessen, Rheinland-Pfalz und Baden-Württemberg) erstreckt, sind die drei Großstädte **Ludwigshafen**, **Mannheim** und **Heidelberg**. Eine herausragende Rolle nimmt das Speditions- und Transportwesen ein. Das Rhein-Neckar-Dreieck gilt mittlerweile als das bedeutendste **Güterumschlag- und Distributionszentrum** im süddeutschen Raum. Durch die Region verlaufen mehrere große Fernstraßen, die herausragenden sind die **Autobahnen** A 5 (Richtung Frankfurt oder Basel) und die A 6 (Richtung Stuttgart/München oder Kaiserslautern/Saarbrücken), sie werden ergänzt durch die A 61 (AD Hockenheim – Mönchengladbach) und die A 67 (Viernheimer AD – Frankfurt).

Im Personenverkehr der **Eisenbahn** stellt die Region einen der wichtigsten Knotenpunkte im Intercity-Verkehr Deutschlands dar, ähnliches gilt für den Güterverkehr.

Beispiel:

Der Rangierbahnhof am Rande von Mannheim und mitten im Herzen des Rhein-Neckar-Dreiecks zählt zu den größten seiner Art in Europa und hat den höchsten Containerumschlag aller binnenländischen Bahnhöfe der Bundesrepublik. Mehr als 5 000 Waggons werden dort täglich aufs richtige Gleis gebracht, und pro Monat sind es im Jahresdurchschnitt etwa 10 000 Container, die auf den Rangierbahnhofschienen umgeschlagen werden.

Quelle: Handelsblatt Nr. 117, v. 21.06.1990, S. 26

Günstige Transportwege bilden weiterhin der **Rhein** und der **Neckar**. Die Binnenhäfen von Ludwigshafen und Mannheim liegen jeweils auf Platz 3 und 4 unter den deutschen Binnenhäfen, zusammengenommen bilden sie den zweitgrößten deutschen Binnenhafenkomplex. Herausragend im Binnenhafen von Mannheim sind große überdachte Lagerflächen, die von keinem anderen europäischen Binnenhafen übertroffen werden. Mehrere feste Binnenschiffslinien verbinden im Containerverkehr das Rhein-Neckar-Dreieck mit dem Seehafen Rotterdam. Mit umfangreichen Ro/Ro-Verkehren werden u. a Fahrzeuge von Mannheim aus zum Export nach Rotterdam befördert.

5.8 Saargebiet

Das Saargebiet ist Teil des westeuropäischen Schwerindustriegebietes Saar-Lor-Lux (Saarland – Lothringen – Luxemburg), in dem die Eisenerz-Verhüttung und die Stahlproduktion eine große Rolle spielen. Der Ballungsraum Saargebiet wird entlang des kanalisierten Saarflusses von den Städten **Saarbrücken**, **Völklingen**, **Saarlouis** und **Dillingen**, sowie einigen weiteren kleinen Gemeinden gebildet. Aufgrund der Grenzlage ist die Wirtschaft des Raumes stark auf Ausfuhren in EU-Staaten ausgerichtet, im Verkehrswesen fallen dem Saargebiet lagebedingt wichtige Aufgaben im Transitverkehr zu, vor allem im Wechselverkehr zwischen Frankreich/Benelux und der Bundesrepublik Deutschland. Hauptverkehrsader im Straßengüterverkehr ist die große **West-Ost-Achse A 6** (Paris–Saarbrücken–Ludwigshafen/Mannheim). Lückenschlüsse und Streckenergänzungen im Autobahnnetz der Saarregion müssen jedoch noch bei der A 1 und der A 8 vorgenommen werden. Für die Schwerindustrie des Saargebietes und Teile der Pfalz ist der zum Großschiffahrtsweg ausgebaute **Saarkanal** (kanalisierte Saar) wichtigster Verkehrsweg. Größter Saarhafen ist Saarlouis/Dillingen. Seit Eröffnung der modernen Wasserstraße im Jahre 1989 gehört dieser Hafen unter die zehn umschlagsstärksten deutschen Binnenhäfen. Große Bedeutung hat das **Eisenbahnwesen**, denn mehr als die Hälfte des saarländischen Güterverkehrsaufkommens wird mit der Eisenbahn transportiert. Im Bereich des kombinierten Verkehrs Straße/Schiene nimmt der Huckepackbahnhof von Saarbrücken für bestimmte west- und südwestgehende Relationen eine Schlüsselrolle ein, dies gilt insbesondere für den Spanienverkehr.

Beispiel:

Der deutsch-spanische Huckepackverkehr wird zu 90 % über Saarbrücken abgewickelt. Auf der Relation Saarbrücken–Silla (bei Valencia) werden Kombi-Ganzzüge mit maximal 42 Waggons eingesetzt. Täglich verkehren mindestens jeweils zwei Kombizüge via Paris und Port Bou (Grenze Frankreich/Spanien) in beide Richtungen. Der ein- und ausgehende Verkehr umfaßt pro Tag üblicherweise mehr als 100 Waggons. In Zeiten hohen Verkehrsaufkommens werden die täglichen Kombizüge verdoppelt.

Regionalflughafen für das Saargebiet ist der Saarbrückener Verkehrsflughafen Ensheim.

5.9 Industriegassen am Mittleren Neckar

Unter der Bezeichnung Mittlerer Neckar wird ein Gebiet verstanden, das sich etwa von Heilbronn bis Nürtingen in Nord-Süd- und von Sindelfingen/Böblingen bis Göppingen/Eislingen in West-Ost-Richtung erstreckt. Im Zuge der Industrialisierung hatten sich zunächst in den verkehrsgünstig gelegenen Neckartalstädten **Heilbronn, Ludwigsburg**, **Kornwestheim**, **Stuttgart**, **Esslingen** und **Plochingen** sehr leistungsfähige Industrieunternehmen konzentriert. Als Folge der Verknappung von Gewerbeflächen verlagerten viele Unternehmen ihre Produktion in die Täler und an die Nebenflüsse Enz, Murr, Rems und Fils sowie auf die Hochflächen. Es entstand das heute für den Mittleren Neckar charakteristische Verteilungsbild der Industriegassen. Fast 30 Gemeinden mit 2,5 Mio. Einwohnern umfaßt dieses Wirtschaftsgebiet heute.

Der Mittlere Neckar gilt von allen Ballungsgebieten Deutschlands als der am stärksten durch gewerbliche Produktion bestimmte, die hohe Spezialisierung der Region bedingt große Exportanteile. Besonders Stuttgart, Landeshauptstadt von Baden-Württemberg, gehört zu den am stärksten exportorientierten Städten der Bundesrepublik. Die Stadt ist auch einer der Verkehrsschwerpunkte der Region, das heißt vor allem **Eisenbahn- und Autobahnknotenpunkt**. Durch ihre Kessellage ist sie allerdings auch erheblichen Verkehrsproblemen ausgesetzt. Am Autobahndreieck Stuttgart treffen die A 8 (Karlsruhe – München) und die A 81 (Würzburg – Singen) zusammen, beide werden südlich um Stuttgart geführt. Der Flußverkehr auf dem kanalisierten Neckar ist bis zum **Endhafen Plochingen** möglich, die größten Neckarhäfen befinden sich in Heilbronn und Stuttgart. An das Luftverkehrsnetz ist der Mittlere Neckarraum durch den **Regionalflughafen Stuttgart-Echterdingen** angebunden.

5.10 Städtedreieck Nürnberg–Erlangen–Fürth

Innerhalb des Flächenstaates Bayern ist das Städtedreieck Nürnberg–Erlangen–Fürth nach München das zweitgrößte industriewirtschaftliche Gebiet. Es bildet den Kern der sog. mittelfränkischen Industrieregion. Insgesamt leben in dieser Ballungsregion 1,3 Mio. Menschen, davon mehr als die Hälfte in den Großstädten **Nürnberg**, **Fürth** und **Erlangen**.

Im deutschen **Autobahnnetz** nimmt der Raum Nürnberg seit jeher eine zentrale Verteilerposition ein, die sich noch verstärken wird. Denn die Lage an der nun stark genutzten Verkehrsachse München – Berlin (A 9) bringt viele neue Verkehrsaufgaben für Nordost-Bayern mit sich.

Beispiel:
Über fünf große Autobahnkreuze (AK) und Autobahndreiecke (AD) wird der Straßenverkehr im Gebiet Nürnberg verteilt. Das AK Fürth/Erlangen ist Schnittpunkt der A 3 (Frankfurt–Passau) und der A 73 (Bamberg – Nürnberg). Die große West-Ost-Autobahn A 6 (Saarbrücken – Amberg) trifft am AK Nürnberg-Süd auf die A 73, am AK Nürnberg-Ost auf die A 9 und am AK Altdorf auf die A 3. Weitere Knotenpunkte bilden das AK Nürnberg (A 3 und A 9) und das AD Nürnberg/Feucht.

Eine verkehrsgeographisch zentrale Lage nimmt der Raum um Nürnberg auch im Osteuropa-Verkehr ein. Im Zuge der weiteren Öffnung Osteuropas wird das Städtedreieck unter anderem zu einer wichtigen Zwischenstation im internationalen West-Ost-Straßengüterverkehr, der über die A 6 via Nürnberg und Amberg in die Tschechische Republik geführt wird. Auch dem Bahnumschlagzentrum **Nürnberg Hgbf.** fallen im ost- und nordgehenden Bahnverkehr verstärkt Aufgaben zu. Alle drei Städte unterhalten Binnenhäfen bzw. Umschlagstellen am **Main-Donau-Kanal**, sie sind damit in die große transkontinentale Wasserstraße Rhein-Main-Donau eingebunden.

5.11 Großraum München

Der über 2,5 Mio. Einwohner umfassende Großraum München wird aus der Stadt München und acht umgebenden Landkreisen (Freising, Erding, Ebersberg, München, Starnberg, Landsberg a. Lech, Fürstenfeldbruck und Dachau) gebildet. Im deutschen Alpenvorland ist München eine konkurrenzlose Metropole, die alle wichtigen Handels- und Verkehrslinien auf sich zieht. Im **süddeutschen Autobahnnetz** ist die Stadt München, die noch nicht von einem geschlossenen Autobahnring umgeben wird, zentrale Verteilerstelle. Um München bündeln sich die A 8, A 9, A 92, A 95, A 96, A 99 und A 995, wobei die östliche Umgehungsautobahn A 99 besonders belastet ist.

Beispiel:
Sämtliche von Norden kommenden Straßenverkehre mit Zielrichtung Norditalien via Kiefersfelden/Kufstein und Brenner sowie Österreich via Bad Reichenhall/Salzburg müssen die Umgehungsautobahn A 99 benutzen, ehe sie sich am Autobahndreieck Rosenheim (Inntal-Dreieck) verteilen.

Im Eisenbahnverkehr sind der Münchener Hauptbahnhof, der über eine **Huckepack-Umschlaganlage** verfügt, und der **Rangierbahnhof München-Nord** Schaltstellen für Bahnverkehr von/nach Italien, Österreich und den Balkanraum. Ein Wasserstraßenanschluß für die gewerbliche Binnenschiffahrt existiert nicht. Der neue **Großflughafen München 2**, der nördlich der Stadt München nahe Freising liegt, ersetzt den stadtnahen alten Airport München-Riem. Mit diesem Flughafen verfügt der Ballungsraum München über einen der modernsten in Europa.

5.12 Großraum Hannover/Braunschweig

Das Ballungs- und Großraumgebiet **Hannover/Braunschweig** bildet den wirtschaftlichen Schwerpunkt des Bundeslandes Niedersachsen. Es schließt bedeutende weitere Städte und Wirtschaftszentren unterschiedlicher Größe ein, darunter vor allem **Wolfsburg, Wolfenbüttel, Salzgitter, Celle, Peine** und **Hildesheim**. Die Verwaltungsmetropole, Messe- und **Landeshauptstadt Hannover** ist das Zentrum dieser Region. Sie hat, einschließlich des engeren Umlandes, eine Bevölkerung von mehr als einer Million Menschen. Die Lage Hannovers inmitten eines überwiegend ländlichen Raumes ist der von München vergleichbar.

Die verkehrsmäßige Erschließung der Region ist gut. Hannover, Braunschweig und Wolfsburg sind an den **Mittellandkanal** angebunden, Salzgitter und Hildesheim werden über Stichkanäle versorgt. Das Eisenbahnwesen ist breit entwickelt, u. a. können in **Hannover-Linden** Huckepacksendungen abgefertigt werden. Im **Autobahnnetz** ist die Region durch das markante Autobahnkreuz von Hannover-Ost gekennzeichnet, in dem sich die A 2 und die A 7 schneiden. Bedeutender Flughafen im Regionalflugnetz ist der Airport von **Hannover-Langenhagen**.

5.13 Sächsisches Industrierevier

Drittgrößtes Ballungsgebiet in Ostdeutschland ist nach Berlin und der Region Halle-Leipzig das sog. Sächsische Industrierevier mit den beiden Teilräumen Chemnitz/Zwickau und Dresden.

Im Ballungsraum **Chemnitz/Zwickau** leben rund 1,5 Millionen Einwohner. Die Wirtschafts- und Verkehrsschwerpunkte sind neben Chemnitz und Zwickau u. a. die Städte Aue, Plauen, Glauchau und Greiz. Die Erschließung mit **Bahnnetzen** ist entsprechend der industriellen Dichte seit eh und je außerordentlich hoch. Zwei **Autobahnen**, die A 4 Eisenach–Dresden und die A 72 (Chemnitz–Hof) bilden derzeit noch für den Straßengüterverkehr das entscheidende Rückgrat. Eine Wasserstraßenverbindung existiert nicht.

Das Wirtschaftsgebiet **Dresden** umfaßt entlang der Elbe die Kernstadt Dresden sowie die nördlich davon liegenden Orte Coswig und Meißen, nach Süden hin erstreckt sich der Raum über Freital bis Pirna. Entlang dieser **„Industriegasse"** an der Elbe leben rund 1 Mio. Einwohner. Im Großraum Dresden ist wie im Bereich Chemnitz/Zwickau das **Eisenbahnnetz** sehr engmaschig (17,5 km/100 qkm im Gegensatz zu rd. 13 km/100 qkm in sonstigen Gebieten der neuen Bundesländer). Dresden verfügt zwar über keinen Zentralknoten im Eisenbahnnetz, jedoch ist die Stadt wichtige Durchgangsstation im Nord-Süd-Verkehr der **TEEM-Relationen** (via Bad Schandau in die Tschechische Republik). Im **Autobahnnetz** ist die West-Ost-Linie A 4 von elementarer Bedeutung und ständig überlastet. Weiterhin sind die A 14 nach Leipzig und die A 13 in Richtung Berliner Ring die grundlegenden Straßenverkehrsleitlinien. An der großen Wasserstraße **Elbe** haben Meißen und Dresden Lade- und Löschplätze. Die Elbe hat im Ballungsraum Dresden durch den Verkehr nach/von der Tschechischen Republik (Zielhäfen Melnik, Kolon und Prag) den Charakter einer internationalen Wasserstraße. Der Güterverkehr ist jedoch aufgrund der geringen Elbetauchtiefen nicht von Bedeutung. Für den Flugverkehr steht der **Flughafen Dresden-Klotzsche**, nach Berlin-Schönefeld größter Flughafen in den neuen Bundesländern, zur Verfügung.

5.14 Halle und Leipzig

Dieses Wirtschaftsgebiet liegt etwa je zur Hälfte in den Bundesländern Sachsen-Anhalt (mit Halle, Merseburg und Dessau) und Sachsen (mit Leipzig und Borna). Es umfaßt den größten Teil der sog. Leipziger Bucht und stellt nach Berlin die größte Ballung in den neuen Bundesländern dar.

Es können mehrere wichtige Teilräume unterschieden werden. Im Norden das Gebiet um **Bitterfeld/Dessau**, im Südwesten das Gebiet **Halle/Merseburg**, im Südosten der Teilraum **Leipzig/Borna** mit dem Braunkohlerevier von Borna/Böhlen/Zeitz und im Süden der Raum um **Zeitz/Altenburg**. Nach Berlin ist Leipzig die größte Stadt in Ostdeutschland. Aufgrund ihrer enormen wirtschaftlichen Bedeutung war die verkehrsmäßige Erschließung der Region Halle/Leipzig mittels Eisenbahnen sehr früh erfolgt. Auch zu Zeiten der DDR stellte Leipzig neben Berlin den bedeutendsten Eisenbahnknotenpunkt dar.

Beispiel:
Leipzig und Halle bilden zusammen einen sog. **„Eisenbahndoppelknoten"**, einen der größten europäischen Eisenbahnknotenpunkte. In Leipzig sind mehrere Rangierbahnhöfe (Rbf) von besonderer Bedeutung. Im Norden der Rangierbahnhof Leipzig-Wahren und im Osten der Rbf Engelsdorf. Über die Rangierstationen werden vorzugsweise Güterzüge in nördliche und östliche Richtung abgefertigt. Um das Zentrum von Leipzig führt der Leipziger Güterring, über den der Durchgangsgüterverkehr der Eisenbahn geführt wird.

Mit dem **Schkeuditzer Autobahnkreuz**, das in der klassischen Kleeblattbauweise erstellt worden ist und zwischen den beiden Städten Halle und Leipzig liegt, verfügt dieser Wirtschaftsraum auch im Autobahnnetz über eine wichtige Schaltstelle. Im Schkeuditzer Kreuz schneiden sich die A 9 (Berlin – München) und die A 14 (Halle – Dresden). In unmittelbarer Nähe beider Großstädte liegt auch nahe des Autobahnkreuzes der **Verkehrsflughafen Leipzig/Halle**. Während Leipzig keinen Wasserstraßenanschluß hat, kann Halle über die Saale bis zum **Binnenhafen Halle-Trotha** angefahren werden. Die Binnenschiffahrt hat für den Ballungsraum Halle/Leipzig allerdings nur untergeordnete Bedeutung.

6 Verkehrsprojekte „Deutsche Einheit"

Der neue gesamtdeutsche Verkehrswegeplan weist für die neuen Bundesländer 17 umfangreiche Verkehrsprojekte aus. Mit diesen Verkehrsprojekten wird das Ziel verfolgt, wichtige Verkehrsachsen bei Schiene, Straße und Wasserwegen schnell an den Qualitätsstandard der westlichen Bundesländer anzugleichen. Von den 17 Projekten entfallen neun auf den Ausbau und die Modernisierung des Schienennetzes mit insgesamt fast 2 200 km. Das Schienennetz soll in fünf Korridoren ausgebaut werden: Entlang der Ostseeküste von Lübeck nach Stralsund; von Berlin nach Hamburg; von Berlin nach Hannover mit einer Verlängerung ins Ruhrgebiet und an die Rheinschiene; von Berlin nach Stuttgart und München, von Sachsen und Thüringen ins Ruhrgebiet und das Rheinland sowie in den Rhein-Main-Raum.

Sieben Projekte dienen dem Aus- und Neubau des Fernstraßennetzes, d. h. Bundesautobahnen und Bundesstraßen, im Umfang von rund 2 000 km. Vorrangig sind die Sanierungen der A 2 Hannover – Magdeburg – Berlin, der A 4 Bad Hersfeld–Erfurt–Dresden – Bautzen bis nach Görlitz und der A 9 Nürnberg – Leipzig – Berlin. Größtes Neubauprojekt im Fernstraßenbereich ist die Ostseeküstenautobahn A 20 von Lübeck bis an die deutsch/polnische Grenze.

Für die Binnenschiffahrt ist ein Projekt vorgesehen, nämlich der Ausbau des Mittellandkanals und des Elbe-Havel-Kanal/Untere Havel-Wasserstraße auf einer Länge von 280 km.

Übersicht der Verkehrsprojekte Deutsche Einheit

I. Schiene					
Nr.	**Projekt**	**Geschätzte Kosten Mio. Mark**	**Länge (km)**	**geplante Geschw. (km/h)**	**Vorhaben**
1.	Lübeck/Hagenow Land-Rostock-Stralsund	1 100	251	min. 120 bis 160	Ausbau vorhandener Strecken, Ergänzung, Elektrifizierung
2.	Hamburg-Büchen-Berlin	3 600	270	min. 160 bis 200	Trennung S-/Fernbahn im Hamburger Raum; durchgehender 2gleisiger Ausbau, Elektrifizierung
3.	Uelzen-Salzwedel-Stendal	1 850	110	bis 200	2gleisiger Ausbau bzw. Wiederaufbau, Elektrifizierung
4.	Hannover-Stendal-Berlin	4 780	246	min. 200 bis 250	Neubau Hannover bis Staaken, Ausbau Staaken-Bln.-Friedrichstraße
5.	Hemstedt-Magdeburg-Berlin	1 850	163	160	Ausbau und Elektrifizierung Helmstedt bis Werder
6.	Eichenberg-Halle	280	170	120	2gleisiger Ausbau und Elektrifizierung
7.	Bebra-Erfurt	730	100	bis 160	2gleisiger Ausbau und Elektrifizierung
8.	Nürnberg-Erfurt-Berlin einschl. Lückenschlüsse im Korridor	12 400	729	200 bis 250	Ergänzung um 2 Gleise Nürnberg-Lichtenfels, Neubau Lichtenfels-Weißenfels-Leipzig, Ausbau Weißenfels-Halle, Sanierung Bitterfeld-Berlin
9.	Leipzig–Dresden	2680	160	200 bis 250	Ausbau Leipzig-Wurzen und Cossebaude-Dresden-Hbf., Neubau Wurzen-Cossebaude

II. Straße						
Nr.	**Projekt**	**Geschätzte Kosten Mio. Mark**	**Länge (km)**	**progn. Verkehrsstärke 2010 Kfz./24 h werkt.**	**Lkw-Ant. (%)**	**Vorhaben**
10.	Lübeck/Bundesgrenze (Küstenautobahn A 20)	3 300	300	33 900	10	2bahniger BFStr.-Neubau, im Anschluß Einbindung küstennaher Zentren bzw. 4streifiger Autobahnneubau
11.	Hannover-Berlin-und Berliner Ring bis Schwanebeck (A 2)	3 780	322	60 000	26	6streifiger Ausbau und Grunderneuerung
12.	Berlin Nürnberg (A 9)	4 250	383	53 000	15	6streifiger Ausbau u. Grunderneuerung
13.	Göttingen-Halle	1 620	147	734 000	24	4streifiger Autobahnneubau
14.	Halle-Magdeburg	920	84	580 000	24	4streifiger Autobahnneubau
15.	Kassel-Wommen/ Bad Hersfeld-Görlitz (A 4)	6 800	512	61 000 bzw 32 000	20 bzw. 18	6streifiger Ausbau u. Grunderneuerung Dresden-Kirchheim, westl. Eisenach BFStr.-Neubau oder Ausbau, 4streifiger Neubau Bautzen-Görlitz u. Kassel-Wommern
16.	Erfurt-Schweinfurt bzw. Bamberg	2 100	194	42 000 bzw. 25 000	9 bzw. 7	2bahniger BFStr.-Neubau

III. Wasserstraßen				
Nr.	Projekt	Geschätzte Kosten Mio. Mark	Länge (km)	Vorhaben
17.	Mittellandkanal/Elbe-Havel-Kanal/Untere Havel-Wasserstraße	4 000	280	Ausbau Wasserstraßen West-Ost-Verbindung, Hannover-Magdeburg-Berlin mit Bau einer wasserstandunabhängigen Elbequerung bei Magdeburg für Motorgüterschiffe bis rund 2 000 t bzw. Schubverbände bis rd. 3 600 t Tragfähigkeit.

BFStr. = Bundesfernstraßen

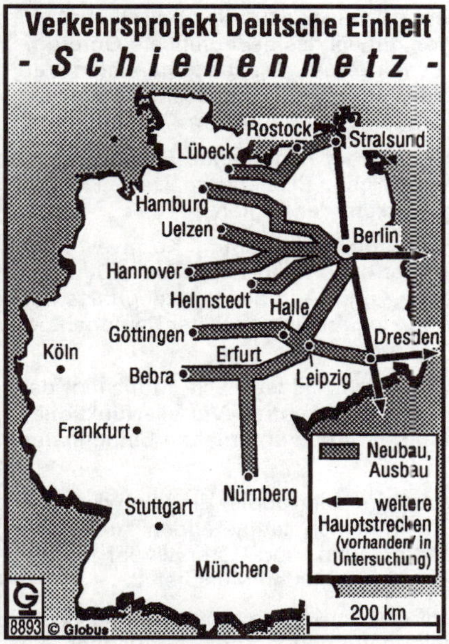

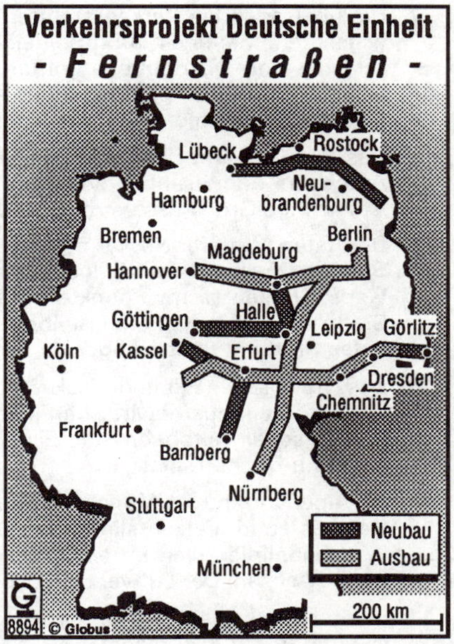

Zusammenfassung

1. Die Stadt Berlin mit ihrem Umland ist das größte deutsche Ballungsgebiet und der bedeutendste Verkehrsknotenpunkt in Ostdeutschland. Wichtige Verkehrsachsen sind der Autobahnring A 10, der Eisenbahn-Außenring (BAR), die Märkischen Wasserstraßen und die Flughäfen Tegel, Tempelhof und Schönefeld.

2. Hamburg ist eines der bedeutendsten deutschen Verwaltungs- und Dienstleistungszentren. Die Stadt markiert den Beginn der Industriegasse Elbe. Herausragende Verkehrseinrichtungen sind der Hafen, der Elbtunnel im Zuge der A 7, die östlichen und südöstlichen Autobahnen, der Rangierbahnhof Maschen und der Flughafen Fuhlsbüttel.

3. Der Stadtstaat Bremen besteht aus den Gemeinden Bremen und Bremerhaven. Herausragende Verkehrseinrichtungen sind die Bremischen Häfen mit einem der größten Güterverteilungszentren (GVZ), umfassende Eisenbahnanlagen und der Flughafen Neuenland. Hauptautobahn ist die A 1 (Hansalinie).

4. Das Ruhrgebiet ist Teil des rheinisch-westfälischen Industriegebietes, es wird aus 11 Großstädten und mehreren Kleingemeinden gebildet. Im gitterförmigen Autobahnnetz ragen im Regionalverkehr der Ruhrschnellweg und der Emscherschnellweg heraus. Die Eisenbahn verfügt über mehrere große Umschlag- und Verteilerzentren. Die Binnenschiffahrt ist einer der bedeutendsten Verkehrsträger der Region; überragender Hafen ist Duisburg-Ruhrort. Die das Ruhrgebiet erschließenden Kanäle sind der DEK, RHK, DHK und WDK.

5. Als Rheinschiene definiert man den stromparallelen Raum zwischen Wesel und Bonn. Verkehrsschwerpunkte sind Duisburg, Krefeld/Uerdingen, Düsseldorf, Neuss, Leverkusen und Köln. Die Hauptverkehrseinrichtungen sind die stromparallelen Autobahnen (A 57, A 3, A 61), der Kölner Autobahnring, die Autobahnknoten bei Duisburg, Moers, Neuss und Düsseldorf, die Binnenhäfen von Duisburg bis Köln, die Eisenbahn-Umschlagpunkte bei Duisburg, Düsseldorf, Neuss und Köln (Eifeltor) sowie die beiden Flughäfen Düsseldorf Rhein-Ruhr und Köln/Bonn (Köln-Wahn).

6. Frankfurt ist die überragende Metropole im Wirtschaftsraum Rhein-Main. Größter Arbeitgeber der Stadt Frankfurt und einer der größten in Deutschland ist der Flughafen Rhein-Main. Frankfurt ist Schaltstelle im Autobahn- und Eisenbahnverkehr. Mehrere Binnenhäfen an Rhein und Main sind wichtige Umschlagstellen im Massengutverkehr.

7. Die überragenden Verkehrszentren im Rhein-Neckar-Dreieck sind die Großstädte Ludwigshafen, Mannheim und Heidelberg. Die Region gilt als das bedeutendste Güterumschlags- und Distributionszentrum im süddeutschen Raum. Die bedeutendsten Verkehrseinrichtungen sind neben den überregionalen Autobahnen die Eisenbahnanlagen von Mannheim und die Binnenhäfen von Ludwigshafen und Mannheim.

8. Das Saarland mit dem Verkehrszentrum Saarbrücken hat bedeutende Funktionen im Autobahn- und Eisenbahnverkehr von/nach den westlichen EU-Ländern. Der Saarkanal ist wichtige Großwasserstraße für den Massengutverkehr der Region.

9. Der Raum Mittlerer Neckar mit den Talstädten Heilbronn, Ludwigsburg, Kornwestheim, Stuttgart, Esslingen und Plochingen gilt als einer der exportstärksten Räume Deutschlands. Verkehrsschwerpunkte sind die Eisenbahn- und Autobahnknotenpunkte bei Stuttgart, die Neckarhäfen Heilbronn, Stuttgart und Plochingen sowie der Regionalflughafen Stuttgart-Echterdingen.

10. Das fränkische Städtedreieck Nürnberg–Erlangen–Fürth bildet nach München das zweitgrößte industriewirtschaftliche Gebiet Bayerns. Es hat zentrale Verteilerfunktionen im deutschen Autobahn- und Eisenbahnnetz. Alle drei Städte unterhalten Binnenhäfen am Main-Donau-Kanal.

11. Im Alpenvorland ist München mit seinem Umland eine Metropole, die alle wichtigen Handels- und Verkehrslinien auf sich zieht. Die München tangierenden Auto- und Eisenbahnlinien sind im europäischen Nord-Süd-Personen- und Güterverkehr überragende Achsen. Der Luftverkehr erfolgt über den neuen Flughafen München 2.

12. In Norddeutschland ist der Großraum Hannover/Braunschweig ein bedeutendes Wirtschafts- und Verkehrsgebiet. Wichtige Verkehrseinrichtungen sind die Auobahnen A 7 und A 2, die umfangreichen Bahnanlagen, der Mittellandkanal mit diversen Stichkanälen und der Flughafen Hannover-Langenhagen.

13. Das Sächsische Industrierevier mit den Städten Dresden, Chemnitz und Zwickau ist das drittgrößte Ballungsgebiet in Ostdeutschland. Die Region ist dicht mit Bahnverbindungen erschlossen. Zwei Autobahnen (A 4, A 72) queren den Raum west-östlich. Binnenhäfen an der Elbe unterhalten Dresden und Meißen. Der Luftverkehr erfolgt über den Flughafen Dresden-Klotzsche.

14. Das zweitgrößte Ballungsgebiet in Ostdeutschland ist der Großraum Halle-Leipzig. Wichtige Verkehrseinrichtungen sind der Eisenbahndoppelknoten Halle/Leipzig, der Leipziger Güterring, das Autobahnkreuz Schkeuditz und der Verkehrsflughafen Leipzig/Halle. Binnenschiffe können über die Saale bis Hafen Halle-Trotha fahren.

Aufgaben

1. Beschreiben Sie die Lage der Bundesrepublik Deutschland in Zentraleuropa, und begründen Sie die Transitaufgaben.

2. Fertigen Sie eine Tabelle nach folgendem Muster an, und tragen Sie mit Hilfe von Atlas, Karten und Lehrbuch ein: die Nachbarstaaten der Bundesrepublik Deutschland, deren jeweilige Hauptstadt, einen Binnen- oder Seehafen nach freier Wahl, die Zugehörigkeit des Staates zu einer Staatengruppe (EU, EFTA oder keiner).

Nachbarland	Hauptstadt	Binnen-/Seehafen	Staatengruppe

3. Nennen Sie alle deutschen Bundesländer mit ihren Landeshauptstädten.

4. In der Geographie wird üblicherweise eine Einteilung Deutschlands in drei große Landschaftszonen oder Naturräume vorgenommen. Erstellen Sie eine Übersicht dieser drei Naturräume und differenzieren Sie dieses wiederum nach eigenständigen Landschaftstypen.

5. Erklären Sie die Begriffe Ballungsraum, Ballungsgebiet und Verdichtungsgebiet, und geben Sie Beispiele für bedeutende Siedlungs- und Verkehrsbänder (Atlas).

6. Nennen Sie die deutschen Ballungsräume, und umreißen Sie deren Bedeutung. Fertigen Sie ferner eine Tabelle an, in die Sie wesentliche Angaben zur Verkehrsstruktur der Ballungsräume eintragen können. Verwenden Sie nachfolgendes Muster:

Ballungsraum	Große Städte	Wasserstrassenanschluß und Binnenhäfen	Bedeutende Autobahnstrecken	Wichtige Bahnlinien und Bahneinrichtungen	Wichtiger Flughafen
Saargebiet	Saarbrücken Völklingen	Saarkanal Dillingen	A 6	Huckepackbahnhof Relation Frankreich und Spanien	Ensheim

7. Informieren Sie sich in Ihrem Atlas über die Verkehrslage Berlins im Eisenbahn-, Straßen- und Wasserstraßennetz, und stellen Sie Besonderheiten heraus.

8. Informieren Sie sich in Ihrem Atlas über die Verkehrslage der großen Hafenstädte Hamburg und Bremen/Bremerhaven im Eisenbahn-, Straßen- und Wasserstraßennetz, und stellen Sie Besonderheiten heraus. Erläutern Sie, worin geographisch gesehen sich deutlich Lageunterschiede ergeben.

9. Nehmen Sie eine Abgrenzung des Ruhrgebietes vor. Fertigen Sie mit Hilfe des Atlas oder Spezialkarten eine Skizze des rasterförmigen Autobahnnetzes im Ruhrgebiet an.

10. Erklären Sie die Erschließung des Ruhrgebietes mit Wasserstraßen. Fertigen Sie eine Übersicht (Skizze) der Wasserstraßen an, und tragen Sie wichtige Binnenhäfen ein.

11. Nehmen Sie eine Abgrenzung des Gebietes Rheinschiene vor. Erklären Sie die Herkunft des Begriffes Rheinschiene, und fertigen Sie mit Hilfe von Atlas oder Spezialkarten eine Skizze des Autobahnnetzes an der Rheinschiene an.

12. Erläutern Sie die besondere Bedeutung, die die Städte Duisburg, Düsseldorf/Neuss und Köln im Straßen- und Eisenbahnverkehr einnehmen.

13. Welche Rolle spielt der Rhein-Main-Flughafen für die Wirtschaft des Rhein-Main-Raumes? Erarbeiten Sie einen Katalog wesentlicher Gründe.

14. Referieren Sie über die Ballungsgebiete in den neuen Bundesländern.

15. Zeigen Sie die Rolle der süddeutschen Ballungsräume im deutschen Autobahnnetz auf.

16. Grenzen Sie das sächsische Industrierevier ein, und erstellen Sie ein wirtschafts- und verkehrsgeographisches Profil.

17. Grenzen Sie den Wirtschaftsraum Leipzig/Halle ab, nennen Sie die bedeutenden Teilräume der Region, und erstellen Sie ein wirtschafts- und verkehrsgeographisches Profil.

18. Suchen Sie mit Hilfe von Atlas und Karten weitere Verdichtungsräume in der Bundesrepublik Deutschland, nennen Sie deren Lage und größeren Orte sowie verkehrsgeographische Besonderheiten.

Themenkreis 3: Güterkraftverkehrswege in Deutschland

1 Entwicklung und Bedeutung von Straße und Kraftwagen

Der Straßengüterverkehr ist ein sehr junger Verkehrsträger, der aber in seiner Bedeutung alle anderen Landverkehrsträger weit überragt. Er wird insofern als junger Verkehrsträger bezeichnet, weil die weltweite Motorisierung in großem Stil erst nach dem Zweiten Weltkrieg einsetzte. Die rasante Entwicklung gab auch die entscheidenden Impulse für den Straßen- und Autobahnbau der Nachkriegsjahre.

Der Landverkehr mit Wagen war früher in fast allen Hochkulturen verbreitet. So gab es schon bei Chinesen, Persern, Indern und Römern vorbildliche Verkehrswege, die über Jahrtausende verwendet wurden. Die Landwege begründeten den starken Fernhandel dieser Völker und ihre politische Stabilität und Sicherheit. Alte Bezeichnungen wie Bernstein- und Salzstraße, Zinnstraße, Seidenstraße haben sich über Jahrhunderte als feste Begriffe gehalten. Alle diese Wege, die meistens natürlichen Verkehrskorridoren (Talengen, Flußläufe, Gebirgsränder usw.) folgten, waren jedoch nicht sehr leistungsfähig. Der Waren- und Postverkehr unterlag stark den Wetterverhältnissen, weiterhin sorgten Zölle, Mauten, Überfälle usw. für ständige Behinderungen. Ein planmäßiger Kunststraßenbau setzte erst im Zuge der Industrialisierung um die Mitte des 18. Jh. ein. In Frankreich wurden die „Chausseen" angelegt, in England die „Turnpikes". Das napoleonische Straßennetz in Form der „Route Nationales" diente vielen Staaten in Europa als Vorbild.

Bis zum Einsatz der ersten deutschen Eisenbahn im Jahre 1835 betrieb man nur mit dem einzigen Straßenverkehrsmittel jener Zeit, dem von Ochsen oder Pferden gezogenen Lastfuhrwerk, einen planmäßigen Güterverkehr. Der erste einsatzfähige Lastkraftwagen (Lkw) wurde in Deutschland 1896 von Daimler-Benz gebaut und eingesetzt. Bis zum Jahre 1905 wurden in Deutschland über eine Million Pferde in Handel, Gewerbe und Verkehr beschäftigt, danach löste der Lkw in nur wenigen Jahrzehnten die Pferde und andere Zugtiere schnell ab.

Technische Entwicklung des Straßenverkehrsmittels		
1820	Konstruktion des Dampf-Lokomobils	(Trevithick/England)
1827	Erfindung des Differentials	(Pecquer/Frankreich)
1885	Erfindung des Benzinmotors	(Daimler/Deutschland)
1885	Erster dreirädiger Kraftwagen	(Benz/Deutschland)
1886	Erster vierrädiger Kraftwagen	(Daimler/Deutschland)
1888	Erfindung des Luftreifens	(Dunlop/England)
1888	Erfindung des Spritzdüsenvergasers	(Maybach/Deutschland)
1892	Entwicklung der Kerzenzündung	(Bosch/Deutschland)
1894	Erfindung des Dieselmotors	(Diesel/Deutschland)
1901	Erster moderner Kraftwagen Mercedes	(Daimler, Maybach/Dtl.)
1908	Erste Massenproduktion von Pkw	(Ford/USA)

Die explosionsartige Ausweitung des Straßengüterverkehrs in den letzten Jahrzehnten basiert vor allem auf der Tatsache, daß die Lkw über eine hohe Transportgeschwindigkeit verfügen und die größte Netzbildungsfähigkeit besitzen, die zu der heute lückenlosen Flächenbedienung geführt hat. Im Güternah-, Güterfern- und Werkverkehr werden gegenwärtig in Deutschland über 2 Mio. Motorfahrzeuge und ebenso viele Anhänger zur Lastenbeförderung eingesetzt. War der Straßengüterverkehr in seinen ersten Jahren noch weitgehend ein nationaler Verkehr, so hat sich dies drastisch geändert. Grenzüberschreitende Güterkraftverkehre in die Staaten der EU, der EFTA, nach Osteuropa, in den Nahen und Mittleren Osten sowie nach Nordafrika sind für viele Lkw-Speditionen und Frachtführer eine Selbstverständlichkeit. Auch auf diesen Relationen ist der Lastkraftwagen zu einem großen Konkurrenten der Bahn, der Küsten- und der Seeschiffahrt geworden. Der Lkw erbringt die höchsten Verkehrsleistungen, er gilt jedoch als das am stärksten die Umwelt belastende Verkehrsmittel beim Landtransport von Gütern.

Externe Kosten im Güterverkehr (in DM je 100 Tonnenkilometer*)

Kriterium / Verkehrsträger	Luftverschmutzung	Unfälle	Lärm-, Boden-, Wasserbelastung usw.	Gesamt DM je 100 tkm
Straßengüterverkehr	2,36	1,78	0,87	5,01
Eisenbahnverkehr	0,33	0,12	0,70	1,15
Binnenschiffahrt	0,34	0,01	< 0,01	0,35

*) Tonnenkilometer = Entfernungskilometer · Gewicht in Tonnen

Quelle: Planco Consulting, Essen 1992

Verkehrsleistungen in Deutschland 1993 (in Mrd. Tonnenkilometern)

Verkehrsträger	Lkw	Bahn	Binnenschiff	Pipeline
Tkm (%)	224 (62)	68 (19)	52 (15)	14 (4)

Quelle: Ifo-Schätzung 1993

2 Das deutsche Straßennetz

Insgesamt verfügt die Bundesrepublik Deutschland über ein außerordentlich engmaschiges und modernes Straßennetz, bei dem es kaum noch Gebiete gibt, die als „verkehrsfern“ bezeichnet werden können. Aufgrund ihrer zentralen Lage in Mitteleuropa gehören die deutschen Straßen, und hier insbesondere die Autobahnen, zu den am stärksten belasteten Strecken in Europa. Das hohe Verkehrsaufkommen führt vor allem an den großen Knotenpunkten des Straßenverkehrs (Autobahnringe, Autobahnkreuze/AK, Autobahndreieck/AD, Grenzübergänge usw.) zu zeitweise völligen Verkehrsstillständen.

Weiterhin muß bemerkt werden, daß in der Qualität der Straßen deutlich Unterschiede bestehen. Während in den alten Bundesländern alle Kategorien von Straßen sehr gut ausgebaut sind, ist der Zustand vieler Straßen in den neuen Bundesländern mangelhaft.

Als Sammelbegriff für alle öffentlichen Straßen, die in der Bundesrepublik Deutschland ein zusammenhängendes Verkehrsnetz bilden und dem weiträumigen Verkehr dienen, wird die Bezeichnung **Bundesfernstraßen** verwendet. Die Bundesfernstraßen werden gegliedert in

- Bundesautobahnen und
- Bundesstraßen mit Ortsdurchfahrten.

Die Baulast trägt für alle Bundesfernstraßen der Bund, der diese auf die einzelnen Bundesländer überträgt. Für Ortsdurchfahrten bei Bundesstraßen haben von einer bestimmten Gemeindegröße an die Gemeinden die Baulast zu tragen.

Bundesverkehrswegeplan

Der Neu- oder Ausbau von Bundesstraßen, Bundesautobahnen, Schienenstrecken und Wasserwegen erfolgt langfristig mit Hilfe des sog. **Bundesverkehrswegeplanes** (BVWP). Dies ist ein langfristiger Investitionsplan der Bundesregierung für den Ausbau und Erhalt aller Bundesverkehrswege. Alle Planungen, die die Straßen, die Schienen- und die Wasserwege betreffen, sollen koordiniert werden und am gesamtwirtschaftlichen Interesse ausgerichtet sein. Das Ziel des BVWP ist es, daß die mit öffentlichen Mitteln errichteten Verkehrswege nicht untereinander in Konkurrenz stehen, sondern sich ergänzen. Damit soll der höchste Nutzen für die Volkswirtschaft und eine Verbesserung der Lebensqualität erreicht werden. Grundlage für die Entscheidungen im BVWP sind Verkehrsprognosen und Nutzen-Kosten-Vergleiche. Zielsetzung und Durchführung weichen jedoch voneinander ab. Der Ausbau der Schienenwege hat gegenwärtig aus politischen Gründen eine stärkere Priorität.

In seiner derzeitigen Form ist das moderne deutsche Straßennetz im wesentlichen erst nach 1945 entstanden. Zwar gab es bereits vor dem Zweiten Weltkrieg einen sehr starken Straßenbau und die ersten Autobahnstrecken (1938 rund 2 100 km). Doch erst die Motorisierungswelle der Nachkriegszeit setzte den Straßen- und Autobahnbau in Gang.

Straßenkategorien

Es werden fünf Kategorien von Straßen unterschieden:

- Bundesautobahnen (Abkürzung: A für Autobahn oder BAB für Bundesautobahn)
- Bundesstraßen (B),
- Landstraßen (L),
- Kreisstraßen (K) und
- Gemeindestraßen

Anfang 1992 umfaßte das Straßennetz Deutschlands (einschl. der Straßen in den neuen Bundesländern) folgende Längen:

- Bundesautobahnen rund 10 800 km,
- Bundesstraßen rund 43 000 km,
- Landstraßen rund 98 000 km,
- Kreisstraßen rund 130 000 km.

Alle großen Autobahnen sind gleichzeitig Teilstücke im System der Europastraßen (Abkürzung E).

Beispiel:

Die quer durch die Bundesrepublik Deutschland verlaufende Autobahn A 3 (Länge 768 km), die vom deutsch-niederländischen Grenzübergang Elten-Autobahn/Bergh Autoweg bis zum deutsch-österreichischen Grenzübergang Suben Autobahn reicht, ist Teil der Europastraße E 5, die von Großbritannien in die Türkei führt.

Bundesautobahnen

Bundesautobahnen sind immer richtungsgetrennte Schnellverkehrsstraßen mit üblicherweise vier bis sechs Fahrspuren für den Kraftwagen- und Kraftradverkehr. Die Autobahnen gelten als die Hauptträger des Fernverkehrs, da sie eine relativ schnelle Beförderung gewährleisten. Dies ist bedingt durch ihren kreuzungsfreien Bau und ihre Trassierung, die gewöhnlich an Städten bzw. Gemeinden vorbeiführt. Darüber hinaus ist eine Mindestgeschwindigkeit von 60 km/h vorgeschrieben. Eine durchgehende Numerierung aller Autobahnen ist eine wichtige Orientierungshilfe.

Beispiel:

Das sog. Blaue System, ein in blauer Farbe gehaltenes Leitsystem von Autobahnnummern und Ortswegweisern, kennzeichnet alle Autobahnen in Deutschland. Wie auch bei den Bundesstraßen erlaubt die Numerierung die Festlegung des geographischen Verlaufes der Strecken.

Bei den Autobahnen sind drei Gruppen von Autobahnnummern zu unterscheiden:

- Einstellige Nummern zwischen 1 und 9 bilden das Hauptraster oder **Autobahngrundnetz**. Sie dienen vor allem dem internationalen Fernverkehr und sind häufig mit Europastraßen deckungsgleich. Strecken mit geraden Nummern verlaufen weitgehend in West-Ost-Richtung, die Nummern steigen von Norden nach Süden an (A 2, A 4, A 6, A 8). Strecken mit ungeraden Nummern verlaufen weitgehend in Nord-Süd-Richtung, die Nummern steigen von Westen nach Osten an (A 1, A 3, A 5, A 7, A 9). Die Endpunkte werden in der Regel von Grenzübergängen markiert.
- Zweistellige Nummern von 10 bis 99: Sie werden für Autobahnen des Durchgangs- und Verbindungsverkehrs verwendet, auch ihre Bedeutung ist überregional.
- Dreistellige Nummern von 100 bis 999. Sie finden Anwendung bei Autobahnen des regionalen Verkehrs. Diese Autobahnen haben den Charakter von Verbindungs- und/oder Zubringerstrecken.

Bundesstraßen

Hierbei handelt es sich um ein- bis zweispurige Fernverkehrs- und Regionalstraßen, die von staatlicher Seite aus unterhalten werden und die üblicherweise von allen Verkehrsteilnehmern benutzt werden können. Die durchgehende Numerierung ist wie bei den Autobahnen die entscheidende Orientierungshilfe.

Beispiel:

Das sog. Gelbe System, ein in gelber Farbe gehaltenes Leitsystem für die Straßen und Ortswegweiser, kennzeichnet alle Bundesstraßen in Deutschland. Im Gegensatz zu den Land- und Kreisstraßen sind die Bundesstraßen deutlich numeriert und erkennbar. Niedrige Nummern wie beispielsweise die B 1 (von Aachen bis Kietz, Krs. Seelow, an der deutsch/polnischen Grenze) stehen gewöhnlich für überörtliche Fernverkehrsstraßen.

Die Bedeutung der Bundesstraßen für den Fernverkehr hat mit steigendem Ausbau der Autobahnen nicht nachgelassen. Einige dieser Straßen sind Strecken des Europastraßen-Systems und nehmen überragende Funktionen wahr. So u. a. die B 96 in Ostdeutschland. Sie verläuft von Saßnitz über Greifswald, Neubrandenburg, Berlin, Senftenberg und Bautzen bis nach Zittau an der deutsch/tschechischen Grenze. Von Saßnitz bis Berlin ist sie gleichzeitig E 251.

3 Das Netz der Bundesautobahnen

Die einstellig numerierten Autobahnen stellen insbesondere für den durch Deutschland verlaufenden Lkw-Transitverkehr wichtige Streckenabschnitte dar. Die nachfolgende Übersicht führt die jeweils wichtigsten verkehrsgeographischen Punkte dieser international bedeutenden Autobahnen auf.

Nord-Süd-Autobahnen

Nr.	Verlauf	Hinweis
A 1	Oldenburg (Holstein)–Hamburg–Bremen-AK Lotte–Münster–Kamener Kreuz–Köln–Saarbrücken (der Eifel-Abschnitt Blankenheim–Daun/Mehren ist nicht fertiggestellt)	Die A 1 wird zwischen Lübeck und Münster als Hansalinie bezeichnet
A 3	Grenzübergang NL/D Elten Autobahn Oberhausen–Duisburg–Düsseldorf–Köln–Frankfurt/M.–Würzburg–Nürnberg–Regensburg–Passau–Grenzübergang D/A Suben Autobahn	
A 5	Hattenbacher Dreieck-Gießen–Frankfurt/M.–Darmstadt–Weinheim–Heidelberg–Karlsruhe/Durlach Offenburg–Freiburg–Grenzübergang D/CH Gemeinschaftszollamt Weil a. Rhein	zwischen Karlsruhe und Basel wird die A 5 als „Rheintalautobahn" bezeichnet
A 7	Grenzübergang DK/D Ellund/Padborg–Hamburg–Hannover–Kassel–Bad Hersfeld–Fulda–AK Biebelried–AK Feuchtwangen–AK Ulm/Elchingen–Kempten (Allgäu)–Grenzübergang D/A bei Füssen/Pfronten	in Hamburg verläuft die A 7 durch den Elbtunnel
A 9	Berliner Autobahnring–Dessau–Schkeuditzer Kreuz–Hermsdorfer Kreuz–Hof–Bayreuth–Nürnberg–Ingolstadt–München	in den neuen Bundesländern nur zweispurig ausgebaute gefährliche Streckenabschnitte

West-Ost Autobahnen

Nr.	Verlauf	Hinweis
A 2	Duisburg–Gelsenkirchen–Recklinghausen–Dortmund–Bielefeld–Hannover–Braunschweig–Magdeburg–Berliner Autobahnring (AD Werder)	Hauptautobahn im innerdeutschen West-Ost-Verkehr
A 4	Grenzübergang NL/D Aachen Nord-Köln -Olpe (Unterbrechung)-Kirchheimer Dreieck–Eisenach–Erfurt–Jena–Hermsdorfer Kreuz–Chemnitz–Dresden–Bautzen	Fortführung von Bautzen bis Grenze Görlitz geplant
A 6	Grenzübergang F/D Saarbrücken Goldene Bremm–Kaiserslautern–Ludwigshafen/Mannheim–Heilbronn–AK Feuchtwangen/Crailsheim–Nürnberg–Amberg	Anschluß an Autobahn der Tschechischen Republik ab 1994
A 8	Merzig/Saar–Saarlouis–Pirmasens (Unterbrechung) Karlsruhe–Stuttgart–Ulm–Augsburg–München–AD Inntal–Grenzübergang D/A Bad Reichenhall Autobahn	

Beispiele für wichtige Regional-Autobahnen

Nr.	Verlauf	Hinweis
A 10	Berliner Autobahnring	geschlossener Autobahnring mit 9 Autobahnkreuzen bzw. Dreiecken
A 12	Berlin – Grenzübergang D/PL Frankfurt/Oder	
A 19	Berlin–Rostock (ab AD Wittstock)	
A 24	Berlin–Hamburg (ab AD Havelland)	
A 30	Grenzübergang NL/D Bad Bentheim–Osnabrück – AK Bad Oeynhausen	
A 43	Münster–Recklinghausen–Wuppertal	
A 44	Kassel–Soest–Unna–Dortmund–(Unterbrechung)–Krefeld–Grenzübergang D/B Aachen Süd (Lichtenbusch)	
A 45	Dortmund–Lüdenscheid–Siegen–Gießen–Seligenstädter AK	Sauerlandlinie
A 57	Grenzübergang NL/D Goch–AK Moers–Krefeld–Neuss–Köln	direkte Autobahn Rheinschiene–Rotterdam
A 61	Grenzübergang NL/D Schwanenhaus–Mönchengladbach–AK Bliesheim–AK Koblenz–AK Frankenthal–Speyer–AD Hockenheim	
A 81	Würzburg–Stuttgart–Singen/Hohentwiel	
A 93	Weiden–Regensburg–AD Holledau–AD Inntal Grenzübergang D/A Kiefersfelden	
A 95	München–Garmisch Partenkirchen	

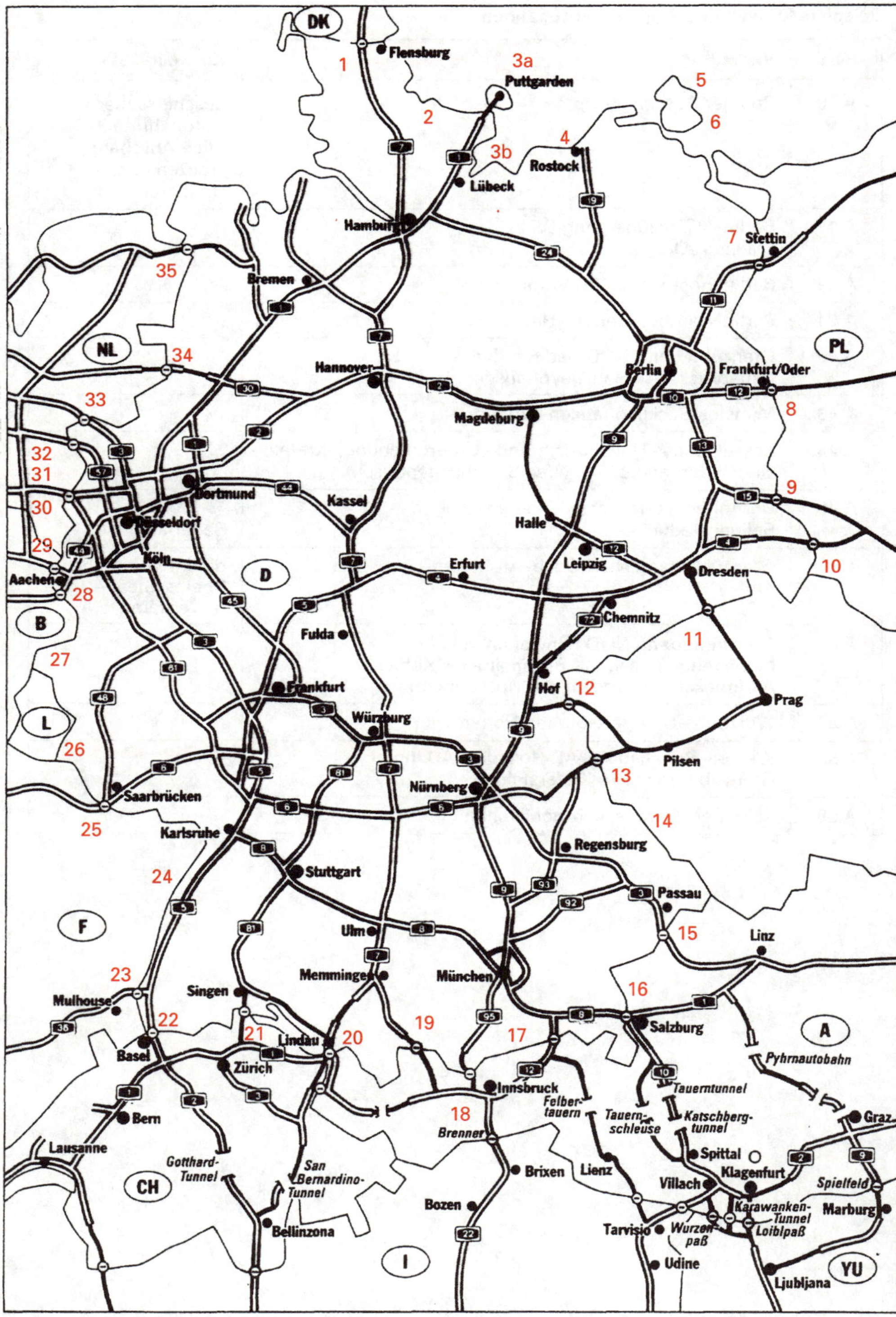

Das deutsche Autobahnnetz und die Lage wichtiger Grenzübergänge einschließlich Ro/Ro-Fährverkehrsgrenzstellen (Streckenmarkierung = staugefährdete Abschnitte)

Quelle: ADAC Motorwelt

1 Ellund–Padborg
2 Kiel
3a Puttgarden–Rodby Havn 3b Travemünde
4 Warnemünde–Gedser
5 Saßnitz–Trelleborg
6 Mukran–Klaipeda (Memel)
7 Pomellen–Kolbaskowo
8 Frankfurt/Oder–Swiecko
9 Forst–Olszyna
10 Görlitz–Zgorzelec
11 Zinnwald–Cinovec
12 Schirnding–Pomezi/Eger
13 Waidhaus–Rozvadov/Roßhaupt
14 Fürth i. W.–Folmava/Vollmau
15 Suben-Autobahn
16 Bad Reichenhall–Walserberg
17 Kiefersfelden–Kufstein
18 Mittenwald–Scharnitz
19 Füssen–Pinswang/Reutte
20 Hörbranz Autobahn
21 Rielasingen–Ramsen
22 Weil Autobahn GMZ/Basel
23 Neuenburg Autobahn–Ottmarsheim
24 Kehl-Europabrücke-Straßburg
25 Saarbrücken–Sarrebruck Autoroute
26 Mesenich Autobahn–Wasserbillig-Autoroute
27 Steinebrück Autobahn–Steinebrück
28 Aachen Süd/Lichtenbusch–Eynatten
29 Aachen Nord Autobahn–Heerlen Autoweg
30 Schwanenhaus–Venlo Keulsche Barriere
31 Straelen Autobahn–Venlo Autoweg
32 Goch/Hommersum–Gennep Autoweg
33 Elten Autobahn–Bergh Autoweg
34 Bad Bentheim Autobahn–Oldenzaal Autoweg
35 Bunde–Nieuweschans

4 Streckenabschnitte von Europastraßen in Deutschland

Im Rahmen des deutschen Autobahn- und Fernstraßennetzes verlaufen acht Europastraßen (E-Straßen). Sie stellen wichtige Transitstrecken im grenzüberschreitenden Güterkraftverkehr dar. Es handelt sich dabei im einzelnen um die Strecken

- **E 3** (Portugal–Schweden): Lissabon–Paris–Antwerpen–Venlo–**Hannover–Hamburg–Flensburg**–Göteborg–Stockholm,
- **E 4** (Portugal–Finnland): Lissabon–Barcelona–Genf–Basel–**Frankfurt/Main–Hamburg**–Kopenhagen–Stockholm–Helsinki,
- **E 5** (Großbritannien–Türkei: London–Ostende–Brüssel–**Aachen–Köln–Frankfurt/Main–Nürnberg–Passau**–Wien–Budapest–Belgrad–Istanbul,
- **E 6** (Italien–Norwegen): Rom–Bologna–Innsbruck–**München–Hof–Berlin**–Malmö–Oslo–Trondheim–Stjördal,
- **E 8** (Großbritannien–Rußland): London–Den Haag–**Osnabrück–Hannover–Berlin–Frankfurt/Oder**–Warschau–Moskau,
- **E 11** (Frankreich–Österreich): Paris–Straßburg–**Karlsruhe–Stuttgart–München**–Salzburg,
- **E 12** (Frankreich–Rußland): Paris–**Saarbrücken–Mannheim–Nürnberg**–Prag–Breslau–Warschau–Moskau,
- **E 15** (Bundesrepublik Deutschland–Ungarn): **Hamburg–Berlin–Dresden**–Prag–Bratislava/Preßburg–Budapest

5 Grenzüberschreitender Verkehr und Grenzübergänge

Bedingt durch die zentrale Lage in Mitteleuropa unterhält die Bundesrepublik Deutschland zu ihren Nachbarländern eine Vielzahl von Straßen-Grenzübergängen für den Personen- und Güterverkehr. Die Grenzen mit den EU-Ländern werden **Binnengrenzen** genannt, alle anderen Grenzen sind sog. **EU-Außengrenzen**. Mit der Bildung des EU-Binnenmarktes haben die Grenzzollämter zu den EU-Ländern für die warentechnische Abfertigung keine Bedeutung mehr. Die Grenzübergänge sind somit zu Staaten der EU und innerhalb der Union für Spediteure und Frachtführer aus transporttechnischer Sicht keine Hindernisse mehr. Gleichwohl sind diese Grenzpunkte nach wie vor Trennlinien unterschiedlicher Territorien und damit unterschiedlicher nationaler Rechtsvorschriften und Verordnungen, auch für das Verkehrswesen. Der Güterkraftverkehr kann an diesen Grenzen durch technische Lkw-Kontrollen, Fahrtzeiten- oder Gewichtsüberprüfungen, die Anwendung besonderer Verkehrsvorschriften u. a. m. behindert oder gänzlich unterbunden werden.

Beispiel 1:

Ein deutscher Sattelzug startet in Leverkusen mit einer Ladung Gefahrengut für Kunden in Amsterdam. Auf der Autobahn A 3 bei Oberhausen/Hünxe setzt Nebel ein, der jedoch nicht zu einer Fahrtunterbrechung führt. Am deutsch/niederländischen Grenzübergang Elten-Autobahn/Bergh-Autoweg wird dem Lkw die Einreise in die Niederlande aufgrund dortiger **abweichender Verkehrsvorschriften** für Gefahrenguttransporte bei Sichtbehinderungen verweigert. Das Fahrzeug hat bis zur Fahrtfreigabe einen mehrstündigen Zwangsaufenthalt einzulegen.

Beispiel 2:

Ein leerer, ungereinigter deutscher Isothermzug, der Chemieprodukte geladen hatte, passiert mit einem leichten Unfallschaden an der Tankhülle auf der Rückfahrt von Mons/Belgien nach Köln die Grenzstation Aachen-Süd (A 44). Dort wird er einer **technischen Kontrolle** unterzogen. Dem Lkw wird bis zur Klärung des durch den Unfallschaden denkbaren Umweltrisikos durch einen hinzugezogenen Sachverständigen die Einreise in die Bundesrepublik Deutschland verweigert. Das Fahrzeug hat bis zur Fahrtfreigabe einen mehrstündigen Zwangsaufenthalt einzulegen.

Beispiel 3:

Kiefersfelden

Deutsche Lkw zurückgewiesen

Frankfurt/Main (kk), 15. Januar
Die neue Fahrzeugwaage am deutsch-österreichischen Grenzübergang Kiefersfelden ist jetzt probeweise in Betrieb. Das teilte der Bundesverband des Deutschen Güterfernverkehrs (BDF), Frankfurt am Main, mit. Der Verband berichtet, daß die Behörden verstärkt Einzelverwiegungen bei Motorwagen mit Anhänger vornehmen. Deutsche Lkw seien bereits zurückgewiesen worden. Betroffen waren davon vor allem zweiachsige Motorfahrzeuge, die nach deutscher Zulassung ein Gesamtgewicht von 17 oder 18 t haben dürfen, für die nach österreichischem Recht aber nicht mehr als 16 t zulässiges Gesamtgewicht gestattet sind.
Der BDF bezeichnet die Zurückweisungen und Bußgelder als Diskriminierung deutscher Transportunternehmen. Der Verband ersuchte die Bundesregierung, in Wien zu intervenieren. Der BDF ist der Meinung, daß Österreich nach dem neuen Alpentransitvertrag Maße und Gewichte akzeptieren muß, die in der EG gelten, solange diese 38 t Gesamtgewicht nicht überschreiten.

Quelle: Deutsche Verkehrs-Zeitung v. 16.01.1992, Nr. 6

Beim Passieren der EU-Außengrenzen kommen neben den o. g. Kontrollen die zolltechnischen Formalitäten und Abwicklungsverfahren hinzu. Die Grenzstationen weisen hinsichtlich Öffnungszeiten und Abfertigungsmöglichkeiten von Gemeinschafts- oder Drittlandgütern, von TIR-Verkehren u. a. m. erhebliche Unterschiede auf. Die bedeutendsten Straßen-Grenzübergangsstellen sind die an den Autobahnen, wo es auch eine Reihe von Gemeinschaftszollämtern (GMZ) oder Gemeinschafts-Abfertigungsanlagen gibt. Diese Grenzübergänge sind die am stärksten frequentierten im Straßengüterverkehr.

Die folgende Tabelle umfaßt wichtige trockene Grenzübergänge zu den Nachbarländern für den Güterkraftverkehr sowie Hinweise für nasse Grenzübergänge im Ro/Ro-Verkehr (Roll on/roll off-Verkehr).

Grenzübergänge im Straßenverkehr (Auswahl)

Grenzübergänge nach	Deutscher Übergang	Ausländischer Übergang	Autobahn/ Strecke
Dänemark	Padborg	Padborg	A 7/E 45
	Ellund-Autobahn	Motorvej	A 7/E 45
	Flensburg-Harrislee	Oksevej	
	Böglum	Saed	
	Puttgarden	Rödby Havn	Ro/Ro-Fähre
	Warnemünde	Gedser	Ro/Ro-Fähre
	Saßnitz	Rönne	Ro/Ro-Fähre
Niederlande	Bunde	Nieuweschans	E 22
	Rütenbrock	Ter Apel-Grenze	
	Hebelermeer	Zwartemeer	
	Eschebrügge	Coevorden	
	Frensdorferhaar	Denekamp	
	Bad Bentheim-Autobahn	Oldenzaal-Autoweg	A 30/E 30
	Gronau-Glanerbrücke	Enschede-Glanerbrug	B 54
	Hemden (Bocholt)	Heurne	
	Suderwick (Bocholt)	Dinxperlo	
	Elten-Autobahn	Bergh-Autoweg	A 3/E 5
	Goch-Autobahn	Gennep-Autoweg	A 57
	Straelen-Autobahn (Niederdorf)	Venlo-Autoweg	A 2/E 34
	Schwanenhaus	Venlo-Keulsche Barriere	A 61
	Elmpt	Maalbroek/Roermond	
	Vaalserquartier (Aachen)	Vaals	
	Aachen-Autobahn Nord	Heerlen-Autoweg	A 4
Belgien	Aachen-Bildchen	Tulje	
	Aachen-Köpfchen	Hauset	
	Aachen-Autobahn-Süd (Lichtenbusch)	Eynatten	A 44
	Losheimergraben	Losheimergraben	
	Steinebrück-Autobahn	Steinebrück	A 60/E 42
Luxemburg	Mesenich-Autobahn	Wasserbillig-Autoroute	A 48
	Echternacherbrück	Echternach	
	Wasserbilligerbrück	Wasserbilligerbrück	
	Nennig	Remich	
	Perl	Schengen (Pont)	
Frankreich	Perl	Apach-Route	
	Silwingen	Waldwisse	
	Überherrn	Creutzwald	
	Lauterbach	Carling	
	Großrosseln	Petite Rosselle	
	Saarbrücken-Autobahn (Goldene Bremm)	Sarrebruck-Autoroute (la breme d'or)	A 6
	Bienwald	Lauterbourg	
	Kehl-Europabrücke	Strasbourg-Pont de l'Europe	
	Neuenburg-Autobahn	Ottmarsheim	A 5
	Weil Palmrainbrücke	Pont de Huningue	

Grenzübergänge nach	Deutscher Übergang	Ausländischer Übergang	Autobahn/ Strecke
Schweiz	Weil-Autobahn Lörrach-Stetten Waldshut-Rheinbrücke Rielasingen Konstanz Friedrichshafen	Basel/Weil-Autobahn Riehen Koblenz Ramsen Kreuzlingen Romanshorn	A 5 Autofähre
Österreich	Hörbranz-Autobahn Füssen/Pfronten Mittenwald Achenwald Kiefersfelden-Autobahn Steinpaß Bad Reichenhall-Bundesstraße Freilassing Bad Reichenhall-Autobahn Simbach Suben-Autobahn Neuhaus (Inn)	Hörbranz Pinswang/Reutte Scharnitz Achenkirch Kufstein Steinpaß Schwarzbach-Bundesstraße Saalbrücke Walserberg-Autobahn Braunau Suben Neuhaus	A 96 A 7/E 532 A 93/E 45 A 8 A 3
Tschechische Republik	Neugersdorf[1]) Zinnwald[2]) Schönberg[3]) Schirnding Waidhaus Furth i. W. Bayer. Eisenstein Philippsreut	Jirikov Cinovec Vojtanov Pomezi/Eger Rozvadov/Roßhaupt Folmava/Vollmau Zelezna Ruda Strazny	 E 55
Polen	Pomellen-Autobahn Schwedt-Straße Frankfurt/O.-Autob. Guben Forst-Autobahn Görlitz[4])	Kolbaskowo Krajnik Dolny Swiecko/Slubice Gubin Olszyna Zgorzelec	A 11 A 12 A 15

[1]) Die deutsch-tschechische Gemeinschaftszollanlage befindet sich auf dem Gebiet der Tschechischen Republik. Der Übergang gilt als völlig unzureichend. Mit dem Bau einer neuen grenzüberschreitenden Straße im Raum Rumburk/Neugersdorf ist der Bau einer neuen Gemeinschaftszollanlage geplant.

[2]) Die E 55 (B 170) soll als Autobahn Dresden–Prag ausgebaut werden. Um die Verkehrssituation zu entspannen, ist bis zur Fertigstellung der Autobahn die Errichtung eines neuen Gemeinschaftsabfertigungszentrums in den Gemeinden Zinnwald und Altenberg parallel zur E 55 geplant.

[3]) Bis zum Jahre 1995 soll der Bau eines deutsch-tschechischen Gemeinschaftsabfertigungszentrums in der Gemeinde Schönberg fertiggestellt sein.

[4]) Im Zuge des Ausbaus der A 4 zwischen Bautzen und Görlitz in Richtung Polen wird eine neue Gemeinschaftszollanlage in der Gemeinde Ludwigsdorf eingerichtet.

6 Fernstrecken und Fahrtzeiten

Für die innerdeutschen Fernverbindungen über die Hauptautobahnen können – unter der Voraussetzung von staufreiem Verkehr – die für Pkw auf der nachfolgenden Karte angegebenen ungefähren Fahrzeiten in Stunden und Minuten gerechnet werden. Für den Güterverkehr mit Lastkraftwagen müssen Zeitzuschläge von rund 30 % berücksichtigt werden. Lesebeispiel: Pkw Hamburg–Bremen über A 1 ca. 50 Minuten, Lkw ca. 1 Std. und 5 Min. Die für Straßenverkehre nach Berlin oder andere ostdeutsche Städte angegebenen Zeiten müssen wegen des enormen Verkehrsaufkommens zum Teil verdoppelt werden.

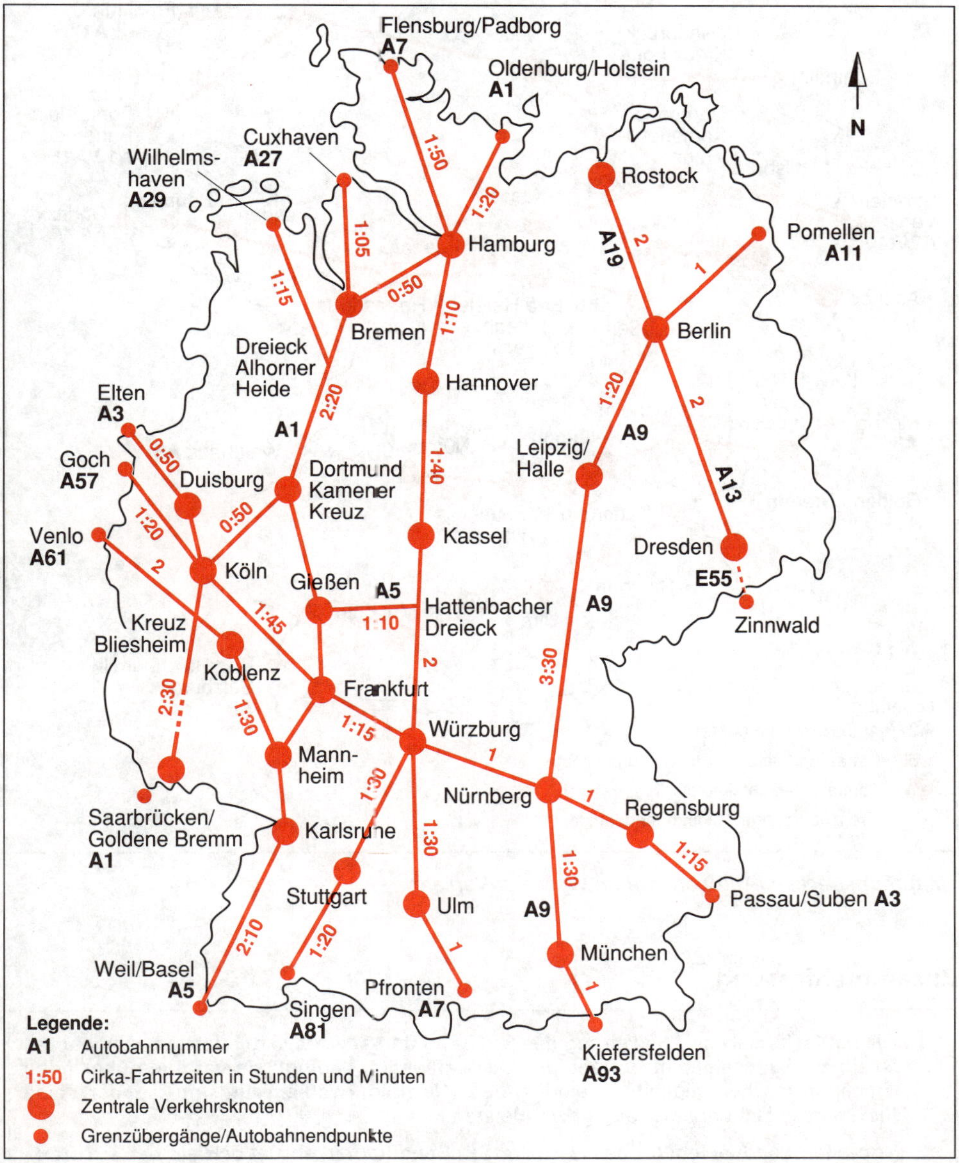

Hauptfernstrecken (Autobahnen) im Nord-Süd-Verkehr

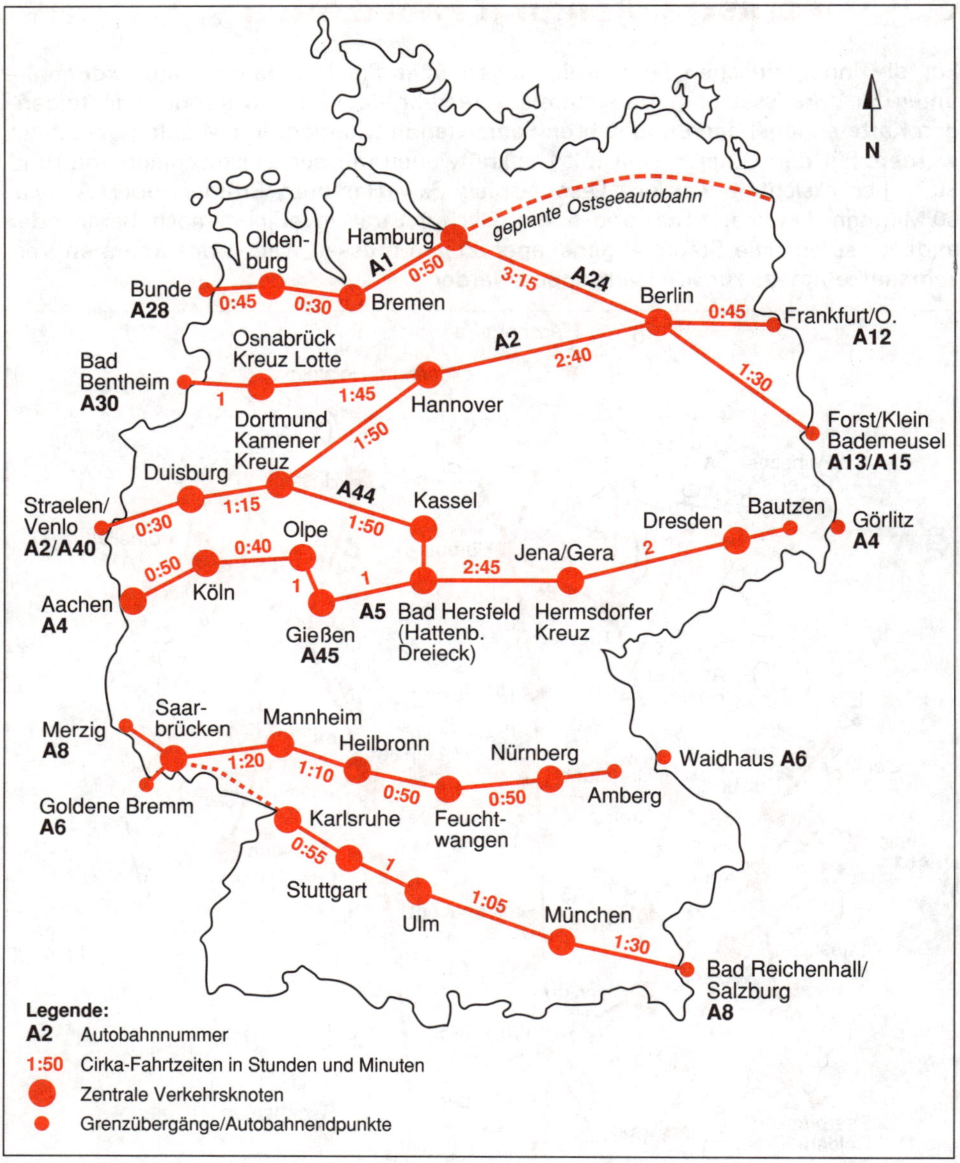

Hauptfernstrecken (Autobahnen) im West-Ost-Verkehr

Zusammenfassung

1. Die explosionsartige Ausweitung des Straßengüterverkehrs in den letzten Jahrzehnten ist durch die arteigenen Vorteile der Lastkraftwagen bedingt: sie verfügen über hohe Transportgeschwindigkeiten, eine große Netzbildungsfähigkeit und können eine lückenlose Flächenbedienung gewährleisten.

2. Von allen Landverkehrsträgern gilt der Straßengüterverkehr jedoch als der am stärksten die Umwelt belastende.

3. Aufgrund ihrer zentralen Lage in Mitteleuropa gehören die deutschen Straßen, insbesondere die Autobahnen, zu den am stärksten belasteten Strecken in Europa.
4. Das hohe Verkehrsaufkommen führt vor allem an den großen Knotenpunkten des Straßenverkehrs (Autobahnringe, Autobahnkreuze/AK, Autobahndreiecke/AD, Grenzübergänge usw.) zu zeitweise völligen Verkehrsstillständen.
5. Unter dem Sammelbegriff Bundesfernstraßen werden alle Bundesautobahnen und Bundesstraßen mit Ortsdurchfahrten zusammengefaßt. Die Baulast für alle Bundesfernstraßen trägt der Bund. Bundesfernstraßen bilden einen Teil der Bundesverkehrswege.
6. Der Neu- oder Ausbau von Bundesverkehrswegen, also Bundesstraßen, -autobahnen, Schienenstrecken und Wasserwegen erfolgt mit Hilfe des Bundesverkehrswegeplanes (BVWP). Dies ist ein langfristiger, fünf Jahre gültiger Investitionsplan der Bundesregierung für den Ausbau und Erhalt aller Bundesverkehrswege (einschließlich des Luftverkehrs).
7. In seiner derzeitigen Form ist das moderne deutsche Straßennetz im wesentlichen erst nach 1945 entstanden.
8. Es werden fünf Kategorien von Straßen unterschieden: Bundesautobahnen (Abk: A oder BAB), Bundesstraßen (B), Landstraßen (L), Kreisstraßen (K) und Gemeindestraßen.
9. Alle großen Autobahnen sind gleichzeitig Teilstücke im System der Europastraßen (Abk.: E).
10. Bundesautobahnen sind immer richtungsgetrennte Schnellverkehrsstraßen mit oft vier bis sechs Fahrspuren für den Kraftwagen- und Kraftradverkehr. Die Autobahnen sind die Hauptverkehrswege der Ferntransporte.
11. Das sog. Blaue System, ein in blauer Farbe gehaltenes Leitsystem von Autobahnnummern und Ortswegweisern, kennzeichnet alle Autobahnen in Deutschland.
12. Bundesstraßen sind ein- bis zweispurige Fernverkehrs- und Regionalstraßen, die von staatlicher Seite unterhalten werden und üblicherweise allen Verkehrsteilnehmern zur Verfügung stehen.
13. Das sog. Gelbe System, ein in gelber Farbe gehaltenes Leitsystem von Bundesstraßennummern und Ortswegweisern, kennzeichnet alle Bundesstraßen in Deutschland.
14. Das Autobahngrundnetz der Bundesrepublik wird von den einstelligen Autobahnnummern 1 bis 9 gebildet. Die Strecken mit geraden Nummern verlaufen weitgehend in West-Ost-Richtung, die mit ungeraden Nummern in Nord-Süd-Richtung. Die Anfangs- und Endpunkte dieser Autobahnen werden bis auf wenige Ausnahmen von Grenzübergängen markiert.
15. Zweistellige Autobahnnummern (10 bis 99) werden für den Durchgangs- und Verbindungsverkehr verwendet, auch ihre Bedeutung ist überregional.
16. Dreistellige Autobahnnummern (100 bis 999) finden Anwendung beim regionalen Verkehr. Diese Autobahnen haben den Charakter von Verbindungs- und/oder Zubringerstrecken.
17. Als wichtige Teilabschnitte von Europastraßen verlaufen in Deutschland die E 3, E 4, E 5, E 6, E 8, E 11, E 12, und E 15.
18. Die Straßen-Grenzübergänge für den Personen- und Güterverkehr markieren zu EU-Ländern die sog. EU-Binnengrenze, alle anderen Grenzen sind sog. EU-Außengrenzen.
19. Mit der Bildung des EU-Binnenmarktes haben die Grenzzollämter zu den EU-Ländern für die warentechnische Abfertigung keine Bedeutung mehr. Sie sind jedoch nach wie vor Grenzpunkte unterschiedlicher Territorien und unterschiedlicher nationaler Rechtsvorschriften und Verordnungen, die in großem Umfang auch den Verkehr betreffen.
20. Die bedeutendsten Straßen-Grenzübergangsstellen liegen an den Autobahnen, in einigen Fällen werden Gemeinschaftszollämter (GMZ) oder Gemeinschafts-Abfertigungsanlagen unterhalten.

Aufgaben

1. Begründen Sie, warum der Straßengüterverkehr als sehr junger Verkehrsträger bezeichnet wird.

2. Stellen Sie die Vorzüge des Verkehrsträgers Straßengüterverkehr und der von ihm benutzten Straßenverkehrswege dar.

3. Im Güternah-, Güterfern- und Werkverkehr werden gegenwärtig in Deutschland über 2 Mio. Motorfahrzeuge und ebenso viele Anhänger zur Lastenbeförderung eingesetzt. Erklären Sie die Begriffe Güternah-, Güterfern- und Werkverkehr.

4. Welche Straßen gehören zu den Bundesfernstraßen?

5. Wozu dient der Bundesverkehrswegeplan?

6. Nennen Sie die fünf Straßenkategorien Deutschlands.

7. Definieren Sie den Begriff Autobahn, und beschreiben Sie das Leitsystem.

8. Das numerische System der Autobahnen kennt die Nummerngruppen 1 bis 9, 10 bis 99 und 100 bis 999. Welche Überlegung bezüglich der Bedeutung der Autobahnen liegt der Bildung dieser Zahlengruppen zugrunde?

9. Welchen groben Richtungsverlauf zeigen gerade und ungerade Autobahnnummern an?

10. Definieren Sie den Begriff Bundesstraße, und beschreiben Sie das Leitsystem.

11. Erstellen Sie mit Hilfe von Atlas und Straßenkarten eine Übersicht der großen Bundesautobahnen A 1 bis A 9, nennen Sie jeweils die Endpunkte der Autobahnen, die großen Städte entlang der Autobahnen sowie wichtige Autobahnkreuze oder -dreiecke.
Führen Sie die Übung ferner für wichtige (zweistellige) Regionalautobahnen durch. Verfahren Sie nach folgendem Muster:

BAB Nr.	Endpunkte	Städte	Autobahnkreuze/dreiecke
30	Grenze Oldenzaal/ Bad Bentheim und Bad Oeynhausen	Rheine, Ibbenbüren, Osnabrück	AK Lotte/Osnabrück

12. Was versteht man unter den Fachbegriffen Hansalinie und Sauerlandlinie?

13. Nennen Sie Beispiele für wichtige Europastraßen, die durch die Bundesrepublik verlaufen.

14. Im Verkehrswesen wird nach trockenen und nassen Grenzübergängen getrennt. Erklären Sie den Unterschied, und nennen Sie Beispiele.

15. Die folgenden Autobahnstrecken weisen Lücken auf. Ergänzen Sie die fehlenden nachstehenden Orte: Berlin, Bielefeld, Duisburg, Gießen, Hannover, Heilbronn, Hof, Ingolstadt, Kaiserslautern, Limburg, Magdeburg, Neumünster, Pforzheim, Ulm, Weimar, Würzburg.

a) Dortmund	...	Frankfurt	...	Nürnberg
b) Berlin	...	Hannover	...	Hamm
c) Flensburg	...	Hamburg	...	Kassel
d) Emmerich	...	Köln	...	Frankfurt
e) Karlsruhe	...	Stuttgart	...	Augsburg
f) München	...	Nürnberg	...	Leipzig
g) Frankfurt/Oder	...	Halle	...	Erfurt
h) Saarbrücken	...	Ludwigshafen	...	Erlangen

16. Ein Sammelgutspediteur belädt in Frankfurt/M. an einem Tag 6 seiner Lkw mit Sammelgut für Empfangsspediteure in Hamburg, Leipzig, Oberhausen, Stuttgart, Cottbus und Aachen. Beschreiben Sie die günstigsten Fahrtrouten der Lkw zu den Empfangsspediteuren, und ordnen Sie je 6 der folgenden Endempfängerorte den jeweils richtigen Relationen zu:

Altenburg, Bitterfeld, Böblingen, Bocholt, Borna, Bottrop, Buxtehude, Dinslaken, Düren, Eschweiler, Esslingen, Forst, Gelsenkirchen, Göppingen, Guben, Halle, Harburg, Jülich, Lauchhammer, Lauenburg, Leonberg, Lübbenau, Lüneburg, Merseburg, Moers, Monschau, Nürtingen, Ratzeburg, Reutlingen, Spremberg, Stolberg, Torgau, Uetersen, Weißwasser, Wesel, Würselen.

17. Ordnen Sie die folgenden Grenzübergangsstellen den jeweiligen Relationen zu: Aachen-Süd, Bad Bentheim, Bad Reichenhall, Elten, Goldene Bremm, Neuenburg, Padborg, Pomellen, Saßnitz, Suben, Waidhaus, Weil.

a) Amsterdam–Duisburg
b) Zürich–Karlsruhe
c) Hannover–Apeldoorn
d) Stettin–Berlin
e) München–Salzburg
f) Paris–Frankfurt
g) Lüttich–Köln
h) Göttingen–Arhus
i) Prag–Frankfurt
j) Mannheim–Lyon
k) Kassel–Wien
l) Stockholm–Dresden

18. Nennen Sie deutsche und zugehörige ausländische Grenzzollämter, die an der EU-Außengrenze liegen.

19. Welche Nachbarländer der Bundesrepublik gehören zu den folgenden Grenzübergängen?

a) Aachen/Nord – Heerlen
b) Warnemünde – Gedser
c) Furth i. W. – Folmava
d) Konstanz – Kreuzlingen
e) Perl – Apach Route
f) Gronau – Enschede
g) Mesenich – Wasserbillig
h) Füssen – Pinswang
i) Goch – Gennep
j) Kiefersfelden – Kufstein

20. Stellen Sie fest, welche Autobahnen mit folgenden Autobahnkreuzen (AK) oder Autobahndreiecken (AD) verknüpft werden.

a) AK Ulm-Elchingen
b) AD Karlsruhe
c) AK Feuchtwangen /Crailsheim
d) Hermsdorfer Kreuz
e) Kamener Kreuz
f) Dreieck Heumar
g) Kreuz Lotte/Osnabrück
h) Inntal Dreieck
i) Dreieck Holledau
j) Schönefelder Kreuz

Themenkreis 4: Eisenbahngüterverkehr in Deutschland

1 Entwicklung und Bedeutung der Eisenbahn

Die Deutsche Bahn (DB) transportiert gegenwärtig an jedem Werktag über 1 Mio. t Güter, mehr als 3 Mio. Personen nutzen täglich den Schienenverkehr. Der Verkehrsträger Eisenbahn gilt als kaum witterungsempfindlich, relativ umweltfreundlich und vor allem für schnelle Massengüterverkehre als besonders geeignet. Andererseits mußte die Eisenbahn bislang staatlich subventioniert werden und zieht sich, bedingt durch den immer stärker werdenden Konkurrenzdruck der Lkw, immer mehr aus der Fläche zurück. Doch bleibt ihre Bedeutung unumstritten, ihre Leistungen für die Verkehrswirtschaft unverzichtbar.

Das Eisenbahnzeitalter begann in Deutschland am 7. Dezember 1835 mit der Eröffnung der ersten deutschen Bahn, der sog. „Ludwigbahn", die über 6,4 km von Nürnberg nach Fürth verlief. Ein Jahr später wurde auf dieser Strecke die erste nachweisliche Güterbeförderung, ein Faß Bier, durchgeführt. Weltweit gab es zu diesem Zeitpunkt bereits über 2 400 km Eisenbahnstrecken, die den bis dahin vorherrschenden Landverkehr auf der Straße rasch ablöste. Dies vor allem deshalb, weil die Eisenbahn die Möglichkeit bot, Märkte und Wirtschaftszentren auch über weite Strecken günstig miteinander zu verbinden. Die Transportkosten sanken, das Transportvolumen und die Transportgeschwindigkeit stiegen. Die Eisenbahn veränderte das Gesicht vieler Landschaften, indem sie die Siedlungs- und Wirtschaftsstruktur weiter Regionen der aufstrebenden Industriestaaten stark beeinflußte. In den Gebieten abseits der bis dahin existierenden Verkehrsleitlinien löste die Eisenbahn oft erst die Industrialisierung aus.

Bis zum Jahre 1850 hatten sich in Deutschland dezentralisierte Bahnnetze (**Partikularnetze**) von rund 6 000 km Länge herausgebildet, deren jeweilige Knotenpunkte bei Berlin, Nürnberg, Frankfurt, München und Köln lagen. Sie waren aufgrund privater Initiative entstanden und wurden vielfach in Form von Aktiengesellschaften betrieben. Aus wirtschaftlichen und politischen Gründen wurden diese ersten Bahnen allmählich verstaatlicht. Um 1880 gab es in Deutschland ein Hauptnetz von rund 20 000 km, das in der Regie des Staates (Staatsbahn) lag. Dieses nationale Eisenbahnsystem wurde bis zum Jahre 1920 auf ein Netz von über 63 000 km Länge ausgebaut, per Staatsvertrag reichseigen und von da an unter der Bezeichnung „Deutsche Reichsbahn" betrieben. Es ist in wesentlichen Teilen noch heute die Grundlage für den Eisenbahnverkehr.

Da die erste Lokomotive Deutschlands aus England stammte, wurde mit ihr auch die englische **Spurweite** übernommen. Die Spurweiten werden definiert als der Abstand der inneren Schienenkanten in einer bestimmen Höhe.

Beispiel:

Der Abstand der inneren Schienenkanten beträgt in Deutschland 4 Fuß und 8 $^1/_2$ Zoll, dies entspricht 1 435 mm. Diese Spurweite wird als **Voll- oder Normalspur** bezeichnet und überwiegt bei den europäischen Eisenbahnen. Andere Spurweiten gibt es in Irland (1 600 mm), Finnland (1 524 mm), der ehemaligen Sowjetunion und der Mongolei (1 524 mm), Portugal (1 665 mm) und Spanien (1 674 mm). Man bezeichnet diese Maße allgemein als **Breitspuren**.

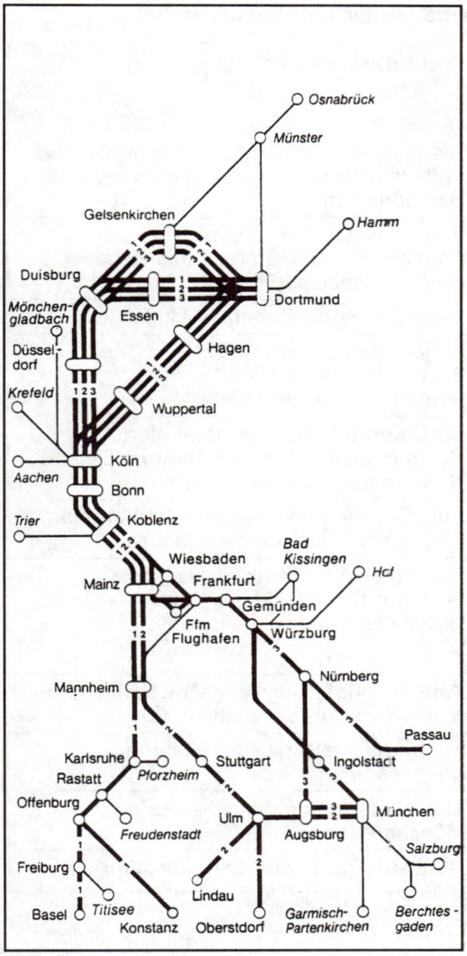

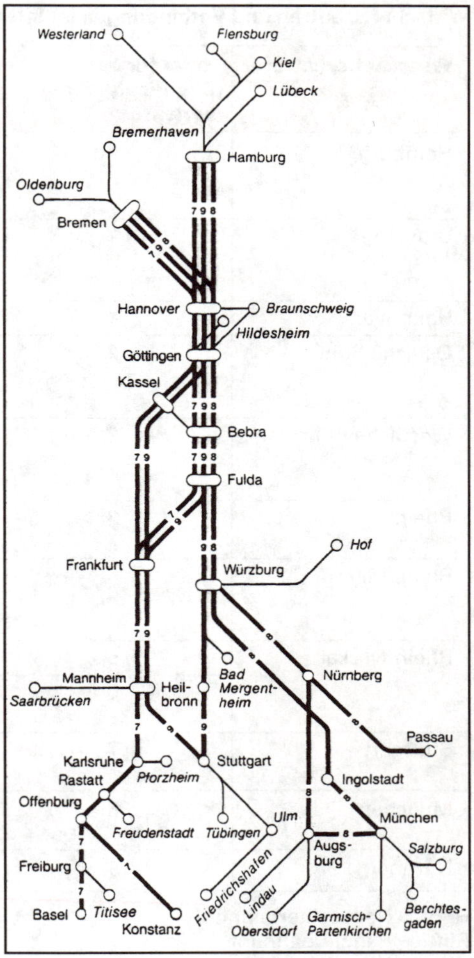

Große Nord/Süd-Fernverbindungen
Quelle: Deutsche Bundesbahn

3.1 Hauptverkehrsstrecken und -zentren

Seit 1984 verkehren **InterCargo-Züge** zwischen den elf wichtigsten **Wirtschaftsräumen** der alten Bundesländer (neue Bundesländer vgl. Kap. 4.4). Sie werden ebenfalls mit Geschwindigkeiten von 100 km/h betrieben und haben grundsätzlich keine Zwischenhalte für das Einstellen oder Absetzen von Waggons. Die Transporte mit InterCargo-Zügen erfolgen auf einem speziellen InterCargo-Netz im sog. Nachtsprung, d. h. in den Nachtstunden.

Beispiel:

Ein Einzelwagen mit Bahnsammelgut für einen Empfangsspediteur in Hannover wird an einem Dienstag in Stuttgart-Untertürkheim auf dem Gleisanschluß eines Verkehrsführers (Bahn-Sammelgutspediteur) um 17.00 Uhr zur Abholung bereitgestellt. Nach Abholung des Waggons durch die Bahn und Bildung des Zuges erfolgt der Transport mit bis zu 100 km/h zwischen 21.00 und 5.00 Uhr von Stuttgart über Heilbronn, Würzburg, Fulda, Bebra, Göttingen nach Hannover. In Hannover wird der Waggon dem Empfangsspediteur am Dienstag zwischen 5.00 und 9.00 Uhr angeliefert.

Wirtschaftszentren und Verbindungen im InterCargo-System (alte Bundesländer)

Wirtschaftszentrum	Ziffer für das Zug-Richtpunkt-verfahren	Wichtige Güterbahnhöfe
Hamburg	0	Hamburg-Rothenburgsort, Hamburg-Wilhelmsburg, Harburg, Maschen, Altona, Hamburg-Süd
Bremen	1	Bremerhaven, Bremen Rbf., Bremen-Grolland, Bremen-Inlandshafen, Bremen-Sebaldsbrück
Hannover	1	Hannover-Hgbf., Hannover-Linden
Östliche Ruhr	2	Hagen Gbf., Dortmund Gbf., Bochum-Langendreer, Hagen-Vorhalle, Wanne-Eickel
Westliche Ruhr	2	Duisburg Hbf., Oberhausen-Osterfeld, Hohenbudberg, Duisburg-Ruhrort, Essen-Nord, Düsseldorf-Derendorf, Neuss
Rhein	3	Köln-Eifeltor, Köln-Nippes, Köln-Kalk Nord, Wuppertal-Elberfeld, Aachen West
Rhein-Main	4	Frankfurt Hgbf., Frankfurt Ost, Frankfurt-Hoechst, Mainz Hbf., Wiesbaden Ost
Rhein-Neckar	5	Saarbrücken Rbf.
	6	Karlsruhe Rbf., Ludwigshafen, Heidelberg, Mannheim-Hgbf., Mannheim Rbf.
Stuttgart	7	Stuttgart-Untertürkheim, Heilbronn, Kornwestheim
München	8	München Ost Rbf., München-Laim, München-Pasing
Nürnberg	9	Nürnberg Hgbf., Nürnberg Rbf., Fürth

Hgbf. = Hauptgüterbahnhof
Rbf. = Rangierbahnhof
Hbf. = Hauptbahnhof

Die elf Wirtschaftsräume sind durch ein Grundliniennetz miteinander verbunden. Insgesamt werden sieben Grundlinien im sog. EC/IC-Netz unterschieden, über das sowohl Personen- wie Güterverkehre abgewickelt werden. Dieses **Grundliniennetz** des EC/IC-Systems umfaßt die wichtigsten Tarifbahnhöfe und Knotenpunktbahnhöfe. Beispiele zeigt die folgende Übersicht.

Linie	von – nach	Tarifbahnhöfe
1	Hamburg – Stuttgart	Bremen, Osnabrück, Münster/Westf., Dortmund, Essen, Duisburg, Düsseldorf, Köln, Bonn, Koblenz, Mainz, Mannheim
1 A	Wiesbaden – Mainz	
2	Hannover – München	Bielefeld, Hamm, Dortmund, Essen, Duisburg, Düsseldorf, Köln, Bonn, Koblenz, Mainz, Mannheim, Heidelberg, Stuttgart, Ulm, Augsburg

Linie	von – nach	Tarifbahnhöfe
3	Hamburg – Basel SBB	Hannover, Göttingen, Fulda, Frankfurt/M., Mannheim, Karlsruhe, Baden-Baden, Offenburg, Freiburg, Basel Badischer Bahnhof
3 A	Bremerhaven/ Oldenburg – Hannover	Bremen
4	Hamburg – München	Hannover, Göttingen, Bebra, Fulda, Würzburg, Nürnberg, Augsburg
5	Dortmund – München	Hagen, Wuppertal/Elberfeld, Solingen/Ohligs, Köln, Bonn, Koblenz, Mainz, Frankfurt/M., Würzburg, Nürnberg, Augsburg

Auf den genannten Strecken kommen neben den wichtigen InterCargo-Zügen ferner Ganz- und Logistikzüge sowie Kombinierte Verkehre zur Anwendung. Die **Ganzzüge** kommen zum Einsatz, wenn große Produkt- und Warenmengen über weite Entfernungen zwischen den Wirtschaftszentren bewegt werden müssen. Dominierende Güterarten sind vorrangig massenhafte Waren wie Kohle, Baustoffe, Mineralölprodukte, diverse Rohstoffe usw. Die beladenen Waggons werden in geschlossenen Zügen (daher Ganzzug) von den Versendern der Bahn übergeben und teilweise im Nachtsprung ohne Rangiervorgänge an die gewünschten Ziele befördert. Abfahrts- und Ankunftszeiten sind i. d. R. auf die besonderen Bedürfnisse (Produktionsprozesse) der Versender oder Empfänger ausgerichtet. Eine besondere Form der Ganzzüge stellen die **Logistikzüge** dar. Logistikzüge sind speziell überwachte und disponierte Güterzüge, die in die Produktions- und Lieferungsprozesse von Unternehmen (z. B. Automobilindustrie und Zulieferer) eingebunden sind. Sie verkehren ebenfalls zwischen den großen Wirtschaftszentren. Die Vorteile von Logistikzügen bestehen für Industrieunternehmen z. B. in der Einsparung von eigenen Fuhrparks (Werkverkehr), Lagerräumen und umfangreichen Umschlagstechniken sowie in einer Reduzierung der Kapitalbindungskosten.

3.1.1 Strecken des Kombinierten Ladungsverkehrs (KLV)

Kombinierter Verkehr ist allgemein gesehen der Sammelbegriff für Beförderungen von Gütern mit einem Transportgefäß unter Benutzung unterschiedlicher Verkehrsträger. Auf diese Weise können durchgehende Transportketten über Straße, Schiene und Wasserweg hergestellt werden. Im Eisenbahnwesen bedeutet Kombinierter Ladungsverkehr die Kombination der Transportsysteme Schiene und Straße.

Beispiel:

Beim kombinierten Ladungsverkehr (KLV) der Bahn wird die Beförderung von Containern, Wechselbehältern/Wechselkästen, Sattelaufliegern und Lastkraftwagen auf einem Teil des Gesamtweges über Eisenbahnstrecken geführt. Mit dieser Kombination von Schiene/Straße werden die arteigenen Vorteile beider Verkehrsträger optimal ausgenutzt: Der als sehr flexibel geltende Lkw übernimmt das Sammeln und Verteilen der Güter in der Fläche, die Bahn wickelt in der Regel nachts (Nachtsprung) die Ferntransporte zwischen den Terminals ab.

Verbindungen für Kombinierte Ladungsverkehre werden sowohl zwischen den deutschen wie auch zwischen deutschen und europäischen Wirtschaftszentren unterhalten. Bei den KLV werden Großcontainerverkehre und Huckepack-Verkehre unterschieden.

3.1.2 Großcontainer-Verkehre

Innerhalb der alten Bundesrepublik werden seit 1969 Eisenbahn-Container-Verkehre von der Bahn-Tochtergesellschaft **TRANSFRACHT** Deutsche Transportgesellschaft mbH, mit eigenen Bahn-Binnencontainern abgewickelt. Im Bereich Ostdeutschlands gibt es seit 1991 Containerbeförderungen im KLV-System. Die Leistungen der TRANSFRACHT erstrecken sich neben dem **Binnencontainerverkehr** (BC), den es in verschiedenen Bauarten gibt, auch auf den grenzüberschreitenden europäischen Containerverkehr mit Ursprung oder Ziel in der Bundesrepublik Deutschland (IC) und die über deutsche Seehäfen erfolgenden Vor- und Nachläufe im Rahmen von **Überseecontainerverkehren**. Die Trennung nach Binnen- und Überseecontainern ist technisch bedingt.

Beispiel:

Die Bahn-Binnencontainer (20-Fuß-Container) sind speziell auf den europäischen Güterverkehr abgestimmt und weichen in ihren Innenmaßen geringfügig von den im internationalen Überseeverkehr verwendeten ISO-genormten Containern (20- bis 40-Fuß-ISO-Container) ab. Die Abweichungen resultieren aus den Poolpaletten-gerechten Innenabmessungen der Binnencontainer, die je 20-Fuß-Einheit 14 Euro-Pool-Paletten aufnehmen können.

Die Container-Abfertigung kann über **80 Containerbahnhöfe**, Umschlagplätze und Seehafen-Terminals mit internationalen Verbindungen erfolgen (vgl. Verkehrsrelationen von Köln-Eifeltor). Die Container werden im Haus-Haus-Dienst innerhalb des Orts- oder des Nahverkehrs mit Lkw zugestellt oder abgeholt, wenn Gleisanschlüsse bei den Bahnkunden fehlen. Diese Zustell- und Abholdienste werden vielfach von Spediteuren oder Lkw-Unternehmen durchgeführt. Das Umschlagnetz im Bereich der DB ist relativ engmaschig. Im Überseeverkehr mit Containern stellt die DB lediglich Güterwagen für die An- und Abtransporte der über die (deutschen) Seehäfen ein- und ausgehenden ISO-Behälter.

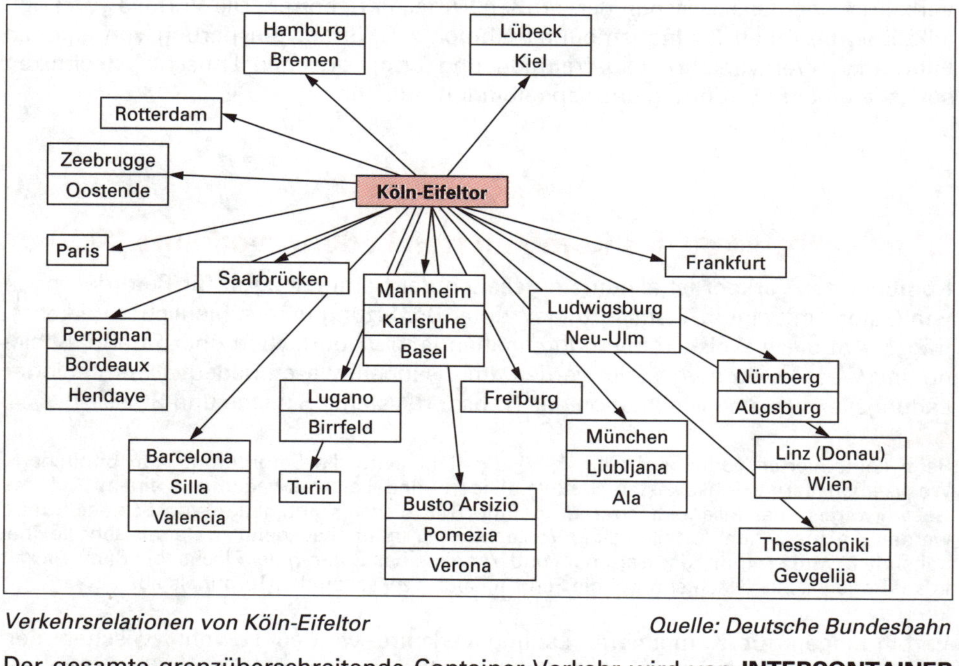

Verkehrsrelationen von Köln-Eifeltor *Quelle: Deutsche Bundesbahn*

Der gesamte grenzüberschreitende Container-Verkehr wird von **INTERCONTAINER** durchgeführt. INTERCONTAINER ist die Abkürzung für „Internationale Gesellschaft für den Transport in Transcontainern", ihr Sitz ist Basel. Das Unternehmen wurde als eine Tochtergesellschaft von 23 europäischen Eisenbahnverwaltungen gegründet; die deutsche TRANSFRACHT ist nationaler Vertreter von INTERCONTAINER in Deutschland. Von INTERCONTAINER werden ausschließlich internationale Containerverkehre vermarktet. Hierbei kommen in Frage:

a) Die Beförderung von Poolpaletten-gerechten Binnencontainern innerhalb Europas, zum Beispiel Containertransport von Oslo nach Bologna.
b) Die Beförderung von ISO-Containern, deren Herkunft/Bestimmung der Überseeraum ist, auf dem grenzüberschreitenden europäischen Schienennetz von und nach europäischen Seehäfen, zum Beispiel Container für Boston/USA werden von Wien nach Antwerpen zur Seeverladung befördert.
c) Die Beförderung von ISO-Containern im Vorlauf zu oder im Nachlauf von Transsibirien-Verkehren, zum Beispiel Container aus Japan mit Zielort Köln werden ab Moskau (Ende der transsibirischen Route) über die Grenzorte Brest (Weißrußland/Polen) und Frankfurt/Oder (Polen/Bundesrepublik) zum Zielort befördert.

Bei den Übersee- und Transsibirien-Verkehren arbeitet die Gesellschaft mit Spediteuren zusammen, die üblicherweise als Organisatoren dieser weiträumigen Verkehre auftreten.

3.1.3 Huckepack-Verkehre

Eine weitere und sehr stark genutzte Form des KLV stellt der **Huckepack-Verkehr** dar. Dabei werden auf Spezialgüterwagen (z. B. Niederflurwagen) als Ladeeinheiten Lastkraftwagen, Anhänger, Sattelzugfahrzeuge, Sattelanhänger/auflieger oder Wechselbehälter befördert.

Beispiel:

Wechselbehälter sind genormte, von Lkw-Chassis abnehmbare Aufbauten (Typen: Koffer, Plane und Spriegel, Tank, Silo), die austauschbar sind zwischen allen genormten Lkw und den Bahnwaggons. Sie haben (nach deutscher und europäischer Norm) eine Länge von 7,15 m. Da sie gekrant werden (vertikale Verladung), verfügen sie über entsprechende Greiferkanten. Sattelanhänger sind mit Greifkanten ausgerüstete Sattelauflieger bis zu 13,60 m Länge, die in Taschenwaggons gekrant werden.

Insgesamt werden, je nach Beförderungs- bzw. Verladeart, vier Huckepack-Techniken unterschieden: der unbegleitete Wechselbehälterverkehr mit vertikaler Verladung, der unbegleitete Sattelanhänger-Verkehr mit vertikaler Verladung, der unbegleitete Sattelanhänger-Verkehr mit horizontaler Verladung und die Beförderung ganzer Lastzüge mit horizontaler Verladung und Begleitung durch den Fahrer im Liegewagen. Die letzte Variante wird auch als **„Rollende Landstraße“** bezeichnet.

Organisatorisch wird der Huckepackverkehr durch die **Kombiverkehr** KG, Deutsche Gesellschaft für den kombinierten Verkehr mbH & Co. KG, Frankfurt (kurz: Kombiverkehr) abgewickelt. Die Huckepackzüge, die meistens in den Nachtstunden eingesetzt werden, verkehren überwiegend in den Nord-Süd-Richtungen zwischen den großen Wirtschaftsräumen der Bundesrepublik. Die Anzahl der innerdeutschen Huckepack-Verbindungen liegt bei 150, hinzu kommen mehr als 120 Auslands- und Transitverbindungen. Der Umschlag zwischen Straße und Schiene erfolgt an Huckepackbahnhöfen, von denen im Bereich der DB mehr als 40 unterhalten werden.

Für die Bahn hat der Huckepackverkehr den Vorzug, daß typisches Lkw-Transportgut von der Straße auf die Schiene verlagert wird und sich dadurch die Auslastung der Züge verbessert. Die speziellen Vorteile für den gewerblichen Güterfernverkehr sind in einer Reihe betriebswirtschaftlicher Aspekte zu sehen.

Beispiel:

Der Huckepack-Verkehr läßt eine längere Lebensdauer der Lkw erwarten, es ergeben sich weniger Probleme bei der Arbeitszeitregelung, es werden Fahrpersonalstunden eingespart und Begünstigungen bei der Kfz.-Steuer erzielt. Insgesamt gilt der Huckepack-Verkehr als kostengünstig, relativ schnell, umweltverträglich und risikoärmer als die reine Straßenbeförderung.

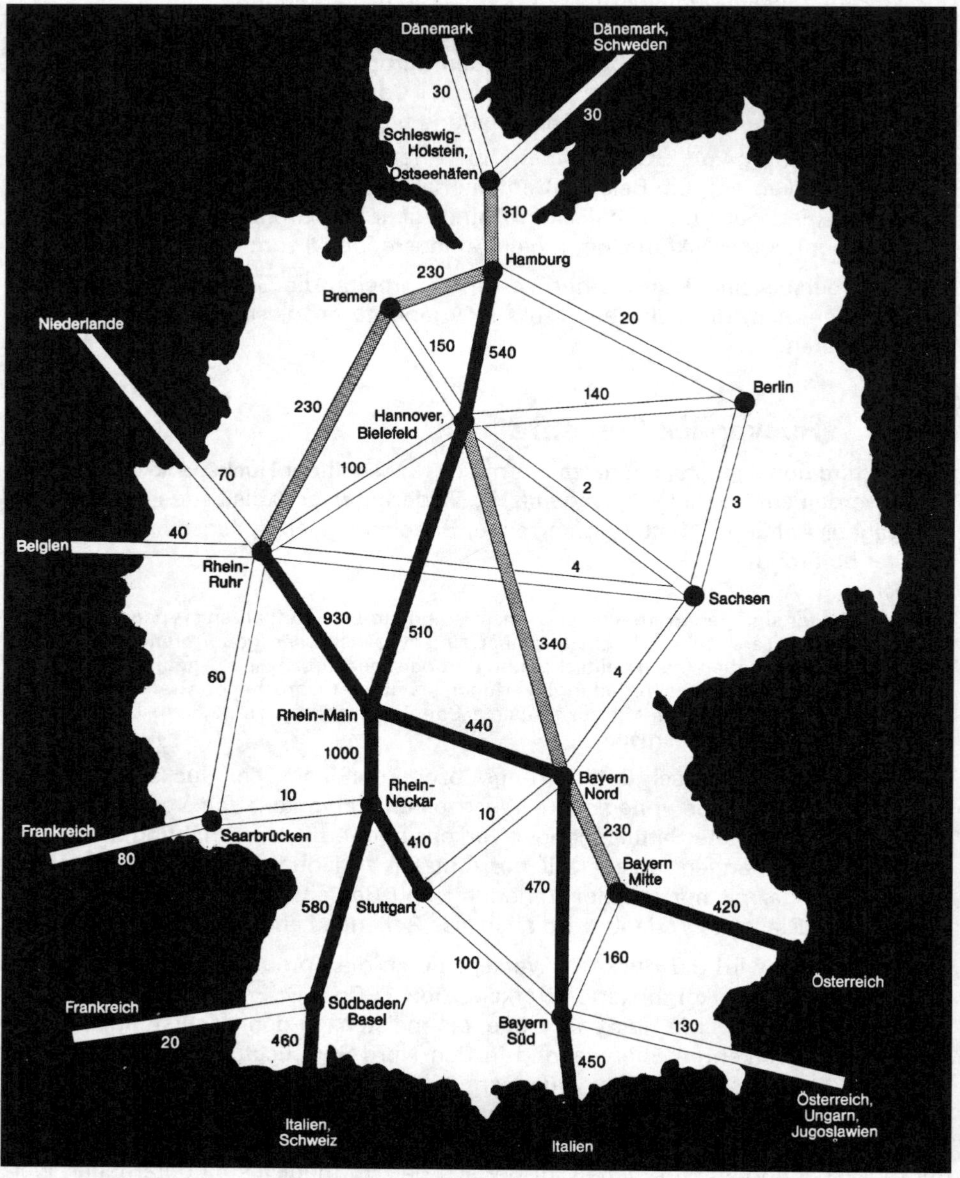

Straßenentlastung durch Kombiverkehr *Quelle: Kombiverkehr, Frankfurt*

Umschlagbahnhof oder privates Umschlagterminal

● = für Wechselbehälter, Container und Sattelanhänger
◎ = für Rollende Landstraße
⦿ = für Wechselbehälter, Container, Sattelanhänger und Rollende Landstraße
○ = für Container
○ = für Vorbereitung

Umschlagbahnhöfe für Kombiverkehr in Deutschland und Basel

Quelle: Kombiverkehr, Frankfurt
Stand: Mai 1993

Entwicklung des Kombiverkehrs 1969–1992 in der Bundesrepublik Deutschland

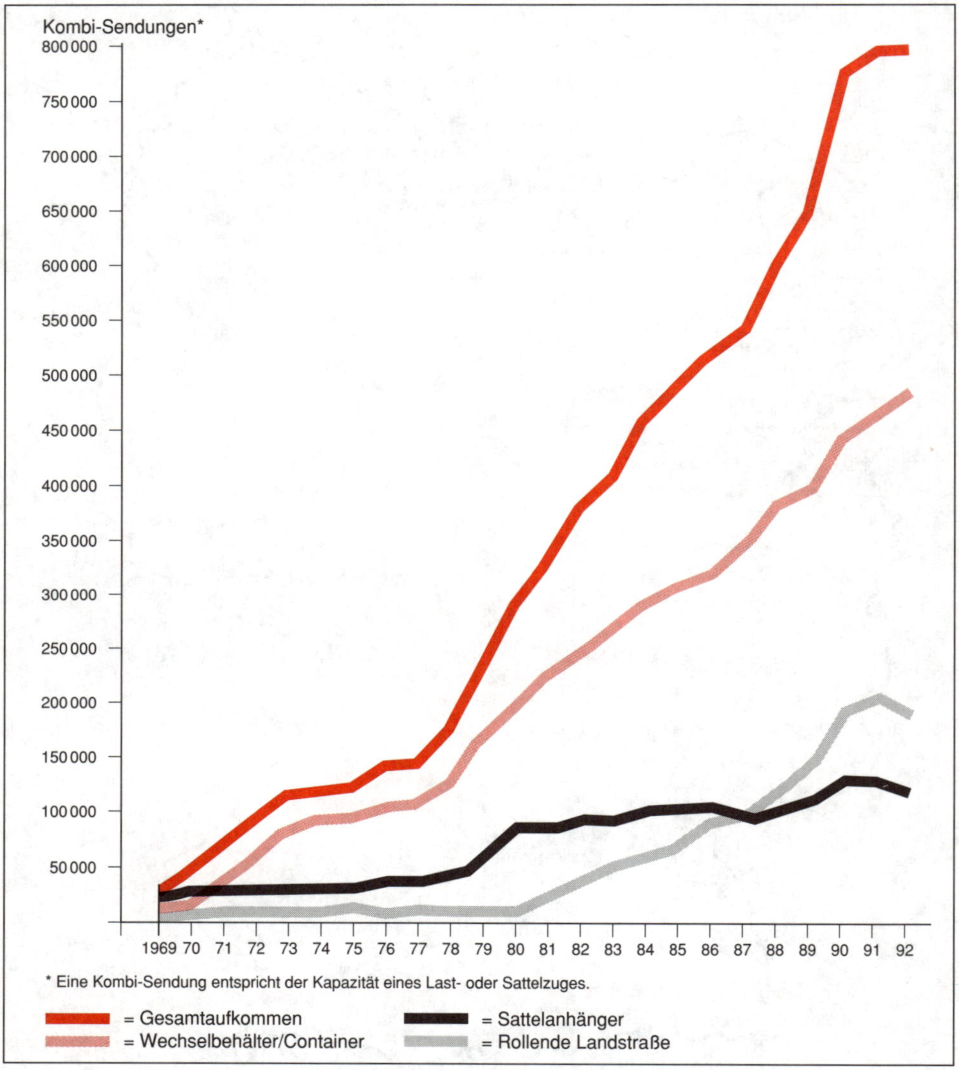

3.2 Neu- und Ausbaustrecken der Deutschen Bahnen

Mit einem bereits seit 1970 existierenden langfristigen **Ausbauprogramm** ihres Schienennetzes, das sowohl den Bau neuer Strecken wie den Ausbau bereits vorhandener umfaßt, beabsichtigt die Bahn der künftigen Verkehrsentwicklung Rechnung zu tragen. Die Baumaßnahmen sollen gewährleisten, daß der Güter- und Personenverkehr im innerdeutschen wie im Transitverkehr stärker auf die Schiene verlagert und die kombinierten Verkehrsarten gefördert werden können. Hierzu sind vor allem die **Nord-Süd-Neubaustrecken**, mit denen das Hochgeschwindigkeitsnetz der DB aufgebaut wird, von überragender Bedeutung. Als völlige Neubaustrecken werden bis 1995 in Betrieb genommen bzw. sind bereits in Betrieb:

- Strecke **Hannover–Würzburg** 327 km, seit 1991
- Strecke **Mannheim–Stuttgart** 99 km, seit 1991
- Strecke **Rastatt–Offenburg–Basel** 188 km

Die vierte Neubaustrecke wird die Verbindung **Köln–Frankfurt** (225 km) sein. Auf dieser neuen Schienenstrecke, die parallel zur Autobahn A 3 verlaufen wird, sollen bis zum Ende dieses Jahrzehnts ICE-Züge (ICE = InterCityExperimental) mit bis zu 300 km/h verkehren. Die neue Linie soll eine schnelle Verbindung zwischen den Ballungsräumen Rhein-Ruhr und Rhein-Main herstellen und die mittlerweile über 140 Jahre alte Rheintalstrecke (Köln, Bonn, Koblenz, Mainz) entlasten.

Insgesamt werden mehr als ein Dutzend Strecken mit einer Gesamtlänge von fast 2 000 km von der DB derzeit für die künftigen Schnellverkehre ausgebaut, z. T. sind die Bauarbeiten auf einigen Teilstrecken abgeschlossen. Auf allen Neubaustrecken werden neben den hochmodernen Personenzügen auch Güterzüge, vorwiegend im Nachtverkehr, fahren. Wichtig ist, daß der Kurvenradius der neuen Bahnlinie die Marke von 7 000 m nicht unterschreitet, auch werden keine Bahnübergänge angelegt, dies gewährleistet extrem schnelle Verkehre. Bei einer Bahnkörperbreite von 13,70 m (ohne Böschung) und einem Gleisabstand von 4,70 m sind die Neubaustrecken als ausgesprochene „Hochgeschwindigkeitswege" für ein Tempo zwischen 200 und 300 km/h ausgelegt. Güterzüge sollen mit Geschwindigkeiten von max. 160 km/h betrieben werden. Mit Milliardenaufwendungen (vgl. auch Verkehrsprojekte Deutsche Einheit) werden im DB-Streckennetz u. a. die folgenden Verbindungen **modernisiert** und **ausgebaut**:

- Hamburg–Bremen–Münster 287 km,
- Hamburg–Hannover 181 km,
- Dortmund–Hannover–Braunschweig 275 km,
- Hamburg–Berlin 270 km,
- Hannover–Berlin 246 km,
- Würzburg–Nürnberg–Augsburg 240 km.

3.3 Rangierbahnhöfe: Verkehrskreuze der Bahn

Rangierbahnhöfe sind Einrichtungen für schnelle Zugumbildungen, sie beschleunigen den gesamten Bahngüterverkehr. Mehrere gleichartige Anlagen werden in der Bundesrepublik Deutschland und in den Nachbarländern unterhalten. Sie bestehen stets aus vier nacheinander angeordneten technischen Anlagen: der Einfahrgruppe, dem Ablaufberg, der Richtungsgruppe und der Ausfahrgruppe. Diese haben folgende Aufgaben:

- **Einfahrgruppe:** In ihr werden die ankommenden Güterwaggons gesammelt und zur Weiterverteilung vorbereitet. Dazu werden sie entkoppelt und nach einem festen Zugbildungsplan von Rangierlokomotiven über den Ablaufberg gedrückt.
- **Ablaufberg:** Der Ablaufberg liegt zwischen Einfahr- und Richtungsgruppe, er ist das Herzstück des Rangierbahnhofs. Er liegt mehrere Meter höher als die Gleise der Richtungsgruppe. Die über ihn gedrückten Wagen laufen selbständig aufgrund des Gefälles „den Berg abwärts" und werden über Weichen in die für sie bestimmten Gleise der Richtungsgruppe gelenkt.

- **Richtungsgruppe:** In dieser Anlage befinden sich viele Richtungsgleise in der Anordnung einer Harfe (daher auch Harfengleise genannt), auf ihnen werden die verschiedenen Güterwaggons entsprechend ihren Zielrichtungen gesammelt. Sie bilden auf diese Weise neue Güterzüge.
- **Ausfahrgruppe:** In diesem Anlagenteil werden die Waggons wieder verkoppelt, geprüft und für den Transport abgefertigt.

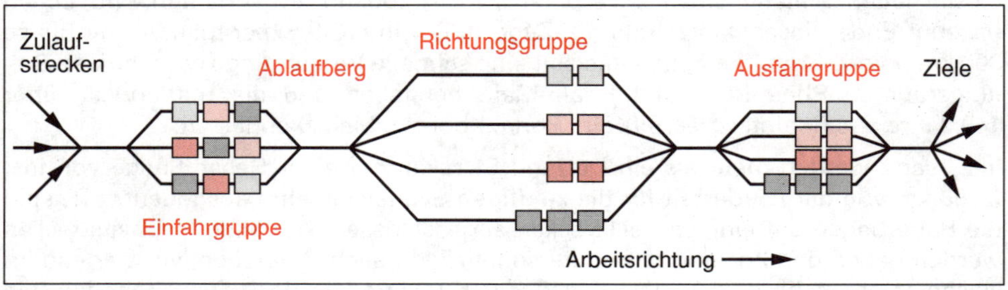

Schema des Rangierbahnhofs

Quelle: Bahn Akzente 11/91 S. 4. Deutsche Bundesbahn, Frankfurt

3.3.1 Beispiel Nordkreuz Hamburg-Maschen

Seit 1977 betreibt die DB vor den Toren Hamburgs einen der größten Rangierbahnhöfe in Europa. Die Anlage mit der Bezeichnung „Rangierbahnhof Maschen" hat die Aufgabe, die in Norddeutschland mit Güterzügen zusammenlaufenden Warenverkehrsströme aufzulösen und zu neuen nationalen (InterCargo-System) oder internationalen schnellfahrenden Güterzügen (ICG, TEEM usw.) auf neuen Relationen zusammenzustellen. Der Rangierbahnhof ist rd. 7 000 m lang und 700 m breit. 300 km Gleise und 825 Weicheneinheiten sorgen für den reibungslosen Ablauf der Rangierarbeiten. Das hochmoderne Rangierwerk ersetzt fünf andere alte Rangierbahnhöfe im Raum Hamburg. Maschen ist ein zweiseitiger Rangierbahnhof mit einem Nord/Süd- und einem Süd/Nord-System. Jedes System besteht aus den vier Teilen Einfahrgruppe, Ablaufberg, Richtungs- und Ausfahrgruppe, die eine sehr schnelle Neubildung von Zugeinheiten erlauben.

Beispiel:

Nach der Ankunft der Güterzüge in den Einfahrgruppen wird durch Disponenten mit Hilfe von elektronischen Rechnern die Zerlegung der Güterzüge vorgenommen. Funkgesteuerte Rangierloks (Abdrücklokomotiven) schieben die für unterschiedliche Zielrichtungen vorgesehenen abgekoppelten Waggons über einen Ablaufberg von 5 m Höhe. Von dort rollen die Waggons in neue Richtungsgleise, die Geschwindigkeitskontrolle der ablaufenden Waggons und das Abbremsen erfolgen automatisch. In den Richtungsgleisen werden die neuen Güterzüge gemäß vorher festgelegter Zugbildungslisten zusammengestellt.

Stündlich können in Maschen bis zu 300 Wagen rangiert werden. Im Nord/Süd-System werden täglich 3 900 Wagen, im Süd/Nord-System 5 300 Wagen bewegt. Durch den Rangierbahnhof Maschen entfallen Mehrfachwagenumstellungen im Hamburger Raum, können neue Fernzugbildungen durch Konzentration des Wagenaufkommens eingerichtet und neue Direktzugverbindungen vom Norden aus geschaffen werden.

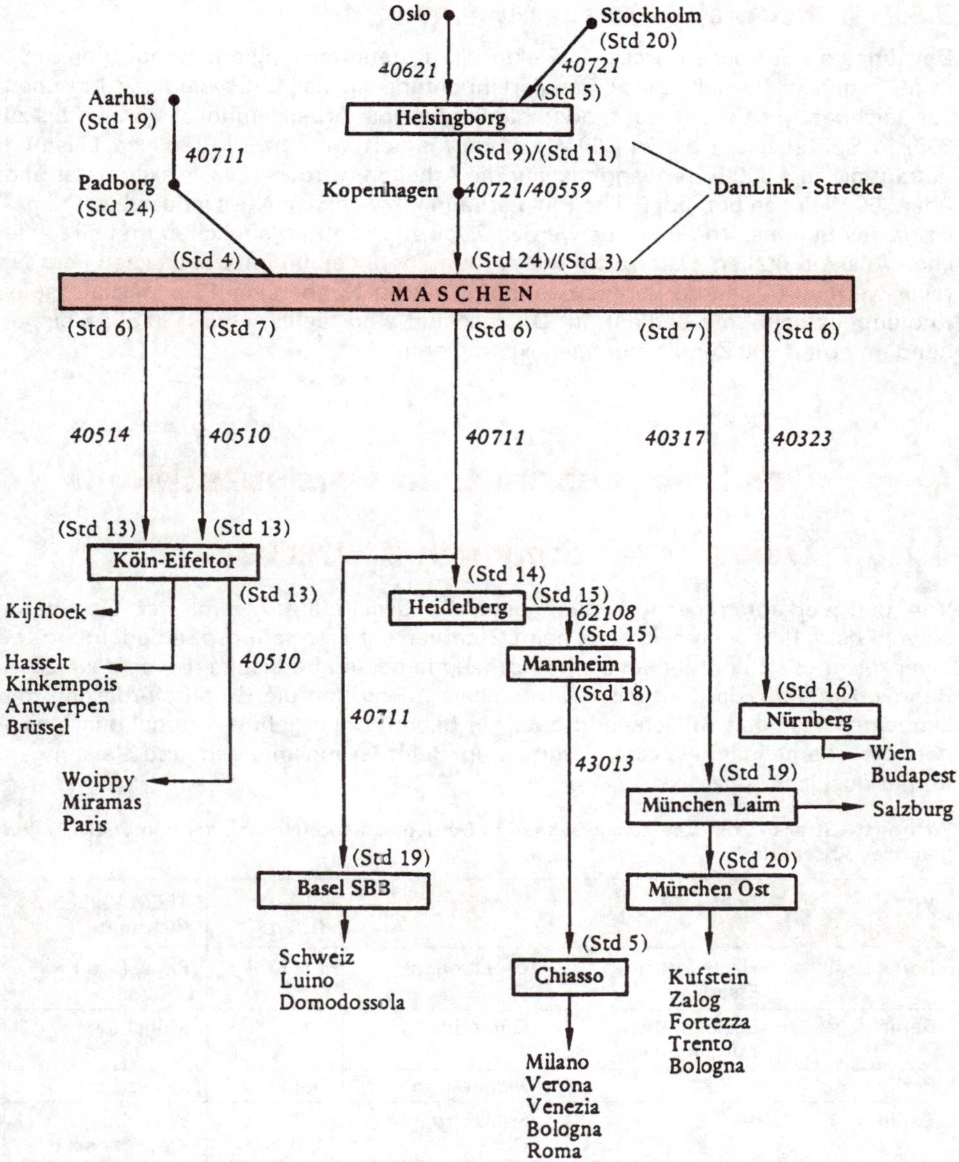

Lesebeispiel:

Zug-Nr. 40711 Aarhus/Dänemark via Maschen nach Basel SBB

ab	Aarhus	Tag 1	Stunde 19	Dienstag
ab	Padborg-Grenze	Tag 1	Stunde 24	Dienstag
an ab	Maschen .... Maschen	Tag 2 Tag 2	Stunde 4 Stunde 6	Mittwoch Mittwoch
ab	Heidelberg	Tag 2	Stunde 14	Mittwoch
an	Basel SBB	Tag 2	Stunde 19	Mittwoch

Weiterleitung nach Zielorten in der Schweiz

Die Verteilerfunktion von Hamburg-Maschen im TEEM-Netz
(TEEM = Trans Europ Express Marchandises, Europäische Schnellgüterzüge)
Quelle: DB; Verkehrsgeographie 1990, DB-Fachbuch Band 6/11

3.3.2 Beispiel Südkreuz München Nord

Der jüngste mit hochentwickelter Elektronik gesteuerte Rangierbahnhof ging 1991 in München in Betrieb. Diese Rangiereinrichtung, in der Bausystematik Maschen vergleichbar, gilt als eine der modernsten in Europa. Arbeitsstündlich können bis zu 300, in Spitzenzeiten bis zu 360 Waggons rangiert werden, die tägliche Leistung beträgt bis zu 4 000 Güterwaggons. Für die Arbeiten werden 120 Gleiskilometer und über 350 Weichen betrieben. Der Rangierbahnhof München Nord ist das Eisenbahnkreuz des Südens. Von ihm aus werden Züge zu Zielen im südlichen und südöstlichen Ausland (Italien, Österreich, Balkanraum) gebildet, im innerdeutschen Fernbereich werden 14 andere Rangierbahnhöfe und im Nahbereich 13 angeschlossene Knotenpunktbahnhöfe bedient. Im Durchschnitt sind täglich etwa 130 Züge eingehend und rund 150 Züge ausgehend zu rangieren.

4 Das Eisenbahnnetz in Ostdeutschland

4.1 Transportleistungen und Strecken

Von den Verkehrsträgern in den neuen Bundesländern kommt der Eisenbahn sowohl beim Personen- wie auch beim Güterverkehr eine sehr große Bedeutung zu. Zwar zeichnet sich mittlerweile ein Rückgang in beiden Bereichen des ostdeutschen Bahnverkehrs ab, da der Individualverkehr mit Pkw und die Güterbeförderung mit Lkw einen rasanten Aufschwung erfahren haben. Doch gehört international gesehen die ehemalige Reichsbahn mit ihren Beförderungsmengen und -leistungen immer noch zur Spitze.

Wichtigste Strecken der Deutschen Bahnen in Ostdeutschland (einschl. der von TEEM-Zügen genutzen Abschnitte)

Von	über	nach	Elektrifiziert	TEEM-Verkehr Richtung
Berlin	Halle, Erfurt Eisenach	Gerstungen	rd. 90 %	Paris, Basel
Berlin	Leipzig, Altenburg, Plauen	Gutenfürst	rd. 90 %	München
Berlin	–	Magdeburg	nein	keiner
Berlin	–	Frankfurt/ Oder	100 %	Warschau, Kiew, Moskau
Berlin	Elsterwerda Dresden	Bad Schandau	100 %	Prag, Wien Budapest
Berlin	Neustrelitz	Rostock (Warnemünde)	100 %	Gedser, Kopenhagen,
Berlin	Wittenberge, Schwerin	Wismar	rd. 60 %	keiner
Berlin	Angermünde, Pasewalk	Stralsund (Saßnitz/ Mukran)	100 %	keiner
Dresden	Leipzig, Halle, Magdeburg	Wittenberge	100 %	keiner

samt münden in den BAR zehn wichtige Strecken von internationaler Bedeutung sowie mehrere lokal wichtige Eisenbahnlinien ein. Der BAR ist voll elektrifiziert und durchgehend zweigleisig ausgebaut. In den südlichen Ringteilen ist bereits seit Jahren auch eine dreigleisige Streckenführung üblich. Die Vorzüge des BAR sind im wesentlichen darin zu sehen, daß er dem Fern- und Transitverkehr eine Umgehung der Kernstadt ermöglicht und daß durch das Fehlen von schienengleichen Übergängen und der Anlage großer Gleisbögen eine relativ hohe Geschwindkeit und eine hohe Betriebssicherheit garantiert werden.

Für den internationalen Eisenbahnverkehr wie auch den ostdeutschen Binnenverkehr hat der **Rangierbahnhof Seddin** mit Abstand die größte Bedeutung. Seddin liegt südwestlich von Berlin und ist in seiner Bedeutung vergleichbar mit dem großen Rangierbahnhof Maschen südlich von Hamburg. Über Seddin verkehren bis auf wenige Ausnahmen alle über Ostdeutschland laufenden **TEEM-Züge**. In Seddin werden vor allem die Nord-Süd/Süd-Nord gehenden TEEM-Züge umgebildet, teilweise aufgelöst und neu verkoppelt. Seit 1969 befindet sich die Transitleitstelle in Seddin. Zu ihren Aufgaben gehört es, für jede Wagenladung im TEEM-Verkehr den günstigsten Transportweg zu ermitteln, die Avisierung von Sendungen unter Angabe von Fährzeiten vorzunehmen, Laufwegeüberwachung von Transitladungen mit verderblichen Gütern und Tieren durchzuführen, Temperaturkontrollen bei **Interfrigo-Kühlwagen** oder Kühlcontainern wahrzunehmen, Überwachungsaufgaben bei **Intercontainer-Verkehren** auszuführen, nachträgliche Verfügungen auszuüben u. a. m.

4.4 InterCargo-Verbindungen

In den fünf neuen Bundesländern unterhält die Bahn ein InterCargo-Netz mit 20 Verbindungen zwischen sieben Wirtschaftszentren. Die Wirtschaftszentren werden aus den Städten und Knotenpunktbahnhöfen Rostock, Berlin, Magdeburg, Halle/Leipzig, Erfurt, Dresden und Zwickau/Chemnitz gebildet. Zwischen der Abholung um frühestens 16.00 Uhr und der Anlieferung bis spätestens 9.00 Uhr des folgenden Tages wird der Beförderungsvorgang im Nachtsprung vorgenommen. Zwischen den Zugbildungs- und Auflösebahnhöfen werden die InterCargo-Züge mit hohem Vorrang über die Strecke geführt. Um eine zuverlässige Beförderung sicherzustellen, werden die Waggons des InterCargo-Verkehrs besonders gekennzeichnet (InterCargo-Zugnummernsystematik), vorgemeldet und während des Laufes überwacht.

5 Grenzüberschreitender Verkehr und Grenzübergänge

Aufgrund seiner zentralen Lage in Europa wird Deutschland von vielen Eisenbahntransitlinien durchquert. Sie treten an den sog. Eisenbahn-Grenzpunkten auf deutsches Gebiet über. Derzeit gibt es im Streckenbereich der DB 62 Grenzübergänge/Grenzbahnhöfe. In der Regel sind die Grenzübergänge des Personenverkehrs auch die Grenzpunkte für den Güterverkehr. In wenigen Fällen existieren jedoch auch Grenzpunkte, die ausschließlich dem Güterverkehr vorbehalten sind. Die Übersichten zeigen die Grenzpunkte/Grenzbahnhöfe zu den Nachbarländern sowie die zugehörigen Fernverbindungen, falls eine Einbindung in den Eisenbahnfernverkehr vorliegt.

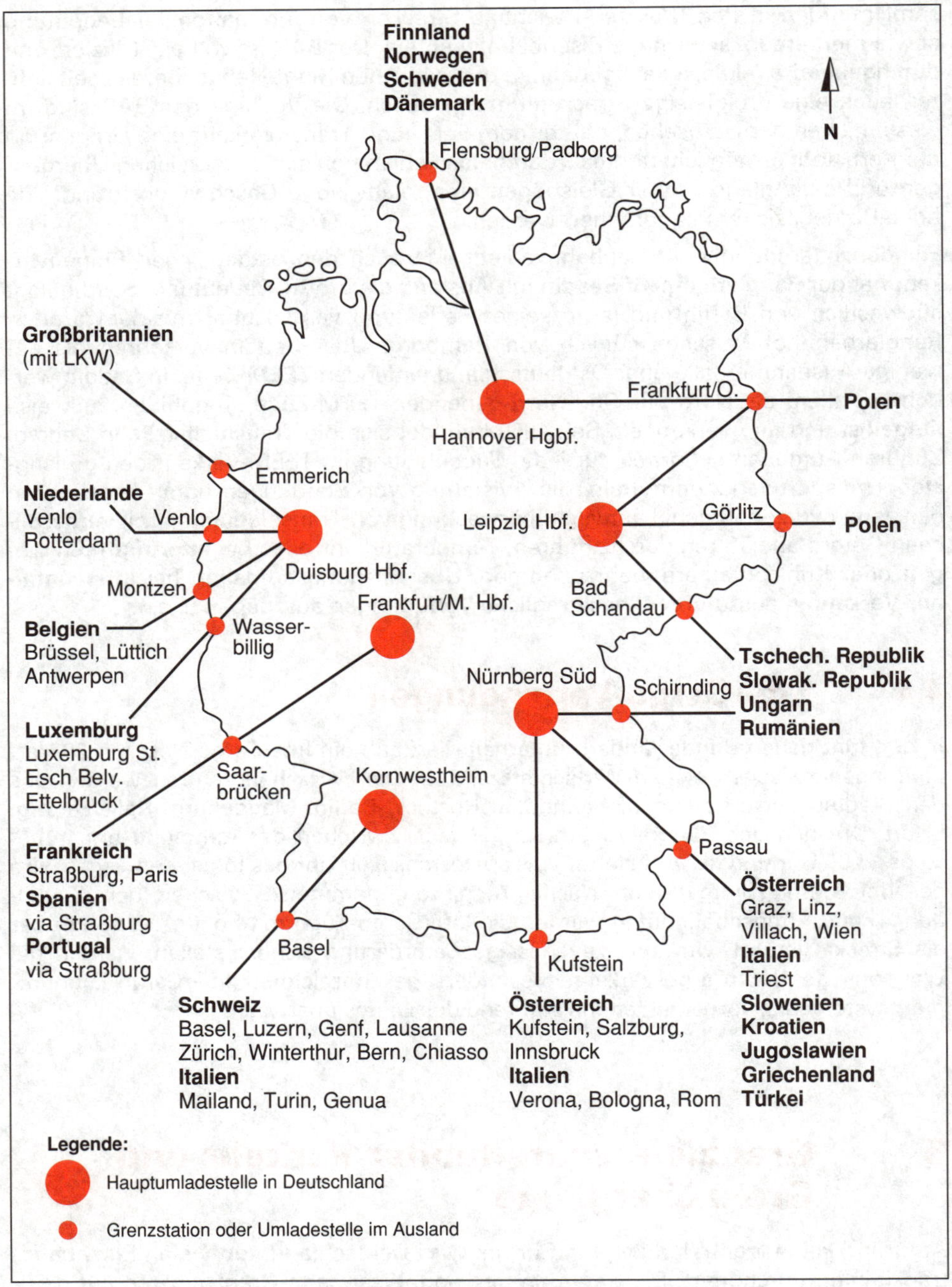

Hauptumladestelle der Deutschen Bahnen im Stückgutverkehr mit dem Ausland

Die Anzahl der Grenzbahnhöfe ist im Vergleich zum Straßenverkehr gering. Der Eisenbahngüterverkehr konzentriert sich auf nur wenige Hauptübergänge, die meisten grenzüberschreitenden Strecken gelten als nicht sonderlich hoch belastet. Die stärksten Güterverkehrsströme gehen über die Grenzorte Basel (sehr stark belastet) und Aachen (stark belastet). Gleichfalls hohe Belastungen verzeichnen die im TEEM-System eingebundenen Grenzbahnhöfe. Hier sind vor allem zu nennen: Flensburg/Padborg, Puttgarden/Rödby im Zuge der Vogelfluglinie, die Eisenbahnfährrouten von Warnemünde/Gedser und Saßnitz/Trelleborg, Frankfurt/Oder, Bad Schandau, Schirnding/Cheb, Passau, Salzburg, Kufstein, Kehl, Apach, Kaldenkirchen/Venlo und Bad Bentheim/Oldenzaal.

Grenzübergänge der DB im internationalen Bahnverkehr nach Nachbarländern einschl. Fährverbindungen (in Klammern: Abkürzung der Bahnverwaltung des Ziellandes, Grenzübergänge und Lagekennziffer vgl. Karte)

Nach	Grenzpunkt	Fernverbindung	Lagekennziffer
Dänemark (DSB)	Süderlügum – Tondern		
	Flensburg – Padborg	Hamburg-Fredericia	1
	Kiel		2
	Puttgarden – Rödby Faerge Fährverbindung (18 km)	Hamburg-Kopenhagen	2a
Schweden (SJ)	Lübeck/Skandinavienkai – Malmö Transit/Fährverb.	Hamburg – Stockholm	2b
Finnland (VR)	Lübeck Hbf. – Helsinki Fährverb. (1 080 km)	Hamburg – Helsinki	2b
Dänemark (DSB)	Warnemünde – Gedser Fährverbindung (48 km)	Berlin–Kopenhagen	3
Schweden (SJ)	Saßnitz Hafen – Trelleborg Fährverbindung (107 km)	Berlin–Stockholm	4
Litauen (–)	Mukran – Klaipeda Fährverbindung (506 km)		5
Polen (PKP)	Grambow – Stettin/Szczecin		6
	Tantow – Stettin/Szczecin	Berlin–Stettin	7
	Kietz – Küstrin/Kostrzyn		
	Frankfurt/Oder – Kunowice	Berlin–Warschau	8
	Guben – Gubin		
	Forst/Lausitz – Zasieki		9
	Horka – Bielawa Dolna		
	Görlitz – Zgorzelec	Berlin-Breslau	10
Tschechische Republik	Zittau – Hradek nad Nisou		
	Ebersbach – Rumburk		
	Bad Schandau – Decin	Berlin–Prag	11
	Bad Brambach – Vojtanov		12
	Selb-Plössberg – As	Frankfurt–Prag (n. G. *)	
	Schirnding – Cheb (Eger)	Frankfurt–Prag	13
	Furth i. W. – Domazlice	Stuttgart–Pilsen	14

*) n. G. = nur Güterverkehr

Nach	Grenzpunkt	Fernverbindung	Lagekenn-ziffer
Österreich (ÖBB)	Passau Hbf.	Frankfurt–Wien	15
	Simbach (Inn)	Frankfurt–Wien	16
	Salzburg Hbf.	München–Wien	17
	Kufstein	München–Verona	18
	Mittenwald – Scharnitz		19
	Griesen – Ehrwald Zugspitz-bahn		20
	Pfronten/Steinbach – Vils		21
	Lindau – Reutin	Stuttgart–Innsbruck	22
Schweiz (SBB)	Basel Bad Gbf	Karlsruhe–Bern	27
	Waldshut		26
	Schaffhausen	Stuttgart–Zürich	25
	Singen (Hohentwiel)		24
	Neuhausen SBB – Rafz		
	Friedrichshafen – Romanshorn	Ulm–Zürich	23
	Lindau – Rorschach	München–Zürich	
	Lindau-Bregenz-St. Margarethen	München–Zürich	
	Konstanz		
Frankreich (SNCF)	Perl/Apach	Koblenz–Metz	32
	Hemmersdorf–Bouzonville	Mannheim–Metz (n. G.)	
	Saarbrücken Hbf.–Forbach	Mannhein–Paris	31
	Überherrn – Hargarten	Mannheim–Metz (n. G.)	
	Reinheim/Saar – Bliesbruck	Mannheim–Metz (n. G.)	
	Kapsweyer – Wissembourg	Karlsruhe-Metz (n. G.)	30
	Berg/Pfalz – Lauterbourg	Mannheim–Nancy (n. G.)	
	Sarreguemines	Mannheim–Paris	
	Kehl	Karlsruhe-Straßburg	29
	Neuenburg/Baden	Karlsruhe–Lyon	
Luxemburg (CFL)	Igel – Wasserbillig	Koblenz-Luxemburg	33
Belgien (SNCB)	Aachen Hbf. – Welkenread	Köln–Brüssel	
	Walheim/Aachen – Raeren	Köln-Brüssel (n. G.)	
	Aachen-Süd – Hergenrath	Köln-Brüssel (n. G.)	34
	Aachen-West – Montzen	Köln-Brüssel (n. G.)	35
Niederlande (NS)	Weener – Nieuwe Schans	Bremen–Amsterdam (n. G.)	41
	Laarwald – Coevorden		
	Bad Bentheim – Oldenzaal	Hannover–Amsterdam	40
	Gronau/Westfl – Enschede		
	Borken/Westf.–Winterswijk		
	Emmerich – Zevenaar	Köln–Amsterdam	39
	Kaldenkirchen – Venlo	Köln–Rotterdam	37
	Dahlheim – Vlodrop	Köln–Maastricht (n. G.)	
	Herzogenrath – Haanrade	Köln–Maastricht (n. G.)	
	Richterich – Simpelveld	Köln–Maastricht (n. G.)	
	Aachen Hbf. – Simpelveld	Köln–Maastricht	36

*) n. G. = nur Güterverkehr

Quelle: Vorschriftensammlung Bundesfinanzverwaltung, Deutsche Bundesbahn, Deutsche Reichsbahn

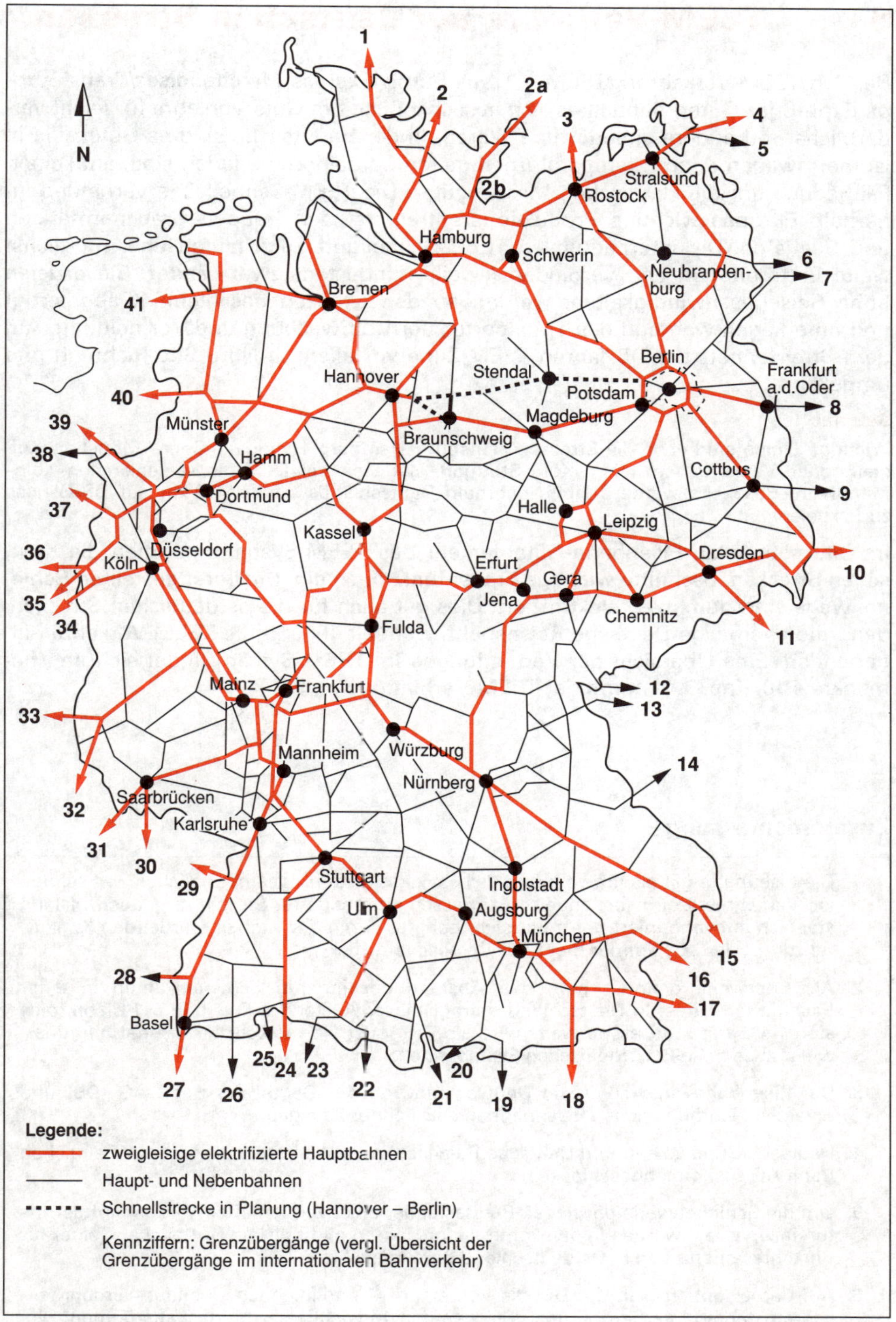

Netz der deutschen Eisenbahn

6 TEEM-Verkehre auf deutschen Strecken

Bei den TEEM-Verkehren (TEEM = Trans Europ Express Marchandises/Trans-Europa-Expreß für Güter) handelt es sich ausschließlich um Güterverkehre für leicht verderbliche und andere eilbedürftige Waren. In der Hauptsache sind es Güter, die in Isothermwagen oder in temperaturgeregelten Containern verladen sind, auf keinen Fall jedoch um die klassischen Massengüter. Die TEEM-Schnellzüge verbinden innerhalb Europas wichtige Produktionszentren mit den Hauptverbrauchermärkten und Seehäfen. Die internationalen TEEM-Schnellgüterzüge laufen über möglichst weite Entfernungen und verbinden jeweils mindestens zwei Länder. Sie erzielen hohe Reisegeschwindigkeiten, werden an den Grenzen beschleunigt abgefertigt und unterliegen während des Transportes der Überwachung und Vormeldung. Auf dem Streckennetz der DB fahren TEEM-Züge vor allem in Nord-Süd-Richtung und umgekehrt.

Beispiel:

Wichtige Linien sind etwa die Strecken Flensburg–Hamburg–Hannover–Bebra–München–Kufstein oder Venlo/Kaldenkirchen–Köln–Stuttgart–München sowie Venlo/Kaldenkirchen–Köln–Mannheim–Basel. Es werden dabei innerhalb Deutschlands bis zu 700 km auf DB-Gleisen zurückgelegt.

Im internationalen Eisenbahn-Güterverkehr des TEEM-Systems nehmen die deutschen Streckenabschnitte wichtige Transitfunktionen ein. Die bereitgestellten Schienenwege sind durchweg elektrifiziert. Dies gilt auch für die ostdeutschen Strecken, denn die ehemalige Deutsche Reichsbahn war seit 1960 in die TEEM-Verkehre eingebunden. Eine Übersicht der Verbindungen im TEEM-System findet sich im Themenkreis 10, Kap. 3.4 – Karte der TEEM-Verbindungen.

Zusammenfassung

1. Die Eisenbahn gilt als umweltfreundliches, kaum witterungsempfindliches und schnelles Verkehrsmittel insbesondere für Massenguttransporte. Sie wurde jedoch bislang staatlich subventioniert und zieht sich, bedingt durch den stärker werdenden Konkurrenzdruck der Lkw, immer mehr aus der Fläche zurück.

2. Als Spurweite definiert man den Abstand der inneren Schienenkanten in einer bestimmten Höhe. In Deutschland beträgt dieser Abstand 4 Fuß und 8 1/2 Zoll, dies sind 1 435 mm. Diese Spurweite wird als Voll- oder Normalspur bezeichnet und überwiegt auch bei den europäischen Eisenbahnen.

3. Der Eisenbahnverkehr wird in Deutschland von der Deutschen Bahn AG (DB) und diversen nichtöffentlichen Eisenbahnen (NE-Bahnen) ausgeübt.

4. Deutsche Bundesbahn und Deutsche Reichsbahn wurden am 1. Januar zur Deutschen Bahn AG zusammengeschlossen.

5. Um die Schienenwege der neuen Bundesländer einer zeitgemäßen Verkehrsinfrastruktur anzupassen, werden in den kommenden Jahren mehr als ein Drittel aller Gelder für Verkehrssanierungen in Ostdeutschland bereitgestellt.

6. Auf den Hauptstrecken der DB, die von einem Grundliniennetz gebildet werden, verkehren ständig InterCargo-Züge zwischen den 18 wichtigsten Wirtschaftsräumen. Diese speziellen Güterzüge erreichen Geschwindigkeiten bis zu 100 km/h.

7. Im Grundliniennetz der DB sind die großen Nord-Süd-Fernverbindungen dominierend.

8. Zu den wichtigen Güterverkehren der DB gehören neben dem InterCargo-System ferner Ganzzüge (von Großkunden), Logistikzüge und Kombinierte Ladungsverkehre (KLV).

9. Der KLV umfaßt den Großcontainer- und Huckepack-Verkehr. Beide Transportvarianten können von mehr als 80 Bahnhöfen aus vorgenommen werden.

10. Die KLV werden von speziellen Gesellschaften betrieben: die Großcontainer-Verkehre von der Transfracht, die Huckepack-Verkehre von der Kombiverkehr KG.

11. Die Huckepack-Verkehrsströme verlaufen überwiegend in Nord-Süd-Richtung und umgekehrt.

12. Unter „Rollender Landstraße" versteht man die Beförderung von ganzen Lastzügen auf Tiefladewaggons, die Fahrer begleiten den Transport im Liegewagen.

13. Auf neuen DB-Strecken verkehren Güterzüge mit Geschwindigkeiten von bis zu 160 km/h.

14. Rangierbahnhöfe sind Verkehrskreuze der Bahn und ermöglichen schnelle Zugumbildungen, sie beschleunigen somit den gesamten Bahngüterverkehr. Sie dienen jedoch nicht zum Güterumschlag.

15. Zu den größten und modernsten Rangierbahnhöfen im DB-Bereich gehören Hamburg-Maschen und München-Nord.

16. In Ostdeutschland hat der Rangierbahnhof Seddin, der südwestlich von Berlin liegt, die größte Bedeutung.

17. Für den grenzüberschreitenden Eisenbahnverkehr stehen 62 Grenzübergänge/Grenzbahnhöfe zur Verfügung.

18. Die am stärksten benutzten Grenzübergänge sind unter anderem Basel/Weil, Aachen/Montzen, Flensburg/Padborg, Puttgarden/Rödby, Warnemünde/Gedser, Saßnitz/Trelleborg, Frankfurt/O., Bad Schandau, Passau, Kufstein, Kehl, Apach und Kaldenkirchen/Venlo.

19. Auf dem Streckennetz der DB fahren TEEM-Züge (Trans Europ Express Marchandises/Trans-Europa-Express für Güter) vor allem in Nord-Süd-Richtung und umgekehrt. Bedeutende Linien sind die Strecken Flensburg–Hamburg–Hannover–Bebra–München–Kufstein, Venlo/Kaldenkirchen–Köln–Stuttgart–München und Venlo/Kaldenkirchen–Köln–Mannheim–Basel.

Aufgaben

1. Beschreiben Sie die Aufgaben des Eisenbahnverkehrs für das Verkehrswesen.
2. Definieren Sie den Begriff Spurweite, und erläutern Sie Normal-, Breit- und Schmalspuren.
3. Welche besonderen Entwicklungen haben die Deutsche Bundesbahn und die Deutsche Reichsbahn zwischen 1945 und 1990 durchlaufen?
4. Seit 1984 verkehren sog. Intercargo-Züge zwischen den elf wichtigsten Wirtschaftsräumen der alten Bundesländer. Führen Sie diese Wirtschaftsräume auf.
5. Charakterisieren Sie das Netz der deutschen Eisenbahn.
6. Schildern Sie die Verläufe der Hauptbahnen und nennen Sie wichtige Stationen.
7. Erklären Sie die Abkürzung KLV, und nennen Sie die darunter geführten zwei großen Verkehrsarten.

8. Nennen Sie je drei große Huckepackbahnhöfe in Nord-, West-, Ost- und Süddeutschland.

9. Begründen Sie, warum die Huckepack-Verkehrsströme vorzugsweise in Nord-Süd-Richtung und umgekehrt verlaufen.

10. Vom Unternehmen INTERCONTAINER werden ausschließlich internationale Containerverkehre über die Schiene vermarktet. Nennen Sie drei derartige Beispiele.

11. Erläutern Sie die Arbeitsweise und die Bedeutung der Rangierbahnhöfe Maschen und München-Nord und nennen Sie die Vorteile, die sich für das Verkehrs- und Speditionswesen durch derartige Bahnanlagen ergeben.

12. Charakterisieren Sie das Eisenbahnnetz Ostdeutschlands und stellen Sie markante Merkmale heraus.

13. Wie lautet die Formel für die Berechnung von tKm?

14. Welche Bedeutung haben der Berliner Außenring und der Rangierbahnhof Seddin für den Eisenbahngüterverkehr in Ostdeutschland?

15. Die Anzahl der Eisenbahn-Grenzbahnhöfe ist im Vergleich zum Straßenverkehr geringer. Der Eisenbahngüterverkehr konzentriert sich auf einige Hauptübergänge. Nennen Sie die bedeutendsten Eisenbahn-Grenzübergänge, und geben Sie an, in welchen Fällen es sich um Fähr- bzw. Trajektverkehre handelt.

16. Die folgenden Eisenbahnstrecken weisen Lücken auf. Ergänzen Sie die fehlenden nachstehenden Orte: Augsburg, Bebra, Braunschweig, Essen, Gelsenkirchen, Göttingen, Hamm, Heidelberg, Koblenz, Köln, Lübeck, Oberhausen, Osnabrück, Regensburg, Wuppertal, Würzburg.
   a) Dortmund ... Frankfurt ... Nürnberg
   b) Berlin ... Hannover ... Hagen
   c) Puttgarden ... Hamburg ... Kassel
   d) Emmerich ... Köln ... Frankfurt
   e) Mannheim ... Stuttgart ... München
   f) Passau ... Nürnberg ... Leipzig
   g) Bremen ... Münster ... Essen
   h) Aachen ... Düsseldorf ... Bochum

17. Ordnen Sie die folgenden Grenzübergangsstellen den jeweiligen Fernverbindungen zu: Apach/Perl, Basel Bad Gbf., Emmerich, Flensburg, Kehl, Montzen, Oldenzaal, Passau, Salzburg, Selb-Plössberg, Tantow, Warnemünde
   a) Amsterdam–Duisburg
   b) Zürich–Karlsruhe
   c) Hannover–Amsterdam
   d) Stettin–Berlin
   e) München–Wien
   f) Paris–Koblenz
   g) Lüttich–Köln
   h) Göttingen–Arhus
   i) Prag–Frankfurt
   j) Mannheim–Lyon
   k) Kassel–Wien
   l) Kopenhagen–Dresden

18. Welche Nachbarländer der Bundesrepublik Deutschland gehören zu den folgenden Eisenbahn-Grenzübergängen?
   a) Saarbrücken–Forbach
   b) Tondern
   c) Guben–Gubin
   d) Bad Schandau–Decin
   e) Mukran–Klaipeda
   f) Aachen–Hergenrath
   g) Kehl
   h) Simbach (Inn)
   i) Kufstein

Themenkreis 5: Güterverkehr auf deutschen Binnenwasserwegen

1 Entwicklung und Bedeutung der Binnenschiffahrt

Die Binnenschiffahrt ist ein sehr alter Verkehrsträger, denn seit Jahrtausenden werden für die Beförderung von Gütern und Personen die Binnenwasserwege genutzt. Heute wird die Binnenschiffahrt, die 15 bis 20 % aller tonnenkilometrisch gerechneten Güterbeförderungen durchführt, in den drei Betriebsformen **Einzelschiffer** (Partikulier), **Reederei** und **Werksverkehr** betrieben.

Die Binnenschiffahrt wird zu den Landverkehrsträgern gerechnet. Ihre **betriebswirtschaftlichen Vorzüge** gegenüber Eisenbahn und Lastkraftwagen liegen in der besonderen Eignung für den massenhaften preisgünstigen Transport von Gütern, da die Binnenschiffe über große Transportkapazitäten verfügen sowie in der Beförderung von Schwergütern. Neben diversen Massengütern (Kies, Sand, Kohle, Erze usw.), Gefahrengütern (Erdöl, Treibstoffe, Chemikalien) sowie Schwergütern (Maschinen, Bauteile, Fahrzeuge) werden von der Binnenschiffahrt auch Stückgüter und Container in beträchtlichen Umfängen befördert. Der Containerverkehr mittels Binnenschiffen ist der in jüngster Zeit am stärksten zunehmende Gütersektor. Insbesondere entlang des Rheins haben sich viele Containerterminals für den Umschlag Binnenschiff/Bahn bzw. Binnenschiff/Lkw etabliert (vgl. Themenkreis 6, Kap. 5). Den genannten Vorteilen der großen Ladekapazität, der dadurch bedingten niedrigen Transportkosten und des sparsamen Energieverbrauchs kommen noch **volkswirtschaftliche Vorteile** wie die Umweltfreundlichkeit (Geräuscharmut, hohe Sicherheit, geringe Abgaswerte usw.) und die Straßen/Schienenentlastung hinzu. Die Nachteile dieses Verkehrsträgers sind, vor allem mit Blick auf den Hauptkonkurrenten Eisenbahn, die geringe Geschwindigkeit, das nicht flächendeckende, da an Flüsse und Kanäle gebundene Verkehrsnetz sowie die große Abhängigkeit von Natureinflüssen wie dem Hoch- und Niedrigwasser und der Vereisung.

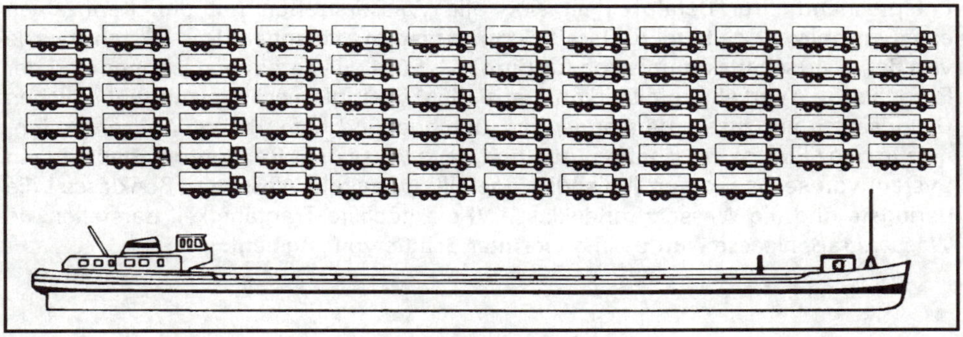

Die Binnenschiffahrt im Vergleich (Quelle: WSD Mitte, Hannover)
Fast 70 Lastzüge sind nötig, um ein modernes Güterschiff zu ersetzen.

2 Einteilung, Umfang und Bedeutung der deutschen Binnenwasserwege

Alle wichtigen Wasserstraßen Deutschlands sind sogenannten **Bundeswasserstraßen**. Dies ist der Sammelbegriff für alle Binnenwasserstraßen, die dem Bund gehören, von ihm verwaltet und betrieben werden. Die gesetzliche Regelung ist im Art. 89 Abs. 1 des Grundgesetzes (GG) verankert, wonach die Bundesrepublik Deutschland Eigentümer der Binnenwasserstraßen ist.

Die Binnenwasserstraßen werden in die folgenden fünf Gruppen unterteilt:

1. **Natürliche Flüsse** – damit sind Wasserwege gemeint, die ohne Schleusen (zur Regulierung von Höhenunterschieden), Staustufen (zur Sicherung des Wasserstandes) oder anderen wasserbautechnischen Eingriffen befahren werden können z. B. Mittel- und Niederrhein, Elbe, Unterweser.
2. **Kanalisierte Flüsse** – dies sind Wasserwege, die erst durch die oben angesprochenen Regulierungsmaßnahmen und Korrekturen wie etwa die Schleusen für die Großschiffahrt genutzt werden können (z. B. Mosel, Main)
3. **Kanäle** – dies sind künstlich eingerichtete Wasserwege (z. B. Rhein-Herne-Kanal, Dortmund-Ems-Kanal)
4. **Wattenfahrwasser** – Wasserwege für Binnen- und Küstenmotorschiffe in den Wattengebieten der Nordsee
5. **Betonnte Zwangswege im freien Seegebiet** – dies sind durch Markierungen (Tonnen, Bojen u. a. m.) festgelegte Wasserwege in den küstennahen Zonen der Nord- und Ostsee. Hier fahren sowohl See- wie flußgängige Küstenmotorschiffe.

Das gesamte Wasserstraßennetz des Bundes umfaßte im Jahre 1991 ein rund 6 520 km langes zusammenhängendes Netz. Etwa 75 % der Wasserstraßen sind geregelte oder staugeregelte Flüsse, der Rest Schiffahrtskanäle unterschiedlicher Größe, Bedeutung und Nutzung. Knapp 700 km des Netzes sind zugleich Seeschiffahrtsstraßen, die überwiegend der Seeschiffahrt dienen. Hierzu gehören in erster Linie die seewärtigen Zufahrten zu den Seehäfen Bremen und Hamburg (d. h. die Unterweser und die Unterelbe) und der Nord-Ostsee-Kanal. An einigen Stellen kreuzen sich Wasserstraßen und bilden wichtige Knotenpunkte und Schaltstellen im Binnenschiffsverkehr. Derartige **Wasserstraßenkreuze** finden sich in Datteln, Minden und Magdeburg.

Entsprechend ihrer Befahrbarkeit sind alle Wasserstraßen mit den Kennzahlen eines europaweit geltenden **Klassifizierungssystems** versehen. Das System wurde von der „Wirtschaftskommission für Europa“ (ECE) der Vereinten Nationen und der Europäischen Verkehrsministerkonferenz (CEMT) empfohlen, um mit einheitlichen Grundsätzen ein zusammenhängendes, durchgehend befahrbares Wasserstraßennetz in ganz Europa zu schaffen. Alte und neue Wasserstraßen wurden dabei in ein System von sechs Klassen (I bis VI) eingeteilt, wobei die Wasserstraßenklasse I die geringste und die Wasserstraßenklasse VI die höchste Tragfähigkeit darstellen. Je Wasserstraßenklasse wurde ein genormter Schiffstyp festgelegt.

Beispiel:

Als charakteristischer Schiffstyp der Wasserstraßenklasse IV gilt das sog. Europaschiff. Dieser Binnenschiffstyp hat eine durchschnittliche Tragfähigkeit von 1 350 t. Das Europaschiff wird als Regelgröße für alle westeuropäischen Binnenschiffahrtsstraßen angestrebt. Es trug ursprünglich die vom Zentralverein für deutsche Binnenschiffahrt vergebene Typenbezeichnung „Rhein-Herne-Kanal-Schiff".

Die Übersicht auf der folgenden Seite informiert über Wasserstraßenklassen, Schiffstypen, Tragfähigkeiten und Schiffsabmessungen. Einige der deutschen Wasserstraßen werden als Großschiffahrtswege bezeichnet.

Beispiel:

Großschiffahrtswege sind alle Binnenwasserstraßen, die mehrere Länder verbinden und auf denen ständig umfangreiche Güterbewegungen stattfinden. Dies gilt namentlich für die Flüsse Rhein, Mosel und Donau.

Als wichtige Informationsquelle über Befahrbarkeiten der Wasserwege und damit die Abladung der Schiffe dienen die **Pegel**. Dies sind bereits sehr alte und nach wie vor wichtige hydrologische Meßgeräte zur systematischen und regelmäßigen Beobachtung und Registrierung von Wasserständen in Flußgebieten, an Seen und an Meeresküsten. In der Binnenschiffahrt werden die Wasserstände (Pegelstände) der Flüsse täglich bekanntgegeben, damit sich die Schiffahrtsbetriebe rechtzeitig auf Behinderungen durch Hoch- oder Niedrigwasser einstellen können. Kanäle benötigen aufgrund ihrer konstanten Wasserführung keine Pegel. Die wichtigsten Pegel zeigt der folgende Auszug aus der Deutschen Verkehrs-Zeitung:

Wasserstand

Rhein[1)]	12.3	13.3
Rheinfelden	190	192
Karlsr.-Maxau	383	397
Bingen	92	92
Kaub	117	115
Köln	191	195
Duisb.-Ruhrort	179	191
Mosel		
Trier	256	273
Elbe		
Dresden	236	227
Torgau	275	268
Wittenberg	327	327
Magdeburg	221	221
Wittenberge	320	323
Damnatz	336	340
Hohnstorf	492	502

Saale	12.3.	13.3
Trotha	174	174
Donau		
Pfelling	336	–
Wien	146	–
Bratislava	–	–
Budapest	–	–

Amtlich festgesetzte Tauchtiefen[2)]

(Elbe) ab 14.03.1992	
Kumlosen bis Lauenburg	250 cm
Tießau bis Bleckede	250 cm
Bleckede bis Lauenburg.	250 cm

(ohne Gewähr)

Quelle: DVZ v. 17.03.1992

1) Pegelstände in cm. Es wird der Abstand von Flußsohle zur Wasserlinie gemessen. Der Wert ist nicht identisch mit der Fahrwassertiefe.

2) Größte zulässige Tauchtiefe (maximale Abladetiefe) eines Schiffes. Errechnet sich aus Pegel ./. Sicherheitsabstand zur Flußsohle.

Vorschlag für eine neue Zuordnung der Schiffsgrößen zu Wasserstraßenklassen

	Motorschiff					Schubleichter					Schubverband	
Wasser straßen-klasse	Bezeichnung	Länge[1] m	Breite[1] m	Cha-rakte-ristische Trag-fähig-keit t	Ablade tiefe[2] bei der in Spalte 5 angegeb. Tragfähigk. m	Bezeichnung	Länge[1] m	Breite[1] m	Cha-rakte-ristische Trag-fähig-keit t	Ablade tiefe[2] bei der in Spalte 5 angegeb. Tragfähigk. m	Formation[1]	Gesamt-länge[3]
1	2	3	4	5	6	7	8	9	10	11	12	13
I II III	Peniche Kempenaar Gustav Königs	38,50 50,00 67,00	5,05 6,60 8,20	300 600 1 000	2,20 2,50 2,50							
IV	Johann Welker sog. Europaschiff	80,00 bis 85,00	9,50	1 350	2,50	Europa I	70,00	9,50	1 240	2,50	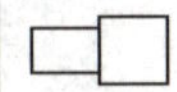	bis 85
V	Großmotor-schiff	110,00[1]	11,40[1]	2 400	2,80	Europa II	76,50	11,40	1 850	2,80	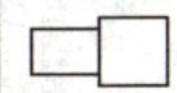	bis 105
V P											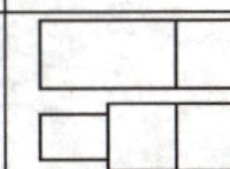	bis 185
VI	Großmotor-schiff	110,00[1]	11,40[1]	2 400 bis 4 400	2,80 bis 4,50	Europa IIa	76,50	11,40	1 800 bis 2 800	2,80 bis 4,00	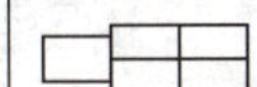 [4]	bis 195
VI P											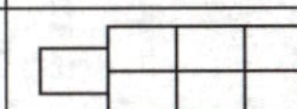 oder 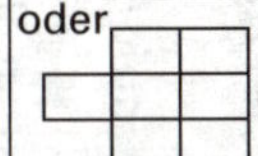	bis 270 bis 195

[1] Die zulässigen Abmessungen (Länge und Breite) der Fahrzeuge und Verbände sind für die einzelnen Wasserstraßen durch Polizeiverordnungen festgelegt.
[2] Die zulässige Abladetiefe ist bei staugeregelten Flüssen und Kanälen im allgemeinen ebenfalls durch Polizeiverordnungen festgelegt, im übrigen richtet sie sich nach den jeweiligen hydrologischen Verhältnissen.
[3] Die Schubboote sind nicht genormt. Für die Gesamtlänge der Schubverbände können daher nur Höchstmaße angegeben werden.
[4] Das Schubboot und ein Schubleichter können durch ein schiebendes Gütermotorschiff ersetzt werden.

Quelle: Wasser- und Schiffahrtsdirektion West, Münster

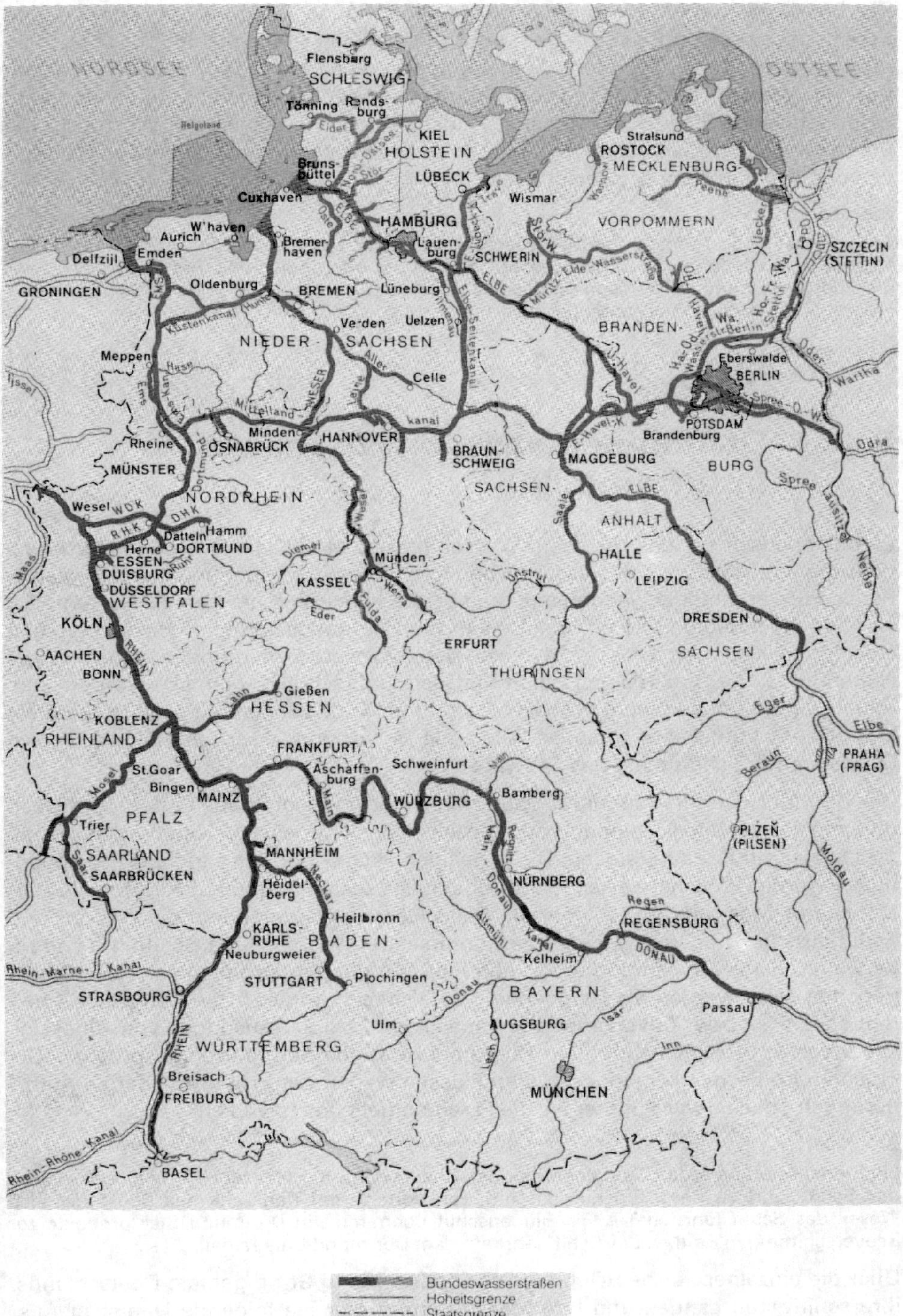

Bundeswasserstraßen

Die Bundeswasserstraßen werden durch eine eigene Behörde, die Wasser- und Schiffahrtsverwaltung (WSV), die dem Bundesminister für Verkehr (BMV) nachgeordnet ist, verwaltet. Für diese Aufgabe hat die WSV wiederum sog. Mittelinstanzen, die **Wasser- und Schiffahrtsdirektionen** (WSD), eingerichtet. Unter anderem befinden sich WSD in Kiel, Münster, Aurich, Mainz, Hannover und Würzburg. Die Bundeswasserstraßen haben neben ihrer Verkehrsfunktion noch andere sog. außerverkehrliche Funktionen, zu erfüllen.

Beispiel:

Außerverkehrliche Aufgaben von Wasserstraßen sind u. a. die Sicherung des Wasserabflusses, die Bereitstellung von Brauchwasser (Trinkwasser oder industrielle Brauchwässer) sowie die Energiegewinnung; steigend ist die Bedeutung der Wasserstraßen im Bereich Erholung, Freizeit und Ökologie (Tier- und Pflanzenschutz).

3 Das Binnenwasserstraßennetz im Überblick

Charakteristisch für das deutsche Wasserstraßennetz ist die klare **Süd-Nord-Ausrichtung** von vier zum Teil wasserreichen und mit weiten Mündungstrichtern versehenen Flüssen und die weitgehende West-Ost-Ausrichtung der Kanäle. So „entwässern“ (d. h. verlaufen und münden) die großen Hauptflüsse Rhein, Weser, Elbe und Oder zur Nord- und Ostsee. In diese Hauptwasseradern münden verschiedene Nebenflüsse, die zum Teil erst durch Kanalisierung schiffbar gemacht worden sind. Kanäle verbinden vor allem in West-, Nord- und Ostdeutschland die Flußsysteme in West-Ost-Richtung untereinander. Allein die Donau entwässert als Hauptfluß nach Südosten mit Richtung auf das Schwarze Meer.

Das gesamte Wasserstraßennetz Deutschlands besteht somit aus fünf Hauptflüssen und mehreren Kanalsystemen bzw. Einzelkanälen, die eine Verbindung zwischen diesen Hauptflüssen herstellen. Die jeweiligen Haupt- und die zugehörigen Nebenflüsse werden üblicherweise zu Stromgebieten zusammengefaßt, die Kanäle entsprechend ihrer Lage zu Kanalnetzen. Diese Gebiete werden durch die Wasser- und Schiffahrtsdirektionen und den ihnen unterstellten Wasser- und Schiffahrtsämtern verwaltet. Schiffsverkehre, die von den Flußmündungen stromaufwärts zur Quelle gerichtet sind, werden als **Bergverkehr** bezeichnet. Umgekehrte Flußverkehre heißen Talfahrten bzw. **Talverkehre**. Bei Kanälen wird bei Schleusungen vom Ober- ins Unterwasser (Abschleusung) von Tal-, umgekehrt von Bergfahrten gesprochen. Die Frachten im Bergverkehr sind auf den Flüssen wegen der größeren Energie-Anforderungen üblicherweise höher als die Frachtentgelte im Talverkehr.

Beispiele:

Ein Binnenschiff befördert Container über den Rhein von Rotterdam zum Terminal Düsseldorf, das Schiff fährt zu Berg. Ein Europaschiff transportiert von Karlsruhe aus Baustoffe nach Wesel, das Schiff fährt zu Tal. Ein Binnenschiff übernimmt in Dortmund Stahlprodukte zur Seeverschiffung in Emden, das Schiff fährt auf dem Dortmund-Ems-Kanal zu Tal.

Über die einzelnen für den Güterverkehr bedeutenden Stromgebiete Deutschlands, ihre schiffbaren Längen und ihre Klassifizierung gibt die folgende Übersicht Auskunft.

Wichtige Wasserstraßen in Deutschland

Strom-gebiet	Wasser-weg	Schiffbar		Schiffbare Länge in km	Klasse
		von	bis		
Rhein	Rhein	Rheinfelden	Grenze Emmerich	622	V
	Mosel	Apach/Grenze	Koblenz/ Mündung	242	IV
	Neckar	Plochingen	Mannheim/ Mündung	203	IV
	Main	Bamberg	Mainz/Mündung	388	VI
	Lahn	Lahnstein	Steeden	67	I
	Ruhr	Mülheim	Duisburg	12	V
	Rhein-Kleve Schiffahrts-weg	Rhein-Km 864	Kleve	10	II
	Saar-kanal	Dillingen	Konz/Mündung	60	IV
Weser	Weser	Hann. Münden	Bremerhaven	414	III/IV/V
	Aller	Celle	Verden/Mündung	117	II
	Untere Hunte	Oldenburg	Elsfleth/Mündung	26	V
Elbe	Elbe	Grenze Bad Schandau	Cuxhaven	821	IV/V
	Trave	Lübeck	Travemünde	22	V
	Elbe-Lübeck-Kanal (ELK)	Lübeck	Lauenburg/Elbe	67	III
	Elbe-seiten-kanal (ESK)	MLK	Artlenburg/Elbe	115	IV
	Nord-Ost-see-Kanal (NOK)	Brunsbüttel	Kiel-Holtenau	99	V
	Saale	Halle/Trotha	Mündung/Elbe	107	III
	Havel	Havelberg	EHK-Mündung	149	III/IV
Oder	Oder/ West-oder	Neißemündung	nördl. Gartz	177	III
Donau	Donau	Kelheim	Grenze Österreich	213	IV
	Main-Donau-Kanal (MDK)	Bamberg	Kelheim	171	IV

Strom-gebiet	Wasser-weg	Schiffbar von	bis	Schiffbare Länge in km	Klasse
West-deutsches Kanal-gebiet	Wesel-Datteln-Kanal (WDK)	Wesel	Datteln	60	IV
	Rhein-Herne-Kanal-(RHK)	Duisburg	Henrichenburg	49	IV
	Datteln-Hamm-Kanal (DHK)	Datteln	Hamm	47	III
	Dortmund-Ems-Kanal (DEK)	Dortmund	Emden	269	IV
	Küsten-kanal (KK)	Dörpen/DEK	Oldenburg	70	IV
Mittel-landkanal (MLK)		Bergeshövede/ DEK	Magdeburg/ Elbe	325	III
	Stich-kanäle	Misburg Osnabrück Hildesheim Hannover Salzgitter	MLK MLK MLK MLK MLK	3 15 15 11 18	III III III III IV
Märkische Wasser-straßen	Elbe-Havel-Kanal (EHK)	Magdeburg	Brandenburg	56	IV
	Havel-kanal (HK)	Henningsdorf bei Berlin	Paretz (Havel)	35	IV
	Teltow-Kanal (TK)	Potsdam/Teltow (Havel)	Köpenick/Grünau (Rüdersd. Gewässer)	38	III
	Dahme-Gewässer	Unterer Spreewald	Königs Wuster-hausen	25	III/IV
	Rüders-dorfer Gewässer	Rüdersdorf	Schönweide	15	II/III
	Oder-Havel-Kanal (OHK)	Oder (Niederfinow)	Berlin	83	III
	Oder-Spree-Kanal (OSK)	Oder (Eisen-hüttenstadt)	Berlin	84	III

Zusammenfassung

1. Der Landverkehrsträger Binnenschiffahrt zeichnet sich durch hohe Transportkapazitäten, günstige Transportpreise und eine hohe Umweltfreundlichkeit aus. Seine Nachteile sind die geringe Geschwindigkeit, beschränkte Netzbildungsfähigkeit sowie die Abhängigkeit von Natureinflüssen.
2. Bei den deutschen Binnenwasserwegen unterscheidet man natürliche Flüsse, kanalisierte Flüsse, Kanäle, Wattenfahrwasser und betonnte Zwangswege im freien Seegebiet.
3. Wasserstraßenkreuze befinden sich in Datteln, Minden und Magdeburg.
4. Die Binnenwasserstraßen sind in die Wasserstraßenklassen I bis VI P unterteilt, nach denen sich die Befahrbarkeit richtet.
5. Als Großschiffahrtswege gelten Binnenwasserstraßen, die mehrere Länder verbinden und/oder auf denen ständig umfangreiche Güterbewegungen stattfinden.
6. Pegel sind hydrologische Meßeinrichutngen zur systematischen und regelmäßigen Beobachtung und Registrierung von Wasserständen in Flußgebieten, an Seen und an Meeresküsten. Für die Binnenschiffahrt werden die Pegelstände der Flüsse täglich bekanntgegeben.
7. Das Deutsche Wasserstraßennetz wird im wesentlichen von vier Süd-Nord-entwässernden Hauptflüssen, einigen Nebenflüssen und mehreren weitgehend in West-Ost-Richtung verlaufenden Kanälen gebildet.
8. Die meisten Kanäle dienen als Verbindungswege zwischen den Flußsystemen.
9. Schiffsverkehre von Flußmündungen stromaufwärts zur Quelle werden Bergverkehre, umgekehrte Flußfahrten Talverkehre genannt.

Aufgaben

1. Welches sind die betriebs- und volkswirtschaftlichen Vorzüge des Verkehrsträgers Binnenschiffahrt?
2. Alle wichtigen Wasserstraßen in Deutschland sind sogenannte Bundeswasserstraßen. Was versteht man unter diesem Sammelbegriff?
3. Welche Kategorien von Binnenwasserwegen werden unterschieden?
4. An einigen Stellen in Deutschland kreuzen sich Wasserstraßen und bilden wichtige Knotenpunkte und Schaltstellen im Binnenschiffsverkehr. Nennen Sie die Orte, an denen sich Wasserstraßenkreuze befinden, und suchen Sie mit Hilfe von Atlas und Karten die sich kreuzenden Wasserwege heraus.
5. Was versteht man unter Wasserstraßen-Klassifizierung?
6. Was versteht man unter dem sog. Europaschiff?
7. Erläutern Sie die Bedeutung von Pegeln, nennen Sie bedeutende Pegelstationen, und deuten Sie die Pegelangaben des DVZ-Auszuges!
8. Die Bundeswasserstraßen haben neben ihrer Verkehrsfunktion noch andere sog. außerverkehrliche Funktionen zu erfüllen. Geben Sie hierfür Beispiele.

9. Charakterisieren Sie das deutsche Wasserstraßennetz, indem Sie die Verläufe der Stromgebiete und Kanalnetze sowie ihre Verbindungen darstellen.

10. Geben Sie an, über welche Wasserwege die folgenden Verkehre erfolgen und ob es sich um Tal- oder Bergfahrten handelt:

Kohle von Neuss nach Mannheim

Erze von Emden nach Dortmund

Holz von Bremen nach Minden

Fahrzeuge von Stuttgart nach Rotterdam

Baustoffe von Neuwied nach Kehl

Steine von Brunsbüttel nach Magdeburg

Flüssiggut von Hamburg nach Berlin

Stahlträger von Ruhrort nach Speyer

Container von Wien nach Regensburg

Coils von Dillingen nach Essen

11. Nennen Sie die Endpunkte folgender Kanäle und jeweils zwei Binnenhäfen je Kanal, die nicht mit den Endpunkten identisch sind:

Rheinseitenkanal

Dortmund-Ems-Kanal

Mittellandkanal

Wesel-Datteln-Kanal

Main-Donau-Kanal

Rhein-Herne-Kanal

Oder-Havel-Kanal

12. Für die folgenden Binnenschiffsverkehre sind die zu benutzenden Wasserstraßen in der richtigen Reihenfolge aufzuführen und drei Binnenhäfen als Zwischenstationen zu nennen. Verwenden Sie Atlas und Karten:

Hamburg–Dresden

Köln–Plochingen

Bremen–Mülheim

Papenburg–Uerdingen

Hannover–Berlin

Leverkusen–Dillingen

Düsseldorf–Hamburg

Lünen–Dessau

Nürnberg–Gelsenkirchen

Emden–Mainz

4 Verkehrsgeographische Charakteristik der Binnenwasserwege

4.1 Verkehrsrückgrat Rhein

Der Rhein ist nicht nur die bei weitem verkehrsreichste Binnenwasserstraße in Europa, sondern mit dem St.-Lorenz-Seeweg auch eine der am stärksten genutzten Binnenwasserstraßen der Welt. Er stellt eine natürliche **Verbindungsader** zwischen dem verkehrsreichen Atlantikrandmeer Nordsee und den Wirtschaftsräumen in Mitteleuropa dar. Der Rhein ist regionaler, nationaler und internationaler **Großschifffahrtsweg** und gleichzeitig der Hauptstamm des ausgedehnten zentraleuropäischen Wasserstraßennetzes. Der Fluß gilt insgesamt als **Hochleistungsschiffahrtsstraße**, denn auf ihm werden fast 70 % aller in Deutschland erbrachten Tonnenkilometer der Binnenschiffahrt erbracht. Mit seinen kanalisierten Nebenflüssen Neckar, Main und Mosel (die Lahn spielt für den Schiffsgüterverkehr keine Rolle) bildet er eindeutig das Rückgrat der deutschen Binnenschiffahrt.

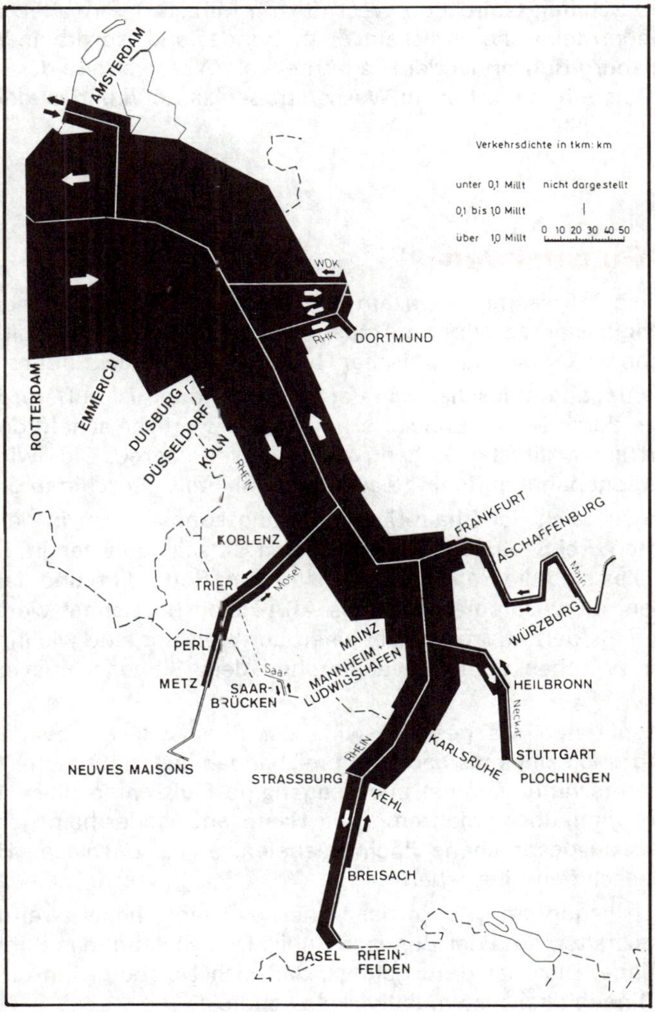

Verkehrsdichte auf dem Rhein
Quelle: WSD West, Münster

Von seiner Quelle im St. Gotthard-Massiv bis zur Mündung bei Rotterdam hat der Rhein eine Länge von rund 1 320 km, davon sind 1 031 km schiffbar. Die schiffbare Strecke ist in Stromkilometern vermessen.

Beispiel:

Die Rheinkilometrierung beginnt bei Konstanz/Bodensee mit km 0 und erreicht an der Maasmündung bei Rotterdam km 1 031. Bis zum deutsch/niederländischen Grenzübergang bei Emmerich/Lobith beträgt die schiffbare Stromlänge 716 km (vgl. hierzu Abbildung S. 278).

Der Rhein wird in vier schiffbare Stromabschnitte unterteilt:

- Hochrhein (Beginn der Schiffbarkeit in Rheinfelden bis Basel),
- Oberrhein (Ausbau als Großschiffahrtsweg, Basel bis Bingen),
- Mittelrhein (Bingen bis Bonn),
- Niederrhein (Bonn bis Grenze Emmerich/Lobith und weiter bis Stromkilometer 1 031 bei Rotterdam)

Die stärkste Verkehrsintensität wird auf dem deutsch/niederländischen Niederrhein zwischen Stromkilometer 686 bei Köln und der Mündung in die Nordsee erreicht. Der deutsche Teil des Niederrheins umfaßt rund 212 km. Diese werden von der Wasser- und Schiffahrtsdirektion West (Sitz in Münster) verwaltet. Somit liegt der gesamte niederrheinische Streckenteil im Bundesland Nordrhein-Westfalen. Von Köln bis Duisburg-Ruhrort ist der Niederrhein als Wasserstraße der Klasse V ausgewiesen, ab Duisburg gehört er zur Wasserstraßenklasse VI und ist damit für höchste Tonnagen geeignet.

4.1.1 Gunstfaktoren

Daß der Rhein insgesamt, vor allem aber auf dem angesprochenen niederrheinischen Abschnitt eine so enorme Transport- und Umschlagsintensität aufweist, ist auf eine Reihe verkehrsgeographischer Gunstfaktoren zurückzuführen:

- Die **verkehrsgeographische Lage** der Rheinmündung ist außerordentlich vorteilhaft. Denn durch seine „Entwässerung" in die Nordsee schafft der Rhein für die Schiffahrt einen direkten Zugang zu allen Weltmeeren. Dies wird vor allem in Form der sogenannten Rhein-Seeverkehre mit Fluß-Seeschiffen genutzt.
- Im Einzugsbereich der Rhein-Deltamündung konnten sich in den vergangenen Jahrzehnten **drei Seehäfen** zu bedeutenden Umschlagplätzen im Seeverkehr entwickeln. Dies sind die Hafenplätze Amsterdam, Rotterdam und der Scheldehafen Antwerpen, die zusammen auch als ARA-Häfen bezeichnet werden. Vor allem Rotterdam als derzeit größter Seehafen der Welt übt eine wichtige Funktion als Scharnier zwischen dem Seeverkehr und dem Binnenschiffsverkehr auf dem Rhein aus.
- Von diesen Häfen aus gesehen wirkt der Rhein wie ein **„verlängerter Arm"**. Denn aufgrund seines bis nach Köln reichenden seeschifftiefen Wassers können Küstenmotorschiffe (Kümos) und seegängige Flußschiffe diese Teilstrecke fast das ganze Jahr über befahren. Viele Häfen am Niederrhein gelten schon seit Jahren als ausgesprochene Rhein-Seehäfen, d. h., von diesen Häfen aus wird direkte Seeschiffahrt betrieben.
- Schließlich liegen am oder in der Nähe des Niederrheins zwei der bedeutendsten **Wirtschaftsräume** der Bundesrepublik Deutschland: das Ruhrrevier und die Rheinschiene. Dies hat dazu geführt, daß sich Duisburg-Ruhrort zum weltweit größten Binnenhafensystem entwickeln konnte.

Doch die geographischen Vorzüge der Lage und der Wirtschaftsgebiete machen nicht allein die große Bedeutung des Rheins aus. Flüsse werden in der Regel erst dann zu leistungsfähigen Verkehrswegen, wenn sie so gute **hydrologische Verhältnisse** aufweisen, daß sich daraus eine ununterbrochene und gleichbleibende Nutzung entwickeln kann. Derartig günstige Verhältnisse hat der Rhein im wesentlichen in seinem Gesamtlauf, insbesondere aber lassen sich für den Niederrhein einige Vorzüge nennen. So gilt gerade dieser Stromabschnitt bezüglich der Wasserverhältnisse als außergewöhnlich gut ausgestattet, was in großem Umfang durch die Niederschläge bedingt wird. Mit einer mittleren durchschnittlichen Niederschlagshöhe von 900 mm im Jahr gehört das Flußgebiet des Rheins zu den niederschlagreichsten Stromgebieten in Europa. Als Folge davon ist der jahreszeitliche Verlauf der **Wasserführung** relativ ausgeglichen. Für den Niederrhein beispielsweise gilt als Verhältnis von niedrigster zu höchster Abflußmenge ein Wert von 1 : 20. Andere Flüsse in der Bundesrepublik Deutschland zeigen dagegen sehr krasse Unterschiede, so die Rheinnebenflüsse Main (1 : 55), Neckar (1 : 84) und Mosel (1 : 219). Für das so wichtige relativ ausgeglichene Wasserverhältnis sorgen daneben aber noch weitere Faktoren:

- So werden im Sommer die geringeren Niederschlagsmengen und die geringeren Zuflüsse aus den Mittelgebirgsflüssen durch das **Abschmelzen** der Alpen-Schneemassen zu einem großen Teil ausgeglichen. Im Winter dagegen, wenn in den Alpen der Niederschlag in Form von Schnee gespeichert wird, weisen die Mittelgebirge im Rheineinzugsgebiet hohe Abflüsse an Wasser auf.

- Auch die zahlreichen **Alpenrandseen** wirken sich ausgleichend auf die Wasserverhältnisse des Rheins aus, und zwar indem sie im Hochsommer die plötzlich anfallenden großen Abflußmengen aus den Alpen aufnehmen und nur wieder langsam abgeben. Die jahreszeitlichen Abflußschwankungen werden weiterhin durch eine Reihe von Speicherbecken in den Alpen und einige schweizerische Gewässerkorrektionen vermindert.

- Schließlich führen die durchweg **milden Winter** in Westeuropa dazu, daß eine Eisbildung auf dem Rhein nur sehr selten eintritt. Damit ist der Fluß fast ganzjährig nutzbar. Seine Nutzungsdauer übertrifft alle wichtigen Binnenschiffswege in Europa.

Während noch bis zu den 60er Jahren die klassische Binnenschiffahrt, d. h. der massengutorientierte Flußverkehr mit Selbstfahrern und gelegentlich noch Schleppkähnen, das Bild auf dem Niederrhein bestimmte, zeigt sich die Schiffahrt heute in einer deutlich veränderten Form. Kleinschiffe (Penische, Kempenaar) sind zurückgetreten, rationelle **Großschiffe** haben wie in der Seeschiffahrt die erste Stelle eingenommen. Auf der gesamten deutschen Rheinstrecke, vor allem aber auf dem Niederrhein, hat sich ein Strukturwandel in der Binnenschiffahrt vollzogen.

Beispiel:
Deutlich wird der Strukturwandel darin, daß die Schubschiffahrt bei der Zufuhr von Erzen die selbstfahrenden Motorschiffe fast gänzlich abgelöst hat, der direkte Schiffsverkehr von Rheinhäfen zu Seehäfen von Nord- und Ostsee wie auch dem Atlantik stark angestiegen ist und der Stückgutverkehr mittels Containern auch auf dem Rhein mittlerweile eine beträchtliche Bedeutung einnimmt.

4.1.2 Schubverkehre

Der im Jahre 1957 aufgenommene Rhein-Schubverkehr hat sich stetig aufwärts entwickelt. Die Standardformation auf dem Niederrhein ist gegenwärtig die **Vierer-Schubeinheit**. Sie besteht in der Regel aus einem Schubboot mit bis zu 6 000 PS und vier Leichtern bzw. Bargen in der maximalen Abmessung 185 m × 22,80 m (bei Bergfahrt, z. B. Rotterdam–Duisburg) oder in der Abmessung 155 m × 34,20 m (bei Talfahrt, z. B. Köln–Duisburg). Seit 1986 werden im Erzverkehr Rotterdam–Niederrhein auch Schubeinheiten mit sechs Leichtern eingesetzt. Haupthäfen für die Schubverkehre sind die Privathäfen des Duisburger Raumes, z. B. die Werkshäfen von Thyssen, Mannesmann und Krupp. Das Schubboot „Wasserbüffel" war das erste Schiff, das Erz von Rotterdam aus nach den Duisburger Hochöfen beförderte, die Schubtechnik wurde jedoch nicht auf dem Rhein entwickelt.

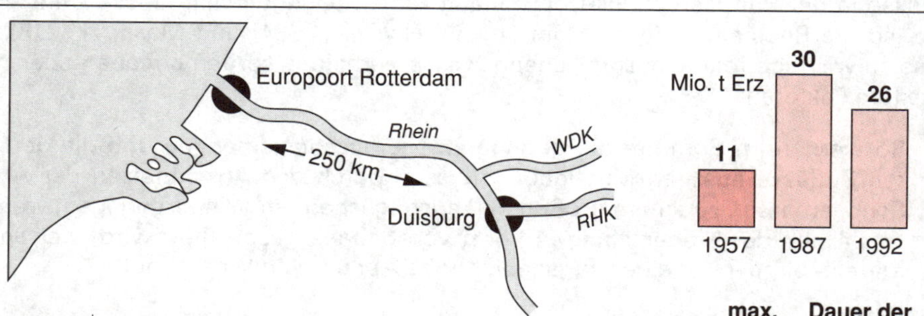

Einsatz-zeitraum	Schiffstyp	max. Ladungs-gewicht	Dauer der Bergfahrt (ca.-Zeiten)
bis 1955	1 Schlepper 5 Kähne	7000 t	4 Tage
1955 bis 65	1 MS, 2 Kähne	6700 t	2,5 Tage
ab 1965	1 SB, 4 Leichter	10800 t	26 Std.
ab 1987	1 SB, 6 Leichter	16000 t	32-34 Std.

Entwicklung der Erzschiffahrt auf dem Rhein

Quelle: Erz-Zufuhr-Logistik. In: Duisburg, 15. Jg., 1988, Heft 4 (verändert)

Beispiel:

In seiner heutigen Form stammt der Schubverkehr aus den USA, wo auf großen Strömen wie dem Mississippi diese Technik in den 30er Jahren einen enormen Aufschwung nahm. Zwischen 1930 und 1938 wurden bereits auch Tankschubfahrten auf der Donau zwischen Regensburg und Wien durchgeführt, zum eigentlichen Durchbruch der Schubtechnik in Deutschland kam es jedoch erst nach dem Zweiten Weltkrieg.

Der zwischen 1957 und heute so starke Anstieg dieser Technik auf dem Rhein basiert allein auf den großen **Rationalisierungseffekten**. Die wichtigsten Vorzüge der Schubschiffahrt sind

- die beträchtlichen Einsparungen von **Arbeitskräften** gegenüber vergleichbarem Schiffsraum, was zu einer Steigerung der Arbeitsproduktivität führte;
- die relativ **geringen Investitionskosten**, da die Leichter in Standardbauweisen und ohne Wohnraumeinrichtungen gebaut werden können;

- den durch die Trennung von Antriebs- und Lasteinheit ermöglichten **Pendeleinsatz** der Schubboote, d. h., beladene Leichter werden zur Löschung an einen Kai bugsiert, dort übernimmt das Schubboot direkt eine neue Leichtereinheit. Die Wartezeit für das Schubboot entfällt, was insgesamt zu sehr **günstigen Auslastungen** führt;
- der wesentlich günstigere **Energieaufwand** aufgrund der bekanntlich hohen Tragfähigkeiten (16 000 t in der Sechserfahrt) im Vergleich zu den Motorgüterschiffen;
- die durch die Trennung von Antriebsfahrzeug (= Schubboot) und Lastfahrzeug (= Schubleichter) bestehende Möglichkeit, **Reparaturen** an beiden Einheiten zeitlich getrennt voneinander vorzunehmen.

Allerdings stellen die Abmessungen der Schubeinheien auch einen negativen Aspekt dar, denn die Schubverbände sind in ihrer rationellsten Form (d. h. der Vierer- bzw. Sechserfahrt) an den Nieder- und Mittelrhein gebunden. Im Kanalverkehr und auf einigen Rheinnebenflüssen ist die Schubschiffahrt nur in der Einer- oder Zweierfahrt vertreten, da die Kanal- und Flußdimensionen für große Schubverbände ungeeignet sind.

4.1.3 Direkte Rhein-Seeverkehre

Am Niederrhein, ausgehend von den großen Häfen Duisburg, Düsseldorf, Neuss und Köln, hat in den letzten Jahren der sogenannte direkte Rhein-Seeverkehr stark an Bedeutung gewonnen. Hierbei handelt es sich um Direktverschiffungen von Außenhandelsgütern, die mit speziellen Fluß-Seeschiffen (auch als seegängige Binnenschiffe bezeichnet) oder Küstenmotorschiffen in Fahrtgebiete des europäischen Atlantiks, des Mittelmeeres und der Nord- und Ostsee befördert werden. Derartige Verkehre werden auch in Liniendiensten mit festen wöchentlichen Abfahrtszeiten durchgeführt. Die wirtschaftlichen Vorteile dieser Tansportvarianten sind überzeugend, denn

- beim direkten Rhein-Seeverkehr müssen die Güter nicht mehr in den Seehäfen der Rheinmündung umgeschlagen werden, was zu einer **Kosten- und Zeiteinsparung** führt und auch das **Güterschadenrisiko** vermindert;
- und zum Teil kann ein direkter **Haus-Haus-Verkehr** angeboten werden, wenn Versender und Empfänger wasserseitige Umschlaganlagen besitzen.

Jährlich werden am Grenzübergang Emmerich/Lobith je nach Konjunkturlage bis zu vier Millionen Tonnen im direkten Rhein-Seeverkehr registriert. Zu den Besonderheiten dieser Transporte gehört es, daß die Güter nicht zu den typischen Binnenschiffsladungen gezählt werden können. Vielmehr handelt es sich um hochwertige Halbfertigwaren und Fertigwaren.

Beispiel:

Im direkten Rhein-Seeverkehr werden neben Eisen- und Stahlprodukten, Aluminium, Chemikalien, Salz, Holz, Zellulose, Pech und Stückgütern aller Art (auch Fahrzeuge) häufig sperrige Konstruktionsteile sowie Maschinen- und Maschinenanlagen verschifft. Da die Schiffsabmessungen und die Ladeluken der Binnen-Seeschiffe besonders groß sind, eignen sich diese Schiffstypen besonders für derartige Transporte.

Zu den klassischen Fahrtgebieten der direkten Rhein-Seeschiffahrt gehören die Häfen der Britischen Inseln, sämtliche großen Ostseehäfen sowie die Nordseehäfen von Oslo, Bergen und Stavanger. Weiterhin werden angefahren: der Golf von Biscaya, Mittelmeerhäfen in Nordafrika und entlang der EU-Südflanke. Die Verkehre können jedoch auch bis an die afrikanische Westküste reichen.

4.1.4 Containerverkehre

Obwohl die Binnenschiffahrt als langsames Verkehrsmittel gilt und damit für die üblicherweise termingebundenen und eiligen Stückgüter kaum geeignet erscheint, übernimmt sie im Vor- und Nachlaufverkehr containerisierter Ladungen bemerkenswerte Mengen. Nach zunächst großen Schwierigkeiten bei der Abwicklung von Containerverkehren (1977 wurden z. B. nur 40 000 Boxen befördert) bewegen Binnenschiffe derzeit jährlich bis zu 600 000 TEU (TEU = **T**wenty foot **E**quivalent **U**nit/Umrechnungseinheit für den 20-Fuß-Container), und zwar fast ausschließlich auf dem Rhein. Im wesentlichen handelt es sich dabei um Container, die in Rotterdam gelöscht oder geladen werden. Insgesamt gehen derzeit etwa 12 % der jährlichen Containersendungen Rotterdams über den Wasserweg. Der Hauptteil der Behälter wird jedoch nach wie vor per Lkw (ca. 66 %, Bahn ca. 22 %) ins Hinterland gebracht oder dort übernommen. Schätzungen gehen davon aus, daß bis zum Jahre 2000 die Containerverkehre auf dem Rhein noch deutlich ansteigen können (vgl. hierzu Themenkreis 6, Kap. 5). Die Containertransporte werden mit Linienschiffen im Pendelverkehr zwischen Binnenhafengruppen und den Rheinmündungshäfen vorgenommen.

Beispiel:

Ein Container-Linienschiff übernimmt an den niederrheinischen Terminals von Stürzelberg, Düsseldorf und Neuss 150 TEU zur Seeverschiffung in Rotterdam. Zu Tal werden am Terminal Nijmegen/Niederlande weitere 40 TEU an Bord genommen. Verkehrsgeographisch verläuft der Transport über Rhein–Waal–Merwede–Nieuwe Maas bis Rotterdam Stadthafen, via Calandkanal/Nieuwe Waterweg weiter bis zum Delta-Terminal am Rotterdamer Außenhafen Maasvlakte. Die Fahrtzeit beträgt rund 12 bzw. 15 Stunden. Für die Bergfahrt werden entsprechend am Delta-Terminal oder im Stadthafen (Fahrtzeit Stadthafen Rotterdam-Niederrhein rund 17 Stunden) Container für Niederrhein-Destinationen an Bord gehievt.

Die Containerverkehre mit Binnenschiffen sind wie der überwiegende Teil der anderen Rheinverkehre stets grenzüberschreitende Verkehre. Die Binnenschiffe fahren daher unter „Grün-Klarierung", d. h., es muß die grüne Zollflagge gehißt werden.

4.1.5 Das Internationale Rheinstatut

Seit vermutlich mehr als zwei Jahrtausenden wird der Rhein als Verkehrsweg genutzt. Doch erst seit dem letzten Jahrhundert ist der Flußverkehr frei von jeglichen Abgaben und Behinderungen. Noch bis zum Beginn des 19. Jahrhunderts gab es etwa 18 Zollstationen und eine Reihe von Städten, die auch das Stapelrecht ausübten.

Beispiel:

In den Häfen von Köln, Mainz und Speyer mußten z. B. die Waren „gestapelt", d. h. dort auf ihrem Weg von der Küste zum Binnenland für eine gewisse Zeit zum Kauf angeboten werden, und teilweise für den Weitertransport auf andere Schiffe verladen werden. Der Abbau dieser und anderer Behinderungen war daher gemeinsames Anliegen aller Rheinuferstaaten.

Der erste Versuch, eine einheitliche Regelung für die Rheinstaaten, d. h. also ein internationales Statut, zu schaffen, datiert aus den Jahren 1814/15. Auf dem Wiener Kongreß wurden die Rheinanlieger erstmals verpflichtet, alles was die Schiffahrt auf diesem Fluß anbelangte, gemeinsam zu regeln. Gleichzeitig wurde die **„Zentralkommission für die Rheinschiffahrt"** (ZKR) gegründet. Allerdings gab es noch beträchtliche Auslegungsprobleme bei den neuen Verträgen, so daß erst mit der Rheinschiffahrts-Akte von 1831, der sog. **Mainzer Akte**, spürbare Veränderungen einsetzten. Die Mainzer Akte garantierte allen Nationen die Freiheit der Schiffahrt auf dem Strom, hob endgültig die Stapelrechte von Köln und Mainz auf und verpflichtete die Uferstaaten, Schiffshindernisse auf ihren Gebieten zu beseitigen.

Seit der Revision (d. h. Prüfung, Änderung) der Mainzer Akte, die im Jahre 1868 in Mannheim vorgenommen wurde, spricht man von der sog. **Mannheimer Akte** (MA). Mit ihr wurden neue Regelungen geschaffen und alte verbessert. Zölle und andere Abgaben wurden endgültig aufgehoben, einheitliche Schifferpatente, Schiffsatteste und Schiffahrtsgerichte eingeführt. Die wesentliche Regelung der MA ist darin zu sehen, daß sie Schiffahrtsfreiheit auf dem Strom garantiert. Es gibt somit keine Zugangsbeschränkungen zum Markt oder zur Ladung. Eine Vielzahl von Klein- und Mittelstandsunternehmen sowie Reedereien arbeiten daher frei auf dem Rhein. Die MA regelt weiterhin, daß die Uferstaaten die Fahrrinne in ihren Hoheitsgewässern freihalten müssen. Im Jahr 1963 gab es eine erneute Revision der Mannheimer Akte, in dieser Form ist das internationale Rheinstatut bisher immer noch in Kraft. Wenn auch in verschiedenen Teilen geändert und erweitert, gilt die Mannheimer Akte als internationales Rheinstatut seit über 120 Jahren. Sie wird allgemein als eine der ältesten heute noch geltenden völkerrechtlichen Vertragswerke bezeichnet.

Seit 1979 existieren Zusatzprotokolle zur Mannheimer Akte bzw. Rheinschiffahrts-Akte. Mit ihnen wurde das sog. „Uferstaatenprinzip" wieder eingeführt. Dies bedeutet, daß Gütertransporte zwischen Rheinhäfen eines Uferstaates, die sog. „Kleine Kabotage", und zwischen Rheinhäfen der Anliegerstaaten, die sog. „Große Kabotage" nur den zur Rheinschiffahrt gehörigen Schiffen gestattet ist.

Beispiel:

Der Rheinschiffahrt zugehörig sind Schiffe der Anliegerstaaten Schweiz, Frankreich, Bundesrepublik Deutschland, Niederlande und Schiffe der beiden EU-Nationen Belgien und Großbritannien, da sie die Mannheimer Akte gezeichnet haben.

Dieser Einschränkung liegt vor allem die Überlegung zugrunde, daß mit Fertigstellung des Main-Donau-Kanals Binnenschiffe aus Osteuropa mit Niedrigpreisen in den Rheinverkehr eingreifen könnten. Damit besteht für die westeuropäische Binnenschiffahrt die Gefahr, große Teile des Rheinverkehrs zu verlieren und damit die eigene Existenzgrundlage einzubüßen.

4.1.6 Status und Aufgaben der Rheinkommission

Für die internationale Rheinschiffahrt muß es, wie für Verkehr auf anderen Wegen, Verkehrsvorschriften und einheitliche Rechtsprechungen geben. Da der Rhein als internationale Wasserstraße allen Nationen offen steht, muß eine ordnende und überwachende Institution auch internationalen Charakter tragen. Das Ordnungsinstrument für den Rheinverkehr ist die ZKR, die **Zentralkommission für die Rheinschiffahrt**. Diese oberste internationale Behörde hat ihren Sitz in Straßburg (bis 1981 war sie in Mannheim ansässig). In der ZKR sind die Bundesrepublik Deutschland, Schweiz, Frankreich, Niederlande, Belgien und Großbritannien vertreten. Die ZKR arbeitet gemäß der Mannheimer Akte als ständige Diplomatenkonferenz. Die von ihr gefaßten Beschlüsse hinsichtlich des Rheinverkehrs sind, wenn sie einstimmig gefällt werden, für alle Zeichnerstaaten verbindlich und werden von den nationalen Verkehrsministern in Kraft gesetzt.

Beispiele:

Die ZKR kann Beschlüsse fassen über Rheinausbaumaßnahmen (Stromregulierungen), Vorschriften erlassen bezüglich der Verkehrssicherheit (z. B. bei Gefahrengütern gem. ADNR), Vorschriften erlassen hinsichtlich des Baus und der Ausrüstung von Schiffen (Doppelhüllenbauweise bei Tankern, Führen eines Ölkontrollbuches usw.), Verordnungen zum Verhalten auf den Binnenwasserstraßen erlassen (Rheinschiffahrtspolizeiverordnung).

Zusammenfassung

1. Der Rhein gehört zu den am stärksten genutzten Binnenwasserwegen der Welt.
2. Der Rhein wird als Hochleistungswasserstraße bezeichnet, da auf ihm fast 70 % aller in Deutschland geleisteten Tonnenkilometer der Binnenschiffahrt erbracht werden.
3. Die schiffbare Länge des Rheinstroms beträgt zwischen Konstanz/Bodensee (Stromkilometer 0) und Rotterdam 1 030 km.
4. Die vier Stromabschnitte des Rhein bestehen aus Hochrhein, Oberrhein, Mittelrhein und Niederrhein.
5. Die vorteilhafte verkehrsgeographische Lage, günstige hydrologische Verhältnisse, der große wirtschaftsstarke Einzugsbereich und die leistungsfähigen Seehäfen an der Mündung sind die Ursachen für die überragende Stellung des Rhein im deutschen und europäischen Binnenwasserwegenetz.
6. Auf dem Niederrhein ist die Schubschiffahrt mit Vierer-Schubverbänden stark ausgeprägt. Im Massengutverkehr mit Erzen ist diese Technik dominierend.
7. Direkte Rhein-Seeverkehre mit speziellen Fluß-Seeschiffen werden in großem Umfang von niederrheinischen Binnenhäfen aus im Liniendienst durchgeführt. Es werden Seehäfen an Ost- und Nordsee, Atlantik und Mittelmeer angefahren.
8. Umfangreiche Containertransporte werden mit Linienbinnenschiffen im Pendelverkehr zwischen Binnenhafengruppen entlang des Rheins und den Rheinmündungshäfen vorgenommen.
9. Der Rhein ist eine internationale Wasserstraße, die von allen Nationen abgabenfrei befahren werden darf. Dies ist im internationalen Rheinstatut, der Mannheimer Akte von 1868, verankert. Die Mannheimer Akte gehört zu den ältesten heute noch geltenden völkerrechtlichen Vertragswerken.

4.2 Wasserwege des Rheinstromgebietes

4.2.1 Ruhr und Schiffahrtsweg Rhein-Kleve

Für die gewerbliche Binnenschiffahrt ist die **Ruhr** (Klasse V) über 12,2 km als kanalisierte Flußstrecke nutzbar. Sie wird seit 1936 als Großschiffahrtsweg ausgewiesen und verbindet den Binnenhafen Mülheim mit dem Rhein bei Duisburg-Ruhrort und mittels eines Verbindungskanals auch mit dem Rhein-Herne-Kanal. Oberhalb von Mülheim kann die Ruhr nur noch von der Sport- und Fahrgastschifferei genutzt werden. Die große Ruhrschleuse bei Duisburg wurde zwischen 1983/86 überholt und modernisiert.

Der **Schiffahrtsweg Rhein-Kleve** (Klasse III) ist ein rd. 8,5 km langer Wasserweg am Niederrhein, der vom Rheinstromkilometer 863,9 zur Industriestadt Kleve führt. Der Wasserweg besteht aus dem 2,79 km langen Spoykanal zwischen Brienen und Kleve sowie dem 5,7 km langen Griethauser Altrhein, der kurz vor der niederländischen Grenze in den Rhein mündet. Jährlich werden im Durchschnitt etwa 100 000 t Güter, vorzugsweise Pflanzenfette für die Nahrungsmittelindustrie, über diesen Wasserweg befördert, der mit einer Schleuse bei Brienen ausgestattet ist.

4.2.2 Großschiffahrtsweg Saar

Am 16. Juli 1988 wurde der neue Saarhafen von Saarlouis-Dillingen, der in einer Rekordbauzeit von 16 Monaten an der neuen **Großschiffahrtsstraße Saar** errichtet worden war, eingeweiht. Damit erhielt die saarländische Schwerindustrie einen leistungsfähigen Anschluß an das europäische Wasserstraßennetz, bis dahin galten die Stahlstandorte im Saarland als sog. „trockene" Montanstandorte. Vorausgegangen war der Bau des Großschiffahrtsweges Saar (auch Saar-Kanal genannt), der im Oktober 1987 nach fast fünfzehnjähriger Bauzeit in Betrieb ging. Zwar ist von der Saar ähnlich wie von der Mosel bereits sehr früh ein reger Schiffsverkehr bekannt, doch konnte der Fluß nur von Schiffen mit wenigen hundert Tonnen (Penischen) befahren werden. Der Beschluß, die Saar von ihrer Mosel-Mündung bei Konz bis nach Saarbrücken zu kanalisieren, wurde 1973 gefaßt. Der Kanalbau, als „Jahrhundert-Bauwerk" gepriesen, ist aus heutiger Sicht nicht unumstritten. Denn Kohle und Stahl, die seit jeher die wirtschaftlichen Säulen der saarländischen Industrie darstellten, haben im Zuge der Montankrise stark an Bedeutung eingebüßt. Und für diese Güter ist der Kanal in erster Linie angelegt worden. Über den neuen Wasserweg werden vorwiegend Erze und andere massenhafte Rohstoffe kostengünstig mit Europaschiffen und Schubeinheiten in den Wirtschaftsraum Saarlouis-Dillingen befördert. Angestrebt wird auf dem Saar-Kanal ein jährliches Transportaufkommen von 16 Mio. Tonnen. Der 40 m breite Saar-Kanal (Konz-Dillingen) ist 60 km lang und stellt das erste Teilstück des gesamten Saar-Ausbaus (91,3 km) dar. Bis zur französischen Grenze werden 8 Staustufen eingerichtet.

Das Saargebiet gehört zu den bedeutenden Stahlproduktionsgebieten in Westeuropa. Im Gegensatz zu den Stahlorten an der Ruhr oder in Belgien war die wichtige Wasserstraßenanbindung, die für die kostengünstige Versorgung mit Massengütern notwendig ist, nie ausreichend vorhanden. Frankreich baute zwar 1862–1864 den Saar-Kohlen-Kanal, eine 63 km lange Kanalstrecke von Gondrexange (am Rhein-Marne-Kanal) bis Sarreguemines (Saargemünd), um die saarländische Kohle günstig transportieren zu können. Doch der Wasserweg hatte nur die Tragfähigkeit der heutigen Wasserstraßenklasse I. Die mittlere Saar wurde 1879 aufgrund eines preußisch/französischen Staatsvertrages staureguliert und an das französische Wasserstraßennetz angebunden. Doch wegen der geringen Breite und Tiefe konnte dieser Saarabschnitt, der 41 km umfaßt und von Saargemünd bis Saarlouis verläuft, auch nur von 200-t-Schiffen befahren werden. Bis 1969 existierten noch Pläne, das Saarland über einen 130 km langen Wasserweg direkt mit dem Rhein zu verbinden. Dieser Wasserweg, der die Bezeichnung „Saar-Pfalz-Rhein-Kanal" tragen sollte, hätte Saarbrücken mit dem bei Ludwigshafen liegenden Frankenthal (Pfalz) verbinden sollen. Diese Alternative wurde allerdings zugunsten der Saarkanalisierung verworfen.

4.2.3 Mosel

Mit einer Fahrrinnentiefe von 2,70 m und einer Mindestbreite von 40 m ist die **Mosel** eine Wasserstraße der Klasse IV b. Das Fahrwasser und die 18 Schleusen zwischen Koblenz und Metz sind für Motorgüterschiffe vom Typ „Johann Welker" (d. h. dem Europaschiff mit rd. 1 350 t Tragfähigkeit) ausgelegt. Schubleichter vom „Europa"-Typ, die mit ihren 1 660 t Tragfähigkeit vor allem im Erz- und Kohleverkehr eingesetzt werden, können in Verbänden bis zu zwei Schubleichtern eingesetzt werden. Bezüglich der Fahrzeugmaße gilt, daß die Mosel von Einzelschiffen bis zu einer Länge von 110 m, von Schubverbänden bis zu 172 m Gesamtlänge (bei jeweils bis zu 11,40 m Breite und 2,50 m Tiefgang) befahren werden darf.

Mit 545 km Gesamtlänge ist die Mosel nach der Maas (925 km) der zweitlängste Nebenfluß des Rheins. Sie entspringt in den Vogesen und kann etwa ab Epinal von kleinen Frachtschiffen, ab Neuves-Maisons von modernen Europaschiffen genutzt werden. Beim Grenzort Apach endet der französische Teil der Mosel, der Fluß bildet dann über rund 36 km bis Wasserbillig die Staatsgrenze zwischen der Bundesrepublik Deutschland und dem Großherzogtum Luxemburg. Bei Konz zwischen Trier und der Grenze mündet der Großschiffahrtsweg Saar, der seinerseits der größte Nebenfluß der Mosel ist. Die Mosel kann in die folgenden Strecken- bzw. Ausbauabschnitte unterteilt werden.

Streckenabschnitt	Länge in km	Staustufen (Anzahl)	Fallhöhe in m
1. Internationale deutsche Strecke (Koblenz bis Mündung der Sauer)	206	10	71
2. Deutsch-luxemburgische Strecke (Sauermündung–Grenze Apach)	36	2	10
3. Internationale Strecke in Frankreich (Grenze Apach–Thionville)	28	2	8
4. Französische Strecke (Thionville–Metz–Frouard/Nancy)	76	8	16
5. Ausbaustrecke Frouard/Nancy bis Neuves-Maisons	46	5	–

In Frankreich hat die Mosel mehr oder weniger leistungsfähige Anschlüsse in Form des **Marne-Rhein-Kanals** in West-Ost-Richtung und des **Ostkanals** (Canal de l'Est) in Nord-Süd-Richtung. Letzterer stellt über den Fluß Saône in der Nähe von Dijon (St.-Jean-de-Losne) eine Verbindung zur Rhône her.

Die Mosel ist ein alter und bedeutender europäischer Wasserweg. Den Status eines modernen **Großschiffahrtsweges** hat sie allerdings erst seit 1964. Denn erst mit künstlichen Eingriffen gelang es, den Flußlauf zu regulieren und die gefährlichen Flußschleifen (Mäanderabschnitte) zu entschärfen. Mit der Regulierung wurde vor allem das größte Problem, die unregelmäßige Wasserführung, ausgeschaltet. Zwar hatte es schon viel früher Flußregulierungen gegeben, so z. B. 1838–1890 in Form von Buhnen- und Leitwerkbauten, die vielfach aufgrund des französischen Interesses an den Wasserstraßen durchgeführt wurden. Die derzeitige Leistungsfähigkeit der Mosel beruht jedoch allein auf den im Zuge des internationalen Moselvertrages von 1956 durchgeführten Ausbauarbeiten.

Der internationale Moselvertrag existiert seit dem 27. Oktober 1956. Dieses Vertragswerk, geschlossen zwischen der Bundesrepublik Deutschland, dem Großherzogtum Luxemburg und der Französischen Republik, hat in zweierlei Hinsicht Bedeutung.

Zum einen war der Vertrag die Grundlage für den **Ausbau** des Flusses zu einem staugeregelten Schiffahrtsweg, der ganzjährig den Verkehr von Schiffen bis zu 1 500 t ermöglichen sollte. Dieser Ausbau erfolgte 1958–1964. Die Baukosten wurden von den Vertragspartnern zu unterschiedlichen Anteilen getragen. Die Teilstrecke Thionville–Metz (28 km) finanzierte die französische Regierung allein.

Zum anderen wurde mit dem Moselvertrag die Gesamtstrecke einem sog. „internationalen Regime", d. h. einer internationalen Leitung bzw. Verwaltung, unterstellt. Damit erhielt die Mosel zwischen Koblenz und Metz über 298 km den Charakter einer dem Rhein vergleichbaren **internationalen Wasserstraße.** Dies bedeutet für die Binnenschiffahrt, daß Schiffe aller Nationalitäten den Wasserweg befahren dürfen. Im Gegensatz zum Rhein ist die Mosel allerdings nicht abgabenfrei.

4.2.4 Main und Neckar

Zwischen seiner Mündung bei Mainz und dem Beginn des Main-Donau-Kanals (MDK) bei Bamberg ist der **Main** seit 1962 als **Großschiffahrtsweg** üblicherweise für Schiffe der Europaklasse durchgehend befahrbar, gelegentliche Einschränkungen bei der Abladung gibt es allerdings zwischen Aschaffenburg und Würzburg. Bis zum Hafen Frankfurt können auch Große Rheinschiffe mit einer Tragfähigkeit von 3 600 t eingesetzt werden. Auf der 384 km langen Mainstrecke müssen rund 149 m Höhenunterschied überwunden werden, dies wird mit 34 Schleusen erreicht. Das größte Problem bei der Mainschiffahrt sind vor allem für die großen Transporteinheiten die engen Kurvenradien, der engste liegt bei 150 m. Bis zur Eröffnung des Main-Donau-Kanals wurden jährlich rund 20 Mio. t auf dem Fluß befördert, davon entfielen drei Viertel auf den Wechselverkehr mit dem Rhein. Mit der Eröffnung des MDK hat der Main als Transitstrecke der großen Wasserachse Nordsee – Schwarzes Meer eine größere Bedeutung und eine Vielzahl neuer Aufgaben übernommen. Auch der **Neckar** gilt über eine Strecke von 202 km als Großschiffahrtsweg. 27 Staustufen regeln den Wasserstand und erlauben die Durchfahrt von Europaschiffen. Bedeutendster Umschlagsplatz ist der Hafen von Heilbronn. Der Endhafen ist stromaufwärts Plochingen.

Die meisten Flüsse in Europa haben ihre heutige Leistungsfähigkeit erst durch menschliche Eingriffe in den natürlichen Flußlauf erhalten. Derartige Eingriffe sind die Regulierung und die Kanalisierung. Unter **Regulierung** versteht man Verbesserungsmaßnahmen, wie die Regelung der Wasserzufuhr durch Staubecken oder Korrektion (Gradelegungen) des Flußlaufes. **Kanalisierung** bedeutet dagegen die Zerlegung eines Flußlaufes durch Staustufen in einzelne Abschnitte, um Wasserstände auszugleichen.

4.2.5 Der Rheinseitenkanal

Der Oberrhein oberhalb von Straßburg konnte bis ins 18. Jh. aufgrund seiner Ausprägung als Wildwasser nur unregelmäßig genutzt werden. Mit der Inwertsetzung dieses Stromabschnittes begann man zwischen 1817 und 1876, indem man eine erste **Korrektion** (= Gradelegung) durchführte. Dabei wurden Flußarme und -schlingen durchstochen und Dämme errichtet. Die Korrektion verkürzte den Rhein um 82 km und damit um fast ein Viertel seiner Oberlauflänge. Trotz der Regulierungen konnten nur 300-t-Schiffe in den Sommermonaten die Häfen sicher erreichen.

Frankreich begann daher 1928 mit dem Bau des „**Grand Canal d'Alsace**" (Großer Elsäßischer Kanal), der im deutschen Sprachgebrauch als **Rhein-Seitenkanal** bezeichnet wird. Der Kanal verläuft von Breisach nach Basel und hat eine Länge von 120 km, er liegt gänzlich auf französischer Seite und wird durch Wasserzuleitungen aus dem Rhein gespeist. Der Kanal ist gleichzeitig Standort von acht Elektrizitätswerken. Die Kanalstrecke zwischen den Staustufen von Vogelgruen und Basel gilt wegen des konstanten Wasserstandes als ganzjährig hervorragend schiffbar. Ursprünglich sollte der Kanal bis Straßburg geführt werden, dies wurde jedoch wegen auftretenden Umweltschäden (Grundwasserabsenkungen durch die Rheinwasserentnahme) unterlassen. Zwischen Breisach und Straßburg wurde schließlich zur Verbesserung der Schiffahrtsverhältnisse die sog. „Schlingenlösung" praktiziert.

Beispiel:

Im Rahmen der „Schlingenlösung" wurde der Rhein durch Haupt- und Kulturwehre gestaut, in kurzen Abständen führen Schiffahrtskanäle zu einer Staustufe, dann wird der Schiffahrtsweg wieder in den Fluß geleitet. 1970 wurde das Schlingenprojekt abgeschlossen. Insgesamt gibt es zwischen Basel und Straßburg acht Staustufen.

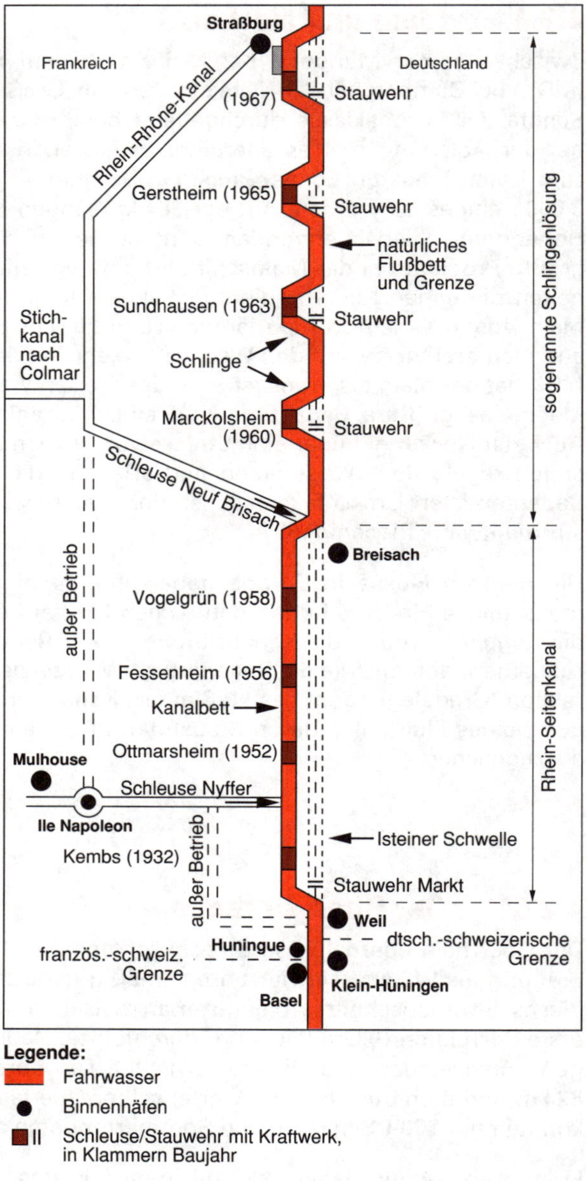

Verlauf des Rheinseitenkanals

4.3 Stromgebiet Weser

Die Weser ist wichtiger Verbindungsweg der an der Unterweser liegenden sog. Weserhäfen, ihrem Hinterland sowie dem Mittellandkanal. Der Strom beginnt am Zusammenfluß von Werra und Fulda bei Hannoversch-Münden und ist ganz für die allgemeine Binnenschiffahrt nutzbar. Allerdings sind die Nutzungsmöglichkeiten streckenweise unterschiedlich. Trockenperioden und Hochwässer sorgen für häufig wechselnde Wassertiefen und -führungen, insbesondere auf Strecken der **Oberweser** (Hannoversch Münden–Minden). Die **Mittelweser** (Minden–Bremen) ist seit 1962 kanalisiert und für die Zweier-Schubschiffahrt befahrbar. Als **Unterweser** wird der Stromabschnitt von Bremen bis Bremerhaven bezeichnet, er unterliegt deutlich den Gezeiteneinflüssen. Ab Bremerhaven wird der Fluß mit seinem Mündungstrichter als **Außenweser** bezeichnet. Auf die großen natürlichen Schwierigkeiten, denen die Weserschiffahrt seit jeher unterlag, ist die Gründung Bremerhavens (1827) zurückzuführen. Der Ort dient als Vorhafen von Bremen, da die alte Hafenstadt bei Ebbe nur noch geringe Wassertiefen hatte und von Schiffen kaum noch angelaufen werden konnte. Neben Werra und Fulda gehören noch die Aller und deren Nebenfluß Leine zum Weserstromgebiet. Auf diesen Wasserwegen findet fast kein Güterverkehr statt.

4.4 Stromgebiet Elbe

4.4.1 Elbe, Saale, Havel

Die **Elbe** ist der zentrale Wasserweg im mittleren Teil Deutschlands und traditionell die wichtigste Wasserverbindung zwischen dem Seehafen Hamburg und seinem Hinterland, das Mitteldeutschland, den Großraum Berlin und Teile Böhmens umfaßt. Zu ihrem Stromgebiet gehören die schiffbaren deutschen Nebenflüsse Saale und Havel sowie die Moldau. Die Elbe ist, da sie ein regulierter Fluß ist, von allen in Mittel- und Ostdeutschland liegenden Flüssen der am besten befahrbare, denn sie erlaubt zeitweise den Verkehr von 1 350-t-Schiffen der Europaklasse. Die sommerlichen Niedrigwasser schränken die Elbenutzung insgesamt jedoch stark ein.

Beispiel:

Die Tauchtiefen der Binnenschiffe auf der Elbe müssen im Sommer z. T. stark vermindert werden. Die Tonnage kann dann nur noch 750 t und weniger betragen.

Trotz verschiedener Ansätze sind Instandhaltungs- und Kanalisierungsarbeiten auf vielen Flußabschnitten bisher nicht durchgeführt worden, was zu einer Steigerung und Sicherung der Schiffbarkeit geführt hätte. Dies wäre vor allem für die Binnenhäfen von Dresden, Riesa, Dessau, Aken, Schönebeck und Magdeburg von großer Bedeutung. Die Elbe entspringt in der Tschechischen Republik, von größeren Schiffen wird sie dort etwa ab Kolin benutzt. Der Nebenfluß Moldau ist bedeutsam, da er die Hauptstadt Prag mit seinem Binnenhafen an die Elbe anbindet. Als Oberelbe tritt der Fluß bei Schöna (südlich von Bad Schandau) im Elbsandsteingebirge in die Bundesrepublik Deutschland über. Die bislang größte Bedeutung hat der Fluß aber in seinem rund 110 km langen gezeitenabhängigen Unterlauf (Unterelbe) zwischen Hamburg und Cuxhaven sowie in geringerem Umfang in seinem Mittellauf, etwa von Lauenburg bis Dessau. Bei Magdeburg wird über das Schiffshebewerk Rothensee die Binnenschiffahrt vom Mittellandkanal in die Elbe geleitet.

Die Elbenebenflüsse **Saale** und **Havel** haben eine eingeschränkte Bedeutung. Die kurvenreiche (mäandrierend) und von starken Wasserstandsschwankungen geprägte Saale wird bis zum Pegel und Binnenhafen bei Halle-Trotha genutzt. Die Havel (genaue Bezeichnung: Untere Havel-Wasserstraße) umfaßt eine Strecke von 148,5 km, sie ist zum Teil kanalisiert und durch die Havel-Seenkette im Wasserstand ausgeglichener. Die Schiffahrt ist teilweise umfangreich, so etwa im Bereich Brandenburgs.

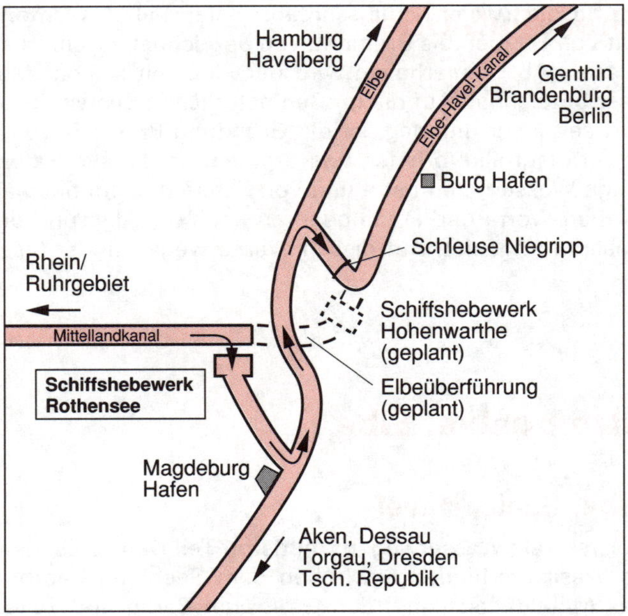

Die Verkehrsführung zwischen Elbe und Mittellandkanal bei Magdeburg

4.4.2 Elbe-Seitenkanal (ESK)

Diese Wasserstraße (Klasse IV) verläuft von der Ortschaft Edesbüttel am Mittellandkanal (ESK-km 0,00) nach Norden durch das Allertal und die Lüneburger Heide bis zur Elbe bei Artlenburg und hat eine Gesamtlänge von 115,2 km. Über den ESK werden die Seehäfen von Hamburg und Lübeck an die westlichen Binnenwasserstraßen angeschlossen. Der 1976 in Betrieb genommene ESK sollte ursprünglich die sichere Umgehung der Elbestrecke Lauenburg–Magdeburg, die von stark schwankenden Wasserständen geprägt ist, gewährleisten. Außerdem ist für die gleiche Relation die ESK-Route um 33 km kürzer. Der Kanal weist einen Höhenunterschied von 61 m auf. Dieser wird durch das Schiffshebewerk Lüneburg (Fallhöhe 38 m) und die Schachtschleuse von Uelzen (Fallhöhe 23 m) überwunden. Die Tauchtiefe liegt bei 2,50 m, die max. Fahrzeugbreite bei 11,40 m. Die max. zulässige Länge von Motorschiffen beträgt 100 m, die von Schubverbänden 185 m.

4.4.3 Elbe-Lübeck-Kanal (ELK)

Dieser Wasserweg (Klasse III) hat eine Länge von 67 km und verläuft von der Elbe bei Lauenburg bis zum Fluß Trave in Lübeck. Der ELK sorgt dafür, daß Hamburg eine Wasserverbindung zur Ostsee hat. Der Kanal wurde bereits 1896 an der Stelle eines mittelalterlichen Wasserweges (Stecknitzkanal) gebaut, er dient vorwiegend dem Güterverkehr nach Hamburg. Es ist beabsichtigt, den ELK auf eine Wasserstraße der Klasse IV auszubauen.

4.5 Grenzfluß Oder

Die Oder, die über 161,7 km Grenzfluß zu Polen ist, unterliegt im Sommer sehr stark Niedrigwasserperioden und im Winter Eisgang. Dies schränkt den Wert der Wasserstraße, die von deutschen und polnischen Binnenschiffern genutzt wird, stark ein. Üblicherweise werden 750-t-Schiffe eingesetzt, die Abladetiefe schwankt zwischen 1,3 m bei Frankfurt/Oder, 1,80 m bei Hohensaaten und 2 m bei der Hafenstadt Stettin. Für die ehemalige DDR hatte die Oder vor allem auf dem Abschnitt Eisenhüttenstadt, Frankfurt/Oder, Groß Neuendorf bis zur Einfahrt in den Oder-Havel-Kanal größere Bedeutung. Güterverkehre von der Ostsee nach Berlin, den Märkischen Wasserstraßen und umgekehrt müssen mehrfach geschleust werden.

Beispiel:

Oberhalb ihrer Mündung in die Pommersche Bucht gabelt sich die Oder in einen West- und Ostlauf. Der Wechsel zwischen den Flußläufen kann über Schleusen bei Schwedt und Hohensaaten erfolgen. Die Alte Oder bei Hohensaaten ist ferner Einfahrtspunkt in den Oder-Havel-Kanal, der nach der Schleusung über das **Schiffshebewerk Niederfinow** erreicht wird.

Zum Oderstromgebiet gehören die Flüsse Peene und Uecker. Ihre Bedeutung für die Binnenschiffahrt ist gering.

4.6 Das Westdeutsche Kanalnetz

Sechs künstliche Wasserstraßen, verteilt auf die Bundesländer Nordrhein-Westfalen und Niedersachsen, bilden das Westdeutsche Kanalnetz. Auf diesen Kanälen werden jährlich über 50 Mio. Tonnen Güter transportiert. Damit ist das Westdeutsche Kanalnetz ein unverzichtbarer Bestandteil der deutschen Verkehrsinfrastruktur, insbesondere der des Landes Nordrhein-Westfalen. Die Bedeutung des Kanalnetzes ist für die Region des Ruhrgebietes außerordentlich hoch. Die sehr leistungsfähigen Kanäle stellen nämlich einerseits den Anschluß des Ruhrgebietes an die deutschen Seehäfen an Ems, Weser und Elbe und andererseits an die Hauptschlagader des europäischen Wasserstraßensystems, den Rhein, her.

4.6.1 Dortmund-Ems-Kanal (DEK)

Der DEK wurde als erster großer deutscher Binnenschiffskanal (1892–1899) mit einer Streckenlänge von 266 km errichtet. Er verbindet den **Seehafen Emden** mit dem **Dortmunder Binnenhafen** und ist Durchgangsstrecke für Transporte vom Rhein nach dem Mittellandkanal. Der DEK ist eingeschränkt als Wasserstraße der Klasse IV zugelassen, d. h., nicht auf allen Abschnitten können Europaschiffe fahren. Der Kanal verläuft von Dortmund aus nach Norden bis zum Kanalkreuz Datteln (Abzweigungen DHK und WDK), dann bis zum Hafen Münster. Bei Kanalkilometer 108 in Höhe von Bergeshövede zweigt der Mittellandkanal nach Osten ab. Ab Meppen bis zur Schleuse Herbrum ist der DEK Teil des stauregulierten Ems-Flusses, danach bis Papenburg ist er freier Tidestrom. Südlich von Papenburg bei Dörpen zweigt der Küstenkanal (KK) nach Osten ab. Von Papenburg abwärts bis zur offenen Nordsee wird die Wasserstraße als Ems bezeichnet. Der DEK hat eine Fallhöhe von 69,75 m zu überwinden, dies wird mit 16 Kanalstufen erreicht. Wichtige Schleusen sind Henrichenburg/Waltrop, Münster, Varloh und Meppen, da sich dort auch Pumpwerke befinden. Haupthäfen und Umschlagstellen sind neben Europas größtem Kanalhafen in Dortmund die Anlagen von Münster, Holthausen (Lingen), Lünen sowie in geringerem Umfang auch Rheine. Der Hafen Dortmund ist vom Rhein aus über den Wesel-Datteln-Kanal (WDK) und die erweiterte Schleuse Henrichenburg/Waltrop am DEK (seit 1989) für Großmotorschiffe und zweigliedrige Schubverbände bis zu 2,80 m Abladung erreichbar. Die Schleuse Henrichenburg/Waltrop überwindet einen Höhenunterschied von 13,5 m.

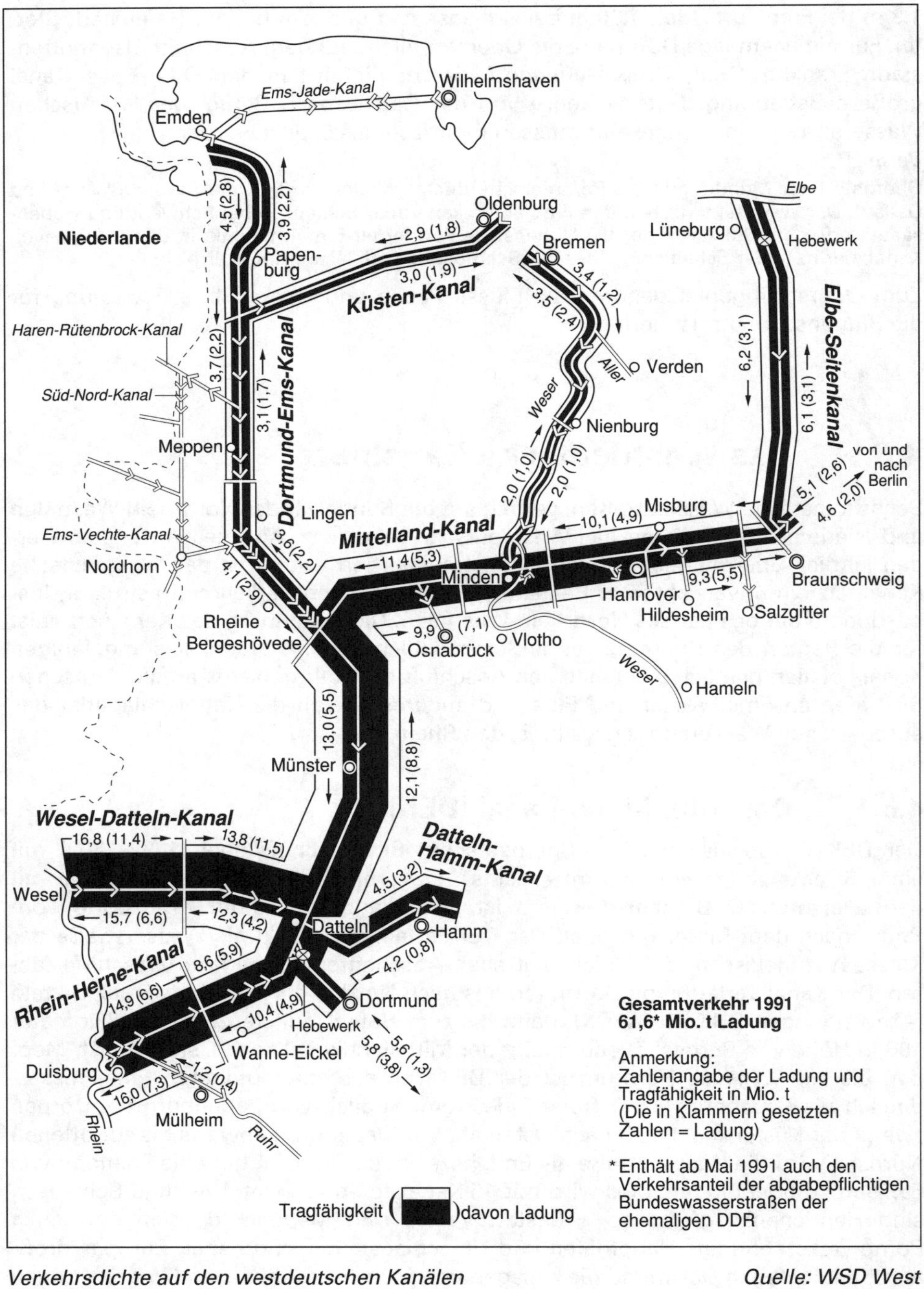

Verkehrsdichte auf den westdeutschen Kanälen *Quelle: WSD West*

4.6.2 Rhein-Herne-Kanal (RHK)

Die 1906–1914 gebaute Wasserstraße der Klasse IV (Streckenlänge 45,6 km) folgt im wesentlichen der Niederung des Flusses Emscher. Der RHK ist der Hauptwasserweg für das zentrale Ruhrgebiet und verbindet den Rhein mit dem DEK. Die Kilometrierung beginnt in Duisburg-Ruhrort und endet am DEK bei Henrichenburg; die derzeit 6 Kanalschleusen (die z. T. noch erneuert werden) überwinden einen Höhenunterschied von 36,73 m. Große Teile des RHK unterliegen noch den Einwirkungen des Bergbaus, was sich vor allem in Bergsenkungen auswirkt. Die Hafendichte ist am RHK besonders hoch; wichtige Umschlagplätze sind u. a. die Häfen von Essen, Gelsenkirchen und Wanne-Eickel.

4.6.3 Wesel-Datteln-Kanal (WDK)

Diese Bundeswasserstraße (Klasse IV) verläuft am nördlichen Rand des Ruhrgebietes. Sie ist 60,25 km lang und folgt der Niederung des Flusses Lippe, 6 Schleusen sorgen für die Überwindung einer Fallhöhe von 40,85 m. Die Wasserspiegelbreite beträgt durchgängig 53 m, die Fahrrinnentiefe 4 m. Der Kanal (Bauzeit: 1915–1931) verbindet den Rhein bei Wesel mit dem DEK beim Kanalkreuz Datteln, er ist in der Hauptsache ein Transitkanal zwischen dem Niederrhein und dem östlichen Ruhrgebiet sowie den Kanalhäfen in Norddeutschland. Der WDK ist für 1 350-t-Schiffe und Schubverbände mit 2 Europa-II-Leichtern befahrbar, die jährlich beförderte Gütermenge liegt bei 7 bis 8 Mio. t. Haupthäfen am Kanal sind der Weseler Kanalhafen (Rhein-Lippe-Hafen), Dorsten und Marl.

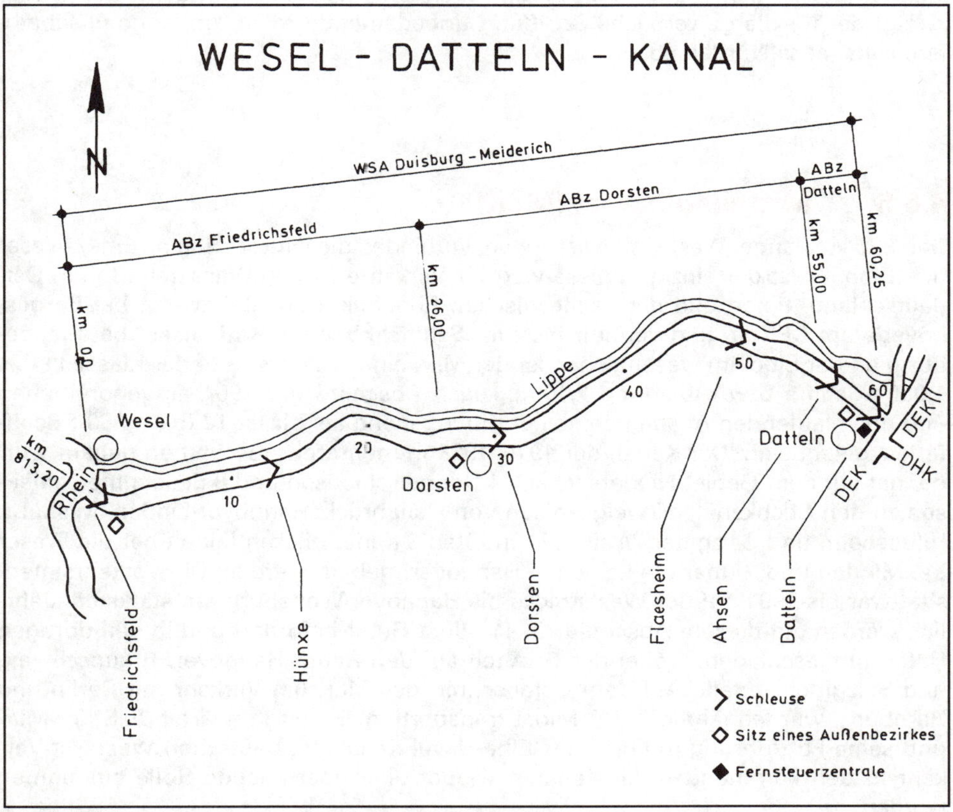

Der Wesel-Datteln-Kanal und das Dattelner Kanalkreuz
Quelle: Wasser- und Schiffahrtsdirektion West, Münster

4.6.4 Datteln-Hamm-Kanal (DHK)

Der rund 47 km lange Kanal (Klasse III) verläuft zwischen dem Kanalkreuz Datteln und Uentrop/Schmehausen bei Hamm im nordöstlichen Ruhrgebiet. Er bindet die Industriegebiete Lünen und Hamm an das westdeutsche Wasserstraßennetz an und dient diesem weiterhin als Speisungskanal durch die Zufuhr von Lippewasser. Die erste Teilstrecke wurde 1910–1914 gebaut und sollte die Wasserversorgung des DEK und RHK sichern, als Schiffskanal konnte er zunächst nur 600-t-Schiffe aufnehmen. Bis 1933 wurde er bis Uentrop/Schmehausen verlängert; der ursprünglich bis Lippstadt vorgesehene Ausbau wurde nie realisiert. Die Fallhöhe von 6,75 m wird durch zwei Schleusen überwunden. Durch das Praktizieren eines zeitlich begrenzten Richtungsverkehrs können auf dem DHK auch große Schiffseinheiten verkehren. Hauptumschlagplätze sind Schmehausen, Hamm und Lünen.

4.6.5 Küstenkanal (KK)

Dieser Verbindungskanal der Klasse IV (eingeschränkt) erstreckt sich vom Fluß Hunte (bzw. der Unterweser) bei Oldenburg zum DEK (bzw. der Unterems) bei Dörpen über rund 69 km. Hauptaufgabe des mit 2 Kanalstufen versehenen KK ist der Transitverkehr zwischen Weser und Ems und der Anschluß des nördlichen Emslandes an das Wasserstraßennetz. Der Ausbau des KK erfolgte in mehreren Schritten, zuletzt wurden in den 60er Jahren Verbreiterungen vorgenommen. Beim Ort Kampe zweigt der für die gewerbliche Schiffahrt unbedeutende rd. 15 km lange Elisabethfehnkanal nach Norden ab.

4.6.6 Mittellandkanal (MLK)

Der 320 km lange West-Ost-Wasserweg verbindet die Flüsse Rhein, Ems, Weser und Elbe. Er ist der einzige Wasserweg für Verkehre zu den Wasserstraßen in Ostdeutschland, Polen und der Tschechischen Republik. Der MLK zweigt bei **Bergeshövede** am DEK ab und verläuft bis zum **Schiffshebewerk Rothensee** (bei Magdeburg) an der Elbe. Im wesentlichen ist der MLK eine Wasserstraße der Klasse III (bis 1 000-t-Schiffe bzw. Abladung 2,10 m), nach Abschluß der 1964 aufgenommenen und noch laufenden Ausbauten soll er durchgehend als Klasse IV (bis 1 350-t-Schiffe) ausgelegt sein. Der Kanal, der 1916–1938 in mehreren Abschnitten gebaut wurde, hat auf dem Gebiet Niedersachens 4 Doppelschleusen und 8 Einkammerschleusen zu den Stichkanälen/Zweigkanälen von Osnabrück, Hannover-Linden, Misburg, Hildesheim und Salzgitter. Weiterhin mußten 3 Kanalbrücken (eine über die Weser bei Minden und 2 über die Leine bei Hannover) gebaut werden. Die Verkehrsintensität war bis 1991 auf der Weststrecke bis Hannover/Wolfsburg am stärksten. Jährlich werden auf diesem Abschnitt rd. 11 Mio. t Güter befördert und in den dortigen Häfen umgeschlagen, wobei der Großteil auf den Raum Hannover, Braunschweig und Salzgitter entfällt. Auf dem Ostabschnitt des MLK (im Verkehr mit Berlin und Hamburg) wurden jährlich rd. 4 Mio. t transportiert. Es wird erwartet, daß der MLK und seine Fortführung in Form des Elbe-Havel-Kanals im deutschen West-Ost-Verkehr in den kommenden Jahrzehnten wieder eine überragende Rolle einnehmen werden.

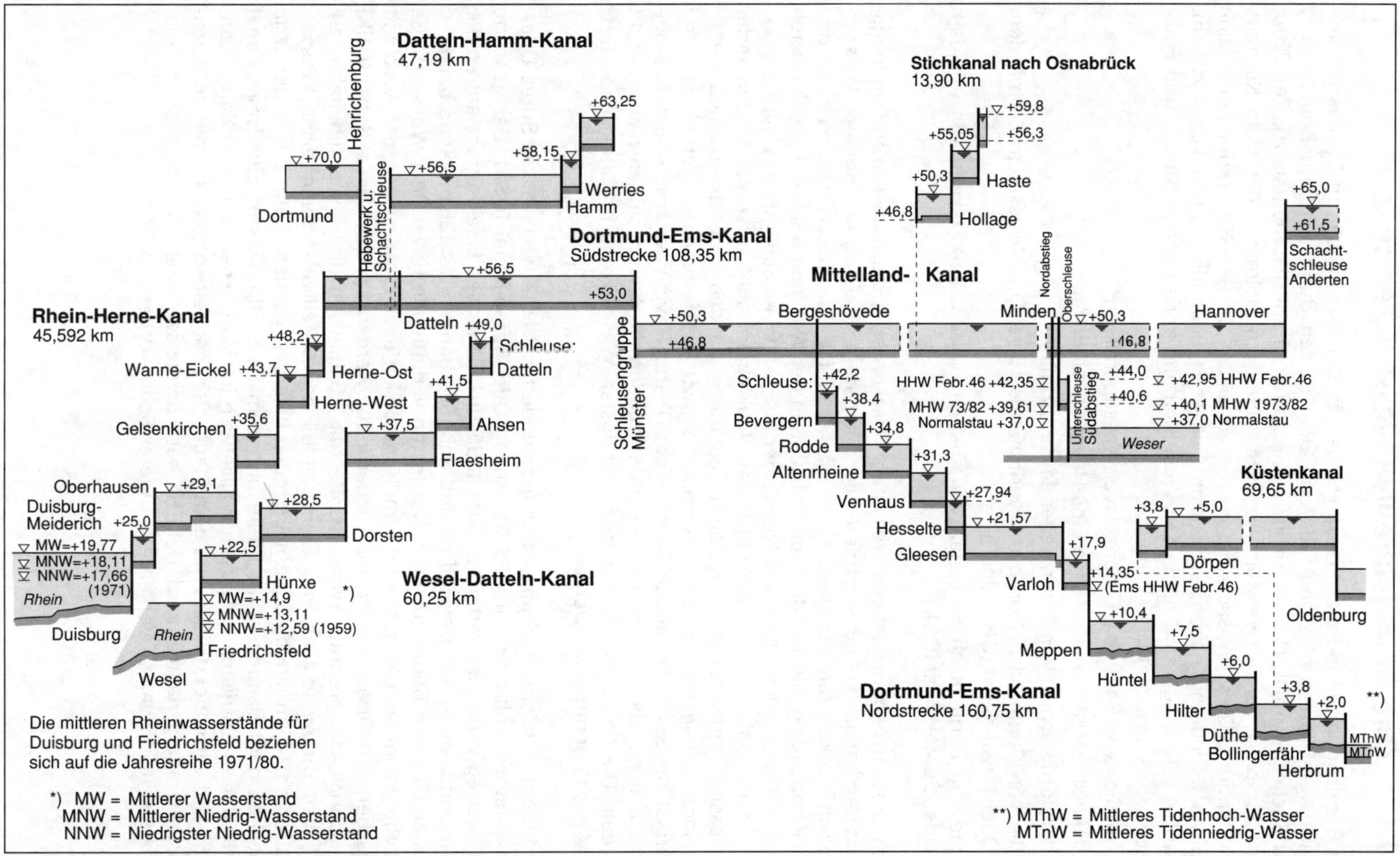

Längsschnitt der Westdeutschen Wasserstraßen

Quelle: WSD West

4.7 Das Märkische Wasserstraßennetz

Die Bezeichnung **Märkische Wasserstraßen** ist der Sammelbegriff für das Binnenwasserweg-System zwischen Elbe und Oder in den Bundesländern Brandenburg und Sachsen-Anhalt. Der Begriff ist zurückzuführen auf die ehemals zur Zeit Preußens für diese Region verwendete Bezeichnung „Mittelmark“ der alten Kurmark Brandenburg. Diese Wasserstraßen, die vor allem für den Großraum Berlin eine enorme Bedeutung haben, erstrecken sich etwa über eine Länge von 1 200 km. Hauptverkehrswege sind die in Ost-West-Richtung verlaufenden Kanäle und Flußabschnitte. Im wesentlichen sind das:

- westlich von Berlin die Untere Havel-Wasserstraße,
- der sich daran anschließende Elbe-Havel-Kanal (EHK),
- der nordwestlich von Berlin liegende Havelkanal,
- die von Berlin nach Nordosten verlaufende Havel-Oder-Wasserstraße mit dem Oder-Havel-Kanal (OHK) und
- die von Berlin nach Südosten verlaufende Spree-Oder-Wasserstraße mit dem Oder-Spree-Kanal (OSK).

Zum System gehören jedoch weit mehr Wasserwege, die teilweise Verbindungscharakter haben, so insbesondere die unter dem Oberbegriff **„Berliner Wasserstraßen“** bekannten Strecken. Hierzu gehören für den Güterverkehr neben den bereits oben angeführten Berliner Abschnitten der Wasserstraßen u. a. noch die folgenden Wasserwege: Landwehrkanal, Berlin-Spandauer Schiffahrtskanal, Spreekanal, Charlottenburger Verbindungskanal, Neuköllner Schiffahrtskanal, Rüdersdorfer Gewässer, Teltow-Kanal usw. Kaum Bedeutung für den großmaßstäbigen Gütertransport haben viele Nebenwasserstraßen wie die Ruppiner-, Werbelliner- und Fehrbelliner Gewässer, einige Strecken der Oberen Havel-Wasserstraße, der Finowkanal u. a. m., da ihre Abmessungen den modernen Binnenschiffen nicht gerecht werden. Die Charakteristik der drei wichtigsten Wasserwege im Märkischen Netz kann wie folgt umrissen werden:

Ein bis zur Wiedervereinigung stark frequentierter Wasserweg war die Spree-Oder-Wasserstraße mit dem rund 85 km langen **Oder-Spree-Kanal (OSK)**. Der gesamte Wasserweg verbindet Berlin mit dem südöstlich liegenden Eisenhüttenstadt an der Oder und kann von Einzelschiffen und Schubverbänden bis 135 m Länge befahren werden. Die von Berlin aus nach Nordosten verlaufende Havel-Oder-Wasserstraße hat eine Länge von insgesamt 90 km. Rund 50 km des Wasserweges, der Abschnitt zwischen den Orten Lehnitz und Niederfinow, werden als **Oder-Havel-Kanal (OHK)** bezeichnet. Die gesamte Wasserstraße hat 4 Schleusen und ein Schiffshebewerk bei Niederfinow (östlich von Eberswalde-Finow). Teilweise kann diese Wasserstraße von 145 m langen Schubverbänden befahren werden. Aufgrund seiner Lage zwischen dem Ballungsraum Berlin und dem Fluß Elbe ist der **Elbe-Havel-Kanal (EHK)** der am stärksten befahrene Wasserweg im Märkischen Netz. Der Kanal (Länge 56 km) verbindet die Elbe mit dem Plauer See, der seinerseits zur Unteren Havel-Wasserstraße gerechnet wird. Der EHK hat 3 Schleusen, eine vierte ist geplant. Ausgelegt ist der Kanal auf Verkehre mit Vierer-Schubverbänden.

4.8 Donau und Main-Donau Kanal (MDK)

Von der auf einer Strecke von 2 411 km schiffbaren **Donau** befinden sich 209 km in der Bundesrepublik Deutschland. Die Donau ist nach der Wolga zweitgrößter europäischer Fluß. Sie beginnt bei Donaueschingen (Zusammenfluß von Breg und Brigach) und ist ab Ulm schiffbar; die für Gütertransporte nutzbare Strecke wird aber erst ab Kelheim gerechnet. Dort trifft auch der MDK auf den Fluß. Bis zum Grenzübergang nach Österreich, der bei Jochenstein südöstlich von Passau liegt, müssen vier Schleusen passiert werden. Das Güteraufkommen betrug bislang auf dem deutschen Teil jährlich bis zu 5 Mio. t. Durch die Eröffnung des MDK wird ein erheblich stärkerer Verkehr erwartet, da sich den bisherigen Anliegerstaaten (Deutschland, Österreich, Tschechische Republik, Ungarn, Yugoslawien, Rumänien, Bulgarien und die ehemalige Sowjetunion) und den Rheinanliegern nun eine durchgehende Rhein-Donau-Wasserstaße quer durch Europa anbietet. Die deutschen Donauhäfen befinden sich in Regensburg (Containerverkehre), Deggendorf (Freihafen) und Passau.

Der **Main-Donau-Kanal (MDK)**, der eine Länge von 171 km hat und zwischen Bamberg (Main) und Kelheim (Donau) verläuft, verbindet zwei der bedeutendsten europäischen Ströme miteinander. Von Rotterdam-Europoort bis zur Donaumündung bei Sulina hat sich der Binnenschiffahrt damit eine einzigartige europäische „Transversale" eröffnet, die eine Länge von rund 3 500 km hat und 13 Staaten berührt. Der Kanal ist – wie auch die beiden durch ihn verbundenen Stromgebiete – für Schiffe der 1 350-t-Klasse und für Schubverbände in der Zweierfahrt mit bis zu 3 300 t befahrbar.

Der MDK ist eine nationale deutsche Wasserstraße, die damit ausschließlich der Souveränität der Bundesrepublik Deutschland unterliegt. Sie kann bestimmen, unter welchen Bedingungen der Kanal befahren und genutzt werden kann. Ausländische Binnenschiffe benötigen eine Erlaubnis zum Befahren des Kanals – ausgenommen sind jene Binnenschiffe, die aus EU-Ländern stammen, zu Staaten gehören, die die Mannheimer Akte unterzeichnet haben oder deren Herkunftsländer ein zwischenstaatliches Abkommen mit der Bundesrepublik abgeschlossen haben.

Verkehrsprognosen gehen davon aus, daß die jährlich über den MDK beförderte Tonnage bis zu 7 Mio. t erreichen wird. Der höchste Kanalpunkt (sog. Scheitelhaltung) liegt 406 m über NN, dieser Abschnitt wird mit 4 Staustufen überwunden. Insgesamt hat der MDK 16 sehr leistungsfähige Schleusen, davon liegen die größten auf der Strecke Nürnberg–Kelheim.

Beispiel:

Alle Schleusen haben eine Breite von 12 m und Kammerlängen von 190 m. Je Schleuse können zwei Motorschiffe von je 90 m Länge und 1 500 t Tragfähigkeit oder ein zweigliedriger Schubverband mit 185 m Länge und rd. 3 000 t geschleust werden. Die Schachtschleusen mit Stufenhöhen zwischen 17 und 24,67 m sind Sparschleusen, mit denen eine sog. **„Kreuzschleusung"**, d. h. eine Berg- und Talschleusung, in einer Stunde abgewickelt werden kann.

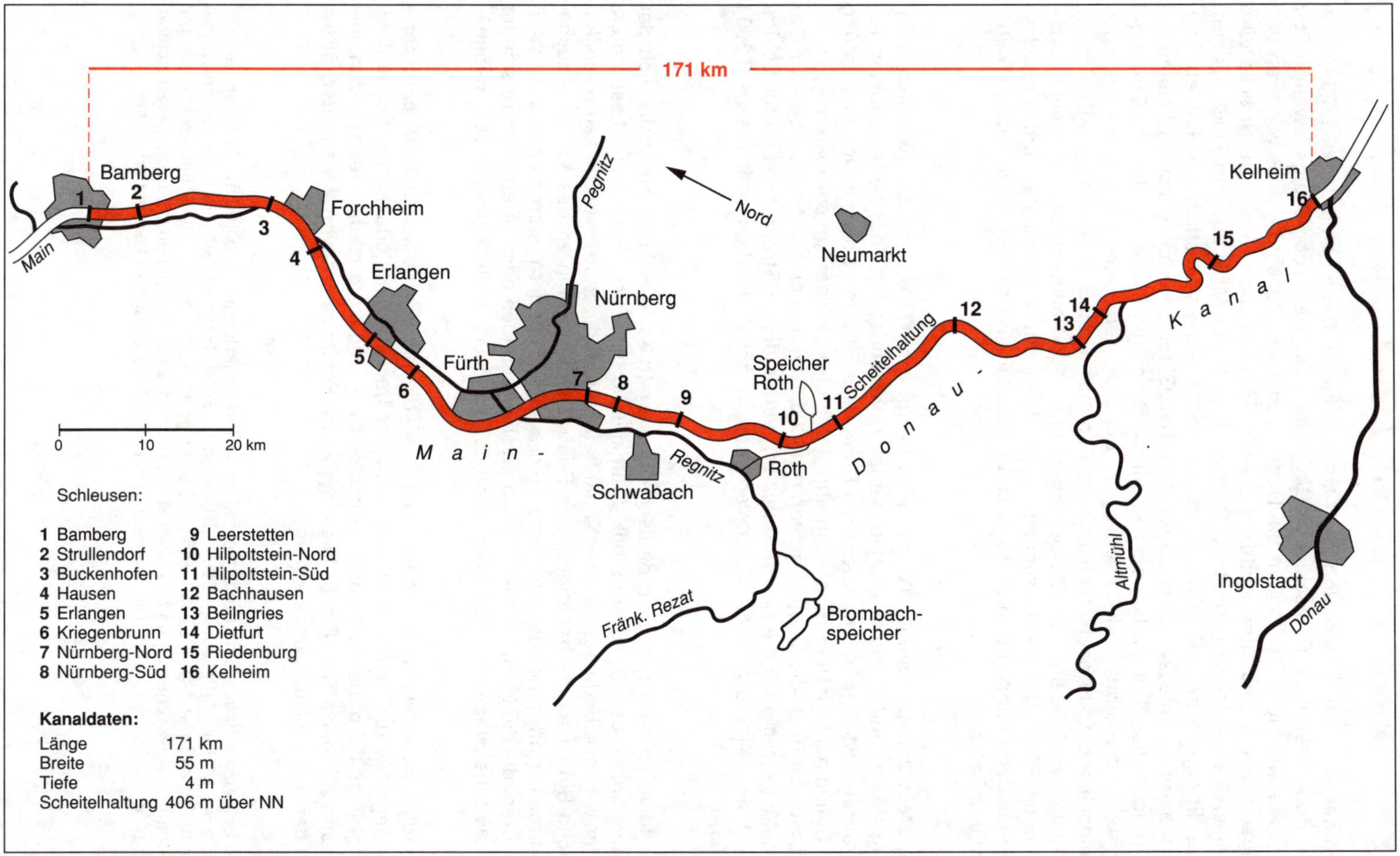

Verlauf des Main-Donau-Kanal

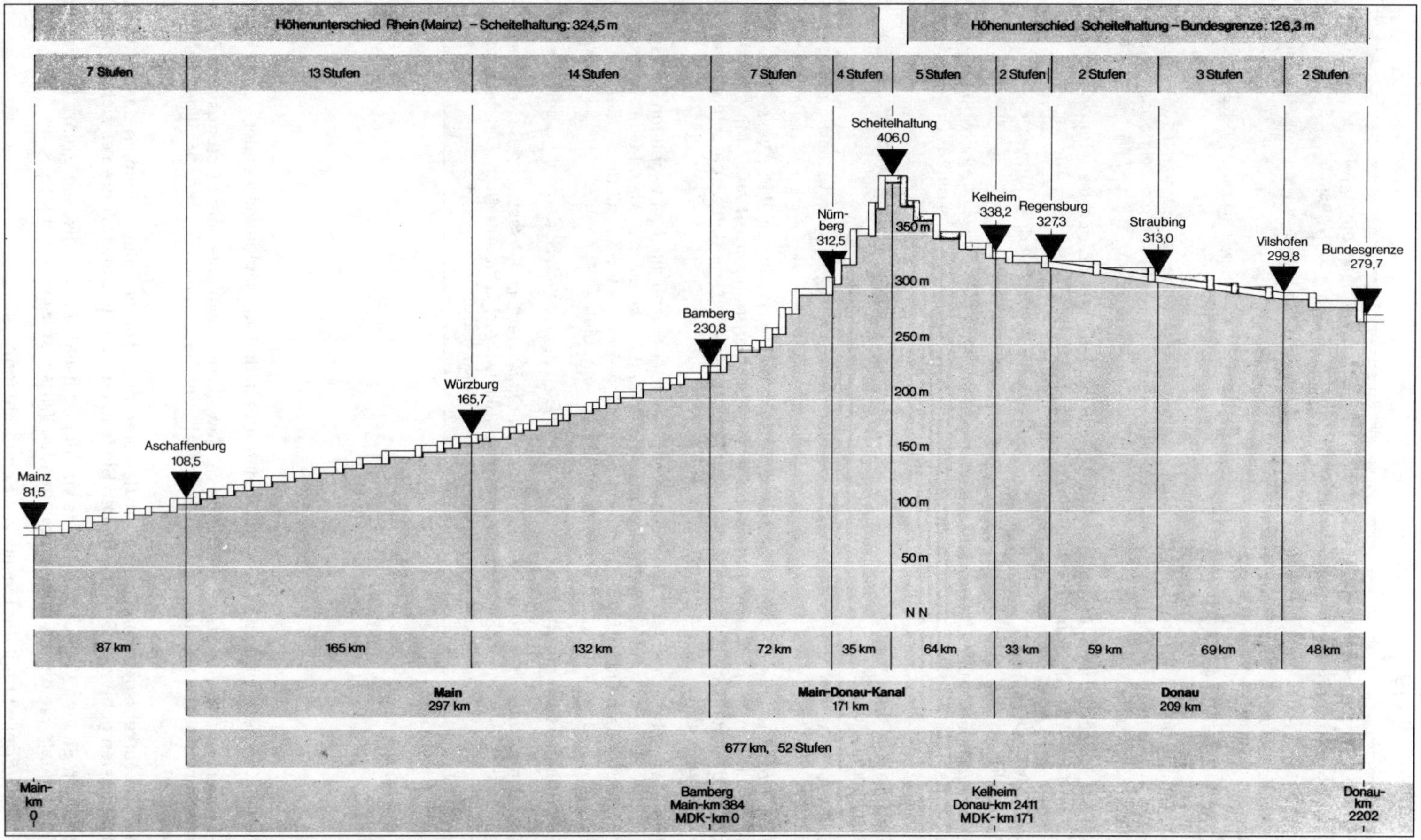

Main-Donau-Wasserstraße
Höhenplan überhöht dargestellt

Stand Herbst 1984

Zusammenfassung

1. Die für die Binnenschiffahrt bedeutenden Rheinnebenflüsse sind Ruhr, Mosel (mit Saar), Main und Neckar. Sie sind als Großschiffahrtswege ausgewiesen.
2. Die heute große Leistungsfähigkeit dieser Flüsse konnte erst durch Regulierungs- und/oder Kanalisierungsmaßnahmen erzielt werden.
3. Über die Mosel können die französischen Binnenwasserwege Marne-Rhein-Kanal und Ostkanal erreicht werden.
4. Oberhalb von Straßburg kann der Rhein nicht mehr gänzlich als Wasserstraße genutzt werden. Teile des Abschnitts Straßburg–Breisach werden von Korrektionsstrecken (Schlingen) gebildet.
5. Von Breisach stromaufwärts bis Basel wird die Schiffahrt durch den französischen Rhein-Seitenkanal (Grand Canal d'Alsace) geführt.
6. Das Stromgebiet Weser umfaßt die Ober-, Mittel-, Unter- und Außenweser. Werra, Fulda und Aller sind die großen Nebenflüsse.
7. Das Stromgebiet der Elbe umfaßt die Ober-, Mittel- und Unterelbe. Große Nebenflüsse sind Saale und Havel sowie in der Tschechischen Republik die Moldau. Die Elbe ist zentraler Wasserweg in Nord- und Ostdeutschland.
8. Drei Kanäle (Elbe-Seitenkanal, Mittellandkanal, Elbe-Lübeck-Kanal) erweitern den Einzugsbereich der Elbe.
9. Die Oder ist ein von starken Natureinflüssen (Eisgang, Niedrigwasser) geprägter Strom.
10. Das Westdeutsche Kanalnetz besteht aus sechs bedeutenden Kanälen (Wesel-Datteln-Kanal, Rhein-Herne-Kanal, Datteln-Hamm-Kanal, Dortmund-Ems-Kanal, Mittellandkanal und Küstenkanal). Es verknüpft das Rheinstromgebiet mit den Stromgebieten von Weser und Elbe.
11. Das Märkische Wasserstraßennetz besteht im wesentlichen aus fünf wichtigen Wasserwegen (Untere Havelwasserstraße, Elbe-Havel-Kanal, Havelkanal, Havel-Oder-Wasserstraße mit dem Oder-Havel-Kanal und Spree-Oder-Wasserstraße mit dem Oder-Spree-Kanal). Es verknüpft das Elbe- mit dem Oderstromgebiet.
12. Die Donau ist der einzige schiffbare deutsche Strom, der nach Süden entwässert.
13. Der Main-Donau-Kanal (MDK) ist eine nationale deutsche Wasserstraße, die ausschließlich der Souveränität der Bundesrepublik Deutschland unterliegt. Der MDK verbindet den Main bei Bamberg mit der Donau bei Kelheim.

Aufgaben

1. Wieviel Kilometer umfaßt die Rheinkilometrierung, und wo beginnt und endet sie?
2. Der Rhein wird in vier Stromabschnitte mit jeweils unterschiedlichem Leistungsvermögen eingeteilt. Grenzen sie die Stromabschnitte ab, und beschreiben Sie die jeweiligen Besonderheiten.
3. Mehrere verkehrsgeographische Gunstfaktoren machen den Rhein zu einem der weltweit am stärksten genutzten Ströme. Stellen Sie fest, um welche Gunstfaktoren es sich handelt.
4. Verfolgen Sie den Verlauf des Rheins von der deutsch/niederländischen Grenze bis Basel, und ermitteln Sie die am Rheinufer liegenden Wirtschaftsschwerpunkte.
5. Welche Vorteile bringt der Einsatz von Schubschiffen?

6. Was versteht man unter direktem Rhein-Seeverkehr?

7. Welche Binnenhäfen gehören zu den sog. Rhein-Seehäfen und welche klassischen Fahrtgebiete werden von dort aus angefahren?

8. Nach zunächst großen Schwierigkeiten bei der Abwicklung von Containerverkehren bewegen Binnenschiffe derzeit jährlich bis zu 600 000 TEU vorzugsweise auf dem Rhein. Erläutern Sie die Hintergründe.

9. Erläutern Sie die Fachbegriffe Mainzer Akte, Mannheimer Akte, ZKR, internationales Rheinstatut, Kleine und Große Kabotage.

10. Welche Kompetenzen obliegen der ZKR?

11. Welche spezielle Bedeutung haben die Wasserwege Ruhr, Rhein-Kleve, Saar und Mosel?

12. Beschreiben Sie die Unterschiede zwischen einer Flußregulierung und einer Flußkanalisierung!

13. Welche wirtschaftlichen und verkehrstechnischen Vorteile sind mit dem Rhein-Seitenkanal verbunden?

14. Verfolgen Sie im Atlas oder auf Karten den Schiffahrtsweg Elbe, grenzen Sie das Elbe-Hinterland ab, und nennen Sie Hafen- und Umschlagstellen am Strom.

15. Für welche Industriezentren ist der Mittellandkanal von grundlegender Bedeutung?

16. Verfolgen Sie im Atlas oder auf Karten den Schiffahrtsweg Weser, grenzen Sie das Weser-Hinterland ab, und nennen Sie Hafen- und Umschlagstellen an den drei Teilabschnitten des Flusses.

17. Referieren Sie über die Bedeutung, den Umfang und die Leistungsfähigkeit des westdeutschen Kanalnetzes.

18. Referieren Sie über die Bedeutung, den Umfang und die Leistungsfähigkeit des Märkischen Wasserstraßennetzes.

19. Beschreiben Sie Verlauf, Leistungsfähigkeit und Bedeutung des Main-Donau-Kanals.

Themenkreis 6: Binnenhäfen in Deutschland

1 Öffentliche und private Häfen

Moderne und leistungsfähige Binnenhäfen sind die wichtigen Verkehrsknotenpunkte an den Wasserstraßen. Dort werden die Güter nicht nur fachgerecht umgeschlagen und gelagert, sondern auch von der Industrie, von Handels- und Verkehrsbetrieben be- oder verarbeitet, veredelt, kommissioniert, verkaufs- und versandfertig gemacht. In einigen Fällen, so am Niederrhein, haben die Binnenhäfen gleichzeitig den Status von Seehäfen mit allen sich daraus ergebenden Arbeiten im Zusammenhang mit großmaßstäbigen Im- und Exporten. Die Binnenhäfen erfüllen zum Teil recht unterschiedliche Aufgaben, teilweise sind sie spezialisiert. Dementsprechend sind ihre technischen Einrichtungen. Dies wird deutlich, wenn man die Binnenhäfen nach der Besitzstruktur oder den Hafenbetreibern betrachtet. Hier wird nach öffentlichen und privaten Häfen getrennt, die sehr deutlich unterschiedliche Aufgaben wahrnehmen.

Über zwei Drittel des Güterumschlages werden in deutschen Binnenhäfen gegenwärtig von den öffentlichen Häfen erbracht. Die Betreiber dieser Häfen sind vielfach Kommunen (d. h. also Städte oder Gemeinden), in einigen Fällen sind es auch Gesellschaften etwa in Form der GmbH. Die Privat- bzw. Werkshäfen werden dagegen unter der Regie von Wirtschaftsunternehmen betrieben und zwar in der Regel nur von Großbetrieben, z. B. der Stahl- oder Chemiebranche oder des Bergbaus.

Die Aufgabe der **öffentlichen Binnenhäfen** ist vorrangig die eines Verteilerplatzes für das Hafenum- bzw. Hafenhinterland. Diese Häfen sind multifunktional, d. h., sie haben eine breitgefächerte Leistungspalette und können Güter aller Art umschlagen, lagern, behandeln und verteilen. Vielfach sind die öffentlichen Häfen auch Standorte von typischen Hafenindustrien, wie z. B. Futtermittelwerken, Öl- und Getreidemühlen und ähnlichem. Daneben verfügen sie oft über weitreichende zentrale Funktionen, die vor allem für die Schiffahrt von Bedeutung sind.

Beispiel:

Der umschlagsstärkste Binnenhafen der Welt, Duisburg-Ruhrort, ist gleichzeitig der Sitz der meisten großen Binnenreedereien sowie bedeutender behördlicher, verkehrswirtschaftlicher und kaufmännischer Ämter, Verbände, Organisationen und Vertretungen.

In manchen Fällen, so in Köln, Duisburg und Minden, sind die öffentlichen Häfen auch Standorte für Schiffswerften. Die meisten öffentlichen Binnenhäfen haben sich seit der Jahrhundertwende verstärkt um Industrieansiedlungen bemüht, um so ihre einseitige Rolle als reine Umschlagplätze abzulegen. In der Bundesrepublik Deutschland werden über 100 öffentliche Binnenhäfen betrieben, sie sind durchweg dem Bundesverband öffentlicher Binnenhäfen (Abkürzung: BöB, Sitz: Neuss/Rhein) angeschlossen. In fast allen öffentlichen Binnenhäfen ging der Umschlag von geringwertigem Massengut in den letzten Jahren zurück. Dagegen gewannen die höherwertigen Stückgüter, insbesondere in Form der containerisierten Ladung, weiter an Bedeutung. Die technische Ausstattung der öffentlichen Binnenhäfen ist entsprechend ihren Aufgaben außerordentlich umfangreich.

Beispiel:
Alle großen Binnenhäfen verfügen über befestigte Uferanlagen (Spundwände) und halten Umschlagseinrichtungen aller Art für Greifergut, Schwergut und Flüssiggut vor. In vielen Fällen werden Container- und Ro/Ro-Anlagen betrieben und witterungsunabhängige Umschlagplätze angeboten. Hinzu kommen hafeneigene Eisenbahnen, Freilagerplätze, Lagerhallen für Normal- und Spezialgüter (Gefahrengut) u. a. m.

Eine völlig andere Aufgabe nehmen dagegen die **Privathäfen** und privaten Umschlagstellen (Werkshäfen) ein. Sie dienen vorwiegend der Versorgung einzelner Industrieunternehmen. Im Gegensatz zu den öffentlichen Häfen mit ihren multifunktionalen Aufgaben sind die Privathäfen durchweg monofunktional ausgerichtet. Vielfach sind es Spezialhäfen, in denen nur bestimmte Massengüter wie Erze, Eisen oder Kohlen ein- und ausgekrant werden können. Als die beiden größten Privathäfen in Europa gelten die niederrheinischen Häfen Schwelgern (seit 1903) und Walsum-Süd (seit 1902), die von der August Thyssen AG unterhalten werden. Weitere sehr große Werkshäfen sind der Hüttenhafen Rheinhausen (Krupp) und der Hafen Huckingen (Mannesmann). Die Dichte derartiger Werkshäfen ist besonders im Gebiet von Ruhr und Niederrhein hoch. Der Güterumschlag einiger dieser Privathäfen übertrifft mengenmäßig den der meisten öffentlichen Häfen beträchtlich. Häufig werden von Unternehmen auch Einzelumschlagsstellen am offenen Strom (Länden) benutzt, die von Selbstfahrern problemlos und ohne große technische Einrichtungen bedient werden können. Es existieren auch Mischformen zwischen Werkshäfen und öffentlichen Häfen etwa der Art, daß der Hafen im Besitz eines öffentlichen Trägers ist, Betrieb und Nutzung aber ausschließlich durch ein Privatunternehmen erfolgt.

2 Hafentypen und Hafenaufgaben

Binnenhäfen können ferner nach Merkmalen wie Lage, Umschlagmenge, Funktionen, verkehrstechnischer Ausstattung bzw. Struktur, Art der Umschlagsgüter usw. charakterisiert werden. Die nachfolgende Übersicht zeigt beispielhafte Hafentypen mit ihren vorrangigen Aufgaben.

Übersicht der Binnenhäfen nach Hafentypen und Aufgaben

Merkmal nach der	Hafentyp/Hafenbezeichnung	Beispiel	Wasserweg	Vorrangige Aufgaben
Lage	Flußhafen	Ludwigshafen	Rhein	Versorgungs- und Industriehafen (Chemie)
	Kanalhafen	Dortmund Münster	DEK DEK	Einfuhr- und Verteilerhafen, weitreichende Hinterlandversorgung
	Endhafen stromaufwärts	Plochingen Hamm	Neckar DHK	Hinterlandversorgung
Umschlagsgröße	Kleiner Hafen (< 0,5 Mio. t)	Vlotho	Weser	Stadtversorgung
	Mittlerer Hafen (0,5–4 Mio. t)	Königs Wusterhausen	Dahme/ Teupitzer Gewässer	Stadtversorgung
	Großer Hafen (> 4 Mio. t)	Köln	Rhein	Handels- und Versorgungshafen für Benzin- und Heizöl

Merkmal nach der	Hafentyp/Hafenbezeichnung	Beispiel	Wasserweg	Vorrangige Aufgaben
Funktion	Umschlagshafen	Aken	Elbe	Wechsel von Verkehrsträgern
	Versorgungshafen	Dorsten Lünen	WDK WDK	Gewerbeversorgung und Schiffahrtsversorgung
	Industriehafen	Neuss Dortmund	Rhein DEK	Bedienung der Hafenindustrien
	Handelshafen	Duisburg	Rhein	Handel mit Rohstoffen, Schrott usw.
	Schutz- und Zollhafen	Emmerich	Rhein	Zollstandort
Verkehrstechnische Struktur	Hafen	Bonn, Köln, Berlin Osthafen	Rhein Spree	vgl. Funktionen oben
	Umschlagplatz	Stromkai Düsseldorf-Reisholz	Rhein	Umschlag Schiff/Lkw am freien Strom
	Umschlagstelle	Umschlagskai Ford-Werke	Rhein	wasserseitiger Umschlag von Energiestoffen
Besitzstruktur	öffentl. Hafen	Bonn, Neuss Duisburg, Krefeld	Rhein	vgl. Funktionen oben
	Privathafen	Rhein-Lippe-Hafen Wesel	Rhein/ WDK	Privatversorgung eines Betriebes
	Mischformen	Orsoy	Rhein	Betriebsversorgung
Umschlagstruktur	Erzhafen (Hüttenh.)	Schwelgern	Rhein	Erzumschlag- und lagerung
	Kohlehafen (Zechenhafen)	Walsum-Nord	Rhein	Kohleumschlag- und -lagerung
	Mineralölhafen	Köln-Niehl	Rhein	Zwischenlagerung und Verteilung
	Containerhafen	Emmerich Stürzelberg	Rhein Rhein	Containerumschlag Binnenschiff-Bahn, Lkw

3 Binnenhäfen als Industriestandorte

Da die meisten Massengüter nur per Binnenschiff kostengünstig von Seehäfen ins Hinterland gelangen können, haben sich in den Binnenhäfen Großindustrien angesiedelt, die dort direkt die Verarbeitung durchführen. Auf kostengünstige Transporte von Energie- und Grundstoffen sind vor allem die Unternehmen der Petrochemie, der Erdölraffinerie, Hüttenwerke, die Bergbauindustrie mit Kohle, Erz und Salz sowie die Baustoffunternehmen angewiesen. Doch auch andere Branchen schätzen den Standort Binnenhafen, so jene, die hochwertige Massengüter empfangen oder versenden. Hierzu gehören u. a. die Speiseölindustrie, Getreidemühlen, Unternehmen der Holzverarbeitung, die Metallindustrie und die Papierhersteller. Für einige Branchen haben sich regelrechte Hauptverkehrswege und spezielle Industriestandorte herausgebildet:

- Im Bereich **Petrochemie** und **Erdöl** führen die Hauptverkehrswege der Tankschifffahrt zum Nieder- und Oberrhein sowie an die Ruhr. Am Oberrhein werden namentlich Mannheim, Speyer und Karlsruhe bedient. Der Transportmarkt ist besonders gekennzeichnet von der Verteilung von Mineralölprodukten. So werden leichtes und schweres Heizöl und Benzin per Direkteinfuhr von den Raffinerie- und Lagerzentren Rotterdams und in geringerem Umfang auch Antwerpens, Amsterdams, Vlissingens und Gents zu den Großabnehmern befördert. Stark ausgeweitet hat sich die Spezialschiffahrt für Petrochemie. Großbetriebe nutzen die Wasserstraßen für den Werkverkehr mit Säuren, Laugen, Raffinieriegasen u. ä. Dies gilt auf dem Rhein für die Standorte Köln-Wesseling, Dormagen, Leverkusen, Düsseldorf-Reisholz und Ludwigshafen. An den Nebenflüssen und Kanälen sind derartige Industriestandorte in Frankfurt-Hoechst, Marl-Hüls und Gelsenkirchen zu finden.

- Die Hüttenwerke der **Eisen- und Stahlindustrie**, Kupfer-, Zink- und Aluminiumwerke, sind stark von transportkostengünstigen direkten Rohstoffeinfuhren abhängig. Da die Rohstoffe wertmäßig geringen, gewichts- und volumenmäßig aber beträchtlichen Umfang einnehmen, ist der „gebrochene Verkehr" unrentabel. Die Standorte dieser Industrien befinden sich deshalb überwiegend an Wasserstraßen. Die höchste Konzentration derartiger Unternehmen findet sich an der „Rheinschiene" und dem Ruhrgebiet. Dort werden u. a. Erze und Energiestoffe (Koks, Kohle, Erdöl) per Binnenschiff angeliefert und diverse Stahlerzeugnisse, Schrott, Schlacken wie auch Stahl-Halberzeugnisse über längere Strecken per Binnenschiff abbefödert. Zielhäfen sind für diese Güter die deutsche Küste, der Raum Berlin, der Oberrhein und verschiedene Rheinnebenflüsse, wo Verteilungslager regelmäßig vom Ruhrrevier aus beliefert werden.

- **Bergbauprodukte** gehören seit jeher zu den traditionellen Gütern der Binnenschiffahrt, wenngleich ihre Bedeutung heute eingeschränkt ist. Zielhäfen für die Kohletransporte sind derzeit vorwiegend die Großkraftwerke in Süddeutschland, die Schwerindustriebetriebe in Salzgitter und Lothringen und in geringem Umfang auch die Großchemie bei Ludwigshafen und Frankfurt-Hoechst. Ebenfalls schiffsorientiert ist der Salzbergbau. Am Niederrhein, so in Rheinberg/Ossenberg (Solvay-Werke), aber auch im Neckargebiet werden über Werkshäfen große Mengen Stein- und Kalisalze für die Chemieindustrie (Sodaherstellung) in Ludwigshafen, Hoechst, Köln, Leverkusen, Duisburg und Marl-Hüls verschifft.

- Wichtige Zentren der **Baustoffindustrie** liegen oft nahe oder direkt an Wasserstraßen, da sie ihre Vorprodukte vorzugsweise per Binnenschiff empfangen. Beispiele sind die Zementindustrie mit Großbetrieben in Beckum (nahe DHK), Mainz, Misburg (Mittellandkanal), Heidelberg (Neckar) und Neuwied (Mittelrhein). Die wichtigen Grundstoffe der Baustoffindustrie, Sande und Kiese, werden oft auch in Wasserstraßennähe gewonnen, so daß sich die Transportketten umschlags- und transporttechnisch einfach gliedern. Die Rohstoffgewinnung (Baggerei), der Transport, die Lagerei und der Absatz liegen dabei vielfach in der Hand eines Unternehmens. Als Hauptverkehrswege für Baustoffe gelten: Die Strecken von Linz, Andernach und Neuwied nach Nordwestdeutschland und das Main-Neckar-Gebiet (Bimskies); Schotter, Kies und Sand vom Oberrhein nach den Niederlanden; niederrheinische Kiese und Sande werden zur deutschen

Küste, in das MLK-Gebiet und nach den Niederlanden befördert. Versandstellen für Steine sind der Mittelrhein (Basalt, Bimsstein, Bimsplatten) und der Odenwald (Bruchsandstein). Verwendung finden diese Massengüter beim Küstenschutz, Wasserstraßenbau, Straßen-, Gleis- und Böschungsbau. Die Bauwirtschaft übernimmt auch Kraftwerksabfälle (Asche) und Bergbauabraum, deren Beförderung per Schubleichter erfolgt.

- **Mühlenbetriebe** bevorzugen ebenfalls den Standort Wasserstraße. Die Getreidelagerung, -aufbereitung und -verarbeitung gehört zum Bild vieler Binnenhäfen (Karlsruhe, Berlin, Nürnberg, Stuttgart, Hannover u. a. m.). Die Mühlenindustrie konzentriert sich vor allem dort, wo große Absatzmärkte in der Nähe liegen oder ausgedehnte Agrargebiete das Hinterland bilden (Münster, Hameln). Oft sind die Häfen Standorte für Futtermittelproduzenten (Regensburg, Bamberg, Neuss). Beträchtlichen Umfang nehmen in einigen Häfen die Speiseöl- und Fettherstellung ein, so ist Neuss für seine Ölmühlen bekannt. Auch **Holz- und Papierbetriebe** sind binnenhafenorientiert. Sie importieren u. a. aus dem Ostseeraum kostengünstig Papierholz im direkten See-Flußverkehr und versenden über die Wasserstraßen Zellulose als Halbfertigwaren. Hier ist vor allem die Rhein-Ruhr-Region als Zentrum der Branche zu nennen.

4 Charakteristik ausgewählter Binnenhäfen

Die nachfolgende Übersicht verdeutlich, daß nach dem niederrheinischen Hafen Duisburg drei Oberrheinhäfen, nämlich Karlsruhe, Ludwigshafen und Mannheim, zur Spitzengruppe der deutschen Binnenhäfen gehören. Auch der Neckarhafen Heilbronn, der Mainhafen Frankfurt und der Hafen Mainz sind weitere bedeutende Binnenhäfen im Großraum Oberrhein/Rhein-Main.

Güterumschlag der 10 wichtigsten öffentlichen Binnenhäfen der Bundesrepublik Deutschland (1986–1990)

Binnenhafen	Wasserweg	Umschlag				
		1990	1989	1988	1987	1986
Duisburg	Rhein	16,925	18,196	18,867	17,615	18,324
Karlsruhe	Rhein	11,821	10,532	10,177	9,808	10,136
Ludwigshafen	Rhein	8,919	9,182	9,096	9,540	8,878
Mannheim	Rhein	7,766	7,491	8,608	8,592	8,673
Heilbronn	Neckar	5,959	5,619	5,751	5,586	5,856
Neuss	Rhein	4,742	4,666	4,690	4,562	4,682
Köln	Rhein	4,307	4,346	4,282	4,198	4,929
Frankfurt	Main	4,113	4,046	4,026	3,723	3,882
Saarlouis-Dillingen	Saar	3,821	4,211	2,103	–	–
Berlin	Havelgewässer	3,647	4,228	4,273	4,106	4,357

Quelle: Bundesverband öffentlicher Binnenhäfen, Neuss 1991.

4.1 Rhein-Ruhr-Hafen Duisburg

Im Raum Duisburg wird der Rhein auf rd. 23 km von gewaltigen Industrieanlagen und einer ungewöhnlichen Dichte von Häfen gesäumt. Der größte Binnenhafenkomplex der Welt, der Rhein-Ruhr Hafen Duisburg, besteht aus den öffentlichen Duisburg-Ruhrorter Häfen (DRH) am rechten Rheinufer und 14 werkseigenen Privathäfen und Umschlagstellen der Großindustrie an der Rheinreede. Der Hafen an der Ruhrmündung geht auf das Jahr 1716 zurück, als man großmaßstäbig mit dem Umschlag von Kohle aus Ruhrschiffen in Rheinschiffe begann. Seine heutige Bedeutung verdankt das Binnenhafengebiet in erster Linie der verkehrsgeographischen Gunstlage. Diese kann wie folgt beschrieben werden:

- Duisburg liegt nur rd. 250 km von den **ARA-Häfen** (Antwerpen, Rotterdam, Amsterdam) entfernt an einem der leistungsfähigsten Flußabschnitte des Rheins;
- das Umland des Hafens wird von zwei der größten europäischen **Industrieregionen** mit einer sehr hohen Bevölkerungskonzentration gebildet, dem Ruhrgebiet und der Rheinschiene;
- die **verkehrsgeographische Lage** des Hafens im europäischen Binnenwasserstraßennetz ist zentral; ähnliches gilt für die Lage zu den europäischen Hauptverkehrsachsen der Eisenbahn und des Straßenverkehrs;
- aufgrund der guten **Fahrwasserverhältnisse** des Niederrheins und der relativ kurzen Distanz zum offenen Meer hat der Hafen zunehmend die Rolle eines Seehafenplatzes für rheingängige Seeschiffe eingenommen;
- es existieren **ideale Verkehrsanbindungen** zu den anderen Verkehrsträgern; für den Güterfernverkehr sind dies fünf Autobahnen (A2, A3, A42, A57, A59), im Eisenbahnverkehr ist Duisburg Knotenpunkt im InterCargo-Verkehr.

4.1.1 Die öffentlichen Häfen von Duisburg-Ruhrort

Die aus den drei Hafengruppen Duisburg-Stadt, Ruhrort und Hochfeld bestehenden öffentlichen Duisburg-Ruhrorter Häfen (DRH) sind das eigentliche Kernstück des Binnenhafenkomplexes. Träger des Hafens ist die Duisburg-Ruhrorter Häfen AG (Hafag), deren Aktienkapital zu gleichen Teilen vom Land NRW, der Stadt Duisburg und der Bundesrepublik Deutschland gehalten werden. Der Hafen verfügt über 19 Hafenbecken mit über 200 ha Wasserfläche, die Hafenfläche umfaßt über 730 ha. Die Uferlänge beträgt 42 km, davon sind 20 km Umschlagsufer mit Gleisanschlüssen, insgesamt nutzt die Hafenbahn ein Gleisnetz von 136 km. Der Schiffsgüterumschlag lag in den letzten Jahren stets zwischen 16,5 und 19 Mio. t.

Traditionell wurden in den Duisburger Häfen vorrangig die Massengüter Kohle und Erz umgeschlagen, so daß man die Häfen jahrzehntelang als Kohleaus- und Erzeinfuhrhäfen bezeichnete. Dies hat sich im Zuge der Stahlkrisen geändert, die Häfen befinden sich in einem umfassenden Strukturwandel. Zwar dominieren noch immer die Verkehre von Erz, Kohle, Mineralöl, Abbränden und anderen Massengütern, doch ihre Bedeutung ist rückläufig. Leichte Zunahmen wurden bei den hochwertigen Stückgütern registriert, wenngleich diese auch die Mengeneinbußen des Massengutes nicht auffangen konnten. Die DRH sind dabei, sich zu einem modernen multifunktionalen Güterverkehrszentrum mit einer breiten Dienstleistungspalette zu entwickeln, um stärker am Stückgutverkehr und an der Distribution dieser Güter Anteil zu nehmen. Wichtige Einrichtungen sind hierfür zwei Containerterminals, die alle Leistungen rund um den Behälter anbieten (Full-Service), insbesondere Sammelladungsverkehre, Containerreparaturen, Containerdisposition usw. Eine Ro/Ro-Anlage (Roll-on/Roll-off-Anlage) für die Verkehre der schwimmenden Landstraße sowie für schwere oder sperrige Einzelstücke ist eine weitere bedeutende Hafenanlage. Für Schwergüter stehen ferner Schwimmkräne zur Verfügung. Ebenso verfügt die DRH über wasserüberspannende Hallen, die einen witterungsunabhängigen Umschlag hochwertiger, nässeempfindlicher Güter ermöglichen. Zu den neuen und hochmodernen Anlagen gehören weiterhin zwei Stahlservice-Center, Schiffswerften, eine Kohlemisch- und Verladeanlage u. a. m.

Duisburgs Hafen- und Umschlaganlagen im Überblick:
- 2 Containerterminals und eine Ro/Ro-Anlage
- 5 Spezialhallen für nässegeschützten Umschlag
- 2 Stahlservice-Center für die Bearbeitung von Stahlprodukten
- überdachte Lagerflächen im Unfang von 325 000 m^2
- 1,3 Mio. m^3 Tankraum für Flüssiggüter
- eine Kohlemisch- und Verladeanlage
- 80 Krananlagen bis zu 40 t
- 2 Containerbrücken bis zu 45 t
- 1 Schwergutkran bis zu 60 t und 1 Schwimmkran bis 200 t
- 18 Getreideverladeanlagen und 63 Anlagen für Flüssiggutumschlag

Güterumschlag in den Häfen Duisburgs 1992

Öffentliche Duisburg-Ruhrorter Häfen			16,765 Mio. t
davon	– Kohle	2,35 Mio. t	
	– Erze/Schrott	5,85 Mio. t	
	– sonstige Massengüter	5,99 Mio. t	
	– Stückgüter	2,57 Mio. t	
	– Rhein-Seeverkehr	1,32 Mio. t	
Privathäfen			28,454 Mio. t
Gesamtumschlag aller Häfen			45,219 Mio. t

Quelle: Hafag 1993

4.1.2 Güterversand und -empfang

In Duisburg werden jährlich 16 bis 18 Mio. t in den öffentlichen Häfen umgeschlagen. Im einzelnen zeigen sich folgende Besonderheiten:

- Fast 80 % aller Güter der Öffentlichen Duisburger Häfen verlassen die Hafenanlage rheinabwärts, knapp 17,5 % werden für rheinaufwärts liegende Ziele verschifft oder von dort empfangen. Der Rest verteilt sich auf den sog. Lokalverkehr und den Güteraustausch mit dem Rhein-Herne-Kanal-Gebiet.
- Im direkten Rhein-See-Verkehr, d. h. also im ungebrochenen Schiffsverkehr mit Zielen an Nord- und Ostsee sowie der Atlantikküste werden etwa 7,5 % aller Güter abgefertigt.

- Auf Verschiffungen von/nach Rotterdam entfallen über 52 % aller Transporte und damit deutlich der Hauptanteil des Güterverkehrs. Von den beiden anderen ARA-Häfen kann der belgische Seehafen Antwerpen einen Güteraustausch mit den Öffentlichen Duisburger Häfen in Höhe von rund 9 % verzeichnen, der Hafen von Amsterdam dagegen nur einen Umschlagsanteil von 1,5 %.

- Noch deutlicher dominiert die Beziehung Duisburg–Rotterdam bei der Versorgung der Privathäfen im Duisburger Raum, deren Gesamtumschlag den der öffentlichen Häfen übertrifft. Diese Häfen, z. B. der Firmen Thyssen AG, Haindl Papier, Krupp Stahl AG, Mannesmann usw. beziehen ihre Rohstoff-Importe, die zumeist aus Erzen, Holz, Zellulose und Chemiekalien bestehen, fast ausschließlich via Rotterdam.

Insgesamt ist die Verflechtung des Duisburger Hafens und des Ruhrreviers mit dem Hafen Rotterdam außerordentlich hoch (vgl. hierzu Themenkreis 10, Abschnitt 6.2).

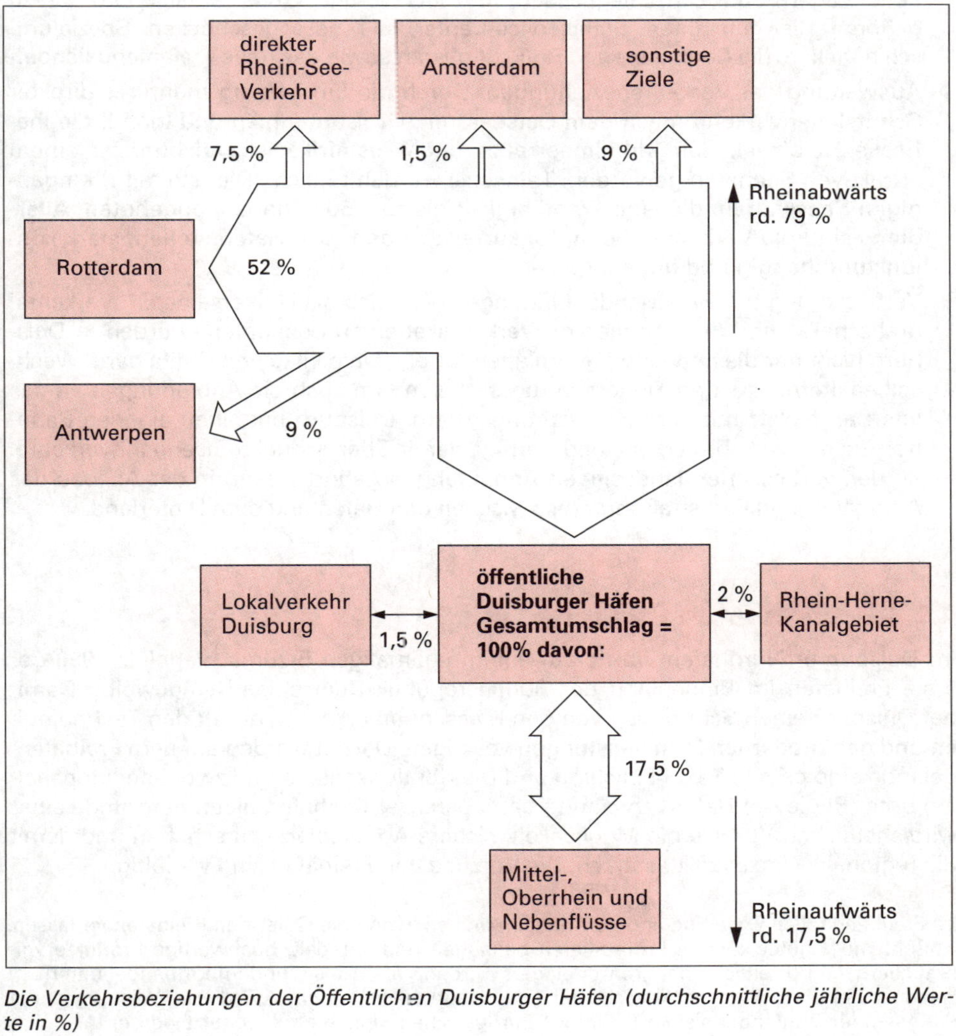

Die Verkehrsbeziehungen der Öffentlichen Duisburger Häfen (durchschnittliche jährliche Werte in %)

4.1.3 Verbesserungen der Wettbewerbssituation

Mit einer Reihe von Maßnahmen streben die DRH an, ihre bedeutende internationale Stellung als Binnen- und Seehafenplatz zu festigen und zu stärken. Vier wichtige Schritte im Rahmen des derzeitigen strukturellen Umbruchs lassen sich wie folgt umreißen:

- Rationalisierung des Massengutverkehrs- und umschlags: Um die von Übersee in Rotterdam eintreffenden Massengüter (z. B. Erze) noch kostengünstiger zu den Abnehmern an Rhein und Ruhr zu befördern, ist seit 1987 der Schubverkehr mit sechs Leichtern (Sechserfahrt) zugelassen worden. Ein Schubverband befördert auf diese Weise bis zu 16 000 t Erz im Nachlauf von Rotterdam nach Duisburg. Die nicht direkt an rheinnahe Abnehmer gelieferten Erze werden von den DRH auf Lager übernommen und von dort mit Ganzzügen (4 100 t) zu rheinfernen Verarbeitern befördert.
- Neue Nutzungsformen der Hafengrundstücke: Nicht mehr benötigte alte Hafengebiete wurden, wie zum Beispiel im Nordhafen, verfüllt, für neue Zwecke hergerichtet und interessierten Unternehmen für eine Ansiedlung bereitgestellt. So sind neue Lager- und Umschlagflächen für hochwertige Güter entstanden. Hierzu gehören die genannten Stahlservice-Center, die nässegeschützten Spezialumschlaghallen, die Container- und Ro/Ro-Anlagen sowie das neue Freihafengelände.
- Ausweitung der Verkehrsbeziehungen: Durch die Einrichtung mehrerer direkter Schiffslinienverkehre nach dem Ostseeraum, Großbritannien und Irland, die Iberische Halbinsel, den Mittelmeerraum und Westafrika ist Duisburg zu einem attraktiven Seehafen geworden. Teilweise werden tägliche Dienste mit rheingängigen Seeschiffen, die eine Tragfähigkeit bis zu 4 500 t haben, angeboten. Allerdings sind die Verkehre, die in Konkurrenz zu den ARA-Häfen stehen, stark konjunkturabhängig und unpaarig.
- Verbesserung der Hinterlandanbindungen: Um sich als Universalhafen, Verkehrsdrehscheibe und Schaltstelle von Verkehrsketten zu behaupten, wurden in Duisburg nicht nur die notwendigen Anlagen für den Umschlag von Containern, Wechselbehältern, Lkw und Trailern verbessert, sondern auch die Anbindungen an das InterCargo-Netz mit dem Nachtsprungsystem. Duisburg hat einen eigenen Bahnhof für den Kombi-Verkehr und verfügt damit über schnelle Eisenbahnverkehre. Zu den verbesserten landseitigen Anbindungen gehört weiterhin der Ausbau des Autobahn- und Fernstraßennetzes zwischen den Häfen und dem Hinterland.

4.1.4 Freihafen Duisburg

Im Duisburger Nordhafen wurde auf einem ehemaligen Erzumschlagplatz 1990 der erste Freihafen im Binnenland der Bundesrepublik Deutschland eingeweiht. Damit hat Duisburg einen Schritt weg von den Massengutverkehren hin zu den Technologien und den modernen Dienstleistungen vollzogen. Derzeit werden auf dem Freihafengelände eine private Textil-Finishing und Distributionsanlage und zwei Speditionshallen unter Regie der Hafenverwaltung betrieben. Der Freihafen bietet aufgrund seiner wirtschaftlichen Vorteile die Möglichkeit, sichere Arbeitsplätze zu schaffen und damit die regionale Wirtschaft zu stärken. Die Vorzüge von Freihäfen sind vielfältig.

Beispiel:

Im Freihafen fallen Zölle und andere Abgaben erst an, wenn die Güter den Freihafen verlassen. Außenhandelsgüter können im Freihafen behandelt und veredelt, hochwertige Produkte verbrauchernah und zeitlich unbegrenzt gelagert werden. Der Transit- und Importhandel unterliegt keinerlei einfuhrrechtlicher Abwicklung und Sicherheitleistungen. Auf diese Weise kann der Freihafen für Drittländer als ein Tor in den Europäischen Binnenmarkt genutzt werden.

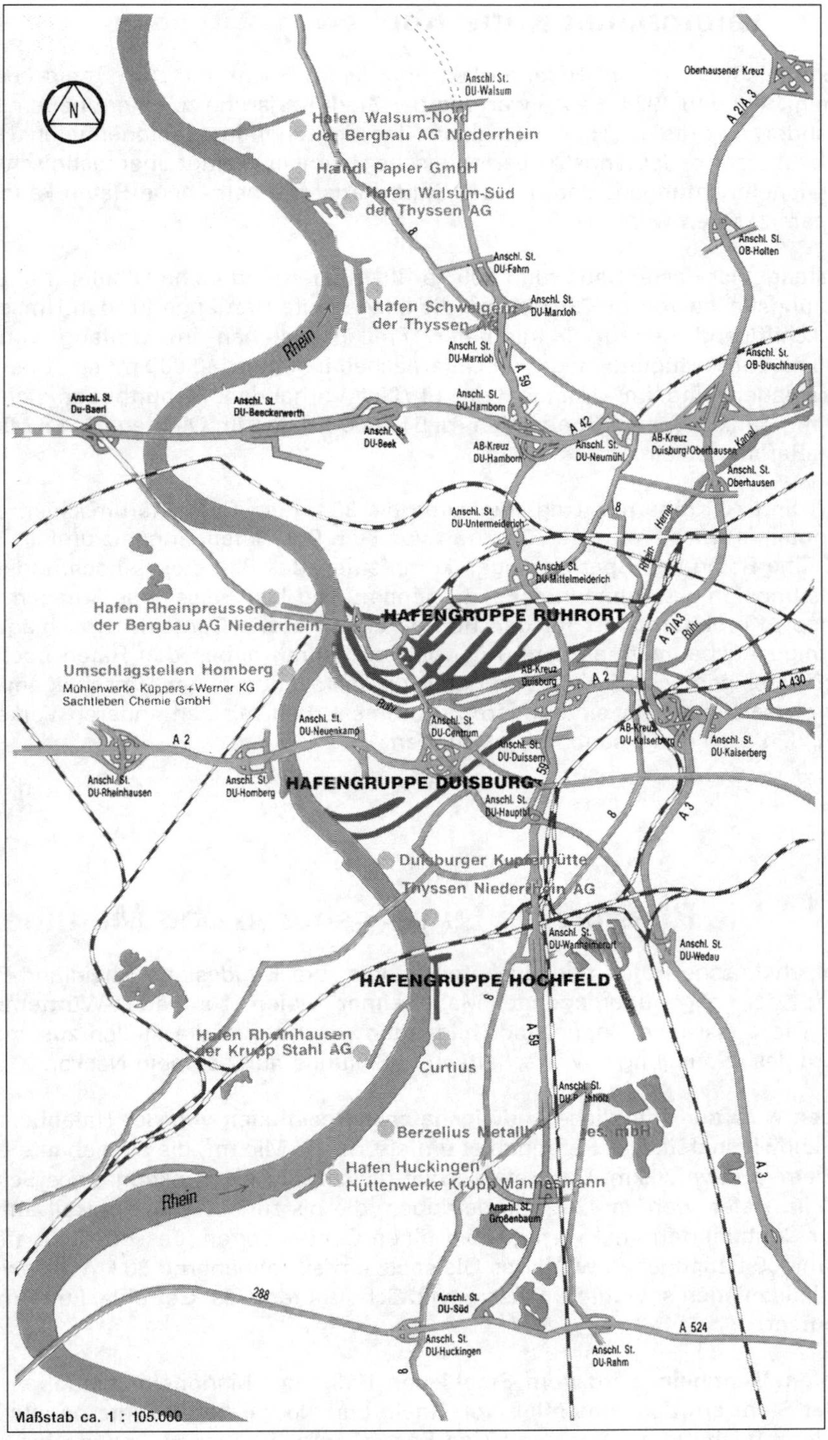

Rhein-Ruhr-Hafen Duisburg *Quelle: Hafag*

4.2 Rheinhafen Karlsruhe

Mit dem Ausbau von fünf Hafenbecken und einem Stichkanal zum Rhein begann zwischen 1900 und 1934 die Aufwertung der Stadt Karlsruhe zu einem neuen Industriestandort und die des Hafens zu einem der größten Industriebinnenhäfen. Heute ist Karlsruhe der bedeutendste oberrheinische Hafen, er verfügt über technisch sehr gute Hafeneinrichtungen. Der von der Stadt Karlsruhe betriebene Hafen kann wie folgt charakterisiert werden.

Das Hafengebiet besteht aus rund 300 ha Rheinhafen und 43 ha Ölhafen mit einer Ansiedlungsfläche von rd. 230 000 m^2, die ausgebaute Uferlänge für den Umschlag Binnenschiff/Land beträgt 14 Kilometer. Freiläger stehen im Umfang von rd. 600 000 m^2 zur Verfügung, gedeckte Lagerflächen nehmen 140 000 m^2 ein. Silo- und Bunkeranlagen sind im Umfang von 13 700 t vorhanden. Schüttböden nehmen 10 000 m^2, Tankräume im Rheinhafen rd. 540 000 m^3 und im Ölhafen rd. 4,8 Mio m^3 einschl. Raffinerien ein.

Es gibt rund 40 Kräne mit Tragfähigkeiten bis 30 t; dem Containerumschlag dient eine Containerbrücke mit einer Tragkraft von 50 t. Das Hafenbahnnetz umfaßt rund 42 km. Eine Reihe von Spezialanlagen komplettiert das Bild dieses hochmodernen und leistungsfähigen Binnenhafens. Zu nennen sind hier Flüssiggas-Anlagen, Förderbänder, Kombiterminals für den Ro/Ro-Verkehr sowie Containerumschlaganlagen. Einige Ausbaumaßnahmen in den letzten Jahren haben den Hafen noch leistungsfähiger gemacht. So wurden durch die Installation neuer Umschlaganlagen die Voraussetzungen für eine engere Zusammenarbeit mit den anderen Verkehrsträgern, d. h. Lkw und Eisenbahn, geschaffen.

4.3 Die Rheinhäfen Ludwigshafen und Mannheim

Der linksrheinische Hafen Ludwigshafen gehört zum Bundesland Rheinland-Pfalz, während der gegenüberliegende Mannheimer Hafen zu Baden-Württemberg gehört. Die quasi eine Doppelstadt bildenden Rheinuferstädte stellen zusammen den Kern des relativ jungen Wirtschafts- und Ballungsraumes Rhein-Neckar.

Betrieben wird der öffentliche **Ludwigshafener Rheinhafen** von der Hafenbetriebe GmbH Ludwigshafen. Das Hafengebiet umfaßt rd. 1,5 Mio m^2, die ausgebaute Uferlänge beträgt etwa 20 km. Der Hafen erfüllt gleichzeitig die Funktion eines Schutzhafens. Im Hafen werden 42 Kräne betrieben, die bis zu 10 t Tragfähigkeit aufweisen, der Containerterminal verfügt über einen Containerkran, dessen Hubkraft am Haken mit 50 t angegeben wird. Das Gleisnetz umfaßt annähernd 30 km, es existieren Verladeanlagen sowohl für Flüssig- wie Schüttgüter (Gas, Getreide, Futtermittel und Zement).

Der **Hafen Mannheim** wird vom Staatlichen Hafenamt Mannheim betrieben. Die Lage der Stadt am Zusammenfluß von Rhein und Neckar begünstigte bereits früh die wirtschaftliche und verkehrsmäßige Entwicklung. So war Mannheim bis etwa 1835 der Endpunkt des damaligen Rheinschiffahrtsweges. Einen besonderen Aufschwung nahm Mannheim dann nach der Rheinkorrektur um 1840, in deren Folge auch der Hafen ausgebaut wurde. Heute umfaßt der in vier Teile gegliederte Rheinhafen rund 1 131 ha Fläche mit einer Uferlänge von rd. 55 km. Der als Schutzhafen ausgebaute Hafen besitzt einen Schwergutumschlagplatz sowie eine Ro/Ro-Anlage. Die Freilagerfläche nimmt fast 2,3 Mio m^2 ein. An gedeckten Lägern existieren 1,2 Mio m^2. Tankräume können etwa 1,5 Mio. t aufnehmen spezielle Kühlräume sind auf eine Menge von etwa 3 700 t ausgelegt. Hinzu kommen Silos, Bunker (335 000 t) und Schüttböden (66 000 t). Mannheim hat ein umfangreiches Bahnnetz von 165 km mit drei Tarifbahnhöfen (Mannheim Hbf, Mannheim-Rheinau und Mannheim-Industriehafen), auf dem eine hafeneigene Lok verkehrt. Die Umschlaganlagen bestehen aus über 100 stationären Kranen, davon 5 Spezialkrane mit einer Tragfähigkeit bis zu 150 t sowie 2 Containerkrane. Hinzu kommen über 60 Mobilkrane mit einer Tragfähigkeit bis zu 25 t. Umgeschlagen werden alle festen und flüssigen Güter sowie Gas. Eine Sackverlade- und eine Förderbandanlage erweitern die beträchtlichen Hafeneinrichtungen.

4.4 Rhein-Seehafen Neuss

Der Neusser Hafen, ein öffentlicher Binnenhafen in der Regie der Stadt, verfügt über fünf breite Hafenbecken mit modernen Uferbefestigungen. Es ist ein ausgesprochener Rhein-Seehafen, denn bereits seit 1897 laufen Küstenmotorschiffe, auch Rhein-See-Schiffe genannt, regelmäßig den Hafen an. Das Hafengelände umfaßt rd. 350 ha und ist außerordentlich gut an Bahn- und Autobahnlinien angebunden. Es werden etwa 20 hafeneigene, d. h. städtische und 40 firmeneigene Verladeanlagen im Hafen unterhalten. Dies macht deutlich, daß die Hafenstruktur stark von Industriebetrieben geprägt ist. Neuss gilt aufgrund der hohen Anzahl von Hafenindustrien als typischer Industriehafen. Neben vielen Speditions- und Frachtführerbetrieben haben namhafte Unternehmen verschiedenster Branchen ihren Standort im Hafenbereich.

Beispiel:
Im Neusser Hafen werden u. a. alle Arten von Futtermitteln, Gips, Papier und Pappen, hochwertige Speiseöle, Zement und Fahrzeuge produziert und umgeschlagen. Es gibt umfangreiche freie und gedeckte Lagereinrichtungen (rd. 400 000 m^2), Silos, Bunker und Tankräume für Mineralöle, Walzwerkerzeugnisse, Getreide, Kohle u. a. m. Am Hafenbecken 5 wird ein Container-Terminal betrieben.

Ein besonderes Gewicht nimmt die Produktion von Nahrungs- und Futtermitteln ein, denn auf sie entfallen fast 40 % des gesamten Verkehrsaufkommens im Hafen. Dies hängt eng mit der geographischen Lage der Stadt Neuss am Rande eines großen landwirtschaftlichen Erzeugerraumes zusammen. Viele Agrar-Rohstoffe gelangen jedoch per Binnenschiffahrt zu den Betrieben. Vorzugsweise aus niederländischen und belgischen Seehäfen, auf die 50 % des Güterverkehrs entfallen. Mittels Küstenmotorschiffen, Schubleichtern, Bargen und Selbstfahrern werden eingehend vorwiegend Getreide, Mais, Soja, Raps und andere Rohstoffe sowie Container umgeschlagen, ausgehend Kohle, Gips, Fahrzeuge und Papier- und Stahlerzeugnisse. Dem Güterumschlag stehen 42 Krane und Spezialanlagen (Getreideheber, Förderbänder) zur Verfügung. Die Neusser Hafeneisenbahn bedient mit vier Loks ein hafeneigenes Schienennetz von rd. 50 km.

4.5 Kanalhafen Dortmund

Der Dortmunder Kanalhafen, Endpunkt des Dortmund-Ems-Kanals, ist einer der größten seiner Art in Europa, wenngleich er umschlagsmäßig nicht zur Spitzengruppe der deutschen Binnenhäfen gerechnet wird. Der Hafen, 1899 eröffnet, war als Erzeinfuhr- und Kohleausfuhrhafen geplant. Heute besteht er aus 8 Hafenbecken mit 10 einzelnen Hafenteilen (Hardenberg-, Industrie-, Petroleum-, Stadt-, Kohlehafen usw.). Die Hafenanlagen umfassen rd. 11 km Kais, an denen 44 Verladebrücken und Krane arbeiten. 30 Krane gehören dem Hafeneigentümer, der Dortmunder Hafen AG, der Rest wird von Hafenbetrieben unterhalten. Der Schiffsgüterumschlag ist entsprechend der wirtschaftlichen Struktur des Raumes Dortmund schwankend. Anfang der 80er Jahre betrug er noch 5 bis 6 Mio. t jährlich, rd. 10 000 Schiffe liefen Dortmund in diesen Jahren an. Hauptgütergruppen sind Erze, Eisen und Stahl, Schrott, Steine und Erden sowie flüssige und feste Brennstoffe, es überwiegt der Warenempfang. Nach wie vor bestehen von Dortmund aus direkte Schiffsverbindungen nach der deutschen Nordseeküste, den Benelux-Häfen, den Rhein-, Main- und Neckarhäfen sowie nach Berlin und Osteuropa. Der Hafen ist nicht nur Verkehrsdrehscheibe für die Großstadt Dortmund und das östliche Revier, das Einzugsgebiet erstreckt sich bis nach Hagen, Iserlohn und das Sauer- und Siegerland.

4.6 Donauhafen Regensburg

Mit rund 2 Mio. t Güterumschlag im Jahr ist der Hafen Regensburg, der Bayerns größter Hafen ist, ein mittelgroßer Binnenhafen. Sein Hinterland umfaßt die ost- und südostbayerischen Regionen. Mit der Inbetriebnahme des Main-Donau-Kanals (MDK) hat sich die Rolle dieses Binnenhafens geändert. Jahrzehntelang war er wegen seiner Lage am Endpunkt der Donauschiffahrt ein typischer „Kopfhafen", in dem die Güter von den Wasser- auf die Landfahrzeuge umgeschlagen wurden. Diese Funktion hat Regensburg verloren, die Umschlagzahlen werden daher leichte Rückgänge verzeichnen. Für die hafenansässige Industrie, vor allem für die Futtermittelwerke, ergeben sich durch den MDK aber neue preisgünstige Zufuhrmöglichkeiten für die Rohstoffe aus den Überseeräumen, z. B. durch Verkehre auf der Relation Rotterdam–Regensburg. Der Hafen ist jetzt in rechtlicher und verkehrstechnischer Hinsicht ein markanter Punkt, denn bei Regensburg befindet sich in etwa der Übergang der international nutzbaren Wasserstraße Donau in die nationale Wasserstraße MDK, die für ausländische Reedereien abgabenpflichtig ist. Gleichzeitig ändert sich bei Regensburg die Wasserstraßenklasse, da auf der Kanalstrecke die großen Donau-Schiffsverbände nur eingeschränkt verkehren können. Regensburg wird daher möglicherweise verstärkt als Güterumschlagplatz zwischen westeuropäischen und osteuropäischen Binnenschiffen genutzt werden. Der Hafen ist für das Gebiet um Regensburg aber nach wie vor der wichtigste Standortfaktor. Um die Leistungsfähigkeit zu steigern und neue Güter anzuziehen, sollen die Hafenanlagen weiter ausgebaut und ein Freihafen angelegt werden.

5 Container- und Ro/Ro-Häfen entlang des Rheins

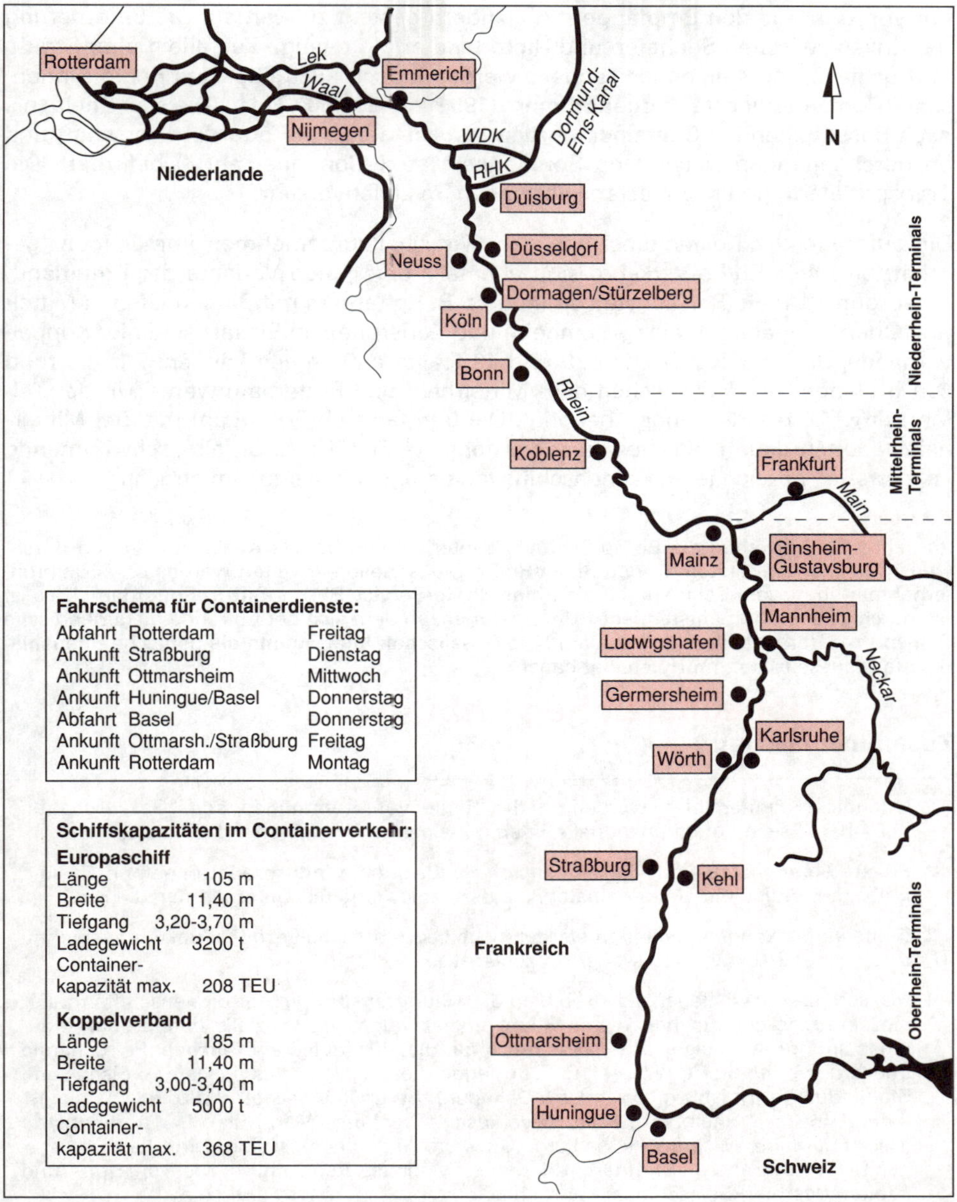

Container-Terminals zwischen Rotterdam und Basel

Zwei relativ junge Entwicklungen haben sich in vielen Binnenhäfen vor allem entlang des Rheins in den letzten Jahren durchgesetzt. Zum einen ist es der immer bedeutender werdende Containerverkehr, zum anderen der Ro/Ro-Dienst. Für beide Kombivarianten, die in nennenswertem Umfang nur über den Rhein erfolgen, ist Rotterdam der bedeutendste Ausgangs- und Zielpunkt.

Für den Umschlag der Container sind bereits über 30 Terminals entlang des Rheins (vgl. auch Themenkreis 5, Abschnitt 4.1.4) eingerichtet worden, die von diversen, zum Teil neugegründeten speziellen Containergesellschaften betrieben werden. An ihnen erfolgt der Umschlag der Boxen zwischen Binnenschiff und Lkw bzw. Bahn, um von dort aus den Empfängern/Absendern gestellt zu werden. Die Beförderung der Boxen zwischen Seehafen und Hinterland erfolgte lange Zeit allein über Straße und Schiene, mit steigender Tendenz werden jedoch auch über den Rhein Binnenschiff-Containerdienste vorgenommen (1991 rd. 600 000 TEU). Die via Rhein bis nach Basel gehenden Container werden fast zur Gänze in Rotterdam verschifft und im durchgehenden Nacht- und Sonntagseinsatz („Continue-Fahrt") befördert. Die Transporte erfolgen nach festen Fahrplänen im Linienverkehr.

Die aufgrund der Kostengunst von den Wirtschaftsunternehmen immer mehr geschätzten Rhein-Ro/Ro-Verkehre sind ebenfalls eine junge Variante der Hinterland-Versorgung. Die Ro/Ro-Dienste verbinden z. B. Rotterdam mit Binnenhäfen in Mittel- und Oberrheingebiet (Mainz, Mannheim und Karlsruhe). Im Einsatz sind hier Koppelverbände, die jeweils zwischen 30 und 40 Trailer aufnehmen können. Für die rund 600 km lange Strecke zwischen dem Mittelrhein und Rotterdam werden in der Talfahrt etwa 25 bis 30 Stunden benötigt. Die Bergfahrt ab Rotterdam mit Ziel Mittelrheinstationen dauert üblicherweise die doppelte Zeit. Diese oft als „schwimmende Landstraße" bezeichneten Binnenschiffsverkehre gelten als zukunftsträchtig.

Beispiel:
Im Jahre 1988 erzielten die Ro/Ro-Schiffahrtsunternehmen bereits Auslastungen von durchweg 75 %. Die Kapazitäten für den Rhein-Ro/Ro-Dienst sollen erweitert werden. Das Hauptunternehmen in diesem Teilmarkt ist die Rhine Ro/Ro-Service BV mit Sitz in Rotterdam. Dies ist ein durch Kooperation entstandenes Unternehmen, an dem sich der führende niederländische Transportkonzern Nedlloyd (Rotterdam), die Gesellschaft Interrijn und die deutsche Rhenania-Schiffahrtsgesellschaft mbH beteiligt haben.

Zusammenfassung

1. Öffentliche Binnenhäfen werden in der Regie von Kommunen oder Gesellschaften betrieben. Es sind multifunktionale Häfen mit einer breitgefächerten Leistungspalette.

2. Private Binnenhäfen sind Werkshäfen von Handels- oder Industrieunternehmen. Es sind meist monofunktionale Spezialhäfen, die der Versorgung der Unternehmen dienen.

3. Binnenhäfen können gegliedert werden nach Lage, Umschlaggröße, Funktion, verkehrstechnischer Struktur, Besitz- oder Umschlagstruktur.

4. Massengüter verschiedenster Art bilden das Haupttransportgut der Binnenschiffahrt. Für einzelne Massengüter haben sich Hauptverkehrswege und spezielle hafenseitige Industriestandorte herausgebildet. Namentlich gilt dies für folgende Branchen: Petrochemie und Erdölverarbeitung (Wesseling, Dormagen, Leverkusen, Ludwigshafen); Eisen- und Stahlindustrie (Duisburg, Dortmund, Dillingen); Bergbauwirtschaft (Salzgitter, Ludwigshafen, Hoechst, Rheinberg, Köln, Leverkusen, Duisburg, Marl-Hüls); Baustoffindustrie (Beckum, Mainz, Misburg, Heidelberg, Neuwied, Andernach), Mühlenwirtschaft (Karlsruhe, Berlin, Nürnberg, Stuttgart, Hannover, Münster, Regensburg, Neuss); Holz- und Papierindustrie (Rheinschiene, Ruhrgebiet).

5. Die umschlagstärksten deutschen Binnenhäfen befinden sich in Duisburg-Ruhrort, Karlsruhe, Ludwigshafen, Mannheim, Heilbronn, Neuss, Köln, Frankfurt, Saarlouis-Dillingen und Berlin.

6. Die Rhein-Ruhr-Häfen von Duisburg bilden den größten Binnenhafenkomplex der Welt. Sie bestehen aus den öffentlichen Duisburg-Ruhrorter Häfen (DRH) und 14 werkseigenen Privathäfen und Umschlagstellen der Großindustrie.

7. Die öffentlichen Duisburger-Ruhrorter Häfen entwickeln sich immer mehr zu einem multifunktionalen Güterverkehrszentrum. Wichtige Hafeneinrichtungen sind u. a. die Containerterminals, die Ro/Ro-Anlage, witterungsunabhängige Spezialhallen, der Freihafen und umfangreiche Tanklager.
8. An allen großen Rheinhäfen werden Containerterminals unterhalten. Es gibt bereits mehr als 30 derartige Anlagen entlang des Rheins.
9. Zwischen den Binnenhäfen Mainz, Mannheim und Karlsruhe und dem Seehafen Rotterdam werden zunehmend Ro/Ro-Dienste („Schwimmende Landstraße") durchgeführt.

Aufgaben

1. Moderne und leistungsfähige Binnenhäfen sind die wichtigen Verkehrsknotenpunkte und Umschlagzentralen an den Wasserstraßen. Suchen Sie für diese Aussage Beispiele.
2. Wodurch unterscheiden sich öffentliche von privaten Binnenhäfen?
3. Erklären Sie die Begriffe multifunktional und monofunktional.
4. Erstellen Sie eine Übersicht wichtiger Umschlagsgüter in deutschen Binnenhäfen. Gliedern Sie die Übersicht in die Gruppen Massengüter (Rohstoffe, Halbfertigwaren und Fertigwaren) und Stückgüter. Nennen Sie jeweils ein typisches Umschlaggerät, mit denen die genannten Güter zwischen Binnenschiffen und anderen Transportmitteln (jeweils ebenfalls eines nennen) umgeschlagen werden. Verfahren Sie nach folgendem Beispiel:

Gruppe	Umschlaggut	Umschlaggeräte	Transportmittel
Massengut	Rohstoffe: Steinkohle Halbfertigwaren: Walzdraht Fertigwaren: Futtermittel	Förderbänder, Greifer Haken Elevatoren	Kipp-Waggons Bahnwaggon, Lkw Silo-Lkw
Stückgut	Maschinen	Schwergutkran	Bahn-Waggon

5. Binnenhäfen können unterschiedlichen Hafentypen zugeordnet werden. Nennen Sie jeweils 2 Beispiele für Kanalhäfen, Privathäfen, Mineralölhäfen, Industriehäfen, öffentliche Häfen, Umschlaghäfen. Geben Sie ferner an, welche der genannten Binnenhäfen mehrere (und welche) Aufgaben erfüllen.
6. Die Binnenschiffahrt weist beim Transport einiger Güter verkehrsgeographische Schwerpunkte auf. Nennen Sie die Fahrtrouten und wichtigsten Städte/Häfen der
   - Tankschiffahrt,
   - Erzschiffahrt,
   - Kohleschiffahrt,
   - Schiffahrt mit Baustoffen,
   - Schiffahrt mit Agrarrohstoffen.
7. Welches sind die umschlagstärksten deutschen Binnenhäfen und an welchen Wasserstraßen liegen sie?
8. Auf welchen verkehrsgeographischen Gunstfaktoren basiert die Entwicklung des Duisburger Hafens?
9. Referieren Sie über die Leistungsfähigkeit, den Strukturwandel und die veränderten Wettbewerbsbedingungen der öffentlichen Duisburger Häfen.
10. Welche Vorzüge haben Freihäfen, und aus welchen Gründen wurden sie jüngst auch in Binnenhäfen eingerichtet?
11. Erstellen Sie mit Hilfe von Atlas und Karten Übersichten von
    a) großen Rheinhäfen südlich von Mainz
    b) großen Rheinhäfen nördlich von Mainz und
    c) großen Kanalhäfen.
    Bestimmen Sie jeweils die verkehrsgeographische Lage und skizzieren Sie die Leistungsschwerpunkte der Häfen.
12. Ein Rhein-Containerschiff verläßt Rotterdam-Deltaterminal stromaufwärts mit Containern für die folgenden Orte: Heidelberg, Essen, Aachen, Darmstadt, Sindelfingen, Nancy, Gießen, Rastatt, Wuppertal, Andernach. Nennen Sie in der richtigen Reihenfolge die Rhein-Containerterminals, an denen der geographisch günstigste Umschlag auf Lkw erfolgen kann.

Themenkreis 7: Seehäfen und Seehafenwirtschaft in Deutschland

1 Welthafen Hamburg

Der südöstliche Teil der Nordsee, die **Deutsche Bucht**, ist eines der bedeutendsten Schiffahrtsgebiete der Welt. Bis zu 150 000 Schiffe unterschiedlicher Größe, Bauart und Zweckbestimmung passieren die Verkehrszonen der Deutschen Bucht im Jahr. Wesentliche Ursache für die hohen Schiffsbewegungen sind die deutschen Seehäfen an der Nordseeküste, die über die Verkehrszonen angefahren werden.

Aufgrund seiner vielfältigen Umschlag-, Lager- und Abfertigungsmöglichkeiten gehört der **Hamburger Hafen** zu den größten **Universalhäfen** in Europa. Er liegt rund 110 km von der offenen Nordsee entfernt. Das Hafengebiet wird von Seeschiffen über die Wasserstraße Unterelbe mittels Lotsen und einer dichten Radarkette angefahren. Die Unterelbe ist ein wasserreicher Großschiffahrtsweg mit einem mittleren Tide-Niedrigwasser bzw. einer garantierten Wassertiefe von 13,50 m (44 Fuß), sie kann von Schiffen mit einem Tiefgang von 12,50 m (80 000 tdw) tidenabhängig oder bis zu 11,50 m tidenunabhängig (z. B. auch bei Ebbe) angelaufen werden. Das mittlere Tide-Hochwasser beträgt 16,50 m (54 Fuß), es erlaubt das Befahren von Schiffen mit der maximalen Größe von 110 000 tdw. Der Hafen ist ein **offener Tidehafen**, d. h. er unterliegt den Gezeiten, es gibt aber keine Schleusen, vor denen die Frachtschiffe warten müssen. Bei Ebbe und Flut senken und heben sich die Schiffe an ihren Liegeplätzen, den Kais und Dalben, mit dem Wasserspiegel. Der Tidenhub beträgt rund 3 m. Für die immer größer werdenden Containerschiffe ist das Befahren der Unterelbe aber bei voller Abladung nicht möglich. Daher ist beabsichtigt, die Fahrrinne der Unterelbe so zu vertiefen und zu verbreitern, daß dieser Wettbewerbsnachteil des Hamburger Hafens gegenüber den Tiefwasserplätzen am Ärmelkanal beseitigt wird.

Beispiel:

Großcontainerschiffe der sog. 4. Generation mit mehr als 4 000 TEU Ladung (4 000 20-Fuß-Container) haben einen Tiefgang von 13,80 m, sie benötigen daher eine Wassertiefe von rund 16 m. Derartig große Schiffe können ihre Liegeplätze nur mit Lotsen während sog. „Tidefenster" in langsamer Fahrt erreichen oder verlassen. Da es sich um fahrplanmäßig arbeitende Linienschiffe handelt, birgt für sie die bislang praktizierte tidenabhängige und zeitraubende Elbbefahrung die Gefahr von Verspätungen und damit der Unwirtschaftlichkeit. Außerdem stellen diese Passagen eine Gefahr für andere Schiffe auf der Unterelbe dar. Die Elbvertiefung auf 16 m wird als dringendste Baumaßnahme der Hamburger Hafenwirtschaft in den kommenden Jahren angesehen.

Die von deutschen Reedereien unterhaltene Flotte ist zu fast 50 % in Hamburg beheimatet. Über die Struktur der deutschen Handelsflotte und ihre Heimathäfen geben folgende Übersichten Auskunft.

Die Flotte der deutschen Reedereien

nach Einsatzbereichen

	Deutsche Flagge Schiffe	Deutsche Flagge Mio. BRT/BRZ	Ausländische Flaggen Schiffe	Ausländische Flaggen Mio. BRT/BRZ	Zusammen Prozent der Tonnage
Trampfahrt	154	1,469	162	1,390	41,4
Linienfahrt	64	0,580	43	0,947	22,1
Tankfahrt*)	67	1,273	27	0,197	21,3
Massengutfahrt	1	0,035	35	0,750	11,4
Fahrgastschiffahrt	5	0,130	2	0,006	2,0
Kühlfahrt	6	0,058	11	0,065	1,8
Insgesamt	297	3,545	280	3,355	100,0

*) Darunter sechs Öl-/Bulkfrachter mit 339 000 BRT/BRZ

nach Altersgruppen

	Deutsche Flagge Schiffe	Deutsche Flagge Mio. BRT/BRZ	Ausländische Flaggen Schiffe	Ausländische Flaggen Mio. BRT/BRZ	Anteil an der Gesamttonnage VDR-[1] Flotte	Anteil an der Gesamttonnage Weltweit
unter 5	77	1,079	19	0,454	22,2	15,0
5 – unter 10	158	1,481	77	0,797	33,0	20,9
10 – unter 15	37	0,607	92	0,922	22,2	24,3
15 – unter 20	17	0,312	62	0,730	15,1	25,8
20 u. darüber	8	0,066	30	0,452	7,5	14,0
Insgesamt	297	3,545	280	3,355	100,0	100,0

nach Heimathäfen*)

	Schiffe	Mio. BRT/BRZ	Prozent der Tonnage 01.01.1990	Prozent der Schiffe 01.01.1990
Hamburg	244	2,736	49,8	45,8
Mecklenburg/ Vorpommern	139	1,134	20,7	26,1
Bremen/Bremerhaven	67	0,842	15,3	12,6
Schleswig-Holstein	47	0,490	8,9	8,8
Niedersachsen	36	0,288	5,3	6,7
Insgesamt	533	5,490	100,0	100,0

*) Ohne Küstenschiffahrt und Fischerei; einschließlich der in deutschen Registern aufgeführten Schiffe, die aufgrund § 7 FlaggRG befristet eine ausländische Flagge führen.

Quelle: DVZ Nr. 39 v. 02.04.1991

[1] VDR = Verband Deutscher Reeder, Hamburg

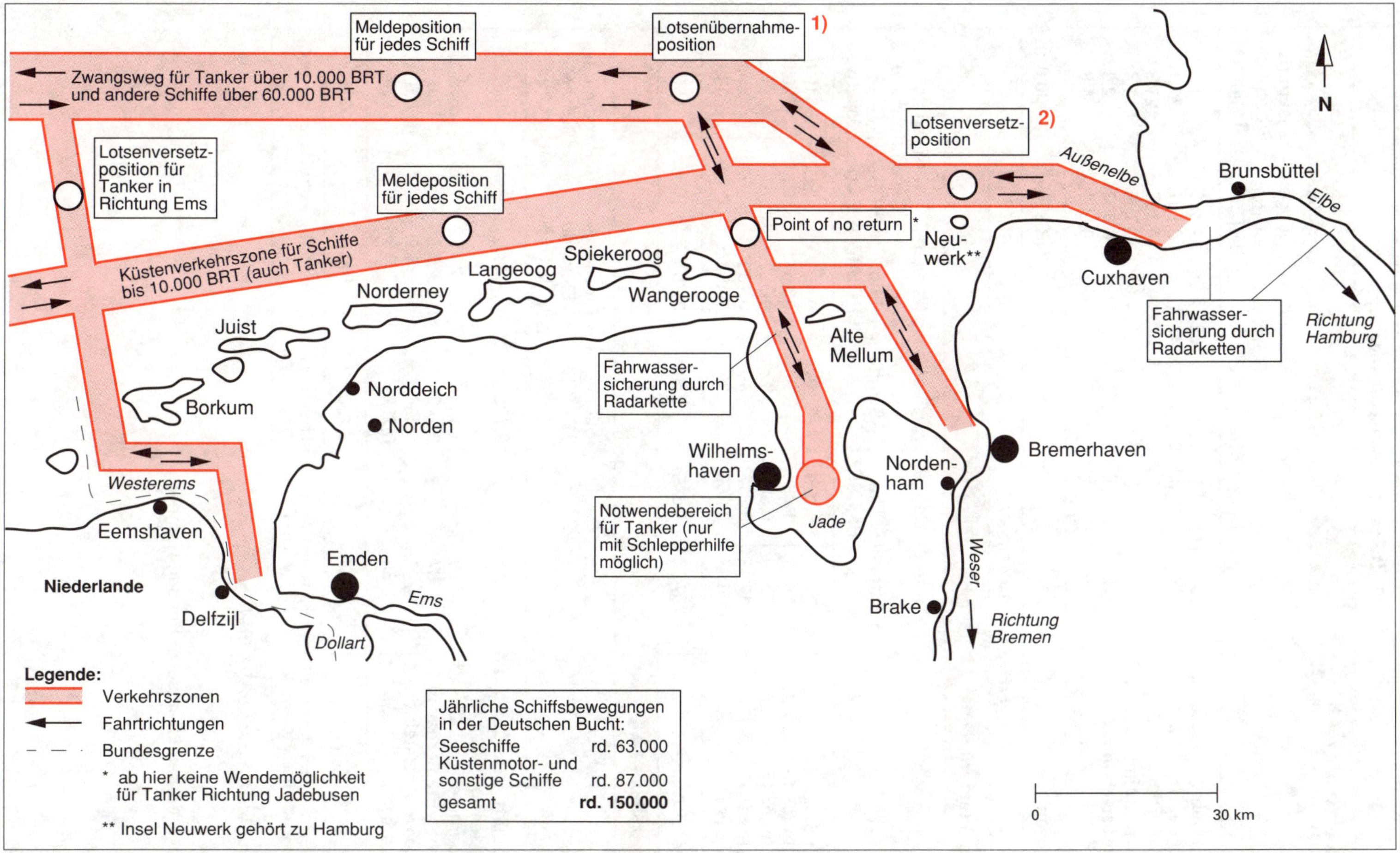

Verkehrsführung und Schiffsbewegungen in der Deutschen Bucht

1) Lotsenübernahmeposition: Lotse geht an Bord des fahrenden Schiffes

2) Lostenversetzposition: Beginn der nautischen Arbeit (Beratung) des Lotsen im Fahrtrevier

Wegen seiner günstigen geographischen Lage konnte sich Hamburg zu einem bedeutenden Knotenpunkt für den zwischenstaatlichen Handelsverkehr (**Transithandel**) entwickeln. Hamburgs Hafen wird als der östlichste der großen Nordseehäfen und durch die Verbindung über den Nord-Ostsee-Kanal auch als der westlichste „Ostseehafen" Deutschlands bezeichnet. Pro Jahr laufen rund 16 000 Seeschiffe aus über 90 Staaten den Hafen an, davon verkehrt jedes zweite Schiff im Rahmen eines festen Linienfahrplans deutscher oder ausländischer Reedereien.

Das Überseezentrum Hamburg, der Containerterminal Hamburg-Waltershof und die Freihäfen zeichnen Hamburg als schnellen und leistungsstarken Hafen aus.

1.1 Überseezentrum Hamburg

Zentrale Stelle für die Abfertigung von **Export- und Importsammelladungen** ist das **Überseezentrum** (ÜZ). Das tägliche Umschlagvolumen dieser weltweit zu den größten ihrer Art gehörenden Anlage liegt bei bis zu 30 000 Frachtstücken. Der Sammelladungsverkehr wird von der **Hamburger Hafen- und Lagerhausgesellschaft-Aktiengesellschaft** (HHLA) im ÜZ wettbewerbsneutral und auf eigene Rechnung durchgeführt. Von der Gesamtfläche des ÜZ von rund 200 000 m² wird ein Drittel als Raum für die seemäßige Abfertigung, die Lagerung von ausgehenden Packstücken und die Containerstauung verwendet, der Rest für Importarbeiten.

Beispiel:
Der überwiegende Teil des Überseezentrums dient als Fläche für importorientierte „Distributions-Logistik". Im einzelnen fallen hierunter Arbeiten wie die Warenempfangnahme von eintreffenden Seeschiffen, Qualitätskontrollen, Nachbearbeitung von Waren, Kommissionierungen, Feinkonfektionierungen, Verzollung und anderes mehr.

1.2 Containerterminal Hamburg-Waltershof

Das Terminal ist bedeutender Umschlagplatz für genormte Boxen, denn Hamburg gehört zu den zehn größten Containerumschlagplätzen der Welt. Das Gelände wird zum Freihafengebiet gerechnet und trägt die exakte Bezeichnung „**Freihafen Waltershof**". Es wird aufgrund der Containerfunktion auch als „Container-Zentrum Waltershof" bezeichnet. Dieser Hafenteil, der eine Größe von rund 2,5 Mio. m² hat und damit größer ist als das Fürstentum Monaco, liegt westlich des Elbeseitenarms Köhlbrand und ist mit der vier Kilometer langen Köhlbrandbrücke (eingeweiht 1974) mit den östlichen Hafenteilen verbunden. Waltershof wurde mit Beginn der 60er Jahre, als sich die Containerverkehre als die zukünftig entscheidende Transportform abzeichneten, als Container-Zentrum ausgebaut. Vorher wurde das Gebiet zeitweise als Petroleumhafen genutzt.

Neben den reinen Containeranlagen werden auch **Mehrzweck- oder Multipurpose-Terminals** betrieben. Diese Anlagen erlauben nicht nur den Umschlag von Containern, sondern gleichzeitig den von Stückgütern jeglicher Art, Ro/Ro-Ladungen und Schwergütern. Nahe des Terminals bieten Unternehmen Spezialleistungen im Zusammenhang mit den Boxen an. Hierzu zählen Container-Reparaturen, Wartungen, Containervermietung, Depothaltungen u. a. m. Die Kais für Voll- und Semicontainerschiffe sind 3,3 km lang und bieten 16 Liegeplätze. 15 von 27 Hamburger Containerbrücken stehen allein in Waltershof, wo auch neun Hallen mit fast 200 000 m^2 überdachter Lagerfläche bereitgehalten werden. Die Verkehrsanbindung des Containerterminal ist hervorragend.

Beispiel:

Waltershof liegt direkt an der Autobahn 7 und hat damit eine schnelle und direkte Verbindung in das Hafenhinterland Richtung Bremen/Hannover und in alle anderen Richtungen. Im unmittelbaren Norden von Waltershof bildet der drei Kilometer lange Elbtunnel, der Teilstück der A 7 ist, eine rasche Unterquerung der Unterelbe und ermöglicht somit auch einen schnellen Autobahnverkehr in Richtung Flensburg/Kiel.

1.3 Freihafen Hamburg

Der 16 km^2 große Freihafen ist einer der größten seiner Art in der Welt und das Kernstück des Hamburger Hafens. Seine Hauptaufgabe besteht darin, den internationalen Güeraustausch soweit wie möglich ohne Zollvorschriften abwickeln zu können. Umschlag und Lagerung von Waren für Zwecke des Außenhandels sowie der Schiffbau sind die wichtigsten Tätigkeiten innerhalb des Geländes. Der Freihafen gehörte zwar zum deutschen Hoheitsgebiet, das Zollrecht ist in ihm jedoch nicht voll wirksam. Die Sicherung des Freihafens wird von der Bundeszollverwaltung vorgenommen. Vom Zollgebiet wird der Freihafen durch einen 23 km langen und 3 m hohen Zollzaun getrennt. An der Freihafengrenze gibt es 39 Land-, Wasser- und Eisenbahnübergänge, an denen der Personen- und Warenverkehr abgefertigt werden kann. Im Freihafen haben über 1 000 Betriebe ihren Standort. Dazu zählen Schiffsausrüster, Importfirmen, Lagerei- und Quartiermannsbetriebe, Werften, Maschinenhersteller und Unternehmen der Mineralölbranche. Diese Handels-, Industrie- und Verkehrsunternehmen haben folgende Vorteile durch den Freihafen:

- Zwischen dem Freihafen und der offenen See können alle Waren rund um die Uhr ohne zollrechtliche Beschränkungen, d. h. Gestellungs- oder Anmeldepflicht, verkehren. Die Verkehre müssen lediglich mit einem Zollzeichen durchgeführt werden.

- Import-, Export- und Transitgüter dürfen im Freihafen ohne zollrechtliche Beschränkungen umgeschlagen, befördert, gelagert oder Lagerbehandlungen (Umpacken, Reinigen, Markieren, Einfrieren usw.) unterzogen werden.

- Ferner dürfen ohne zollrechtliche Beschränkungen Schiffe gebaut, umgebaut, ausgebessert, ausgerüstet oder abgewrackt werden. Auch andere Waren können unbeschränkt gewerblich be- oder verarbeitet werden.

- Güter werden erst dann einer Zollbehandlung unterzogen, wenn sie aus dem Freihafen in das Zollgebiet eingeführt werden.

Fahrtgebiet	1989	1990	Änderung in Prozent
Europa	**414 223**	**489 267**	**18,1**
Großbritannien/Irland	36 244	53 369	47,2
Skandinavien	237 506	276 974	16,6
Übriges Europa	140 473	158 924	13,1
Amerika	**202 825**	**210 202**	**3,6**
Kanada/Große Seen	39 757	35 692	– 10,2
Nordamerika-Ostküste	60 695	57 901	– 4,2
Nordamerika-Westküste	13 809	13 316	– 3,6
US-Golf	4 023	577	– 85,7
Südamerika-Ostküste	36 389	41 709	14,6
Südamerika-Westküste	20 411	24 977	22,4
Übriges Amerika	27 741	36 030	29,9
Afrika	**154 988**	**173 959**	**12,2**
Nordafrika	31 673	19 133	– 39,6
Südafrika	45 489	44 642	– 1,9
Ostafrika	23 685	35 797	51,1
Westafrika	54 141	74 387	37,4
Asien	**868 202**	**1 011 285**	**16,5**
Ostasien	585 732	670 231	14,4
Israel	12 506	11 184	– 10,6
Arab. Golf/Rotes Meer	51 289	73 000	42,3
Indien/Pakistan	49 437	56 341	14,0
Übriges Asien*)	169 238	200 529	18,5
*) in der neuen S. = Südostasien			
Australien/Pazifik	**79 790**	**76 878**	**– 3,6**
Fahrtgebiet unbekannt	7 581	7 395	– 2,5
Gesamtumschlag	**1 727 609**	**1 968 986**	**14,0**

Containerumschlag des Hamburger Hafens nach Relationen – Fahrtgebietsstatistik 1989/90

Quelle: Hafen Hamburg, Verkaufsförderung und Werbung

2 Die Bremischen Häfen

Der Begriff „Bremische Häfen" ist eine Sammelbezeichnung, da der Seehafen Bremen aus zwei Hafengruppen besteht: dem eigentlichen **Hafen Bremen-Stadt** an der Unterweser und dem **Hafen Bremerhaven** an der Wesermündung bzw. der Außenweser. Beide Häfen gehören zur Kategorie der **Universalhäfen** und wickeln traditionelle große Mengen Stückgut ab. Das Verhältnis von Stückgut zu Massengut beträgt bei den Bremischen Häfen rund 2 : 1.

In **Bremen-Stadt** gibt es die Hafenanlagen des Überseehafens, des Europahafens (mit Ro/Ro-Terminal), des Neustädter Hafens (mit Container-Terminals und Packing-Center), des Weserbahnhofs und die Speicherflächen für Umschlag und Lagerung. Weitere Spezialeinrichtungen sind die Getreideanlage, das Fruchtzentrum, Kühlhaus und Distributions-Service.

In **Bremerhaven** sind es die Kaiserhäfen II und III (Auto-Terminal, Bananen-Umschlag), der Verbindungshafen (Esso-Ölpapier), die Columbuskaje (Stückgut-Terminal, Fähranleger), das Container-Terminal Nordhafen (Ost- und Westseite), an denen der Umschlag erfolgt. Als Spezialanlagen gibt es weiterhin ein Fruchtzentrum, eine Ro/Ro-Anlage, das Außenhandelszentrum, Packing Center und Kühlhaus sowie den Distributions-Service. Die Bewirtschaftung der Hafenanlagen erfolgt durch die **Bremer Lagerhaus-Gesellschaft** (BLG). Sie betreibt den Güterumschlag, Lagerei, Be- und Entladung von Landverkehrsmitteln, Planung/Bau/Finanzierung der Anlagen sowie deren Unterhaltung. Der Autoumschlag, der eine der Spezialleistungen Bremerhavens darstellt, umfaßt jährlich zwischen 700 000 bis 800 000 Einheiten. Mehr als zwei Drittel aller umgeschlagenen Fahrzeuge sind Import-Pkw. Die Stellflächen der BLG für den Fahrzeugumschlag umfassen für den Import über 42 000 Plätze, davon fast ein Drittel überdacht, für den Export von Fahrzeugen werden 22 000 Plätze bereitgehalten.

Die Bremischen Häfen gelten nach wie vor als **Eisenbahnhäfen**, denn mehr als die Hälfte der umgeschlagenen Güter werden auf der Schiene an- oder abbefördert. Die Gleisanlagen nehmen innerhalb der Häfen fast 300 km Länge ein. Sammel- und Verteilerplatz für Export-Sammelgüter ist der **Weserbahnhof**. Von dort aus werden palettierte oder sonstige verpackte Güter mit Bahnwaggons oder Schuten zu den Ladeschuppen der Schiffe befördert. Auch beladene Container werden mittels Eisenbahn oder Lkw zu den Terminals von Bremen-Stadt oder Bremerhaven überführt. Im Kombinierten Verkehr der Bundesbahn hat Bremen mit dem **Bahnhof Grolland** eine der großen Stationen der Bundesrepublik Deutschland. Die Häfen sind traditionelle **Stückguthäfen**, dies zeigt sich auch an der sehr frühen Einführung der Container- und Lash-Technik in Bremen/Bremerhaven. Eine Rolle spielte hierbei auch die verkehrsgeographische Gunstlage insbesondere Bremerhavens; die Bremischen Containerterminals gelten als die am günstigsten gelegenen an der deutschen Nordseeküste.

Beispiel:

Die Ära der Container begann in Bremen bereits am 05.05.1966. Im selben Jahr wurden schon 16 670 Boxen umgeschlagen. Gut vier Jahre später wurde am 01.09.1970 Bremerhaven als erster deutscher Löschplatz von einem Lash-Schiff, der MS „Atlantic Forest", angelaufen; die Löscharbeiten nahmen seinerzeit 18 Stunden in Anspruch. Dabei wurden 73 Leichter mit je 375 t Tragfähigkeit entladen. Derzeit liegt der Containerumschlag in den Bremischen Häfen bei weit über 1 Mio. Boxen jährlich.

Der Containerumschlag via Bremen/Bremerhaven bezieht sich vorzugsweise auf Verkehre mit den USA, insbesondere mit der US-Ostküste. Die Bremischen Häfen gelten als die führenden deutschen Seehäfen im Nordamerika-Geschäft. Weniger ausgeprägt ist dagegen der Verkehr mit Ostasien. Container- und Stückgutverkehre mit Ostasien sind seit langem eine Domäne des Hamburger Hafens.

Die Bremischen Häfen verfügen wie Hamburg sowohl über einen **Freihafen** wie über **Seezollhäfen**, in denen Import- und Exportgüter umgeschlagen und gelagert werden können. Über das Hafensystem der Seezollhäfen werden an der Weser vor allem eingehende Massengüter gelöscht, weil homogene Ladungen wie Getreide, Mineralöl, Erze oder Kohle in einem Arbeitsgang abgefertigt werden können. Stückgüter gelangen fast ausnahmslos über den Freihafen nach Bremen/Bremerhaven. Seezollhäfen und Freihäfen stellen nach dem deutschen Zollgesetz unterschiedliche Systeme dar.

Beispiel:

Im Zollgebiet liegende Seehäfen werden nach dem deutschen Zollrecht als Seezollhäfen definiert. Seit 1888 werden in Bremen und Hamburg auch die oben beschriebenen Freihäfen unterhalten, die im Gegensatz zum Seezollhafen vom Zollgebiet ausgeschlossen sind. Je nach Art der Ware kann das eine oder andere Hafensystem beim Umschlag von Vorteil sein.

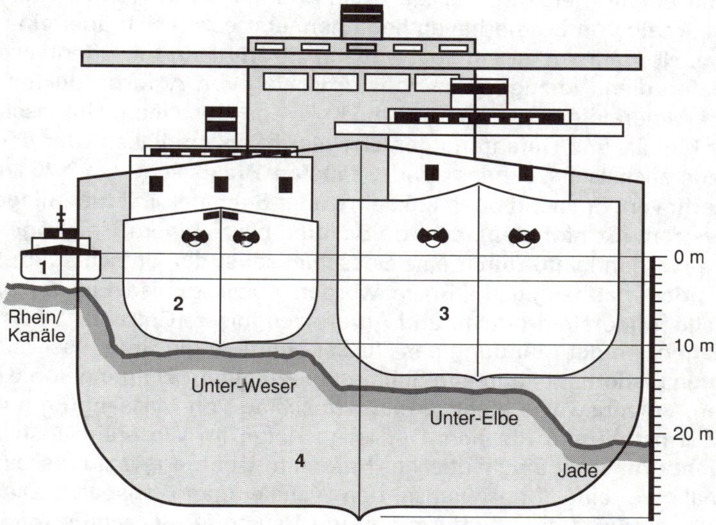

Tauchtiefen und Schiffsgrößen auf deutschen Wasserstraßen im Vergleich

Beispiele für Schiffstypen auf deutschen See- und Küstenwasserwegen

Schiffstyp	Tragfähigkeit	Länge	Breite	Tiefgang
1. Binnengüterschiff („Europaschiff")	1 350 t	80 m	9,5 m	2,5 m
2. Massen- und Stückgutfrachter..................	25 000 t	170 m	21,5 m	9,5 m
3. Massengutfrachter	80 000 t	230 m	32,0 m	13,0 m
4 Tanker .... Der Tanker kann vollbeladen in Europa nur Marseille und Le Havre anlaufen.	553 662 t	414 m	63,0 m	28,6 m

Quelle: Achilles, Geograph. Rundschau, H. 10/79, S. 406

3 Weitere Nordseehäfen

Zu den im Seehafengeschäft etablierten Häfen an der deutschen Nordseeküste kommen neben Hamburg und Bremen/Bremerhaven weitere 10 Hafenplätze. Es handelt sich dabei zum Teil um Spezialhäfen mit besonderen Aufgaben im Import- bzw. Exportgeschäft und um Häfen mit wichtigen Umschlagsaufgaben für die Binnenschiffahrt. Die Häfen werden gemäß ihrer Lage an den Seeschiffahrtsstraßen Unterweser/Hunte, Jade, Ems und Elbe zu Hafengruppen zusammengefaßt.

3.1 Häfen an Unterweser und Hunte

Neben Bremen und Bremerhaven übernehmen an der Weser die Seehäfen von Nordenham, Brake und Elsfleth Umschlagsaufgaben. Der **Seehafen Nordenham** liegt am linken Weserufer unmittelbar am seeschifftiefen Wasser, er kann von Schiffen mit einem Tiefgang von bis zu 13 m angefahren werden. Die Hafenanlagen, die oberhalb von Bremerhaven beginnen, erstrecken sich über eine Länge von rund 10 km. Nordenham ist ein sog. privater Stromhafen mit öffentlichem Charakter. Der Hafen dient vorzugsweise dem Umschlag von Agrarprodukten (Getreide), Eisenerzen, Mineralölerzeugnissen, Kohle/Koks und Gesteinen. Umgeschlagen werden ferner Militär- und Gefahrengüter. Der gleichfalls am linken Ufer der Weser liegende niedersächsische Landes- und **Seehafen Brake** liegt rund 25 km oberhalb von Bremerhaven. Er ist ein über 120 Jahre alter Seehafen mit Pieranlagen am offenen Weserstrom (Stromhafen), der von Schiffen bis zu einem Tiefgang von 11,30 m angelaufen werden kann. Durch eine Seeschleuse ist der Umschlag im Braker Binnenhafen tidenunabhängig. In Brake werden vorzugsweise Eisenerze, Zellulose, Stahl, Bleche, Mineralölprodukte und Agrarerzeugnisse (Getreide, Speiseöle, Fette) umgeschlagen. An der Mündung des Flusses Hunte in die Unterweser befindet sich der **Seehafen Elsfleth**. Er kann von Schiffen bis zu einem Tiefgang von 6 m angelaufen werden. Vorzugsweise dient er dem Umschlag von Massengütern wie Zellulose, Holz, Formstahl und Blechen. Der letzte Hafen im Wesereinzugsgebiet ist der **Hafen Oldenburg.** Er ist ein städtischer Hafen am Übergang des Flusses Hunte zum Küstenkanal, wo eine Tideschleuse den Kanaleingang absperrt. Die Hauptumschlagsgüter sind Getreide, Futtermittel und Baustoffe. Seeschiffe mit einem Tiefgang bis zu 4,20 m können den Hafen anlaufen.

3.2 Wilhelmshaven und das Jadegebiet

Der Spezialhafen von **Wilhemshaven** steht beim Umschlag der Nordseehäfen traditionell nach Hamburg an zweiter Stelle. Der ehemalige Industrie- und Handelshafen ist seit 1958, als die erste Tankerlöschbrücke in Betrieb ging, ein ausgesprochener Mineralöleinfuhrhafen. Dieses Massengut beherrscht zu fast 90 % das Bild in Wilhelmshaven. Die mit 20 m Tiefe sehr günstigen Fahrwasserverhältnisse der Jade geben dem Hafen den Charakter eines Tiefwasserhafenplatzes, so daß Tankschiffe bis zu einer Tragfähigkeit von 150 000 t die Tankerlöschköpfe anlaufen können. Die rund 47 km lange Jadestrecke ist tidebeeinflußt und in mehreren Ausbaustufen auf ihre heutige günstige Fahrwassertiefe gebracht worden.

Wilhemshaven wird seit 1972 als der einzige deutsche **Tiefwasserhafen** bezeichnet. Der Ausbau der seewärtigen Jadestrecke und des ehemaligen Kriegs- und Marinehafenplatzes zu einem Tiefwasserhafen basiert auf Entscheidungen aus dem Jahre 1956, Wilhelmshaven zur Kopfstation einer Rohölfernleitung für die Ruhrgebietsraffinerien auszubauen. Als erster Großtanker machte nach Abschluß der Vertiefungsarbeiten am 14. April 1974 der vollbeladene Tanker „Esso Bonn" mit 258 000 t Rohöl bei rund 20 m Tiefgang und optimaler Tideausnutzung in Wilhelmshaven fest.

Von Wilhelmshaven aus werden mittels **Rohrleitungen** (Pipelines) die Raffineriezentren im Ruhrgebiet (Gelsenkirchen-Scholven) und an der Rheinschiene (Köln-Wesseling) mit Rohöl versorgt. Die NWO-Leitungen (NWO = Nord-West-Ölleitung GmbH) werden je nach Bedarf in Betrieb gehalten oder zeitweise stillgelegt. Seit den 70er Jahren wird aber auch in Wilhelmshaven selbst nicht nur Mineralölumschlag, sondern auch -verarbeitung durch Raffineriebetriebe vorgenommen. Neben Mineralölen werden noch Chemikalien, Kohle und diverse Gase umgeschlagen.

Beispiel:

Bei den Gasen handelt es sich zum einen um verflüssigtes Erdgas (LNG = Liquefied Natural Gas) und zum anderen um verflüssigtes Petrogas (LPG = Liquefied Petroleum Gas), das bei der Gewinnung von Erdöl anfällt. Zum Transport werden spezielle LNG- oder LPG-Tankschiffe eingesetzt.

3.3 Häfen an Ems und Dollart

Herausragender Hafen im gesamten Mündungsgebiet der Ems, dem Dollart, ist der **Seehafen Emden**. Emden war traditionell der wichtigste Hafen für das östliche Ruhrgebiet, da durch den in die Ems mündenden Dortmund-Ems-Kanal (DEK) die direkte und günstige Versorgung des Reviers mit Importerzen gewährleistet werden konnte. Gleichzeitig war er bedeutender Ausfuhrhafen für Kohlen aus dem Ruhrgebiet, die mit Binnenschiffen herangeführt wurden. Beide Gütergruppen werden zwar weiterhin umgeschlagen, haben jedoch an Bedeutung verloren. Zu den wichtigen Umschlagswaren gehören in Emden heute weiterhin Bauxit für die Aluminiumproduktion, Mineralöle, Militärgüter und Kraftfahrzeuge. Insgesamt ist der Hafen überwiegend auf den Massengutumschlag ausgerichtet und weniger auf Sack- und Stückgüter. Dies macht ihn wie andere Massenguthäfen auch sehr anfällig für Konjunkturveränderungen. Direkte Konkurrenzhäfen sind für Emden die beiden westlich auf niederländischer Seite liegenden Dollarthäfen von Delfzijl und Eemshaven. Sie werden mit beträchtlicher Förderung durch die Niederlande weiter ausgebaut. Grundlegende Verbesserungen bei der ungünstigen Fahrwassertiefe und bei den Seeschleusen sollen die Position von Emden stärken.

Beispiel:

Bei Ausnutzung der Tide können Seeschiffe bis 45 000 t Tragfähigkeit Emden anlaufen, die Fahrwassertiefe beträgt 8,50 m. Größere Schiffe müssen dagegen auf einem Leichterplatz vor der Insel Borkum (Möwensteert) abgeleichtert werden, ehe sie den Hafen anlaufen können. Der Hafen Emden soll langfristig unter der Großprojektbezeichnung „Dollarthafen" ausgebaut werden.

Weiter stromaufwärts im Gebiet der Unterems sind die städtischen **Seehäfen Leer und Papenburg** noch von Bedeutung. Beide Häfen haben in Form der Werft- bzw. Hafenwirtschaft für den regionalen Arbeitsmarkt eine wichtige Funktion. In diesen Emshäfen kommen vorzugsweise Massengüter wie Baustoffe, Holz, Papier, Koks, Mineralöl und Agrarpodukte, wie z. B. Getreide, zum Umschlag.

Der Güterumschlag in deutschen Seehäfen 1989 (und Prognose bis zum Jahr 2000)

Hafen	Umschlag 1989	Umschlag im Jahr 2000				Veränderung gegenüber 1989 in Prozent
		Gesamt	Stückgut	Trockenes Massengut	Flüssiges Massengut	
Hamburg	57,6	85,1	45,5	22,6	17,0	+ 48
Bremische Häfen	31,7	44,3	30,5	9,6	4,2	+ 40
Brake	4,6	6,5	3,1	3,4	0,0	+ 40
Nordenham	2,2	3,7	1,4	1,5	0,8	+ 70
Cuxhaven	1,0	1,5	1,5	–	–	+ 44
Wilhemshaven	14,5	18,6	1,4	1,7	15,5	+ 28
Emden	3,2	3,0	1,3	1,4	0,3	– 6
Brunsbüttel	8,0	9,5	1,0	1,4	7,1	+ 19

Hafen	Umschlag 1989	Umschlag im Jahr 2000				Veränderung gegenüber 1989 in Prozent
		Gesamt	Stückgut	Trockenes Massengut	Flüssiges Massengut	
Deutsche Nordseehäfen	122,8	172,2	85,7	41,6	44,9	+ 40
Kiel	3,4	3,8	2,8	0,6	0,4	+ 9
Lübeck	12,1	17,1	14,9	2,0	0,2	+ 40
Puttgarden.............	4,3	6,2	6,0	0,2	0,0	+ 43
Schleswig-holst. .... Ostseehäfen	19,9	27,0	23,7	2,8	0,6	+ 36
Wismar	3,3	2,5	1,0	1,0	0,5	– 25
Rostock	20,8	16,5	7,5	5,5	3,5	– 21
Stralsund	1,0	0,5	–	0,5	–	– 51
Warnemünde	0,2	–	–	–	–	–
Mukran	3,1	2,5	2,5	–	–	– 18
Saßnitz	4,8	4,0	4,0	–	–	– 16
Häfen Mecklenburg/ Vorpommern.........	33,2	26,0	15,0	7,0	4,0	– 22
Insgesamt.............	175,9	225,2	124,4	51,4	49,5	+ 28

Quelle: DVZ Nr. 117 vom 01.10.1991.

3.4 Elbemündungshäfen

Am Mündungstrichter einer der meistbefahrenen Schiffahrtsstraßen der Welt, der Elbe, übernehmen die Häfen von Cuxhaven und Brunsbüttel einige besondere Funktionen.

Cuxhaven gehört territorial zum Bundesland Niedersachsen. Teile der Hafenanlagen (Amerikahafen und Steubenhöft) gehörten bis 1993 zur Hansestadt Hamburg. Der Hafen verfügt über gute Fahrwasserverhältnisse, so daß auch große Seeschiffe die Kais anlaufen können. Durch die direkte Lage an den Seewasserwegen entfallen in Cuxhaven für Schiffe zeitaufwendige sog. Revierfahrten. Cuxhaven ist auf den Ro/Ro-Verkehr spezialisiert. Die Schwerpunkte liegen im Verkehr mit Großbritannien (Immingham, Harwich), Schweden (Södertälje) und Finnland (Turku, Helsinki, Kotka). Über besonders große Brückenrampen werden mit Stückgütern beladene Trailer und Rollflats an und von Bord der Ro/Ro-Schiffe gerollt. Zum Umschlag gelangen in der Ro/Ro-Technik ferner Neuwagen. Zu den besonderen Arbeitsgebieten werden auch der Umschlag von tiefgekühlten Nahrungsmitteln und deren Lagerung in Kühlhäusern gerechnet. Cuxhaven ist daneben Fährhafen für den Helgoland-Verkehr und größter deutscher Fischereihafen. Die ehemals zu Hamburg gehörenden Hafenteile sind Mehrzweckanlagen.

Beispiel:

Über den Amerikahafen werden u. a. Kraftfahrzeuge, Massen- und Stückgüter bewegt. Er fungiert ferner als Nothafen. Steubenhöft (14 m Wassertiefe) dient zur Abfertigung großer Seeschiffe, für Reparaturarbeiten und Probefahrten.

Der Hafen von **Brunsbüttel** stellt den westlichen Endpunkt des Nord-Ostsee-Kanals (NOK) dar. Er führt sowohl Umschlagarbeiten für die hafeneigene Industrie und den nördlichen Raum von Schleswig-Holstein aus wie auch Arbeiten im Zusammenhang mit der NOK-Passage. Dies sind vor allem Seeschiff-Schleusungen. In Brunsbüttel wird jeweils eine alte und eine neue Schleuse betrieben. Die neue Schleuse hat eine Nutzlänge von 310 m bei einer Nutzbreite von 22 m (alte Schleuse: Länge 125 m, Breite 22 m). Die Schleusungszeiten betragen zwischen 30 und 45 Minuten, die NOK-Passagen dauern 7 bis 9 Stunden. Von geringer Bedeutung sind die Hafenplätze Stade und Glückstadt.

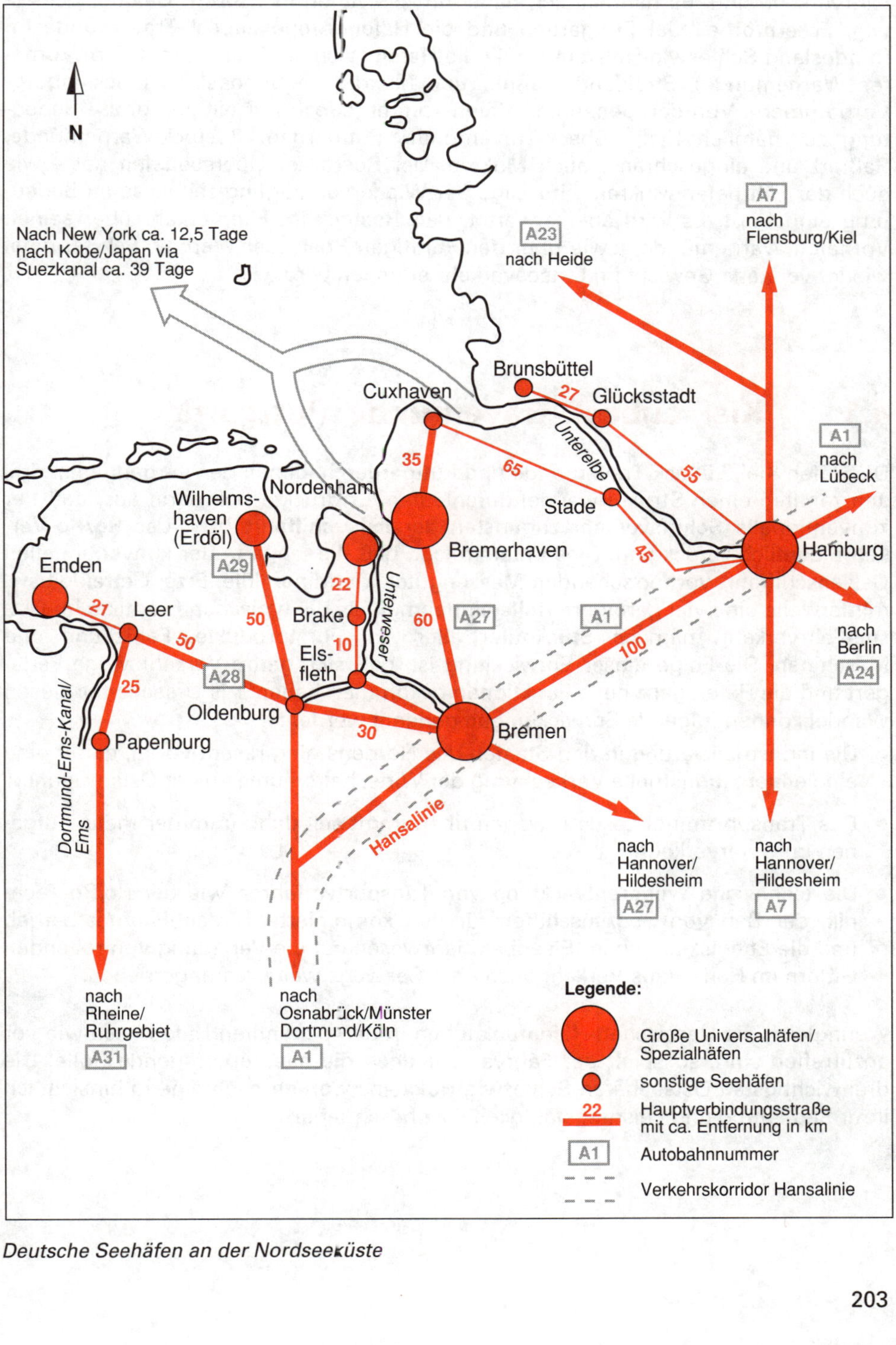

Deutsche Seehäfen an der Nordseeküste

4 Seehäfen an der Ostsee

An der Ostseeküste verfügt die Bundesrepublik Deutschland über elf unterschiedlich große und leistungsfähige Seehäfen, die zum Teil reine Spezialhäfen für den Fährverkehr sind. Es handelt sich dabei um die Häfen Flensburg, Gelting, Schleswig, Eckernförde, Kiel, Puttgarden und die Hafengruppe Lübeck-Travemünde im Bundesland Schleswig-Holstein sowie die Häfen Wismar, Rostock (mit dem Vorhafen Warnemünde), Stralsund, Saßnitz und Mukran im Bundesland Mecklenburg-Vorpommern. Von den genannten Häfen kommt jedoch nur einigen große Bedeutung zu, nämlich Kiel, Lübeck-Travemünde, Puttgarden, Rostock-Warnemünde, Saßnitz und eingeschränkt auch Mukran. Der Rostocker Überseehafen hat – wie auch der Fährhafen Mukran – im Zuge der Wiedervereinigung zeitweise an Bedeutung eingebüßt. Es wird aber erwartet, daß Rostock im Fährverkehr über seinen Vorhafen Warnemünde sowie über den künftigen Rostocker Warnow-Fährterminal wieder verstärkt Gewicht im Ostseeverkehr erlangen wird.

4.1 Kiel, Lübeck-Travemünde, Puttgarden

Die Häfen Kiel, Lübeck-Travemünde und Puttgarden haben in den vergangenen drei Jahrzehnten einen Strukturwandel durchlaufen. Er drückte sich darin aus, daß der konventionelle Schiffsverkehr zugunsten der **Fährschiffahrt** bzw. des **Ro/Ro-Verkehrs** deutlich zurückging. Dies unterstreicht, daß die lange in der konventionellen Ostseeschiffahrt vorherrschenden Massengüter wie Mineralöle, Erze, Getreide usw. mittlerweile eine viel geringere Rolle einnehmen als die typischen Produkte im Ostsee-Fährverkehr, nämlich Stückgüter aller Art, Forstprodukte, Fahrzeuge und Maschinen. Die Folge dieser Entwicklung ist, daß sich ganze Verkehrswege verlagert und die Häfen ganz neue Funktionen bekommen haben. Als Ursache für diesen Wandel können folgende Entwicklungen genannt werden:

- Die Industrialisierung in den Staaten des Nordens ging rasant voran, damit ging eine engere industrielle Verflechtung der Wirtschaftsräume an der Ostsee einher.
- Das Transportmittel Lastkraftwagen übernimmt seit Jahren immer mehr Aufgaben im Güterverkehr.
- Die technische Weiterentwicklung von Tansportverfahren wie der Ro/Ro-Technik, der Bau von Spezialschiffen für den kombinierten Fracht/Fahrgastbetrieb und die Entwicklungen im Eisenbahnfährwesen hat die Verladung von rollenden Gütern im Haus-Haus-Verkehr auch über Seewege weiter vorangetrieben.

Wenngleich die klassischen Hafenfunktionen in den genannten Häfen nach wie vor anzutreffen sind, so spielt der Fährverkehr doch die alles überragende Rolle. Die drei wichtigsten Ostseehäfen Schleswig-Holsteins werden nachfolgend hinsichtlich ihrer Bedeutung und Leistungsfähigkeit kurz beschrieben.

Absolut führender Fährhafen ist **Lübeck-Travemünde**, er gilt auch als größter europäischer Fährplatz. Rund 15 % der Arbeitsplätze in der Stadt sind vom Wirtschaftszweig Fährverkehr direkt oder indirekt abhängig. Von Lübeck-Travemünde aus wird seit 1962, der Aufnahme der Fährdienste, ein stetig dichteres Fährliniennetz nach Dänemark, Schweden und Finnland betrieben; in jüngster Zeit sind Verbindungen nach Polen und dem Baltikum hinzugekommen. Die täglichen Abfahrten liegen zwischen 13 und 20. Lübecks öffentliche Umschlaganlagen werden von der **Lübecker Hafen-Gesellschaft** (LHG) betrieben. Wichtige Hafenteile sind für den Frachtverkehr die Lübecker Stadthäfen mit dem **Nordlandkai**, für Passagierverkehr der Hafen Lübeck-Travemünde mit dem **Skandinavienkai**. Die Wassertiefen der Häfen liegen zwischen 6 und 10 m. In den Häfen werden auch konventionelle Güter geladen und gelöscht. Der Fährdienst nach Dänemark und Schweden erfolgt überwiegend ab Skandinavienkai. Dort befinden sich Abfahrtmöglichkeiten für Passagier-Frachtfähren, Trailerschiffe und Eisenbahnfähren. Der Ro/Ro-Terminal für den Finnland-Fährverkehr, die längste Route auf der Ostsee, befindet sich am Nordlandkai.

Beispiel:

Die längste von einem deutschen Hafen ausgehende Fährstrecke ist die Verbindung Travemünde–Hanko (Finnland) mit rund 1 080 km. Die Fahrzeit liegt zwischen 33 und 40 Stunden. Wichtige andere Fahrziele sind ab Travemünde Gedser (3 Std.), Göteborg (14 Std.), Malmö (9 Std.), Trelleborg (7 Std.) und Helsinki (33 Std.).

Puttgarden ist gemessen an der Fährtonnage zweitwichtigster Fährhafen. Die Fährlinie Puttgarden–Rodby Havn (Insel Lolland/Dänemark) ist unter dem Begriff **Vogelfluglinie** bekannt, sie bildet eine der wichtigsten Verbindungen zwischen der Bundesrepublik Deutschland und Dänemark. In der Hauptsaison werden pro Tag 30 Fährfahrten für Eisenbahnwaggons und Straßenfahrzeugen durchgeführt. Der Bahnfährverkehr wird von der Deutschen Bundesbahn (DB) gemeinsam mit der Dänischen Staatsbahn (DSB) betrieben. Von überragender Bedeutung ist, daß die Vogelfluglinie via Puttgarden Teil des Verkehrskonzeptes DanLink (= Dänemark-Verbindung) ist, bei dem die Eisenbahnen der Bundesrepublik Deutschland, Dänemarks und Schwedens einen aufeinander abgestimmten Fährdienst zwischen Schweden und Norddeutschland anbieten (vgl. hierzu Themenkreis 10, Kap. 4).

Von **Kiel** aus werden Fährlinien nach Norwegen, Schweden und Dänemark angeboten. Dieser Fährverkehr stellt über zwei Drittel des gesamten Hafenumschlags. Bis 1976 hatte der Fährverkehr in Kiel nur einen Anteil von rund 25 % am Gesamtumschlag. Von besonderem Gewicht sind in Kiel die Fährlinien nach Oslo (Norwegen) und nach Göteborg (Schweden). Nördlich von Kiel ist noch die Fährverbindung Gelting–Faborg (Dänemark) zu nennen, die von der Flensburger Förde auf die Insel Fünen führt. Es handelt sich um die nördlichst gelegene deutsche Fähre.

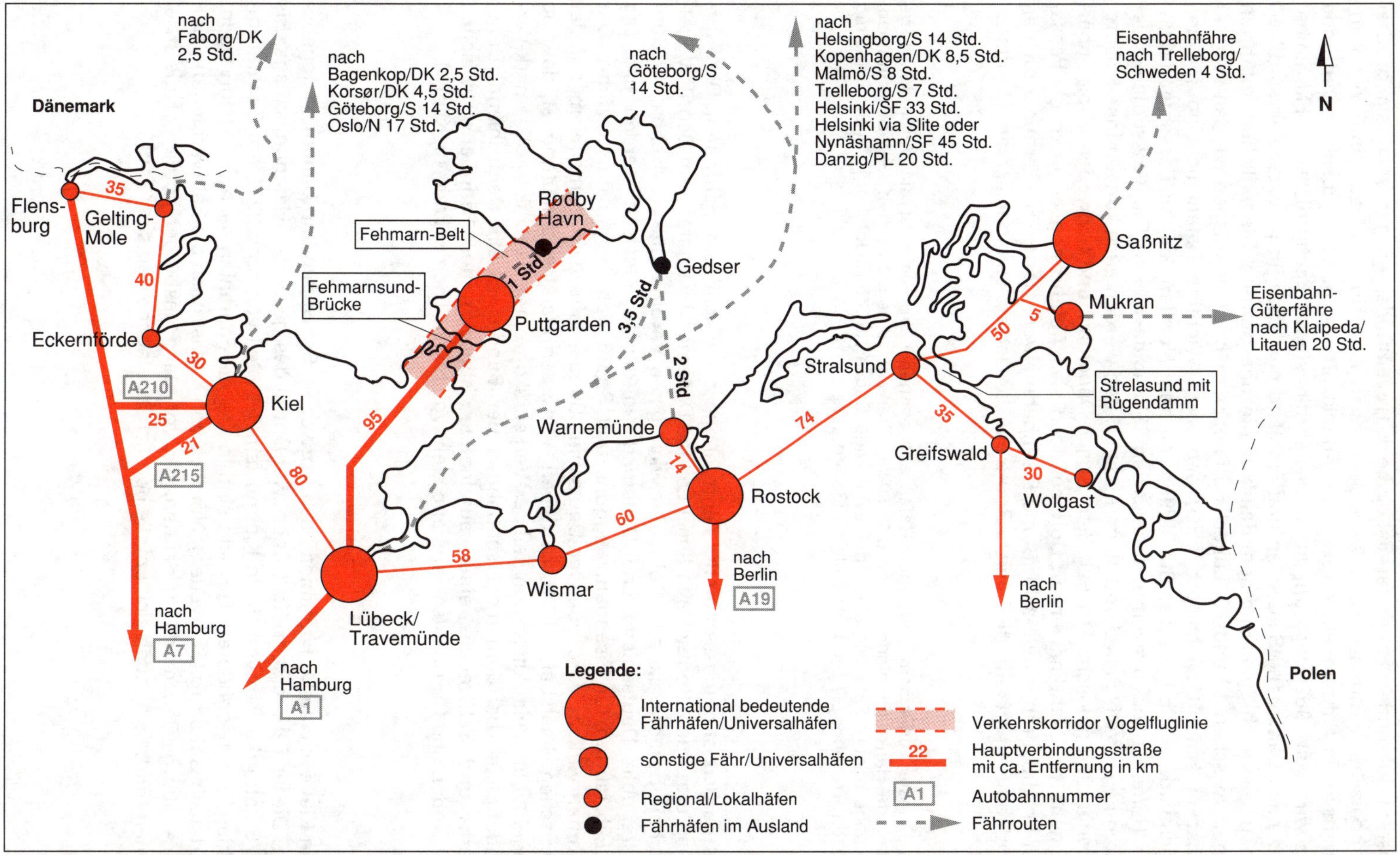

Deutsche Seehäfen an der Ostseeküste

4.2 Seehäfen in Mecklenburg-Vorpommern

An dem etwa 340 km langen äußeren Ostseeküstenstreifen befinden sich drei größere Seehäfen und drei Fährhäfen. Unter den Seehäfen dieses Abschitts ist der Überseehafen von **Rostock** der bedeutendste, es folgen die kleineren Seehäfen von **Wismar** und **Stralsund**. Alle drei Häfen werden zur Gruppe der Mehrzweckhäfen gezählt. Die Ro/Ro-Fährverkehre werden von **Warnemünde**, das nördlich von Rostock liegt, sowie von **Saßnitz** und **Mukran** (beide auf der Insel Rügen) aus abgewickelt.

Die **Seehäfen** unterscheiden sich nicht allein durch ihren Umschlag beträchtlich. Vielmehr unterliegen sie, nicht zuletzt auch wegen ihrer geographischen Lage, zum Teil sehr unterschiedlichen Natureinflüssen. Diese zeigen sich in Form der besonderen Wind- und Strömungsverhältnisse und den daraus entstandenen Küstentypen sowie den unterschiedlich stark ausgeprägten winterlichen Eisperioden. Allgemein wird den südlichen Ostseehäfen, zu denen die mecklenburg-vorpommerschen gehören, eine „Verkehrsungunst" nachgesagt.

Beispiel:
Einige Küstenabschnitte Mecklenburgs sind sog. **„Ausgleichsküsten"**. Der Ausbau von Seehäfen wird an derartigen Küsten insofern erschwert, da ständige Versandungsgefahr durch den starken Materialtransport im Wasser (z. B. Schwemmsande) gegeben ist. In Warnemünde mußten kostspielige Molen gebaut und müssen ständig Baggerungen durchgeführt werden, um die Fahrtrinnen frei zu halten. Die östlicheren Küstenabschnitte in Vorpommern gehören weitgehend zum Typ **Boddenküste**. Hier sind es die geringen Fahrwassertiefen, die nur den Bau von Kleinhäfen zugelassen haben. Darüber hinaus sind diese Häfen von längerer Vereisung bedroht.

Stichwortartig sind die Häfen, Küstentypen und Natureinflüsse in der folgenden Übersicht zusammengefaßt.

Küstentypen und Natureinflüsse an der südlichen Ostsee

Küstenabschnitt und Hafen	Dominanter Küstentyp	Wind/Strömung/ Klima	Hafenmerkmale
westlicher Abschnitt von Lübecker Bucht bis Seebad Dierhagen (c. 130 km) – Wismar – Warnemünde – Rostock	Ausgleichsküste mit Steilufern (Kliffs) und Dünenwällen	beständiger Westwind beständige, leichte, ostwärtige Strömung, beständiger Lockermaterialtransport (Schwemmsand), durchschnittliche Eisbildung = 30 Tage, durchschnittliche Wintervereisung = 85 %	schwieriger Molenbau, Versandungsgefahr, Ausbaggerung von Häfen und Fahrtrinnen
östlicher Abschnitt von Dierhagen bis Stettiner Haff (c. 210 km) – Stralsund – Saßnitz – Mukran	Boddenküste	Wind, Strömung und Materialtransport wie Westabschnitt, durchschnittliche Eisbildung = 45 Tage, durchschnittliche Wintervereisung = 100 %	kleine Häfen, geringe Fahrwassertiefen, umfangreiche Baggerarbeiten

Der Ostseeraum bietet viele Bodden- und Ausgleichsküsten. Gemeinsam ist ihnen, daß sie wenig Vorteile für die Anlage von Häfen bieten und für die Schiffahrt oftmals große Schwierigkeiten bergen. Für die moderne Großschiffahrt sind die wenigen Häfen an den Boddenküsten fast gänzlich unbedeutend geworden.

Von **Boddenküsten** spricht man, wenn in fast gezeitenlosen Meeren wie der Ostsee die in den Kaltzeiten („Eiszeiten") entstandenen flachen Niederungen („Grundmoränen-Niederungen") vom Meer überflutet werden. Es entsteht auf diese Weise eine Küste mit vielen flachen Meeresbuchten, die man als Bodden oder Wieke bezeichnet (Greifswalder Bodden, Tromper Wiek).

Ausgleichsküsten unterliegen ständig der zerstörenden oder aufbauenden Kraft von Wasser und Wind. Von Ausgleichsküsten spricht man, wenn die buchtenreichen Flachküsten von beständigen Küstenströmungen und auflaufenden Brandungen zugeschüttet oder vom offenen Meer abgeschnitten werden. Große Buchten können durch diese Kräfte zeitweise oder auf Dauer vom Meer getrennt werden, wenn sich langgestreckte Landzungen (Haken) und Nehrungen bilden. Zwischen den Landzungen und dem Festland entstehen dann aus den ehemaligen Buchten strandnahe Seen mit nur noch kleinen Verbindungen zum Meer, sie werden als Haffe oder Lagunen bezeichnet (Salzhaff nördlich von Wismar, Oderhaff). Die Landzungen bzw. Nehrungen können das Zusammenwachsen von Inseln (wie zum Beispiel bei Rügen) fördern oder Inseln mit dem Festland dauerhaft verbinden.

Die von den Bodden, Wieks und Haffen gebildeten Küsten werden auch als Binnenküsten bezeichnet, im Gegensatz zu der glatten Linie der Außenküste. In Mecklenburg/Vorpommern hat die Binnenküste eine Länge von rund 1 130 km, die Außenküstenlinie dagegen nur eine von 340 km.

4.2.1 Rostock

Mit seiner durchschnittlichen jährlichen Umschlagsmenge von rund 20 Mio. t. war **Rostock** bis 1990 nicht nur der größte ostdeutsche Seehafen, sondern neben Stettin und Danzig auch einer der großen Seehäfen im gesamten südlichen Ostseeraum. Stadt und Hafen liegen an der Mündung des Flusses Warnow in die Ostsee. Die hydrographischen und nautischen Bedingungen gelten als günstig. Den Überseehafen mit seinen vier Piers können Schiffe bis zu 230 m Länge, 32 m Breite und 37 Fuß Tiefgang ständig sicher anfahren. Über Rostock wurden fast 85 % des gesamten seewärtigen Handels der ehemaligen DDR abgewickelt. Herzstück des Rostocker Hafenkomplexes ist der 1979 fertiggestellte **Überseehafen** im Raum Rostock-Petersdorf mit den sich daran anschließenden Ölhäfen und dem Chemiehafen, der den alten Hafen entlastet.

Beispiel:

Bis zum Bau dieses „neuen" Hafenkomplexes verfügte Rostock nur über den Alten Stadthafen, der 8 km flußaufwärts liegt. Dieser Betriebsteil wird heute für den Umschlag und die Lagerung konventionellen Stückguts aus dem reinen Ostseeverkehr genutzt. Der alte Stadthafen erstreckt sich über etwa 1,5 km an der südlichen Uferlinie der Warnow.

Der Entschluß, Rostock zum führenden DDR-Seehafen auszubauen, basierte vor allem auf der Tatsache, daß durch die Teilung Deutschlands das Gebiet der DDR von den Nordseehäfen, insbesondere von Hamburg, abgeschnitten war. Um eine leistungsfähige Handelsflotte aufzubauen, mußte auch ein moderner, leistungsfähiger Überseehafen errichtet werden. Obwohl zum Zeitpunkt der Planung der Hafen von Wismar einen größeren Umschlag aufweisen konnte, wurde Rostock wegen einiger Lagevorzüge ausgebaut. In den letzten Jahren wurden die Hafenanlagen ständig erweitert.

Beispiel:

Rostock ist derzeit ein relativ moderner universeller „Eisenbahnhafen" mit über 40 Schiffsliegeplätzen, rund 90 % des Umschlags erfolgt über die Schiene. Es gibt Ro/Ro-Anlagen, ein ausgedehntes Schienennetz, Containerterminals, Tanks und Lagerhallen, Reparatureinrichtungen und Werkstätten. Mittels spezieller Lösch- und Ladegeräte können Chemikalien, Düngemittel, Getreide, Futtermittel und Erze ebenso fachgerecht umgeschlagen werden wie Walzerzeugnisse, Nahrungsmittel und Container.

Der gesamte neue Hafenkomplex wurde an der unteren Warnow und am Südufer des Flachgewässers Breitling angelegt, die Zufahrt zur offenen Ostsee beträgt nur 6 km und ist damit relativ kurz, Gezeitenunterschiede gibt es nicht. Die weit vorgebaute Westmole schützt Hafenzufahrt und -gebiet vor der ständigen Versandung. Gleichzeitig bietet die Lage am Breitling Schutz vor starkem Wind und Seegang. Die seewärtige Zufahrt ist so tief, daß vollbeladene Schiffe bis zu 60 000 tdw die Hafenbecken anlaufen und dort abgefertigt werden können. Rostock ist seit 1979 über eine Autobahn mit Berlin verbunden. Über eine direkte Ölpipeline wird Importöl für die Petrochemie nach Schwedt/Oder und ins Leunawerk gepumpt. Ein moderner Rangierbahnhof und eine neue Eisenbahnverbindung nach Berlin und in die südlichen Industriereviere bildeten von Anfang an die wichtigsten Hinterlandanbindungen des Hafens. Der größte Standortnachteil Rostocks ist das Fehlen einer leistungsfähigen Binnenwasserstraße ins Hinterland.

4.2.2 Wismar und Stralsund

Der zweitgrößte Hafen der Region ist **Wismar**. Er ist wie Rostock ehemals hanseatischer Umschlagplatz und war bis zur Inbetriebnahme des Rostocker Überseehafens der größte der drei Seehäfen. Die Hafeneinfahrt hat eine Länge von rund 28 km. Der Hafen besteht aus vier Becken, die fingerförmig von einem Wendebecken aus angelegt sind. Seine Lage an der Südseite der Wismarer Bucht ist geschützt, zahlreiche Untiefen im Hauptfahrwasser machen jedoch den Einsatz von Lotsen erforderlich. Die Hinterlandanbindung gilt als nicht sehr leistungsfähig, da auch hier ein Wasserweg fehlt und die Eisenbahn als Hauptverkehrsträger fungieren muß. Wismars Bedeutung liegt insbesondere im Export von Kalisalzen (Düngemitteln) und diversen Stückgütern sowie im Import von Holz, Öl und Getreide.

Der umschlagmäßig kleinste Hafen ist **Stralsund**, über den jährlich nur rund 1 Mio. t Güter, davon 70 % Schüttgüter (Erz, Düngemittel, Salz) bewegt werden. Der Hafen dient ferner der Einfuhr von Holz, Zellulose und Papier aus Skandinavien und der Ausfuhr von Brennstoffen. Nachteilig ist seine Lage am rd. 2,5 km breiten Wasserweg Strelasund, der Übergangsstelle zur Insel Rügen. Stralsund ist über zwei komplizierte und von ständiger Versandung bedrohte Hafenzufahrten zu erreichen, was zur Folge hat, daß nur Schiffe mit geringem Tiefgang eingesetzt werden können. Von Norden können Schiffe bis zu 4 m Tiefgang eine 31,5 km lange Einfahrt (durch den Schaproder und Kubitzer Bodden) nutzen. Von Osten kann durch den Greifswalder Bodden eine 65 km lange Zufahrt mit einer Tiefe von 6 m befahren werden. Problematisch ist die winterliche Vereisung der Zufahrtswege. Durch die östliche Lage ist Stralsund der am stärksten von Eisbildung betroffene deutsche Seehafen. Seine Bedeutung lag zuletzt im Güterverkehr mit Küstenmotorschiffen (Kümos) und ähnlichen Kleintonnagen im gesamten Ostseeraum. Eine wichtige Rolle spielt Stralsund für das Eisenbahnwesen.

Beispiel:

Stralsund ist Knoten- und Sammelpunkt von Bahnstrecken, die gebündelt über das Verkehrsnadelöhr „Rügendamm" auf die Insel Rügen geführt werden, von wo aus die Fährdienste Saßnitz-Trelleborg und Mukran-Klaipeda ihren Ausgang nehmen.

4.2.3 Fährhäfen und Fährverbindungen

Warnemünde

Der Fährhafen gehört zum Hafenkomplex von Rostock, dem nördlichsten Stadtteil der Hansestadt. Die Fährstation liegt an der Mündung der Unterwarnow in die Ostsee. Von Warnemünde aus wird eine **Eisenbahnfährverbindung** (Fachbegriff: Trajektverkehr) in die dänische Fährstadt **Gedser**, die am südlichsten Punkt der Insel Falster liegt, unterhalten. Die Fahrtroute nach Gedser ist etwa 48 km lang, die übliche Fahrtzeit liegt bei rd. zwei Stunden. Da diese Eisenbahn-Fährverbindung bereits seit 1903 existiert, gilt sie als die älteste Hochseefährlinie ihrer Art zwischen Mittel- und Nordeuropa. In Warnemünde stehen für den Fährverkehr zwei Anlegebuchten, sog. Fährbetten, zur Verfügung. Es können neben Güterverkehren in Bahnwaggons auch beladene Lkw bzw. Trailer (auch mit Gefahrengut) verladen werden, daneben werden Reiseverkehre abgewickelt. Der Einzugsbereich der Fährlinie erstreckt sich fast ausschließlich auf Inseldänemark, genau genommen fast nur auf die Inseln Seeland (mit der Hauptstadt Kopenhagen), Falster und Lolland. Betreiber der Fährlinie sind die **Deutschen Bahnen (DB)** und die **Dänische Staatsbahn (DSB)**. Bislang galt diese Ostsee-Fährroute als attraktiver Transportweg.

Beispiel:
Die Fährstrecke ist mit 48 km (rd. 2 Std.) die kürzeste Verbindung zwischen Dänemark und Ostdeutschland und bietet mit vorteilhaften Tarifbedingungen für Verlader und Frachtführer einen interessanten Verkehrsweg. Sie ist in das Nord-Süd-Netz der schnellfahrenden internationalen Güterzüge, den TEEM-Zügen (Trans-Europ-Express-Marchandises), eingebunden. Täglich werden 8 Überfahrten in beide Richtungen angeboten. Bahnverkehre zwischen dänischen und ostdeutschen Bahnhöfen über die Warnemünde-Gedser-Route benötigen Transportzeiten von 1 bis 2 Tagen.

Hauptnutznießer der Strecke Warnemünde–Gedser sind im Norden Dänemark und in geringerem Umfang auch Schweden. Im Süden die Tschechische und Slowakische Republik, Polen, Ungarn, Rumänien, Jugoslawien, Bulgarien, Österreich, Italien, Schweiz und Frankreich.

Beispiel:
Insgesamt sind fast 75 % der Güter, die über Warnemünde–Gedser laufen, Transitgüter der genannten Länder. Auch ein Teil des bahnorientierten Handelsverkehrs zwischen Inseldänemark und der Bundesrepublik Deutschland geht über diese Fährroute.

Saßnitz

Der Fährhafen von **Saßnitz** befindet sich auf der Insel Rügen, im Nordosten an einer geschützten Stelle auf der Halbinsel Jasmund. Die von hier aus betriebene Fährlinie ist ebenfalls eine der traditionellen Ostsee-Fährverbindungen. Vergleichbar mit Warnemünde–Gedser handelt es sich beim Güterverkehr via Saßnitz–Trelleborg um ausgesprochene Transitverkehre – denn rund drei Viertel aller Güter sind Transitgüter. Die Fährverbindung zwischen Saßnitz und der schwedischen Fährstation **Trelleborg** war bis in die jüngste Zeit hinein nicht nur die bedeutendste Fährlinie in Ostdeutschland, sondern im Bereich des Güterfährdienstes auch eine der wichtigsten innerhalb des gesamten Ostseeraumes. Es handelt sich um einen kombinierten Eisenbahn-, Passagier- und Kfz-Fährverkehr, der aufgrund der Einzugsbereiche und der Lage erheblich größer ist als der auf der Route Warnemünde–Gedser.

Beispiel:

Die Fährroute Saßnitz-Trelleborg wickelt den gesamten Eisenbahnfährdienst zwischen Mitteleuropa und der skandinavischen Halbinsel ab. Ihr Einzugsgebiet umfaßt im Norden ganz Schweden und Teile Norwegens, es ist somit erheblich weiter als das der Fährverbindung Warnemünde–Gedser. Die Route ist ferner wichtig für CMR-Verkehre von/nach Drittländern wie der Tschechischen und Slowakischen Republik, Polen, Österreich und Italien. Aufgrund der günstigen Lage stellt die Verbindung Trelleborg–Saßnitz mit rd. 110 km seit alters her die kürzeste direkte Verbindung zwischen der skandinavischen Halbinsel und Kontinentaleuropa dar. Die Fahrtzeit liegt bei cirka 4 Stunden. Täglich werden 8 Überfahrten in beide Richtungen angeboten. Bahnverkehre zwischen nordischen und ostdeutschen Bahnhöfen benötigen eine Transportzeit von 1 bis 2 Tagen.

Hauptnutznießer der Route ist im Versand nach Süden Schweden. Zielländer sind die EFTA-Partner Schweiz und Österreich sowie Italien und die Bundesrepublik Deutschland. Die Fährroute weist ein charakteristisches Güterbild auf. In Nord-Süd-Richtung dominierten bislang Holzprodukte, Papier, Zellulose, Eisen und Eisenwaren, Maschinen und tierische Nahrungsmittel. In Gegenrichtung sind es überwiegend Maschinen und Geräte, Steine, Keramikwaren, Glas, Chemikalien, Zementprodukte u. a. m. Die Fährroute ist ebenfalls in das europäische TEEM-Streckensystem eingebunden. Derzeit verlaufen 11 Verbindungen über Saßnitz–Trelleborg.

Eisenbahnfähre Mukran

Eine erst seit 1986 existierende und somit sehr junge Fährstrecke ist die zwischen **Mukran** und der litauischen Hafenstadt **Klaipeda** (Memel). Die Fährstrecke beträgt 521 km (273 sm), die Fährzeit rd. 20 Stunden. Mukran liegt rd. 5 km südwestlich von Saßnitz auf der Insel Rügen, die Fährstation ist wie Saßnitz mittels ein und derselben Bahnstrecke über den Strelasund – die über den Rügendamm geführt wird – an das Festland und damit an das Reichsbahn-Hauptnetz angebunden. Mukran ist Fährstation für reine Eisenbahn-Großfähren. Diese Eisenbahn-Großfähren dienten bis zur Wiedervereinigung nicht dem üblichen Transit von Gütern oder Personen im Ostseeraum, sondern allein dem Außenhandel zwischen der ehemaligen DDR und der ehemaligen Sowjetunion.

Die bislang arbeitenden Fähren verfügen jeweils über 1 500 m Gleislängen mit einer Stellkapazität von 103 Eisenbahnwaggons des russischen Breitspurmaßes (1 520 mm). Die notwendige Umachsung auf die mitteleuropäische Normalspur (1 435 mm) erfolgt in Mukran durch Austausch der Drehgestelle. Umgeachst werden i. d. R. nur Bahnwaggons mit speziellen Gütern wie etwa Kesselwagen mit Flüssiggut. Trocken- und Stückgüter werden meist umgeladen. Diese Tätigkeit bildet die Hauptaufgabe des Fährhafens. Die Umladung erfolgt an verschiedenen Umschlaganlagen und an der sog. Überladekopframpe, wo Fahrzeuge von Breitspur- auf Normalspurflachwagen und umgekehrt gefahren werden können. Mukran hat Chancen, seine Fährdienste künftig auszuweiten.

Beispiel:

Seeschifftiefes Wasser und kurze Entfernungen nach Skandinavien sind Vorteile des Hafens. Die Entfernung Mukran-Trelleborg beträgt 111 km gegenüber 156 km für die Strecke Rostock-Trelleborg und 222 km für die Strecke Travemünde-Trelleborg. Bei Fährzeiten von 3,5 Std. nach Trelleborg gegenüber 5,5 Std. ab Rostock und 7 Std. ab Travemünde sind von Mukran aus täglich mehr Schiffsumläufe möglich. Dies würde betriebswirtschaftlich eine höhere Produktivität des Fährbetriebes bedeuten.

Quelle: Handelsblatt Nr. 44 v. 4.3.1993

Zusammenfassung

1. An der Nordsee verfügt Deutschland über 10 unterschiedlich große und leistungsfähige Seehäfen.

2. Der Hafen Hamburg ist größter deutscher Seehafenplatz und einer der führenden Universalhäfen in Europa.

3. Der Hamburger Hafen liegt rund 110 km von der offenen See entfernt, er kann von Schiffen bis 110 000 tdw angelaufen werden. Der Hafen unterliegt den Gezeiten, er ist ein offener Tidehafen.

4. Fast 50 % der deutschen Seeschiffe und der gesamten deutschen Seeschifftonnage sind in Hamburg beheimatet.

5. Herausragende Einrichtungen der Hamburger Seehafenwirtschaft sind das Überseezentrum (ÜZ) für den Ex- und Import von Stückgutsendungen, der Containerterminal Hamburg-Waltershof, Multipurpose-Terminals und der fast 16 km^2 große Freihafen. Er ist einer der größten Freihäfen der Welt und das eigentliche Kernstück des Hafens.

6. Die Vorzüge von Freihäfen wie etwa in Hamburg sind u. a.: ständige gestellungs- und anmeldefreie Zufahrt zum Freihafengelände; Umschlag, Handel und gewerbliche Behandlung von Gütern ohne zollrechtliche Beschränkung; unbegrenzte Lagerung; Bau, Umbau, Ausbesserung usw. von Schiffen ohne zollrechtliche Beschränkung.

7. „Bremische Häfen" ist die Sammelbezeichnung für den Seehafen Bremen-Stadt und den Hafen Bremerhaven an der Wesermündung bzw. der Außenweser.

8. Die Bremischen Häfen sind Universalhäfen mit einem hohen Anteil von Stückgütern und Containern.

9. Die Bremischen Häfen gelten als Eisenbahnhäfen, da mehr als die Hälfte der umgeschlagenen Güter auf der Schiene an- oder abbefördert werden.

10. Kleinere Seehäfen mit teilweise speziellen Funktionen sind an der Unterweser und Hunte die Hafenplätze Nordenham, Brake, Elsfleth und Oldenburg.

11. Wilhelmshaven am Jadebusen ist der einzige deutsche Spezial- und Tiefwasserhafen für Mineralöleinfuhren.

12. An der Emsmündung und am Dollart liegen die Seehäfen Emden, Leer und Papenburg. Sie üben vorwiegend spezielle Massengutumschlagarbeiten aus.

13. Zu den Elbe- und Elbemündungshäfen gehören Cuxhaven, Brunsbüttel, Stade/Bützfleth und Glückstadt. Cuxhaven ist für den Ro/Ro-Verkehr von Bedeutung.

14. An der Ostsee verfügt Deutschland über 11 unterschiedlich große und leistungsfähige Seehäfen, die zum Teil Spezialhäfen für den Fährverkehr sind.

15. Die bedeutendsten Fährhäfen an der schleswig-holsteinischen Ostseeküste sind Lübeck-Travemünde, Puttgarden und Kiel.

16. Die Fährhäfen an der Küste Mecklenburg-Vorpommerns sind Warnemünde, Saßnitz und Mukran.

17. Der Seehafen Rostock ist der größte Universalhafen an der Küste Mecklenburg-Vorpommerns. Er besitzt als einziger großer deutscher Universalhafen keinen Wasserstraßenanschluß.

18. Die Ostseehäfen Wismar und Stralsund sind vorwiegend Umschlagplätze bestimmter Massengüter. Ferner sind sie Standorte der Werftindustrie.

Aufgaben

1. Vergleichen Sie die Häfen Hamburg, Bremen/Bremerhaven und Rostock hinsichtlich
   - ihrer geographischen Lage,
   - ihrer natürlichen Voraussetzungen,
   - ihrer Hinterlandverbindungen,
   - ihrer speziellen Aufgaben und Leistungsschwerpunkte.

2. Definieren Sie die Begriffe: Universalhafen, offener Tidehafen, Transithandel, Distributions-Logistik, Eisenbahnhafen, Freihafen.

3. Welche Aufgaben erfüllen in Hamburg das Überseezentrum und der Freihafen Waltershof?

4. Welche Hafeneinrichtungen sind für die Bremischen Häfen charakteristisch?

5. Erstellen Se eine Übersicht der deutschen Nordseehäfen. Verfahren Sie nach folgendem Muster:

Hafen	Hafentyp	Lage	Hinterland	Hinterlandverbindung	Leistungsschwerpunkte
Emden	Spezialhafen	Dollart und Ems	Ruhrgebiet	DEK Bahn A 31 A 28	Massengut wie Eisenerze, Rohstoffe, Militärgut Kfz.

7. Erstellen Sie eine Übersicht der deutschen Ostseehäfen. Verfahren Sie nach folgendem Muster:

Hafen	Hafentyp	Lage	Hinterland	Hinterlandverbindung	Leistungsschwerpunkte
Lübeck/Travemünde	Spezial- u. Universalhafen	Lübecker Bucht	Nord- und Westdeutschland	ELK Bahn A 1	Fährverkehre nach Schweden Finnland, Dänemark

8. Beschreiben Sie natürliche Einflüsse, die negativ auf die Seehafenwirtschaft der Ostseehäfen einwirken.

9. Erklären Sie die Entstehung von Ausgleichs- und Boddenküsten.

10. Was versteht man im Ostseebereich unter Außen- und Binnenküsten?

11. Welche Hafeneinrichtungen sind für Rostock charakteristisch?

12. Verfolgen Sie mit Hilfe von Atlas oder Karten die von Deutschland ausgehenden Eisenbahnfährrouten im Ostseegebiet. Ermitteln Sie Vorzüge und Nachteile einzelner deutscher Fährhäfen und Fährrouten.

13. Erklären Sie die Fachbegriffe Trajektverkehr, TEEM, Transitverkehr, kombinierte Fährverkehre, Breit- und Normalspur.

14. Erstellen Sie mit Hilfe von Atlas, Karten und dem Lehrbuch eine Übersicht der deutschen Ostsee-Fährhäfen und ihrer Fährverbindungen. Verfahren Sie nach folgendem Muster:

Hafen	Fährlinie nach	Fährstrecke in ca. km	Fährzeit in ca. Std.	Leistungsschwerpunkt
Mukran	Klaipeda (Litauen)	521	20	nur Eisenbahnwaggons (Trajektverkehr)

Themenkreis 8: Der Luftverkehr in Deutschland

1 Entwicklung und Bedeutung des Luftfrachtverkehrs in Deutschland

Von allen Verkehrsträgern werden dem Luftverkehr, der als sehr junger und sehr dynamischer Verkehrszweig bezeichnet wird, für die Zukunft die größten Zuwachsraten vorausgesagt. Der kommerzielle (gewerbliche) Luftverkehr wird unterteilt in **Passageverkehr** (Beförderung von Fluggästen) und **Frachtverkehr**. Der Oberbegriff für den Luftfrachtverkehr ist „Cargo" (vgl. hierzu Themenkreis 13).

In der Form des regelmäßigen Flugliniendienstes gibt es den Luftverkehr etwa seit Ende des Ersten Weltkrieges. In den USA wurde 1918 der Linienverkehr Washington–New York aufgenommen. In Europa kam es 1919 zu ersten Linienverkehren, und zwar unter anderem auf den Strecken London–Paris und Berlin–Weimar. Die heutige **Deutsche Lufthansa (DLH)** nahm ihren Liniendienst am 6. April 1926 unter dem Firmennamen „**Deutsche Luft Hansa Aktiengesellschaft**" auf. Kurz zuvor, am 6. Januar 1926 war sie als neue Einheitsfluggesellschaft durch Zusammenschluß der Fluggesellschaften „Deutsche Aero Lloyd AG" und „Junkers-Luftverkehr AG" gegründet worden. Bereits damals waren die Firmenfarben Blau/Gelb und der Kranich mit Schriftzug das Firmensymbol. Bis zum Ausbruch des Zweiten Weltkrieges betrieb Lufthansa ein umfangreiches Flugnetz.

Beispiel:

Lufthansa richtete sehr früh mehrere innerdeutsche und interkontinentale Fluglinien ein, darunter nach Bangkok und Tokio, ferner regelmäßige Luftpostverkehre nach Nord- und Südamerika. Lufthansa war 1939 die führende Luftfahrtgesellschaft in Europa.

Neun Jahre nach dem Ende des Zweiten Weltkriegs wurde 1954 die „alte" Lufthansa in die „neue" umbenannt und offiziell wiedergegründet. In schneller Folge bot DLH innerdeutsche, europäische und von 1956 auch wieder überseeische Liniendienste an. Ab 1960 wurden Düsenverkehrsflugzeuge (Typ Boeing 707) im Nordatlantikverkehr eingesetzt, ab 1964 auch im Kurz- und Mittelstreckenbereich. 1970 stellte DLH das erste Großraumflugzeug, eine Boeing 747, in Dienst. Zwei Jahre später setzte Lufthansa als weltweit erster Carrier eine B 747 als Jumbo-Frachter ein. Speziell für den Frachtdienst gründete DLH 1977 die Fracht-Chartergesellschaft „German Cargo Services GmbH". Heute gehört Lufthansa, die eine Vielzahl von Beteiligungen hat, in der Passage und im Cargo-Bereich zu den weltweit führenden Unternehmen. Rund 20 % des jährlichen Umsatzes erzielt DLH mit Luftfracht.

Im weltweiten Luftverkehr hat die Bundesrepublik Deutschland eine führende Stellung, denn je nach Konjunkturlage gehört sie zu den größten Luftfracht-Staaten. Der Luftverkehr hat in Deutschland fast ausschließlich nur im grenzüberschreitenden Verkehr Bedeutung. Die besondere volkswirtschaftliche Stellung des Luftfrachtverkehrs im Rahmen des Außenhandels wird deutlich, wenn man Gütermengen und Güterwerte vergleicht.

Beispiel:

Mengenmäßig stellen die Im-/Exporte per Luftverkehr in Deutschland nur jeweils rund 0,1 % der gesamten grenzüberschreitenden Warenmengen. Wertmäßig dagegen nehmen die Luftfrachtgüter beim Import wie beim Export jeweils jährlich bis zu 10 % der Handelswerte ein.

Für viele Wirtschaftsunternehmen ist der Luftverkehr der bedeutendste Verkehrsträger. Er läßt die Transportzeit zu den überseeischen Absatzmärkten der deutschen exportorientierten Wirtschaft schrumpfen. Zu den größten Luftfrachtkunden gehören in der Bundesrepublik Deutschland die Branchen Elektronik/Elektrotechnik, Maschinenbau und Feinmechanik/Optik. Viele Importgüter sind in Deutschland erst durch den schnellen Luftverkehr aus Übersee (Blumen, Früchte, Gemüse, Fisch) handels- und verkaufsfähig.

Den grenzüberschreitenden Frachtverkehr führt Lufthansa im **Liniendienst** selbst aus. Am **Chartergeschäft** ist die DLH über die Tochtergesellschaft German Cargo Services (GCS) beteiligt. Während der innerdeutsche Luftverkehr (bei dem die Luftfracht unbedeutend ist) der Lufthansa, ihren Tochterunternehmen und wenigen nationalen Regionalfluggesellschaften (z. B. Nürnberger Flugdienst – NFD) vorbehalten ist, sind am grenzüberschreitenden Luftverkehr neben der DLH über 30 ausländische Gesellschaften beteiligt. Innerhalb der Bundesrepublik Deutschland selbst und zu bedeutenden Wirtschaftszentren Europas ist der Lkw Konkurrent der Carrier, zum Teil werden Lkw von den Fluggesellschaften für „Trucking-Dienste“ europaweit eingesetzt.

Luftfracht auf deutschen Flughäfen – 1992 in t –

Flughafen	Lokalaufkommen										Transit		Gesamtverkehr	
	Gesamt						Linienverkehr		Nicht-Linien-verkehr					
	An + Ab	%	An	%	Ab	%	An + Ab	%	An + Ab	%		%		%
Berlin	21 941	9,0	15 473	13,4	6 468	– 0,2	18 106	10,3	3 835	3,3	1 331	–	23 272	15,6
– Tegel	16 313	24,6	12 287	20,6	4 026	38,4	15 733	24,0	580	42,3	113	–	16 426	25,4
– Tempelhof	966	36,6	662	42,3	304	25,9	63	101,3	903	33,7	8	–	974	37,9
– Schönefeld	4 662	–26,4	2 524	–15,7	2 138	–35,9	2 310	–37,6	2 352	–10,5	1 210	–	5 872	–7,2
Bremen	3 368	–4,8	2 347	–13,3	1 021	23,3	3 207	–6,6	161	56,3	2	–91,3	3 370	–5,3
Dresden	709	135,5	598	171,8	111	37,0	709	135,5	0	–	8	–	717	138,2
Düsseldorf	47 484	13,7	26 026	6,1	21 458	24,4	42 595	8,0	4 889	109,4	2 117	–36,4	49 601	10,0
Frankfurt	1 080 754	3,0	520 239	1,5	560 515	4,5	1 043 711	3,1	37 043	–1,8	35 104	–24,7	1 115 858	1,8
Hamburg	38 449	3,8	21 387	1,8	17 062	6,5	37 489	6,5	960	–47,7	691	1,0	39 140	3,8
Hannover	13 068	–1,4	6 639	–17,6	6 429	23,8	7 414	–9,4	5 654	11,5	1 053	–22,5	14 121	–3,4
Köln/Bonn	180 998	–1,2	91 879	–2,6	89 119	0,2	40 064	–28,7	140 934	10,9	6 580	–7,0	187 578	–1,4
Leipzig/Halle	1 307	99,8	814	87,6	493	124,1	1 097	94,5	210	133,3	38	–	1 345	105,7
München	54 348	3,8	30 384	3,3	23 964	4,5	51 531	4,3	2 817	–5,1	2 499	–12,6	56 847	3,0
Münster/Osnabrück	425	34,1	346	21,8	79	139,4	258	–18,6	167	–	0	–	[1]) 5 566	70,8
Nürnberg	9 169	1,2	5 220	–8,0	3 949	16,7	3 433	–3,3	5 736	4,1	1 663	8,6	10 832	2,3
Saarbrücken	349	–25,9	98	–74,4	251	185,2	11	–89,7	338	–7,1	1	–	350	–25,7
Stuttgart	14 617	1,2	8 097	–4,3	6 520	8,9	11 909	–2,0	2 708	18,4	217	–44,9	14 834	0,0
Gesamt	1 466 986	2,9	729 547	1,1	737 439	4,8	1 261 534	1,9	205 452	9,4	51 304	–19,7	1 518 290[2])	1,9

[1]) inkl. Luftfrachtersatzverkehr
[2]) ohne Luftfrachtersatzverkehr

Quelle: DVZ Nr. 29/1993

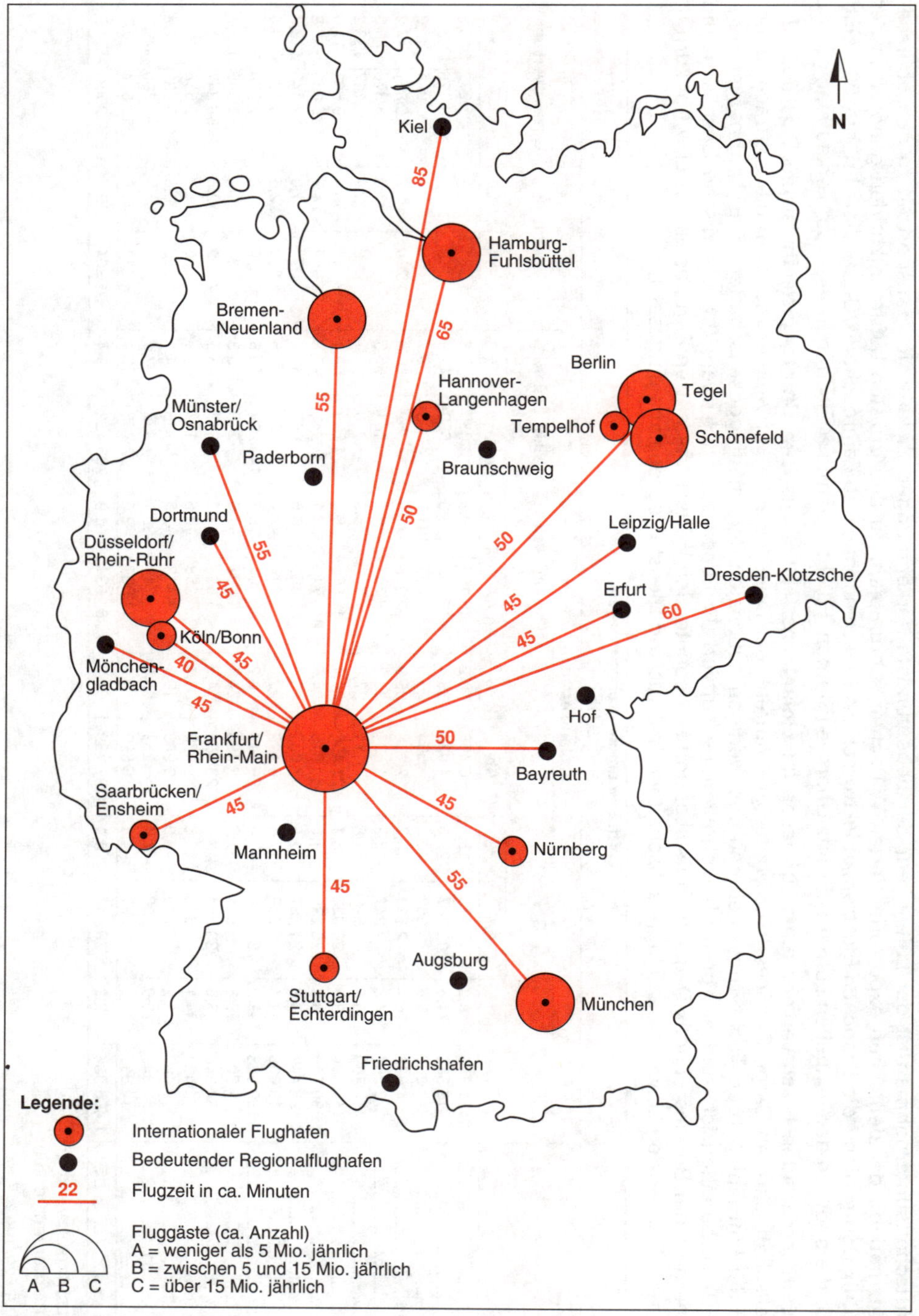

Lage deutscher Verkehrsflughäfen und innerdeutsche Flugzeiten (Ab Frankfurt Rhein-Main-Flughafen)

2 Internationale und regionale Verkehrsflughäfen

Verkehrsflughafen ist der Sammelbegriff für alle Landeplätze, die regelmäßig von öffentlichen Fluglinien benutzt werden und bestimmte technische und kommerzielle Einrichtungen aufweisen. Von den Verkehrsflughäfen zu unterscheiden sind die privaten **Flugplätze** und die Militärflugplätze. Die deutschen Verkehrsflughäfen werden von privatrechtlich organisierten Gesellschaften mit beschränkter Haftung oder – wie im Falle Frankfurts – in Form einer Aktiengesellschaft betrieben. Die Gesellschaften befinden sich in öffentlicher Hand, so daß die Eigentümer immer Bund, Länder, Kreise oder Städte sind. Die Flughäfen erfüllen gleichzeitig privatwirtschaftliche wie öffentliche Aufgaben.. Man klassifiziert die Flughäfen nach Länge/Breite der Startbahnen (Klasse A–G); nach der Belastungsfähigkeit durch Raddruck (Index Nr. 1–7) und nach ihrer Ausstattung mit Navigationsmitteln. Weltweit wird durch die ICAO (International Civil Aviation Organization-Internationale Organisation der zivilen Luftfahrt) versucht, einheitliche Ausrüstungen in bezug auf Navigationsmittel und technische Einrichtungen zu erreichen. Obwohl es viele kleine und leistungsfähige Flughäfen gibt, konzentriert sich der internationale Flugverkehr immer mehr auf nur einige wichtige Flughäfen.

Dem internationalen Luftverkehr stehen in der Bundesrepublik Deutschland 15 Verkehrsflughäfen bzw. Hauptflughäfen zur Verfügung. Überwiegend haben sie eine Ausstattung, die internationalem Standard entspricht. Ergänzt werden sie von rund 30 mehr oder weniger wirtschaftlich bedeutenden regionalen Verkehrsflughäfen bzw. Landeplätzen. Alle diese Verkehrsflughäfen, die zusammen ein **multizentrales Flughafennetz** bilden, sind in der ADV (Arbeitsgemeinschaft deutscher Verkehrsflughäfen) mit Sitz in Stuttgart zusammengeschlossen. Die großen Flughäfen haben sich, obwohl sie unterschiedlich hohe Flugbewegungen, Passagier- und Luftfrachtmengen aufweisen, alle zu Wirtschafts-, Verkehrs- und Nachrichtenzentren ihrer Regionen entwickelt.

Die Aufgaben der **internationalen Verkehrsflughäfen** bestehen darin, innerdeutsche, europäische und interkontinentale Flüge abzuwickeln. Nicht selten sind sie regelrechte Verkehrsdrehscheiben im interkontinentalen Luftverkehr. In den weltweiten Netzen vieler Fluggesellschaften sind diese Verkehrsflughäfen wichtige und ständig bediente Zielorte. Die **Regionalverkehrsflughäfen** haben Entlastungsfunktionen für die Großflughäfen, teilweise dienen sie auch als Ausweichflughäfen. Im wesentlichen wird über diese Flughäfen jedoch nationaler Kurz- und zum Teil europäischer Mittelstreckenverkehr abgewickelt.

Der weitaus größte deutsche Flughafen ist bei Passage und Cargo der **Frankfurter Rhein-Main-Airport** (im IATA-3-Letter-Code die Abkürzung FRA). Diesen Flughafen nutzen jährlich über 25 Mio. Passagiere und über das **Lufthansa Cargo Centrum** (LCC) werden fast drei Viertel des gesamten deutschen Luftfrachtaufkommens geleitet. Es folgen je nach Konjunktureinfluß die Flughäfen **Düsseldorf Rhein-Ruhr**, **München** und **Berlin-Tegel**. Speziell im Frachtverkehr spielt **Köln/Bonn** eine sehr große Rolle. Der Flughafen ist nach Frankfurt der zweitgrößte deutsche Frachtairport. Ein Vergleich der Flugbewegungen (Starts und Landungen), der Passagierzahlen, der Fracht- und Posttonnagen zeigt die Reihenfolge der Flughäfen.

Verkehrsergebnisse auf deutschen Flughäfen 1992

Ort	Flughafen-bezeichnung	Abkürzung im IATA-Code	Flugbe-wegungen in Tsd.	Passage in Mio.	Fracht in 1000 t	Post in 1000 t
Frankfurt	Rhein-Main	FRA	340,5	30,7	1 115,9	164,2
Düsseldorf	Rhein-Ruhr	DUS	162	12,3	49,6	8,8
München	F. J. Strauß	MUC	192	12	56,8	25,6
Hamburg	Fuhlsbüttel	HAM	143,5	6,9	39,1	20,4
Berlin	Tegel	TXL	99,5	6,7	16,5	20,5
Stuttgart	Echterdingen	STR	130,7	4,8	14,8	16,6
Köln/Bonn	Flughafen	CGN	119	3,5	187,6	22,8
Hannover	Langenhagen	HAJ	97	3,1	14,1	12,5
Nürnberg	Flughafen	NUE	77,4	1,7	10,8	11,8
Berlin	Schönefeld	BER	38,4	1,5	5,9	1,3
Bremen	Neuenland	BRE	53	1,1	3,4	4,3
Leipzig/Halle	Flughafen	LEJ	43	1,1	1,3	7,3
Dresden	Klotzsche	DRS	37	1,0	0,7	4,7
Berlin	Tempelhof	THF	56	0,8	1,0	–
Münster/ Osnabrück	Flughafen	FMO	53,2	0,4	5,5	4,4
Saarbrücken	Ensheim	SCN	25	0,3	0,3	–

Quelle: Arbeitsgemeinschaft Deutscher Verkehrsflughäfen, Stuttgart 1994 (Gesamtverkehre, Zahlen gerundet)

2.1 Flughafen Frankfurt Rhein-Main

Der Frankfurter Rhein-Main-Airport ist Deutschlands **führender Verkehrsflughafen,** alle anderen folgen in beträchtlichem Abstand. Innerhalb Europas ist Frankfurt insgesamt nach London-Heathrow und vor Paris-Orly einer der drei größten Airports, weltweit gehört er zu den wichtigsten 15 Flughäfen der Erde. Im **Luftfrachtverkehr** werden in Frankfurt über 1 Mio. t jährlich umgeschlagen, damit ist der Airport in Europa führend und nach New York weltweit an zweiter Stelle. Frankfurt ist nicht nur bedeutender Versand- und Zielflughafen, sondern auch eine wichtige Umladestation im Weltflugverkehr. Die jährlichen Transportleistungen sind in Frankfurt/M. in den letzten Jahren ständig gestiegen, derzeit werden alle fünf Kontinente mit täglichen Flugverbindungen bedient.

Beispiel:

Von Frankfurt aus können unmittelbar mehr als 200 Zielflughäfen in fast 100 Staaten der Erde erreicht werden. Die wöchentlichen Starts liegen bei über 2 500, sie werden von mehr als 90 Linienfluggesellschaften angeboten. Bis auf einen geringen Prozentsatz werden die Gütermengen mit Linienflugzeugen befördert. Die Abfertigung übernehmen rund 150 IATA-Spediteure.

Um rentabel arbeiten zu können, setzen die Fluggesellschaften im interkontinentalen Luftfrachtverkehr verstärkt Großraumflugzeuge nur zwischen zwei großen Frachtflughäfen ein. Viele Güter werden daher mit Lkw von kleineren Airports oder Abgangsorten im Vor- oder Nachlauf der Langstreckenflüge bewegt. Frankfurt übt eine derartige Knotenpunkt-Funktion aus. Bis zu 400 000 t Luftfracht werden hier jährlich im sog. **„Road Feeder Service"** von und nach Frankfurt Rhein-Main befördert.

Frankfurt im Vergleich mit anderen europäischen Verkehrsflughäfen (1989, gewerblicher Flugverkehr)

1989/1990

Flughafen	Flugzeugbewegungen		Fluggäste		Luftfracht (t)	
	gewerblich	Veränd. in %	an + ab gewerblich	Veränd. in %	an + ab gewerblich	Veränd. in %
Frankfurt*	303 505	+ 6,7	26 006 900	+ 6,4	1 083 671	+ 7,6
London Total	559 866	+ 5,6	62 115 371	+ 4,7	932 274	+ 8,1
– Heathrow	344 841	+ 5,5	39 610 550	+ 5,5	692 151	+ 7,3
– Gatwick	189 045	+ 5,0	21 182 704	+ 2,0	210 283	+ 8,5
– Stansted	25 980	+ 12,4	1 322 117	+ 26,5	29 840	+ 23,8
Paris Total	398 101	+ 9,7	44 957 982	+ 10,5	832 838	+ 2,6
– Charles de Gaulle	204 171	+ 14,4	20 669 542	+ 12,9	584 726	+ 1,6
– Orly	193 930	+ 5,2	24 288 440	+ 8,4	248 112	+ 5,1
Amsterdam	191 463	+ 2,5	15 337 400	+ 5,2	582 236	+ 1,2
Kopenhagen	198 514	+ 9,2	12 455 148	+ 3,3	130 873	+ 4,3
Zürich	163 623	+ 8,3	11 653 388	+ 8,0	258 437	+ 7,0

incl. Transit (doppelt gezählt)
* ohne Militär

Quelle: Flughafen Frankfurt AG

2.2 Flughafen Düsseldorf Rhein-Ruhr

Der im Stadtteil Lohausen liegende Rhein-Ruhr-Flughafen wurde bereits 1927 gegründet. In der heutigen Form als Flughafengesellschaft, Gesellschafter sind je zur Hälfte das Land NRW und die Stadt Düsseldorf, wird er seit 1950 betrieben. Düsseldorf ist insbesondere ein **Charterflugzentrum** im Personenverkehr. Dies hängt u. a. mit dem Einzugsbereich des Flughafens zusammen, der sich auf 26 Großstädte mit rund 12 Mio. Einwohnern erstreckt. Der Flughafen selbst bietet mehr als 9 500 Arbeitsplätze, er ist Sitz vieler Speditions- und Frachtführerunternehmen, die im Bereich der Luftfracht tätig sind. Der Luftfrachtgüterumschlag ist jedoch vergleichsweise gering (vgl. Tabelle), insgesamt nimmt Düsseldorf in Deutschland diesbezüglich Rang vier ein. Das Luftfrachtaufkommen ist jedoch sehr viel höher, denn jährlich werden über 40 000 t per Lkw zwischen Düsseldorf und anderen Flughäfen als Luftfrachtersatzverkehr bewegt. Der Gesamtumschlag beträgt einschl. des „Trucking" somit fast 90 000 t.

2.3 Flughafen Köln/Bonn

Der zwischen Köln und Bonn liegende moderne Flughafen ist das **zweitgrößte deutsche Luftfrachtzentrum.** In den letzten Jahren hat sich Köln/Bonn auf einige spezielle Frachtverkehre eingerichtet und damit seine Rolle als größtes Frachtzentrum an der Rheinschiene gefestigt. Über Köln/Bonn werden unter anderem die meisten deutsch/israelischen **Agrarimporte** durchgeführt. Dieser spezielle Frachtverkehr ist unter der Bezeichnung „grüne Luftbrücke" bekannt geworden. Mindestens einmal und bei Hochsaison bis zu dreimal täglich werden mit Großraumflugzeugen landwirtschaftliche Produkte eingeflogen und den Großmärkten zugeführt. In Köln/Bonn haben weiterhin mehrere Fluggesellschaften ihre europäischen Frachtknotenpunkte eingerichtet, im Bereich des Kurierdienstes ist der Flughafen das europaweite Vertriebszentrum des amerikanischen Unternehmens UPS. Der heutige Flughafen Köln/Bonn war bis 1939 unter der Bezeichnung „Flughafen Butzweiler Hof" der zweitgrößte deutsche Zivilflughafen, seit 1957 wird er wieder als Verkehrsflughafen betrieben.

2.4 Flughafen München 2

Der neue Münchener Flughafen „Franz-Josef-Strauß" ist der jüngste Flughafen Deutschlands. Von der Innenstadt Münchens ist er rund 28 km entfernt. Die hochmoderne Anlage liegt nördlich Münchens im Erdinger Moos, das von dem Städtedreieck Garching – Freising – Erding markiert wird. Der Bau von München 2 war notwendig geworden, da der Flughafen München-Riem zu stadtnah lag, um ausgebaut und modernisiert zu werden. Mit der Inbetriebnahme von München 2 hat München-Riem seine Aufgaben verloren, die Anlagen werden anderweitig genutzt. Der moderne neue Airport soll sich zu einem Knotenpunkt im weltweiten Flugverkehr entwickeln. Für Süddeutschland wird dieser Flughafen zum eindeutig überragenden Luftverkehrszentrum. Jährlich sollen über zwölf Mio. Passagiere und große Mengen Luftfracht über München 2 abgefertigt werden. Die Anlage besteht aus zwei gleich langen, leicht versetzt parallel laufenden Start- und Landebahnen, die den Einsatz von Großraumflugzeugen erlauben. Die Bahnen haben eine Länge von 4 000 m und sind auf Startgewichte von bis zu 750 t (cirka doppeltes Gewicht eines Jumbo-Flugzeuges) ausgelegt. Die Passagierabfertigung erfolgt über eine rd. einen Kilometer lange Abfertigungsanlage, an der sich 20 Flugzeug-Parkpositionen befinden, weitere 28 gibt es im Vorfeld-Bereich. Dem Frachtverkehr dient ein spezielles Frachtzentrum.

2.5 Berliner und andere ostdeutsche Flughäfen

Berlin verfügt über ein System von drei für den internationalen Flugverkehr eingerichteten Flughäfen. Es sind dies im Süden von Berlin der Flughafen **Berlin-Schönefeld**, im westlichen Teil der Stadt **Berlin-Tegel** und **Berlin-Tempelhof.** Der Flughafen Schönefeld liegt rund 18 km südöstlich des Berliner Zentrums und war von 1959 bis zur Wiedervereinigung der Zentralflughafen der DDR und Sitz der Fluggesellschaft

Interflug. Auf internationaler Ebene hat Schönefeld in bezug auf Flugbewegungen, Passage und Fracht stets Mittelwerte eingenommen. Aufgrund seiner günstigen Lage in einem locker besiedelten Gebiet hat Schönefeld die Chance, Standort für einen neuen Berliner Großflughafen zu werden. Die stadtnahen Airports Tegel und Tempelhof verzeichneten in den letzten Jahren bereits einen Verkehrszuwachs von rund 40 %. Es wird davon ausgegangen, daß sich Berlin im kommenden Jahrzehnt zu einem wichtigen Drehkreuz im internationalen Luftverkehr Europas entwickeln wird. Da die bestehenden Kapazitäten der drei Airports selbst nach Erweiterungen den künftigen Luftverkehr nicht bewältigen können, ist der Bau eines neuen Airports notwendig. Der Bau dieses zentralen Großflughafens mit der Bezeichnung „Berlin-International“ ist allerdings heftig umstritten.

In Ostdeutschland befinden sich neben den Berliner Flughäfen noch drei weitere Airports. **Dresden-Klotzsche** liegt rund 10 km vom Stadtzentrum Dresden entfernt, er ist Ausweichflughafen für Schönefeld und u. a. bedeutsam für den Leipziger Messeflugverkehr. Der Flughafen **Leipzig/Halle** ist wichtiger Punkt im ostdeutschen Flugnetz. Von dort aus werden neben Messe- und Urlauberverkehren auch Linienverkehre abgewickelt. Lediglich regionalen Charakter hatte bislang der Flughafen **Erfurth-Bindersleben**. Weitere kleinere Flughäfen befinden sich in Magdeburg und in dem 60 km nordöstlich von Rostock gelegenen Küstenort Barth.

2.6 Regionalflughäfen

In den alten Bundesländern besteht ein recht umfangreiches Netz von regionalen Verkehrsflughäfen. Einige von ihnen bieten einen hohen Anteil an europäischen Direktverbindungen an, sie werden als sog. **Sekundärknoten** bezeichnet (z. B. Münster/Osnabrück). Ihre Bedeutung ist jedoch im Vergleich mit den großen Zentralflughäfen (sog. „Hubs“) geringer. Neben den Zentralflughäfen und den Sekundärknoten gibt es eine Vielzahl von kleineren **Regionalflughäfen** mit unterschiedlichen Linienangeboten für deutsche Zielorte. Die bedeutendsten ADV-Flughäfen sind in diesem Zusammenhang: Kiel-Holtenau, Lübeck, Wilhelmshaven-Mariensiel, Bremen-Lemwerder, Braunschweig, Bielefeld-Windelsbleiche, Paderborn-Lippstadt, Dortmund-Wickede, Siegen, Marl, Mühlheim/Ruhr, Mönchengladbach, Bonn-Hangelar, Koblenz, Saarlouis-Düren, Bayreuth, Mannheim-Neuostheim, Karlsruhe-Forchheim, Baden-Baden, Friedrichshafen-Löwental, Augsburg-Mülhausen.

3 Linienverkehre der Deutschen Lufthansa

Die sich überwiegend im Staatsbesitz befindende Deutsche Lufthansa hat am weltweiten Linienfrachtgeschäft nahezu einen konstanten Anteil von rund 4 %. Die Frachtsendungen werden zu rund 41 % mit Nur-Frachtflugzeugen und zu 59 % im Passagedienst befördert. Das Streckennetz der Lufthansa umfaßt alle Kontinente. Insgesamt werden 85 Staaten mit 181 Flugzielen bedient. Eine Übersicht über wichtige Flugziele in Europa zeigt die folgende Karte.

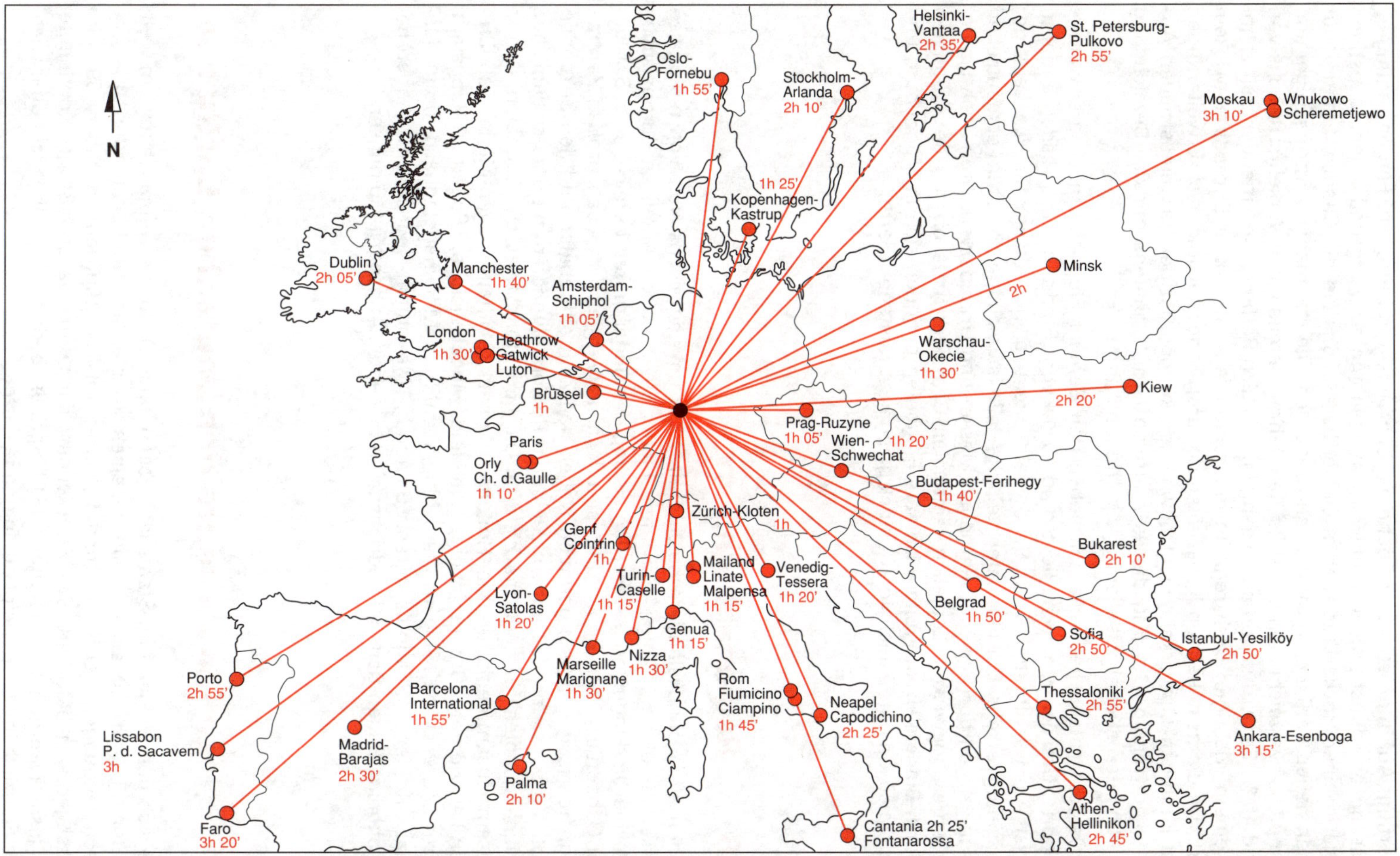

Flugziele und Flugzeiten im Europaverkehr der Deutschen Lufthansa (Auswahl) ab Frankfurt Rhein-Main Flughafen in Stunden (h) und Minuten (')

Zusammenfassung

1. Der kommerzielle (gewerbliche) Luftverkehr wird in Passageverkehr, d. h. Beförderung von Fluggästen, und Frachtverkehr unterteilt. Der Oberbegriff für den Luftfrachtverkehr ist „Cargo". Der Frachtverkehr macht rd. 20 % des Jahresumsatzes der Deutschen Lufthansa aus.

2. Der Luftfrachtverkehr hat in Deutschland fast ausschließlich nur im grenzüberschreitenden Verkehr Bedeutung.

3. Dem internationalen Luftverkehr stehen in der Bundesrepublik Deutschland 15 Verkehrs- bzw. Hauptflughäfen und über 30 regionale Verkehrsflughäfen oder Landeplätze zur Verfügung. Alle zusammen bilden ein multizentrales Flughafennetz. Die Flughäfen sind in der ADV (Arbeitsgemeinschaft deutscher Verkehrsflughäfen, Stuttgart) zusammengeschlossen.

4. Überragender deutscher Flughafen ist im Fracht- und Passagegeschäft der Frankfurter Rhein-Main-Airport. Über das Frankfurter Lufthansa Cargo Centrum (LCC) werden fast drei Viertel des gesamten deutschen Luftfrachtaufkommens geleitet.

5. Zweitgrößter deutscher Luftfracht-Umschlagplatz ist der Flughafen Köln/Bonn (Köln-Wahn).

6. Bedeutendster deutscher Charterflughafen ist der Düsseldorfer Rhein-Ruhr-Airport. In der Luftfracht nimmt der Flughafen Rang vier ein.

7. Zu den großen deutschen Flughäfen gehören ferner München 2, Hamburg-Fuhlsbüttel, Berlin-Tegel, Berlin-Schönefeld und Berlin-Tempelhof.

8. Zu den führenden Regionalflughäfen (Sekundärknoten) gehören Bremen-Neuenland, Hannover-Langenhagen, Münster-Osnabrück, Nürnberg, Saarbrücken und Stuttgart-Echterdingen.

Aufgaben

1. Beschreiben Sie die Entwicklung des Luft- und Luftfrachtverkehrs in Deutschland.
2. Welche Bedeutung hat der Luftfrachtverkehr derzeit in Deutschland?
3. Definieren Sie den Begriff Flughafen.
4. Welche Aufgaben haben internationale und regionale Flughäfen?
5. Alle deutschen Verkehrsflughäfen bilden zusammen ein multizentrales Flughafennetz. Erklären Sie, was darunter zu verstehen ist.
6. Beschreiben Sie die Bedeutung und Leistungsfähigkeit der Flughäfen Frankfurt Rhein-Main, Düsseldorf Rhein-Ruhr und Köln/Bonn. Verwenden Sie hierzu auch die Textpassagen aus Themenkreis 2, 1.5.
7. Wie lauten die 3-Letter-Codes für die deutschen Flughäfen?
8. Die deutsche Flughafenlandschaft ist durch Zentralflughäfen (Hubs), Sekundärknoten und Regionalflughäfen gekennzeichnet. Erläutern Sie, was darunter zu verstehen ist.

Themenkreis 9: Rohrleitungsverkehre in Deutschland

1 Entwicklung und Bedeutung des Rohrleitungsverkehrs

Eine durchaus ernstzunehmende Konkurrenz für die Verkehrsträger Binnenschifffahrt und Eisenbahn stellen die **Rohrleitungen** (Pipelines) dar. Eine große Zahl von Gütern kann mit diesem Verkehrsmittel sehr günstig befördert werden. Dies gilt vor allem für jene **flüssigen** und **gasförmigen Stoffe**, die regelmäßig in großen Mengen in einer oder wenigen festen Verkehrsrichtungen bewegt werden müssen. Hierzu gehören vorzugsweise Erdöl, Erdölprodukte (Treibstoffe, Heizöl), Erdgas und Industriegas (technische Gase). Rohrleitungen für die Beförderung von Erdöl werden **Mineralölfernleitungen** genannt, die für die Beförderung von Erdölprodukten und vergleichbaren Erzeugnissen allgemein **Produktenleitungen**. Eine besondere Form der Rohrleitungen sind die Wärme- und Feststoffleitungen. In Feststoffleitungen werden, meist auf nur kurzen Distanzen, staubförmige Güter wie Zement, Mehl oder feingemahlene Kohle transportiert, in Wärmeleitungen Wasser in hohen Temperaturen (bis 180 Grad C) zur zentralen Wärmeversorgung.

Verkehrsgeographisch treten die Rohrleitungen allerdings kaum in Erscheinung, da sie üblicherweise unterirdisch oder untermeerisch verlaufen. Markante Punkte sind lediglich die Anfangs- und Endpunkte der Pipelines, an denen sich große verkehrstechnische Anlagen befinden. Für das Speditions- und Kraftwagengewerbe, insbesondere für Fach- und Tankspeditionen, sind vor allem die Endpunkte der Rohrleitungen und die daran angeschlossenen Verarbeitungszentren von wirtschaftlichem Interesse, da von hier aus die Feinverteilung, d. h. die Versorgung der Abnehmer mit Kraftstoffen, Industriegasen, Heizölen u. ä. vorgenommen wird. So arbeiten im Rhein-Ruhr-Gebiet, im Rhein-Main-Raum oder im Raum Hamburg eine Reihe von spezialisierten Frachtführern, die für Raffineriebetriebe die Verteilung der Produkte vornehmen.

Rohrleitungen wurden bereits zu Beginn des 19. Jahrhundert eingesetzt, und zwar zunächst für den Transport von Steinkohlengasen. In Deutschland gab es **Stadtgasnetze** ab 1826 in Hannover und ab 1828 in Dresden. Besonders für den Ferntransport von Gasen ist der Rohrleitungsverkehr so gut wie konkurrenzlos. **Ferngasleitungen** gibt es in Deutschland seit den 20er Jahren, zunächst im Gebiet Rhein-Ruhr und in Südwestdeutschland. Heute sorgt ein von der Energiewirtschaft unterhaltenes bundesweites Netz von **Erdgasleitungen** für eine stetige Versorgung mit diesem wichtigen Energiestoff. **Erdölrohrleitungen** sind seit 1865 in den USA im Gebrauch (Ölleitung von Titusville über 7 km). In Deutschland wurden in großem Umfang die Ölleitungen aber erst nach dem Zweiten Weltkrieg gebaut. Das besondere Merkmal aller Rohrleitungsverkehre ist darin zu sehen, daß sie bei ihrem Bau einen hohen Kapitaleinsatz erfordern, die ständigen Betriebskosten dagegen gering sind.

2 Bedeutende Rohrleitungen und Verarbeitungszentren

Ähnlich wie im gewerblichen Güternahverkehr mit Lkw, der an die 75-km-Zone gebunden ist, spricht man bei Rohrleitungsverkehren bis etwa 50 km von **Nahleitungen**. Sie verbinden z. B. erdö verarbeitende Unternehmen (Raffinerien) mit der petrochemischen Industrie oder einzelne Betriebsteile untereinander. Die Güter in diesen Leitungen sind vorwiegend Mineralölprodukte (Dieselkraftstoff, Superbenzin, Heizöl, Düsenkraftstoff usw.) oder gasförmige Rohstoffe (Äthylen, Stickstoff, Methangas u. a. m.). Für die nationale Versorgung mit Rohöl stehen dagegen mehrere, teilweise **internationale Fernleitungen** zur Verfügung. Sie führen fast ausnahmslos von Importhäfen, wo es ebenfalls beträchtliche Raffineriekapazitäten gibt, zu Raffinerie- und Petrochemiewerken im Binnenland und damit zu den Verbrauchern. Dieses Netz für die Einfuhr von Erdöl und Erdölprodukten entstand im wesentlichen zwischen 1958 und 1975. Es ist üblich, die einzelnen Leitungen ähnlich wie die Binnenschiffskanäle mit Abkürzungen versehen.

Wichtige Leitungen für Erdöl und Erdölprodukte nach/in Deutschland

Abkürzung	Bezeichnung und Inbetriebnahme	Beginn (Importhafen bzw. Ausgangspunkt)	Ende (Raffineriezentrum)	Länge in ca. km
NWO	Nord-West-Ölleitung (seit 1958)	Wilhelmshaven	Duisburg, Gelsenkirchen, Wesseling	353 km
NDO	Norddeutsche Ölleitung	Wilhelmshaven	Hamburg	136 km
RRP	Rotterdam-Rhein-Pipeline (seit 1960)	Rotterdam via Venlo	Wesseling Wesel Gelsenkirchen	280 km 220 km 221 km
SEPL	Südeuropäische Pipeline (seit 1962)	Marseille/ Lavéra/ Fos-sur-mer/ Berre	Karlsruhe und Mannheim	770 km
RDO	Rhein-Donau-Ölleitung (seit 1963) Fortführung der TAL	Ingolstadt	Karlsruhe	272 km
CEL	Centraleuropäische Leitung (seit 1965)	Genua	Ingolstadt	660 km
TAL	Transalpine Ölleitung (seit 1967)	Triest	Ingolstadt	465 km
–	Schwedt-Leuna Fernrohrleitung (seit 1962)	Schwedt a. d. Oder	Leuna, Böhlen und Rüssen	326 km
–	Rostock-Schwedt-Fernrohrleitung	Rostock	Schwedt a. d. Oder	202 km
–	Druschba-Leitung	Ural/Wolga-Gebiet	Schwedt a. d. Oder	4 000 km

Die **NWO** war die erste westeuropäische Fernleitung für Rohöl. Die über Wilhelmshaven eingeführten Erdöle werden über diese Pipeline in die Raffinerie- und Petrochemiezentren des Emslandes (Lingen), des Ruhrgebietes (z. B. Duisburg, Gelsenkirchen) und des Kölner Raumes (Wesseling) gepumpt. Die **RRP** versorgt von Rotterdam aus via Venlo (177 km) und von dort über Zweigleitungen ebenfalls Gelsenkirchen, Wesseling und Wesel. Besondere Bedeutung haben die von Südeuropa nach Norden verlaufenden Pipelines, über die Nahost-Rohöl auf kurzem Wege nach Mitteleuropa transportiert werden kann.

Beispiel:
Mit dem Bau der **SEPL**, die heute aus drei Rohrsträngen besteht, von Marseille entlang des Rhônetals nach Norden verkürzt sich der Transportweg zu Abnehmern im Oberrheingebiet (Karlsruhe, Mannheim, Ludwigshafen, Speyer), der Schweiz und Ostfrankreich (Straßburg) um mehr als 3 000 km, da der Seetransport um die Iberische Halbinsel entfällt.

Größter Raffinerie- und Tanklagerstandort in Süddeutschland ist der Raum Ingolstadt, wo die Leitungssysteme der **CEL** und der **TAL** enden und von wo aus die **TAL/RDO-Leitung** zum Oberrhein weitergeführt wird. Im ostdeutschen Raffineriezentrum von Schwedt/Oder schließt die rund 4 000 km lange russische Erdölleitung „Freundschaft" (Druschba) ab, in der Erdöl aus den Feldern des Wolga-Ural-Gebietes befördert wird.

Transalpine Pipeline

Leistung gleicht 8 600 Lkw pro Tag

7 Mio. t wurden 1991 von Triest durch die Transalpine Ölleitung (TAL) in die Adria-Wien-Pipeline (AWP) und ihr Tanklager in Kötschach-Mauthen in Kärnten zur Weiterleitung an die Raffinerie Schwechat geschickt. Das waren 1,45 Prozent mehr als im Vorjahr und knapp 26 Prozent des Gesamtdurchsatzes der TAL 1991, der sich um 5 Prozent auf 27 Mio. t erhöht hat.
Die TAL hält einen Anteil von etwa 75 Prozent an der gesamten österreichischen Mineralölversorgung. Darin sind auch die Transporte durch die TAL zu den bayerischen Raffinerien Ingolstadt, Neustadt und Burghausen enthalten, die 1991 11,5 Mio. t (1990: 10,3 Mio. t) betrugen, und die wiederum Produkte nach Österreich lieferten.
Die Rohrleitungsverkehre sind besonders umweltfreundlich, sie belasten die Anrainer nicht mit Lärm oder Schadstoffen. Für die Transportleistung der TAL 1991 hätten etwa 8 600 Straßentankzüge täglich – zusätzlich zum normalen Brennerverkehr von etwa 3 600 Lkw mit mehr als drei Achsen pro Tag (Grundlage: 250 Arbeitstage) – die Alpen queren müssen.

Quelle: DVZ Nr. 28 v. 07. 03. 1992

Ergänzt wird das Rohrfernleitungsnetz für Erdöl durch eine Reihe von bedeutenden Erdgas- und Produktenfernleitungen. Hier sind vor allem zu nennen: die **TENP** (Trans-Europa Naturgas Pipeline), die von den Niederlanden über die Bundesrepublik Deutschland nach der Schweiz und Italien führt und die **MEGAL** (Mitteleuropäische Gasleitung), von Südfrankreich über die Bundesrepublik Deutschland nach Österreich. Westsibirisches Erdgas kann über die Leitungen **„Nordlicht"** und **„Sojus"** via Tschechische Republik nach den Industriegebieten Halle/Bitterfeld/Leipzig und Lauchhammer/Senftenberg gepumpt werden; eine Abzweigung führt nach Bayern und wird in die MEGAL eingespeist. Eine wichtige Rolle nehmen weiterhin die Produktenleitungen **RMR** (Rhein-Main-Rohrleitung) von Rotterdam nach Ludwigshafen (665 km) und die ostdeutsche Leitung von Buna/Leuna nach Leutensdorf/Záluzi in der Tschechischen Republik ein. Je nach Konjunkturlage ist es möglich, daß einzelne Raffinerien stillgelegt werden und damit auch die entsprechenden Fernleitungen.

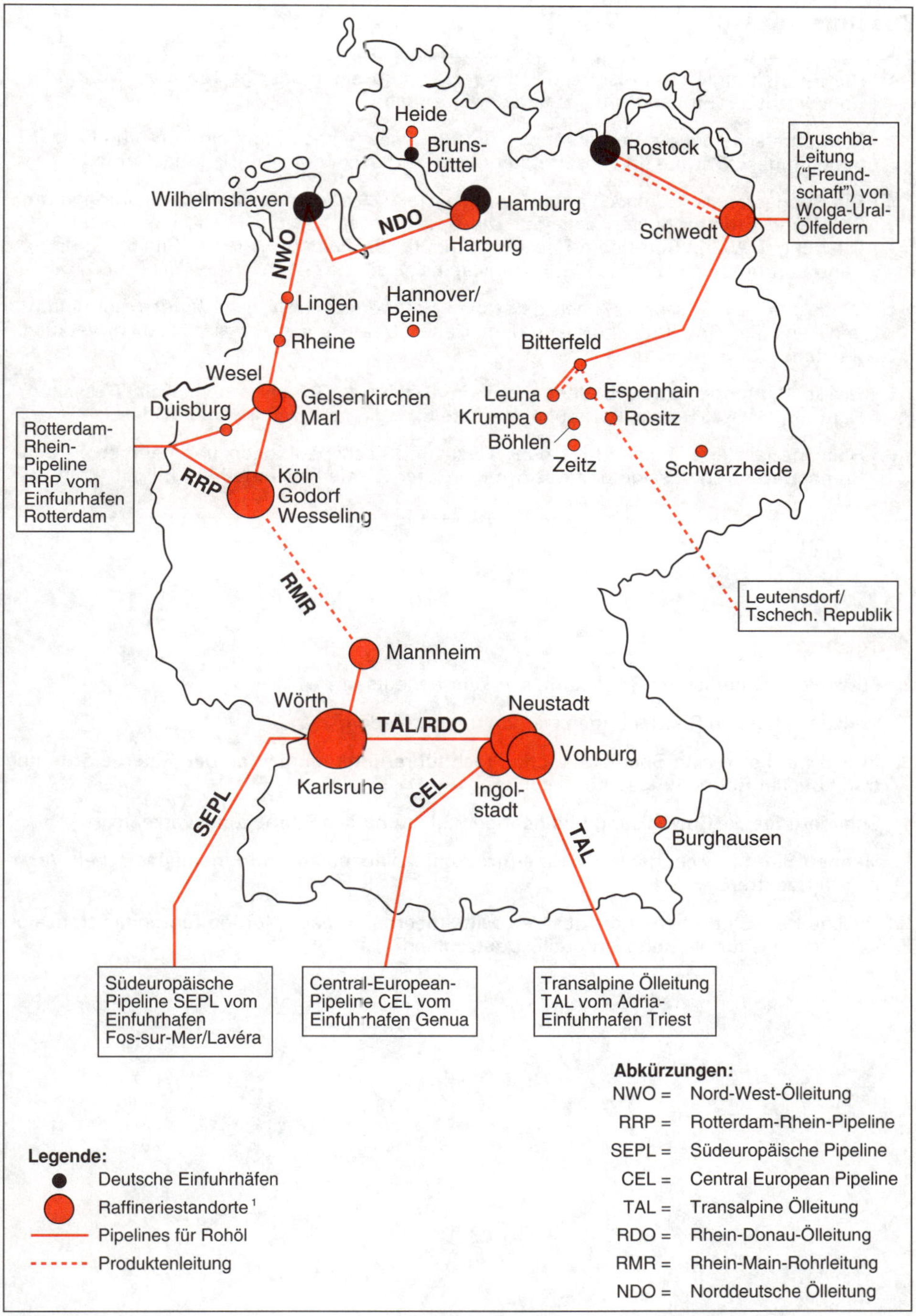

Rohölversorgung Deutschlands – Einfuhrhäfen, Raffineriestandorte und Pipeline-Systeme

1) Die Kreisgrößen bezeichnen den ca. Jahresdurchsatz in Mio. t
- kleine Kreise = bis 2 Mio. t
- mittlere Kreise = 6–8 Mio. t
- große Kreise = über 8 Mio. t

Zusammenfassung

1. Der Rohrleitungsverkehr ist beim Transport von flüssigen oder gasförmigen Gütern ein Konkurrent der Binnenschiffahrt und der Eisenbahn.
2. Man unterscheidet die Rohrleitung in der Hauptsache nach Mineralölfern- und Produktenleitungen. Wärme- und Feststoffleitungen sind besondere Rohrleitungsformen.
3. Die Bundesrepublik Deutschland wird über 9 teilweise internationale Fernleitungen mit Erdöl und Erdölprodukten beliefert. Die bedeutendsten Ölpipelines sind: Nord-West-Ölleitung (NWO), Rotterdam-Rhein-Pipeline (RRP), Südeuropäische Pipeline (SEPL), Centraleuropäische Leitung (CEL), Transalpine Ölleitung (TAL).
4. Durch die von Südeuropa nach deutschen Raffineriezentren verlaufenden Rohrleitungen kann der Rohöltransport aus dem Nahen Osten um mehr als 3 000 km verkürzt werden.
5. Große Raffineriezentren befinden sich in Duisburg, Gelsenkirchen, Köln-Wesseling, Hamburg, Wesel-Hünxe, Karlsruhe, Mannheim, Ingolstadt und Schwedt/Oder.
6. Hochspezialisierte Frachtführer oder Tank- und Fachspeditionen übernehmen in den Raffineriezentren flüssige und gasförmige Güter für die Feinverteilung mit Lastkraftwagen.

Aufgaben

1. Für welche Güter ist der Rohrleitungsverkehr bedeutsam?
2. Welche Arten von Rohrleitungen werden unterschieden?
3. In welcher Form sind Speditions- und Frachtführerunternehmen an der Güterbeförderung traditioneller Rohrleitungsgüter beteiligt?
4. Schildern Sie die Entwicklung und heutige Bedeutung des Rohrleitungsverkehrs.
5. Nennen Sie die wichtigsten Pipeline-Strecken, Anladehäfen und binnenländischen Verarbeitungszentren.
6. Welche Bedeutung haben die aus den Mittelmeerhäfen nach Norden führenden transalpinen Pipelines für die Bundesrepublik Deutschland?

Themenkreis 10: Verkehrs- und Wirtschaftsraum Europa

1 Europa im Überblick

Von allen Kontinenten ist Europa mit einer Fläche von 10,245 Mio. km^2 vor Australien der zweitkleinste, gemessen an der Einwohnerzahl dagegen mit rd. 661 Mio. Menschen der am zweitstärksten besiedelte Kontinent nach Asien. Die **Bevölkerungsdichte** liegt in Europa bei rd. 64 Einwohnern/km^2, dies ist der weltweit höchste Wert. Insgesamt nimmt Europa etwa 6,8 % der kontinentalen Landfläche der Welt ein, es leben aber über 16,5 % der Weltbevölkerung auf dieser Fläche. Diese Zahlen lassen bereits die besondere Stellung Europas im weltweiten Wirtschafts- und Verkehrsgefüge erkennen.

Die **Ausdehnung** von Festlandeuropa kann wie folgt umrissen werden. Westlichster Punkt ist bei 9 Grad 31' w. L. Cabo da Roca in Portugal, die östliche Grenze wird traditionell bei 60 Grad ö. L. durch Uralgebirge und Uralfluß (Rußland) gebildet. Im Norden endet das Festland bei Nordkinn auf 71 Grad 8' n. Br. (Norwegen). Der südlichste Festlandspunkt ist Punta Marroqui auf 36 Grad n. Br. in Spanien. Allein die östliche Abgrenzung Europas am Ural ist willkürlich, d. h. kulturgeographisch, gewählt. Nach der physisch-geographischen Betrachtung stellt Europa als Halbinsel Asiens eigentlich keinen eigenen Erdteil dar. Gelegentlich wird daher auch von Eurasien, also der Zusammenfassung von Europa und Asien, gesprochen. Die Bezeichnung Europa geht ursprünglich auf eine phönizische Richtungsangabe zurück: In der Mittelmeerschiffahrt bedeutete der Begriff ereb = Sonnenuntergang (aszu = Sonnenaufgang).

Wie kaum ein anderer Kontinent stellt sich Europa bezüglich seiner **Bodengestalt** als außerordentlich stark gegliedert dar. Junge Faltengebirge (Alpen, Pyrenäen) und darin eingelagerte Beckenlandschaften prägen vorwiegend den Süden. Alte Mittelgebirge und Stufenlandschaften kennzeichnen weite Teile des westlichen und mittleren Europas, während im nördlichen Mitteleuropa das durch die Kaltzeiten geprägte mitteleuropäische Tiefland dominiert. Der Norden ist von den Ur-Gebirgsresten (Skandengebirge, baltischer Schild) geformt. Rund ein Drittel der europäischen Landfläche wird von Inseln und Halbinseln eingenommen, die stark gegliederten Küsten an den Rand- und Binnenmeeren haben eine Länge von insgesamt fast 37 000 km. Vor allem entlang der Nordseeküste und des Atlantiks sorgen viele Buchten für günstige Naturhäfen und mehrere Flußmündungen, unter anderem in Form von Trichtermündungen, für eine hervorragende Verkehrserschließung bis weit in die Hinterländer. Bevorzugt sind in dieser Hinsicht die Britischen Inseln und der nordwesteuropäische Kontinent.

Beispiel:

Bis auf Ausnahmen in den Gebieten Osteuropas gilt generell, daß kein Ort in Europa mehr als 500 km von einem Meer entfernt liegt. Diese insgesamt also den Handel begünstigende Situation hat entscheidend zur heutigen Ausprägung der Wirtschafts- und Verkehrsverhältnisse beigetragen.

2 Die Staaten und Staatengruppen in Europa

In Europa gab es bislang 33 Staaten. Der Prozeß der Staatenbildung ist aufgrund der politischen Umwälzungen in Osteuropa derzeit noch im Gange. So sind in jüngster Zeit als eigenständige Staaten die baltischen Länder Estland, Lettland und Litauen hinzugekommen, in Südosteuropa Slowenien und Kroatien und in Osteuropa die ehemaligen Sowjetrepubliken Rußland, Weißrußland (Belorußland), Ukraine u. a., die teilweise der „Gemeinschaft Unabhängiger Staaten“ (GUS) angeschlossen sind. Die Türkei mit ihrem lediglich sehr kleinen europäischen Teil wird Vorderasien zugerechnet.

Staatengruppen in Europa

Staatengruppe	Staaten	Beitrittsjahr/ Gründungsjahr
EU Europäische Union[1]	Belgien, Bundesrepublik Deutschland, Frankreich, Italien, Luxemburg, Niederlande	1957 (Gründungsstaaten)
	Dänemark, Großbritannien, Irland	1972
	Griechenland	1982
	Spanien, Portugal	1986
EFTA	Island, Norwegen, Finnland, Schweden, Schweiz, Österreich, Liechtenstein	1960
Reformländer in Osteuropa	ehemalige UdSSR, v. a. Rußland, Weißrußland, Ukraine, Moldavien, Polen, Tschechische und Slowakische Republik, Ungarn, Rumänien, Bulgarien, Estland, Lettland, Litauen	GUS seit Dezember 1991
Staaten ohne Anschlüsse	Andorra, Jugoslawien, Slowenien, Kroatien, Malta, Monaco, San Marino, Vatikanstadt, Zypern, Albanien	

Fast alle **Flächenstaaten** gehören bzw. gehörten Wirtschaftsgemeinschaften oder anderen wirtschaftlich geprägten Zusammenschlüssen an. Die beiden wichtigsten Wirtschaftsblöcke sind die **EU** (Europäische Union) mit 12 Mitgliedsländern und die Zollunion der Europäischen Freihandelszone **EFTA** (European Free Trade Association) mit 7 Mitgliedsländern. Der ehemals für Osteuropa wichtige Wirtschaftsblock des RgW (Rat für gegenseitige Wirtschaftshilfe oder Comecon) ist aufgelöst worden. EU- und EFTA-Länder bilden zusammen seit 1991 den sog. **EWR-Bereich** („Europäischer Wirtschaftsraum“). Ökonomisches Ziel der EWR-Bildung ist es, die EFTA-Staaten am Europäischen Binnenmarkt zu beteiligen und damit zwischen EU-Mitglieds- und EFTA-Mitgliedsländern ab 1993 binnenmarktähnliche Verhältnisse herzustellen. Für die meisten EFTA-Staaten bildet der EWR indes nur eine Übergangslösung bis zum EU-Beitritt. Der EWR stellt noch keinen Binnenmarkt im Sinne der EU dar. Eine Harmonisierung der indirekten Steuern, ein Abbau der Grenzkontrollen und eine gemeinsame Außenwirtschaftspolitik sind nicht vorgesehen.

---

[1] Bis zur Unterzeichnung der Maastrichter Verträge wurde die Europäische Union (EU) als Europäische Gemeinschaft (EG) bezeichnet.

Die 12 Staaten der EU bilden den wirtschaftlichen Kern Europas. Über die Einwohnerzahl und die Wirtschaftsleistung der einzelnen Mitgliedsländer gibt die folgende Abbildung Auskunft.

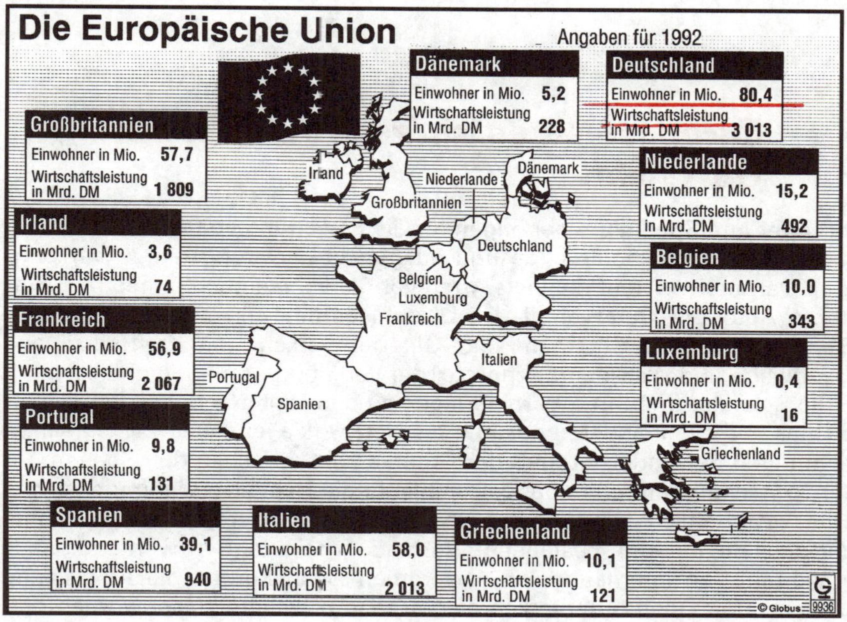

Einige Staaten Europas haben einen Antrag auf Mitgliedschaft in der EU gestellt, einige sind der EU assoziiert, d. h. angeschlossen. Sie erhalten vor allem besondere Zollvergünstigungen. Mehrere Staaten Osteuropas und Südosteuropas haben ihren Beitrittswillen erklärt, vgl. hierzu folgende Abbildung.

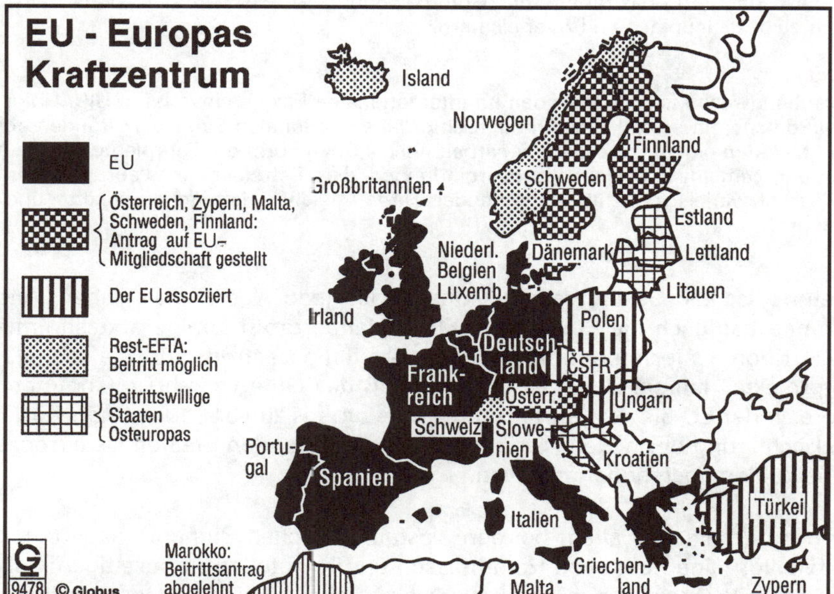

3 Verkehrsmagistralen und Wirtschaftszentren

3.1 Europas Verkehrsinfrastruktur in der Übersicht

Frachtführer und Spediteure benötigen für die Bewegung von Gütern zwischen den Staaten eine gut funktionierende und ausgebaute, leistungsfähige Verkehrsinfrastruktur. Darunter versteht man alle Arten von Verkehrseinrichtungen (z. B. Rangierbahnhöfe, Autohöfe, Güterverteil- und Umschlagszentren) sowie die Autobahn- und Straßennetze für den Güternah- und Güterfernverkehr mit Kraftfahrzeugen, die Schienenwege und Wasserstraßennetze, die Verknüpfung der Flughäfen mit Fluglinien, die Seehäfen mit ihren Verbindungen zu den Hinterlandgebieten u. a. m. Nur ein dichtes und aufeinander abgestimmtes Netzwerk aller dieser Verkehrslinien und -einrichtungen gewährleistet, daß der Güterverkehr zwischen den Staaten und den großen Wirtschaftszentren reibungslos abläuft, die Handelsbeziehungen enger werden, die wirtschaftliche Bindung der Staaten untereinander gefördert wird und neue Länder oder Regionen in bestehende Verbindungen integriert werden können. Mit einer Vielzahl von internationalen Abkommen ist in Europa die Abwicklung von grenzüberschreitenden Güterverkehren gefördert bzw. vereinfacht worden.

Beispiel 1:
Innerhalb der EU ist mit der Schaffung von EU-Lizenzen für den grenzüberschreitenden Straßengüterverkehr, mit einheitlichen Zollverfahren sowie anderen Maßnahmen bereits ein vereinfachter Warenverkehr möglich. Auch die Europäische Verkehrsministerkonferenz (CEMT) hat früh damit begonnen, durch Normungen (z. B. Europaschiff in der Binnenschifffahrt), einheitliche Konzessionierungen (CEMT-Konzessionen bei Lkw) oder einen abgestimmten Straßenbau (Europastraßen) die Güterbewegungen zwischen den Wirtschaftszentren Europas zu beschleunigen und zu erleichtern.

Beispiel 2:
Im Eisenbahnwesen ist zwischen den im internationalen Eisenbahnverband UIC (Union international de chemin de fer) zusammengeschlossenen nationalen Bahnverwaltungen ebenfalls seit Jahrzehnten eine enge Zusammenarbeit üblich. So in Form der Fahrplanabstimmung, der Einrichtung gemeinsamer Schnellzugverbindungen, dem Betreiben eines europäischen Bahn-Containernetzwerkes, grenzüberschreitender Tarife, gleicher Haftungsgrundsätze und anderem mehr.

Ein europäisches Gesamtverkehrskonzept ist jedoch erst in groben Ansätzen erkennbar. Lediglich die EU und die EFTA planen großräumige abgestimmte Verkehrskorridore mit intermodalen Güterverteilungszentren, für die bereits sog. „Pilotprojekte“ laufen. Dabei ist bekannt, daß das Güterverkehrsaufkommen allein im Bereich der EU bis zur Jahrtausendwende um bis zu 40 % zunehmen wird. Unter Berücksichtigung der neuen Märkte in den sich öffnenden Staaten Osteuropas können die Zahlen noch höher ausfallen.

Trotz der Vorteile, vor allem bei den westeuropäischen Binnentransporten, gilt es nach wie vor, eine Reihe von Hemmnissen und Nachteilen zu beseitigen. Folgende Beispiele für Probleme bei den Landverkehrsträgern können genannt werden:

- Lkw-Verkehre: Die auf EU-Basis genormten Gewichts-, Längen- und Breitenmaße gelten nicht für alle Länder Europas. So weichen z. B. trotz neuer Vereinbarungen im Rahmen des EWR u. a. die EFTA-Staaten Schweiz und Österreich sowie auch die osteuropäischen Staaten von diesen Normen beträchtlich ab.
- Eisenbahnverkehre: Europaweit und sogar innerhalb der EU existieren noch immer Spurweitenunterschiede. Im Gegensatz zur Normalspur (1 435 mm) werden Breitspursysteme in Spanien, Portugal, Finnland und der GUS benutzt. Weiterhin gibt es technische Abweichungen bei der Stromversorgung und Differenzen bei den Gleisabständen.
- Binnenschiffahrt: Schleusenabmessungen, Kanalquerschnitte und garantierte Wasserstände sind in den Staaten teilweise noch sehr unterschiedlich. Der Ausbau der Wasserwege nach CEMT-Standards ist noch im Gange.

3.2 Hauptverkehrsachsen und -zentren

Hauptverkehrslinien, die eine Bündelung der Verkehrswege eines oder mehrerer Verkehrsträger darstellen, werden in der Fachsprache **Verkehrsmagistralen** genannt. Zwischen den großen Wirtschaftszentren Europas haben sich in den letzten Jahrzehnten mehrere solcher Verkehrsmagistralen herausgebildet. In einigen Fällen, so etwa entlang der Flüsse Rhein, Rhône, Seine oder durch verschiedene Täler der Hochgebirge, werden diese Magistralen aus Eisenbahnstrecken, Autobahnen und Binnenwasserwegen gebildet. Sie sind dann regelrechte Verkehrslandschaften. Verkehrsmagistralen sind einerseits gekennzeichnet durch die Nutzung günstiger natürlicher Verkehrsvoraussetzungen (niedrige Pässe, Flußniederungen, Täler, Gebirgsränder, Inselketten, Land- und Meerengen), andererseits durch den Versuch, die kürzeste Entfernung zwischen zwei Punkten herzustellen. Die wichtigsten Wirtschaftszentren in Europa und die zwischen ihnen verlaufenden Nord-Süd/West-Ost-Verkehrsachsen zeigen die folgenden Abbildungen.

3.2.1 Hauptverkehrsachsen

Der Schwerpunkt der Achsen für den Lkw-, Eisenbahn- und Binnenschiffsverkehr liegt deutlich im Bereich der EG und der EFTA-Staaten. Im wesentlichen lassen sich je fünf große Nord-Süd- und West-Ost-Achsen bzw. Magistralen unterscheiden, die von Randachsen flankiert oder ergänzt werden.

Nord-Süd-Achsen

1. Achse: Mittelenglisches Industrierevier – London – Straße von Dover – Nordfrz. Industrierevier – Paris – Lyon – Marseille/Rhônedelta.

2. Achse: ARA-Häfen – Rheinschiene/Ruhrgebiet – Rhein/Main-Raum – Rhein/Nekkar-Raum – Basel/Zürich – Mailand – Genua

3. Achse: Südnorwegen – Jütland – Hamburg – München – Brenner – Verona – Bologna – Rom

4. Achse: Südschweden – Rostock – Berlin – Sächsisches Industrierevier – Prag – Wien – Triest/Ljubljana

5. Achse: Stockholm – Danzig – Warschau – Kattowitz – Budapest – Belgrad – Athen.

West-Ost-Achsen

1. Achse: London – ARA-Häfen/Brüssel – Rheinschiene/Ruhrgebiet – Berlin – Warschau – Minsk – Moskau

2. Achse: Frz. Kanalhäfen – Paris – Rhein/Main-Raum – Prag – Kattowitz – Donezbecken

3. Achse: Lyon – nördl. Rhônetal – Genf – Nordschweiz – München – Wien – Budapest – Donezbecken

4. Achse: Lyon – nördl. Rhônetal – Mt. Blanc – Turin – Mailand – Verona – Triest/Ljubljana – Budapest

5. Achse: Madrid – Barcelona – Marseille/Rhônedelta – Genua – Bologna.

Wichtige Randachsen verlaufen im Süden und Westen des Kontinents nach Lissabon, entlang der französischen Atlantikküste zum nordspanischen Industrierevier um Bilbao/Pamplona, im Norden nach Helsinki und Petersburg. In Osteuropa zweigen wichtige Linien zu den Adriahäfen und in die Türkei ab.

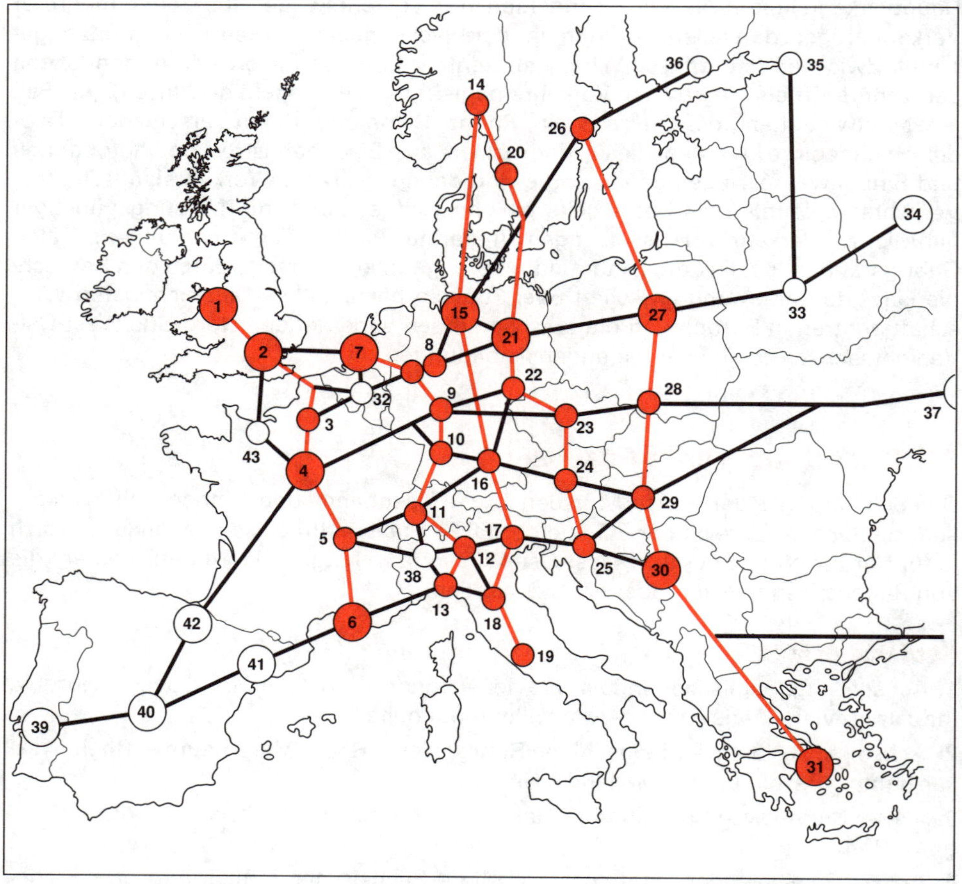

Wirtschafts/Verkehrszentren und Hauptverkehrsrouten (Transitrelationen) in Europa (Nord-Süd-Verkehrsachsen)

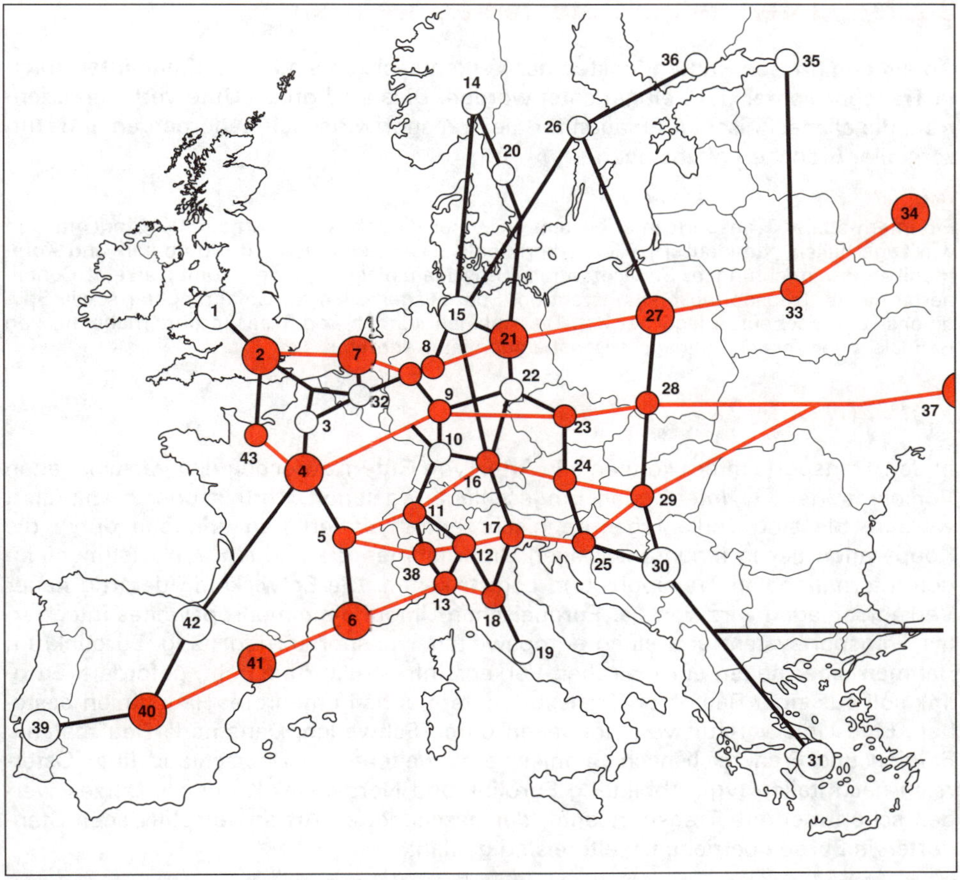

Wirtschafts/Verkehrszentren und Hauptverkehrsrouten (Transitrelationen) in Europa (West-Ost-Verkehrsachsen)

1 Liverpool–Manchester
2 Großraum London
3 Lille/Nordfrankreich
4 Großraum Paris
5 Großraum Lyon
6 Hafenkomplex Marseille
7 ARA-Häfen/Randstad/Holland
8 Rheinschiene/Ruhrgeb.
9 Rhein-Main-Raum
10 Rhein-Neckar-Raum
11 Basel/Nordschweiz
12 Mailand
13 Seehäfen Genua/Savona
14 Oslo/Moss/Larvik
15 Hamburg/Unterelbe
16 Großraum München
17 Verona/Venedig
18 Bologna/Modena
19 Großraum Rom
20 Göteborg
21 Großraum Berlin
22 Dresden-Zwickau
23 Großraum Prag
24 Wien-Linz
25 Laibach/Zagreb
26 Großraum Stockholm
27 Warschau/Lodz
28 Kattowitz/Krakau
29 Großraum Budapest
30 Belgrad/Novi Sad
31 Athen/Piräus
32 Brüssel/Borinage
33 Minsk
34 Großraum Moskau
35 St. Petersburg
36 Helsinki
37 Donezbecken
38 Turin
39 Lissabon
40 Großraum Madrid
41 Barcelona
42 Bilbao/San Sebastian
43 Le Havre/Rouen

3.2.2 Intermodale Güterverkehrszentren

An einigen großen Knotenpunkten der Verkehrsachsen sind sog. offene **intermodale Transportcenter** (ITC) eingerichtet worden. Dies sind große Güterverteilungszentren, die alle technischen Anlagen für die Transportwirtschaft beherbergen und Nutzern aller Branchen offenstehen.

Beispiel:

Ein intermodales Transportcenter besteht aus einer Vielzahl spediteurneutraler Einrichtungen wie Lagerhallen, Kühlhäusern, Tiefkühlterminals, Distributionszentren, Computer- und Kommunikationseinrichtungen, Servicezentren, Umschlaganlagen für den Kombiverkehr, Containerterminals, Transportausbildungszentren, Speziallagerhallen für Gefahrengüter sowie Speditions- und Fachbüros jeglicher Art. Die Anlagen können von Transportunternehmen, von Handels- oder Versicherungsgesellschaften gemietet werden.

In den Transportcentern können alle Arten von Gütern zwischen den verschiedenen Verkehrsträgern (= intermodal) umgeschlagen, gelagert, verteilt oder manipuliert werden. Sie sind verkehrsgeographisch zentral plaziert und erlauben durch die Kooperation der in ihnen ansässigen Unternehmen die Bildung von leistungsfähigen internationalen Transport- und Logistikketten. Die Entwicklung derartig neuer Verkehrsanlagen wird von der Europäischen Union, die ein europaweites integriertes Transportsystem und einen europaweiten Transportkorridor (sog. Eurolink) im Rahmen einer neuen europäischen Verkehrsinfrastruktur anstrebt, gefördert. **Eurolink** soll aus einer Reihe von Transportcentern entlang mehrerer Hauptlinien bestehen. Eine Linie verläuft von Norwegen durch Schweden, Dänemark, Deutschland, Belgien und Frankreich nach Spanien, eine weitere von Deutschland über Österreich nach Italien (vgl. Abbildung Eurolink und Nordic-Link-Korridor). Derzeit werden schon mehrere Transportcenter der geschilderten Art an verschiedenen Standorten in Europa betrieben, weitere sind geplant.

Beispiel:

Zu den großen intermodalen Güterverkehrszentren des im Aufbau befindlichen Eurolink-Systems gehören das „Nordic Transport Centre" NTC in Aalborg (Dänemark), das im Norden die Eurolink-Route mit dem Nordic-Link-Korridor verknüpft. In Deutschland übt im Rahmen von Eurolink das „Güterverkehrszentrum Bremen" Funktionen als intermodales Verkehrscenter aus. Weitere ITC sind „Mions-Corbas" bei Lyon (Frankreich), „Quadrante Europa" in Verona (Italien) und das „Centro de Transportes de Madrid" (CTM) in Madrid (Spanien).

Die Transportcenter, in Deutschland werden sie vorwiegend Güterverteilzentren (GVZ) genannt, haben unterschiedliche Arbeitsschwerpunkte. Im wesentlichen können aber folgende **grundlegenden Aufgaben** genannt werden: Stärkere Verflechtung der Verkehre von Straße und Schiene, schnelle und rationelle Zusammenarbeit der Transportunternehmen, Konzentration der Frachtverkehre auf leistungsfähige internationale Transportverbindungen, erhöhter Umweltschutz, verbesserte internationale Transportplanungen, Kombination von Güterfluß und Informationsfluß (Statusüberwachung der Gütersendungen) mittels moderner elektronischer

Kommunikationsmittel, Rationalisierung der Verkehrsabläufe und optimale Nutzung von Transporteinrichtungen. In Deutschland gibt es bereits seit langem Güterverteilungszentren. Im Rahmen des Eurolink-Systems nimmt jedoch nur Bremen eine herausragende nationale und internationale Stellung ein.

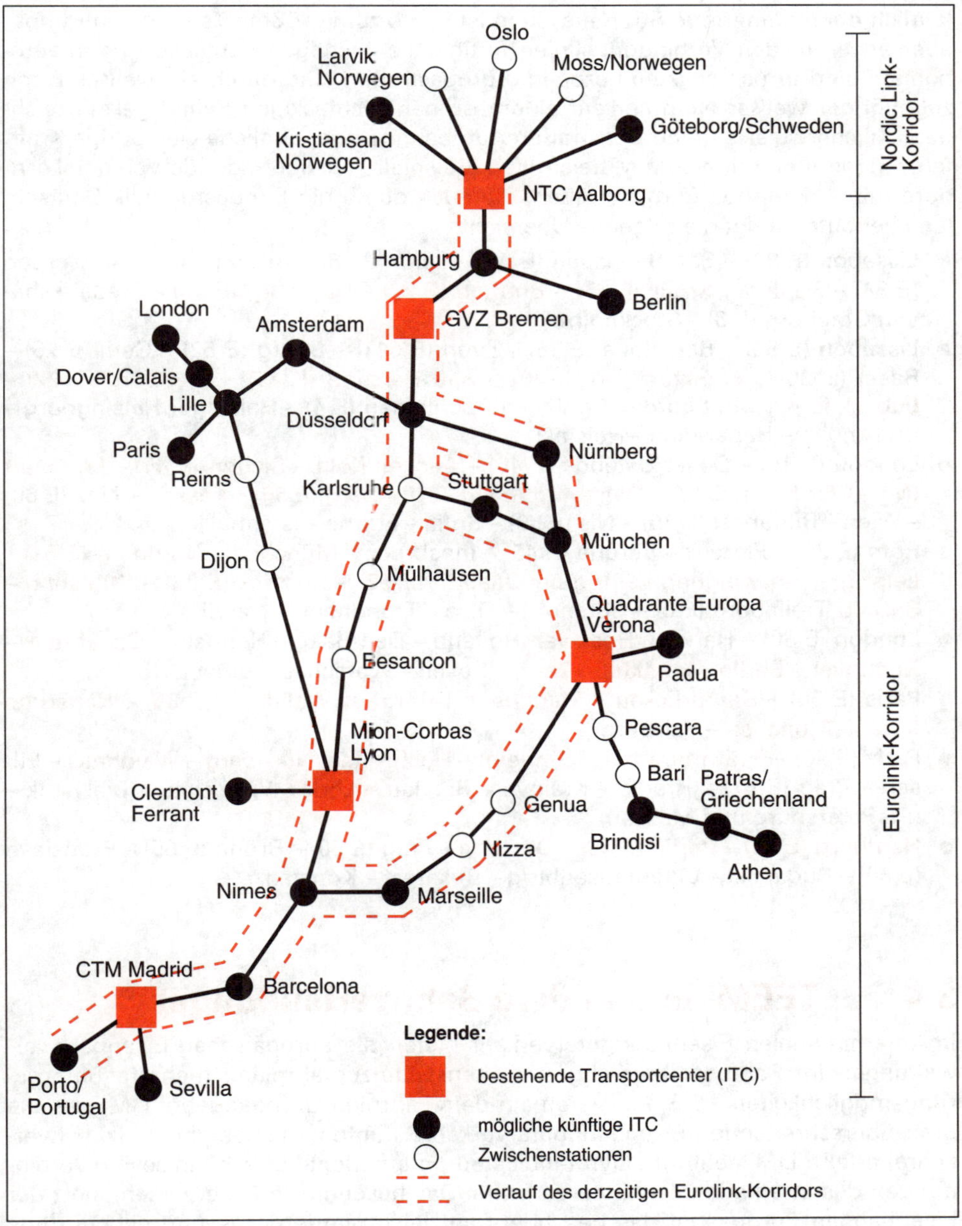

Schematische Darstellung des Eurolink und Nordic Link-Korridors

3.3 Bedeutende Europastraßen

Bereits im Jahre 1950 wurde von 18 europäischen Ländern ein Netz von über- und zwischenstaatlichen Durchgangsstraßen mit einer Länge von rd. 50 000 km projektiert, das der wirtschaftlichen Erschließung des Kontinents dienen sollte. Dieses einheitlich durchnumerierte Straßensystem ist heute zum größten Teil auf den Haupt-, aber auch auf den Verbindungslinien fertig. Alle wichtigen deutschen Hauptautobahnen sind in das Netz einbezogen. Europastraßen sind durch ein weißes E mit zugehöriger weißer Nummer auf einem grünen rechteckigen Schild gekennzeichnet. Üblicherweise sind Europastraßen Autobahnen oder ähnliche vierspurige Kraftfahrzeugstraßen mit einem Mittelstreifen. Beispiele für überragende Verkehrskorridore mit verknüpften Europastraßen, die auch durch die Bundesrepublik Deutschland verlaufen, zeigt die folgende Übersicht:

- Lissabon (E 80) – San Sebastian (E 05) – Paris (E 15) – Arras (E 17) – Antwerpen (E 34) – Kamener Kreuz (E 37) – Bremen (E 22) – Hamburg (E 45) – Frederikshaven/Göteborg (E 3) – Stockholm
- Lissabon (E 90) – Barcelona (E 15) – Lyon (E 611) – Bourg (E 62) – Genf (E 25) – Basel (E 35) – Frankfurt (M) (E 40) – Bad Hersfeld (E 45) – Hamburg (E 22) – Lübeck (E 47) – Puttgarden/Rødby – Kopenhagen (E 4) – Helsingør/Helsingborg – Stockholm – Haparanda – Helsinki
- London (E 15) – Dover/Ostende (E 40) – Aachen/Köln – Siegen (E 41) – Frankfurt (M) – Wertheim (E 43) – Würzburg (E 45) – Nürnberg (E 56) – Passau – Linz (E 60) – Wien – Budapest (E 75) – Nis (E 80) – Sofia – Edirne – Istanbul
- Rom (E 35) – Florenz – Verona (E 45) – Innsbruck – München – Nürnberg (E 51) – Leipzig – (Abzweigung Leipzig bei Baelitz – E 55) – Rostock (E 22) – Stralsund – Saßnitz/Trelleborg (E 6) – Göteborg – Olso – Trondheim – Narvik
- London (E 30) – Harwich/Hoek van Holland – Den Haag – Hengelo – Osnabrück – Hannover – Berlin – Frankfurt (Oder) – Posen – Warschau – Brest/GUS
- Paris (E 50) – Saarbrücken – Mannheim (Ab-Kreuz Walldorf – E 35) – Karlsruhe (E 52) – München – Salzburg
- Paris (E 50) – Saarbrücken – Mannheim – Heilbronn – Nürnberg – Waidhaus – Pilsen – Prag (E 67) – Hradic – Králové – Breslau – Lodz – Warschau – Bialystok – (St. Petersburg und Moskau)
- Hamburg (E 26) – Berlin (E 55) – Dresden – Prag (E 50) – Brünn (E 65) – Bratislava (E 60) – Budapest – Cluj/Klausenburg – Bukarest – Konstanza

3.4 TEEM- und andere Bahnverbindungen

Im internationalen Eisenbahngüterverkehr bieten die europäischen Eisenbahnverwaltungen im Rahmen ihrer abgestimmten Güterzugfahrpläne mehrere Beförderungsmöglichkeiten an. Sie basieren auf dem Fahrplan-Grundangebot LIM, das alle grenzüberschreitenden Eisenbahngüterverkehre (Einfuhren, Ausfuhren, Transitverkehre) erfaßt. LIM steht für „Livret-indicateur International Marchandises“ = Verbindungen des internationalen Güterverkehrs. Das bekannteste Güterverkehrsnetz der Eisenbahnen Europas ist das besonders auf leicht verderbliche und eilbedürftige Waren zugeschnittene **TEEM-Schnellzugsystem.** Hierbei handelt es sich um Schnellgüterzüge (TEEM = Trans Europ Express Marchandises) mit hohen Reisegeschwindigkeiten und kundengerechten Abfahrt- und Ankunftszeiten, deren Laufweite bei durchschnittlich 700 km liegt. Auf einigen Relationen werden auch bis zu 2 500 km erreicht. TEEM-Züge verkehren in 20 europäischen Ländern.

Beispiele für TEEM-Verbindungen

Versandort	Abfahrt	Stunde	Empfangsort	Ankunft	Stunde
Bari/Italien	Montag	5	Trelleborg/ Schweden	Mittwoch	22
London/ Großbritannien	Montag	17	Wien/ Österreich	Donnerstag	3
			Budapest/ Ungarn	Donnerstag	13
Valencia/ Spanien	Montag	20	Rotterdam/ Niederlande	Mittwoch	23

Quelle: Leitfaden für den internationalen Eisenbahn-Güterverkehr. UIC/FIATA.

Grenzüberschreitende Güterzüge mit stark verkürzten Transportzeiten werden als **GONG-Verkehre** angeboten (GONG = Güterzüge ohne nennenswerten Grenzaufenthalt). An den Grenzbahnhöfen dauert der Aufenthalt nur bis zu 5 Minuten, während dieser Zeit erfolgt der Wechsel des Fahrpersonals und die Papierübergabe. Ausgenommen von GONG-Beförderungen sind Sendungen, die eine Grenzverzollung erfordern.

Speziell von Norditalien (Regionen Toskana und Emilia Romagna) nach der Bundesrepublik Deutschland und Frankreich gibt es sog. **TRES-Verbindungen** (TRES = Treni rapidi economici sicuri), bei denen Zielorte nach maximal 72 Stunden erreicht werden. Die bis zu 100 km/h schnellen Züge haben kaum Grenzaufenthalte und werden unterwegs nicht rangiert.

Im Rahmen von **TEF** („TransEurofracht") werden internationale Güterzüge zwischen den großen Rangierbahnhöfen in Europa und den regionalen Verteilerstellen besonders koordiniert. Diese Fahrplanabstimmung und koordinierte Steuerung erlaubt Zeitgewinne von bis zu 24 Stunden gegenüber herkömmlichen Beförderungsverfahren.

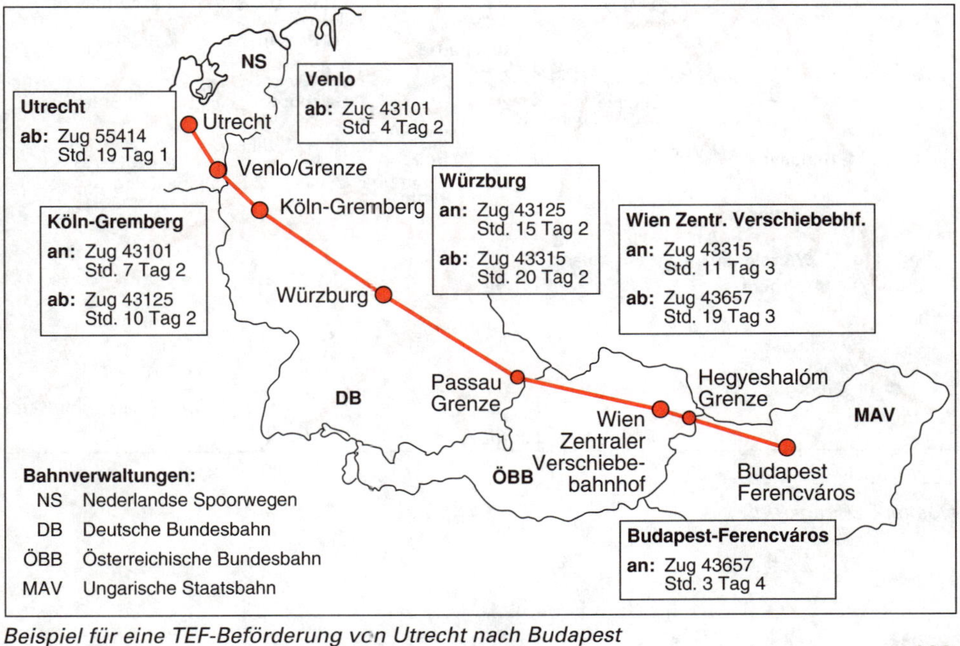

Beispiel für eine TEF-Beförderung von Utrecht nach Budapest

Den Beförderungssystemen sind alle EU- und EFTA-Länder angeschlossen, ferner Polen, Tschechische und Slowakische Republik, Ungarn, Rumänien, Bulgarien, Jugoslawien (bzw. Kroatien, Slowenien), Türkei, Syrien und Irak. Fährverkehre für Bahngüter werden darüber hinaus von Genua, Marseille, Port-St.-Louis-du-Rhône und Sète nach Algerien (Algier), Tunesien (Tunis) und Marokko (Casablanca, Tanger) angeboten. Insgesamt können diese Bahnverkehre innerhalb Europas, nach Nordafrika und dem Nahen Osten über rund 100 Grenzübergänge vorgenommen werden.

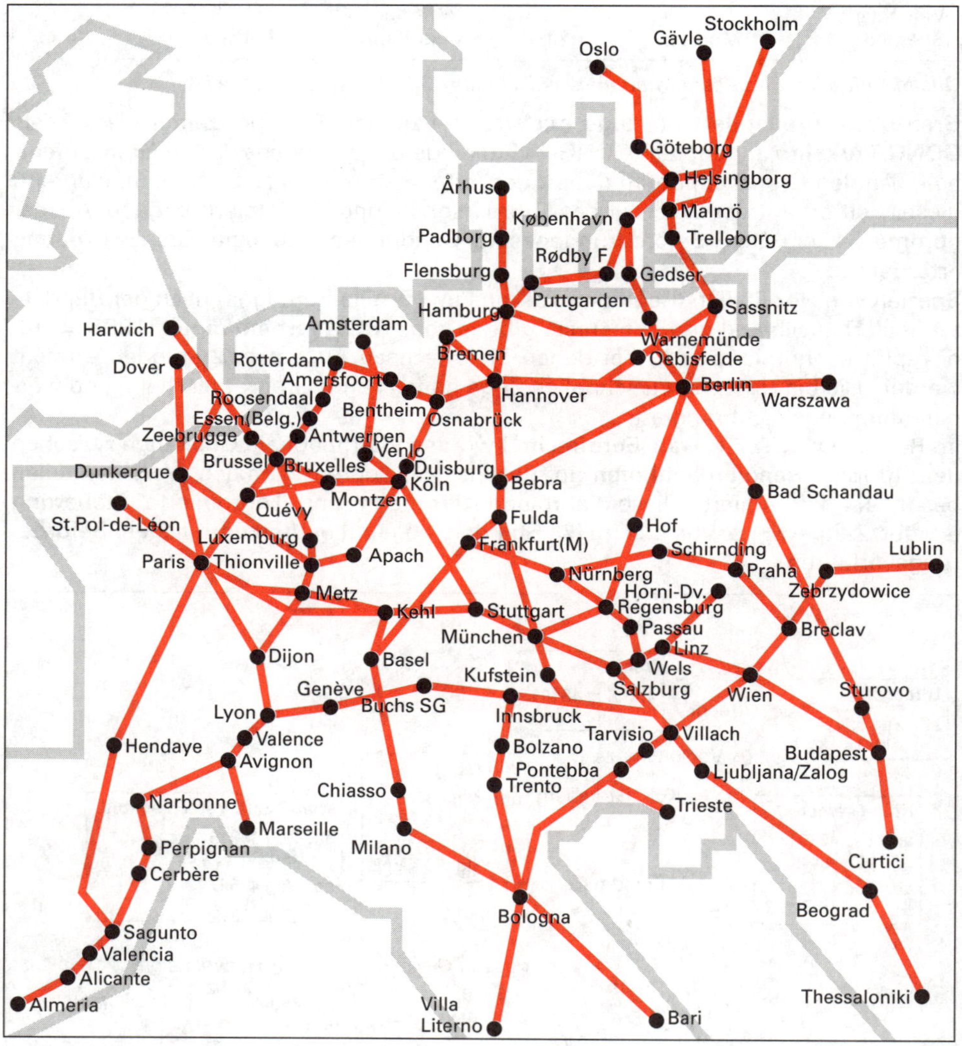

TEEM-Verbindungen
Quelle: DB Frankfurt/M.

3.5 Europas Wasserstraßensysteme

Zusammenhängende und eng verflochtene Wasserstraßennetze gibt es in Europa im wesentlichen in drei geographischen Bereichen:

In **West- und Mitteleuropa** sind die Staaten Belgien, Niederlande, Frankreich, die Bundesrepublik Deutschland, Luxemburg, die Schweiz und die Tschechische Republik untereinander über Wasserwege erreichbar. Das west- und mitteleuropäische Wasserstraßennetz wird von den Hauptflüssen Rhein, Seine, Rhône, Weser, Elbe und Oder, ihren zahlreichen Nebenflüssen und einer Vielzahl von Kanälen gebildet. Dieses Wasserstraßennetz ist in seiner jetzigen Form im wesentlichen abgeschlossen, geplant sind lediglich noch wenige Kanäle (in Frankreich Aisne-Kanal, Ardennen-Kanal) und der Ausbau der Maas. Im Vordergrund stehen Ausbauten der bestehenden Wasserwege bezüglich Vertiefung und Verbreiterung, so z. B. beim Mittellandkanal, Main und Neckar.

In **Südosteuropa** ist die Donau als internationale Wasserstraße mit einigen Nebenflüssen – bedeutendster ist der Fluß Theis – der zentrale Binnenschiffweg für mehrere Anrainerstaaten. Die Wasserstraße ermöglicht mehreren Binnenstaaten den Zugang zum Schwarzen Meer. Durch den Main-Donau-Kanal erfolgt die Verknüpfung mit Main und Rhein und somit mit dem west- und mitteleuropäischen Wasserstraßennetz. Beide Netze zusammen stellen die einzige transkontinentale Wasserstraßenachse zwischen Nordsee und Schwarzem Meer dar.

In **Osteuropa** liegt ein Großteil des gewaltigen Wasserstraßennetzes in der ehemaligen Sowjetunion, das mit insgesamt rund 150 000 km das längste der Welt ist. Das osteuropäische Tiefland bietet aufgrund der Weiträumigkeit und der geringen Flußgefälle hervorragende Bedingungen zum Ausbau von Wasserwegen. Allein der zentrale Wasserweg Wolga stellt mit seinen Nebenflüssen ein Netz von rd. 20 000 km dar. Auf der Wolga und der Kama werden über zwei Drittel der russischen Binnenschiffsverkehre abgewickelt. Polen ist über die Oder an das west- und mitteleuropäische Wasserwegenetz angeschlossen. In Zentralpolen ist die Weichsel mit dem Seehafen Danzig einziger Wasserweg. Eine leistungsfähige Verbindung zwischen Mittel- und Osteuropa mittels Kanälen oder Flüssen existiert allerdings nicht. Für die Weichsel sowie für einen Verbindungskanal zwischen Weichsel, Oder, Elbe und Donau existieren Ausbau- bzw. Baupläne zur Schaffung eines Wasserstraßenverbundsystems.

Auf einer großen Zahl von randlich gelegenen Flüssen, Kanälen und Seen Europas wird gleichfalls Binnenschiffsverkehr betrieben, doch ist die Bedeutung zum Teil nur regional oder national. In **Nordeuropa** sind die Finnische Seenplatte und der Saimaa-Kanal Finnlands von Bedeutung, in Schweden der Götakanal und die Binnengewässer Väner- und Vättersee.

In **Südwesteuropa** erfolgt Binnenschiffahrt auf den Flüssen Douro, Tejo und Guadiana (Portugal). In Spanien sind die Flüsse Ebro und Guadalquivir und der Kanal Alfons-XIII zu nennen. Die italienische Binnenschiffahrt konzentriert sich überwiegend auf den Po und wenige Regionalkanäle im Bereich dieses Flusses, der zwischen Cremona und Mailand ausgebaut werden soll.

In seiner jetzigen Form kann das gesamteuropäische Wasserstraßennetz als nicht abgeschlossen angesehen werden. Mehrere Ausbau- und Neubaupläne zielen darauf ab, Lücken im Wasserstraßennetz zu schließen und eine Durchlässigkeit von Süden nach Norden bzw. von Westen nach Osten zu schaffen, vgl. Karte.

Bedeutende europäische Wasserstraßen

Quelle: Verkehrsnachrichten 3/90

3.6 Grenzübergänge im europäischen Landverkehr

Mit der Schaffung des **Europäischen Binnenmarktes** sind die warentechnischen Formalitäten und Grenzkontrollen an den EU-Binnengrenzen entfallen. Letztlich bilden aber auch in der EU die Grenzübergänge noch immer eine Trennlinie für staatlich unterschiedliche Gesetzesvorschriften und Verkehrsbestimmungen (vgl. hierzu die Beispiele in Themenkreis 3, Kap. 5). Gleichwohl haben die Grenzübergänge zu **anderen Staaten Europas** nichts an Bedeutung verloren, sie sind in vielen Fällen Nadelöhre des Verkehrs, vor allem des Straßengüterverkehrs. Denn mit dem Überschreiten dieser Grenzen müssen nach wie vor neben den zolltechnischen Formalitäten besondere Genehmigungsverfahren, bestimmte Dokumente, spezielle technische Vorschriften, Verkehrsbestimmungen usw. beachtet werden.

Beispiel:

Ein deutscher Lastzug mit dem Gesamtgewicht von 40 t befördert Flüssiggut in speziellen Tank-Containern von Dormagen nach Kiew. Verkehrsgeographischer Ablauf des CMR-Transports: Dormagen – Dortmund (A 46/A 1) – Hannover (A 2) – Berliner Autobahnring (A 10) – deutsch/polnischer Grenzübergang Frankfurt/Oder Autobahn-Swiecko/Slubice (A 12) – Posen – Warschau – polnisch/weißrussischer Grenzübergang Terespol/Brest – Kiew. Bei der Einfahrt nach Polen sind folgende Dokumente notwendig: für den Fahrer Reisepaß und nationaler Führerschein, für den Lkw internationale Versicherungskarte und Zulassungsschein, für die Ladung CMR-Frachtbrief, Ladeliste, Zollgenehmigung, statistische Zählkarte u. a. m. Für die Einfahrt in die GUS sind ferner noch Visum, internationaler Führerschein, Haftpflichtversicherung, Zollverschlußanerkenntnis, Zollausfuhrerklärung für den Lkw u. a. m. notwendig. Da das Fahrzeug das in der GUS zulässige Gesamtgewicht von 36 t überschreitet, müssen Genehmigungskosten von 1 200 DM (1992) gezahlt werden.

Eine Übersicht ausgewählter wichtiger Grenzübergänge zwischen den Staaten Europas und einigen Staaten des Nahen Ostens im Straßengüter- und Eisenbahnverkehr bieten die folgenden Tabellen.

3.6.1 Straßenübergänge

Ausgewählte Grenzübergänge und Durchgangszollstellen im Straßenfernverkehr Europas und des Nahen Ostens (nicht berücksichtigt sind nasse Übergänge im Fährverkehr)

Von	Nach	Grenzübergang	Strecke
Schweden	Norwegen	Töcksfors – Orje Berg Storlien	Stockholm–Oslo Göteborg–Oslo Sundsvall–Trondheim
Rußland	Finnland	Wiborg – Vaalimaa	St. Petersburg–Helsinki
Frankreich	Schweiz	La Plaine – Genéve Hésinge – Basel Jougne – Vallorbe	Lyon–Genf Belfort–Basel Besancon–Lausanne
	Luxemburg	Zoufftgen/Thionville – Bettembourg (A 31) Apach – Schengen	Nancy/Metz–Luxembg.
	Belgien	Tourcoing – Kortrijk (A 22) Valenciennes – Mons (A 2) (Quiévrechain – Quiérain) Givet – Heer Longwy – Aubagne	Paris–Gent Paris–Brüssel Reims–Brüssel Longwy–Arlon

Von	Nach	Grenzübergang	Strecke
Frankreich	Spanien	Biriatou Autoroute (Hendaye) – Irun Le Perthus – La Junquera Autopista Cerbère – Port Bou	Bordeaux (A 63)– San Sebastian Perpignan (A 9)– Barcelona (A 7) Perpignan – Barcelona
Belgien	Luxemburg Niederlande	Haan – Wellin Essen – Roosendaal Turnout – Arendonk Weelde – Baarle Achel – Valkenswaard	Namur–Luxemburg Antwerpen–Rotterdam Antwerpen–Eindhoven Brüssel–Amsterdam Brüssel–Amsterdam
Spanien	Portugal	Túy (Vigo) – Valenca do Minho Fuentes de Onoro-Vilar Formoso Badajoz – Elvas	La Coruna–Porto Salamanca–Aveiro Madrid–Lissabon
Österreich	Slowenien Italien Schweiz	Wurzenpaß – Podkoren Loibltunnel – Ljubelj Spielfeld – Sentilj Brenner Autobahn – Brennero Reschenpaß – Passo di Resia Sillian – Passo Drava Thörl/Maglern – Tarvisio Brugg – St. Margrethen	Villach–Laibach (Ljubljana) Klagenfurt–Laibach Graz–Zagreb Innsbruck–Verona Landeck–Meran Lienz–Bozen Salzburg–Triest Innsbruck–Zürich
Italien	Schweiz Frankreich Slowenien	Como/Chiasso – Chiasso Aosta – Martigny (Gr. St. Bernhard-Tunnel) Modane – Fréjus Monte Bianco – Mont Blanc Colle di Tenda/Cuneo – Tende-Route (Tendapaß) Ventimiglia-Grimaldi (Autobahn A 10) Ventimiglia – Menton Garavan (Route Nationale 7) Triest Fernetti – Sezana Triest Pese – Kozina Muggia – Skofije Gorizia – Nova Gorica	Mailand–Bern Turin–Lausanne Turin–Lyon Turin–Genf Turin–Nizza Genua–Nizza Genua–Nizza Triest–Laibach Triest–Rijeka Triest–Koper Udine–Laibach
Polen	Tschechische und Slowakische Republiken Weißrußland Ukraine	Jakuszyce – Harrachov Kudowa Slone – Náchod Chalupki – Stary Bohumin Terespol – Brest Przemysl – Shegini	Posen–Prag Breslau–Prag Kattowitz–Brünn Warschau–Moskau Krakau–Kiew

Von	Nach	Grenzübergang	Strecke
Tschechische und Slowakische Republiken	Österreich	Hate u Znojma – Kleinhaugsdorf	Prag–Wien
		Mikulov – Drasenhofen	Brünn–Wien
		Bratislava – Berg (Petrzalka)	Bratislava–Wien
	Ungarn	Bratislava – Rajka (Rusovce)	Bratislava–Budapest
		Medvedov – Vámoszsabedy	Bratislava–Györ–Budapest
		Hranicná b. H. – Hidásnémeti	Kosice–Miskolc
	Ukraine	Vysné Nemecke – Chop/Uzhgorod	Kosice–Kiew
Ungarn	Österreich	Megyeshalom – Nickelsdorf	Budapest–Györ–Wien
		Kópháza – Deutschkreuz	
		Rábafüzes – Heiligenkreuz	Budapest–Graz
	Kroatien	Letenye – Gorcian	Budapest–Zagreb
	Jugoslawien	Tompa – Subotica	Budapest–Belgrad
	Rumänien	Nagylak – Nadlac	Budapest–Bukarest
	Ukraine	Zahóny – Chop Tissa	Budapest–Kiew
Ukraine	Rumänien	Porubnoje – Siret	Kiew–Bukarest
Bulgarien	Jugoslawien	Vrachka Tchouka-Vrska Cuka	Sofia–Nis–Belgrad
		Dragoman – Dimitrovgrad	Sofia–Nis–Belgrad
	Rumänien	Ruse – Giurgiu	Sofia–Bukarest
		Jovkovo – Negru Voda	Warna–Konstanza
Rumänien	Jugoslawien	Jimbolia – Srbksa Crnja	Bukarest–Novi Sad
		Stamora / Moravita – Vrsac	Bukarest–Belgrad
Griechenland	Jugoslawien	Evzoni – Gevgelija	Thessaloniki–Skopje–Belgrad
		Niki – Medjetlija/Bitola	Larissa–Skopje
	Bulgarien	Promachon – Kulata	Thessaloniki–Sofia
	Türkei	Neas Gefyras-Edirne/Kapikule	Thessaloniki–Istanbul
		Kastania – Ipsala	
Türkei	Bulgarien	Edirne/Kapikule – Svilengrad	Istanbul–Sofia
		Dereköy – Malko Tarnovo	Istanbul–Warna
	Iran	Gürbulak – Bazargan	Istanbul–Teheran
	Irak	Habur Silopi – Zakho	Ankara–Baghdad
	Syrien	Cilvegözü – Bab el-Hawa	Ankara–Damaskus
		Cilvegözü – Yaladgi	Ankara–Beirut (Libanon via E 5)
	Georgien	Sarph/Hopa – Sarpi/Batumi	Istanbul–Tiflis

Quelle: Handbuch des in Internat. Straßengüterverkehrs, ADEKRA-Reihe, Heft 3, Bonn.

3.6.2 Eisenbahnübergänge

Ausgewählte Eisenbahngrenzübergänge zwischen europäischen Staaten

Von	Nach	Grenzübergang	Strecke
Belgien	Frankreich	Erquelinnes – Jeumont Quévy – Feignies Blandain – Baisieux Tourcoing (fr)	Lüttich–Paris Brüssel–Paris Brüssel–Lille Antwerpen–Paris
	Großbritannien	Ostende – Dover	Schiff
	Niederlande	Roosendaal Visé – Maastricht	Brüssel–Amsterdam Lüttich–Zandvoort
Slokawische Republik	Ungarn	Sturovo	Prag–Budapest
Dänemark	Norwegen	Frederiskhavn – Oslo/Larvik Hirtshals – Kristiansand/ Arendal	Schiff Schiff
	Schweden	Federikshavn – Göteborg Helsingør – Helsingborg Kopenhagen – Malmö	Schiff Schiff Schiff
Frankreich	Großbritannien	Cherbourg-Weymouth Cherbourg – Portsmouth Le Havre – Portsmouth Dieppe Maritime – Newhaven Calais Maritime – Dover Dunkerque Maritime – Dover	Schiff Schiff Schiff Schiff Schiff Schiff
	Italien	Modane Ventimiglia	Paris–Rom (Paris) Marseille–Genua
	Luxemburg	Thionville – Bettembourg Longwy – Rodange	Straßburg–Luxemburg Paris–Luxemburg
	Schweiz	Basel (SNCF) Delle Vallorbe Bellegarde	Paris–Zürich Paris–Bern Paris–Lausanne Paris (Lyon)–Genf
	Spanien	Cerbére – Port Bou La Tour de Carol – Puigcerda Hendaye – Irun	Marseille–Barcelona Toulouse–Barcelona Paris–Madrid
Griechenland	Bulgarien	Promachon – Kulata Ormenion – Svilengrad	Athen–Sofia Thessaloniki–Sofia
	Jugoslawien	Idomeni – Gevgelija	Athen–Belgrad
	Türkei	Pythion – Uzunköprü	Athen–Istanbul
Italien	Slowenien	Villa Opicina – Sezana	Mailand–Zagreb
	Österreich	Tarvisio – Arnoldstein San Candido/Innichen Brennero/Brenner	Venedig-Klagenfurt/Wien Fortezza–Villach Rom–Innsbruck/ München

Von	Nach	Grenzübergang	Strecke
Italien	Schweiz	Tirano Chiasso Ribellasca – Camedo Domodossolla – Brig	Mailand – St. Moritz/ Chur Mailand – Zürich/Basel Domodossola – Locarno Mailand – Lausanne (Paris)
Jugoslawien	Bulgarien	Dimitrovgrad – Dragoman	Belgrad – Sofia/Istanbul
Slowenien	Österreich	Maribor – Spielfeld-Straß Jesenice – Rosenbach	Ljubliana – Wien Belgrad – Salzburg
Jugoslawien	Ungarn	Subotica – Kelebia Beli – Manastir – Magyarboly Koprivnica – Gyékényes	Belgrad – Budapest Osijek – Budapest Zagreb – Budapest
Jugoslawien	Rumänien	Vrsac – Stamora Morarita	Belgrad – Bukarest
Niederlande	Großbritannien	Hoek van Holland – Harwich Scheveningen – Great Yarmouth Rotterdam – Hull Vlissingen – Sheerness	Schiff Schiff Schiff Schiff
Norwegen	Schweden	Kornsjø Magnor – Charlottenberg Storlien Riksgränsen	Oslo – Göteborg/Malmö Oslo – Stockholm Trondheim – Stockholm Narvik – Stockholm
Österreich	Schweiz Tschechische Republik Slowakische Republik Ungarn	St. Margrethen Buchs (SG) Summerau – Horni Dvoriste Gmünd – Ceské Velenice Hohenau – Breclav Marchegg – Devinska Nove Ves Hegyeshalóm Sopron Szentgotthárd	Innsbruck – Zürich Innsbruck – Basel Linz – Prag Wien – Prag Wien – Berlin/ Warschau Wien – Bratislava/ Moskau Wien – Budapest Wien – Szombathely Graz – Budapest
Polen	Tschechische Republik ehemalige UdSSR	Miedzylesie – Lichkov Zebrzydowice – Petrovice u. Karviné Muszyna – Plavec Kúzinica – Grodno Terespol – Brest Medyka – Mostiska	Warschau – Prag Warschau – Prag/ Budapest Krakow – Budapest Warschau – Petersburg (Berlin) Warschau – Moskau Warschau – Bukarest/ Sofia
Rumänien	Bulgarien ehemalige UdSSR	Giurgiu Nord – Russe Negru Voda – Kardam Nicolina – Ungheni Vicsani – Vadul Siret	Moskau – Varna Tulcea – Sindel Bukarest – Moskau Bukarest – Warschau

Von	Nach	Grenzübergang	Strecke
Rumänien	Ungarn	Episcopia Bihor – Biharkeresztes Curtici – Lököshaza	Bukarest – Budapest Bukarest – Budapest
Schweden	Finnland	Stockholm – Helsinki/ Turku (Abo) Sundsvall/Umea – Vaasa Haparanda – Tornio	Schiff Schiff Stockholm/Narvik – Helsinki

Quelle: DB, Frankfurt (mit Ergänzungen)

Zusammenfassung

1. Flächenmäßig ist Europa der zweitkleinste Kontinent, gemessen an der Bevölkerung ist Europa nach Asien der am dichtesten besiedelte.
2. Zahlreiche Flüsse und stark gegliederte Küsten bedingen in Europa eine außerordentlich gute natürliche Verkehrserschließung.
3. In Europa gibt es mehr als 33 Staaten. Die wirtschaftlich bedeutendsten sind in der Europäischen Gemeinschaft (EG) und in der Europäischen Freihandelszone (EFTA) zusammengeschlossen. EG und EFTA bilden gemeinsam den Europäischen Wirtschaftsraum (EWR).
4. EG und EFTA planen großräumig abgestimmte Verkehrskorridore mit intermodalen Güterverteilungszentren. Ein europäisches Gesamtverkehrskonzept ist jedoch erst in groben Ansätzen erkennbar.
5. Hauptverkehrslinien, die eine Bündelung der Verkehrswege eines oder mehrerer Verkehrsträger darstellen, werden in der Fachsprache Verkehrsmagistralen genannt.
6. Schwerpunktmäßig liegen die großen europäischen Verkehrsmagistralen im Bereich der EG und der EFTA. Es lassen sich im wesentlichen je fünf große Nord-Süd- und West-Ost-Achsen bzw. Magistralen unterscheiden, die von Randachsen flankiert oder ergänzt werden.
7. Seit 1950 wird der Aufbau eines Europastraßen-Systems betrieben. Es ist heute auf den Haupt- und wichtigen Verbindungslinien fertiggestellt. Europastraßen sind durch ein weißes E mit zugehöriger weißer Nummer auf einem grünen rechteckigen Schild gekennzeichnet.
8. Im internationalen Eisenbahngüterverkehr bieten die europäischen Eisenbahnverwaltungen im Rahmen ihrer abgestimmten Güterzugfahrpläne mehrere Beförderungsmöglichkeiten an. Wichtige europaweite Bahntransportsysteme sind TEEM-, GONG-, TRES- und TEF-Verkehre.
9. Das europäische Wasserstraßennetz ist besonders in West- und Mitteleuropa sowie in Ost- und Südosteuropa gut entwickelt. In Nord-, Süd- und Südwesteuropa spielt die Binnenschiffahrt hingegen keine bedeutende Rolle.

Aufgaben

1. Grenzen Sie Europa geographisch ab.
2. Begründen Sie, warum bis auf wenige Punkte in Osteuropa die verkehrsgeographischen Verhältnisse in Europa als günstig bezeichnet werden.
3. Nennen Sie europäische Flächen- und Zwergstaaten.

4. Informieren Sie sich über die Wirtschaftsbündnisse Europas und geben Sie an, welche Staaten welchen Bündnissen zugeordnet werden können.

5. Erklären Sie die Fachbegriffe EWR, EU, EWG, EFTA, CEMT, UIC, GUS.

6. Fertigen Sie eine Verlaufsskizze der wichtigsten Verkehrs- und Wirtschaftsachsen Europas an. Tragen Sie mit Hilfe von Atlas. Karten und Lehrbuch neben den typischen Bezeichnungen der Wirtschaftsräume die jeweiligen Zentralstädte ein.

7. Beschreiben Sie wichtige Verkehrseinrichtungen und -routen im europäischen Straßengüter-, Eisenbahn- und Binnenschiffsverkehr.

8. In Europa fehlt noch immer ein zusammenhängendes und abgestimmtes Verkehrskonzept für alle Verkehrsträger. Belegen Sie diese Aussage mit Beispielen.

9. Erläutern Sie die Bedeutung und die Aufgaben von intermodalen Transportcentern, und nennen Sie Beispiele für derartige Einrichtungen in Europa.

10. Beschreiben Sie den Verlauf der künftigen Eurolink-Verkehrskorridore.

11. Welche Staaten Europas gehören zu den folgenden Grenzübergängen und Durchgangszollstellen des Straßengüterverkehrs, und an welchen Hauptstrecken liegen sie?

Apach	Givet	Spielfeld
Bratislava-Petrzalka	Großer St. Bernhard-Tunnel	Tarvisio
Brenner	Irun	Triest
Brest	La Junquera	Valenciennes
Chiasso	Loibltunnel	Ventimiglia
Chop Tissa	Mont Blanc	Wiborg
Edirne	Roosendaal	Wurzenpaß
Gevgelija	Schengen	

12. Welche Staaten Europas gehören zu den folgenden Grenzübergängen des Eisenbahnverkehrs, und an welchen Hauptstrecken liegen sie?

Basel (SNCF)	Helsingborg	Quévy
Brennero	Hendaye	Sturovo
Buchs	Hirtshals	Svilengrad
Charlottenberg	Hoek van Holland	Terespol
Dieppe	Jesenice	Thionville
Domodossola	Longwy	Tourcoing
Dover	Malmö	Zebrzvdowice
Dünkirchen	Port Bou	

13. Stellen Sie für die nachstehenden grenzüberschreitenden Straßengüterverkehre die günstigsten Fahrtrouten mit folgenden Angaben zusammen: richtige Reihenfolge der durchquerten Länder und wichtigen Städte entlang der Route, Grenzübergänge und ggf. Fährverbindungen. Verfahren Sie nach folgenden Muster:

Von	Nach	Länder und Städte	Grenzübergänge
Stockholm	Bilbao	Schweden – Dänemark – Deutschland – Belgien – Frankreich – Spanien Kopenhagen – Hamburg – Dortmund – Düsseldorf – Lüttich – Paris – Tours – Bordeaux – Biarritz	Helsingborg/Helsingör, Puttgarden/Rödby, Aachen-Süd/Eynatten, Mons/Valenciennes, Hendaye/Irun

Transportfälle:

a) 23 t Gemüse von Istanbul nach Frankfurt/Main
b) 20 t Lederwaren von CTM Madrid nach Quadrante Europa Verona
c) Sammelladung von Verona nach London
d) 18 t Konserven von Athen nach Basel
e) 2 Wechselbrücken Spielzeug von Nürnberg nach Glasgow
f) 2 Container von Mions-Corbas (Lyon) zur Seeverschiffung nach Genua
g) 21 t Textilien von Porto nach Prag

4 Nordeuropa und der Ostseeraum

Zu den Staaten Nordeuropas gehören die Länder **Dänemark**, **Norwegen**, **Schweden** und **Finnland** sowie die verkehrsgeographisch in einer Randlage befindliche Inselrepublik **Island**. Dänemark angeschlossen sind die autonomen Färöer Inseln und die weltweit zweitgrößte Insel Grönland, die autonomes dänisches Gebiet ist. Zu Norwegen gehören noch die Inseln Spitzbergens (Svalbard). Die angeschlossenen Gebiete werden bis auf Spitzbergen nicht zu Nordeuropa gerechnet. Der gesamte nördliche Raum wird oft als „Der Norden", die angesprochenen Staaten als „Nordische Länder" bezeichnet. Vielfach wird auch der Begriff **Skandinavien** verwendet. Hierzu können im geographischen Sinne jedoch nur Norwegen und Schweden gerechnet werden, da sie allein Anteil am Gebirgsblock der Skanden, der Namensgeber ist, haben. Üblicherweise wird aber auch Finnland dieser Bezeichnung zugeordnet.

Norwegen, Island und der Westteil der dänischen Halbinsel Jütland liegen im Bereich der Nordsee. Dagegen sind Schweden, Finnland, Inseldänemark und Ostjütland der Ostsee zugewandt. Weitere Ostseeanrainer sind die Staaten **Estland, Lettland, Litauen** und **Rußland** sowie **Polen** und die **Bundesrepublik Deutschland.**

Die Ostsee mit ihren Anrainerstaaten bildet im Norden den bedeutendsten Wirtschafts- und Verkehrsraum. Im Einzugsbereich rund um die Ostsee leben rund 100 Mio. Menschen. Über die Ostsee verlaufen viele Schiffs- und Fährschiffsverbindungen und bis zur Jahrhundertwende werden neue attraktive Verkehrsrouten entstehen, die eine weitere enge Verknüpfung zwischen dem kontinentalen Mitteleuropa und Skandinavien erlauben.

4.1 Verkehrsraum Norwegen und Island

Norwegen ist aufgrund seiner geographischen Lage und Beschaffenheit verkehrstechnisch schwer zu erschließen. Hochgebirge, Fjorde, zerklüftete Küsten, eine Vielzahl von Inseln, winterliche Extremtemperaturen sowie Schutt und Felsböden haben ein Verkehrsnetz entstehen lassen, in dem der **gebrochene Verkehr** überwiegt. Während Südnorwegen gut mit autobahnähnlichen Straßen und Bahnlinien erschlossen ist, muß gegen Norden nicht selten der Wechsel von Bahn oder Lkw zu Schiff vorgenommen werden. Rund zwei Drittel der Straßen sind asphaltiert, einige sind gebührenpflichtig. Nur wenige Bahn- und Straßenverbindungen vom zentralen Bahn- und Straßenknotenpunkt Oslo verlaufen nach Norden. Eine davon, die **Nordlandbahn** Oslo-Bodö, ist die wichtigste von acht norwegischen Bahnstrecken. Norwegen verfügt jedoch über ein gutes Inlandsflugnetz, dessen Zentralflughafen **Oslo-Forneby** ist. Das Land betreibt mit Dänemark und Schweden die Fluggesellschaft **SAS** (Scandinavian Airlines System).

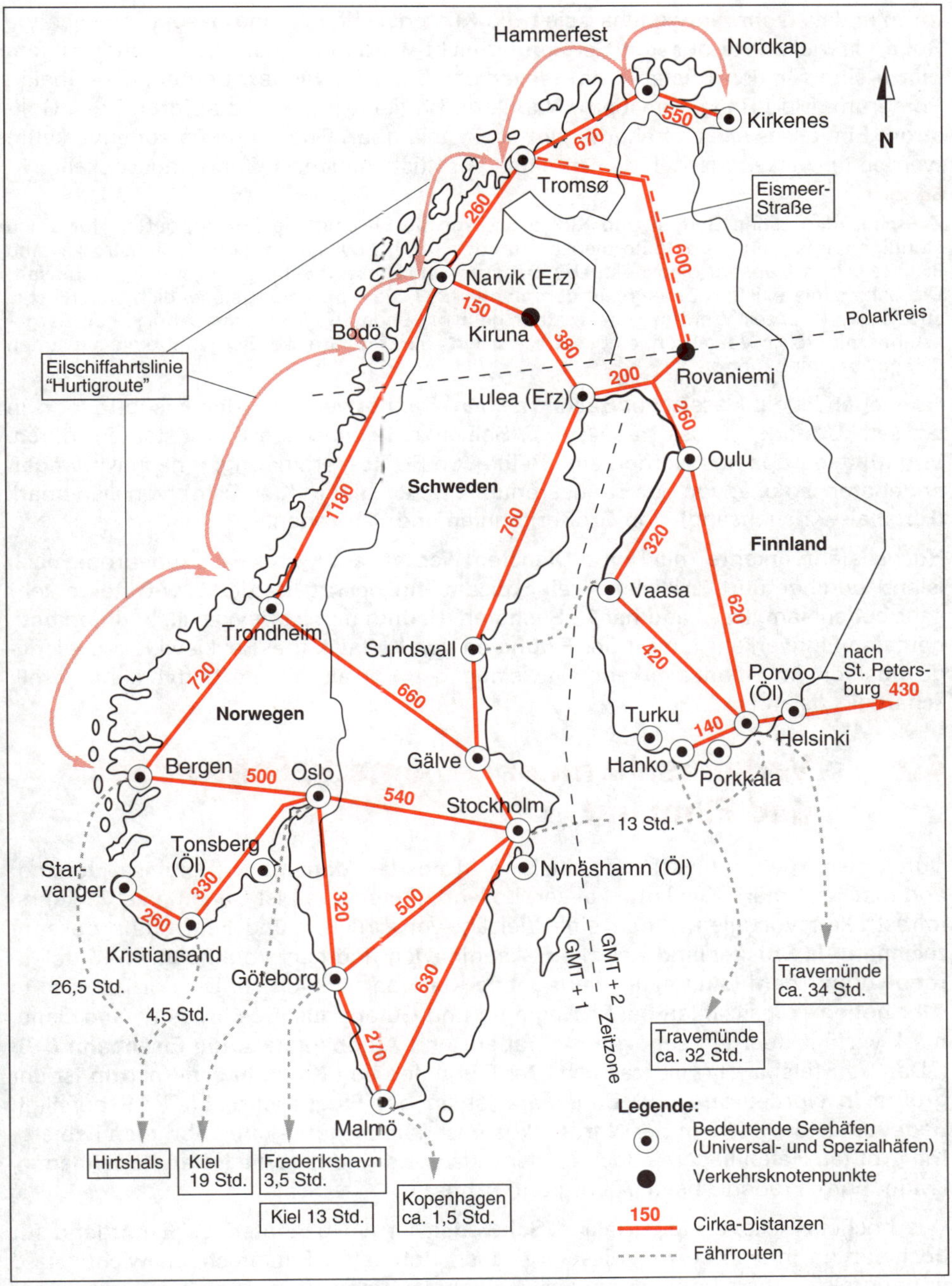

Verkehrsschwerpunkte in Norwegen, Schweden und Finnland

Im Inlandsverkehr Norwegens spielt die **Küstenschiffahrt** eine besonders wichtige Rolle, da viele Orte nur von See aus erreicht werden können. Bedeutende Hafenplätze sind für den Küsten- wie Seeverkehr Oslo, Stavanger, Bergen, Trondheim, Porsgrum, Mo i Rana, Tönsberg, Narvik und Kirkenes. Sie sind aufgrund des Golfstrom-Einflusses alle eisfrei und ganzjährig anlaufbar. Güter- und Personenverkehre werden teilweise zwischen diesen Häfen per Küstenlinienschiffahrt abgewickelt.

Beispiel:

Zwischen den Häfen Bergen und Kirkenes sorgt die Eilschifflinie „**Hurtigrouten**" für einen ständigen Post- und Kleingüterdienst. Auf der rund 2 500 km langen Küstenstrecke sind 35 Orte in den Transportdienst eingebunden, rund ein Dutzend Schiffe sind ständig im Einsatz. Die Schiffslinie existiert bereits seit dem Jahre 1893, sie wird noch gelegentlich als „Reichsstraße Nr. 1" bezeichnet. Im Güterverkehr geht die Bedeutung der Linie zurück, seit Cargoschiffe mit Ro/Ro-Verkehren eingesetzt werden. Für die Strecke Bergen-Kirkenes werden 5 Tage Fahrzeit benötigt.

Norwegen ist ein klassischer **Seefahrtsstaat**. Die norwegische Handelsflotte führt in großem Umfang „Cross trade", d. h. Seeverkehre zwischen Fremdstaaten, durch. Von Mitteleuropa aus werden eine Reihe von Ro/Ro-Verbindungen nach Norwegen angeboten, so u. a. von der Bundesrepublik Deutschland (Kiel–Oslo), von Dänemark (Hirtshals–Kristiansand), von Großbritannien und Schweden.

Hochseefährverkehre mit Ro/Ro-Diensten werden auch von Festlandeuropa nach **Island** durchgeführt. Da Island keine Eisenbahn besitzt, ist der Lkw-Güterverkehr sehr bedeutsam. Das Land hat 72 Seehäfen. Haupthafen ist Reykjavik. Im interkontinentalen Flugverkehr nimmt der Flughafen von **Keflavik** (bei Reykjavik) eine wichtige Position im Atlantikverkehr ein. Island betreibt als eigene Luftverkehrsgesellschaft die „Islandair".

4.2 Verkehrsklammer Dänemark, Schweden und Finnland

Durch seine geographische Zweiteilung in **Festlanddänemark** (Halbinsel Jütland) und **Inseldänemark** (Seeland, Falster, Lolland, Fünen u. a.) ist Dänemarks Verkehrsinfrastruktur vor allem durch eine Vielzahl von Brücken und Fährrouten gekennzeichnet. Als **Brückenland** zwischen Skandinavien und dem kontinentalen Mitteleuropa kommt dem Land eine überragende Klammerfunktion zu. Dies drückt sich in sehr hohen Transitzahlen bei Passagieren und Gütern aus. Das Industrieland Dänemark verfügt über ein sehr gutes Straßen- und Autobahnnetz, die **Eisenbahn DSB** („Danske Statsbaner") ist staatlich. Der Flughafen von **Kopenhagen-Kastrup** ist der größte in Nordeuropa und Dänemark ist an der Fluggesellschaft **SAS** beteiligt. Bedeutendster Hafen an der Nordseeküste ist der Fischerei- und Fährhafen Esbjerg. Die größten Häfen liegen jedoch an der Ostsee, es sind dies die Häfen Kopenhagen, Kalundborg, Frederikshavn, Alborg und Arhus.

Das hochentwickelte Industrieland **Schweden** ist ein bedeutendes Exportland für hochwertige Industrieerzeugnisse wie auch Rohstoffe. Entsprechend wichtig und umfangreich ausgebaut sind die Verkehrseinrichtungen. Es existieren über 200 000 km Straßen und über 11 700 km Eisenbahnlinien, davon sind mehr als die Hälfte elektrifiziert. Streckenweise setzt die staatliche **Bahngesellschaft SJ** („Staden Järnvägar") Hochgeschwindigkeitszüge ein. Zentralflughafen ist **Stockholm-Arlanda** mit Sitz der SAS. Von den mehr als 40 Fährlinien gehen die meisten nach Finnland und Dänemark. Wichtigster Seehafen ist Göteborg am eisfreien Kattegat. Weitere wichtige Häfen sind Malmö und Stockholm. Eingeschränkte Bedeutung haben die winterlich vereisten Erzausfuhrhäfen Norrköping und Lulea.

Das Verkehrswesen **Finnlands** unterliegt von allen Nordischen Ländern den extremsten Witterungsbedingungen. Beträchtliche Instandhaltungskosten bei den rd. 80 000 km Straße werden von Frostschäden verursacht. Die finnische **Staatsbahn VR** (Valtionrautatiet) unterhält rd. 9 000 Schienenkilometer im Breitspursystem. Aufgrund der großen Seeflächen spielen die Binnenschiffahrt und der Floßverkehr eine beträchtliche Rolle. Wichtigster Wasserweg ist der **Saima-Kanal** von Wyborg (Rußland) zum südfinnischen Seengebiet. Der russische Kanalabschnitt ist gepachtet. Der bedeutende Flugverkehr wird von der nationalen Fluggesellschaft **Finnair** durchgeführt. Sie bedient 23 Inlandsflugplätze. Zentralflughafen ist **Helsinki-Vantaa**. Der Seeverkehr wird durch die mehrmonatige winterliche Ostseevereisung oft beträchtlich behindert. Die wichtigen Seehäfen Porvoo-Sköldvik, Helsinki, Kotka, Hamina und Hanko müssen daher vielfach mittels Eisbrechern freigehalten werden.

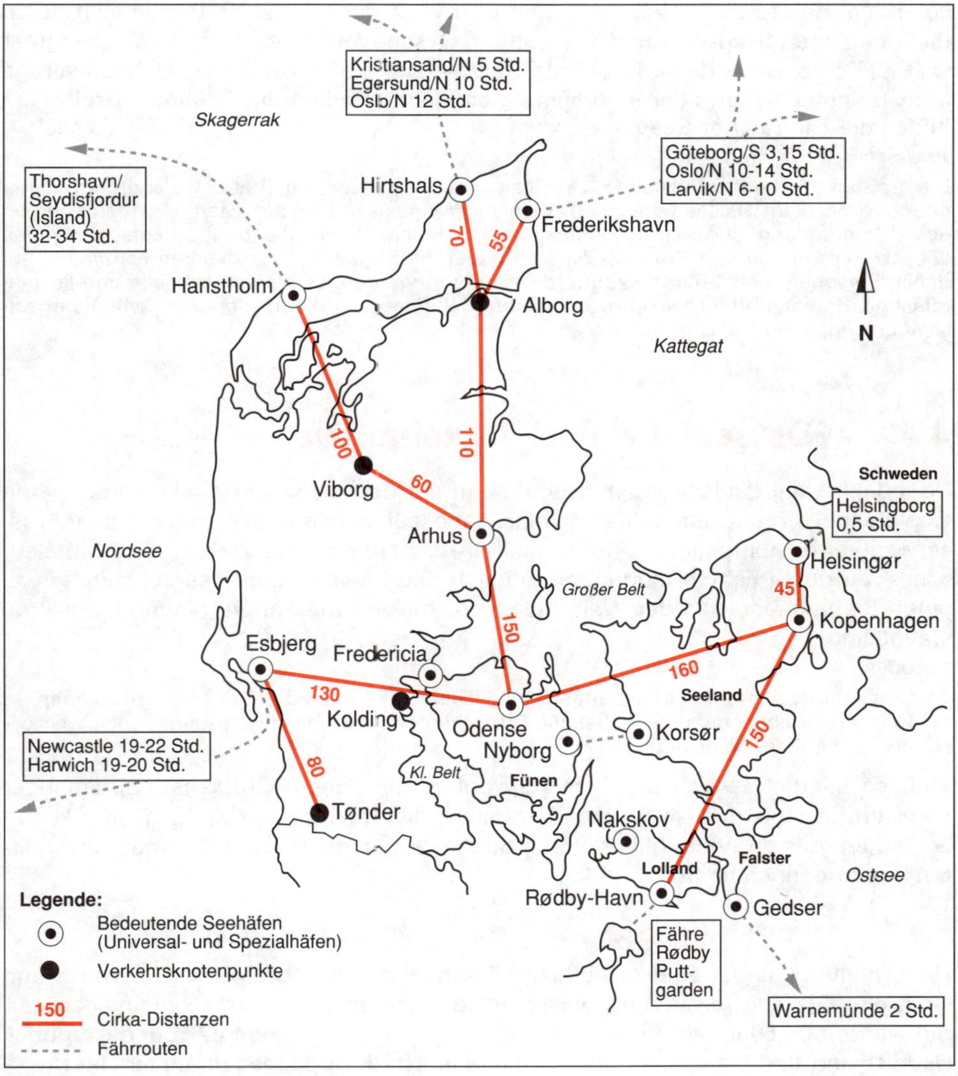

Verkehrsschwerpunkte in Dänemark

4.3 Interner und externer Ostseeverkehr

Das Binnenmeer Ostsee ist ein Verkehrsgebiet, auf dessen relativ kurzen Seestrecken jährlich über 300 Mio. t Güter und über 40 Mio. Passagiere befördert werden. Man unterscheidet einen internen und einen externen Ostseeverkehr.

Der **interne Ostseeverkehr** vollzieht sich zwischen den Häfen der Anliegerstaaten, er hat einen Umfang von jährlich etwa 120 Mio. t. Von dieser Gütermenge werden rund 30 Mio. t von Fährschiffen befördert, ein Drittel davon wiederum von Eisenbahnfähren. Insgesamt ist die Ostsee das Gebiet, in dem die **meisten Eisenbahnfähren** der Welt verkehren.

Der **externe Ostseeverkehr** ist jener Güterverkehr, der zwischen Ostseehäfen und Häfen außerhalb dieses Meeres abgewickelt wird, er umfaßt rund 180 Mio. t pro Jahr. Von diesen externen Gütermengen werden rund 60 Mio. t über den Nord-Ostsee-Kanal bewegt. 120 Mio. t kommen in bzw. verlassen den Ostseebereich durch die Meerengen Skagerrak und Kattegat. Im Gesamtverkehr spielen die Massengüter Öl, Erz, Kohle, Getreide und Holz noch die mengenmäßig größte Rolle, hochwertige Industriegüter haben aber eine ständig steigende Bedeutung. Mehrere Großhäfen bilden die Zentren des Seeverkehrs.

Beispiel:

Die größten und bedeutendsten Ostseehäfen sind der schwedische Hafen Göteborg am Kattegat (wird noch zur Ostsee gerechnet), Wentspils/Windau in Lettland, Stettin/Swinemünde an der Odermündung und Danzig/Gdingen (beide Polen) sowie die bundesdeutschen Häfen Lübeck/Travemünde und Rostock. Zwischen allen wichtigen Häfen existieren Fährlinien, auf denen Personen- und Gütertransporte durchgeführt werden. Es werden schnelle und kostengünstige Roll-on/Roll-off-Verkehre auf Spezialschiffen oder kombinierten Fracht-/Fahrgastschiffen angeboten.

4.4 Ostseefähr- und Verkehrslinien

Da lediglich die dänische Halbinsel Jütland auf dem Landweg direkt, alle anderen Gebiete im Norden wegen ihrer Halbinsellage jedoch in direkter Linie nur über Wasserwege erreichbar sind, ist ihre schnelle Anbindung an das Verkehrsnetz Mitteleuropas nur durch Fährverbindungen möglich. Die Ostsee gehört seit Jahrzehnten zu jenen Binnenmeeren in der Welt, die am dichtesten mit Fährverbindungen ausgestattet sind.

Beispiel:

Je nach Jahreszeit werden in den unterschiedlichen Teilräumen der Ostsee bis zu 70 Fährverbindungen betrieben, auf denen über 150 Fährschiffe unterschiedlichster Bauart und Zweckbestimmung zum Einsatz gelangen.

Vielfach handelt es sich um Transportrouten, bei denen Fährdienste aufeinander abgestimmt sind und so ineinandergreifen, daß relativ schnelle Transportketten entstehen. Aus der Vielzahl von Verbindungen ragen die in den folgenden Abschnitten beschriebenen heraus.

4.4.1 Vogelfluglinie

Die Vogelfluglinie ist eine kombinierte **Eisenbahn- und Straßenverkehrsroute** und stellt die kürzeste Verbindung zwischen Kontinentaleuropa und Skandinavien dar. Sie war in den 60er Jahren zunächst für den Verkehr zwischen der Bundesrepublik Deutschland und Inseldänemark mit der Hauptstadt Kopenhagen eingerichtet worden. Benannt ist dieser Verkehrsweg nach der Flugstrecke der Zugvögel, die die

Meerenge zwischen Inseldänemark und dem Festland nutzen. Der Verlauf der Vogelfluglinie von Deutschland aus ist gekennzeichnet durch die Orte Großenbrode, von wo aus mittels der **Fehmarnsund-Brücke** eine feste Verbindung zur Insel Fehmarn hergestellt wird. Vom Hafen **Puttgarden** auf der Insel Fehmarn führt eine Fährstrecke zum dänischen Hafen **Rödby-Havn** auf der Insel Lolland. Die Fährroute ist 10 Seemeilen bzw. rund 18 km lang, die Fahrzeit liegt bei 1 Stunde. Von Rödby aus verläuft eine **Autobahn** über die mit Brücken verbundenen Inseln Falster und Seeland nach Kopenhagen. Die Storstrombrücke (3 211 m Länge) zwischen den Inseln Seeland und Falster ist eine der längsten in Europa. Die Eisenbahnfährlinien sind in der Regie der nationalen Eisenbahnen.

Beispiel:

Die Fährverbindung Puttgarden – Rödby Havn wird von den Deutschen Bahnen (DB) und der Dänischen Staatsbahn (DSB) gemeinsam betrieben. Zeitweise werden bis zu sechs Schiffe mit täglich 30 Abfahrten für die Beförderung von Eisenbahnwaggons und Straßenfahrzeugen eingesetzt.

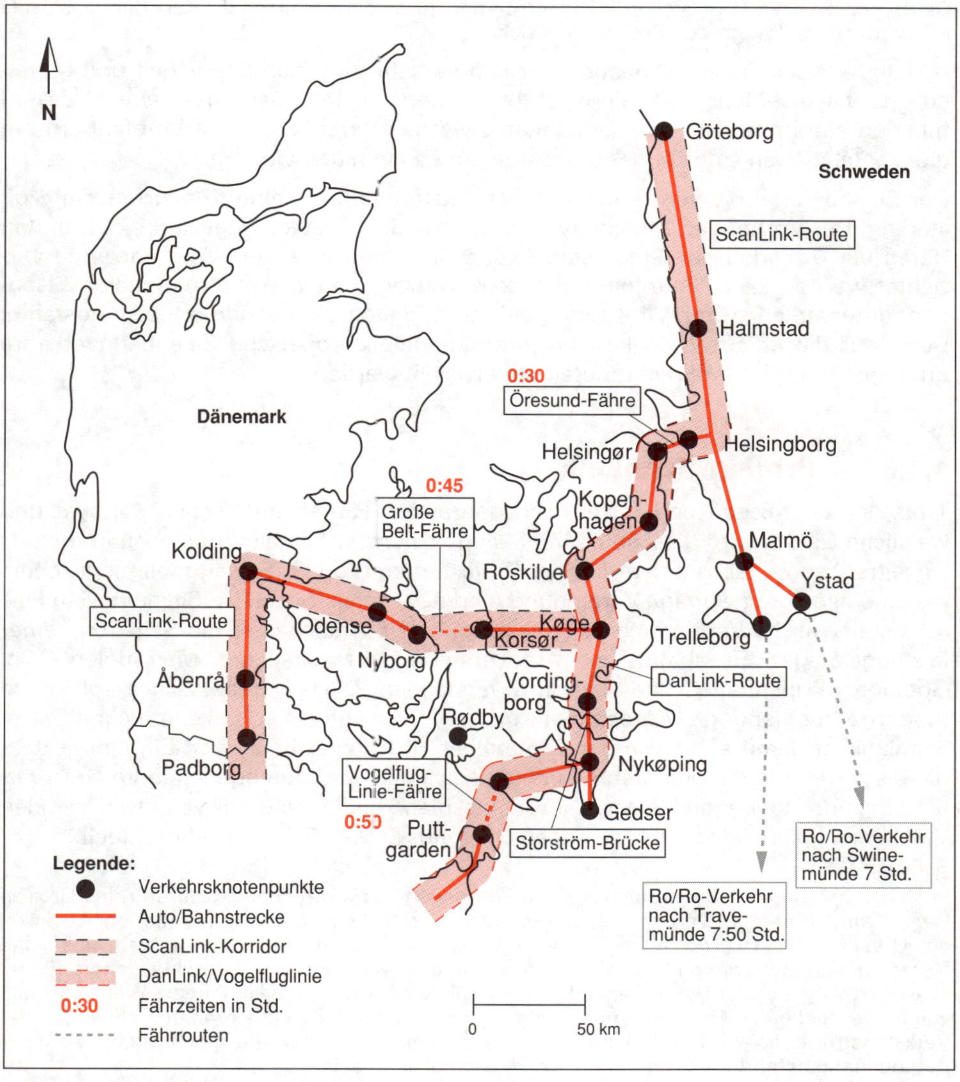

Verkehrskorridore über Insel-Dänemark

4.4.2 Die DanLink-Route

Die Fortführung der Vogelfluglinie nach Schweden erfolgt über die Meerenge des Öresund, über den die alte Fährstrecke Helsingör – Helsingborg betrieben wird. Seit 1986 wird über den Öresund eine neue Fährlinie geführt, die unter der Bezeichnung DanLink („Dänemark-Verbindung") bekannt ist. Bei der DanLink-Route handelt es sich um eine reine Eisenbahnverbindung zwischen Kopenhagen und Helsingborg, bei der zwei Eisenbahnfährdienste betrieben werden. Diese Fähren werden unter einer gemeinsamen Regie von den Eisenbahnen Dänemarks (DSB) und Schwedens (SJ) betrieben und abgestimmt.

Beispiel:

Die Kooperation der Bahnen sieht auf der DanLink-Route folgende Aufgabenteilung vor: DSB führt mit Fährschiffen (u. a. der Fähre „Trekroner") Fährdienste zwischen Kopenhagen (Dänemark) und Helsingborg (Schweden) über den Öresund durch, SJ führt mit seinen Schiffen (u. a. der Fähre „Öresund") von Helsingborg ausgehend Fährdienste nach Kopenhagen über dieselbe Meerenge durch. Die Entfernung beträgt jeweils 20 Seemeilen bzw. rund 37 km. Die Deutschen Bahnen (DB) stellen mit Fährschiffen (u. a. dem Fährschiff „Karl Carstens") die Fährverbindung Puttgarden-Rödby Havn sicher.

Auf diese Weise ist ein abgestimmter Fährverkehr zwischen Schweden und Mitteleuropa via Inseldänemark eingerichtet worden, in dem Dänemark eine Brückenfunktion einnimmt. Die Transportzeiten zwischen Versendern und Empfängern auf diesen Relationen sind seither um fast einen Tag verkürzt worden.

Der Eisenbahnfährverkehr konnte in den letzten Jahren seine Konkurrenzfähigkeit stärken. Der Vorteil der Schienenverkehre über den Seeweg liegt darin, daß in den Häfen ein Umladen der Güter entfällt und auf eine Begleitung der Fahrzeuge verzichtet werden kann. Fährlinien, die dem Vertrag über den internationalen Eisenbahngüterverkehr (Cotif/CIM) unterstellt sind, gelten als besonders leistungsfähig. Denn auf diesen Strecken können internationale europäische Eisenbahnverkehre durchgehend mit CIM-Frachtbriefen abgewickelt werden.

4.4.3 Projekt ScanLink

Trotz der zahlreichen und relativ dicht fahrenden Fähren im Bereich Kattegat und westliche Ostsee wird die Anbindung Skandinaviens an Mitteleuropa noch immer als zu zeitraubend, insbesondere bei der Trajektierung von Güterwaggons, angesehen. Als eine neue großräumige Verbindung wird das Projekt ScanLink (Scandinavian Link = Skandinavische Verbindung) angesehen. Unter ScanLink wird die Schaffung einer leistungsfähigen Eisenbahn- und Autoverbindung zwischen den Metropolen Oslo, Göteborg, Kopenhagen und Hamburg verstanden. Diese Verkehrsachse soll durch moderne mehrspurige Autobahnen und Schnellzugtrassen gekennzeichnet sein. ScanLink ist damit eigentlich der Sammelbegriff für eine Reihe von Einzelprojekten, die bis zum Ende der 90er Jahre eine neue schnelle und durchgehende Verkehrsverbindung von Norwegen bis nach Norddeutschland bilden wird. Die zu entschärfenden Verkehrsengpässe sind die Meerengen Öresund, Großer Belt und Fehmarnbelt.

Beispiel:

In Dänemark sind die Bauarbeiten für die kombinierte Brücken/Tunnel-Querung des Großen Beltes aufgenommen worden. Geplant ist auch eine feste Verbindung (Tunnel oder Brücke) am Öresund. Nach Fertigstellung beider Projekte würde Dänemark dann sowohl über eine feste Landverbindung von Kopenhagen nach Jütland wie auch nach Südschweden verfügen. Dieser im Vergleich zur Route DanLink/Vogelfluglinie zwar rund 165 km längere Weg kann sich wegen der fehlenden Fährstrecken als sehr schnelle Verbindung etablieren und einen Teil der Verkehrsströme in Nord-Süd-Richtung auf sich ziehen. Damit würde die ScanLink zu einer durchgehend befahrbaren Auto/Bahnstrecke nach Skandinavien.

4.4.4 Railship und Finnjet

Fast der gesamte Warenhandel zwischen Finnland und Mitteleuropa wird mit Fährlinienschiffen mehrerer Reedereien über die Ostsee bewegt. „Hauptverkehrsstraße" ist die 545 Seemeilen (1 080 km) lange Strecke vom südfinnischen Hanko nach Lübeck/Travemünde; aus finnischer Sicht ist der deutsche Fährhafen damit Eintrittstor nach Mitteleuropa. Seit einigen Jahren werden sog. Ro/Ro-Jumbofähren (Großraumfähren) eingesetzt, so etwa bei den **Finnjet-Fähren**.

Beispiel:

Bei Finnjet handelt es sich um eine Gasturbinenfähre für den Passagierverkehr, die von Travemünde aus im günstigen Fall in 22 Stunden nach Helsinki fährt. Finnjet ist aber auch eine wichtige Fährlinie für den eiligen Trailer- und Lkw-Verkehr.

Die **Railship-Fähren** sind reine Güterfähren, vorrangig für den Trajektverkehr (Eisenbahnfährverkehr). An den jeweils drei Decks der neueren Railship-Fähren sind über 1 900 m Gleise (zu fünf Gleispaaren) verlegt, auf denen je nach Bauart bis zu 95 Waggons verladen werden können. An Bord werden die Waggons, zu denen auch doppelstöckige Autotransportwagen der Bundesbahn gehören, mit Sonderfahrstühlen auf die Decks gehoben und dort mit speziellen Rangierloks entsprechend „gestaut". In Hanko müssen die Waggons mit europäischem Normspurmaß (1 435 mm) auf einer Umspuranlage auf das finnische Breitspurmaß (1 524 mm) umgeachst werden. Sendungen in nicht umachsbaren Güterwagen werden auf Breitspurwagen oder Lkw umgeladen. Die Gleise sind auf den Fähren so eingelegt, daß neben Eisenbahnwaggons auch Lkw, Semitrailer, Container, Rolltainer und Pkw problemlos verladen werden können. Die Railship-Fähren gelten als besonders schnelle Fähren.

Beispiel:

Die Railship-Fähren verkehren zwischen Travemünde und Hanko mit einer Geschwindigkeit von 20,5 Kn (rd. 38 km/h), die Fahrzeit liegt bei 39 Stunden. Unter Berücksichtigung der Lade- und Löschzeiten kann ein Schiff alle 48 Stunden von einem Hafen auslaufen.

Übersicht wichtiger Fährrouten über Bottnischen und Finnischen Meerbusen (Auswahl)

Zwischen	Von/Nach und umgekehrt	Fahrzeit in ca. Std.	Verkehrsachse
Schweden – Finnland	Umea/Vaasa	5–6	Umea–Helsinki
	Sundsvall/Vaasa	10	Trondheim–Vaasa
	Stockholm/Turku	11	Stockholm–Helsinki
	Stockholm/Helsinki	13	Stockholm–Helsinki
– Estland	Stockholm/Tallinn	10	Stockholm–Tallinn
– Rußland	Stockholm/St. Petersburg	20–24	Oslo–St. Petersburg
Innerschwedisch	Stockholm/Visby (Insel Gotland)	4,5	
	Stockholm/Marienhamn Alandinseln	3,5	

4.4.5 Fähren über Skagerrak, Kattegat, westliche und mittlere Ostsee

Bis zum Beginn der 60er Jahre gab es im Ostseeverkehr kaum großräumig arbeitende Fährlinien für die Güterbeförderung, nur die Eisenbahnfähren waren bis zu diesem Zeitpunkt traditionelle Verkehrsmittel im kombinierten Land/See-Transport. Stückgüter wurden fast vollständig mit konventionellen Seeschiffen über die Ostsee befördert. Dies hat sich mit der Verlagerung der Stückgutverkehre auf den Lkw, mit dem Vordringen des Containers und mit der Einführung der rationellen Ro/Ro-Technik bei Lkw grundsätzlich geändert. Heute wird rollende Ladung überwiegend in die Ro/Ro-Fährschiffe für den Lkw-Transport verfrachtet, deutlich vor den Eisenbahnfähren. Die Ladungen werden im Rahmen der „internen Ostseeverkehre" über zwei Hauptrichtungen geführt: Von Nord nach Süd und umgekehrt für die Transporte zwischen Skandinavien und Mitteleuropa; von West nach Ost und umgekehrt für die Verkehre zwischen Mitteleuropa und Osteuropa/Finnland. Ergänzt werden diese Verkehrsströme durch den „externen Ostseeverkehr", der durch die natürlichen Ostseezugänge (Großer Belt, Kleiner Belt, Öresund) und den Nord-Ostsee-Kanal (NOK) in dieses Meeresgebiet ein- bzw. ausfährt und Verbindungen zu Überseezielen herstellt. Wichtige Fährverbindungen im westlichen Ostseebereich einschl. Skagerrak und Kattegat zeigt die Übersicht.

Übersicht wichtiger Fährrouten über Skagerrak, Kattegat, westliche und mittlere Ostsee (Auswahl)

Zwischen	Von/Nach und umgekehrt	Fahrzeit in ca. Std.	Verkehrsachse
Norwegen – Dänemark	Stavanger/Hirtshals	11	Stavanger–Hamburg
	Egersund/Hanstholm	7,5	Stavanger–Hamburg
	Kristiansand/Hirtshals	4,5	Bergen–Hamburg
	Larvik/Frederikshaven	5	Oslo–Hamburg
	Oslo/Kopenhagen	16	Oslo–Kopenhagen
	Oslo/Arhus	16	Oslo–Arhus
Deutschland – Norwegen	Kiel/Oslo	17	Hamburg–Oslo
– Schweden	Kiel/Göteborg	14	Hamburg–Göteborg
	Travemünde/Göteborg	14	Hamburg–Göteborg
	Travemünde/Trelleborg	8	Hamburg–Stockholm
	Travemünde/Malmö	8	Hamburg–Stockholm
	Saßnitz/Trelleborg	4	Berlin–Stockholm
	Saßnitz/Rönne	4	
– Dänemark	Kiel/Korsör	4,5	Kiel–Kopenhagen
	Kiel/Bagenkop	2,5	Kiel–Odense
	Puttgarden/Rödby H.	1	Hamburg–Kopenhagen
	Travemünde/Gedser	3	Hamburg–Kopenhagen
	Warnemünde/Gedser	2	Berlin–Kopenhagen
– Finnland	Travemünde/Helsinki	22–40	Hamburg–Helsinki
	Travemünde/Hanko	22–38	Hamburg–Helsinki
– Polen	Travemünde/Danzig	20	Hamburg–Danzig
– Litauen	Mukran/Klaipeda	20	

Zwischen	Von/Nach und umgekehrt	Fahrzeit in ca. Std.	Verkehrsachse
Schweden – Dänemark	Göteborg/Frederikshaven Helsingborg/Grena Varberg/Grena Helsingborg/Helsingör Helsingborg/Grena Malmö/Kopenhagen	3 4,5 4,5 0,5 4 1	Stockholm–Alborg Malmö–Alborg Göteborg–Arhus Helsingbg.–Kopenhagen Helsingborg–Alborg Malmö–Kopenhagen
– Polen	Ystad/Swinemünde	7	Malmö–Stettin
Dänemark – Polen	Kopenhagen/Swinemünde	9	Kopenhagen–Stettin
– Finnland	Kopenhagen/Helsinki	28–33	Kopenhagen–Helsinki
Innerdänisch	Korsör/Nyborg Kalundborg/Arhus	1 3	Kopenhagen–Odense Kopenhagen–Arhus

4.4.6 Wichtige Eisenbahnfähren im Vergleich

Die Leistungsfähigkeit wichtiger Eisenbahn-Fährschiffe zeigt die folgende Übersicht.

Wichtige Ostsee-Eisenbahnfährlinien im Vergleich

Route	Mukran-Klaipeda (Litauen)	Saßnitz-Trelleborg (Schweden)	DanLink-Route	Travemünde-Hanko (Finnland)
Streckenlänge in km	521	106	a) Öresund 37 km b) Vogelfluglinie 18 km	1 080
Fahrtdauer in Std.	20	3–4	a) 1,5 b) 1	22–38
Beispiele für Fährschiffe: Bezeichnung/Name des Schiffes	Mukran	Trelleborg	a) Trekroner (dänisch) b) Öresund (schwedisch) c) Karl Carstens (deutsch)	Railship II
Eisenbahndecks	2	1	a) 1 b) 1 c) 1	3
Gleise im Schiff in Metern	1 578	700	a) 800 b) 817 c) 405	1 976
Waggons (Aufnahmefähigkeit)	103	50	a) 50 b) 50 c) 25	95

Route	Mukran-Klaipeda (Litauen)	Saßnitz-Trelleborg (Schweden)	DanLink-Route	Travemünde-Hanko (Finnland)
BRT	21 800	10 882	a) 16 000 b) 17 000 c) 12 829	20 077
Länge in Metern	173	158,5	a) 181 b) 178 c) 160	174
Breite in Metern	26	23,8	a) 21,0 b) 23,1 c) 17,4	22
Tiefgang in Metern	6,6	5,8	a) 5,0 b) 5,5 c) 5,9	6,5

nach: Hansa Nr. 5, Hamburg 1987

Zusammenfassung

1. Die Staaten Nordeuropas werden von Dänemark, Norwegen (einschließlich Spitzbergen), Schweden, Finnland und Island gebildet. Die Dänemark angeschlossenen autonomen Gebiete Färöer-Inseln und Grönland gehören nicht zu Nordeuropa.
2. Dänemark, Schweden und Finnland sind Ostseeanliegerstaaten. Weitere Ostseeanrainer sind Estland, Lettland, Litauen, Rußland, Polen und die Bundesrepublik Deutschland.
3. Norwegen ist ein klassischer Seefahrtsstaat. Die norwegische Handelsflotte führt in großem Umfang Seeverkehre zwischen Fremdstaaten (Cross Trade) durch.
4. Wichtige Fährrouten von und nach Norwegen bilden die Linien Oslo–Kiel und Kristiansand–Hirtshals. Die Eilschifflinie „Hurtigrouten" ist eine bedeutende Post-, Güter- und Personenschiffahrtslinie entlang der norwegischen Küste.
5. Die dänische Verkehrsinfrastruktur ist durch die geographische Zweiteilung des Landes in Festland- und Inseldänemark vor allem durch eine Vielzahl von Brücken und Fährrouten gekennzeichnet. Das Land hat durch seine Lage zwischen Kontinental- und Nordeuropa die Funktion einer Verkehrsklammer.
6. Schweden verfügt über ein sehr leistungsfähiges Verkehrswesen. International bedeutendster Hafen ist Göteborg. Mit Norwegen und Dänemark betreibt Schweden gemeinsam die Fluggesellschaft „Scandinavian Airlines System" (SAS).
7. Das finnische Verkehrswesen unterliegt extremen Witterungseinflüssen. Regional spielt die Binnenschiffahrt eine große Rolle.
8. Interner Ostseeverkehr ist der Verkehr zwischen Häfen der Anrainerstaaten. Unter externem Ostseeverkehr versteht man Verkehre mit Häfen außerhalb des Ostseeraumes.
9. Die Ostsee ist weltweit das Gebiet mit den meisten Fährverbindungen und Eisenbahnfährlinien. Je nach Jahreszeit verkehren auf bis zu 70 Fährrouten über 150 Fährschiffe.
10. Die Vogelfluglinie ist eine kombinierte Eisenbahn- und Straßenverkehrsroute von Puttgarden (Insel Fehmarn) über Rödby Havn (Insel Lolland), Nyköping (Insel Falster) nach Noestyed (Insel Seeland).

11. Unter DanLink-Route versteht man die Eisenbahnverbindung zwischen Kopenhagen (Dänemark) und Helsingborg (Schweden) mittels Eisenbahnfährdiensten.

12. Unter dem Sammelbegriff ScanLink (Scandinavian Link = Skandinavische Verbindung) versteht man die projektierten großräumigen schnellen Eisenbahn- und Autoverbindungen zwischen Oslo, Göteborg, Kopenhagen und Hamburg über die Verkehrsengpässe Öresund und Großer Belt.

13. Zwischen Deutschland (Travemünde) und Finnland (Hanko) werden auf einer Fährstrecke von über 1 000 km mehrere Fährsysteme betrieben. Auf der Railship-Fährlinie werden reine Güterfähren, vorrangig im Trajektverkehr (Eisenbahnfährverkehr), eingesetzt. Finnjet-Fähren eignen sich besonders für den eiligen Trailer- und Lkw-Verkehr.

14. Bedeutende Ostseefährlinien sind ferner die Verbindungen Mukran–Klaipeda, Saßnitz–Trelleborg, Kiel–Göteborg, Göteborg–Frederikshavn, Warnemünde–Gedser und Helsingör–Helsingborg.

Aufgaben

1. Welche Staaten gehören zum Norden Europas und zu den Ostsee-Anliegern?
2. Welche Staaten gehören im eigentlichen Sinne zu Skandinavien?
3. Beschreiben Sie das Verkehrsgefüge der Nordischen Länder und stellen Sie verkehrsgeographische Schwerpunkte heraus.
4. Nennen Sie die Großflughäfen der Nordischen Länder und die nationalen Luftverkehrsgesellschaften.
5. Inwiefern nimmt Dänemark die Rolle einer Verkehrsklammer ein?
6. Erstellen Sie mit Hilfe von Atlas, Karten und Lehrbuch eine Liste wichtiger Universal- und Fährhäfen der Nordischen Länder. Beschreiben Sie ferner den Verlauf der wichtigsten Ostseefährrouten.
7. Der Seeverkehr über die Ostsee wird nach internem und externem Ostseeverkehr unterteilt. Erklären Sie, was damit gemeint ist, und suchen Sie Beispiele für beide Fälle.
8. Erläutern Sie die Begriffe Vogelfluglinie, DanLink-Route, ScanLink-Route, Railship und Finnjet. Prüfen Sie anhand von Atlas und Karten die geographischen Verläufe dieser Routen, und nennen Sie neben den Endpunkten ggf. wichtige Zwischenstationen.

5 Die Britischen Inseln

Die Britischen Inseln, die zwischen Atlantik, Europäischem Nordmeer und Nordsee liegen, nehmen eine Fläsche von fast 250 000 km^2 ein. Sie erstrecken sich von den Shetland-Inseln im Norden bis zu den Kanalinseln (Jersey, Guernsey) im Süden über fast 1 000 km. Die West-Ost-Ausdehnung beträgt von der irischen Westküste bis zur englischen Ostküste (Norfolk) rund 500 km. Die Hauptinsel wird von **Großbritannien** mit den Landesteilen England, Wales und Schottland eingenommen, hinzu kommt noch der Landesteil Nordirland auf der Insel Irland. Die Republik **Irland** nimmt etwa 80 % der Fläche der irischen Insel (70 000 km^2) ein, sie ist dem Atlantik und der Irischen See zugewandt. Beide Staaten weisen ein Verkehrswesen auf, das maßgeblich durch die Insellage bestimmt wird.

5.1 Verkehrszentrum Südengland

Eine auffällige Konzentration von Verkehr und Wirtschaft läßt sich im Landesteil England südlich der Linie Newport-Ipswich feststellen. Diese Region ist nur durch die rund 31 km breite **Straße von Dover**, einer der stärkstbefahrenen Seewege der Welt, von Kontinentaleuropa entfernt. Die Fährhäfen der Kanalküste und der Eurotunnel sind die Verkehrsschwerpunkte Südenglands. An den stark gegliederten Küsten gibt es eine Vielzahl guter **Naturhäfen**, die zum Typ der Fjordhäfen gerechnet werden. Insgesamt sind es über 300 Seehäfen. Viele von ihnen sind als Dockhäfen ausgebaut worden, da der teilweise extrem hohe Tidenhub ausgeglichen werden muß. Generell gilt die Verkehrslage aller großen britischen Städte als gut, denn keine ist mehr als 120 km vom Meer entfernt.

In den letzten Jahrzehnten haben sich die süd- und südöstlichen englischen Seehäfen zu bedeutenden Handels- und Umschlagzentren entwickelt. An Bedeutung verloren haben bis auf Liverpool die nördlichen Häfen an der Irischen See. Bei den Seehäfen der englischen Süd- und Südostküste lassen sich drei Schwerpuntke herausstellen. Die **Nordseehäfen** wickeln umfangreiche Ro/Ro-Verkehre zum Kontinent ab. Diese werden als Küstenverkehr oder mittels flußgängiger Seeschiffe im Direktverkehr (z. B. bis nach Duisburg) durchgeführt. Container- und Stückgutumschlag dominieren in Nordseehäfen wie Hull, Boston, Grimsby, Immingham, Great Yarmouth, Harwich und Felixstowe. Mehrere **Themsehäfen** versorgen den Großraum London und die Industriezentren entlang des Flusses, insbesondere ist hier der Hafen Tilbury zu nennen. Die **Kanalhäfen** nehmen vielfältig Fähraufgaben im schnellen Wechselverkehr zwischen den Britischen Inseln und kontinentalen Häfen wahr. Abgesehen von den Rohölhäfen wie Milford Haven (Westküste) oder Sullom Voe (Shetlandinseln) liegen die größten Seehäfen ausschließlich in Südengland.

Beispiel:

Führender Seehafen des Landes und größter Umschlagplatz für Container ist **Felixstowe** nördlich der Themsemündung; jährlich werden rund 1,5 Mio. TEU an den modernen Terminals umgeschlagen. Felixstowes Vorzug sind die beiden 2 km langen Tiefwasserterminals „Landguard" und „Trinity", an denen Containerschiffe der 4. Generation anlegen können.

Im Norden hat allein der Hafen Liverpool in den lezten Jahren bedeutende Mengen des Seehandelsaufkommens übernommen und damit die alten Hafentraditionen fortgeführt. Liverpool ist ein Universalhafen mit Schwerpunkten beim Container-, Getreide- und Futtermittelumschlag, dem Holz- und Forstproduktenimport. Die verkehrsgeographisch günstige Lage hat Liverpool zu einer zentralen Drehscheibe für den Seeverkehr von und nach Irland gemacht. Großen Einfluß auf die jüngste Aufwärtsentwicklung des Hafens hatte die Einrichtung des „Liverpool-Freeport", der größten Freihandelszone in Großbritannien.

Insgesamt spielt der **Seeverkehr** beim Export und Import Großbritanniens die größte Rolle. Die britische Handelsflotte zählt 16 Mio. BRT/BRZ, sie gehört damit zu den größten der Welt. Zweitwichtigster Verkehrsträger für den Außenhandel ist der **Luftverkehr**. Es gibt über elf größere internationale Flughäfen, davon liegen allein vier im Raum London: **Heathrow, Gatwick, Luton** und **Stansted**. Führender Flughafen ist Heathrow, der auch zu den größten der Welt gehört. Wichtigste nationale Fluggesellschaft ist **British Airways** (BA). Großbritannien verfügt über ein ausgezeichnetes **Eisenbahn- und Straßennetz**, insbesondere im Süden. Deutlich sind das Autobahnnetz (Motorways) und das Eisenbahnsystem, bei dem die staatliche Bahngesellschaft British Rail (BR) auch Hochgeschwindigkeitszüge (High Speed Trains) eingesetzt werden, auf die Hauptstadt London ausgerichtet. Das dichte Fluß- und Kanalnetz hat für den Gütertransport kaum noch Bedeutung. Denn zum einen ist die

Konkurrenz der Eisenbahn zu groß, zum anderen sind die meisten Wasserwege für die modernen Binnenschiffe zu schmal und die Distanzen zum Meer zu kurz. Bedeutung im kombinierten Binnen-, Küsten- und Seeschiffverkehr haben allein die Flüsse Themse, Severn und Humber sowie der Manchester Ship Canal.

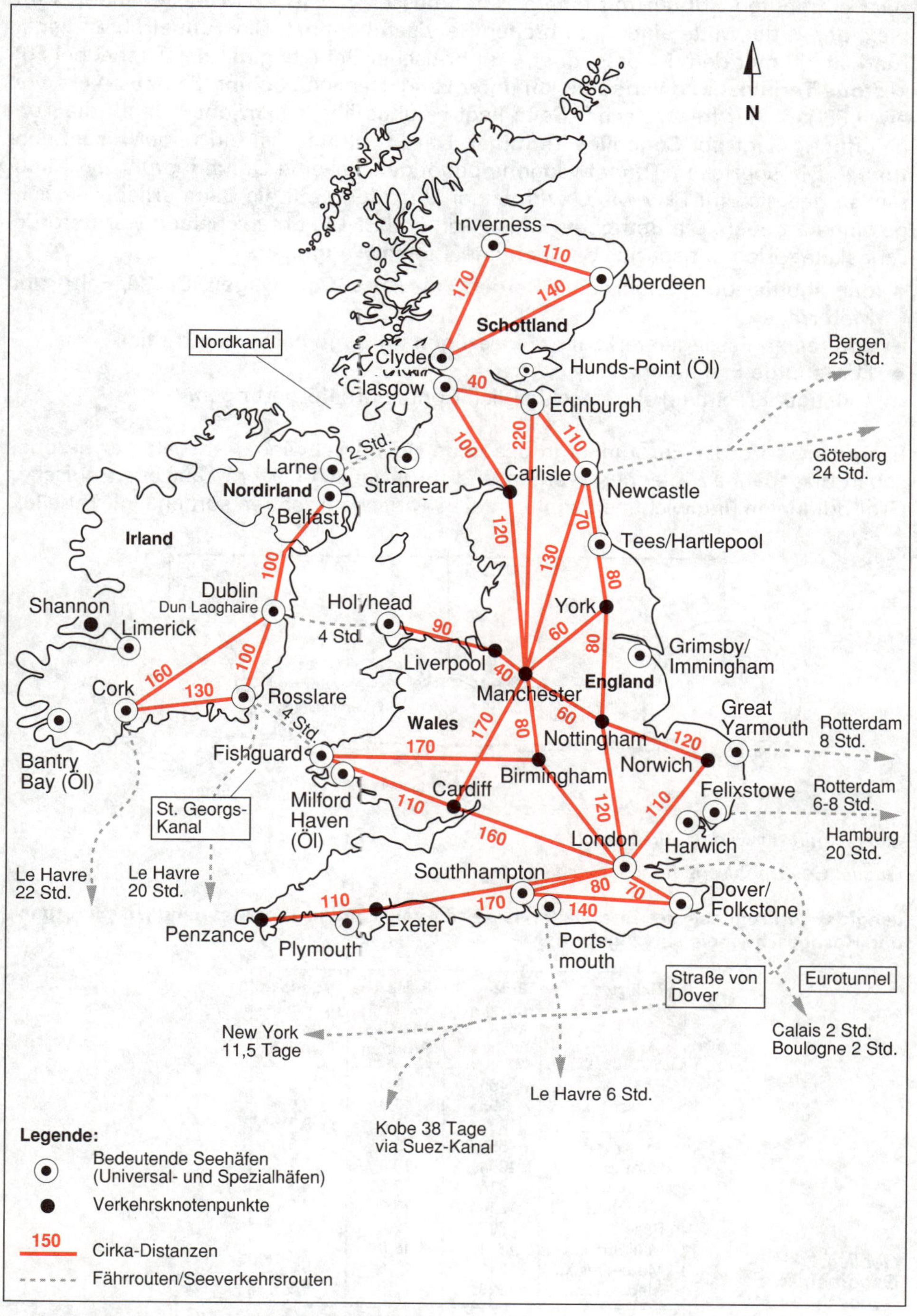

Verkehrsschwerpunkte auf den Britischen Inseln

5.2 Der Eurotunnel

Die einzige feste Verkehrsverbindung zwischen Großbritannien und dem Kontinent bildet der Eurotunnel zwischen Dover und Calais. Es ist ein rund 50 km langer, aus zwei getrennten Röhren mit einem Durchmesser von je 7,6 m bestehender Komplex, der in der Mitte einen 4 m breiten Servicetunnel hat. Die Tunnelröhren liegen rund 40 m unter dem Meeresboden. Auf britischer Seite beginnt der Tunnel bei **Folkestone Terminal** und verläuft 9 km unter Land. Danach beginnt die Seestrecke von etwa 38 km. Auf französischer Seite liegt er ungefähr 3,3 km unter Land, die Tunnelöffnung liegt bei **Coquelles Terminal**. Der Eurotunnel ist ein reiner **Eisenbahntunnel**. Die speziellen Tunnelwaggons benötigen für eine Durchquerung 35 Minuten, so daß sich für Pkw wie Lkw trotz der Umladung auf die Bahn erhebliche Zeitgewinne ergeben. Die Betreiber, British Rail und SNCF, unterscheiden vier Beförderungskategorien mit speziell dafür eingerichteten Waggons:

- den shuttle- oder „Huckepack-Betrieb" für Pkw, Wohnwagen, Busse, Fahr- und Motorräder,
- den reinen Passagierverkehr in Reisezügen (through passenger traffic),
- Lkw-shuttle-Frachtverkehre,
- sonstiger Frachtverkehr einschließlich Containerbeförderungen.

Langfristig wird der Eurotunnel in das neue Hochgeschwindigkeitsnetz der europäischen Eisenbahnen integriert werden und für erheblich kürzere Laufzeiten zwischen Großbritannien und wichtigen kontinentalen Wirtschaftszentren sorgen (vgl. Tabelle).

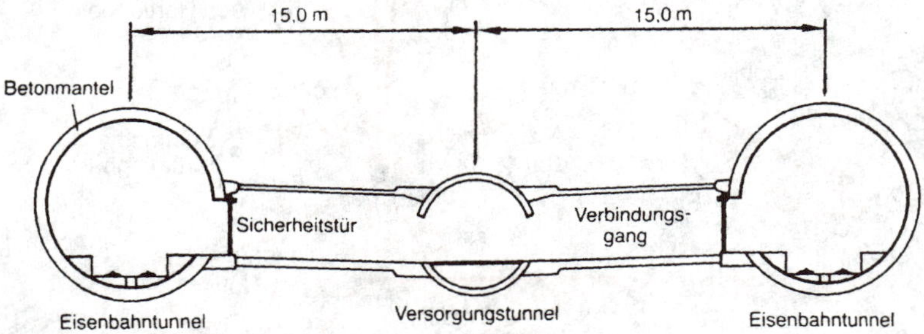

Querschnitt durch den Eurotunnel
Quelle: Geographische Rundschau 43/91.

Langfristige Prognose der Eisenbahnreisezeiten von London (Voraussetzungen: Eurotunnel und Hochgeschwindigkeitszüge)

Zielort	Entfernung in km	Reisezeit 1989 in Stunden	Prognose der Reisezeiten in Stunden
Paris	465	5,5	2,2
Brüssel	355	5,0	2,0
Köln	583	8,0	3,7
Amsterdam	556	8,0	3,5
Hamburg	1044	13,0	7,2
Frankfurt/M.	816	10,5	4,7
München	1210	15,0	7,2
Basel	897	12,5	5,1
Mailand	1301	18,0	7,5
Marseilles	1343	13,5	5,2
Madrid	1929	23,5	9,9

Quelle: Geographische Rundschau 43/91.

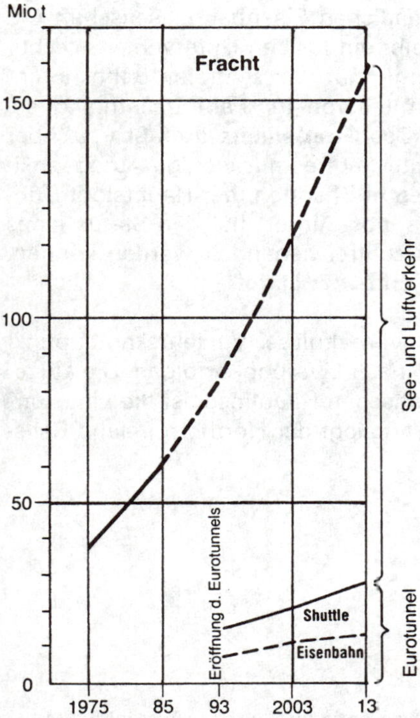

Erwartetes Frachtaufkommen im Kanalverkehr und Eurotunnelanteile

Quelle: SERPLAN 1989, in: Geographische Rundschau 43/91.

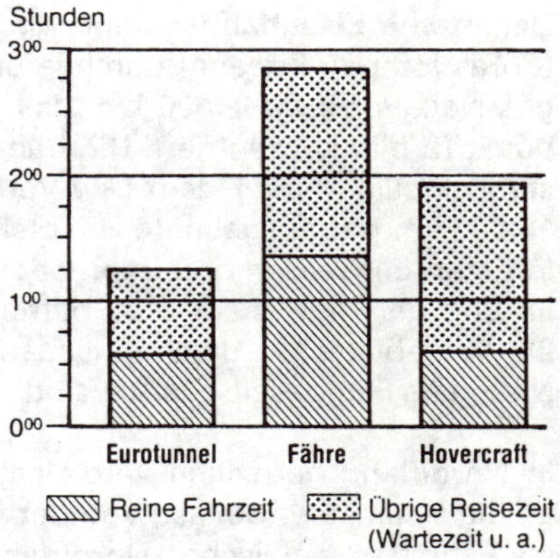

Vergleich der Reisezeiten bei Benutzung von Eurotunnel, Fähre und Hovercraft

Quelle: Channel Tunnel Group 1988, in: Geographische Rundschau 43/91.

5.3 Verkehrsrandgebiet Irland

Die Insellage Irlands bedingt, daß Flug- und Seeverkehr besonders stark ausgeprägt sind. Der Transport von Außenhandelsgütern erfolgt zu fast 80 % über Seehandelsrouten. Die bedeutendsten **Seehäfen** liegen an der Ostküste der Republik Irland, wo sich auch Bevölkerung und Industrie konzentrieren. Wichtige Häfen mit universellen Aufgaben sind Dublin, Cork, Waterford Port (Containerumschlag) und Galway, im Süden ist der Erdölspezialhafen Bantry an der Bantry Bay größter Hafenplatz. Hinzu kommen mehrere Fährhäfen, über die Ro/Ro-Verkehre mit Lkw auf der Relation Irland-Kontinentaleuropa via Großbritannien durchgeführt werden. Aufgrund der verkehrsgeographisch ungünstigen Randlage Irlands und der Tatsache, daß an nur wenigen Stellen zwischen Irland und Großbritannien sowie zwischen Großbritannien und dem Kontinent kurze Fährstrecken einen schnellen Gütertransport gewährleisten, läuft ein Großteil des irischen Außenhandels mit den EU-Staaten über nur einen zentralen Verkehrskorridor.

Beispiel:

Als wichtigste kombinierte internationale Lkw/Bahn/Schiff-Verbindung für Verkehre zwischen Irland und dem Kontinent gilt der Transportkorridor Dublin–Fähre Dun Laoghaire/Holyhead bzw. Fähre Dun Laoghaire/Liverpool–Chester–Crewe–Birmingham–London–Fähre Dover/Calais bzw. Eurotunnel.

Der irische **Eisenbahnverkehr** wird von der staatlichen Eisenbahngesellschaft CIE (Córas Iompair Éireann) durchgeführt. Sie betreibt ein für den Güterverkehr wichtiges Netz von rund 2 000 km, das sich sternförmig auf den zentralen Bahnknotenpunkt Dublin konzentriert. Die Bahn hat einen Anteil von 10 % am Frachtmarkt, sie steht deutlich hinter dem Lkw-Verkehr zurück. Das **Straßennetz** umfaßt u. a. über 16 000 km gut ausgebaute Hauptstraßen, darunter gibt es nur wenige Autobahnkilometer. Es werden drei internationale **Flughäfen** in Shannon, der Hauptstadt Dublin und der Hafenstadt Cork betrieben. Der Shannon Airport hat den Status eines Zollfreigebietes, in dem transatlantische Güter zollfrei behandelt werden können. Nationale Fluggesellschaften sind **„Aer Lingus"** und **„Aer Linte"**.

In **Nordirland** herrschen vergleichbare Verkehrsverhältnisse. Verkehrsknotenpunkt ist die Hafenstadt Belfast, von der Fährverkehre nach Liverpool erfolgen. Die kürzeste Fährstrecke zwischen Nordirland und der britischen Hauptinsel ist die Linie Larne–Stranraer. Der nordirische Eisenbahnverkehr obliegt der Northern Ireland Railsways (NIR).

5.4 Fährlinien und Fährhäfen

Kanal- und Nordseehäfen zwischen Großbritannien und Kontinentaleuropa (Auswahl)

Von britischem Hafen	nach Zielhafen	Land	Fahrtzeit in ca. Std.
Newcastle	Oslo Bergen Göteborg Esbjerg	Norwegen Schweden Dänemark	37,5 21 24 20
Hull	Rotterdam Zeebrügge	Niederlande Belgien	13 15
Great Yarmouth	Scheveningen	Niederlande	8
Ipswich	Rotterdam	Niederlande	7
Felixstowe	Rotterdam Esbjerg Zeebrügge	Niederlande Dänemark Belgien	7 19 6
Harwich	Hoek v. H. Hamburg	Niederlande Bundesrepublik	8 20
Sheerness	Vlissingen	Niederlande	7
Dover	Ostende Zeebrügge Dünkirchen Calais	Belgien Belgien Frankreich Frankreich	4 4,5 2,5 1,5
Folkestone	Boulogne	Frankreich	2
Newhaven	Dieppe	Frankreich	4
Portsmouth	Le Havre Caen Cherbourg	Frankreich Frankreich Frankreich	6 6 5

Fähren nach Irland (Auswahl)

Von Hafen	In	nach Zielhafen	in	Fahrtzeit in ca. Std.
Stranraer	GB	Larne	Nordirland	2,5
Lancaster	GB	Belfast	Nordirland	6
Liverpool	GB	Belfast Dublin	Nordirland Republik Irland	9 8
Holyhead	GB	Dublin Dun Laoghaire	Republik Irland Republik Irland	5 3,5
Fishguard	GB	Rosslare	Republik Irland	3,5
Le Havre	F	Rosslare Cork	Republik Irland Republik Irland	20 22,5

Zusammenfassung

1. Der Wirtschafts- und Verkehrsraum Britische Inseln umfaßt die Hauptinsel Großbritanniens mit den Landesteilen England, Wales und Schottland, Nordirland und die Republik Irland auf der Irischen Insel sowie die Shetland-Inseln und die Normannischen Inseln im Kanalgebiet.
2. Wirtschaft und Verkehr konzentrieren sich insbesondere in Südengland. Verkehrsschwerpunkte sind die Fährhäfen am Kanal und an der Straße von Dover, das Eurotunnelterminal, der Bahn- und Straßenknotenpunkt London mit seinem Themsehafen Tilbury und vier Flughäfen, der Containerhafen Felixstowe und die Universal- und Spezialhäfen an Nordsee und Ärmelkanal.
3. Der rund 50 km lange Eurotunnel ist ein reiner Eisenbahntunnel. Er verläuft zwischen Folkestone Terminal in Südengland und Coquelles Terminal in Frankreich.
4. Die irische Insel befindet sich in einer Verkehrsrandlage zu den Partnerländern der EU. Hauptverkehrskorridor für Lkw- und Bahnverkehre mit Kontinentaleuropa ist die Achse Dublin – Dun Laoghaire/Holyhead (Fähre) – Birmingham – London – Dover/Calais (Fähre) bzw. Eurotunnel.

Aufgaben

1. Informieren Sie sich anhand des Atlas über die zu den Britischen Inseln gehörenden Gebiete.
2. Charakterisieren Sie das Verkehrswesen von Großbritannien und Irland.
3. Beschreiben Sie Verlauf und Bedeutung des Eurotunnels.
4. Suchen Sie günstige Fährverbindungen für folgende Relationen heraus:
   a) Düsseldorf–Leeds
   b) Cambridge–Utrecht
   c) Brüssel–London
   d) Birmingham–Dublin
   e) Paris–Dublin
   f) Glasgow–Kopenhagen
   g) Münster–Sheffield
   h) Oxford–Rouen.

6 Der Benelux-Raum und die ARA-Häfen

Die drei kleineren Staaten **Belgien** (Be), **Niederlande** (Ne) und **Luxemburg** (Lux) bilden den Wirtschaftsraum Benelux. Vor allem Belgien und die Niederlande sind aufgrund ihrer geographischen Lage in der EU und ihren Küsten zu überragenden Durchgangsplätzen im internationalen Warenhandel und im internationalen Verkehr geworden.

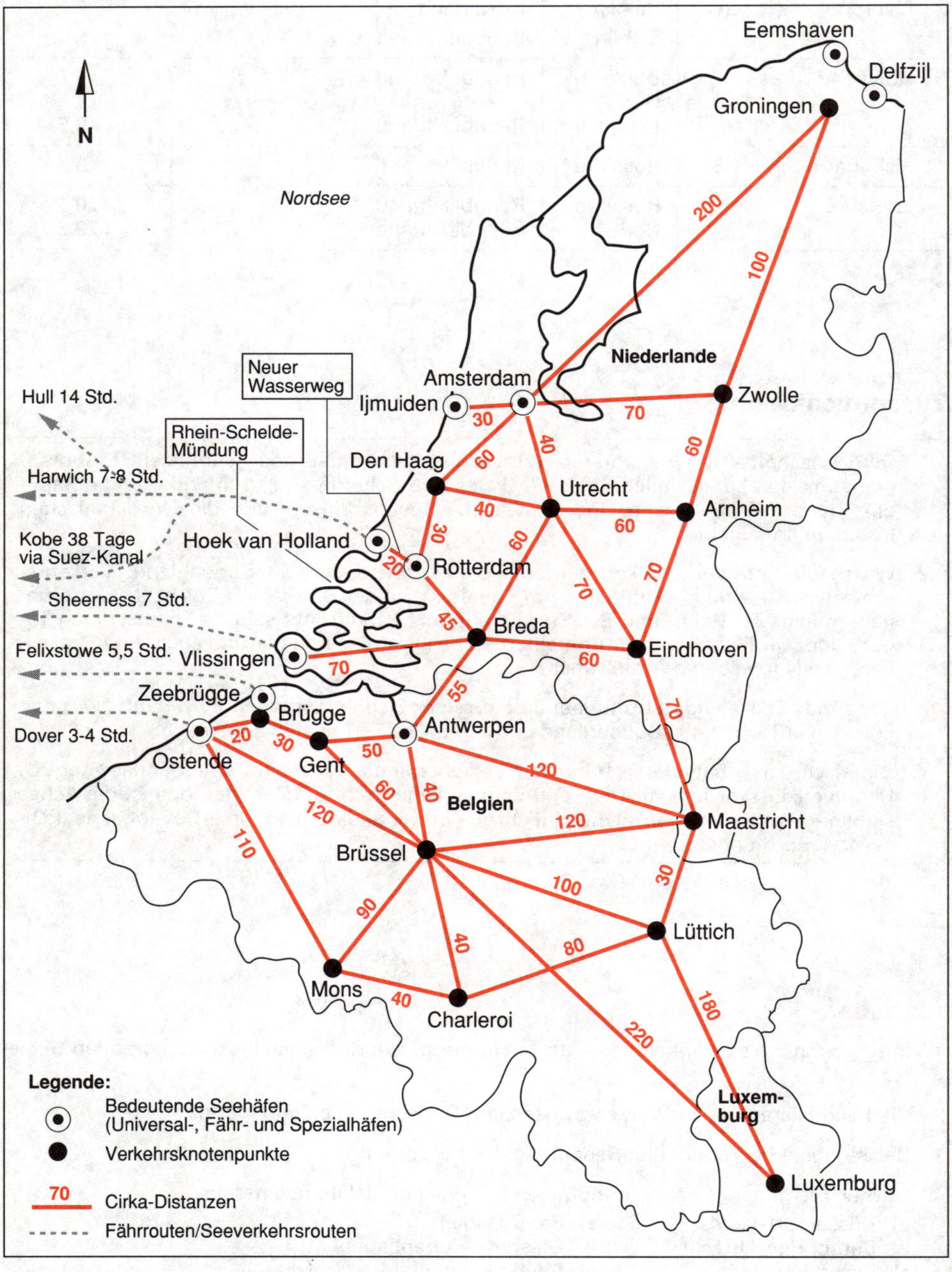

Verkehrsschwerpunkte im Benelux-Raum

Dies findet seinen besonderen Ausdruck in der Anzahl und der Ausstattung der **Seehäfen** beider Länder. Denn an der nur 65 km langen belgischen Nordseeküste gibt es drei große Seehäfen mit Handels- und Transitfunktionen: **Antwerpen, Gent** und **Brügge-Zeebrügge.** Hinzu kommt der mehr auf den Personen- und Fährverkehr nach Großbritannien ausgerichtete Hafen **Ostende**. Auch die im Binnenland liegenden Häfen der Hauptstadt **Brüssel** und der Industriestadt **Lüttich** können noch von kleinen Seeschiffen angelaufen werden. Auch die Niederlande spielen eine äußerst wichtige Rolle im internationalen Gütertransportwesen. Dies liegt vor allem daran, daß das Land über zentrale Positionen, das heißt Zugangstore, im Güterverkehr mit dem kontinental-europäischen Hinterland verfügt. Zu nennen sind hier der weltweit größte Hafenkomplex **Rotterdam**, der universelle Seehafen **Amsterdam**, der Spezialhafen **Vlissingen** (an der Westerschelde auf Seeland) für die Fahrzeugverschiffung, die Seehafengruppe **Eemshaven/Delfzijl** im Norden und der internationale **Flughafen** von **Amsterdam-Schiphol.** Vor allem Rotterdam und Schiphol erfüllen ganz spezifische Funktionen als sog. „Mainports" im niederländischen Verkehrswesen. Die größten Fluggesellschaften im Benelux-Raum sind die niederländische **KLM** und die belgische **Sabena**. Mit dem gut strukturierten Autobahn- und Eisenbahnnetz und dem dichten System schiffbarer Flüsse und Kanäle, in dem Europas größte Binnenschiffsflotte beheimatet ist, besitzt die niederländische Transportwirtschaft insgesamt gesehen ein außerordentlich leistungsfähiges Verkehrsnetz. Einer der bedeutendsten Containerumschlagplätze außerhalb der Seehäfen befindet sich in Venlo-Blerick. Er wird von der niederländischen Eisenbahn betrieben.

Das Fürstentum Luxemburg hat im internationalen Güterverkehr über Land keine große Bedeutung, lediglich der Flughafen der Hauptstadt, Luxemburg-Findel, erfüllt gewisse Funktionen im internationalen Luftverkehr.

Die alles überragenden Verkehrszentren im Benelux-Raum sind die großen Seehäfen. An erster Stelle ist der weltweit führende niederländische Hafen Rotterdam zu nennen. Doch bereits seit Jahrzehnten zählt auch der belgische Seehafen Antwerpen zu den größten Häfen der Welt, in Europa liegt er umschlagmäßig hinter Rotterdam an zweiter Stelle. Mit dem Seehafen von Amsterdam bilden Antwerpen und Rotterdam an der Nordwestflanke Kontinentaleuropas auf engstem Raum ein Hafentrio, für das man in der Verkehrswirtschaft die Bezeichnung **ARA-Häfen** geprägt hat. Das Kürzel ARA steht dabei für die Anfangsbuchstaben der drei genannten Seehäfen.

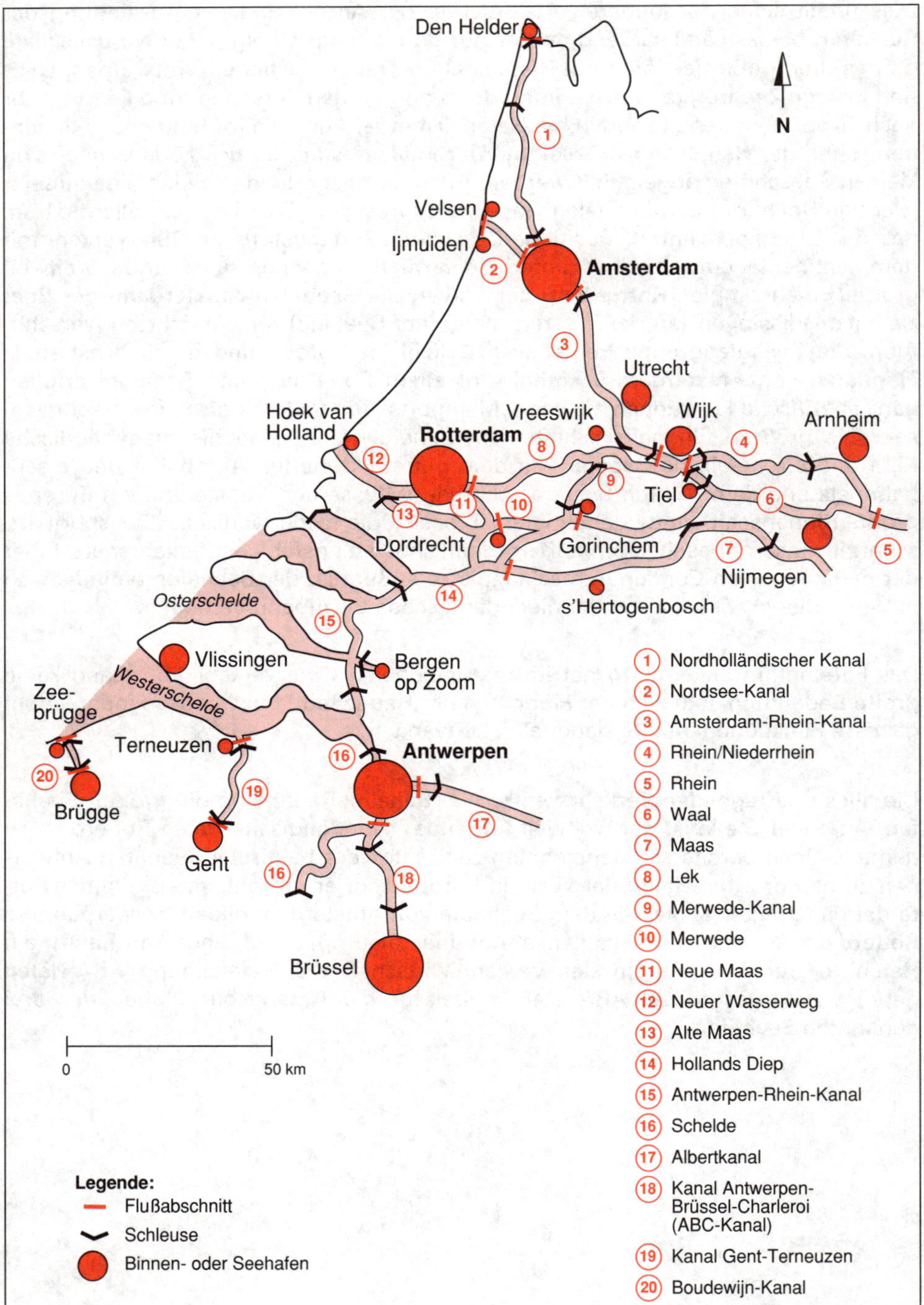

Häfen und Wasserstraßen im Rheinmündungsgebiet

6.1 Hafen Antwerpen

Geographische Lage

Das geographisch besondere Merkmal des Antwerpener Hafens, der am Fluß Schelde liegt, ist seine tiefe Lage im Landesinnern. Der Hafenkomplex, der sich über eine Entfernung von rund 21 km ausdehnt, liegt knapp 70 km vom offenen Meer und nur noch 45 km von der belgischen Hauptstadt Brüssel entfernt. Die Stadt selbst zählt rund eine halbe Million Einwohner, ihre Größe entspricht damit in etwa der von Städten wie Oslo, Helsinki oder Bremen. Die Lage Antwerpens gilt in Europa als die zentralste. Man spricht gelegentlich auch von einem **„360-Grad-Hafen"**.

Beispiel:

Schlägt man einen Kreis mit dem Radius von bis zu 400 km um den Hafen Antwerpen, dann befinden sich innerhalb dieses Kreises fast lückenlos 22 der wichtigsten Wirtschafts- und Ballungsräume Westeuropas. Insgesamt kommt man bei einer derartigen Betrachtung auf die Zahl von über 100 Millionen Menschen, die im näheren und weiteren Hinterland dieses belgischen Universalhafens leben. Dies entspricht fast einem Drittel der gesamten Einwohnerschaft der Europäischen Union.

Die hervorragende geographische Lage Antwerpens wird vor allem in einem Vergleich mit den anderen EU-Nordhäfen, zu denen Antwerpen in Konkurrenz steht, deutlich. Berechnungen gehen davon aus, daß Antwerpen von den 13 Häfen der sog. Le Havre-Hamburg Range der zentralste ist. Die Rangfolge wurde mit Hilfe eines sog. Zentralitätsindex erstellt. Bei der Berechnung wurden die Einwohnerzahlen der 22 Ballungsräume den jeweiligen Entfernungen zu den 13 Seehäfen gegenübergestellt, wobei alle Verkehrsträger einbezogen wurden.

Rangfolge der Häfen in der Le Havre – Hamburg Range (Zentralitätsindex)

Rangliste	Hafen	Indexzahl	in % von Antwerpen
1.	Antwerpen	284,90	100
2.	Rotterdam	264,69	93
3.	Amsterdam	263,10	92
4.	Zeebrügge	225,50	79
5.	Dünkirchen	223,57	78
6.	Rouen	204,30	72
7.	Bremerhaven	195,81	69
8.	Eemshaven/Delfzijl	186,23	65
9.	Brunsbüttel	185,03	65
10.	Emden	183,44	64
11.	Le Havre	157,56	55
12.	Hamburg	138,40	49
13.	Wilhelmshaven	119,71	42

Quelle: Dt. Inst. für Wirtschaftsforschung (1980)

Durch seine starke binnenwärtige Lage ist der Seehafen Antwerpen für viele Wirtschaftsgebiete Europas ein kostengünstiger Hafen, da die **Vor- oder Nachlaufkosten** niedriger sind als bei einem reinen Küstenhafen. Das **wirtschaftliche Hinterland** Antwerpens umfaßt insbesondere die folgenden großen Regionen in Kontinentaleuropa: die Industriezonen Belgiens (u. a. Borinage) und Nordfrankreichs (Lille, Roubaix), Elsaß-Lothringen, Luxemburg, die Saar-Region, Basel und den Oberrhein, das Rhein-Maingebiet um Frankfurt, Niederländisch-Limburg (Maastricht, Heerlen, Kerkrade) und Nordbrabant (Eindhoven, Tilburg, Breda).

Die Güterstruktur des Hafens Antwerpen

● **Massengüter**	**54 000 000 Tonnen**
davon:	
– Erdöl	21 000 000 Tonnen
– Erze	14 000 000 Tonnen
– Steinkohle, Koks	6 000 000 Tonnen
– Düngemittel	6 000 000 Tonnen
– Getreide, Saaten, Futtermittel	4 000 000 Tonnen
– Rohmineralien	2 500 000 Tonnen
● **Stückgüter**	**43 000 000 Tonnen**
davon:	
– Eisen und Stahl	10 500 000 Tonnen
– chemische Produkte	7 500 000 Tonnen
– Zellstoff, Papier, Papierwaren	2 700 000 Tonnen
– Zucker, Zuckerwaren	1 600 000 Tonnen
– Holzwaren, Holz	1 200 000 Tonnen
– Obst, Obstprodukte, -konserven	1 250 000 Tonnen
– Nonferro-Metalle	1 100 000 Tonnen
– Mehl, Malz, andere Getreideerzeugnisse	1 000 000 Tonnen
– Maschinen	950 000 Tonnen
– Motorfahrzeuge	700 000 Tonnen
– Zement, fabrizierte Baustoffe	600 000 Tonnen
– Milchprodukte	450 000 Tonnen
– Textilfasern	400 000 Tonnen

Quelle: Hinterland 141 (1/1989), Antwerpen 1989

Seewärtige Zufahrt

Die Hafenanlagen liegen beiderseits an der **Schelde**, die sich unterhalb der Stadt in Ooster- und Westerschelde teilt, beide Mündungsarme gehören territorial zu den Niederlanden. Über die rund 70 km lange Westerschelde, auf der die Seeschiffe nach Antwerpen gelangen, wird die Verbindung zur Nordsee hergestellt. Die Schelde ist ein **Gezeitenstrom** mit der Folge, daß lange Zeit die Schiffe nur entsprechend Ebbe und Flut den Fahrweg passieren konnten. Durch umfangreiche Vertiefungsarbeiten am Strom sind fast alle Schiffsbewegungen von und nach Antwerpen heute **gezeitenungebunden.**

Beispiel:

Schiffe mit einem Tiefgang von bis zu 34 Fuß (ca. 10 m) können den Hafen jederzeit anlaufen. Lediglich die sehr großen Massengutschiffe mit Tiefgängen bis rd. 50 Fuß (ca. 15 m) müssen sich an die Gezeiten halten. Der Schiffsverkehr von der Nordsee nach Antwerpen und umgekehrt wird mittels einer Uferradarkette kontrolliert und gesteuert.

6.1.1 Antwerpens Rolle in der Range

Nahe beieinander liegende und eine Reihenfolge bildende Seehäfen, die ein gemeinsames Einzugsgebiet (Hinterland) haben, werden in der Seeschiffahrt üblicherweise zu einer Range (engl. = ordnen) zusammengefaßt. Die Range wird nach dem geographisch ersten und letzten Hafen der Reihe benannt. Für eine Range wird von den Schiffahrtskonferenzen oft eine gleiche Frachtbasis (sog. Basisrate) vereinbart. Der Seehafen von Antwerpen gehört u. a. zur **Le-Havre-Hamburg-Range.** Sie umfaßt über ein Dutzend Seehäfen, davon sind die wichtigsten Le Havre, Dünkirchen, Zeebrügge, Gent, Antwerpen, Rotterdam, Amsterdam, Bremen/Bremerhaven und Hamburg. Innerhalb dieser Gruppe kommt Antwerpen umschlagmäßig eine führende Stellung zu. Im **Stückgutverkehr** übernimmt Antwerpen rd. ein Viertel des gesamten Range-Aufkommens, wobei die Ausfuhr von Stückgütern dominiert. Im **Gesamtverkehr** (Stück- und Massengüter) wickelt Antwerpen rd. 12 % aller Löschungen und 24 % aller Verladungen in der Range ab. Da der Erdölimport mengenmäßig vor allem die Rotterdamer Statistik nach oben treibt, ist eine Betrachtung ohne den Erdölverkehr noch aussagekräftiger.

Beispiel:

Ohne Massengüter beläuft sich die Zahl der Ausfuhren in der Range, die über Antwerpen laufen, auf über 25 % und die Zahl der Einfuhren auf mehr als 16 %. Die Zahlen verdeutlichen die bedeutende Stellung, insbesondere beim ausgehenden Verkehr, die Belgiens größter Seehafen innerhalb der westeuropäischen Kontinentalhäfen einnimmt.

6.1.2 Von Antwerpen ins Hinterland

Stets hat Antwerpen, das ja unmittelbar im Schatten des großen Nachbarhafens Rotterdam liegt, seine starke Stellung als **Transitdrehscheibe** unter den Nordseehäfen Kontinentaleuropas nur behaupten können, indem es das Netz der **Hinterlandverbindungen** für die drei Landverkehrsträger ständig förderte. Der Hafen ist bezüglich dieser Verkehrsträger an ein sehr umfangreiches Verkehrsnetz angebunden, was zu einer ständigen Aufwertung des Hafenplatzes geführt hat. Ergänzt wird das Bild der guten Verkehrsinfrastruktur durch eine Reihe von wichtigen Rohrleitungen, über die Erdgas (von den Niederlanden), Sauerstoff (von Frankreich), Rohöl (von Rotterdam) und Äthylen (nach dem Ruhrgebiet) gepumpt werden. **Luftfrachtverkehre** können vom Flughafen **Antwerpen** und in stärkerem Umfang vom Airport **Brüssel-International** abgewickelt werden.

Wasserstraßen und Binnenschiffahrt

Belgiens sehr umfangreiches Netz von natürlichen und künstlichen Wasserwegen (rd. 1 500 km) hat große Bedeutung für Antwerpen. Die Basis für dieses Schiffahrtsnetz bilden die Flüsse **Schelde** und **Maas**. Beide entspringen im Nachbarland Frankreich und münden im niederländischen Schelde-Maas-Rhein-Delta. Zwei weitere bedeutende Flüsse sind die **Leie** (Scheldenebenfluß) und die **Sambre** (Maasnebenfluß). Innerhalb Belgiens sind für den nationalen Verkehr vor allem zwei Kanäle von größerer Bedeutung. Herausragend ist die Verbindung Antwerpen-Lüttich mittels des **Albertkanals** (Bauzeit: 1928–1940). Dieser Wasserweg wird derzeit modernisiert und für große Schubeinheiten erweitert. An zweiter Stelle ist der sog. **ABC-Kanal** von Antwerpen über Brüssel nach der Schwerindustriestadt Charleroi zu nennen. Auch hier werden derzeit Verbesserungen in Sachen Kanalnutzung vorgenommen. Im grenzüberschreitenden Verkehr hat vor allem die **Schelde-Rhein-Wasserstraße** herausragende Bedeutung, da über diese Verbindung der Rhein und damit die Hinterlandregionen entlang der Rheinachse schnell erreicht werden können.

Beispiel:

Die Schiffsbewegungen auf dem Schelde-Rhein-Kanal liegen bei jährlich über 60 000 Einheiten. Der Kanal verläuft von Antwerpen nach Norden und passiert dabei die südliche Oosterschelde nahe der Stadt Bergen op Zoom, mündet dann in den Krammer Volkerak und das Hollands Diep. Von dort aus benutzen die Binnenschiffe die Maas/Waal-Gewässer. Diese gute Anbindung an Europas führende Wasserstraße Rhein ist entscheidend für den hohen Anteil, den die Binnenschiffahrt im Verkehr mit Antwerpen einnimmt. So werden beispielsweise rund 62 % (1990) aller Gütermengen zwischen der Bundesrepublik Deutschland und dem Hafen Antwerpen jährlich mit Binnenschiffen befördert.

In Richtung Nordfrankreich (Lille/Roubaix) verfügt Antwerpen bis Gent mit dem Wasserweg der Oberschelde und daran anschließend mit dem Fluß Leie über eine Verbindung, auf der Binnenschiffe der Europaklasse (1 350-t-Schiffe) bewegt werden können.

Straßenverbindungen und Lkw-Verkehre

Aus deutscher Sicht ist Antwerpen für den Straßengüterverkehr ein sehr schnell erreichbarer **Universalhafen**, denn er ist ausnahmslos über Autobahnen bzw. Europastraßen zu erreichen. Antwerpen ist von einem Autobahnring (sog. Kleiner Ring um den Stadtkern) umschlossen, der das Erreichen des Hafengebietes beschleunigt. Von Antwerpen aus führt eine Autobahn via Eindhoven zur niederländischen Grenzstadt Venlo (Grenzübergang Straelen Autobahn/Venlo) wo die Anbindung an die deutsche Autobahn A 2 bzw. A 40 mit Zielrichtung auf das Ruhrgebiet erfolgt. Eine weitere bedeutende Autobahntrasse verläuft von Antwerpen parallel zum Albertkanal, schwenkt in die Niederlande und knüpft beim Grenzübergang Aachen-Nord/Heerlen an die deutsche Autobahn A 4 an, die zur Rheinschiene (Großraum Köln) führt. Weitere Autobahnen verlaufen sternförmig von Antwerpen in alle Himmelsrichtungen. Als besonders wichtig können angesehen werden: nach Norden die Strecke über Breda mit Ziel Rotterdam; nach Süden die Strecke über Brüssel mit Ziel Charleroi und Mons sowie die Strecke via Gent in das nordfranzösische Industriegebiet um Tourcoing/Roubaix/Lille mit Fortführung nach Paris. Über diese Straßenverbindungen werden von Antwerpen aus regelmäßige Lkw-Linienverkehre nach allen wichtigen Staaten Europas, in den Nahen Osten und die Golf-Region unterhalten.

Die Entfernungen für Straßentransporte zwischen Antwerpen und seinen traditionellen Hinterlandstationen betragen:

- Duisburg .... 177 km,
- Düsseldorf .... 200 km,
- Frankfurt a. M. .... 395 km,
- Hannover .... 442 km,
- Karlsruhe .... 485 km,
- Köln .... 204 km,
- München .... 778 km,
- Nürnberg .... 816 km,
- Stuttgart .... 552 km,
- Basel (CH) .... 584 km,
- Lille (F) .... 123 km,
- Luxemburg (L) .... 251 km,
- Lyon (F) .... 810 km,
- Mailand (I) .... 969 km,
- Metz (F) .... 317 km,
- Nancy (F) .... 368 km,
- Paris (F) .... 343 km,
- Straßburg (F) .... 473 km,
- Wien (A) .... 1 216 km.

Eisenbahnverbindungen und Bahnverkehre

Wichtig für den Hafen ist die Verknüpfung mit dem europäischen Eisenbahn-Güterverkehrsnetz. Antwerpen ist an rund ein Dutzend internationaler Eisenbahnverbindungen angeschlossen, täglich werden über 120 Eisenbahngüterzüge von dort aus auf den Weg gebracht. Vorzugsweise handelt es sich um Containerverkehre nach der Bundesrepublik, der Schweiz, Italien, Frankreich und den Niederlanden. Je nach Konjunkturlage werden im Massengutsektor bis zu 10 Mio. t Eisenerze in Antwerpen über die Schiene versandt. Der Hafen ist auch Anfangs- und Endpunkt für **Kombiverkehre** Straße/Schiene, vor allem auf den Relationen Frankreich, Spanien, Skandinavien, Bundesrepublik Deutschland und Österreich. Auf dem Kombi-Terminal der „Nationalen Gesellschaft der belgischen Eisenbahnen" (NMBS/SNCB) können die Kombiumschlagarbeiten sowohl in der horizontalen Umschlagtechnik (Laderampe, Spezialschlepper) wie in der vertikalen Technik (Mobilkrane, Ladebrücken) durchgeführt werden. Für die Bundesrepublik Deutschland hat der Eisenbahnverkehr mit dem Hafen Antwerpen jedoch den geringsten Stellenwert. Nur rund 10 % aller Warenverkehre (rund 2 Mio. t jährlich) zwischen deutschen Zielen/Abgangsorten und dem Hafen erfolgen über die Schiene.

Die Entfernungen für Bahnverkehre zwischen Antwerpen und seinen traditionellen Hinterlandstationen betragen:

- Düsseldorf .... 251 km
- Frankfurt a. M. .... 448 km
- Köln .... 243 km
- München .... 838 km
- Berlin .... 805 km
- Basel (CH) .... 592 km
- Luxemburg (L) .... 275 km
- Lyon (F) .... 752 km
- Mailand (I)
  - über Quévy/Modane .... 1 242 km
  - über Bettembourg/Chiasso 976 km
- Straßburg (F) .... 469 km
- Wien (A) .... 1 199 km

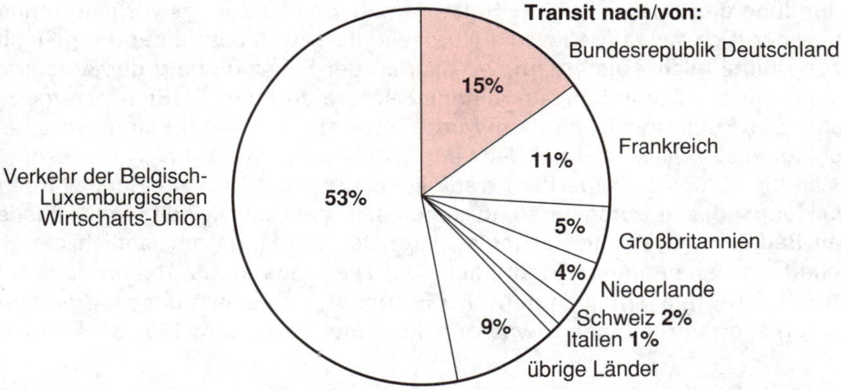

Durchschnittliche Verteilung des Güteraufkommens von Antwerpen auf das Hafenhinterland

Zusammenfassung

1. Die Länder Belgien, Niederlande und Luxemburg bilden den Benelux-Raum. Er ist aufgrund seiner verkehrsgeographischen Gunstlage einer der größten europäischen Transiträume.
2. Belgien besitzt trotz seines geringen Küstenanteils fünf wichtige Seehäfen: Antwerpen, Gent, Brügge, Zeebrügge und Ostende.
3. Wichtige niederländische Seehäfen sind neben Rotterdam die Häfen Amsterdam, Hoek van Holland, Vlissingen und Eemshaven/Delfzijl. Der Flughafen Amsterdam-Schiphol ist eine der großen Luftverkehrsdrehscheiben in Europa.
4. Antwerpen ist ein weit im Landesinnern am Fluß Schelde gelegener Universalhafen.
5. Mit den niederländischen Seehäfen Rotterdam und Amsterdam bildet Antwerpen das Hafentrio „ARA-Häfen".
6. Wichtige Verkehrswege von Antwerpen ins Hinterland sind die Autobahn- und Eisenbahnlinien, der ABC-Kanal (Kanal Antwerpen-Brüssel-Charleroi), der Albertkanal und die Sambre.
7. Die Güterstruktur des Hafens Antwerpen wird in hohem Maße vom Umschlag hochwertiger Stückgüter bestimmt.

6.2 Der Hafen Rotterdam

6.2.1 Die Entwicklung zum Welthafen

In den letzten Jahren hat der niederländische Hafen Rotterdam seine Umschlagsleistungen immer wieder steigern können. Es werden jährlich fast 300 Mio. Tonnen Seegüter umgeschlagen. Damit überflügelte der Hafen, der in jeder Hinsicht, z. B. bezüglich Fläche, Schiffsfrequenzen, Umschlagstechnik, als ein Hafen der Superlative bezeichnet werden kann, alle anderen wichtigen Seehandelsplätze in der Welt. So etwa Kobe und Yokohama (beide Japan), Singapur, New York (USA) oder Marseille/Fos (Frankreich). Wie sich die Entwicklung des noch im letzten Jahrhundert im Schatten der Hafenstadt Amsterdam stehenden, heute aber größten Welthafens gestaltete, zeigt ein geschichtlicher Rückblick.

Die Ursprünge der heutigen Stadt gehen auf einen Dammbau zurück, den man an der Mündung des Flusses Rotte (= Rotterdam) in den Fluß Maas vorgenommen hatte, um einen Schutzwall gegen die Nordseefluten zu haben. Einen vergleichbaren Ursprung hatte auch Amsterdam, wo sich an der Flußmündung der Amstel ebenfalls nach einem Dammbau aus einem Fischereidorf die Stadt Amsterdam entwickelte. Der Fischerort Rotterdam wurde etwa ab dem 14. Jh. langsam zu einem Umschlagpunkt zwischen dem See- und Binnenschiffsverkehr. Von diesem Zeitpunkt an bis heute hat Rotterdam wenigstens drei deutlich voneinander trennbare **Entwicklungsphasen** durchlaufen, in denen sich die Stadt jeweil weiter ausdehnte und an Bedeutung gewann, wenngleich Amsterdam lange hinsichtlich der Hafenwirtschaft die bedeutendere Stadt blieb. Um allerdings in die Stellung des führenden Welthafens, dem sogenannten „Tor Europas“, und einem der größten europäischen Verkehrszentren hineinzuwachsen, hat Rotterdam kaum 100 Jahre gebraucht.

1. Phase: Kolonialer Handelsplatz und Transithafen

Seinen ersten bemerkenswerten Aufschwung hatte Rotterdam etwa mit Beginn des 17. Jh. zu verzeichnen. Nach Entdeckung der „Neuen Welt“ konnten sich die holländischen Seefahrer in den Handel mit West- und Ostindien einschalten. Neben England, Frankreich und Spanien wurden die Niederlande eine der bedeutendsten Kolonialmächte der Erde. Der Kolonialwarenhandel bescherte dem Land ein goldenes Zeitalter und ließ seine Häfen zu den wichtigsten Wirtschaftsplätzen des Landes werden. Rotterdam überflügelte zu diesem Zeitpunkt die Konkurrenzhäfen Amsterdam und Dordrecht, da durch seine günstige Lage die Transitverkehre zu den rheinischen Handelsmetropolen im Hinterland (u. a. auch Köln) intensiviert werden konnten. Allerdings büßte Rotterdam etwa um die Mitte des 18. Jh. wieder an Bedeutung ein. Ursache waren im wesentlichen die Versandungen und Verschlickungen der Maas-Flußmündung bzw. des Rheinmündungsgebietes vor der Stadt. Dadurch wurde der Hafenzugang derart erschwert, daß größere Schiffe nur in z. T. wochenlangen Passagen und mit großen Umwegen (bis zu 100 km) die Stadt direkt anlaufen konnten.

2. Phase: Massenguthafen für das Ruhrrevier

Eine ganz entscheidende Entwicklung setzte um 1840 ein. Mit dem Aufschwung des deutschen Schwerindustriegebietes an der Ruhr zeichneten sich für Rotterdam völlig neue Aufgaben ab. Denn durch die Lage an der Rheinmündung hatte Rotterdam ideale Voraussetzungen für die notwendigen Transitverkehre von Massengütern des Ruhrgebietes. Der Export von Kohle aus dem deutschen Revier und die Einfuhr von Erzen für die deutschen Stahlproduzenten wurden das wichtigste Standbein für Rotterdam. Die starke Verflechtung mit der deutschen Industrie an Rhein und Ruhr brachte Rotterdam darüberhinaus einen neuen Status ein: der Hafen war nicht mehr allein ein für die Niederlande wichtiger nationaler Verkehrsknoten, sondern er wurde erstmals ein internationaler Handelsplatz mit weitreichenden Funktionen.

Mit den neuen Aufgaben mußte der Hafen ausgebaut werden. Um wieder einen schnellen und direkten seewärtigen Zugang zu erhalten, wurde die künstliche Zufahrt „Nieuwe Waterweg" (= neuer Wasserweg) gebaut. Dieser schleusenfreie und offene Meereszugang ging 1872 in Betrieb. Im Anschluß daran wurden neue Hafenbecken gebaut, so der Maashaven (1898), der Waalhaven (1907) und der Eemhaven (1936). Bis zu Beginn des Zweiten Weltkrieges war Rotterdam ein typischer Durchgangshafen (Transithafen) für wenige Massengüter, dagegen wurde Amsterdam der führende Handelsplatz tropischer Erzeugnisse wie Tee, Kaffee, Gewürze u. a. m.

3. Phase: Rotterdam wird Industriehafen

Nach dem Zweiten Weltkrieg, in dem Rotterdam durch deutsche Angriffe schwer beschädigt wurde, setzte mit dem Wiederaufbau die dritte und wohl wichtigste Entwicklungsphase ein. Der enorme Bedarf der westeuropäischen Staaten an Energierohstoffen (Rohöl) ließ Rotterdam in nur wenigen Jahren von einem Kohle/Erz-Hafen zu einem der größten Rohölumschlagplätze der Welt werden. Noch 1938 hatte das Mineralöl nur 8 % des Seegüterumschlags ausgemacht. 1950 nahm es bereits 32 % ein; es stieg bis 1972 auf 70 % des Hafenumschlags an. Gleichzeitig siedelten sich im Hafenbereich, insbesondere entlang des Nieuwe Waterweg sowie im Hafenteil „Europoort", verschiedene Betriebe der Ölindustrie an, die das Bild Rotterdams entscheidend veränderten. Der Hafen stieg zum bedeutendsten europäischen Verarbeitungszentrum für Mineralöl und Mineralölprodukte auf. Bis 1988 wurden insgesamt 8 sog. „Petroleumhäfen" eingerichtet, von denen die jüngsten von vollbeladenen Supertankern mit bis zu 350 000 tdw (tons dead weight = Ladevermögen) angelaufen werden können. Der steigenden Containerisierung der Güter wurde mit dem schon frühen Bau spezieller Container-Terminals Rechnung getragen. Derzeit verfügt Rotterdam mit dem „Europe Container Terminus" (ECT) am Eemhafen über den größten Container-Umschlagbetrieb der Welt. 1983 wurden über diesen Terminal bereits 1 Mio. TEU abgefertigt. Ein weiterer Containerterminal des ECT-Betriebes befindet sich auf dem künstlich aufgeschütteten Gewerbegebiet „Maasvlakte" (= Maasebene). Dessen besonders günstige Fahrwasserverhältnisse am Eingang des Nieuwe Waterweg, dem sog. „Maasmond" (= Maasmund/Maasmündung), erlauben es, daß auch die größten Containerschiffe direkt an der Maasebene anlegen können.

Damit zeichnet sich für Rotterdam möglicherweise eine zukünftige vierte Entwicklungsphase ab. Denn mit der Zunahme des Stückgut/Containerverkehrs sind viele neue Aufgaben, etwa die der Lagerhaltung und Güterverteilung (Distribution), verbunden, die der Hafen an sich zieht. Die ersten Anzeichen für einen möglichen langsamen Strukturwandel sind erkennbar. Denn es sind nicht mehr allein die enormen Mengen von Massengütern, die für die jährlich neuen Rekordumsätze in Rotterdam verantwortlich sind.

Beispiel:

Der Containerumschlag betrug in Rotterdam 1991 rund 3,7 Mio. TEU. Bis zum Jahre 2010 soll er auf 9,65 Mio. TEU anwachsen. Dies würde eine Steigerung von über 150 % bedeuten.

6.2.2 Hafenteil Europoort

Europoort, auch Europapoort genannt, bedeutet soviel wie „Europator". Der Begriff kann jedoch nicht für den gesamten Hafenkomplex Rotterdams verwendet werden, sondern nur für ein im Westen der Stadt neu gebautes Hafengebiet. Europoort ist also nur ein Teil des Rotterdamer Hafens, wenn auch ein sehr bedeutender. Die Ausbauten des Europoort begannen 1958 südlich des Nieuwe Waterweg und schon 1960 lief der erste Großtanker dort ein. In den letzten Jahren wurde Europoort in Form der sog. Maasvlakte sogar bis in die offene See hinaus erweitert. Europoort und Maasvlakte werden durch den Caland-Kanal, der durch einen Trenndamm vom Nieuwe Waterweg abgegrenzt wird, mit dem offenen Meer verbunden. Das eigentliche Hafengebiet von Europoort besteht aus der Insel Rozenburg, auf der wiederum mehrere Hafenbecken mit eigenen Bezeichnungen existieren. Der Umschlag und die Verarbeitung von Rohöl spielen im Europoort-Gebiet eine beherrschende Rolle, was sich an den Hafenbezeichnungen deutlich erkennen läßt.

Beispiel:

Es gibt einen vierten, fünften, sechsten und siebten „Petroleumhafen", diese Häfen versorgen insgesamt fünf Raffinerien (u. a. von British Petroleum/BP, Shell, Esso und Texaco). Die genannten Raffinerie-Betriebe gelten als sog. „Balancing-Raffinerien". Ihre Aufgabe ist es, kleinere Raffinerien und Petro-Chemiebetriebe im Hinterland von Rotterdam, also auch in der Bundesrepublik Deutschland, mit Rohstoffen zu bedienen. Die Versorgung ab Europoort erfolgt entweder mittels Binnenschiffen oder über Pipelines-Systeme (z. B. die RRP = Rotterdam-Rhein-Pipeline).

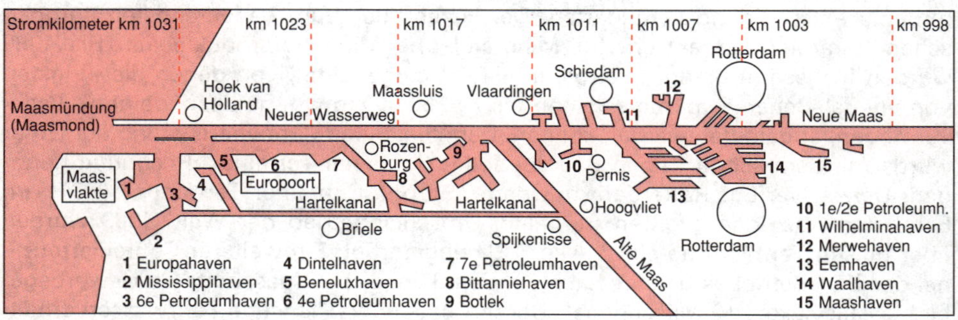

Schematische Darstellung des Hafengebietes von Rotterdam

Übersicht der bedeutenden Hafenbecken in Rotterdam und ihrer Arbeitsbereiche bzw. Spezialisierungen

Becken-Name	Gebiet	Fahrwassertiefe beim MNW	Arbeitsbereiche/Spezialisierungen
Rijnhaven	Rotterdam	10,15 m	Stückgutumschlag aller Art
Maashaven	Rotterdam	10,70 m	Stückgutumschlag aller Art
Waalhaven	Rotterdam	13,50 m	Multi-Purpose-Terminal, Container, Schwergut, Ro/Ro, Terminmarkt für Kaffee, Tee und Tabak, Öl- und Holzumschlag, Lash-Abwicklung
Lekhaven	Rotterdam	10,65 m	Stückgut, Tank-Terminal für Orangensaft, Verkehrsleitzentrale
Merwehaven	Rotterdam	11,65 m	Container, Neo-Massengüter (Holz, Zement), Obstimporte, Obstauktionen
Eemhaven	Rotterdam	13,50 m	Containerwartung, Stauereien, Ro/Ro-Verkehre, Holzprodukte
Pr. Beatrixhaven	Rotterdam	10,65 m	Containerabfertigung, Ro/Ro, Abf. von Mehrzweckschiffen
Pr. Margriethaven	Rotterdam	13,65 m	Europe Container Terminus BV (alter ECT-Terminal)
Pr. W. Alex.haven	Rotterdam	12,65 m	Containerumschlag, Feederdienste, Holzumschlag
1e Petroleumhaven	Rotterdam	12,65 m	Raffinerien (Shell)
2e Petroleumhaven	Rotterdam	12,65 m	Raffinerien und Petrochemie (Shell, Texaco)
3e Petroleumhaven	Botlek	12,65 m	Raffinerien und Petrochemie (Esso), Aluminiumproduktion
St. Laurenzhaven	Botlek	13,65 m	Umschlag von Kohle, Erz und Phosphat
Chemiehaven	Botlek	12,65 m	Tanks für Flüssiggüter der Chemie, des Lebensmittelsektors und der Seifenindustrie, Lagerung von Futtermittel-Grundstoffen
4e Petroleumhaven	Europoort	17,65 m	Raffinerie und Petrochemie (Shell, Esso, Texaco)
5e Petroleumhaven	Europoort	21,65 m	Rohölumschlag von Großschiffen (VLCC und VLPC)
Beneluxhaven	Europoort	21,65 m	Ro/Ro-Terminal, Umschlag von Lkw, Trailern, Containern, Flats und Export-Pkw, Agribulk-Terminal (Getreide)
6e Petroleumhaven	Europoort	22,25 m	Raffinerie BP, Löschplatz für Großschiffe (VLCC und VLPC)
Brittanniehaven	Europoort	11,65 m	All-Round-Terminal für Holz, Zellulose, Papier, Container, Ro/Ro-Terminal (Quick Dispatch), Kunststoff-Produktion
7e Petroleumhaven	Europoort	21,65 m	Tanklager (Esso, Mobil, Veba)
Mississippihaven	Maasvlakte	23,50 m	Erdgasverflüssigungsanlage, Umschlag von Kohle und Erz
8e Petroleumhaven	Maasvlakte	23,50 m	Tanklager, Umschlagplatz für Großschiffe (VLCC und VLPC)
Europahaven	Maasvlakte	13,65 m	Delta-Container-Terminal (neuer ECT-Terminal) im Rahmen des Round-the-World-Dienstes, Feederverkehre

Zum Hafensystem von Europoort gehören ferner der Brittanniehafen mit einem Autoterminal sowie Containerumschlag, der Beneluxhafen mit einer Reihe von Fährdiensten und der Dintelhafen mit einer Erzumschlaganlage. Die Rhein- und Binnenschiffahrt nutzt als Zugang zum Europoort-Gebiet den speziell für sie reservierten Hartelkanal.

6.2.3 Wirtschaftsstruktur des Hafens

Zwei dominierende Wirtschaftsbereiche prägen die Struktur des Rotterdamer Hafens. Zum einen sind es Umschlag, Lagerung und Weiterverarbeitung von eingehendem Rohöl. Dieser Rohstoff macht rund 43 % des Seegüterumschlags aus. Rotterdam ist daher ein typischer **Spezialhafen** für die Öleinfuhr. Andererseits wurden früh die veränderten Verkehrsbedingungen erkannt und dem Umschlag von losen Stückgütern aller Art und Containern breiter Raum gegeben. Mit über 3,7 Mio. TEU nimmt Rotterdam weltweit auch hier die Spitzenposition ein. Der Umschlag von containerisiertem Gut, der im wesentlichen von dem Spezialunternehmen Europe Container Terminus BV (ECT-Betrieb) vorgenommen wird, bildet somit den zweiten Hauptarbeitsbereich und wichtigen Lebensnerv des Hafens. Rotterdam kann daher auch als einer der bedeutendsten **Universalhäfen** der Welt bezeichnet werden. Schließlich ist der Hafen Standort für eine große Zahl von Industriebetrieben.

Beispiel:

Rotterdam hat typische **hafengebundene Industrien** in Form von Werften und Reparaturbetrieben wie auch sog. **standortbezogene Hafenindustrien**, zu denen u. a. die Nahrungs- und Futtermittelindustrie gerechnet wird. Letztlich sind auch importabhängige, d. h. sich vorwiegend am Weltmarkt orientierende Seehafenindustrien wie die Petrochemie und der Maschinenbau vertreten.

Betrachtet man die Güterstruktur des Hafens detaillierter, dann können vier verschiedene Gütersektoren voneinander getrennt werden. Ihre Bedeutung für Rotterdam ist in den letzten Jahren recht unterschiedlich gewesen, auch ist die Entwicklung der Gütersektoren jährlich zum Teil erheblichen Veränderungen unterworfen. Es handelt sich um die Massengut-Gruppen Öl/Ölprodukte, Eisenerze und Kohlen sowie Genuß-, Nahrungs- und Futtermittel. Als vierte separate Gruppe können Stückgüter jeglicher Art einschließlich der Container angesehen werden.

Rohöl und Rohölprodukte

Diese beiden Massengüter nehmen jährlich in der Regel über 110 Mio. t ein, zwei Drittel davon entfallen allein auf eingehendes Rohöl. Während das Rohöl noch in den Hafenraffinerien verarbeitet wird, gehören die aus diesem Rohstoff gewonnenen Produkte wie Kraftstoffe, chemische Grundstoffe usw. vielfach zu den Gütern, die den Hafen per Binnenschiff wieder verlassen. Für die An- und Abfuhr stehen 8 spezielle Petroleumhäfen bzw. Hafenbecken zur Verfügung. An diesen Becken befinden sich Lagertanks und vielfach auch Raffinerien der sog. Petrochemie. Die petrochemische Industrie verwendet das Rohöl als Produktionsrohstoff für mehr als 2 000 verschiedene Erzeugnisse, wozu u. a. verschiedene Kunststoffe, Gummi usw. gezählt werden. Nach wie vor ist Rotterdam bezüglich des Rohöls und der Rohölprodukte der weltweit größte Einfuhrhafen, es gibt jedoch Veränderungen.

Beispiel:

Noch in den 70er Jahren nahm das Rohölgeschäft in Rotterdam eine alles überragende Position ein, denn am Gesamtumschlag hatte dieser Rohstoff seinerzeit einen Anteil von bis zu 65 %. In den letzten Jahren konnte diese einseitige Ausrichtung in Rotterdam etwas verringert werden, denn der Anteil des Öls liegt derzeit deutlich unter 50 %.

Die Umschlagsentwicklung von Rohöl und Mineralölerzeugnissen in den Häfen Rotterdams

Jahr	Umschlag in Mio. t	%-Wert des Seegüterumschlags
1938	3,3	8
1946	2,2	27
1950	9,5	32
1960	40,1	48
1970	144,1	64
1980	159,9	57
1983	108,2	48
1987	115,9	45,5
1988	117,1	43
1991	122,4	42

Quelle: Hafenbetriebe Rotterdam.

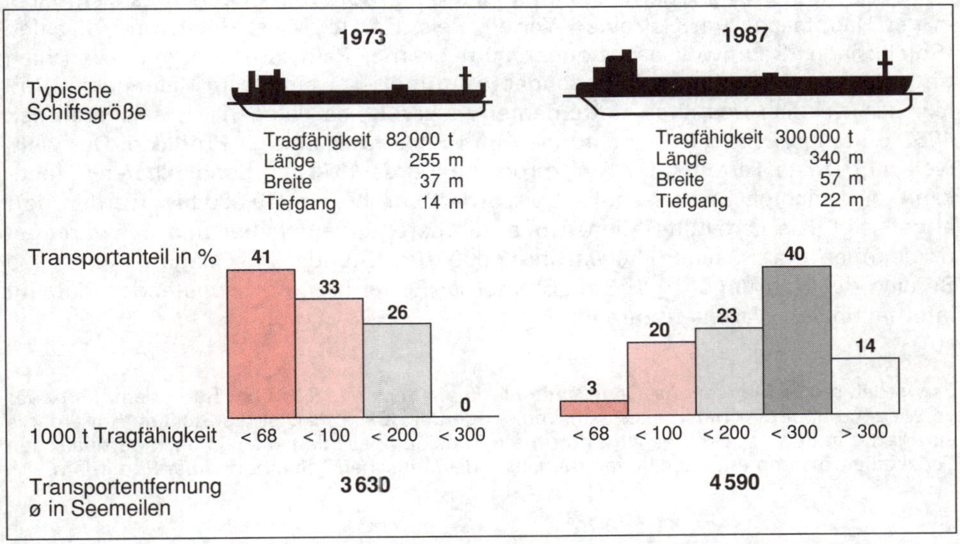

Schiffsgrößen beim Eisenerzimport Deutschlands über die Häfen Amsterdam, Rotterdam, Antwerpen

Quelle: Erz-Zufuhr-Logistik. In: Duisburg, 15. Jg., 1988, Heft 4.

Eisenerze und Kohlen

Eingehende Erze und Kohlen schwanken mengenmäßig je nach Konjunkturlage sehr stark. Erze und Ne-Metalle werden nicht nur umgeschlagen, sondern in Rotterdam bereits einer besonderen Behandlung zugeführt. In speziellen Anlagen werden sie im Hafengebiet gebrochen und gesiebt, ehe sie weiterbefördert werden. Die Erzladungen sind im wesentlichen für die Stahlindustrie in der Bundesrepublik Deutschland sowie in Belgien und Frankreich bestimmt. Die eingehende Kohle (z. B. aus Australien oder Nordamerika) wird in den niederländischen, deutschen, schweizerischen und französischen Kraftwerken verwendet oder sie wird in den unterschiedlichen Industriezweigen dieser Staaten benötigt. Für beide Güterarten wie auch für einige andere trockene Massengüter (z. B. Phosphate) ist Rotterdam ein typischer Umschlag- und Verteilungsstandort; gelegentlich wird er auch als Relaishafen bezeichnet.

Beispiel:
Die eingehenden Schiffsladungen werden oft direkt in Binnenschiffe und/oder Schubleichter umgeschlagen und dann weiterbefördert oder nach einer kurzen Zwischenlagerung den Abnehmern im Hinterland zugeführt. Es kann auch eine erneute Seeverschiffung (Feederdienst) etwa nach Ostseeländern oder Häfen der Nordsee erfolgen.

Nahrungs- und Futtermittel

Alle massenhaften Rohstoffe des Sektors Nahrungs- und Futtermittel werden unter der Bezeichnung „**Agribulk**" zusammengefaßt. In Rotterdam handelt es sich dabei in der Hauptsache um Getreide (Weizen, Reis, Gerste, Mais, Hafer) und Ölsaaten (Sojabohnen, Baumwollsaat, Sonnenblumenkerne, Palmkern u. a. m.). Umschlag und Verarbeitung erfolgen in besonderen Agribulk-Terminals. Im Hafengebiet Botlek, das westlich des alten Rotterdamer Hafenraumes gelegen ist, existieren seit 1952 umfangreiche Ladeeinrichtungen und Silos für derartige Produkte. Der weltweit modernste Terminal für Agrarprodukte wurde 1978 am Beneluxhafen/Calandkanal eingerichtet. Spezialschiffe (Bulkcarrier) von bis zu 200 000 tdw werden dort abgefertigt. Als Lademittel dienen u. a. fahrbare Getreideheber und Schwimmgetreideheber, die zwischen 1 000 t und 3 000 t pro Stunde umschlagen können. Im Bereich der Nahrungs- bzw. Genußmittel ist Rotterdam ein bedeutender Platz im internationalen Warenterminmarkt.

Beispiel:
Es werden große Mengen der Genußmittel Kaffee, Tabak und Tee über Rotterdam, und zwar vorwiegend über den Hafenteil Waalhaven, eingeführt. Bei Tabak ist die Stellung Rotterdams einzigartig in Europa, denn es wird dort mehr Tabak umgeschlagen als in allen europäischen Tabakhäfen zusammen. Auch laufen rund 40 % des britischen Teeimports über Rotterdam.

Stückgüter und Container

Der Sektor Stückgüter/Container hat die größten Zuwachsraten in Rotterdam, insbesondere in Form des **Ro/Ro-Umschlags**, der fast ausschließlich nach Großbritannien läuft. Derartige Kombiverkehre werden im Bereich Eisenbahn/Fährschiff vom Hafenteil Hoek van Holland abgewickelt. Dieser Bahnumschlagpunkt liegt nördlich des Neuen Wasserweges gegenüber der Maasvlakte. Bei **Containern** wurden 1991 über 3,7 Mio. TEU in Rotterdam umgeschlagen (vgl. hierzu Themenkreis 12, Abschnitt 4.2.7). Für den Containerumschlag können mehrere Terminals genutzt werden. So z. B. im Waalhaven und im Prinses-Margriethaven. In letzterem wurde im August 1967 das erste Containerschiff gelöscht. Dieser Terminal der ECT schlägt gegenwärtig jährlich allein eine Million Boxen um, er ist damit einer der weltweit größten. Eine besonders große Nachfrage besteht im Hinterland nach einigen wenigen Stückgutgruppen, die aufgrund ihrer großen Mengen bereits als sog. **Neo-Bulk-Güter** („neue Massengüter") bezeichnet werden. Hierzu gehören Produkte wie Holz, Papier, Pkw, Eisen und Stahl, Obst und Nichteisen-Metalle (sog. NE-Metalle).

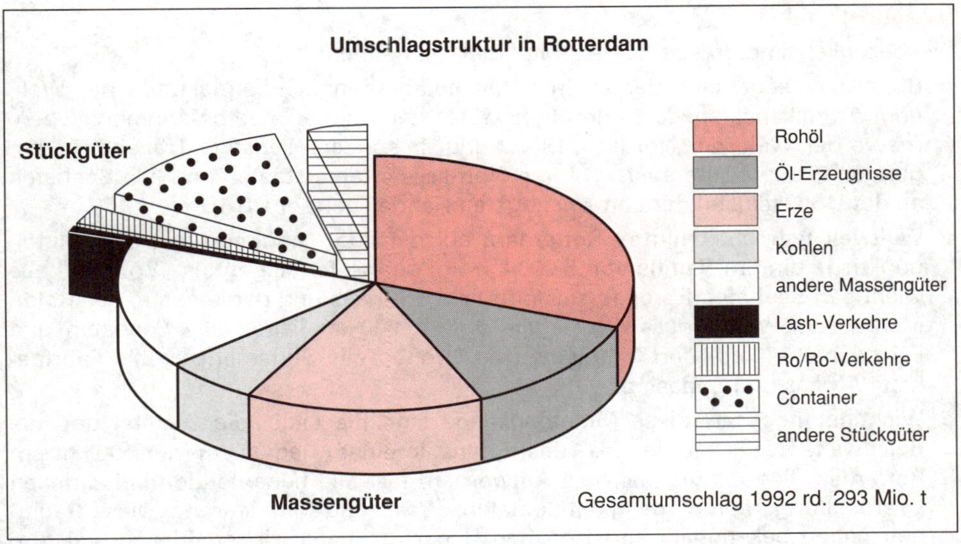

6.2.4 Standortvorteile als Wachstumsmotor

Generell können für das enorme Wachstum vieler Seehäfen in den Industriestaaten, also nicht allein nur für Rotterdam, vier markante wirtschaftliche Entwicklungsschübe genannt werden. Da ist erstens das allgemein boomhafte **Ansteigen des Welthandels** (1950–1970), das in engem Zusammenhang mit der wirtschaftspolitischen Entwicklung in Westeuropa (Bildung der EWG) steht, zu sehen. Eine besonders wichtige Welthandelsrolle hat zum zweiten von Anfang an die Energiewirtschaft in Form der **Rohöl-Importe** eingenommen. Gerade deren Aufwärtsentwicklung hatte großen Einfluß auf die Größenveränderungen bei der Seeschiffahrt, wo zunehmend schnellere und größere Schiffe (z. B. Supertanker) zum Einsatz gelangten. Als dritter Schritt kann die Modernisierung und **Technisierung des Umschlages** und Transports, vor allem in Form der Containerisierung, gesehen werden. Dies alles sorgte Jahr für Jahr für beachtliche Steigerungsraten in fast allen wichtigen Hafenplätzen in Übersee und in Westeuropa. Und letztlich profitierten einige Häfen, namentlich auch Rotterdam, von der **Verlagerung großer Industriebetriebe** (vor allem des Stahlsektors) an die Küste, wo diese auf die Rohstoffeinfuhr angewiesenen Unternehmen ohne zusätzliche Frachtkosten für Transporte ins Binnenland kostengünstiger produzieren können.

Daß sich der gesamte Großraum Rotterdam zu einem der führenden Verkehrszentren und zu einer Drehscheibe für viele Speditions- und Frachtführertätigkeiten entwickelt hat, basiert neben den oben genannten Entwicklungen ferner auf einer Reihe ganz besonderer Standortvorzüge. Diese werden in der Verkehrs- und Wirtschaftsgeographie als Gunstfaktoren bezeichnet. Auf diese **Gunstfaktoren** läßt sich die heute so dominante Rolle Rotterdams zu einem beträchtlichen Teil zurückführen.

Lagegunst

Diesbezüglich sind drei besondere Merkmale zu nennen:

- Rotterdam liegt nahe der am meisten befahrenen Schiffahrtsstraße der Welt, dem Ärmelkanal, sowie an der Küste eines der am stärksten befahrenen Nebenmeere der Welt, der Nordsee. Dies bringt besonders günstige Transportbedingungen für den Güteraustausch mit Nordsee-Anrainerstaaten und (via Seehäfen an der US-Ostküste) mit dem wichtigsten Handelspartner USA.
- Weltweit betrachtet nimmt Rotterdam auf der sog. Landhalbkugel eine Mittelpunktlage ein. Im Radius von 5 000 km um den Hafen liegen als „Vorland" alle wichtigen Seehäfen Europas, des nördlichen Afrikas und der Levante, des Roten Meeres und Westafrikas. Im Radius von 10 000 km liegen alle Seehäfen und Fahrtgebiete Nord- und Mittelamerikas, große Teile Südamerikas, alle Fahrtgebiete Afrikas und Südasiens.
- Wichtiger noch als diese Mittelpunktlage sind die Lage, die Qualität und die Reichweite des „Hinterlandes" des Hafens. In einem Radius von nur 500 km um Rotterdam liegen (wie auch bei Antwerpen) fast alle bedeutenden industriellen „Verdichtungsräume" des kontinentalen West- und Mitteleuropa. Diese Regionen haben bekanntlich einen großen Bedarf an hafenwirtschaftlichen Leistungen. Das Rotterdamer Hinterland ist mit einer Weltindustrieproduktion von 25 % und über 180 Mio. Einwohnern erheblich größer als das anderer Weltseehäfen (zum Vgl.: Tokio 65 Mio., New York 50 Mio.). Bedeutendster Hinterlandraum ist die Bundesrepublik Deutschland, die fast die Hälfte des gesamten Güteraufkommens des Rotterdamer Hafens stellt.

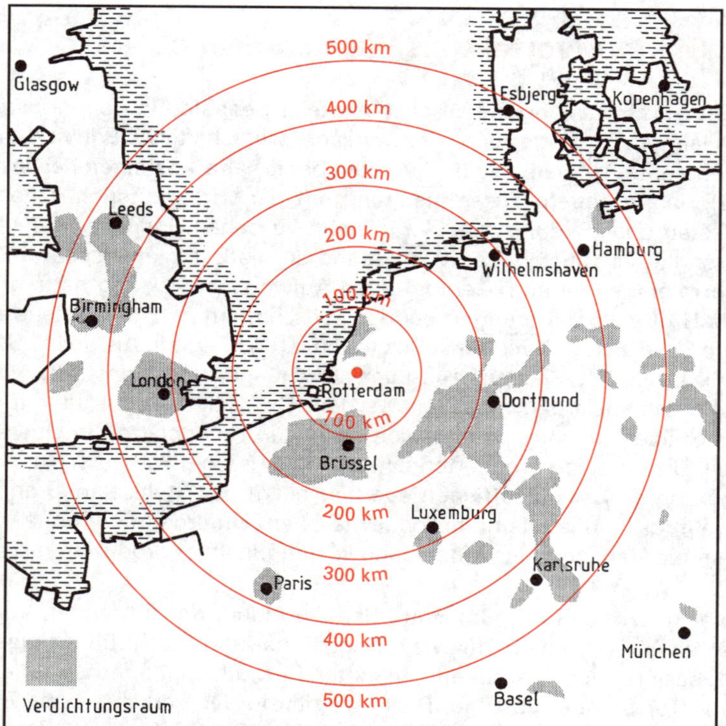

Rotterdams Lage und Einzugsbereich

Günstige Verkehrsanbindung

- Von der Maasmündung stromaufwärts lassen sich mit Schubeinheiten, Küstenmotorschiffen und speziellen Fluß-Seeschiffen mehrere hundert Kilometer Wasserwege befahren; mit den Binnenschiffen der Europaklasse können annähernd 3 000 km Wasserstraßen genutzt werden. Dies hat dazu geführt, daß die Binnenschiffahrt der wichtigste Verkehrsträger im Hinterlandverkehr Rotterdams geworden ist. Alle Hinterlandverbindungen gelten als außerordentlich gut (vgl. folgendes Kap. 6.2.5)
- Auch die seewärtige Verkehrsanbindung ist ausgezeichnet. Die günstige Flußmündungslage Rotterdams und die Aufwertung des Flußmündungsgebietes der Maas durch den Bau der tiefen und sicheren Hafenzufahrt in Form des Neuen Wasserweges bildeten aus der Sicht vieler rohstofforientierter Industrien daher einen idealen Produktionsstandort.

Natürliche Gunstfaktoren

- Mehrere Hafenbecken, vor allem jene der letzten Ausbauphase an der Maasvlakte, sind Tiefwasserhäfen mit sehr günstigen Fahrwasserverhältnissen, so daß selbst übergroße Supertanker sicher an die Löschplätze der Raffinerien gelangen können.
- Im Gegensatz zu Gezeitenhäfen mit großem Tidenhub (Differenz zwischen den Wasserständen bei Ebbe und Flut), weist Rotterdam nur einen geringen Tidenhub auf. Dies hat zur Folge, daß der Hafen als sog. offener Tidehafen betrieben werden kann. Das Ein- und Auslaufen von Schiffen kann gezeitenunabhängig erfolgen.

Sonstige Vorzüge

Zur führenden Rolle Rotterdams haben noch andere Faktoren beigetragen, die im weiteren Sinne als politische, technische und infrastrukturelle Maßnahmen bzw. Einflüsse umschrieben werden können.

- Aufgrund des steigenden Umschlags und der zunehmenden weltweiten Handelsverflechtungen sind große Teile des Hafens zollpolitisch ausgegliedert, d. h. als Freihäfen eingerichtet worden. Diese Zollpolitik ist vor allem für einige Branchen der verarbeitenden Industrie günstig (formalitätenfreier Import, Weiterverarbeitung, Export), die ihren Standort daraufhin im Hafen wählten.
- In den 80er Jahren haben sich durch die Verlagerung vom sog. konventionellen Stückgut zum Containerverkehr immer wieder neue technische Veränderungen abgezeichnet. Rotterdam hat recht erfolgreich seine Terminalgelände, Ausrüstungen (Ro/Ro-Anlagen, Containerkrane usw.) und Dienstleistungen den geänderten Bedingungen angepaßt.
- Mit Milliarden-Investitionen haben die Stadt Rotterdam, die den Hafen betreibt und verwaltet, und Hafenunternehmen die Infra- und Suprastruktur verbessert. Das heißt, die Hafenverwaltung hat für die Verbesserung der Infrastruktur gesorgt (neue Straßen- und Bahnanschlüsse, Energieversorgung, Hafenerweiterungen, Fahrwasservertiefungen, Verkehrslenkungseinrichtungen, Lotsensysteme, Brand- und Katastrophenbekämpfung usw.). Die Unternehmen (Reedereien, Seehafenspediteure, Lagerhalter, Stauereien, Versicherungen usw.) investierten umfangreich in die sog. Suprastruktur. Darunter sind u. a. moderne Lager- und Kransysteme, neue Schwerlaststapler, Kühlhäuser, Büro- und Kommunikationseinrichtungen usw. zu verstehen.

Rotterdam in Zahlen

● Schiffseinläufe jährlich:	– Seeschiffe	rund 31 000
	– Binnenschiffe	rund 180 000
● Planmäßige Abfahrten/jährlich:	11 000	
● Anzahl der Reedereien:	400	
● Registrierte Nationalitäten:	90	
● Diplomatische Vertretungen:	44	
● Umschlag jährlich:	über 280 Mio. t	
● Transitladungsmengen jährlich (Cirka-Mengen):	– Seeschiff	30 Mio. t
	– Binnenschiff	60 Mio. t.
	– Eisenbahn	4 Mio. t
	– Lkw	8 Mio. t
	– Pipeline	25 Mio. t
● Lagerkapazitäten:	– Öl/Ölprodukte 32,3 Mio. t (in Tanks)	
	– trockene Massengüter 15,6 Mio. t	
	– Siloraum 0,5 Mio.	
● Kailängen:	– für Seeschiffe 37 km	
	– für Binnenschiffe 20 km	
● Hafenbahnnetz:	410 km	
● Kran- und Heberkapazität:	– Schwimmgetreideheber 18	
	– Schwimmkrane 16	
	– Schwimmschwergutkrane 20	
	– Kaigetreideheber 23	
	– Verladebrücken 20	
	– Kaikrane 322	
	– Containerkrane 32	
	– Ro/Ro-Rampen 14	
● Hafenfahrzeuge und Docks:	– Schlepper 80	
	– Löschboote 16	
	– Schwimmdocks 26	
	– Trockendocks 8	
● Hafenflächen:	– Gesamtoberfläche	9 776 ha
	davon Maasvlakte	2 491 ha
	Europoort	3 907 ha
	Botlek	1 243 ha
	Pernis	738 ha
	Eem/Waal	1 036 ha
● Hafen-Beschäftigte:	– insgesamt rd. 10 000	
	davon im Sektor	
	Stückgut rd. 5 300	
	Massengut Erz rd. 1 300	
	Massengut Getreide rd. 900	
	Container u. Ro/Ro rd. 1 700	
	Lagerung/Spedition rd. 850	
● Industriebeschäftigte:	rd. 25 000	
● Zollbedienstete:	rd. 1 500	

6.2.5 Von Rotterdam ins Hinterland

Wie alle großen Seehäfen ist auch Rotterdam ganz entscheidend von der wirtschaftlichen Kraft und Entwicklung seines Hinterlandes abhängig (vgl. hierzu Themenkreis 12, Kap. 3). Alle Verkehrsgebiete auf Festlandeuropa, die aus tariflichen Gründen zum Hafenplatz Rotterdam eine kostengünstige Lage haben, bilden das Hinterland dieses Hafens. Rotterdams Hinterland besteht, abgesehen von den Niederlanden, in der Hauptsache aus der Bundesrepublik Deutschland, Belgien, Frankreich und der Schweiz. Es werden aber natürlich auch Güter für Österreich, Dänemark, Osteuropa und eine Reihe anderer Staaten Mitteleuropas umgeschlagen. Wichtigster Kunde ist jedoch nach wie vor die Bundesrepublik Deutschland. Jährlich gehen für die deutsche Wirtschaft über 100 Mio. t über die Kais von Rotterdam, dies sind gemessen am Gesamtumschlag über 40 %. Damit ist Rotterdam für die Bundesrepublik Deutschland eigentlich der größte Hafen, denn es werden dort jährlich fast soviel deutsche Güter umgeschlagen wie in allen deutschen Nordseehäfen zusammen. Den größten Anteil an diesen Umschlagmengen erbringt wiederum das Ruhrgebiet, das durchweg die Hälfte der jährlichen deutschen Umschlagmengen in Rotterdam stellt (vgl. hierzu Themenkreis 5, Abschnitt 4.1 und Themenkreis 6, Abschnitt 4.1) Die enge Verflechtung des Ruhrreviers mit dem Hafen Rotterdam birgt für diesen allerdings auch Gefahren.

Beispiel:

So wirken sich Konjunkturschwankungen im Revier schnell auf die Arbeitsmarktsituation von Rotterdam aus. Ein von Branchenkennern schon vor mehr als drei Jahrzehnten geprägter Spruch, der im wesentlichen immer noch Gültigkeit besitzt, unterstreicht dies deutlich: „Wenn das Ruhrrevier hustet, bekommt Rotterdam Fieber."

Ein Blick auf die Verkehrsträger, die für den Zu- und Ablauf der Rotterdamer Güter in die Bundesrepublik Deutschland sorgen, zeigt deutlich den großen Marktanteil, den die **Binnenschiffahrt** hält. Dies hängt ursächlich mit der einzigartigen Lage Rotterdams im Rheinmündungsdelta und der sich ins Hinterland weit verzweigenden und gut nutzbaren Wasserwege zusammen. Von diesen ist der Rhein als Hauptschlagader der Binnenschiffahrt ohne tarifliche Bindungen und ohne Abgaben zu befahren, was sich als zusätzliches Plus darstellt. Die **Rohrleitungen**, wichtigstes Transportmittel für Mineralöl (z. B. in Form der RRP = Rotterdam-Rhein-Pipeline) kommen beim Güterempfang auf Rang zwei. Den dritten Rang nimmt der **Straßengüterverkehr** ein, vor der direkten Seeschiff-Versorgung. Die geringste Bedeutung im Hinterlandverkehr hat die Eisenbahn. Dies soll sich in den nächsten Jahren ändern. Von Rotterdam zur deutsch-niederländischen Grenze bei Zevenaar wird eine 158 km lange Güterbahntraße gebaut, über die jährlich etwa 50 Mio. t Güter für die Bundesrepublik Deutschland befördert werden können. Die Strecke mit der Bezeichnung **„Betuwelijn"** bedeutet für den Rotterdamer Hafen eine wirtschaftliche Absicherung im Hinterlandverkehr.

Zusammenfassung

1. Rotterdam ist der umschlagstärkste Seehafen der Welt. Von seiner Funktion her ist er sowohl Universal- wie Spezialhafen. Die Hafenanlagen umfassen den alten Stadthafen Rotterdam und sieben weitere große Hafengebiete zwischen der Stadt und der Maasmündung.
2. Unter Europoort versteht man einen der bedeutendsten Rotterdamer Hafenteile. Europoort und Maasvlakte sind die am weitesten dem offenen Meer zugewandten Häfen. Es sind Tiefwasserhafenplätze, die von Supertankern und anderen Großschiffen angelaufen werden können.

3. Der rund 40 km lange Nieuwe Waterweg (Neuer Wasserweg) ist zentraler Zufahrtsweg zu den Häfen Botlek, Eemhaven, Waalhaven, Merwehaven und Rotterdam-Stadthafen.
4. Rotterdam hat sich in wenigen Jahrzehnten von einem Kohle/Erz-Hafen zu einem der größten Rohölumschlagplätze der Welt gewandelt. Umschlag und Verarbeitung von Rohöl erfolgen an acht „Petroleumhäfen". Rotterdam ist das bedeutendste europäische Verarbeitungszentrum für Mineralöl.
5. Der größte Containerumschlagplatz Rotterdams ist das Delta-Terminal am Europahaven auf der Maasvlakte.
6. Rotterdam ist für die Bundesrepublik Deutschland einer der wichtigsten Seehäfen.
7. Der Güterverkehr von Rotterdam nach der Bundesrepublik Deutschland wird zu über 70 % mit Binnenschiffen und Rohrleitungen vorgenommen. Im Stückgutverkehr dominiert der Verkehr mit Lastkraftwagen.
8. Wichtige Verkehrswege in das Hinterland des Hafens sind die Flüsse Lek, Waal, Rhein und Maas sowie die modernen Autobahnen und Eisenbahnlinien.

6.3 Hafen Amsterdam

Von den über Seewege von und nach den Niederlanden bewegten Gütern fällt mit jährlich etwa 20 bis 30 Mio. t ein vergleichsweise geringer Anteil auf den zweitgrößten Hafen des Landes, Amsterdam. Für die Niederlande selbst ist der Hafen jedoch ein wichtiger Umschlag- und Lagerplatz für Getreide, Erze, Mineralöle und Genußmittel. Da die Stadt binnenwärts an einer Bucht des abgedeichten Ijsselmeeres liegt, kann die Zufahrt zu den Hafenanlagen von der Nordsee aus nur über Kanäle erfolgen. Hauptkanal ist der rund 25 km lange **Nordseekanal**, an dessen Einmündung in die Nordsee sich der kleinere Vorhafen- und Stahlstandort Ijmuiden befindet. Eine weitere Kanalstrecke (Nordhollandkanal) verläuft von Amsterdam nach dem nördlich liegenden Marinestützpunkt Den Helder. Über den **Amsterdam-Rhein-Kanal** ist die Hauptstadt mit den Flüssen Lek und Waal, d. h. mit der europäischen Hauptwasserstraße Rhein, verbunden. Der Seegüterumschlag und die Hafenwirtschaft Amsterdams sind für die deutschen Industrieräume um die Rheinschiene und das Ruhrgebiet allerdings von geringer Bedeutung.

6.4 Die großen kontinentalen EU-Nordhäfen im Vergleich

Das Trio der ARA-Häfen steht, insbesondere durch die überragende Rolle Rotterdams, deutlich an der Spitze aller Seehäfen in Europa. Ein Vergleich dieser drei Seehäfen mit den anderen großen kontinentalen EU-Nordhäfen verdeutlicht ihre führende Rolle. Gleichzeitig wird klar, daß die verkehrsgeographische Lage und die Fahrwasserverhältnisse von Antwerpen und Rotterdam große Bedeutung für die Entwicklung zu führenden Seehafenplätzen haben. So bieten Antwerpen und Rotterdam für die schnellen Vollcontainerschiffe nicht nur günstigere Fahrwasserbedingungen als die deutschen Hafenplätze, ihre unmittelbare Lage am nördlichen Ausgang des Ärmelkanals spart auch beträchtliche Fahrtstunden gegenüber deutschen und anderen Seehäfen, was vor allem im See-Containergeschäft ein wichtiger Wettbewerbsvorteil ist.

Vergleich der großen EU-Nordhäfen in der Hamburg-Le Havre-Range (1989/1990 – gerundete ca. Werte)

Merkmale \ Häfen	ARA-Häfen				Bremische Häfen	Le Havre
	Antwerpen	Rotterdam[1])	Amsterdam	Hamburg	(HB und BHV)	
Zufahrtsweg	Schelde	Nieuwe Waterweg	Nordsee-kanal	Unterelbe	HB: Unterweser BHV: Außen-weser	–
Fahrwassertiefe Ø	17 m[2])	> 20 m[3])	16 m	15 m	HB/BHV: 13/15 m	> 20
Abladetiefe[4])	15 m	*	13 m	13,5 m	HB/BHV: 10,6/13,5	*
Entfernung zur offenen See in km	70	40	30	110	HB: 100 BHV: 50	–
Vorhafen	–	Maasvlakte Europoort Hoek v. H.	Velsen-Ijmuiden	Brunsbüttel Cuxhaven	–	–
Gesamtumschlag/Mio. t	95,5	292	28,7	57,6	32	52,3
davon Rohöl	22,2	126	11,6	12	3,2	31,5
davon Stückgut	39	55	10	24	19	12
sonstige Güter (Bulkgüter)	34,3	111	7,1	21,6	9,8	8,8
Containerumschlag in Mio TEU	1,5	3,63	0,05	2	1,2	0,8
Wasserstraßenanschlüsse	ABC-Kanal, Albertkanal Sambre Schelde	Maas, Rhein, Merwede, Lek, Waal, Rhein	Amsterdam-Rhein-Kanal-Nordholland-kanal	Elbe, Elbe-seitenkanal, Elbe-Lübeck-kanal	Weser	Seine Oise

Quellen: Hafenverwaltungen, Verkehrswirtschaftliche Zahlen BDF, Frankfurt.

1) Europoort/Maasvlakte
2) bei Flut
3) Stadthafen Rotterdam Nieuwe Maas Tiefe 10 m/Abladetiefe 7,5 m
4) Abladetiefe * = für moderne Großschiffe vollbeladen

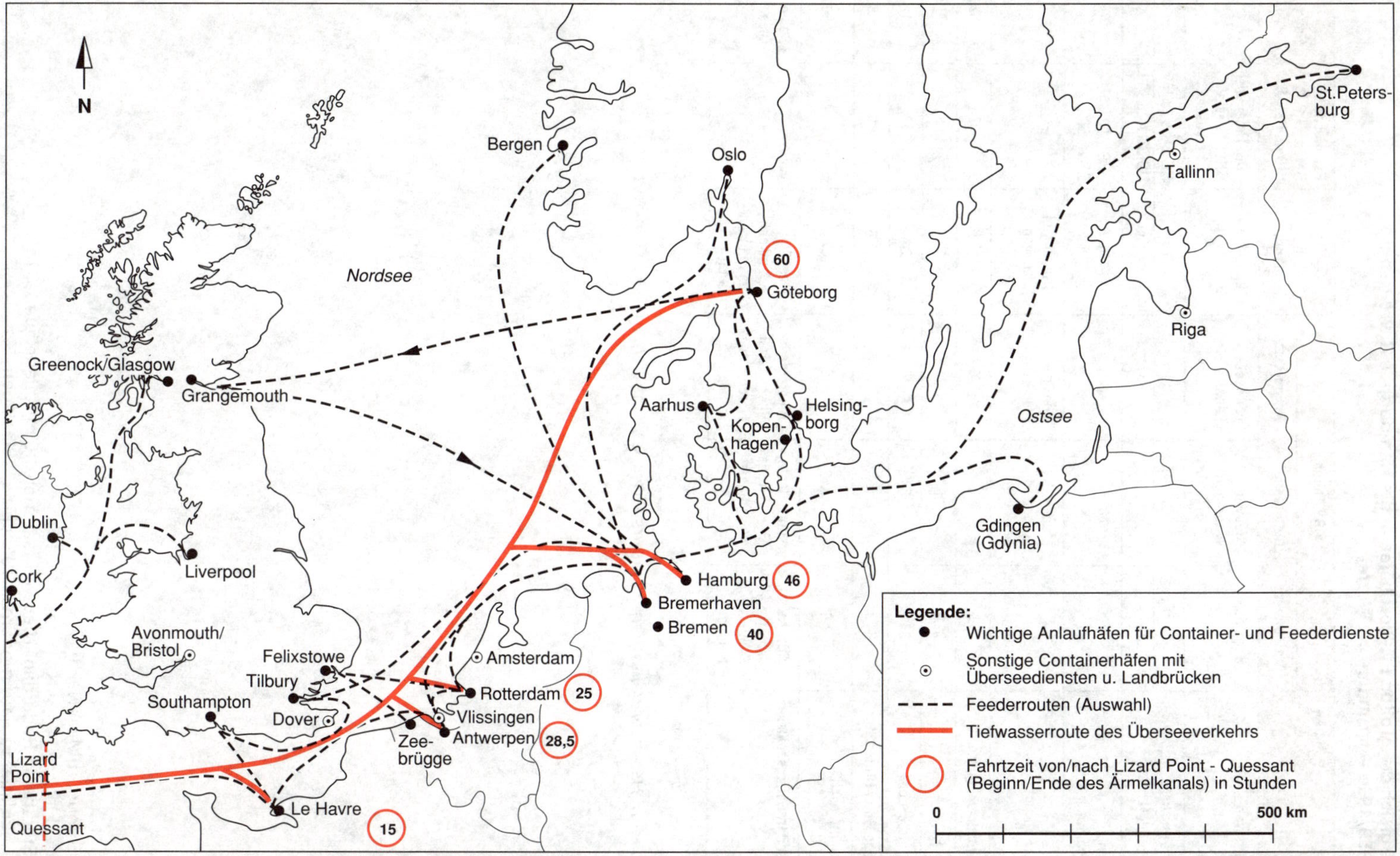

Die Lage der großen Nordhäfen und Fahrtzeiten für Containerschiffe durch den Ärmelkanal von/nach den großen Nordhäfen (Linie Lizard Point – Quessant/Bretagne = Berechnungspunkt Stunde Null)

6.5 Wasserstraßen in den Niederlanden

Mit insgesamt fast 7 000 km schiffbaren Wasserstraßen, davon rund 4 350 km bedeutende Wasserwege, verfügen die Niederlande über das engmaschigste Wasserstraßennetz der Welt. Etwa die Hälfte des Netzes wird aus Kanälen gebildet. Von besonderer Bedeutung war für die Niederlande immer, daß auf seinem Territorium fünf Flüsse in die Nordsee münden und damit der Stamm des ausgedehnten Wasserwegesystems begründet werden konnte. Es handelt sich um

- die Rheinmündungsarme Lek und Waal im Westen des Landes,
- die Maas und die Schelde im Süden sowie
- im Norden um den Fluß Ijssel.

Zwischen diesen Flüssen werden durch eine Vielzahl von Kanälen Querverbindungen hergestellt, so daß die große niederländische Binnenschiffsflotte einen breit gestreuten Güterverkehr durchführen kann. Die bedeutendsten Kanäle sind der Schelde-Rhein-Kanal als Verbindungsachse zwischen dem Seehafen Antwerpen und dem Rhein sowie der Nordseekanal als Zufahrt für den Hafen Amsterdam. Die Übersicht zeigt die sieben wichtigsten Kanäle des Landes im Vergleich.

Sieben wichtige Kanäle in den Niederlanden

Kanalbezeichnung	Länge in km	Anzahl der Schleusen	Schiffsverbindung
Schelde-Rhein-Kanal	37	1	Antwerpen–Volkerak
Nordseekanal	32	–	Amsterdam–Nordsee
Amsterdam-Rhein-Kanal	72	4	Amsterdam–Tiel/Waal
Nordhollandkanal	71	2	Amsterdam–Den Helder
Prinzessin-Margriet-Kanal	120	4	Lemmer–Groningen
Ems-Kanal	27	1	Groningen–Delfzijl
Twente-Kanal	50	3	Zutphen–Enschede

Zusammenfassung

1. Der Hafen Amsterdam ist umschlagmäßig der kleinste im ARA-Hafentrio. Die Hauptumschlaggüter bilden Genußmittel, Getreide, Erze und Mineralöle.
2. Die Zufahrt zum Hafen Amsterdam erfolgt über den 25 km langen Nordseekanal. Amsterdam vorgelagert ist der Hafen Ijmuiden.
3. Unter dem Begriff EU-Nordhäfen versteht man allgemein alle Häfen Kontinentaleuropas zwischen Le Havre und Hamburg.
4. Die führenden EU-Nordhäfen sind Le Havre, Antwerpen, Rotterdam, Amsterdam, Bremen/Bremerhaven und Hamburg. Sie werden oft zur sog. Hamburg-Le Havre-Range zusammengefaßt. Unter Range (engl.: Reihe, Entfernung) versteht man in der Seeverkehrswirtschaft eine durch den ersten und letzten Hafen näher bezeichnete Hafenreihe, für die üblicherweise gleiche Frachtraten gelten.
5. Das niederländische Wasserstraßennetz ist das engmaschigste der Welt. Hauptwasserwege für den Gütertransport sind neben den Flüssen Rhein, Lek, Waal und Maas die künstlichen Wasserwege Schelde-Rhein-Kanal, Amsterdam-Rhein-Kanal und Nordseekanal.

Aufgaben

1. Charakterisieren Sie den Verkehrs- und Wirtschaftsraum Benelux.
2. Welche bedeutenden Seehäfen liegen in Belgien und den Niederlanden, und welche Schwerpunktaufgaben haben sie?

3. Definieren Sie das Kürzel ARA.
4. Die geographische Lage des Hafens Antwerpen wird als eine der zentralsten in Europa beschrieben. Erläutern Sie warum.
5. Welche wichtigen Häfen werden zur Le Havre-Hamburg-Range gerechnet?
6. Nennen Sie die bedeutendsten Wasserstraßen in Belgien und den Niederlanden, und geben Sie an, welche Hinterlandgebiete durch sie erschlossen werden.
7. Welche Entwicklungsphasen hat der Hafen Rotterdam vom 17. Jh. bis zur Gegenwart durchlaufen, und welchen Einfluß hatten diese Phasen auf die Hafenwirtschaft?
8. Was versteht man unter Rotterdam-Europoort?
9. „Zwei dominierende Wirtschaftsbereiche prägen die Struktur des Rotterdamer Hafens". Nehmen Sie zu dieser Aussage Stellung.
10. Erläutern Sie die Güterstruktur des Rotterdamer Hafens.
11. Erklären Sie die Fachbegriffe Schubschiffahrt, Feederdienst, Relaishafen, Agribulk, Bulkcarrier, TEU, Neo-Bulk.
12. Generell können für das schnelle Wachstum von Seehäfen, wie z. B. Rotterdam, vier markante wirtschaftliche Entwicklungsschübe als Ursachen genannt werden. Beschreiben Sie diese, und erläutern Sie ferner die besonderen Gunstfaktoren des Hafens Rotterdam, die sich auf seine Entwicklung fördernd auswirkten.
13. Informieren Sie sich über die Hinterlandverbindungen Rotterdams, verwenden Sie Atlas und Karten.
14. Beschreiben Sie die Bedeutung des Hafens Amsterdam und informieren Sie sich über seine Hinterlandverbindungen, verwenden Sie Atlas und Karten.

7 Transitland Frankreich

Mit einer Fläche von rund 554 000 km^2 ist Frankreich nicht nur der **größte Flächenstaat der EU**, sondern räumlich nach Rußland auch das größte Land in Europa. Die Landfläche hat die Form eines unregelmäßigen Sechsecks („Hexagone"), wobei fünf der sechs Seiten von natürlichen Grenzen gebildet werden: im Norden der Ärmelkanal, im Westen der Atlantik, im Südwesten die Pyrenäen, im Süden das Mittelmeer und im Südosten und Osten die Alpen, der Jura und die Vogesen. Die Küstenlänge beträgt 3 120 km, die Landgrenzen zu den Nachbarländern Spanien, Andorra, Monaco, Italien, Schweiz, Bundesrepublik Deutschland, Luxemburg und Belgien sind rund 2 170 km lang. Zur Republik Frankreich gehören die **Übersee-Départments** Französisch-Guayana, Guadeloupe, Martinique, La Réunion uns Saint-Pierre-et-Miquelon sowie Mayotte. **Überseeterritorien** mit beschränkter Selbstverwaltung sind Französisch-Polynesien, Neukaledonien, Wallis et Fort-Futuna, Crozetinseln, Kerguelen, Neu-Amsterdam und St. Paul. Das Fürstentum **Monaco** mit der Haupt- und Hafenstadt Monte Carlo ist im Güterverkehrswesen ohne Bedeutung. Frankreich gehört zu den führenden Welthandelsnationen und besitzt ein gut entwickeltes und weitverzweigtes **zentralisiertes Verkehrsnetz**, d. h., alle Verkehrslinien sind aufgrund des zentralistischen Staatsaufbaus stark auf die Hauptstadt und den Ballungsraum Paris ausgerichtet. Neben dem alles überragenden Großraum Paris gibt es mehrere wichtige Wirtschaftszentren. Im Norden sind dies Lille/Roubaix und im Osten Elsaß-Lothringen, in beiden ist die Eisen- und Stahlindustrie vorherrschend. Entlang der Rhôneachse sind Lyon und Marseille nach Paris die einzigen Millionenstädte des Landes. Bordeaux und Toulouse bilden die Zentren im Südwesten. Im **Transitverkehr** nimmt Frankreich aufgrund seiner geographischen Kernlage in der EU ähnlich umfangreiche Aufgaben wahr wie die Bundesrepublik Deutschland. Als Transitraum dient Frankreich unter anderem für Landverkehre (Lkw und Bahn) von den Britischen Inseln und Benelux nach der Bundesrepublik Deutschland/Südeuropa und umgekehrt sowie von/nach der Iberischen Halbinsel über die sog. **Nordroute** (Valenciennes-Paris-Orléans-Tours-Bordeaux-Hendaye) oder die sog. **Südroute** (Besancon-Lyon-Avignon-Montpellier-Perpignan-Le Perthus). Für die Bundesrepublik Deutschland ist Frankreich der größte Handelspartner und umgekehrt. Beide Länder bilden in der Europäischen Union die führenden Wirtschaftsnationen.

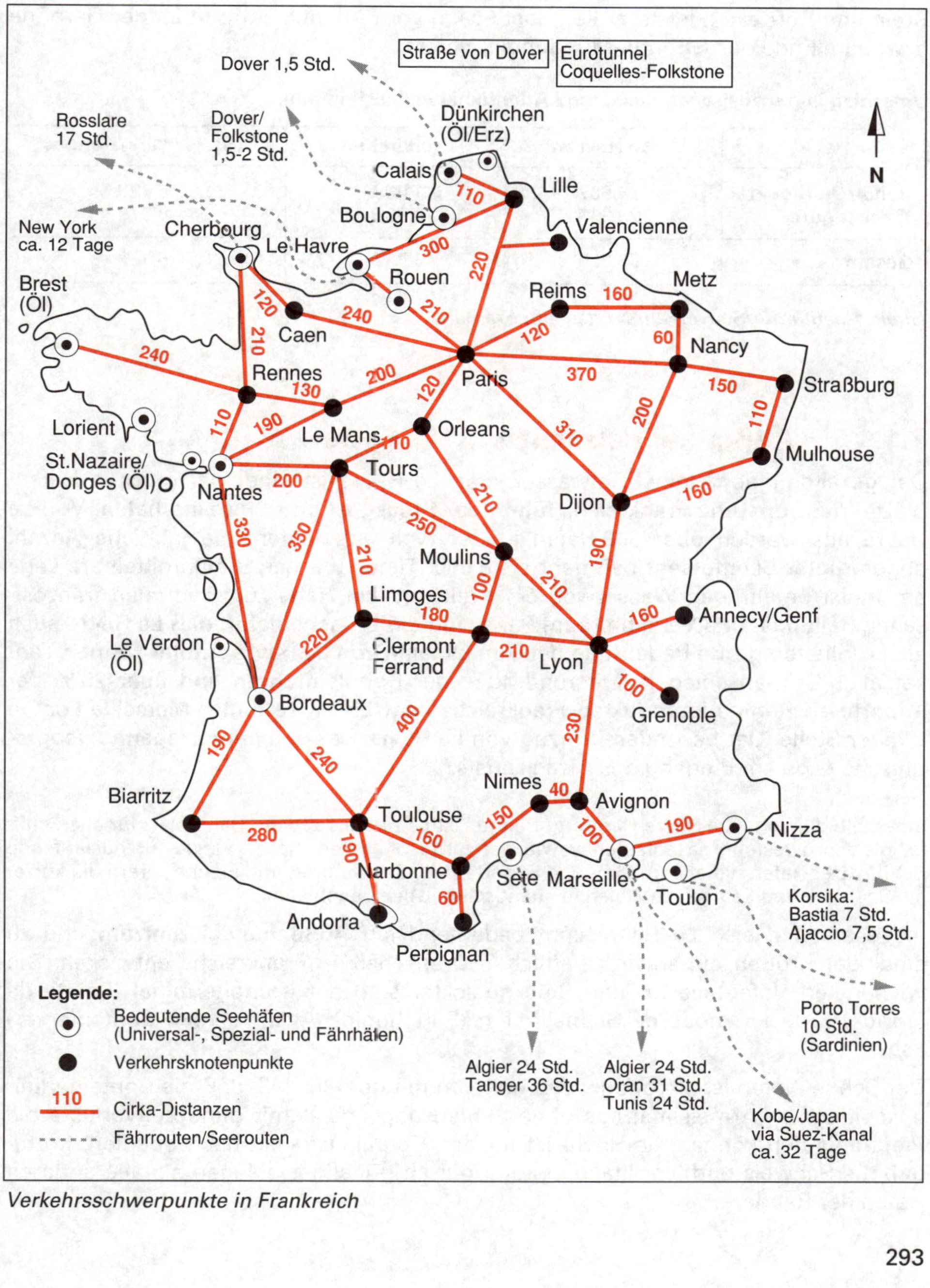

Verkehrsschwerpunkte in Frankreich

7.1 Seehäfen am Kanal und am Atlantik

An der französischen Kanal- und Atlantikküste liegen über ein Dutzend Seehäfen. Es handelt sich dabei im Norden entlang der Kanalregion um die See- und Fährhäfen von Dünkirchen, Calais und Boulogne. Im Mündungsgebiet der Seine sind es der Universalhafen Le Havre mit dem Ölspezialhafen Antifer nahe Cap d' Antifer sowie an der Unterseine der Seehafen Rouen. Weitere Häfen sind Cherbourg, Brest, St. Nazaire, Nantes, am Golf von Biscaya Bordeaux und Bayonne. **Le Havre** und **Rouen** sind die wichtigsten Hafenstädte an Frankreichs Westküste. Es folgen die Häfen Brest und Bordeaux, letzterer liegt fast 50 km vom Atlantik entfernt an der Garonne bzw. dem Ende des Gironde-Mündungstrichters.

Umschlag in französischen Kanal- und Atlantikhäfen (1991) in Mio.t:

	Le Havre	Dünkirchen	St. Nazaire/Donges
Rohöl/Ölprodukte	36,907	11,08	16,783
Trockengüter	20,313	29,659	8,379
Gesamt	57,220	40,737	25,162

Quelle: Institut für Seeverkehrswirtschaft, Bremen

7.1.1 Außenhandelszentrum Le Havre

Der gezeitenunabhängige Tiefwasserhafen Le Havre ist einer der größten Hafenplätze in Europa und Frankreichs **führender Stückgut- und Containerhafen.** Von Le Havre aus werden über 500 Häfen in der Welt angelaufen, die jährliche Anzahl abgefertigter Schiffe liegt bei mehr als 8 000. Tiefes Wasser, die unmittelbare Lage am meist befahrenen Wasserweg der Welt und die Nähe zum zentralen französischen Ballungs- und Verkehrsraum Paris sind die Ursache dafür, daß Le Havre auch als Erdölhafen große Bedeutung hat. Am Ölhafen von Le Havre-Antifer können Tanker aller Größen anlegen. Mit rund 40 % der Rohöleinfuhren und über 20 % der Importe an Raffinerieprodukten Frankreichs liegt Le Havre hinter Marseille-Fos an zweiter Stelle. Der besondere Vorzug von Le Havre ist seine hervorragende geographische Lage am Eingang des Ärmelkanals.

Beispiel:

Innerhalb der sog. „Le Havre-Hamburg-Range" ist Le Havre der erste Hafenplatz für alle Schiffe, die Nordwesteuropa anlaufen sowie der letzte Seehafen dieser Range für auslaufende Schiffe. Der Hafen bietet somit Im- und Exporteuren, Spediteuren und Frachtführern die kürzeste Seeroute und Fahrzeit zu Zielen in atlantischen Überseegebieten.

Insgesamt hat sich Le Havre zum bedeutendsten **Außenhandelszentrum** und zu einer der großen außenwirtschaftlichen Drehscheiben Frankreichs entwickelt. Die wichtigsten Hafenteile für den Stückgutsektor sind der Kombiterminal (Pointe de Floride) und der moderne Schnellhafen (Port Rapide Aval) für den Containerverkehr.

Der Schnellhafen ist ein offener Außenhafen mit dem Vorteil, daß die Containerlinienschiffe vom Ärmelkanal aus ohne Schleusung und damit ohne Zeitverluste die Piers anlaufen können. Le Havre ist für den Containertransit nach Spanien, Portugal, die Schweiz und Norditalien geographisch günstiger gelegen als alle anderen Häfen der Range.

7.1.2 Umschlagplatz Rouen

Die am Fluß Seine gelegene Hafenstadt ist über 120 km von der Mündung der Seine in den Ärmelkanal entfernt. Da die untere Seine jedoch bis Rouen noch von Schiffen mit einem Tiefgang vor bis zu 8 m angefahren werden kann und der Fluß zwischen Rouen und Paris gute Bedingungen für Binnenschiffe bietet, hat der Hafen Rouen vor allem als Güterumschlagzentrum für Kohle, Rohöl, landwirtschaftliche Produkte, Nahrungsmittel und sonstige feste und flüssige Güter Bedeutung. Über ein Drittel der Umschlaggüter bestehen aufgrund des Agrarhinterlandes (Picardie) aus Getreide und Zucker für den Export. Rouen gilt als der größte europäische Getreidehafen.

7.2 Großraum Paris – Frankreichs Verkehrsdrehscheibe

Die französische Hauptstadt und die umliegenden Einzugsgebiete der Region „Ile de France" bilden zusammen einen Ballungsraum von mehr als 10 Millionen Menschen. Als alles überragende Metropole ist der Großraum von Paris nicht nur das politische, kulturelle und wirtschaftliche Zentrum des Landes, sondern auch eines der Weltzentren für Wirtschaft und Verkehr. Wachstumsbranchen wie Maschinen- und Fahrzeugbau, Elektronik und Elektrotechnik sowie Dienstleistungsunternehmen und Verwaltungen bestimmen das Bild dieses größten französischen Ballungs- und Industrieraumes.

Das insgesamt sehr dichte und gut ausgebaute französische **Nationalstraßen- und Autobahnnetz** ist deutlich auf Paris ausgerichtet. Da der Großraum Paris auf Autobahnen nicht großräumig umfahren werden kann, ist der die Kernstadt am Rande umfassende Pariser Autobahnring (Boulevard Périphérique) fast ständig überlastet. Ähnliche Straßenverkehrsprobleme gibt es auf dem kleinen Stadtring (kleiner Périphérique, Boulevards de Maréchaux). Sechs große überregionale Autobahnen und mehrere Nationalstraßen (RN = Routes National) münden in den Autobahnring ein, teilweise werden diese mehrspurigen Schnellstraßen von Europastraßen überlagert. So queren etwa die Europastraßen E 1, E 3 und E 11 den Ballungsraum. Da sich die Autobahnen durchweg in der Hand von Privatgesellschaften befinden, ist ihre Nutzung außerhalb von Paris gebührenpflichtig. Auf den Straßen und Autobahnen wird im Nah-und Fernverkehr der größte Teil des französischen Binnengüterverkehrs abgewickelt.

Beispiel:
Fast 60 % des gesamten Binnengüteraufkommens wird in Frankreich mit Lkw befördert. Die Eisenbahn übernimmt weniger als 10 %, der Rest entfällt auf Pipelines und Binnenschiffahrt.

Ähnlich wie in Deutschland wird bei Straßengütertransporten nach Nahverkehren (zone courte) und Fernverkehren (zone longue) getrennt. Die Zonierung im Nahverkehr richtet sich nach Départment-Grenzen, sie ist daher weiter als in Deutschland. Nahverkehrsstrecken können weit über 200 km betragen.

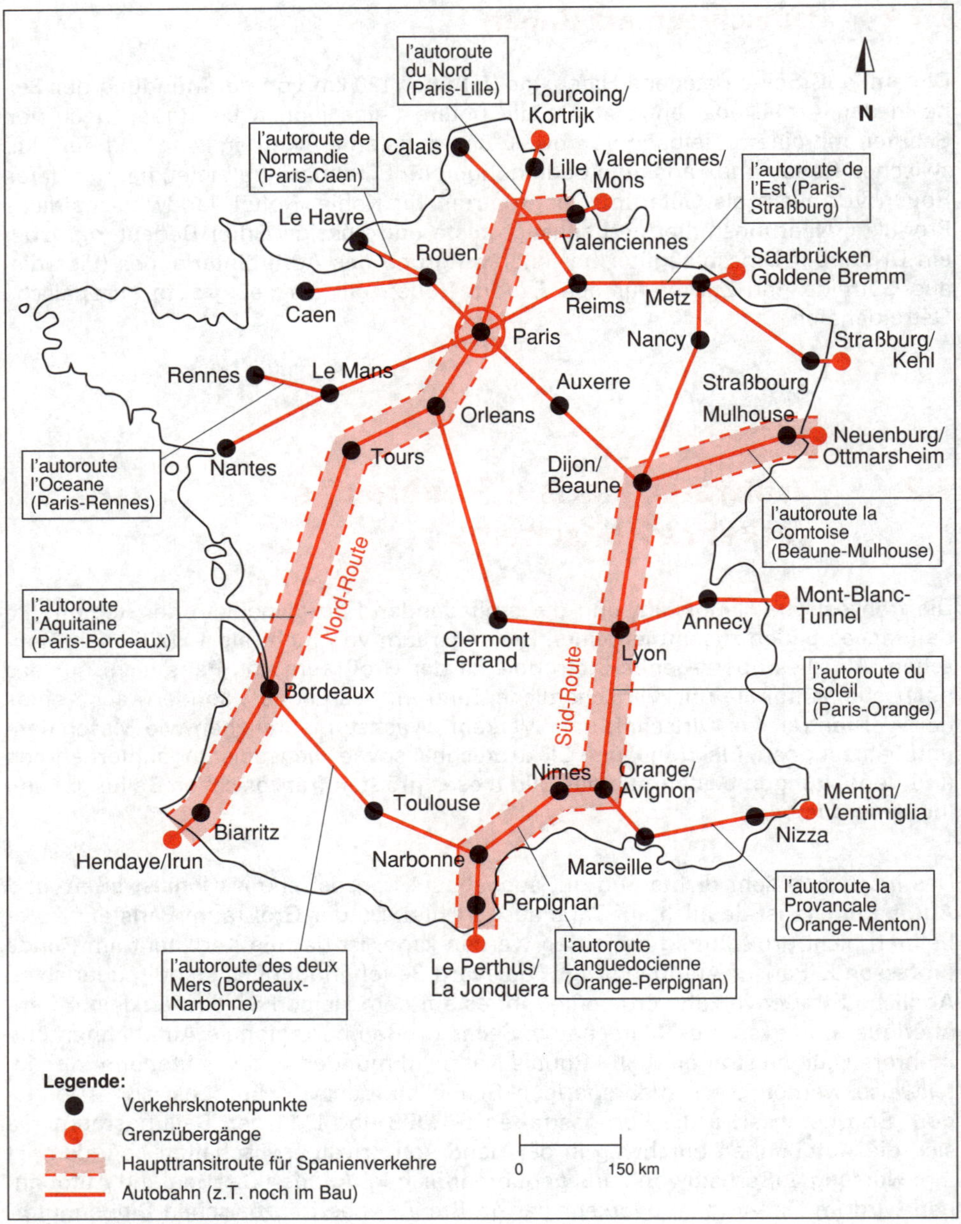

Bedeutende Autobahnen in Frankreich

Über die Hälfte der in Frankreich beförderten Güter und 90 % der Personenverkehre erfolgen über Autobahnen und Straßen. Aber nicht alle Straßen entsprechen den hohen Ansprüchen des Kraftverkehrs, vor allem Nebenstrecken sind für den Schwerlastverkehr oft ungeeignet. Dagegen sind die Autobahnen sehr gut ausgebaut. Fast alle derzeitigen Autobahnen sowie alle zukünftigen sind nur gegen **Gebühr** (**Péage**) benutzbar, eine Abschaffung oder Minderung der Gebührensätze wird nicht erwogen. Die Baukosten der Autobahnen werden im wesentlichen durch Anleihen von Autobahngesellschaften finanziert. Die Anleihen werden später mit den Mautgebühren aufgerechnet. In die Finanzierung werden weiterhin die Autobahngebühren einbezogen, die aus bereits „bezahlten" (amortisierten) Autobahnen stammen. An den Einfahrt-Mautstellen erhalten die Benutzer Autobahn-Tickets, die bei der Ausfahrt zur Berechnung der Strecke verwendet werden. Der Güterkraftverkehr kann weitgehend auf automatisierte Zahlungs- und Buchungssysteme zurücgreifen, so z. B. auf das Kreditkartensystem CAPLIS (Carte d'abonnement poids lourd intersociété). Die Höhe der Péage für Lkw richtet sich nach der Anzahl der Achsen.

Auch das **Eisenbahnnetz** verläuft von Paris aus sternförmig in alle Richtungen. Ähnlich wie in Berlin werden im Großraum Paris die Personen- und Güterzüge über einen rund um die Stadt laufenden Eisenbahnring geführt, von wo aus mehrere Rangier- und Kopfbahnhöfe bedient werden. Sechs überregional wichtige Eisenbahnlinien und eine Vielzahl von Vorortbahnen werden auf diese Weise in und um die Stadt geleitet. Seit 1981 verkehren von Paris aus als Alternative zum Luftverkehr die **Hochgeschwindigkeitszüge** des TGV-Systems („Train à Grande Vitesse") mit Spitzengeschwindigkeiten bis 400 km/h. Die Hauptverkehrsrichtungen sind derzeit für die extremen Hochgeschwindigkeiten Lyon und Le Mans, mit bis zu 200 km/h werden von Paris aus über ein ständig umfangreicher werdendes Netz Bordeaux, St. Nazaire, Brest u. a. Großstädte bedient. Über die genannten Straßen- und Eisenbahnstrecken ist aufgrund des zentralen Verkehrssystems die große Wirtschaftsregion von Paris mit allen Seehäfen und Grenzstationen des Landes verbunden.

Paris stellt mit seinen **Binnenhäfen** an den Flüssen Seine, Marne und Oise, die jährlich rund 30 Mio. t an Gütern umschlagen, auch den größten Binnenhafenkomplex des Landes. Selbst an den Seehäfen gemessen sind diese Binnenhäfen außerordentlich groß, denn mit Le Havre, Marseille und Dünkirchen gehören die Pariser Häfen zu den vier größten des Landes. Der gesamte Binnenhafenkomplex von Paris umfaßt annähernd 300 Hafeneinrichtungen, er wird seit 1970 unter der Bezeichnung „Autonomer Hafen von Paris" (Port autonome Paris – PAP) geführt. Über ein Drittel aller französischen Binnenschiffstransporte werden allein über die Seine und die Oise, die im Raum Paris die Hauptwasserarme bilden, durchgeführt. Über die stark mäandrierende Seine können See- und Küstenmotorschiffe mit Tiefgängen bis zu 4 Metern und Tragfähigkeiten bis zu 3 000 t die Pariser Binnenhäfen direkt anlaufen. Auch Schubverbände mit Tonnagen bis zu 5 000 t gehören zu den Nutzern der Wasserwege Seine und Oise. Die Wasserstände werden durch Schleusenanlagen gesichert.

Beispiel:

Mit acht Staustufen und Schleusen wird auf der Seinestrecke zwischen Paris und Rouen die für die Schiffahrt notwendige Tauchtiefe ständig gesichert. Die steten Wasserstände haben den Fluß auf diesem Abschnitt neben der Rhône zum wichtigsten Wasserweg Frankreichs gemacht. Für die Talfahrt auf der Relation Paris–Rouen werden einschl. Schleusenpassagen im Durchschnitt 24 Stunden benötigt, von Paris nach Le Havre benötigen Schiffe rund 36 Stunden.

In den Pariser Häfen werden in der Hauptsache Baustoffe, Rohöl und Ölprodukte, diverse Brennstoffe, Agrarerzeugnisse und Fahrzeuge umgeschlagen. Die Güter werden teilweise im Fluß-Seeverkehr mit Küstenmotorschiffen bewegt. Bevorzugte Relationen dieser Verkehre sind die Britischen Inseln, Spanien und Häfen in Skandinavien und verschiedenen Mittelmeerstaaten.

Letztlich ist Paris mit seinen zwei internationalen **Großflughäfen** Charles-de-Gaulle im Norden und Orly im Süden sowie dem dritten Großflughafen Le Bourget Knotenpunkt im interkontinentalen Luftverkehr. Nationale Fluggesellschaften mit Hauptsitz in Paris sind die staatliche **„Air France"**, die **„UTA"** und **„Air Inter"**.

7.3 Verkehrsmagistrale Rhônetal

Zwischen Lyon, dem zweitgrößten französischen Wirtschafts- und Kulturzentrum, und dem Mittelmeer bündeln sich heute im Rhônetal über eine Entfernung von rund 310 km die Verkehrswege der vier Verkehrsträger Binnenschiffahrt, Straßengüterverkehr, Eisenbahn und Rohrleitung.

Bereits in frühester Zeit war das Rhônetal eine der großen **Verkehrsleitlinien** in Europa, da es gleichermaßen den Zugang nach Osten in die Westalpen (Isère-Tal), nach Nordosten (Region Dijon und Besancon) und nach Nordwesten (Pariser Becken) ermöglicht. Am Zusammenfluß von Rhône und Saône ist seit alters her die heutige Millionenstadt **Lyon** ein Verkehrsknotenpunkt ersten Ranges. Im modernen französischen Autobahn- und Eisenbahnnetz ist die Stadt Durchgangsstation für Verkehre zum Mittelmeer und Verteilerpunkt für Verkehre nach St. Etienne und Clermont-Ferrand im Zentralmassiv sowie für die Relationen Genf, Chambery und Grenoble im Osten. Einer der großen zentralen Güterumschlag- und Verkehrsknoten für den Lkw- und Bahnverkehr entlang des Rhônetals ist das intermodale Verkehrscenter „Mions-Corbas" bei Lyon (vgl. Themenkreis 3, Abschnitt 3.2).

Natürliche Leitlinie dieser Verkehrslandschaft ist die Rhône. Sie kann vom Mittelmeerhafen **Port St. Louis** in der Camargue (westlich von Marseille-Fos) von Schiffen und Barges mit bis rd. 5 000 t Tragfähigkeit bis Lyon befahren werden. Damit ist Marseille-Fos das einzige Hafengebiet im gesamten Mittelmeerraum, das über einen leistungsfähigen Wasserstraßenanschluß nach internationalen Standards verfügt. Der Wasserweg weist 12 Staustufen und Schleusen auf und gliedert sich in etwa 170 km Kanalstrecke und 140 km Flußlauf. Die Schiffbarmachung der Rhône durch **Kanalisierung** hatte vorrangig die Gewinnung von Elektrizität zum Ziel, so daß heute das Rhônetal eines der großen französischen Energiezentren ist. Über den Wasserweg werden Container und Massengüter für Stationen wie Avignon, Orange, Vienne und Lyon bewegt, die Abladung erfolgt u. a. in den Seehäfen entlang des Golf von Fos (Port St. Louis, Fos-sur-mer). Die Route Marseille–Lyon kann von Punkt zu Punkt in weniger als 72 Stunden bewältigt werden. Ab Lyon bestehen Anbindungen an vier Kanäle, die allerdings durchweg nur von kleinen 300-t-Binnenschiffen genutzt werden können.

Beispiel:

Kleine Binnenschiffe können ihre Fahrt von Lyon aus fortsetzen auf den Wasserstraßen Canal du Centre, Canal de Bourgogne, Marne-Saône-Canal und Rhein-Rhône-Kanal.

Parallel zur kanalisierten Rhône verlaufen die anderen Lebensadern des südfranzösischen Hafenkomplexes von Marseille/Fos. Es sind dies die große Nord-Süd-Autobahn von Zentraleuropa zum Mittelmeer (l' autoroute du soleil), die sich bei Orange verzweigt und westlich nach Spanien und östlich nach Nizza und Italien führt sowie eine international ebenso bedeutende Eisenbahnstrecke. Darüber hinaus bildet das Rhônetal eine der Hauptstrecken im europäischen Pipeline-Verbundnetz.

Beispiel:

Die Erdöl- und Erdgasleitung SEPL (South European Pipeline) ist eine der bedeutendsten parallel zur Rhone verlaufenden Rohrleitungen. Die Erdölleitung verläuft von Fos-sur-mer durch das Rhônetal nach Norden in das Industrierevier Lothringen und in die Bundesrepublik Deutschland bis zu den Raffineriezentren von Ludwigshafen/Karlsruhe. Die Erdgasleitung verzweigt sich bei Langres (Burgund) nach Paris und Basel.

7.4 Die Spezial- und Industriehäfen des Rhônedeltas

Zwischen der alten Hafenstadt Marseille, dem Binnensee von Berre (Étang de Berre) und dem Fahrwasser der Rhône erstreckt sich weitläufig die Hafen- und Industrielandschaft des östlichen Rhônedeltas. Sie trägt die Bezeichnung **Hafenkomplex Marseille-Fos** und ist Frankreichs größter Umschlagplatz für Erdöl und Petrochemieprodukte sowie einer der großen Industriehafenkomplexe Europas.

Die riesige Hafenanlage besteht aus mehreren Einzelhäfen mit verschiedenen Aufgabenschwerpunkten, die zum Großhafen „Port Autonome de Marseille" zusammengeschlossen sind. Im Stückgutverkehr übernimmt der traditionelle Hafen **Marseille** die größten Anteile. Der erst in den 60er Jahren fertiggestellte Tiefwasserhafen von **Fos-sur-mer** (kurz Fos genannt) ist aufgrund seiner hervorragenden natürlichen Bedingungen zu einem der größten europäischen Erdöl- und Erdgasumschlaghäfen ausgebaut worden. Der Hafen liegt westlich von Marseille am Golf von Fos, der rund zehn Kilometer in das Landesinnere reicht und dessen Fahrrinnentiefe über 30 Meter beträgt. Aufgrund der Bodenverhältnisse hat das Gebiet den enormen Vorteil, nicht versanden zu können. Fos, das auch als südeuropäischer Europort („Europort du Sud") bezeichnet wird, verfügt über Container- und Flüssiggasterminals, Erzhäfen, Stahl- und Eisenunternehmen und eine Freihafenzone. An den Containerterminals kann ein direkter Umschlag der Boxen von Seeschiffen auf Bahnwaggons (Ganzzüge) der SNCF bzw. Intercontainer und dem damit verbundenen europäischen Container-Netzwerk erfolgen. Der Hafen kann von Supertankern mit einer Ladefähigkeit bis 500 000 tdw angelaufen werden. Über zwei Kanalverbindungen können Schiffe den Rhônehafen von Port St. Louis erreichen, der Ausgangspunkt für die Rhôneschiffahrt ist. Unmittelbar östlich von Fos liegt an der Einfahrt zum Binnensee von Berre der Petroleumhafen **Lavéra**. Von diesem Spezialhafen, der große Raffineriekapazitäten aufweist, verläuft die SEPL-Erdölleitung nach Mitteleuropa. Am Binnensee von Berre liegen schließlich noch die beiden Häfen **La Méde** und **Berre**, die ausschließlich Standort für Erdölraffinerien, chemische und petrochemische Industrien sind. Unterirdische Läger (Kavernen) bei Lavéra und entlang des Binnensees dienen zur Speicherung von Erdöl und Flüssiggas. Ergänzt wird diese hafenbezogene Industrie- und Verkehrslandschaft durch den **Flughafen Marseille-Marignane**, der Frankreichs größter Airport außerhalb von Paris ist. Ein weiterer kleinerer Spezialhafen für Erdölumschlag und -raffinerie sowie für Fährverkehre ist der Hafen von **Sète** auf halbem Wege zwischen Marseille und der französisch/spanischen Grenze.

Eine besondere Rolle als **Fährplätze** im grenzüberschreitenden Straßengüterverkehr mit Nordafrika und den Levantestaaten (Staaten des östlichen Mittelmeerraumes) nehmen die Häfen Marseille, Fos-sur-mer und Sète ein. Es werden unregelmäßige und regelmäßige wöchentliche oder monatliche Abfahrten im Ro/Ro-Dienst zu allen großen Seehäfen Nordafrikas angeboten. Je nach Reederei werden Gefahrengüter, Schwerlastzüge bis 50 t Gesamtgewicht, Überbreiten usw. an Bord genommen. Wichtige Fährverbindungen mit speziellen Frachtfähren oder schnellen Kombi-Fähren werden ab Marseille/Fos oder Sète eingesetzt.

Umschlagstruktur in Marseille 1992

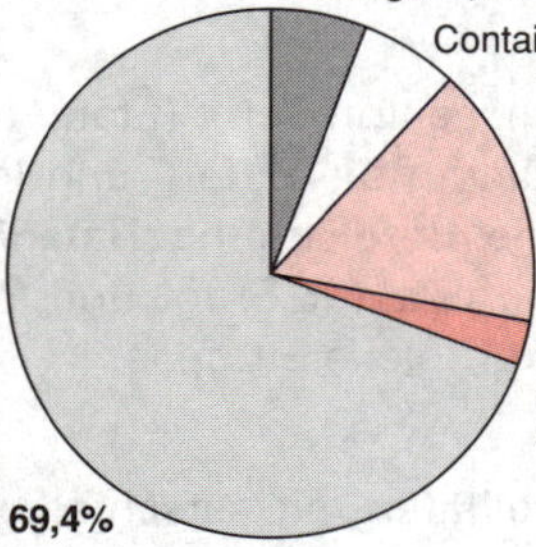

Schiffsstruktur in Marseille 1992

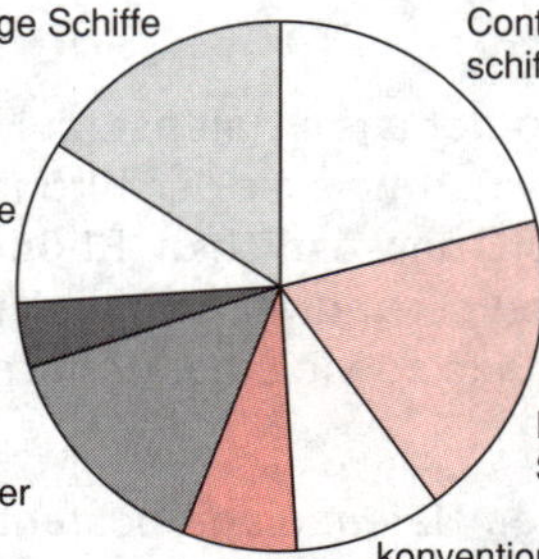

Zahlen nach; Port of Marseilles Authority

Zusammenfassung

1. Frankreich ist der größte Flächenstaat der EU und aufgrund seiner zentralen Lage eines der führenden Transitländer in Europa.
2. Unter „Nordroute" versteht man die durch Nord- und Westfrankreich verlaufende Straßen- und Eisenbahnachse Valenciennes (Grenze Frankreich-Belgien)–Paris–Orléans–Tours–Bordeaux–Hendaye (Grenze Frankreich Spanien).
3. Unter „Südroute" versteht man die durch Ost- und Südfrankreich verlaufende Straßen- und Eisenbahnachse Mulhouse (Grenze Frankreich-Deutschland)–Besançon–Lyon–Avignon–Montpellier–Perpignan–Le Perthus (Grenze Frankreich-Spanien).
4. Frankreich verfügt über Seehäfen an drei Meeren: der Kanalküste, dem Atlantik und dem Mittelmeer.
5. Le Havre ist der größte französische Westküstenhafen. Der Hafen ist ferner Außenhandelszentrum und führender Stückgut- und Containerhafen des Landes.
6. Rouen ist bedeutender Seehafenplatz an der Unteren Seine und einer der größten europäischen Getreideumschlagplätze.
7. Das französische Verkehrsnetz ist zentralistisch ausgebaut. Alle wichtigen Verkehrslinien sind auf den zentralen Wirtschafts- und Verkehrsraum Paris ausgerichtet.
8. Paris ist die überragende Verkehrsdrehscheibe Frankreichs. Wichtige Verkehrseinrichtungen sind u. a. der stadtumspannende Autobahn- und Eisenbahnring, mehrere Kopfbahnhöfe, die internationalen Flughäfen Carles-de-Gaulle und Orly sowie die Pariser Binnenhäfen an den Flüssen Seine, Marne und Oise.
9. Das Rhônetal ist eine der großen europäischen Verkehrsleitlinien. Es bündelt in Nord-Süd-Richtung über rund 310 km Straßen- und Eisenbahnlinien, Binnenwasserwege sowie Erdöl- und Erdgasrohrleitungen. Größter Verkehrsknotenpunkt entlang der Rhôneachse ist die Stadt Lyon.
10. Im Rhônedelta konzentriert sich einer der umfangreichsten Seehafen-Industriekomplexe Europas. Die einzelnen Hafenteile im Rhônedelta befinden sich in Marseille, Fos-sur-mer, Lavéra, La Méde und Berre.

Aufgaben

1. Beschreiben Sie die natürlichen Grenzen des Flächenstaates Frankreich, und erklären Sie den Begriff Hexagone.
2. Informieren Sie sich mit Hilfe vor Atlas und Karten über die Lage der französischen Übersee-Départments und Überseeterritorien.
3. Frankreichs Verkehrsnetz wird als zentralisiertes System bezeichnet. Erklären Sie, was damit gemeint ist.
4. Beschreiben Sie die Leistungsfähigkeit und Bedeutung der Häfen Le Havre und Rouen.
5. Beschreiben Sie die Rolle von Paris als Knotenpunkt im französischen Verkehrswesen.
6. Welche Bedeutung hat die Verkehrsmagistrale Rhônetal insbesondere für die Wirtschaftszentren der Europäischen Union?
7. Erstellen Sie eine Übersicht der Spezial-, Industrie- und Universalhäfen im französischen Mittelmeerraum unter Berücksichtigung der jeweiligen Leistungsschwerpunkte und Hinterlandverbindungen.
8. Nennen Sie wichtige Grenzübergänge zum Nachbarland Frankreich.
9. Beschreiben Sie den Verlauf der großen französischen Autobahnstrecken (u. a. Nordroute, Südroute, Ostautobahn usw.), und nennen Sie bedeutende Verkehrszentren (Städte) entlang der genannten Strecken.

8 Die Iberische Halbinsel

Den am weitesten nach Süden und Westen vorgeschobenen Teil Europas bildet die Iberische Halbinsel. Dieser massige Landblock hat nur über die 430 km lange Gebirgskette der Pyrenäen eine trockene Verbindung zu Mitteleuropa, der Rest von rund 2 500 km Grenze wird von Meeren (Atlantik und Mittelmeer) gebildet. Zwei Flächenstaaten, die beide der EU zugehörig sind, nehmen die Halbinsel ein: **Spanien**, auf das rund 80 %, und **Portugal**, auf das rund 20 % der Halbinselfläche entfallen. Zu Spanien gehören weiterhin noch die Inselgruppe der Balearen, die Kanarischen Inseln und die auf afrikanischem Festland liegenden Städte Ceuta und Melilla. Zu Portugal, das die Form eines Rechteckes mit einer Länge von cirka 550 km und einer Breite von etwa 150 km hat, gehören die Azoren-Inseln und die Insel Madeira sowie Macao in Ostasien.

Zwischen Spanien und Frankreich liegt noch am Rande der Iberischen Halbinsel der Pyrenäen-Zwergstaat **Andorra**, der lediglich durch seine Zollfreiheit und den Tourismus eine gewisse Bedeutung hat. Es gibt nur Straßenverbindungen nach Andorra, Eisenbahn- und Flugverkehre existieren nicht. Eine im Verkehrswesen überaus bedeutende Rolle hatte dagegen über zwei Jahrhunderte das britische Dominion **Gibraltar**. Die nur 5,8 km^2 große Halbinsel an Spaniens Südspitze diente bis in die jüngste Zeit der Kontrolle der Straße von Gibraltar.

8.1 Verkehr in Portugal und Spanien

Die **Seeschiffahrt** und der **Luftverkehr** spielen in **Portugal** eine bedeutende Rolle. Über die großen Seehäfen von Lissabon, Porto, Porte de Leixoes und Setubal sowie über mehrere kleinere Häfen (u. a. Aveiro, Viana do Castelo) wird der größte Teil des Im- und Exports abgewickelt. Die nationale Fluggesellschaft **TAP** (Air Portugal) verfügt über große Flughäfen in Lissabon, Porto und Faro. Lissabon Airport ist wichtige Station im transatlantischen Verkehr mit Nord- und Südamerika und im Verkehr mit Westafrika. Die **Eisenbahn** verwaltet über 4 500 km Gleisstrecken unterschiedlicher Breiten, wobei das spanische Breitspurmaß überwiegt. Hauptstrecke für den Eisenbahnverkehr ist die Linie Lissabon-Coimbra-Porto. Im **Straßennetz** sind bereits mehrere hundert Kilometer gebührenpflichtiger Autobahnen vor allem zwischen Lissabon und Porto eingerichtet worden. Eisenbahn und Straßenverkehr haben in Zentralportugal bei Vilar Formoso (Relation Coimbra–Salamanca) und im Süden bei Badajoz/Elvas (Relation Lissabon–Madrid) wichtige Grenzübergänge nach Spanien.

Recht einseitig ist das **Straßenverkehrsnetz** in **Spanien** ausgebaut. Es sind rund 3 000 km Autobahnen in Betrieb. Sie wurden vor allem aufgrund des Tourismus in den Mittelmeerregionen gebaut. So führt z. B. eine gebührenpflichtige Autobahn vom französisch/spanischen Grenzübergang Le Perthus/La Jonquera über Barcelona, Tarragona, Valencia, Alicante und Murcia nach Cartagena. Gut mit Autobahnen erschlossen ist auch der industrielle Norden um die Hafenstadt Bilbao und die Industriezentren von San Sebastian, Pamplona und Vitoria. Die derzeit einzige landquerende Nord-Süd-Autobahn verläuft von Bilbao über Zaragoza nach Barcelona. Autobahnen finden sich ferner im Bereich der Hauptstadt Madrid. Insgesamt sind jedoch weite Teile des Landes für den Straßenverkehr nur unzureichend erschlossen. Fast parallel zu den großen Autobahntrassen ziehen sich die wichtigsten **Eisenbahnstrecken** der staatlichen Bahngesellschaft RENFE (Red Nacional de Ferrocarriles Espanoles) hin, deren veraltetes **Breitspurnetz** derzeit modernisiert und teilweise auf die Normalspur umgestellt wird. Der bedeutende internationale **Flugverkehr** wird von der nationalen Gesellschaft **IBERIA** (Lineas Aéreas de Espana SA), der Inlandflugverkehr vorwiegend von der Gesellschaft **AVIACO** durchgeführt. Hauptflughäfen sind Madrid-Barajas, Barcelona, Palma de Mallorca, Las Palmas, Valencia und Alicante. Kaum nennenswert ist die Binnenschiffahrt, deren Fahrtgebiete nur wenige Streckenabschnitte des Ebro und Guadalquivir umfassen.

Spaniens bedeutendste **Häfen** liegen am Atlantik. Es sind Universalhäfen wie Cadiz, Vigo, La Coruna, Gijón, Santander und Bilbao sowie der Transit- und Reparaturhafen Santa Cruz auf der Insel Teneriffa. Die führenden Mittelmeerhäfen sind Barcelona, Valencia, Alicante, Cartagena und Malaga. Größter spanischer Hafen und vorrangiger seewärtiger Einfuhrplatz ist **Bilbao** mit jährlich über 30 Mio. t Umschlag. In Europa gehört der autonome Hafen zu den zwölf größten Hafenplätzen. Der Hafen, der sich rund 20 km entlang des Nervion-Flusses erstreckt, hat eine Funktion als Knotenpunkt für alle Seeverkehre von und nach Südwest-Europa. Von Bilbao aus werden 500 Häfen in der Welt bedient, regelmäßig werden die Liegeplätze von über 200 Schiffahrtslinien angelaufen. Die höchsten Umschlagmengen entfallen auf Einfuhrgüter, dominant sind Erdöl und Erdölprodukte sowie feste Massengüter. Sie werden vorzugsweise im Vorhafen Punta Lucero, dessen Wassertiefe bis zu 32 m reicht und das Anlaufen von Schiffen bis zu 500 000 t erlaubt, gelöscht.

Die Häfen Barcelona und Algeciras nehmen im internationalen Straßengüterverkehr wichtige Funktionen als Fährstationen nach Nordafrika ein. Bedeutende Destinationen sind Algeciras – Tanger und Barcelona – Livorno/Limassol/Port Said..

Europäische Südhäfen im Vergleich (Umschlag in Mio. t 1992)

	Spanien		Frankreich	Italien			
	Tattagona	**Algeciras/ La Linea**	**Marseille**	**Genua**	**Venedig**	**Triest**	**Tarent**
Stückgut/ Bulkgut	10,2	11,3	25,7	15,8	–	6,4	25,2
Mineralöl/ Ölprodukte	15,8	13,3	63,7	26,0	–	29,1	7,3
gesamt	26,0	24,6	89,4	41,8	24,9	35,5	32,5

Quelle: Hafenverwaltungen, Fischer Weltalmanach 1994

8.2 Transitengpaß Pyrenäenübergänge

Aufgrund der seit Einführung der Eisenbahn in Spanien und Portugal verwendeten Breitspur von 1,668 m (Normalspur 1,435 m) müssen alle Transporte im Eisenbahnverkehr an den **Schnittstellen** beider Spursysteme entweder umgeladen oder umgeachst werden. **Umachsungen** werden seit 1950 an zwei großen Grenzstationen vorgenommen: an der atlantischen Seite bei den spanisch/französischen Grenzübergängen Irun/Hendaye und an der mittelmeerischen Seite an der Grenzstation Port Bou/Cerbère. Die Kapazität beider Anlagen beträgt täglich rund 3 000 Waggons. Für den Vorgang der Umachsung bzw. Umspurung werden besondere Waggons benötigt, die Vorrichtungen für austauschbare Radsätze haben.

Umachsfähige Waggons werden von der Eisenbahnspezial-Transportgesellschaft **Transfesa** (Transportes ferroviarios especiales SA) bereitgestellt, die sich als private Unternehmung speziell auf die Spurwechselprobleme eingestellt hat. Das Unternehmen verfügt über einen umfangreichen Waggonpark unterschiedlichster Bauarten: die Waggons können sowohl auf der Iberischen Halbinsel wie auch in Mitteleuropa (außer auf Gleisen der GUS-Staaten) verkehren. Transfesa befördert vorzugsweise einige spezielle Gütergruppen.

Beispiel:

Zu den Arbeitsschwerpunkten gehören u. a. die Beförderung von Agrarprodukten (Zitrusfrüchten, Weintrauben, Kartoffeln usw.), Spezialtransporte für die Automobilindustrie (Pkw, Pkw-Ersatz- oder Bauteile), Kühlgutverkehre, Wechselbrückenverkehre und anderes mehr. Der Beförderungsvertrag wird auf der Basis des CIM-Übereinkommens jeweils zwischen Transfesa und den Auftraggebern geschlossen. Mit den beteiligten Eisenbahnen, den Unterfrachtführern, schließt Transfesa jeweils einen Frachtvertrag über die Ausführung des Transportes ab.

Der **Vorgang der Umachsung** an den Grenzstationen erfolgt nach Einlaufen des Zuges in die Achswechselstation. Die Waggons werden über eine Arbeitsgrube (oder auch Hebebecken) gefahren, wo die Gleise beider Spursysteme dicht nebeneinander, also doppelt, verlegt sind. Nach Lösung der Achshalterungen werden die Waggons angehoben und die Achsen mit den Rädern entfernt (abgerollt). Es folgt das Anrollen der Radsätze der anderen Spurweite an die entsprechende Stelle, die Waggons werden wieder gesenkt und mit den neuen Radsätzen verbunden. Bremsklötze und andere technische Einrichtungen werden der neuen Radstellung angepaßt, die Waggons sind wieder fahrbereit. Je Arbeitsgrube können üblicherweise vier Waggons gleichzeitig umgespurt werden.

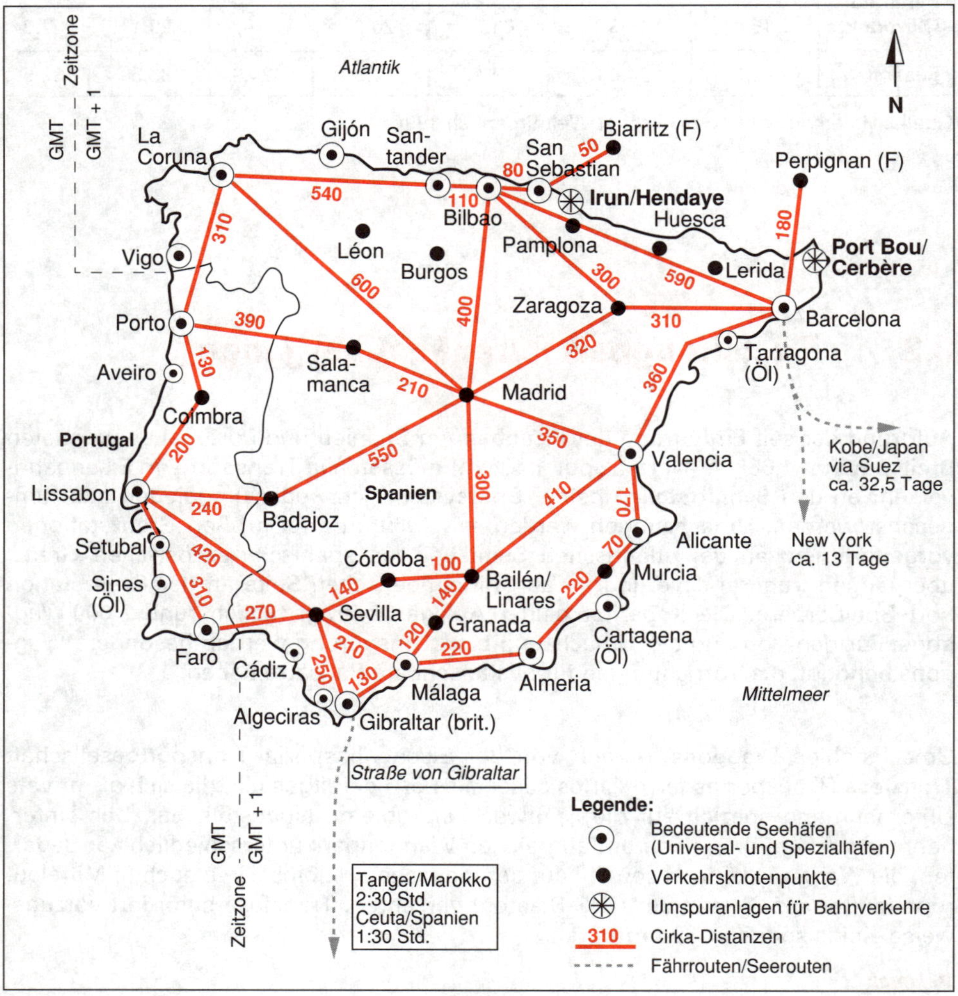

Verkehrsschwerpunkte auf der Iberischen Halbinsel

Zusammenfassung

1. Spanien ist einer der größten Flächenstaaten der EU. Das Land nimmt mit Portugal, dem Kleinstaat Andorra und dem britischen Dominion Gibraltar die Iberische Halbinsel ein.
2. Im portugiesischen Außenhandel dominiert der Seeverkehr. Bedeutende Seehäfen sind Lissabon, Porto, Porto de Leixoes und Setubal.
3. Hauptgrenzstationen im Landverkehr zwischen Spanien und Portugal sind Vilar Formoso und Badajoz/Elvas. Hauptgrenzstationen zwischen Spanien und Frankreich sind die Übergänge Hendaye-Irun (Biriatou Autoroute) und Le Perthus – La Jonquera Autopista.
4. Das spanische Autobahn- und Straßennetz ist entlang der Mittelmeerküste und in den Industriezentren besonders gut ausgebaut.
5. Eisenbahnverkehre mit der Iberischen Halbinsel müssen aufgrund der dortigen Breitspursysteme an den Grenzen umgespurt (umgeachst) werden. An der französisch-spanischen Grenze werden Umachsstationen bei Hendaye/Irun (Atlantikküste) und Cerbère/Port Bou (Mittelmeerküste) betrieben.
6. Spaniens wichtigste Häfen liegen am Atlantik. Führender Hafen des Landes ist Bilbao. Wichtige weitere Atlantikhäfen sind Santander, Gijon, la Coruna, Vigo; bedeutende Mittelmeerhäfen sind Sevilla, Alicante, Valencia und Barcelona.

Aufgaben

1. Informieren Sie sich mit Hilfe von Atlas und Karten über die Territorien der Iberischen Staaten.
2. Charakterisieren Sie die verkehrsgeographische Situation in Portugal und Spanien.
3. Nennen Sie die großen Universal- und Fährhäfen beider Staaten.
4. Schildern Sie den Vorgang von Waggonumachsungen, und stellen Sie fest, wo sich die Umachsstationen befinden.

9 Verkehr und Verkehrslinien im Alpenraum

Der immer stärker werdende Güter- und Personenverkehr über die Alpen, der sog. transalpine Verkehr, ist nicht mehr allein ein Problem der vorrangig davon betroffenen Staaten **Schweiz** und **Österreich**, sondern ein gesamteuropäisches. Zwar stellen die Schweiz und Österreich mit den über ihre Territorien führenden Verkehrs- und Handelsrouten eine **Verkehrsklammer** zwischen Nord- und Südeuropa dar. Doch wird vor allem die EU politisch und verkehrstechnisch durch sie getrennt, und mit einer Reihe von staatlichen Eingriffen seitens beider Staaten wie etwa Gewichtsbeschränkungen, Fahrverboten, Verkehrsabgaben u. a. m. wird insbesondere der alpenquerende Straßengüterverkehr der EU-Staaten beeinträchtigt. Trotz dieser verkehrspolitischen Hemmnisse und trotz der Erschwernisse und Behinderungen durch Naturgefahren, Witterungs- und Klimaverhältnisse und die Oberflächengestalt stellen die Alpen heute unter verkehrsgeographischen Gesichtspunkten die am besten mit Straßen und Eisenbahnstrecken erschlossene Hochgebirgsregion der Welt dar.

9.1 Abgrenzung und klimatische Besonderheiten

Das **Alpengebirge** zieht sich vom Mittelmeerhafen Savona (Col di Cadibona) von Westen aus bogenförmig über 1 600 km nach Osten bis zum Wiener Becken und die Adelsberger Pforte bei Ljubljana (Laibach). Rund 1 100 km des Gebirges verlaufen in West-Ost-Richtung, 500 km mehr in Nord-Süd-Richtung (sog. Meeresalpen). Die mächtigste Nord-Süd-Ausdehnung erreichen die Alpen im Raum Tirol mit rund 250 km Breite. Geographisch unterscheidet man die West- und Ostalpen. Trennlinie ist die Achse Bodensee – Comersee.

Im Gegensatz zu anderen Verkehrsregionen wirken sich einige **klimatische Besonderheiten** ständig nachteilig auf das Verkehrswesen in den Alpen aus. An den äußeren Rändern des Gebirges und in den dort gelegenen Tälern kommt es durch Abregnen (Stauregen) oft zu tagelang anhaltenden hohen Niederschlägen. An den nördlichen Alpenrändern tritt dies in der Regel im Sommer ein, in den Alpenregionen Oberitaliens im Herbst und Winter. Plötzliche Kaltlufteinbrüche können mit Schnee und Regen selbst im Sommer in Höhen bis 900 Metern zu gefährlichen Straßenzuständen führen. Gefahren für den Straßen- und Bahnverkehr ergeben sich weiterhin im Winter durch Schneefälle, Vereisungen, Lawinen, plötzlich einsetzendes Tauwetter und Talnebel in den tieferen Regionen. Mit dem Einbruch von warmen Fallwinden wird in einigen sog. Föhntälern vor allem die Lawinengefahr gesteigert. Schönwetterperioden mit geringen Luftbewegungen können zu Temperaturumkehrungen (Inversionen) führen.

Beispiel:

Bei Inversionen steigt warme Luft auf und kalte Luft sinkt in die tieferen Lagen ab. Für den Straßenverkehr kann dies gefährliche Folgen haben. Denn bei ausgeprägten Inversionswetterlagen entstehen auf diese Weise zwischen den Tälern mit extrem tiefen Temperaturen und den Paß- und Tunnelstrecken Temperaturamplituden (Temperaturunterschiede) von bis zu 30 Grad C.

9.2 Staaten der Alpenregion

An den Alpen haben territorial **sieben Staaten** Anteil, und zwar Frankreich, Schweiz, Liechtenstein, die Bundesrepublik Deutschland, Italien, Österreich und Slowenien. Ausgesprochen wichtige Aufgaben im internationalen Güter- und Personenverkehr kommen jedoch aufgrund der Paß- und Tunnelstrecken im engeren Sinne nur der Schweiz, Österreich und Frankreich zu. Als reine Alpenländer gelten **Österreich**, die **Schweiz** sowie das Fürstentum **Liechtenstein**, das mit der Schweiz eine Zoll- und Währungsunion bildet. In allen drei Ländern nehmen die Alpen rund 60 % der Landesfläche ein.

Die Hauptverkehrsträger für den Gütertransport sind der **Kraftverkehr** und die **Eisenbahn**. Obwohl alle drei Länder zu den Rheinanliegern zählen, sind lediglich die Rheinhäfen von Basel für den Binnenschiffsverkehr von und nach der Schweiz interessant. Österreich unterhält auf der Donau eine Binnenschiffsflotte; wichtige Binnenhäfen sind Linz und Wien (vgl. Themenkreis 10, Abschnitt 11.7). In den eigentlichen Alpen können aufgrund der engen Talverhältnisse große Verkehrsflugzeuge nur in seltenen

Fällen eingesetzt werden, daher befindet sich hier kein einziger internationaler Verkehrsflughafen. Die nationalen Fluggesellschaften der Schweiz und Österreichs sind **Swissair** und **Austrian Airlines** (AUA). Hauptflughafen für die Schweiz ist **Zürich-Kloten**, Genf und der binationale Airport Basel-Mulhouse haben den Charakter von Regionalflughäfen. Österreichs Zentralflughafen ist **Wien-Schwechat**. Kleinere Regionalflughäfen befinden sich in Graz, Innsbruck, Klagenfurth, Linz, Salzburg und Hörsching. Die Versorgung der Alpenregionen mit Luftfrachtgütern kann in beträchtlichem Umfang auch von anderen Flughäfen erfolgen.

Beispiel:
Für den Alpenraum bestimmte Luftfrachtgüter werden im Truckingverfahren (Road Feeder Service) auch von Airports wie München , Mailand-Linate, Stuttgart, Straßburg u. a. zu den alpinen Zielorten verbracht.

Für die **Binnenschiffahrt** der Schweiz sind die sog. **„Häfen beider Basel"**, womit im weiteren Sinne zwei Hafenkomplexe gemeint sind, zentrale Punkte. Es handelt sich dabei zum einen um die Häfen des Kantons Basel-Stadt, Kleinhüningen und St. Johann (rd. 630 000 m^2), zum anderen um die Häfen des Kantons Basel-Land bei Birsfelden/Au (rd. 850 000 m^2). Die Umschlagmengen beider Hafengruppen verhalten sich in etwa 40 : 60. Insgesamt beträgt die über diese Rheinhäfen jährlich umgeschlagene Gütermenge 8 bis 9 Mio. t. Die Lage der Baseler Häfen gilt geographisch als besonders gut. Denn sie liegen sowohl direkt an der Grenze zu EU-Staaten (Bundesrepublik Deutschland und Frankreich) wie auch im Schnittpunkt der wichtigen Verkehrsachsen von Eisenbahn und Straßengüterverkehr. Die Schweizer Binnenschiffahrt, die über eine Flotte von mehr als 300 modernen Motor- und Schubschiffeinheiten verfügt, befährt von Basel aus den gesamten Rhein bis zum Mündungsdelta. Für das Binnenland Schweiz stellt der Rhein die einzige völkerrechtlich freie Verbindung zum offenen Meer dar.

9.3 Transalpine Straßen und Eisenbahnstrecken

Ausgesprochen verkehrs- und wirtschaftsfeindlich waren die Alpen nie. Dank vieler bequem zu nutzender **Längs- und Quertäler** und einiger niedriger bzw. leicht zu überwindender **Pässe** haben sich seit alters her mehrere Hauptverkehrswege bilden können. Die Pässe und Talsysteme, die ihrerseits wiederum die Alpen in zahlreiche eigene Gebirgsteilräume und Massive gliedern (Hohe Tauern, Ötztaler Alpen, Walliser Alpen, Dolomiten usw.) sind auch heute trotz der modernen Tunnel- und Brückenbautechniken die von der Natur vorgegebenen Linien, der die inneralpinen Verkehrswege folgen. Auf diese fast zwingend zu nutzenden Trassen konzentriert sich das alpenländische Verkehrswegenetz, es ist damit im Gegensatz zu außeralpinen Verkehrsnetzen sehr viel **weitmaschiger**.

Mehr als **80 Paßstraßen**, **Straßen- und Eisenbahntunnel** stehen heute dem Verkehr zur Verfügung. Viele Paßstraßen sind lediglich für den Regionalverkehr und den Tourismus von Bedeutung, da sie nicht ganzjährig geöffnet und ihre Steigungen für den Straßengüterfernverkehr ungünstig sind. Acht größtenteils mit Tunneln versehene **Hauptverkehrsachsen** in Form von Autobahnen und Schnellstraßen und sieben große **Eisenbahnlinien** können als die eigentlichen überragenden Transitwege für den Nord-Süd-Güterfernverkehr bezeichnet werden. In den meisten Fällen sind es „Einpaßverbindungen“ wie etwa die Brenner- und St. Gotthardstrecke, d. h., es wurden Strecken gebaut, bei denen mit einer Paßüberwindung die Alpenquerung erreicht werden konnte. Eine „Zweipaßverbindung“ besteht über die Pyhrn-Autoroute und die Bahnverbindung Bern–Mailand. Der Eisenbahnverkehr über die Alpen wird seit seinem Bestehen durchweg mit Tunneln betrieben. Dabei wurden entweder **Scheiteltunnel** unterhalb der Gebirgskämme oder **Basistunnel** am Fuß der Gebirgsblöcke gebaut. Auch die großen Fernverkehrsstraßen werden heute größtenteils durch Tunnel geführt. Der Vorteil der Tunneln liegt in der ganzjährigen Nutzung und der erheblichen Zeitverkürzung; bis auf wenige Ausnahmen sind die Straßentunnel allerdings mautpflichtig. Als einziger bedeutender Alpenübergang wird der Brenner von Kraftfahrzeugen und Bahnen offen überquert; er gilt mit nur 1 374 m als einer der niedrigsten Alpenpässe.

Wichtige Nord-Süd-Alpenübergänge für Kraftfahrzeuge

1. Mont Blanc-Tunnel (11,6 km) zwischen Frankreich und Italien auf der Verkehrsachse Genf – Turin
2. Großer St. Bernhard-Tunnel (5 km) zwischen Martigny (Schweiz) und Aosta (Italien) auf der Verkehrsachse Bern – Turin
3. St. Gotthard-Tunnel (16,3 km) in der Schweiz zwischen den Orten Göschenen und Airolo auf der Verkehrsachse Basel/Zürich – Mailand
4. San Bernardino-Tunnel (6,6 km) in der Schweiz auf der Verkehrsachse Bregenz – Chur – Mailand
5. Brenner-Paß (Höhe 1 374 m) zwischen Österreich und Italien auf der Verkehrsachse Kufstein – Verona
6. Tauerntunnel (5,2 km) und Katschbergtunnel (5,4 km) in Österreich auf der Verkehrsachse Salzburg – Villach
7. Pyhrn-Route mit dem Bosruck-Tunnel (5,5 km) und dem Gleinalmtunnel (8,3 km) in Österreich auf der Verkehrsachse Passau – Linz – Graz – Maribor
8. Karawanken-Tunnel (rd. 8 km) zwischen Villach (Österreich) und Jesenice (Slowenien) auf der Verkehrsachse Salzburg – Zagreb.

Wichtige Nord-Süd-Eisenbahnstrecken und -tunnel

1. Fréjus-Eisenbahntunnel (13,5 km) zwischen Frankreich und Italien auf der Verkehrsachse Grenoble – Turin
2. Lötschberg-Tunnel (14,6 km) in der Schweiz auf der Verkehrsachse Bern – Brig – Mailand
3. Simplon-Tunnel (20 km) zwischen der Schweiz und Italien auf der Verkehrsachse Bern – Brig – Mailand
4. St. Gotthard-Eisenbahntunnel (15 km) in der Schweiz auf der Verkehrsachse Zürich – Mailand
5. Brenner-Eisenbahnroute (kein Tunnel) zwischen Österreich und Italien auf der Verkehrsachse Kuftstein – Verona
6. Tauerntunnel (8,5 km) in Österreich auf der Verkehrsachse Salzburg – Villach
7. Karawanken-Eisenbahntunnel (8 km) zwischen Rosenbach (Österreich) und Jesenice (Slowenien) auf der Verkehrsachse Zagreb – Salzburg – München.

Von überragender Bedeutung im Nord-Süd-Güterverkehr sind von den genannten Übergängen für Straße und Schiene drei große zu **Alpenkorridoren** zusammengefaßte Trassen: in den Westalpen die französischen Tunnel von Mont Blanc, Fréjus und Mont Cenis sowie in der Schweiz der St. Gotthard, in den Ostalpen der Brennerpaß zwischen Österreich und Italien.

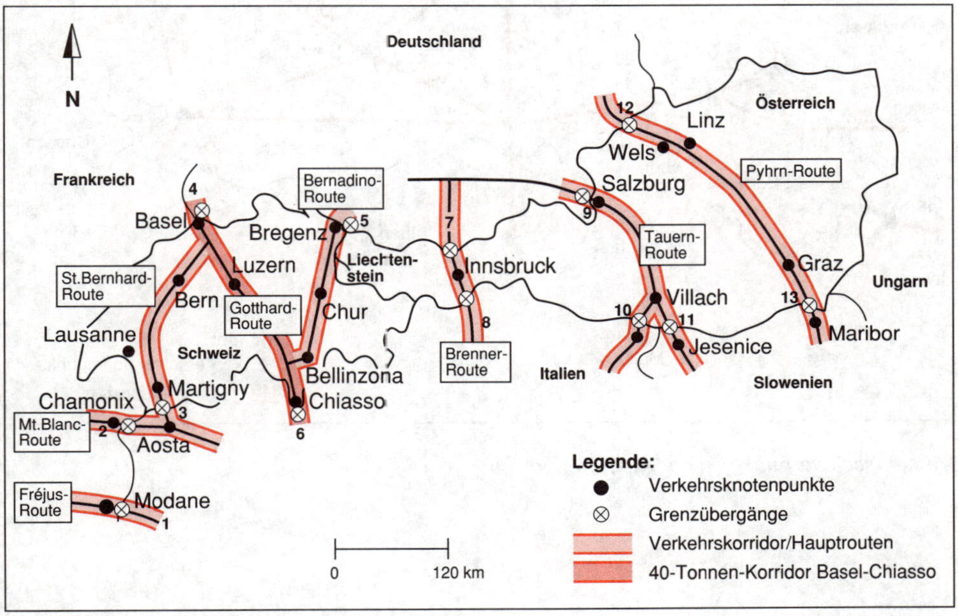

Verkehrskorridore im Nord-Süd-Alpentransit

Hauptrouten einschl. Grenzübergänge

Route	Verbindung	Grenzübergänge/Nr.
Fréjus-Route	Grenoble–Turin	1 Modane/Fréjus
Mont Blanc-Route	Genf–Turin/Mailand	2 Chamonix/Courmayeur
St. Bernhard-Route	Basel–Turin/Mailand	3 Martigny/Aosta 4 Weil a. R./Basel
St. Gotthard-Route	Basel–Mailand	4 Weil a. R./Basel 6 Chiasso/Como
Bernadino–Route	Bregenz–Mailand	5 Hörbranz 6 Chiasso/Como
Brenner-Route	München–Verona	7 Kiefersfelden/Kufstein 8 Brennerpaß/Brennero
Tauern-Route	Salzburg–Triest	9 Bad Reichenhall/Schwarzbach 10 Villach/Tarvisio 11 Villach/Karawankentunnel (Jesenice)
Phyrn-Route	Passau–Maribor	12 Suben (Passau) 13 Spielfeld (Sentilj)

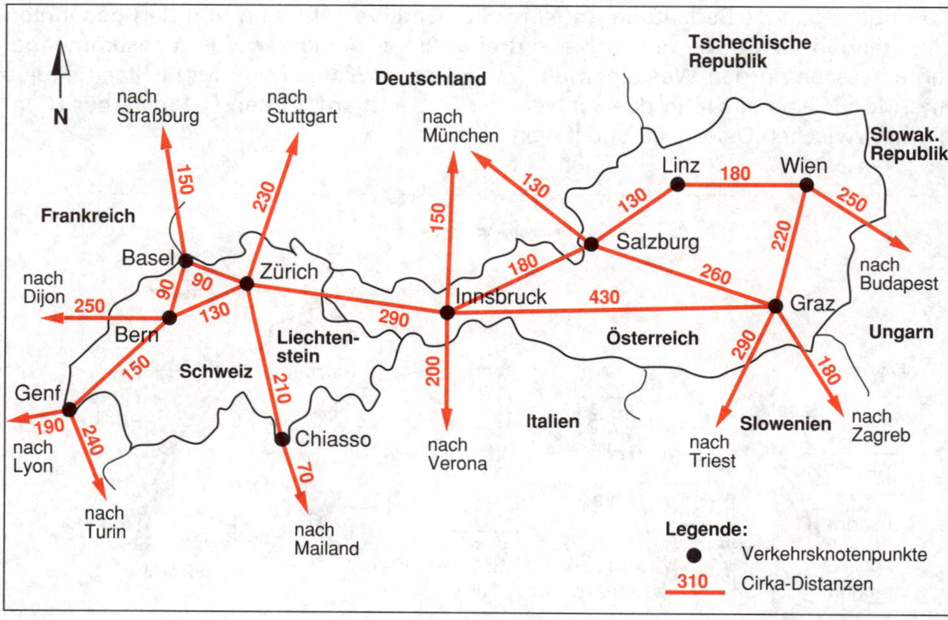

Verkehrsschwerpunkte in der Alpenregion

9.3.1 Der Brenner: Hauptstrecke des Schwerverkehrs

Aufgrund der **geringen Höhe** von nur 1 374 m und der **ganzjährigen Passierbarkeit** ist der Brennerpaß seit der Antike genutzt worden. Der neuzeitliche Güterverkehr setzte um 1845 mit der Anlage der Brennerstraße und 1867 mit dem Bau der Eisenbahnstrecke ein. Seit 1972 ist die Brennerstraße durchgehend als mautpflichtige Autobahn in Betrieb, der Paßabschnitt von 36,5 km wird zu einem Drittel über Brücken geführt. Hauptbrücken der Autobahn sind die Europabrücke (763 m) und die Lueg-Brücke (1 804 m), die wegen ihrer komplizierten Bauart als Meisterwerk der Brückenbaukunst gilt.

Ihren hohen **Verkehrswert** erhält die Brennerroute, deren Teilstrecke in Österreich 108 km beträgt, durch die Verknüpfung mit den Autobahnen nördlich und südlich der Alpen. 1971 wurde der italienische Abschnitt der Brennerautobahn an die „Autostrada del Sole“ und damit an die Relationen Mailand und Rom angeschlossen. Seit 1972 besteht via Innsbruck der Anschluß an das deutsche Autobahnnetz beim Grenzübergang Kiefersfelden–Kufstein. Brennerstraße und -übergang bilden eine Teilstrecke der Europastraße 6 (Oslo–Berlin–München–Rom). Die Güter, die den Brenner auf Schiene und Straße passieren, entstammen zu 80 % dem Handel zwischen der Bundesrepublik Deutschland und Italien, es sind also Transitverkehre, 75 % aller deutsch-italienischen Transitverkehre passieren den Brenner; über die alternativen Strecken Reschenpaß und Thörl-Maglern-Route betragen die Gütermengen unter einer Mio. t.

Verstärkt wird der **Verkehrsdruck** auf den Brenner zusätzlich durch die Tatsache, daß Nachtfahrverbote und ein Gesamtgewichtslimit für Lkw (28 t) in der Schweiz bestehen. Dies zwingt viele Lkw-Fuhrunternehmer dazu, Hunderte von Kilometern Umwege über den Brenner zu fahren, statt die kürzeren Strecken durch die Schweiz bei Zielen wie Turin oder Mailand zu nutzen. Als Hauptverkehrsader für Touristen und Güter ist die Brenner-Route vor allem im Sommer stets überlastet, hinzu kommen große Umweltbelastungen der Anrainer. Als Entlastung ist der Bau eines Eisenbahntunnels (sog. Brenner-Basistunnel) von 35 km Länge zwischen Aicha/Brixen (Südtirol) und Steinach (Nordtirol) geplant. Er soll vornehmlich den Güterverkehr aufnehmen und die Brennerstrecke für Touristen freihalten.

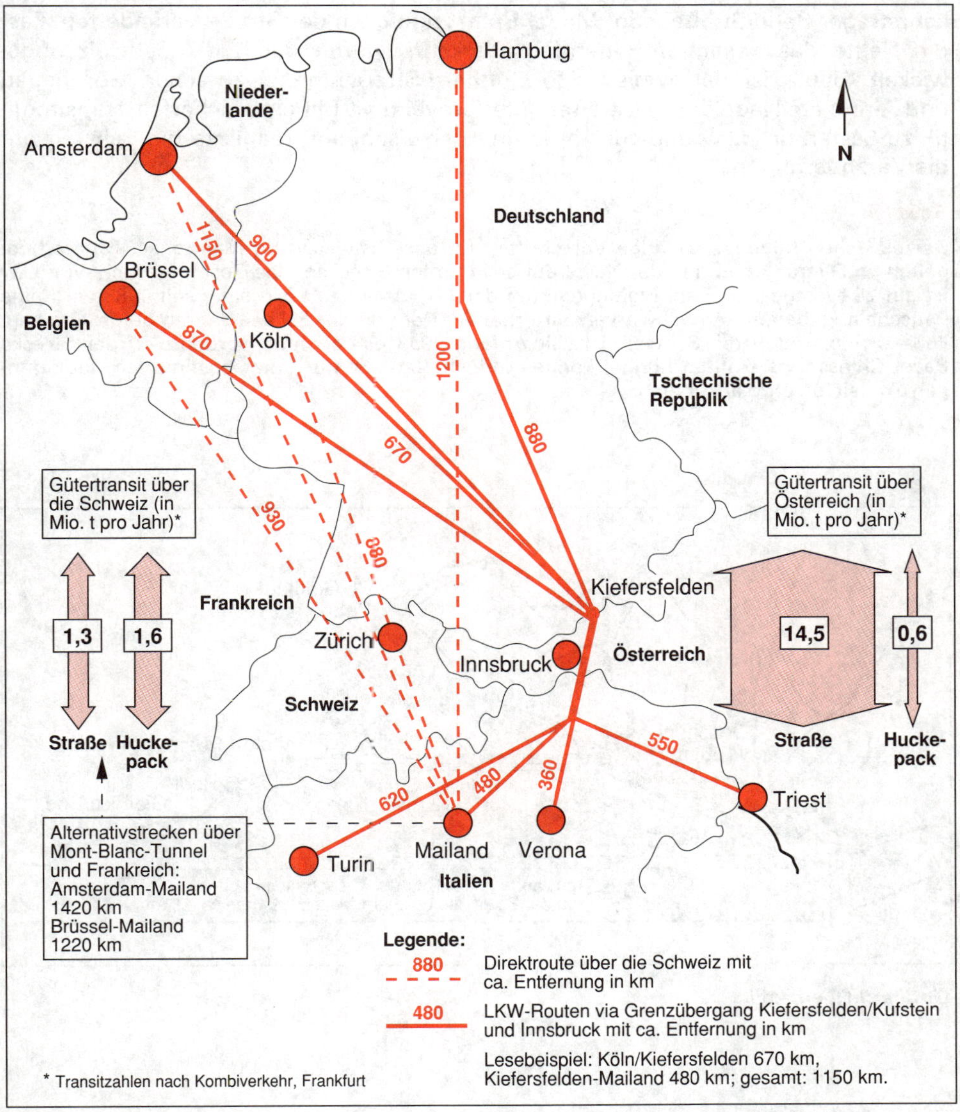

Schwerlastverkehr und Umweg-Entfernungen über die Brenner-Route

9.3.2 Die Gotthard-Route

Am Gotthard wurde im Mittelalter bereits in großem Umfang Saumverkehr mit Tragtieren betrieben. Die entlang des Paßsaumes gelegenen Gemeinden hatten ein Monopol auf das Transportrecht und übertrugen die Arbeit auf Säumergenossenschaften. Von 1830 an war der Gotthard befahrbar, von 1882 an verkehrte die **Gotthardbahn** durch den ersten 1 154 m hoch gelegenen 15 km langen Tunnel. Der **Gotthard-Straßentunnel** wurde allerdings erst 1980 und damit relativ spät eröffnet. Seine Scheitelhöhe liegt bei 1 171 m, die Länge beträgt 16,9 km. Für die Benutzung wird keine gesonderte Maut verlangt. Mit der Eröffnung des Gotthard stand eine neue ganzjährig nutzbare schnelle Verbindung zwischen Mitteleuropa und Italien zur Verfügung, die von Anfang an überaus stark vom Personen- und Güterverkehr genutzt wurde. Dies hatte zur Folge, daß sich die Verteilung der Güter auf die Verkehrsträger Bahn/Straße (sog. Modal Split) zugunsten der Straße veränderten. Fast die Hälfte des gesamten Alpentransitverkehrs wurde durch die Schweiz abgewickelt. Heute ist der zweispurige Gotthard-Straßentunnel zwischen Göschenen und Airolo ein Nadelöhr im Straßengüterfernverkehr. Mit einer scharfen Transitpolitik zu Lasten der Lkw und zur Förderung der Eisenbahn reagierte die Schweiz auf die Veränderungen.

Beispiel:

Derzeit gelten folgende wichtige Vorschriften für den Schweizer Straßentransit: Fahrverbote gelten an Feiertagen und in der Nacht auf bestimmten Strecken; das Gesamtgewicht von Lkw ist auf 28 t festgeschrieben, wohingegen in der EU 40–44 t zulässig sind; seit 1985 wird eine Pauschalabgabe auf den Schwerverkehr erhoben. Der von der EU seit Jahren geforderte sog. 40-t-Korridor durch die Schweiz ist seit Anfang 1993 eingerichtet worden. Auf der Strecke Basel–Chiasso via Gotthardtunnel können jedoch 40-t-Lkw nur unter bestimmten Bedingungen Transitverkehre ausüben.

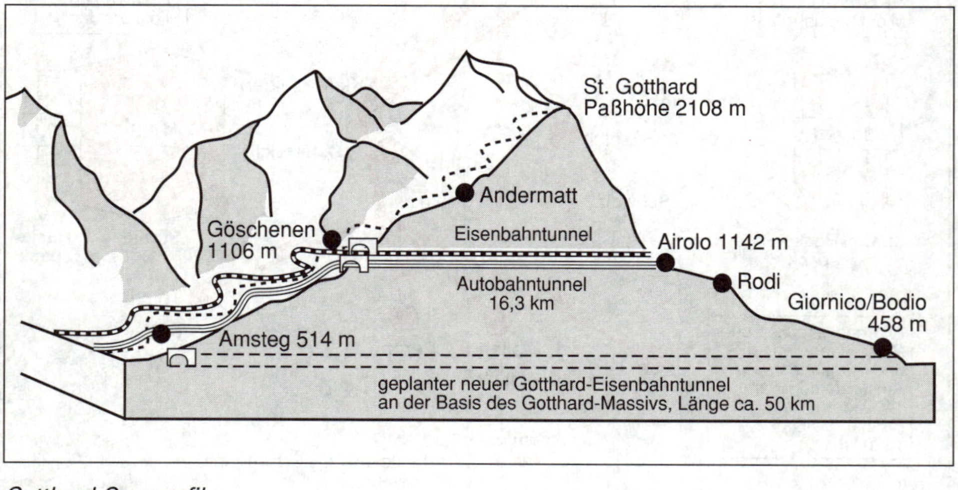

Gotthard-Querprofil

Neue Eisenbahn-Alpentransversale (NEAT)

Um dem steigenden Transitverkehr wie auch dem innerschweizer Verkehr künftig gerecht zu werden, hat die Schweiz den Bau von zwei großen miteinander verknüpften Eisenbahnnetzwerken beschlossen. Sie bestehen aus den Projekten „Bahn 2000" (innerschweizer Verkehr) und **NEAT/„Neue Eisenbahn-Alpentransversale"** (auch kurz „Alpen-Transit" genannt) für den schnellen Durchgangsverkehr in Nord-Süd-Richtung. Das NEAT-Transitkonzept sieht wiederum den Bau zweier neuer Bahnlinien vor, die für den europäischen Güterverkehr von überragender Bedeutung sind: einen neuen **Gotthard-Eisenbahntunnel** von rund 50 km Länge und einen neuen **Lötschberg-Tunnel** von rund 28,5 km Länge. Beide Tunnel sind Basistunnel. Ausgebaut werden ferner die bestehende Simplonachse und die Zufahrten der Ostschweiz-Verbindungen. Die ursprünglich erwogene sog. Y-Lösung (Ypsilon-Lösung östlich des Gotthard, vgl. Karte) wird nicht verwirklicht.

Die Hauptachse der NEAT-Netzlösung bildet die Gotthard-Linie auf der Relation Luzern/Arth Goldau–Bellinzona/Lugano/Chiasso. Das Nordportal des Basistunnels wird bei Amsteg, das Südportal nahe den Tessiner Ortschaften Bodio und Giomico gebaut. Die Bauzeit wird rund 15 Jahre betragen, das heißt, die Tunnelanlage wird zwischen den Jahren 2005 und 2010 in Betrieb gehen. Die Abmessungen des Tunnels und sein Ausbau sollen allen Anforderungen gerecht werden.

Beispiel:
Die Tunnelprofile werden von vornherein so bemessen, daß Lastkraftwagen, Sattelauflieger, Container und andere Huckepack-Varianten mit Eckhöhen von 4,20 m durch den Tunnel befördert werden können. Die tägliche Kapazität des neuen Gotthard-Basistunnels wird bei rund 200 Zügen in jeder Richtung liegen. Mit der Inbetriebnahme des Tunnels wird sich die Transportzeit auf der Verkehrsrelation Basel–Mailand deutlich verkürzen. Während derzeit für diese Strecke noch rund 5.30 Stunden benötigt werden, sollen es künftig etwa 3.10 Stunden sein und durch Einsatz von Schnellgüterzügen sogar nur noch 2.45 Stunden.

Die zweite neue Eisenbahnlinie, der Lötschberg-Basistunnel, verläuft zwischen den Orten Kandergrund und Gampel (28,5 km). Die Bauarbeiten werden etwa acht Jahre in Anspruch nehmen, die Inbetriebnahme wird also um das Jahr 2000 erfolgen. Auch dieser Tunnel wird 4,20 m hohe Fahrzeuge im Huckepack-Verkehr aufnehmen können. Gleichzeitig werden verschiedene neue Verladestationen für den Güter- und Reiseverkehr nahe des schweizerischen Autobahnnetzes errichtet, um die Transitvorgänge über die Lötschberg-Linie zu beschleunigen.

Mit dem NEAT-Transitkonzept, insbesondere den beiden neuen Tunnelanlagen, stellt die Schweiz künftig die von der EU seit langem geforderte Transportkapazität im transalpinen Nord-Süd-Verkehr. Die bislang noch notwendigen Umwegverkehre über Frankreich oder Österreich können damit deutlich reduziert und die Umweltbelastungen durch den erhöhten Einsatz von Eisenbahnen vermindert werden. Bis zur Indienststellung der neuen Alpen-Transit-Routen wird die Schweiz für den Nord-Süd-Verkehr Übergangslösungen schaffen. Auf der bisherigen Gotthard-Linie sind Anpassungsarbeiten an den Tunnelprofilen für die Beförderung von Lastkraftwagen und Containern bis zu Eckhöhen von 3,80 m im Gange. Am Lötschberg soll der Ausbau auf Eckhöhen von 4 m erfolgen. Auf diese Weise soll die derzeitige Transportkapazität auf beiden Strecken verdreifacht werden.

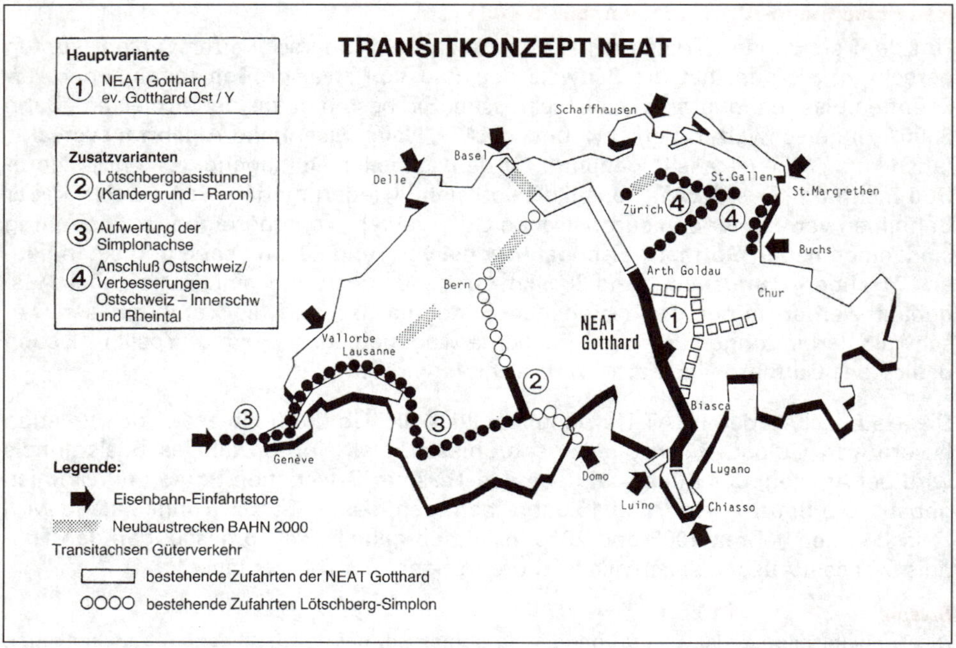

Quelle: Eidgenössisches Verkehrs- und Energiewirtschaftsdepartment, Bern.

Die Gotthard-Bahnroute zwischen Immensee (bei Küssnacht) und der Grenze Chiasso/Como in Zahlen

Streckenlänge	205,63 km
davon in Kurven	45 %
davon horizontal	18 %
größte Neigung	28 %
Höchster Punkt: Gotthardtunnelmitte	1 151,3 m ü. M.
Tiefster Punkt: Giubiasco	229,8 m ü. M.
Tunnel	
Anzahl	70
Gesamtlänge	53,72 km
Gotthardtunnel	15 km
Brücken	
Anzahl (ab 10 m Länge)	108
Gesamtlänge aller Brücken	5,56 km
Längste Brücke: Chärstelenbach	127 m
Höchste Brücke: Intschireuss	77 km

Quelle: SBB Nachrichtenblatt: Gotthard 1882–1982, Heft 6, S. 86.

9.3.3 Alpenquerungen zwischen Frankreich und Italien

Der französische **Mont Blanc-Straßentunnel** ist seit 1965 in Betrieb. Er liegt in einer Höhe von 1 381 m und hat eine Länge von 11,6 km. Die Tunneleingänge liegen bei Chamonix (Frankreich) und Courmayeur (Italien). Der gebührenpflichtige Tunnel stellt die schnellste Verbindung zwischen den Metropolen Genf und Turin/Mailand dar, zumal in Frankreich eine Autobahn bis zum Tunnel führt und in Italien ab dem bedeutenden Verkehrsknotenpunkt Aosta ebenfalls eine Autobahnstrecke existiert. Südlich des Mt. Blanc liegt der rund 12 km lange Eisenbahntunnel von **Mt. Cenis** (erbaut 1871), der Modane mit Susa und damit im weiteren Sinn das Rhônetal mit dem norditalienischen Industriegebiet verbindet. Die dritte Alpenpassage im französisch/italienischen Grenzgebiet b ldet der relativ junge Straßentunnel von **Fréjus,** der 1980 eröffnet wurde. Der Fréjus-Tunnel ist vorrangig für den Verkehr von Grenoble und dem mittleren Rhônetal nach Norditalien (Turin/Mailand) von Bedeutung.

Transalpiner Güterverkehr zwischen Mitteleuropa und Italien (in Mio. t, einschl. Huckepackverkehr in Bruttotonnen)

Jahr / Verkehrsweg	1970	1979/80	1984	1989/90
Straße	6,1	22,25	28,8	40,6
Schiene	22,1	29,02	27,63	32,28
total	28,2	51,27	56,43	72,88

Quelle: Geographische Rundschau 43/1991

9.3.4 Karawankentunnel

Der jüngste Straßentunnel der Alpen ist der Karawanktunnel zwischen Österreich und Slowenien. Er wurde im Juni 1991 eröffnet und verbindet den österreichischen Autobahnknoten Villach mit der slowenischen Grenzstadt Jesenice. Der mautpflichtige Tunnel, dessen Name von dem von ihm unterquerten östlichen Alpenteilgebirge Karawanken stammt, hat eine Länge von 7,864 km. Seine besondere Bedeutung liegt darin, daß er eine ungehinderte Durchfahrt von München nach Ljubljana und Zagreb ermöglicht. Bis zur Eröffnung des Tunnels mußten der Reise- und Güterkraftverkehr die schwierigen und teils weiten Passagen über Italien (Grenze Thörl-Maglern/Tarvisio), Wurzenpaß, Loiblpaß (mit der Spitzkehre Sapotnica) und Loibltunnel oder Lavamünd nehmen, sofern sie überhaupt für den Güterkraftverkehr zugelassen oder ohne Gefahr befahrbar waren. Der Karawankentunnel ist gleichzeitig Grenzübergangstelle, die Abfertigung erfolgt vor den Tunnelportalen in Gemeinschaftsabfertigungsanlagen.

9.4 Übersicht wichtiger Pässe, Straßen- und Eisenbahntunnel

Paßstraßen in den Alpen für den Güter- und Personenverkehr (Auswahl)

Bezeichnung	Land	Höhe über NN in m	Steigung in % max.	Verbindung	Öffnung		Maut
					ganzjährig	Mai–Nov.	
Achenpaß	D/A	941	14	Tegernsee–Inntal	X	–	–
Albulapaß	CH	2 312	12	Chur–Oberengadin	–	X	–
Arlbergpaß	A	1 793	13	Bludenz–Landeck	X	–	–
Berninapaß	CH	2 323	12	Engadin–Tirano	X	–	X
Brenner	A/I	1 374	6	Inntal–Südtirol	X	–	X

Bezeichnung	Land	Höhe über NN in m	Steigung in % max.	Verbindung	Öffnung		Maut
					ganz-jährig	Mai–Nov.	
Brünigpaß	CH	1 011	10	Aaretal–Brienz	X	–	–
Col de l'Isèran	F	2 770	12	Val d'Isere–Val d'Arc	–	X	–
Col du Galibier	F	2 467	12	Isèretal–Briancon	–	X	–
Falzarego	I	2 105	11	Bozen–Cortina	X	–	–
Fernpaß	A	1 209	8	Ehrwald–Nassereith	X	–	–
Flexenpaß	A	1 784	10	Lech–Arlberg	X	–	–
Flüelapaß	CH	2 383	10	Davos–Unterengadin	X	–	X
Furka	CH	2 431	14	Andermatt–Gletsch	–	X	–
Gailbergsattel	A	982	10	Lienz–Udine	X	–	–
Gerlospaß	A	1 628	9	Zell–Krimml	X	–	X
Grimselpaß	CH	2 165	11	Innertkirchen–Gletsch	–	X	–
Grödner Joch (Passo di Gardena)	I	2 121	12	Grödnertal–Gadertal	X	–	–
Großer St. Bernhard	CH/I	2 469	11	Martigny–Aosta	–	X	–
Großglockner Hochtor	A	2 506	12	Zell a. S.–Lienz	–	X	X
Hochtannbergpaß	A	1 675	14	Bregenzerwald	X	–	–
Jaufenpaß	I	2 094	12	Meran–Sterzing	–	X	–
Jaunpaß	CH	1 509	14	Saanetal–Simmertal	X	–	–
Julierpaß	CH	2 284	11	Chur–Silvaplana	X	–	–
Karerpaß	I	1 753	16	Dolomiten	X	–	–
Katschbergpaß	A	1 641	17	Salzburg–Villach	X	–	–
Klausenpaß	CH	1 948	10	Glarus–Altdorf	–	X	–
Kleiner St. Bernhard	F/I	2 188	9	Aostatal–Isèretal	–	X	–
Livignopaß	CH/I	2 315	12	Livigno–Tirano	–	X	–
Lukmanierpaß	CH	1 916	10	Chur–Bellinzona	–	X	–
Malojapaß	CH	1 815	9	St. Moritz–Como	X	–	–
Mendelpaß	I	1 363	10	Bozen–Trient	X	–	–
Mont Cenis	F/I	2 084	11	Lauslebourg–Susa	–	X	–
Mont Genèvre	F/I	1 854	12	Briancon–Susa	X	–	–
Naßfeldpaß	A/I	1 530	20	Spittal–Udine	X	–	–
Nufenenpaß	CH	2 478	10	Brig–Airolo	–	X	–
Oberalppaß	CH	2 044	10	Andermatt–Vorderrhein	–	X	–
Oberjoch	D/A	1 164	7	Sonthofen–Reutte	X	–	–
Ofenpaß	CH	2 149	10	Engadin–Vintschgau	X	–	–
Packsattel	A	1 166	10	Graz–Klagenfurt	X	–	–
Plöckenpaß	A/I	1 362	13	Lienz–Udine	X	–	–

Bezeichnung	Land	Höhe über NN in m	Steigung in % max.	Verbindung	Öffnung		Maut
					ganz-jährig	Mai–Nov.	
Predil	I/SLO	1 156	12	Tarvisio–Kobarid	X	–	–
Pyhrnpaß	A	945	10	Linz–Graz	X	–	–
Radstädter Tauernpaß	A	1 738	12	Ennstal–Lungau	X	–	–
Reschenpaß	A/I	1 508	9	Inntal–Vintschgau	X	–	–
Restefond	F	2 678	17	Briancon–Nizza	–	X	–
San Bernardino	CH	2 065	12	Chur–Bellinzona	–	X	–
Sankt-Gotthard-Pass	CH	2 108	10	Göschenen–Airolo	–	X	–
Sellajoch	I	2 237	11	Lauazei–Grödnertal	X	–	–
Semmering	A	985	6	Wien–Graz	X	–	–
Simplonpaß	CH	2 005	10	Brig–Domodossola	X	–	–
Splügenpaß	CH/I	2 113	13	Thusis–Chiavenna	–	X	–
Staller Sattel	A/I	2 052	12	Huben–Bruneck	–	X	–
Stilfser Joch	I	2 758	12	Vintschgau–Bormio	–	X	–
Sustenpaß	CH	2 224	9	Interlaken–Altdorf	–	X	–
Thurn-Paß	A	1 274	8	Kitzbühel–Lienz	X	–	–
Timmelsjoch	A/I	2 497	13	Ötztal–Meran	–	X	–
Wurzenpaß/Koren	A/SLO	1 073	18	Villach–Ljubljana	X	–	–
Zirler Berg (Seefelder Sattel)	A	1 185	15	Mittenwald–Innsbruck	X	–	–

Wichtige Straßentunnel in den Alpen mit ganzjähriger Öffnung (Tag und Nacht) – Auswahl

Tunnel-bezeichnung	Land	Höhe über NN in m	Länge in km	Steigung[1]) in % max.	Verbindung zwischen	Maut
St. Gotthard	CH	1 175	16,3	–	Zürich–Mailand	X
Arlberg	A	1 318	13,9	2	Landeck–Bludenz	X
Fréjus	F/I	1 297	12,8	7	Bardonecchia–Modane	X
Mont-Blanc	F/I	1 381	11,6	8	Chamonix–Courmayeur	X
Seelisberg	CH	450	9,5	–	Luzern–Altdorf	X
Gleinalm	A	451	8,3	–	Liezen–Graz	X
Karawanken	A/SLO	655	7,8	1,5	Villach–Jesenice	X
Pfänder	A	395	6,7	–	Lindau–Bregenz	–
San Bernardino	CH	1 644	6,6	6	Chur–Bellinzona	–
Tauern	A	1 300	6,4	5	Salzburg–Villach	X
Gr. St. Bernhard	CH/I	1 924	5,8	9	Martigny–Aosta	X
Katschberg	A	1 641	5,5	5	Salzburg–Villach	X
Bosruck	A	945	5,5	–	Linz–Graz	X

[1]) einschl. Rampe

Tunnel-bezeichnung	Land	Höhe über NN in m	Länge in km	Steigung[1] in % max.	Verbindung zwischen	Maut
Felbertauern	A	1 650	5,2	7	Mittersill–Lienz	X
Colle di Tenda	I/F	1 316	3,2	9	Turin–Nizza	–
Loibl (Scheiteltunnel)	A/SLO	1 067	1	17	Klagenfurt–Ljubljana	–

Eisenbahntunnel und -strecken in den Alpen (Auswahl)

Bezeichnung	Land	Höhe über NN in mm	Länge bei Tunnel/km	Bau-jahr[2]	Verbindung	Autover-ladung[3]
Albula	CH	851	–	1903	Thusis–Samedan	X
Arlberg-Tunnel	A	1 311	10,2	1882	Bludenz-Landeck	–
Berninabahn	CH	1 001	–	1910	St. Moritz–Tirano	–
Brenner	A/I	1 374	–	1867	Innsbruck–Bozen	–
Bosrucktunnel (Pyhrnpass)	A	727	4,8	1906	Linz–Graz	–
Furka-Basistunnel	CH	1 447	12	1921	Realp–Oberwald	X
Karawanken	A/SLO	637	8	1906	Villach–Jesenice	–
Lötschberg	CH	1 200	14,6	1913	Kandersteg–Brig	X
Mt. Cenis	F/I	1 294	12,2	1871	Modane–Susa	X
Sankt Gotthard-tunnel	CH	1 154	15,0	1882	Altdorf–Bellinzona	–
Semmering	A	897	5,6	1854	Wien–Graz	–
Simplontunnel	CH	700	19,8	1906	Brig–Domodossola	X
Tauernschleuse	A	1 226	8,5	1908	Badgastein–Spittal	X
Tenda-Tunnel	I/F	1 037	8,1	1882	Turin–Nizza	–

Zusammenfassung

1. Am Alpenraum haben territorial die Staaten Frankreich, Schweiz, Liechtenstein, Bundesrepublik Deutschland, Italien, Österreich und Slowenien Anteil. Als reine Alpenländer gelten Österreich, Schweiz und Liechtenstein.

2. Die Transitwege über die Alpen bilden eine Klammer im Nord-Süd-Verkehr Europas. Der internationale Güter- und Personenverkehr wird in der Hauptsache über Paß- und Tunnelstrecken in Österreich, Schweiz und Frankreich abgewickelt[1]) einschl. Rampe
3. Im Alpenraum kommt es infolge klimatischer Besonderheiten periodisch immer wieder zu Verkehrsblockaden oder -beeinträchtigungen. Nachteilig für das Verkehrswesen wirken sich vor allem Stauregen, Kaltlufteinbrüche, Schneefälle, Vereisungen, Lawinen, plötzliche Tauwetter und Temperaturumkehrungen (Inversionen) aus.

---

1) einschl. Rampe
2) der Hauptstrecke
3) nur Personenkraftwagen

4. Das inneralpine Verkehrsnetz ist sehr weitmaschig, Straßen- und Bahnlinien folgen im wesentlichen den natürlichen Leitlinien der Täler. Die Alpen gelten als das beste für den Verkehr erschlossene Hochgebirge der Welt.

5. Dem alpenquerenden Verkehr stehen über 80 Paßstraßen, Straßen- und Eisenbahntunnel zur Verfügung. Der Güter- und Personenverkehr erfolgt zum großen Teil über acht Autobahn- und Schnellstraßenlinien sowie über sieben große Eisenbahnstrecken.

6. Zu den acht bedeutendsten wintersicheren Alpenübergängen im Straßengüterverkehr gehören: Mont Blanc-Tunnel, Großer St. Bernhard-Tunnel, Gotthard-Tunnel, San Bernardino-Tunnel, Brennerpaß, Tauner/Katschberg-Tunnel, Pyhrn-Route und Karawanken-Tunnel.

7. Zu den sieben bedeutendsten Alpenübergängen im Eisenbahnverkehr gehören: Mt. Cenis-Tunnel, Lötschberg-Tunnel, Simplon-Tunnel, St. Gotthard-Tunnel, Brenner-Route, Tauerntunnel und Karawanken-Eisenbahntunnel.

8. Hauptstrecke für den Güterfernverkehr ist die Brenner-Route mit dem Brennerpaß. Der Brennerpaß ist ein offener, nur 1 374 m hoch gelegener ganzjährig nutzbarer Paß und Grenzübergang zwischen Österreich und Italien.

9. Wesentliche Elemente der in der Schweiz liegenden Gotthard-Route sind der Gotthard-Straßentunnel und der Gotthard-Eisenbahntunnel. Güterkraftverkehre unterliegen in der Schweiz einer strengen Transitpolitik.

10. Hauptstrecken für den französisch-italienischen Alpenverkehr sind die Straßentunnel Mont Blanc und Fréjus sowie der Eisenbahntunnel von Mt. Cenis.

11. Zur Beschleunigung des künftigen Alpentransits werden in der Schweiz bis zum Jahre 2010 unter dem Projektnamen NEAT (Neue Eisenbahn-Alpentransversale) je ein neuer Eisenbahntunnel auf der Gotthard- und Lötschberg-Linie gebaut.

Aufgaben

1. Welche Staaten haben Anteil am Alpengebirge, und welche von ihnen werden als reine Alpenländer bezeichnet?

2. Grenzen Sie das Alpengebirge ab, und schildern Sie die besonderen klimatischen Bedingungen und ihren Einfluß auf das Verkehrswesen.

3. Über welche Flughäfen kann der Alpenraum mit Luftfrachtgütern versorgt werden?

4. Erläutern Sie Ursache und Folgen der Weitmaschigkeit des alpinen Verkehrsnetzes.

5. Erstellen Sie mit Hilfe von Atlas, Karten und Lehrbuch eine Übersicht der wichtigsten Nord-Süd-Strecken für Kraftfahrzeuge und Eisenbahnen in den Alpen. Nennen Sie jeweils Tunnel/Pässe, Hauptverkehrsachsen und zentrale Orte entlang der Achsen.

6. Beschreiben Sie die Entwicklung und Bedeutung der Brenner-, Gotthard-, Mont Blanc-, Mt. Cenis- und Fréjus-Route.

7. Was wird unter NEAT verstanden, und welche Bedeutung hat sie für das Verkehrsgewerbe?

8. Nennen Sie für die folgenden Güterverkehre die geographisch günstigste Alpenquerung (Tonnagebeschränkungen bleiben unberücksichtigt):

   a) Bologna–Wien
   b) Genua–Karlsruhe
   c) Nizza–München
   d) Stuttgart–Triest
   e) Salzburg–Florenz
   f) Lyon–Mailand
   g) Turin–Bern
   h) München–Laibach

10 Die Apenninhalbinsel und der Mittelmeerraum

In der markanten Form eines Stiefels ragt die italienische Halbinsel rund 1 000 km weit und bis zu 250 km breit in das Mittelmeer hinein. Da der Gebirgszug des Apennin die gesamte Halbinsel durchzieht, wird sie auch als **Apenninhalbinsel** bezeichnet. Die Halbinsel trennt das Mittelmeer in Teilmeere auf, so in das Ligurische und Tyrrhenische Meer im Westen und das Adriatische und Jonische Meer im Osten. Territorial haben neben **Italien** zwei Zwergstaaten an der Halbinsel Anteil, nämlich **San Marino** und **Vatikanstadt**. Italien umfaßt neben der Apenninhalbinsel noch die großen Inseln Sardinien und Sizilien sowie mehrere kleine Inseln bzw. Inselgruppen (Elba, Ischia, Lampedusa usw.).

Aufgrund der mehr als 7 000 km langen Küste spielte und spielt der **Küsten- und Seeverkehr** traditionell eine große Rolle, dies zeigt sich deutlich in den mehr als 160 Seehäfen des Landes und in der großen Handelsflotte, die nach Griechenland und Großbritannien die drittgrößte Westeuropas ist. Trotz der schwierigen natürlichen Voraussetzungen für den Straßenbau verfügt Italien über eines der dichtesten **Autobahnnetze** auf dem Kontinent. Es wird überwiegend in der Regie von Autobahngesellschaften betrieben und ist bis auf die südlichen Regionen gebührenpflichtig. Die Straßen und Autobahnen sind die Hauptverkehrswege für den Gütertransport. Die ehemals staatliche **Eisenbahn** FS (Ferrovie dello Stato Italiane) betreibt ein sehr umfangreiches, jedoch modernisierungsbedürftiges Netz, auf dem kaum mehr als 12 % aller Güter des Landes befördert werden. In der **Binnenschiffahrt** haben lediglich der Po und einige norditalienische Kanäle Bedeutung. Im **Flugverkehr** ragen die großen Flughäfen von Rom (Leonardo da Vinci) und Mailand (Linate und Malpensa) heraus. Größte Fluggesellschaft ist **Alitalia**.

10.1 Verkehrs- und Wirtschaftsraum Oberitalien

Die Erschließung mit Verkehrswegen ist in Italien sehr ungleich, denn der Norden ist erheblich besser mit Straßen-, Autobahn- und Eisenbahnstrecken versorgt als die Regionen südlich von Rom. In jeder Hinsicht ist **Oberitalien** das wirtschaftliche Herz des Landes. Aufgrund der hervorragenden klimatischen Bedingungen befindet sich in der Poebene das wichtigste Agrargebiet des Landes mit dem Anbau von Gemüse, Obst, Weizen, Mais und Reis. In industrieller Hinsicht ragt besonders die Region zwischen den Großstädten Turin – Mailand – Genua hervor, die man auch als norditalienisches **Industriedreieck** bezeichnet. Entsprechend der ökonomischen Stärke dieser Region ist das Verkehrsaufkommen sehr hoch. Die zwischen Turin und Triest verlaufende West-Ost-Autobahn, zu der parallel eine Bahnstrecke verläuft, verbindet alle großen Städte der Voralpen perlenschnurartig miteinander. Wo die Nord-Süd-Alpenstraßen auf diese Achse stoßen, sind stark frequentierte und oft überlastete Autobahnkreuze bzw. -dreiecke entstanden.

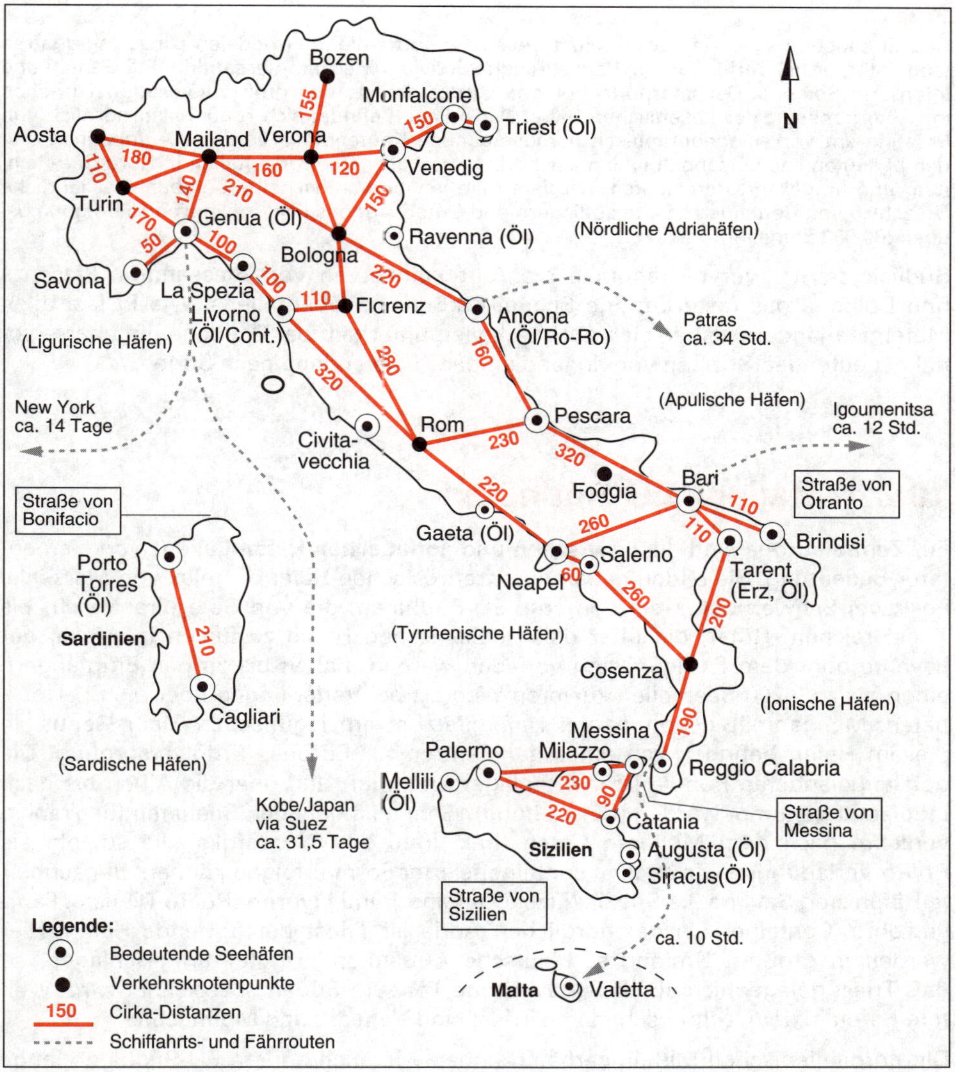

Verkehrsschwerpunkte auf der Apennninen-Halbinsel

Beispiel:
Als Engpässe im norditalienischen Autobahnnetz gelten im West-Ost-Verkehr die Knotenpunkte Ivrea, Turin, Mailand (Autobahnring), Verona, Padua und Venedig.

Die großen Städte Oberitaliens oder einige Orte im Umfeld dieser Städte sind gleichzeitig die großen Güterumschlagplätze zwischen den Verkehrsträgern, wie z. B. Busto Arsizio bei Mailand und Ala (zwischen Trento und Verona) im alpenquerenden Huckepack-Verkehr. Verona selbst stellt mit dem Güterverteilungs- und Containerzentrum „Quadrante Europa" eine der größten Anlagen dieser Art im europäischen Binnenland. Insgesamt ist die Entwicklung von intermodalen Güterverkehrszentren insbesondere in Norditalien bemerkenswert. Die italienische Eisenbahn FS und private Kapitalgeber arbeiten bereits seit Jahren in der Gesellschaft „Assointerporti" zusammen, deren Aufgabe die Koordination von Güterverkehrszentren mit Schwerpunkt Eisenbahn in Italien ist.

Beispiel:

Derzeit kooperieren in der Gesellschaft „Assointerporti“ die intermodalen Umschlagszentren (sog. Interportos) Turin, Verona, Padua, Rivalta Scrivia (zwischen Alessàndria und Genua) und Interporto Bologna. Der Interporto Bologna ist das jüngste und größte Investitionsvorhaben im Gütertransport der italienischen Bahn. Die Anlage befindet sich rund 15 km nördlich von Bologna am verkehrsgeographisch herausragenden Knotenpunkt von vier Autobahnen und den bedeutendsten Eisenbahnlinien. Fast drei Viertel aller Güter, die Italien in Nord-Süd-Richtung und umgekehrt durchlaufen, passieren die Verkehrsdrehscheibe Bolgona. Der jährliche Umschlag von Containern, Sattelaufliegern und Güterwaggons liegt im Interporto Bolgona bei über 200 000 Einheiten.

Südlich des Po vervollständigen die Autobahnknoten von Alessàndria, Piacenza und Bologna das rasterförmige Schnellstraßennetz Oberitaliens. Wie in fast allen Mittelmeerländern ziehen sich auch in Italien unterhalb der Poebene die überregional bedeutenden Straßen vorwiegend an der Küste entlang nach Süden.

10.2 Italiens EU-Südhäfen

Für Zentraleuropa sind die **ligurischen** und **adriatischen Häfen** Italiens von elementarer Bedeutung. Sie bilden neben dem französischen Hafenkomplex von Marseille/Fos zwei Schwerpunkte bei den sog. EU-Südhäfen, die von Sète (Frankreich) bis Triest reichen. Güter, die über diese italienischen Häfen zu Zielen in Afrika, der Levante oder dem Fernen Osten verladen werden, haben bis zu den Empfängern einen bis zu 2 200 Seemeilen kürzeren Weg als bei Verladungen über die EU-Nordhäfen. Mengenmäßig dominanter Hafenplatz ist am Ligurischen Meer **Genua**. In diesem Hafen befindet sich eines der Zentren für Europas Erdölversorgung. Die dort angelandeten Rohöle können gelagert, raffiniert und über die Alpen bis nach Ingolstadt gepumpt werden (CEL-Leitung). Genua ist daneben Seehafen für Transitverkehre nach dem Mittleren Osten (Irak, Iran) und Nordafrika, die sowohl als Ro/Ro-Verladungen wie auch in containerisierter Form erfolgen können. Benachbarte Häfen sind **Savona, La Spezia** (Erze, Container) und **Livorno** (Ro/Ro-Dienste, Fährverkehre, Container). In der nördlichen Adria ist **Triest** der führende Hafen. Hier werden in großem Umfang süddeutsche Außenhandelsgüter umgeschlagen, so daß Triest gelegentlich als das „Bayerische Tor zum Süden“ bezeichnet wird. Weitere Häfen in der Nachbarschaft von Triest sind **Venedig** und **Monfalcone**.

Die norditalienischen Mittelmeerhäfen haben wie auch andere EU-Südhäfen lange Zeit deutlich im Schatten der EU-Nordhäfen gestanden. Dies war bedingt durch den langwierigen Zulauf von Gütern per Bahn und Lkw über die Alpen, durch mangelhafte Hafen- und Umschlaganlagen (Fazilitäten), Verständigungsschwierigkeiten, Streiks u. a. m. Die Häfen waren daher in der Verkehrswirtschaft als „langsame Häfen“ bekannt. Zwei einschneidende Entwicklungen haben jedoch die Bedeutung der Häfen enorm verändert: Zum einen war es die Wiedereröffnung des Suezkanals (1975), womit der Weg für Transporte in die Fahrtgebiete Rotes Meer, Arabischer Golf, Indien und Fernost von EU-Südhäfen aus enorm verkürzt werden konnte. Neben diesem geographischen Faktor kam zum anderen ein technischer hinzu: die Containerisierung und der Anstieg der Ro/Ro-Verkehre. Alle großen Häfen, namentlich Triest, Venedig und Genua, verfügen heute über Containerterminals, sie bieten darüber hinaus auch die Verladung von kompletten Lkw im Ro/Ro-Service an. Auch die kleineren Häfen Italiens wie Savona, La Spezia, Livorno, Ancona, Poro Nogaro oder Ravenna bieten mittlerweile derartige Dienste, sie sind für viele Spediteure eine Alternative zu den Großhäfen geworden.

Eine besondere Rolle im Seeverkehr Italiens spielt der petrochemische Frachtverkehr. Da das Mittelmeer von fast 70 Prozent aller europäischen Tankerverkehre berüht wird, ergeben sich verkehrsgeographische Vorteile beim Umschlag über italienische Häfen. Fast ein Drittel des europäischen Mineralölaufkommens wird in Rohöl-Spezialhäfen der Apenninhalbinsel gelöscht. Insgesamt stehen hierfür 30 Ölterminals zur Verfügung, die zum Teil von Supertankern mit Tragfähigkeiten von mehr als 300 000 tdw angelaufen werden können.
Im Norden sind die führenden Ölhäfen Genua, Triest, Ravenna und die in der Lagune von Venedig liegenden Terminals Santa Marta und Petroli Marghera. Weitere wichtige Rohöl-Seehäfen sind Gaeta und Ancona, Tarent, die sizilianischen Umschlagplätze Augusta, Siracus. Milazzo und Mellili sowie Porto Torres auf Sardinien. Allein Triest wird jährlich von rund 430 Tankschiffen unterschiedlicher Tragfähigkeiten angelaufen.

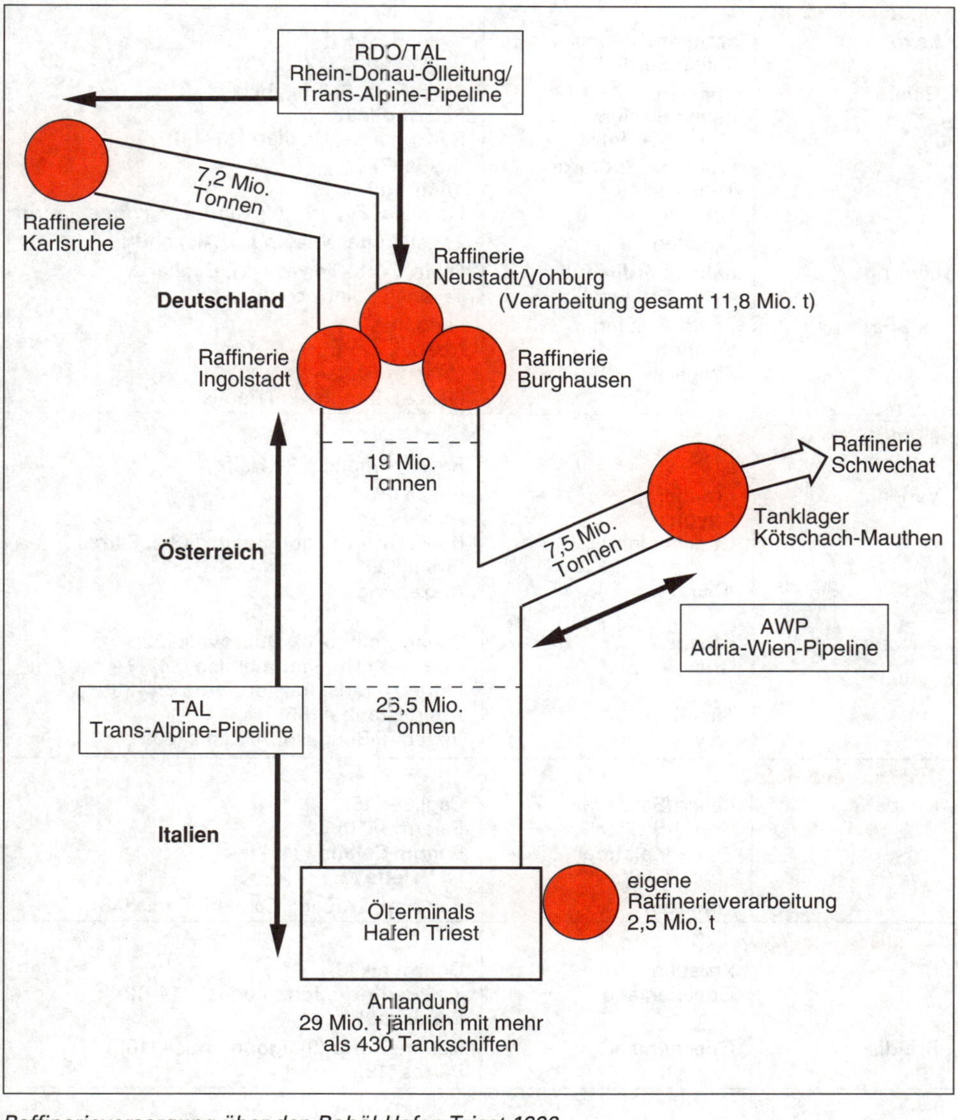

Raffinerieversorgung über den Rohöl-Hafen Triest 1992

10.3 Italienische Fährverbindungen im Mittelmeerraum

Die langgestreckte Küstenform der Apenninhalbinsel, die Vielzahl von Inseln, die Handelsverflechtungen zu vielen Mittelmeerstaaten und die Transitaufgaben für Drittländer bedingen ein umfangreiches Netz von Fährverkehren von und nach italienischen Häfen. Stellvertretend sind einige Fährhäfen mit ihren bedeutendsten Routenangeboten aufgeführt. Die Bedienung der Routen schwankt je nach Jahreszeit. Die eingesetzten Ro/Ro-Schiffe führen je nach Entfernung Pendel- oder Rundreiseverkehre durch.

Italienische Fährhäfen einschl. wichtiger Routen (Auswahl)

Von	Nach	Fährstationen (ca. Fahrzeit in Std.)
Ligurische Häfen		
Savona	Frankreich/Korsika	Calvi, Bastia (5)
	Italien/Sardinien	Porto Torres (12)
Genua	Spanien	Barcelona, Palma, Ibiza
	Italien/Sizilien	Palermo (23)
	/Sardinien	Porto Torres, Cagliari (11–14)
	Frankreich/Korsika	Bastia (7)
	Tunesien	Tunis (48)
	Libanon	Limassol/Zypern, Alexandria/Ägypten, Beirut
	Ägypten	Triest, Limassol/Zypern, Alexandria
Livorno	Italien/Sardinien	Olbia, Porto Torres (12), Cagliari
	/Sizilien	Trapani, Palermo (18)
La Spezia	Saudi-Arabien	Jeddah
	Libanon	Neapel, Beirut
	Tunesien	Neapel, Tunis
	Libyen	Neapel, Benghasi, Tripolis
Nördliche Adriahäfen		
Triest	Israel	Ravenna/Italien (9), Haifa
Venedig	Kroatien	Rijeka (8)
	Ägypten	Alexandria
	Griechenland	Kerkira/Korfu, Igoumenitsa (36), Patras, Piräus (39)
	Ägypten	Alexandria
Ancona	Kroatien	Zadar, Split (5–6), Dubrovnik (22)
	Griechenland	Kerkira/Korfu, Igoumenitsa (34)
		Patras, Piräus, Iraklion/Kreta (34–38)
	Türkei	Izmir, Istanbul (65)
	Libyen	Venedig, Bengashi, Tripolis (60)
Tyrrhenische Häfen		
Neapel	Italien/Sardinien	Cagliari (15)
	/Sizilien	Palermo (10)
	/Kalabrien	Reggio Calabria (11)
	/Malta	La Valetta (25)
	Tunesien	Palermo, Trapani, Cagliari, Tunis (48)
Apulische Häfen		
Bari	Kroatien	Dubrovnik (8)
	Griechenland	Kerkira/Korfu, Igoumenitsa (11–12)
		Patras (19)
Brindisi	Griechenland	Kerkira/Korfu (9), Igoumentisa (10)
		Patras (19)

Von	Nach	Fährstationen (ca. Fahrzeit in Std.)
Sardische und sizilianische Häfen		
Cagliari	Tunesien	Tunis (8–10)
	Italien/Sizilien	Trapani, Palermo (12)
	/Festland	Genua, Livorno, Civitavecchia (10–13)
Porto Torres	Frankreich	Toulon (10)
Syrakus	Malta	La Valletta (5–6)

Zusammenfassung

1. Unter Apenninhalbinsel versteht man die durch das Apenningebirge geprägte stiefelförmige Mittelmeerhalbinsel. Sie gehört territorial zu Italien. Zwergstaaten auf der Halbinsel sind San Marino und Vatikanstadt.
2. Das italienische Verkehrswesen verfügt insbesondere im Norden über ein dichtes Autobahn- und Eisenbahnnetz. Küsten-, Fähr- und Seeverkehre spielen aufgrund der Landeslage eine große Rolle. Die Binnenschiffahrt ist von geringer Bedeutung.
3. Die führenden Wirtschafts- und Verkehrszentren sind die oberitalienischen Städte Turin, Mailand und Genua, die das sog. norditalienische Industriedreieck bilden.
4. Bedeutende Schaltstellen im internationalen Straßen- und Bahntransport sind in Norditalien die intermodalen Umschlagzentren Busto Arsizio (Mailand), Ala (Trento), Quadrante Europa (Verona), Turin, Padua, Rivalta Scrivia (Genua) und Bologna.
5. Für Zentraleuropa wichtige italienische Häfen sind Genua, Savona, La Spezia, Livorno, Triest, Venedig und Monfalcone.
6. Die Fähr- und Seehäfen Italiens werden in sechs geographisch bezeichnete Hafengruppen zusammengefaßt. Man unterscheidet: ligurische Häfen, tyrrhenische Häfen, ionische Häfen, nordadriatische Häfen, apulische Häfen und sardische Häfen.
7. Von italienischen Fährhäfen werden Verbindungen in das gesamte Mittelmeergebiet sowie in das Rote Meer angeboten. Zu den bedeutenden Fährrouten gehören unter anderen die Linien nach Barcelona, Tunis, Limassol, Alexandria, Jeddah, Beirut, Tripolis, Haifa, Patras, Piräus, La Valletta.

Aufgaben

1. Charakterisieren Sie das Verkehrswesen Italiens.
2. Was versteht man unter dem norditalienischen Industriedreieck?
3. Informieren Sie sich anhand von Atlas und Karte über die Lage wichtiger Städte in Norditalien.
4. Beschreiben Sie die Bedeutung der ligurischen und adriatischen Seehäfen für Verkehr und Wirtschaft Italiens und der Staaten nördlich der Alpen.
5. Nennen Sie bedeutende tyrrhenische, ionische und apulische Seehäfen und ihre Leistungsschwerpunkte.
6. Suchen Sie Beispiele für Fährdienste im Pendel- und Rundreiseverkehr.
7. Stellen Sie für die nachstehenden grenzüberschreitenden Straßengüterverkehre die günstigsten Fahrtrouten mit folgenden Angaben zusammen: richtige Reihenfolge der durchquerten Länder und wichtigen Städte, Fährverbindungen und ggf. Alpenübergänge, Grenzübergänge. Nennen Sie mögliche Alternativrouten. Verfahren Sie nach folgendem Muster:

Von	Nach	Länder/Städte	Fähren/Pässe	Grenzübergänge
Cagliari	Mainz	Italien, Schweiz, Deutschland Genua, Mailand, Basel, Karlsruhe, Mainz	Cagliari–Genua Gotthard-Tunnel	Como/Chiasso Basel/Weil

Transportfälle:

a) 15 t Südfrüchte von Thessaloniki via Verona nach Amsterdam.
b) 21 t Textilien von La Valletta/Malta nach Bocholt.
c) 18,5 t Unterhaltungselektronik von Würzburg nach Ankara via Verona.
d) Hilfsgüter von Saarbrücken nach Dubrovnik via italienischer Hafen.
e) 12,5 t Ersatzteile von Kassel nach Ajaccio/Korsika.
f) Wein in Flaschen von Tunis nach München.
g) 18 t Konserven von Athen via Mailand nach Basel.

11 Ost- und Südosteuropa

Der Wirtschafts- und Verkehrsraum **Osteuropa** besteht aus Polen, den Tschechischen und Slowakischen Republiken, den baltischen Ländern Estland, Lettland, Litauen sowie den zum GUS-Staatenbund gehörenden Republiken Rußland, Weißrußland, Moldawien und Ukraine. Zum Balkanraum oder **Südosteuropa** gehören Ungarn, Slowenien, Kroatien, Rumänien, Bosnien, Serbien (Rest-Jugoslawien), Albanien, Makedonien und Griechenland. Da die Staatenbildung auf dem Balkan durch ständige politische Veränderungen nicht abgeschlossen ist, kann das Bild der Region bald neu bestimmt werden müssen. Das vorderasiatische Land Türkei hat einen kleinen Anteil am Gebiet Thrakien und damit an Südosteuropa. Das Verkehrswesen der genannten Länder ist aufgrund der geographischen und klimatischen Vielfalt außerordentlich unterschiedlich. Generell kann gesagt werden, daß für alle Verkehrsträger mehr oder weniger großräumige Verkehrsnetze existieren, mit denen die Wirtschaftszentren untereinander verknüpft sind. Gleichwohl gibt es einige Besonderheiten. So spielte der Eisenbahnverkehr vor dem Straßengüterverkehr in allen Staaten (bis auf Albanien und Griechenland) bislang im Vergleich zu den Staaten Westeuropas eine wesentlich größere Rolle. Aufgrund ihres Finanzmangels sind die meisten Staaten Ost- und Südosteuropas derzeit nicht in der Lage, das Verkehrswesen modern auszubauen.

[1]) seit 1.1.1993 geteilt in Tschechische Republik (Hpst. Prag) und Slowakische Republik (Hpst. Bratislava).

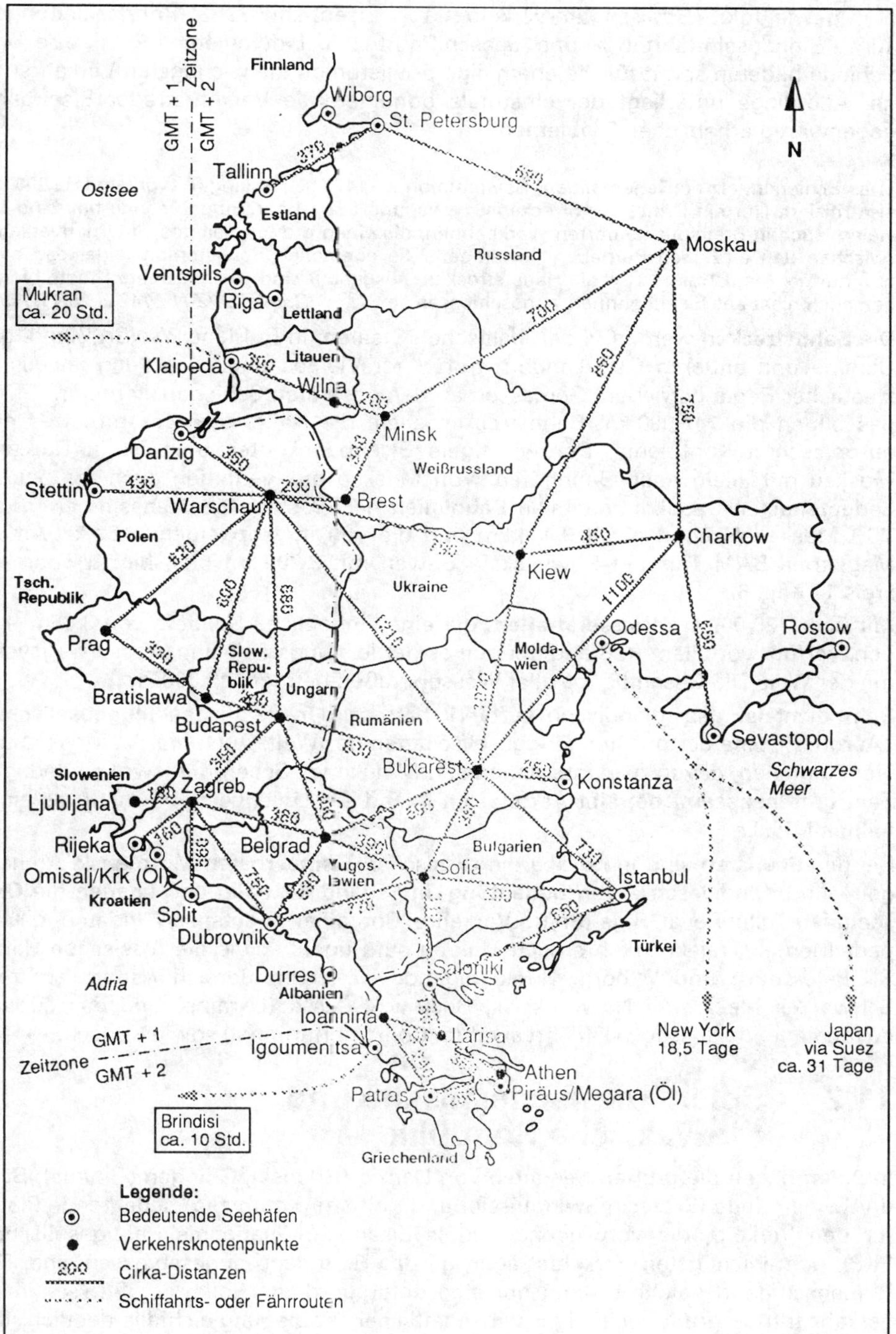

Verkehrsschwerpunkte in Ost- und Südosteuropa

11.1 Baltischer Raum und GUS

In der **ehemaligen Sowjetunion** verteilten sich 1989 die Gütertransporte mengenmäßig wie folgt: Straßengüterverkehr 50 %, Eisenbahn 32 %, Rohrfernleitungen 10 %, Binnenschiffahrt 5 % und Seeschiffahrt 2 %, Luftverkehr 1 %. Straße und Schiene bildeten somit für die ehemalige Sowjetunion die wichtigsten Verkehrswege. Allerdings unterliegt der einstmals dominierende Verkehrsträger Eisenbahn gegenwärtig erheblichen Problemen.

Beispiel:

„Das Schienennetz der [ehemaligen] Sowjetunion ist 147 000 km lang. Davon sind 55 000 km elektrifiziert. Nur ein Drittel der Strecke ist zweispurig ausgebaut. Eine Besonderheit sind die vielen, auch in Breitspur geführten Werkbahnen, die einen großen Teil des Güternahverkehrs zwischen den einzelnen Betrieben bewältigen. Die ehemalige Sowjetunion leidet darunter, daß nur die Magistralen, also die Hauptstrecken, ausgebaut sind, viele kleinere Städte hingegen noch nicht ans Eisenbahnnetz angeschlossen sind". *Quelle: DVZ Nr. 142 v. 28.11.1991.*

Die **Bahnstrecken** werden in den baltischen Staaten, in Rußland, Weißrußland, der Ukraine und anderen GUS-Ländern trotz ihrer Vielgestaltigkeit bislang jeweils in staatlicher Regie betrieben. Gemessen an den gesamten Schienenkilometern Europas bilden die 147 000 km Bahnstrecken allein die Hälfte des Gesamtnetzes des europäischen Kontinents. Der wichtigste Eisenbahnknotenpunkt ist in Rußland Moskau mit allein neun Bahnhöfen. Von Moskau aus verlaufen auch die beiden bedeutendsten transkontinentalen Bahnlinien nach Osten: die Transsibirien-Route TSR Moskau–Nachodka mit 9 441 km und die von ihr abzweigende Baikal-Amur-Magistrale BAM Taischet–Sowjetskaja Gawan mit 3 200 km (vgl. hierzu Themenkreis 11 Kap. 6).

Mit über 120 000 km **Wasserstraßen**, die eine einheitliche Solltiefe von 3,65 m haben, verfügt vor allem Rußland über eines der leistungsfähigsten Wasserwegsysteme der Welt. Die Gesamtlänge aller Wasserstraßen beträgt 142 000 km.

Sehr dicht ist das inländische **Luftverkehrsnetz** der staatlichen Fluggesellschaft „Aeroflot", eine der größten Fluggesellschaften der Welt. Auch hier ist Moskau mit vier Flughäfen, davon zwei internationalen (Wnukowo, Scheremetjewo) eindeutiges Zentrum. Insgesamt betreibt Aeroflot im Inland ein Liniennetz von mehr als einer halben Mio. km.

Bei den **Seehäfen** sind in Europa die russischen **Eismeerhäfen** Murmansk, Archangelsk und Kandalaschka von Bedeutung, in Estland, Lettland und Litauen die **Ostseehäfen** Tallin/Reval, Riga (Ro/Ro-Verkehre, Container). Ventspils/Windau und Klaipeda/Memel (Trajektverkehre nach Mukran auf Rügen) sowie die russischen Häfen St. Petersburg und Wiborg. Herausragende Häfen im Bereich **Asowsches** und **Schwarzes Meer** sind Noworossisk, Rostow, Odessa (Ukraine) und das südlich davon liegende Ilitschowsk (Fährverkehre, Containerterminal) sowie Kertsch.

11.2 Polen, die Tschechische und Slowakische Republik

In **Polen** bilden die großen Seehäfen von Danzig (Gdansk), Gdingen (Gdynia), Stettin/Swinemünde (Szczecin/Swinoujscie) und Kolberg (Kolobrzeg) bedeutende Plätze für den Verkehr, die vorwiegend mittels Eisenbahn (nationale Bahngesellschaft PKP), dem wichtigsten Verkehrsträger, an das Hinterland angeschlossen sind. Die Binnenschiffahrt spielte bislang nur eine untergeordnete Rolle, der Straßengüterverkehr tritt aufgrund vielfältiger wirtschaftlicher Probleme gleichfalls deutlich hinter der Bahn zurück. Der Flugverkehr wird über die nationale Fluggesellschaft LOT abgewickelt. Hauptflughafen ist Warschau.

In der **Tschechischen Republik** und der **Slowakei** dominiert im Güterverkehr die Eisenbahn. Das Straßennetz ist insbesondere im wirtschaftsstarken Tschechien gut entwickelt, wo fast 500 km Autobahn (z. B. die Strecke Prag-Brünn) unterhalten werden. Über Wasserstraßen werden die beiden Binnenländer mit Seehäfen verbunden. Tschechien hat über die Elbe einen Zugangsweg zum Hamburger Hafen, wo ein eigener Hafenteil genutzt werden kann. Die größten Binnenhäfen des Landes sind Prag an der Moldau und Melnik, Usti nad Labem (Aussig) sowie Decin (Tetschen) an der Elbe. Aufgrund der schlechten Navigationsbedingungnen auf der Oberelbe hat der Schiffsverkehr keinen hohen Umfang. Die Slowakei hat über die Donau Zugang zum Schwarzen Meer, wichtigster Binnenhafen ist Bratislava.

11.3 Ungarn, Slowenien, Kroatien und Rest-Jugoslawien

Das Straßen- und Bahnnetz Ungarns erfüllt bedeutende Transitfunktionen in Europa. Zentraler Verkehrsknoten im radialen Verkehrsnetz ist die Hauptstadt Budapest, in der sich auch ein wichtiger Donau-Binnenhafen befindet. Im Luftverkehr ist der internationale Flughafen Budapest-Ferihegy Standort der nationalen Fluggesellschaft MALÉV. Die Ungarischen Staatsbahnen (MAV) sind derzeit noch das größte Unternehmen des Landes, sie befördern jährlich rund 100 Mio t Güter und über 220 Mio. Personen. Insgesamt gilt MAV allerdings als stark sanierungsbedürftig, da der Waggonpark zu groß und unmodern ist.

Beispiel:

„Die Lokomotiven sind zumeist veraltet. 600 der 4 500 Personenwagen müßten sofort ersetzt werden, die Hälfte der Güterwaggons entspricht nicht internationalem Standard. Einer ... Untersuchung zufolge sind die vorhandenen Personen- und Güterwagen durchschnittlich 18 beziehungsweise 20 Jahre alt. Die Strecken sind für Fahrgeschwindigkeiten von 160 km/h unbrauchbar."
Quelle: DVZ Nr. 142 v. 28. 11. 1991.

Slowenien, **Kroatien** und Regionen **Rest-Jugoslawiens** bilden wie Ungarn einen wichtigen Transitraum in Europa, namentlich für Verkehre zwischen den nördlichen EU-Staaten und Griechenland sowie für Verkehre von und nach der Türkei und den Nahen Osten. Die Länder zeigen ein sehr unterschiedlich entwickeltes Verkehrsnetz. Entlang der Küste existiert ein gut ausgebautes Staßennetz, in den nördlichen Tieflandzonen sind sowohl die Straßen- wie Schienennetze gut ausgebaut. Die Gebirgsregionen, zum Beispiel in Bosnien/Herzegowina und in Montenegro, sind dagegen schlechter erschlossen. Güterverkehre werden hier wegen fehlender Bahnstrecken ausschließlich auf der Straße abgewickelt. Für den Straßentransit ist die Autobahn bzw. autobahnähnliche Strecke Zagreb–Belgrad–Nis (Kap. 11.6) von überragender Bedeutung. Der Eisenbahntransitverkehr, der jährlich bis zu 100 Mio. t umfaßt, erfolgt überwiegend auf der Achse Wien–Zagreb–Belgrad–Nis mit Abzweigungen nach Sofia (Bulgarien) und Thessaloniki (Griechenland), Eisenbahnverbindungen führen auch zu allen wichtigen Seehäfen an der Adria, wie u. a. nach Rijeka, Koper, Sibenik, Split und Dubrovnik. Entlang der Küste gibt es keine Eisenbahnverbindungen. Zentrale Wasserstraße ist die Donau (vgl. Kap. 11.7), schiffbar sind weiterhin die Flüsse Theiß, Save, Drau und einige Kanäle, so daß rund 2 300 km an Wasserstraßen zur Verfügung stehen. Der Luftverkehr wird von der Fluggesellschaft JAT („Jugoslavenski Aerotransport") abgewickelt. Mit der Staatenneubildung von Slowenien und Kroatien sind neue Fluggesellschaften gegründet worden. Hauptflughäfen sind Belgrad, Zagreb, Ljubljana, Sarajewo und Dubrovnik, ferner gibt es eine Reihe von Regionalflughäfen für den Touristenverkehr.

11.4 Rumänien, Bulgarien, Albanien

In vergleichsweise sehr schlechtem Zustand sind die Verkehrsnetze in **Rumänien** und **Bulgarien**, in beiden Staaten bildet die Donau eine wichtige Verkehrsleitlinie, führende Verkehrsträger sind die jeweiligen staatlichen Eisenbahnen. Nationale Fluggesellschaften sind Taróm (Rumänien) und Balkan (Bulgarien). In **Albanien** ist der Straßenverkehr wegen der geographischen Bedingungen schwierig. Ein Eisenbahnsystem existiert erst seit Ende des Zweiten Weltkrieges. Haupthafen des Landes ist Durres.

11.5 Griechenland und Türkei

Das **griechische Verkehrswesen** ist wegen der langen Küsten und Inseln stark auf den See- und Küstenverkehr ausgerichtet. Binnenschiffahrt wird nicht betrieben. Die Handelsflotte des Landes gehört zu den weltweit größten, wichtige Häfen sind Piraeus bei Athen, Igoumenitsa, Patras, Wolos und Thessaloniki. Die Ro/Ro-Fährverkehre nach und von Italien (vgl. Kap. 10.3) gehen über die Festlandshäfen Igoumenitsa, Patras, Piräus und den Inselhafen Kerkira auf Korfu. Der Hafen Piräus ist ferner für den Fährverkehr nach der Levanteküste und Nordafrika von Bedeutung. Wichtige Destinationen (die je nach politischer Lage bedient werden) sind nachfolgend zusammengefaßt.

Fährverkehre nach Nordafrika/Levante ab Griechenland

Fährroute ab ... via	Nach Staat	Endhafen	Fahrtdauer ca.
Piräus–Limassol/Zypern	Israel	Haifa	2 Tg.
Piräus (direkt)	Ägypten	Alexandria/ Port Said	1,5 Tg.
Piräus–Limassol/Zypern	Syrien	Tartous	

Das griechische Bahnwesen ist nur schwach entwickelt. Die Autobahn- und Nationalstraßen, auf denen vorrangig die Güterverkehre stattfinden, sind dagegen relativ gut ausgebaut. Im Flugverkehr spielt Athens Flughafen Hellenikon eine Rolle als Drehscheibe im internationalen Flugverkehr. Athen ist der Heimatflughafen der griechischen Fluggesellschaft Olympic Airways.

Weit stärker als Griechenland ist die **Türkei** ein Transitland. Die großen Verkehrskorridore für Eisenbahn- und Straßenverkehr sind die Achsen Bulgarien–Istanbul–Ankara–Syrien/Naher Osten, die kombinierten See/Landrouten Griechenland–Adana–Naher Osten und Izmir–Konya–Naher Osten. Der Autobahnbau wird derzeit vorangetrieben und das Bahnnetz modernisiert. Der Verkehrsengpaß Bosporus kann von Lkw über zwei gebührenpflichtige Brücken („Bogazköprüsü" und Fatih Sultan Mehmet-Brücke) gequert werden. Der Seeverkehr nimmt aufgrund des großen Im- und Exports einen hohen Stellenwert ein. Wichtige Mittelmeerhäfen sind Istanbul, Izmit, Izmir, Mersin, Iskenderum, am Schwarzen Meer Trabzon und Samsun. Die staatliche Fluggesellschaft „Turkish Airlines" (Türk Hava Yollari) betreibt von Istanbul, Ankara und Adana internationale Linienflugverkehre.

11.6 TEM – Osteuropas große Nord-Süd-Straßenachse

Bis zum Ende des Jahrhunderts soll der große **Trans-European Motorway** (TEM) zwischen dem Ostseehafen Danzig und der türkisch/iranischen Grenzstadt Gurbulak fertiggestellt sein. Teilabschnitte von mehreren tausend Kilometern dieser nach Fertigstellung rund 10 000 km umfassenden Schnellstraße sind bereits in Betrieb, vor allem dort, wo vorhandene Straßen durch Umbau modernisiert werden konnten. Das Projekt wird von den Vereinten Nationen (UN) koordiniert, beteiligt sind an den Bauarbeiten der Hauptverkehrsachse neben den betroffenen europäischen Staaten auch die Türkei, Syrien und Iran.

Der TEM als große **Nord-Süd-Straße** verbindet die wichtigen Metropolen Ost- und Südosteuropas und erhält durch Stichstraßen nach Österreich und Italien eine Anbindung an das westeuropäische Straßennetz, an die Seehäfen der Adria sowie an die der Ägais und des Schwarzen Meeres. In ihrem verzweigten Verlauf verknüpft die TEM innerhalb **Polens** die Städte Danzig, Warschau und den Großraum Krakau/Kattowitz. In **Tschechien/Slowakei** führt sie durch die Industriestädte Ostrau und Brünn sowie durch die Donauhafenstadt Bratislava (Preßburg). Von Bratislava zweigt eine Stichstraße nach Wien und Udine/Triest ab. Über das Verkehrskreuz Budapest (**Ungarn**), wo eine Stichstraße nach dem Adriahafen Rijeka abzweigt, und Szeged (mit Stichstraße nach dem Schwarzmeerhafen Konstanza) erreicht die TEM die Grenze zu **Jugoslawien/Serbien**. Über Novi Sad führt die Linie dann bis nach Belgrad. Insgesamt bildet der Abschnitt von Bratislava/Wien über Budapest bis Belgrad den bislang bedeutendsten Transportkorridor.

Beispiel:

Am Verkehrsknotenpunkt Belgrad trifft die TEM mit der ehemaligen Transjugoslawien-Autobahn M 1 zusammen, die vom Karawankentunnel beim österreichisch/slowenischen Grenzort Jesenice bis Gevgelija an der makedonisch/griechischen Grenze reicht.

TEM und M 1 verlaufen bis zur Stadt Nis, von wo aus eine Straßentrasse Richtung **Griechenland** (Athen) führt. Beim Knotenpunkt Nis schwenkt die Fernstraße in Richtung **Türkei** nach Edirne und Istanbul, dort quert sie mit zwei Bosporus-Brücken die gleichnamige Meerenge. Innerhalb der Türkei umfaßt die TEM-Strecke allein rund 3 500 km bis zu den Grenzübergängen nach Syrien und Irak. Mit dem Schnellstraßenbau soll der Personen- und Güterverkehr gesteigert und die Grenzabfertigung an den jeweiligen Zollstellen erheblich verringert werden. Die Baukosten sind aufgrund der schwierigen Naturverhältnisse (Gebirge, Erdbebenzonen) außerordentlich hoch, so daß mit großen Finanzierungsproblemen gerechnet wird.

Die Bosporus-Meerenge

Im Jahre 1973 wurde der Bosporus, der den asiatischen vom europäischen Teil der türkischen Großstadt Istanbul trennt, erstmals durch eine moderne Straßenverkehrsbrücke überspannt. Vorher gab es nur Fährverkehre. Diese erste Bosporus-Brücke diente bis in jüngste Zeit als einziger trockener Übergang dem Fernverkehr zwischen Europa und dem Nahen Osten. 1988 wurde als Entlastungsstrecke eine zweite Brücke nördlich der ersten eröffnet, über die der innerstädtische Straßenverkehr Istanbuls geführt wird. Diese Brücke ist mit 1 090 m Spannweite die fünftgrößte Hängebrücke der Welt, die achtspurige Fahrbahn liegt 65 m über der Wasserfläche. Trotz der beiden Brücken und der Fähren stellt die Bosporusquerung im internationalen Straßengüterverkehr nach wie vor eine Engstelle dar. Ein dritter Brückenbau ist geplant.

Zusammenfassung

1. Zum Verkehrs- und Wirtschaftsraum Osteuropa werden die folgenden Staaten gerechnet: Polen, Tschechien, Slowakei, Estland, Lettland, Litauen sowie die der Gemeinschaft Unabhängiger Staaten (GUS) zugehörigen Länder Rußland, Weißrußland, Ukraine und Moldawien.
2. Zum Verkehrs- und Wirtschaftsraum Südosteuropa werden die folgenden Staaten gerechnet: Ungarn, Slowenien, Kroatien, Bosnien, Jugoslawien/Serbien, Makedonien, Rumänien, Bulgarien, Albanien und Griechenland. Die Türkei hat nur einen geringen Landanteil an Europa.
3. Das Eisenbahnnetz der ehemals zur Sowjetunion gehörenden baltischen Länder und GUS-Republiken ist eines der umfangreichsten der Welt. Es wird im Breitspursystem betrieben. Zentraler Eisenbahnknotenpunkt ist Moskau.
4. Das Wasserstraßennetz der ehemaligen Sowjetunion ist eines der leistungsfähigsten und umfangreichsten der Welt. Viele Seehäfen sind durch Wasserstraßen günstig mit dem Hinterland verknüpft.
5. Der Flugverkehr hat in den Ländern der ehemaligen Sowjetunion aufgrund der riesigen Landausdehnung einen hohen Stellenwert. Überragendes Luftverkehrszentrum ist mit vier Flughäfen Moskau.
6. Bedeutende Transitaufgaben im West-Ost- und Nord-Süd-Verkehr nehmen insbesondere Polen, Tschechien, Slowakei, Ungarn, Slowenien, Kroatien und Rest-Jugoslawien ein. Griechenland und die Türkei sind Transiträume für Landverkehre von und nach dem Nahen Osten.
7. Der im Aufbau befindliche Trans-European Motorway (TEM) ist eine durchgehende Fernstraße zwischen der Ostsee und der türkisch/iranischen Grenze. Der TEM verläuft durch die Länder Polen, Tschechien/Slowakei, Ungarn, Jugoslawien/Serbien, Makedonien, Bulgarien, Griechenland und Türkei. Verkehrsengpaß auf dieser Route ist u. a. der Bosporus.

Aufgaben

1. Nennen Sie die Staaten, die zu Osteuropa und zu Südosteuropa gerechnet werden.
2. Charakterisieren Sie die Verkehrswirtschaften der osteuropäischen Staaten.
3. Charakterisieren Sie die Verkehrswirtschaften der südosteuropäischen Staaten einschließlich der Türkei.
4. Verfolgen Sie mit Hilfe von Atlas und Karten den Verlauf des sog. Trans-European-Motorway. Erstellen Sie eine Übersicht der Länder und Wirtschaftsschwerpunkte, die der TEM verbindet.

11.7 Verkehrsader Donau

Mit einer Gesamtlänge von 2 860 km und einer Schiffbarkeit von 2 588 km ist die Donau nicht nur der zweitlängste europäische Fluß, sondern auch eine der großen Wasserwege des Kontinents. Als einziger Fluß mit Quelle in Deutschland entwässert die Donau nach Süden zum Schwarzen Meer. Anteil an diesem Nord-Süd-Strom haben die acht Staaten Deutschland, Österreich, Slowakei, Ungarn, Jugoslawien/Serbien, Rumänien, Bulgarien und Ukraine. In einigen Fällen bildet die Donau die Grenze zwischen den Anrainerländern. Als internationaler Strom kann die Donau von allen Staaten befahren werden, dies ist in der Belgrader Akte verankert.

11.7.1 Donaukonvention und Donaukommission

Die **Belgrader Akte** (auch Donaukonvention genannt) ist ein 1948 geschlossenes Abkommen über den Schiffsverkehr auf der Donau. In der von der Belgrader Akte eingesetzten **Donaukommission** ist die Bundesrepublik Deutschland seit 1957 als Nichtmitglied durch Sachverständige vertreten. Die Belgrader Akte wird aber als international nicht verbindliche Stromakte angesehen, dies hat für die Bundesrepublik Deutschland den Abschluß von bilateralen Schiffahrtsverträgen mit den Anrainerstaaten zur Folge. In der Belgrader Akte sind u. a. geregelt, daß auf der Donau Abgabenfreiheit herrscht, soweit nicht örtliche Ausnahmen bestehen, und daß Schiffahrtsfreiheit für den Transitverkehr und für Beförderungen aus dem eigenen oder in das eigene Land garantiert wird. Die Donaukommission ist ein internationaler Zusammenschluß der genannten Anliegerstaaten mit Sitz in Budapest. Sie verfolgt seit Jahrzehnten als oberstes Ziel die enge Zusammenarbeit der Staaten, um Verbesserungen der Schiffahrtsbedingungen auf der Donau zu erreichen.

Beispiel:

Von der Donaukommission sind mehrere wichtige Beschlüsse gefaßt worden, die den Verkehr auf dem Fluß sichern und beschleunigen. Hierzu gehörten die Schaffung von einheitlichen Navigationsbedingungen, verschiedene Zollregelungen, Gesundheitsbestimmungen, die Führung einer Donaustatistik, hydrometeorologische Dienste (Pegel, Wasserstandsmeldungen) und anderes mehr.

11.7.2 Die nationalen Donauabschnitte und ihre Bedeutung

Der Wasserweg Donau ist für die einzelnen Anrainerstaaten von unterschiedlicher Bedeutung, da die Befahrbarkeit des Flusses gleichfalls sehr unterschiedlichen Bedingungen unterworfen ist. Die Streckenabschnitte des **Oberlaufes** etwa sind durchweg für moderne Selbstfahrer und Koppelverbände bis zu 2 500 t nutzbar. Im **Mittellauf** können Schiffseinheiten bis zur Größe von rund 7 000 t bewegt werden. So verkehren von Belgrad und Budapest aus regelmäßig Donau-See-Schiffe zu Zielhäfen am Schwarzen Meer. Teilweise werden derartige Verkehre auch von Bratislava und Wien aus angeboten. Die Schiffbarkeit der Donau ist naturgemäß auf dem **Unterlauf** besonders hoch. Hier werden neben Binnenschiffen aller Art auch Schubverbände mit Tragfähigkeiten von fast 20 000 t eingesetzt, auch kleinere Seeschiffe können den Strom flußaufwärts bis zum Hafen Braila befahren.

- Die Schiffbarkeit beginnt in **Deutschland** bei Ulm, für den gewerblichen Binnenschiffsverkehr mit modernen Europaschiffen beim Main-Donau-Kanalabzweig Kelheim. Die deutsche Strecke von Kelheim bis zur österreichischen Grenze bei Jochenstein beträgt 210 km, auf ihr müssen 4 Staustufen mit Schleusen passiert werden. Wichtige Häfen sind neben Kelheim Regensburg, Deggendorf und Passau.
- In **Österreich** hat die Donau eine Länge von 350 km, es müssen derzeit 12 Schleusen passiert werden. Die herausragenden Binnenhäfen sind Linz (Erzzufuhr), Krems und die Hauptstadt Wien, in der auch die größte Binnenreederei des Landes, die „Erste Donau-Dampfschiffahrtsgesellschaft" (DDSG) ihren Sitz hat.
- Bei Bratislava tritt die Donau auf das Gebiet der **Slowakischen Republik** über und ist von da an über rund 210 km Grenzfluß zu Ungarn. Bratislava-Palenisko ist der größte slowakische Donauhafen und Zentrum der Binnenreedereien des Landes. Die modernen Umschlaganlagen werden auch von Fluß-Seeschiffen angelaufen.

- **Ungarn** wird von der Donau auf rund 250 km von Norden nach Süden durchquert. Der Fluß hat auf diesem Abschnitt eine relativ geringe Fließgeschwindigkeit und lagert viel Geschiebematerial ab. Zur Sicherung des Fahrwassers müssen daher ständig Baggerarbeiten vorgenommen werden. Haupthafen ist Budapest, weitere bedeutende Binnenhäfen befinden sich in Dunaüjvaros und Baja (Mahácz-Baja).

- Der Donauabschnitt **Serbiens** beträgt rd. 590 km, davon ist ein Teil Grenzabschnitt zu Rumänien. Der Fluß ist für das Land der einzige schiffbare Wasserweg zu einem Meer. Die Donau nimmt in hier die Nebenflüsse Drau, Theiß und Save auf, auf denen ebenfalls Binnenschiffahrt betrieben wird. Wichtige Binnenhäfen sind an der Donau die Containerumschlagstation Belgrad und der Hafen Novi Sad, an der Drau der Hafen von Osijek.

- Für **Rumänien** ist die Donau im Süden des Landes ein ausgesprochener Grenzfluß, denn über 229 km bildet sie die Grenzlinie zu Jugoslawien/Serbien und über 400 km zu Bulgarien. Bis in die jüngste Zeit hinein war auf dem verengten rumänisch-jugoslawischen Abschnitt die Passage durch das Eiserne Tor, dem Donaudurchbruch durch die Südkarpaten, äußerst gefährlich. Seit 1972 ist die Engstelle durch die Anlage einer Staustufe entschärft. Die Passagezeit für das Eiserne Tor und die Doppelschleuse liegt bei 25 bis 30 Stunden. Östlich der rumänischen Hauptstadt Bukarest schwenkt die Donau rund 200 km nach Norden bis zur Grenze mit der Ukraine und mündet deltaförmig ins Schwarze Meer. Rund 80 % des Deltas liegen auf rumänischem Territorium. Von den drei Mündungsarmen ist der nördlichste, der Kilija-Arm, Grenzfluß zur Ukraine. Hauptfahrwasser ist der 63 km lange Sulina-Mündungsarm, der südliche Donauarm heißt Gheorghe-Mündung (109 km). Der Donauunterlauf wird in Rumänien noch durch den Cernavoda-Kanal erschlossen. Knapp oberhalb des Donaudeltas liegen die beiden Donau-Großhäfen des Landes, Galati und Braila.

- **Bulgarien** verfügt mit dem großen Hafen von Russe und den Häfen von Lom und Svistov über leistungsfähige Umschlagstellen am Strom. Insgesamt hat das Land bislang jedoch nur einen geringen Anteil an der Donauschiffahrt.

- Die **Ukraine** hat zwischen Galati und der Kilija-Mündung über rund 200 km Anteil an der Donau, in ihrem Gesamtverlauf ist sie dort Grenzfluß zu Rumänien. Beide Länder betreiben auf der Unteren Donau großmaßstäbigen Binnenschiffsverkehr mit Schubeinheiten und Schleppzügen. Haupthäfen der Ukraine sind Reni und Ismail.

Der **Cernavoda-Kanal**, der auch Donau-Schwarzmeer-Kanal genannt wird, ist ein etwa 64 km langer Wasserweg in Rumänien zwischen der am Schwarzen Meer liegenden Hafenstadt Konstanza und der Donaustadt Cernavoda. Am Kanal befinden sich drei größere Binnenhäfen: Cernavoda am Kanalkilometer 0 beim Eintritt in die Donau, Medgidia und Basarabi. Das großzügig bemessene Kanalbett (bis 90 m Breite) und die sieben Meter Wassertiefe ermöglichen die Verkehre von Schubverbänden in Sechserfahrt sowie von Fluß-Seeschiffen bis 5 000 tdw. Der Kanal hat bei Cernavoda und nahe Konstanza jeweils eine Schleuse. Die Nutzung des Kanal erbringt eine Einsparung an Fahrtstrecke von über 200 km.

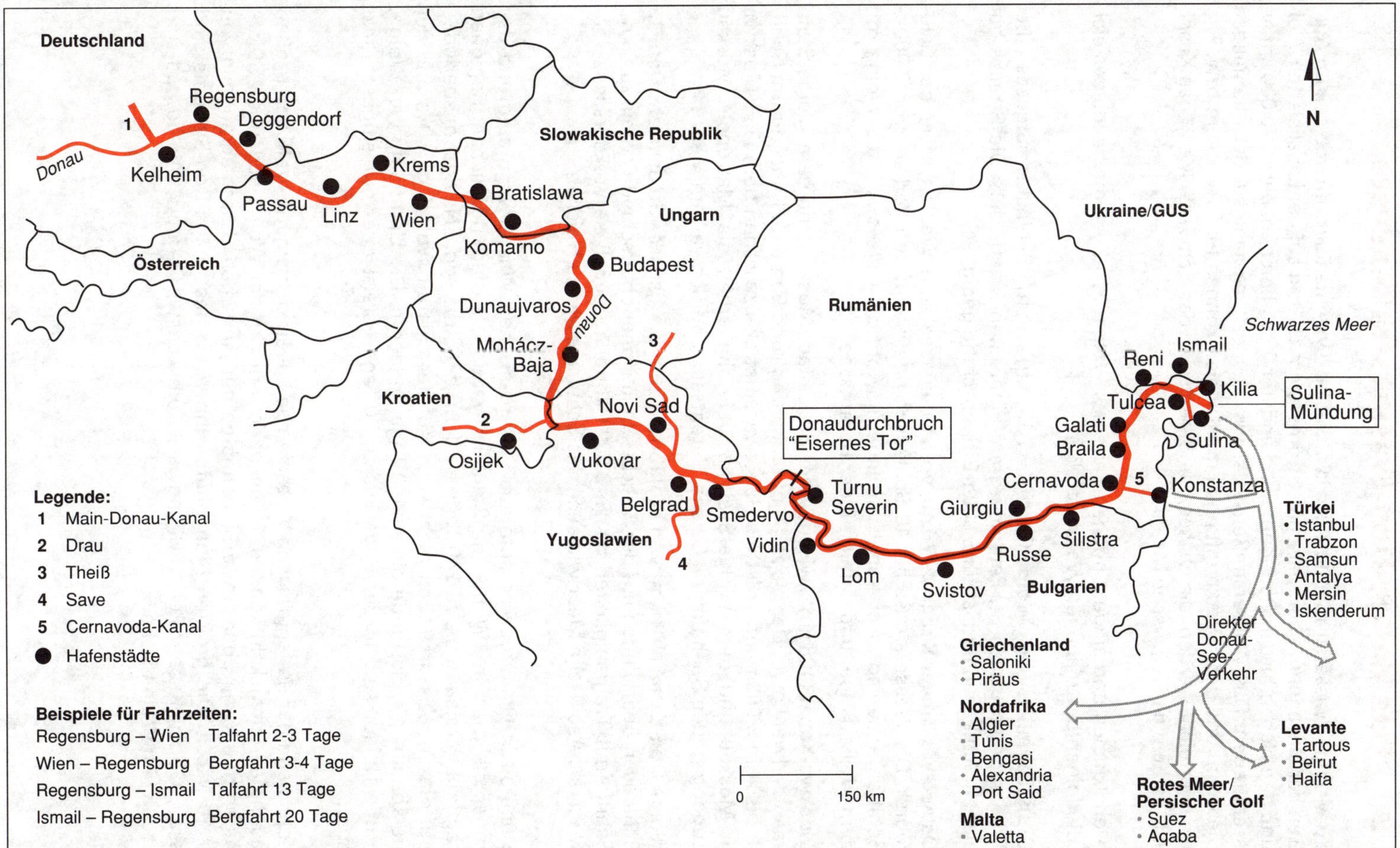

Donauländer, wichtige Donauhäfen und Donau-Seeverkehr

11.8 Das Wolga-Don-Wasserstraßensystem

Das gewaltige Wasserstraßennetz des Wolga-Don-Systems übertrifft von seinen Ausmaßen her alle anderen europäischen Stromsysteme. Denn auf der kanalisierten Wolga und den Nebenflüssen Don, Kama und anderen bestehen annähernd 20 000 km an Wasserstraßen. Das Wasserstraßensystem ist das leistungsfähigste der ehemaligen Sowjetunion und durch Verknüpfungen mit Kanälen können fünf Teilmeere bzw. Binnenseen erreicht werden: die Ostsee, die Barentssee, das Schwarze Meer, das Kaspische Meer und das Asowsche Meer.

Bei den Kanälen und eingebundenen Seen des Wolga-Don-Systems handelt es sich um die folgenden wichtigen Wasserstraßen:

- **Großschiffahrtsweg Wolga-Ostsee** (1 100 km) vom Rybinsker Stausee (bei Tscherepowez) nach St. Petersburg am Finnischen Meerbusen. Die Strecke hat sieben Schleusen und ist für 5 000-t-Binnenschiffe geeignet.
- **Ostsee-Weißmeer-Kanal** (227 km) vom Onegasee zum Weißen Meer bei Belomorsk. Die Wasserstraße hat 19 Schleusen und ist auf den Verkehr von 3 000-t-Schiffen ausgelegt. Der Kanal verbindet sowohl die Ostsee wie die Wolga mit dem Weißen Meer und damit mit der Barentssee.
- **Moskwa-Kanal** (128 km) zwischen der Hauptstadt Moskau und dem Wolga-Stausee von Iwankowo. Der bis zu 80 m breite und rund 5 m tiefe Kanal nimmt Schiffe bis zum 3 500 t auf, er ist die Hauptwasserstraße zwischen dem Fluß Moskwa in Moskau und dem Wolga-System. Über ihn erhält die Metropole Moskau Zugang zu den Seehäfen an Ostsee, Barentssee und Schwarzem Meer.
- **Wolga-Don-Kanal** (101 km) von Wolgograd zum Zimljansker Stausee am Don. 13 Schleusen überwinden auf der Strecke einen Höhenunterschied von bis zu 88 m. Schiffe mit Tragfähigkeiten bis zu 3 500 t können über diese Verkehrsachse sowohl das Asowsche Meer wie auch das Schwarze Meer erreichen.

Wie überall in Osteuropa so sind auch die russischen Wasserwege aufgrund des Kontinentalklimas im Winter größtenteils vereist. In den nördlichen Regionen beträgt die Vereisung bis zu 240 Tage im Jahr, d. h., die sog. „Navigationsperiode" ist auf diesen Wasserstraßen recht kurz. Auf der Oberen Wolga, der Oka und der Kama können die Eisstände bis zu 180 Tage andauern. Die Unterläufe von Wolga, Don und Dnjepr sind in der Regel bis zu 70 Tage vereist oder nur eingeschränkt nutzbar.

Entsprechend der umfangreichen Wasserwege haben sich eine Vielzahl von großen Binnenhäfen entwickeln können. Insbesondere die an der Wolga liegenden Städte verfügen durchweg über große Binnenhäfen mit jährlichen Umschlagmengen von über 10 Mio. t. Die größten Binnenhäfen innerhalb des Wolga-Don-Systems sind Moskau, Gorkij, Kasan, Perm, Uljanowsk, Kuibyschew, Saratow, Wolgograd und Astrachan im Wolga-Delta.

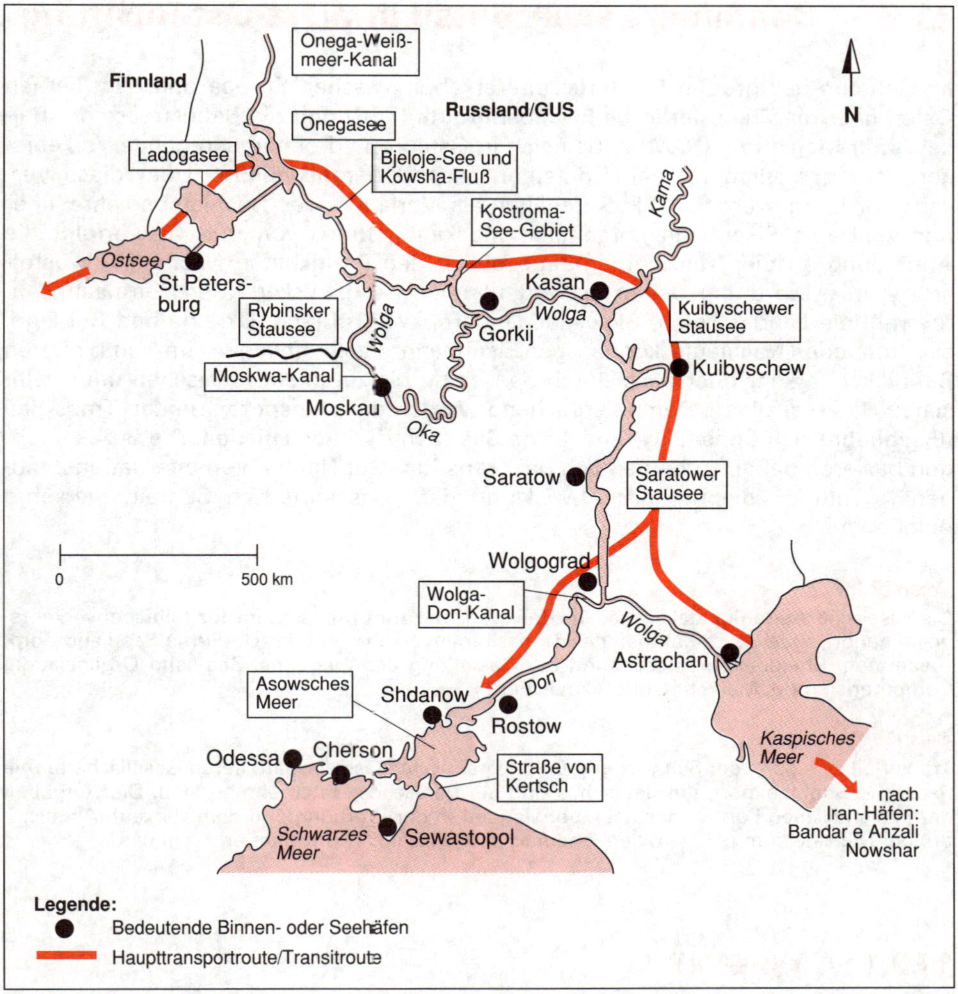

Die Einbindung russischer Fluß- und Kanalsysteme in den Nah- und Mittelostverkehr

Die auf den Wasserwegen beförderte Güterpalette erstreckt sich von den klassischen Massengütern (Erze, Brennstoffe, Baustoffe, Getreide, Holz, Düngemittel, Erdöl, Zement usw.) über metallische Halb- und Fertigprodukte (Stahl, Eisen, Gußteile, Maschinen usw.) bis hin zu Containern, Fahrzeugen und Stückgütern jeglicher Art. Neben traditionellen Binnenschiffen kommen Fluß-Seeschiffe mit bis zu 10 000-t-Tragfähigkeit zum Einsatz. Die weitverbreitete Schubschiffahrt kann an den Flußoberläufen bis 18 000 t bewegen, auf dem Wolgaunterlauf erreicht sie Tragfähigkeiten bis zu 36 000 t. Für Güterverkehre aus West- und Mitteleuropa mit Ziel Naher Osten (Iran, Irak) stellt die Wolga-Don-Magistrale eine Alternative zum Beförderungsweg über den Balkanraum dar.

11.9 Containertransitrouten in West-Ost-Richtung

Im Rahmen des großen Landbrücken-Verkehrs zwischen Europa und dem Fernen Osten über die **Transsibirische Eisenbahnroute (TSR)** und die Bahnstrecke der **Baikal-Amur-Magistrale (BAM)** haben sich in Osteuropa drei herausragende Verkehrskorridore vor allem für den Containertransport herausgebildet. Über diese Verkehrskorridore werden 20-Fuß-Behälter als Vorlauf- oder Nachlaufverkehre über den zentralen Eisenbahnknotenpunkt Moskau geführt, von dort aus erfolgt die Anbindung an die Transsibirien-Züge bis zu den Pazifikhäfen Nachodka, Wostotschnyj u. a. Die durch Osteuropa verlaufenden Landstrecken queren je nach Routenwahl die Länder Polen, Slowakei, Ungarn, Weißrußland, Ukraine und Rußland. Die Vor- oder Nachläufe können per Eisenbahn, Lastkraftwagen, im kombinierten Bahn/Lkw-Verkehr oder auch durch Seeschiffe bis zu einem russischen oder baltischen Hafen erfolgen. Dementsprechend werden die Transportvarianten Trans-Rail (Eisenbahn), Tra-Cons (Lkw) und Trans-Sea (Schiff) unterschieden. Die Bezeichnungen basieren dabei, so namentlich bei Trans-Rail, auf Namen von international tätigen Agenturen, die mit der Abwicklung der transsibirischen Containerverkehre befaßt sind.

Beispiel 1:
Die russische Außenhandelsfirma Sheldoexport, die zum Ministerium für Schienenverkehrswege gehört, arbeitet im Rahmen des Transsibirienverkehrs mit der US-Firma Sea-Land Corp. zusammen. Sheldoexport übernimmt die Gestellung der Waggons, Sea-Land Organisation, Computerisierung, Marketing und Akquisition.

Beispiel 2:
Trans-Rail ist eine in der Schweiz gegründete gemischte Gesellschaft, deren Gesellschafter die russische Sheldoexport, ein deutsches und ein iranisches Unternehmen sind. Die Aufgaben der ausländischen Partner bestehen vorwiegend in der Werbung und dem Verkauf (Akquisition) der Dienstleistung, die auf dem ehemals sowjetischen Territorium erbracht wird.

11.9.1 Trans-Rail

Alle in russischen Pazifikhäfen, wie beispielsweise Nachodka, von Japan oder anderen Fernoststaaten mit Seeschiffen eintreffenden Ladungen werden auf russische Bahnwaggons verladen, über Breitspurgleise in den europäischen Teil Rußlands geführt und via Moskau drei Hauptgrenzübergängen an den Westgrenzen der GUS-Länder zugeführt. An diesen Grenzstationen müssen normale Ladungen mit zeitraubenden Verfahren in Waggons des mitteleuropäischen Normalspursystems umgeladen werden. Container werden dagegen relativ schnell an speziellen Umschlagterminals, so etwa am polnischen Containerterminal Malaszewicze, auf Containertragwagen des Normalspurnetzes umgesetzt. Die Verwendung von Containern bietet somit Laufzeitenvorteile und die darin beförderten Güter unterliegen geringeren Umschlagrisiken. Umachsbare westliche Eisenbahnwaggons (wie Railship mit Finnland und Transfesa mit Spanien) kommen im Verkehr durch oder mit der ehemaligen Sowjetunion nicht zum Einsatz, da es grundlegende Abweichungen der technischen Ausstattung (automatische Mittelpuffer usw.) gibt, die selbst den Einsatz westlicher umachsfähiger Bahnwaggons unmöglich macht. Hinsichtlich der Bahn-Transportrouten der Container können drei Hauptwege genannt werden. Ihre Nutzung erfolgt in West-Ost- und umgekehrter Richtung.

- Wenn die Empfangsorte in Polen, der Bundesrepublik Deutschland, der Schweiz oder anderen westeuropäischen Staaten liegen, werden die Containerladungen zum größten Teil über den weißrussisch-polnischen **Grenzübergang Brest/Malaszewicze** geführt. Für die Zielregionen werden dann teilweise Ganz-Containerzüge zusammengestellt, die in der Regie von Intercontainer betrieben werden. Für Norddeutschland und den Benelux-Raum bestimmte Boxen werden von Brest aus über Warschau, Frankfurt/Oder und Berlin geführt. Für Relationen in Süddeutschland und Frankreich erfolgt der Bahnverkehr durch Polen und die Tschechische Republik bis Frankfurt/Main.
- Empfangsorte in Finnland und Regionen Skandinaviens werden über den russisch/finnischen **Eisenbahn-Grenzübergang Lujaika/Vainikkala** bedient. Auch hier erfolgt die Weiterleitung durch Intercontainer.
- Im Dreiländereck bei der ukrainischen Grenzstadt Chop erfolgen Übergabe und Weiterleitung von Bahnsendungen für Tschechien, Slowakei und Österreich (ukrainisch/slowakischer Grenzübergang **Chob/Cierna Nad Tiosu**). Ferner werden Ladungen für Ungarn, Italien, den Alpenraum und die angrenzenden Balkanstaaten auch über den ukrainisch/ungarischen **Grenzübergang Chob/Zahony** abgewickelt. Desweiteren gibt es für die weniger bedeutenden Destinationen in Rumänien und Bulgarien noch eine Umladestation an der Grenzstelle Ungeny/Socola.

Für alle genannten Eisenbahnverkehre von oder nach dem Fernen Osten liegt die Transportzeit im Haus-Haus-Verkehr einschließlich aller Umladungen und pazifischen Fährdienste je nach Zielort zwischen 25 und 40 Tagen.

11.9.2 Tra-Cons

Bei dieser Transportvariante werden Container von/nach dem Fernen Osten mit Lkw im europäischen Nach- bzw. Vorlauf bis zu den Breitspur-Eisenbahnanschlüssen an den westlichen GUS-Grenzübergängen befördert. Der Transport erfolgt in der Regel mit Lkw russischer Außenhandelsfirmen (früher Sojustransit, Sojusvneshtrans). Mit diesen Fahrzeugen wird vielfach auch die Gestellung von Leercontainern direkt zum Haus des Versenders in Westeuropa und der anschließende Lkw-Vorlauf bis Brest vorgenommen. Neben den bereits genannten Containerumschlagstationen wird speziell im Tra-Cons-Verfahren noch das polnisch-weißrussische Containerterminal Vysoko-Litowsk benutzt, das unmittelbar südlich der Grenzstadt Brest liegt. Die Tra-Cons-Variante gilt üblicherweise als die schnellste Verbindung. Die Transportzeit im asiatisch-europäischen Haus-Haus-Verkehr liegt je nach Zielort zwischen 25 und 30 Tagen.

11.9.3 Trans-Sea

Die dritte Möglichkeit, Osteuropa als Transitraum für Fernost-Verkehre zu nutzen, bildet die Organisation des Nachlaufes per Seeschiff. Von Moskau aus werden die Bahnladungen in diesem Falle nicht den trockenen Grenzen, sondern Ostseehäfen zugeführt. Dort übernehmen russische Seeschiffe die Weiterbeförderung nach Empfangshäfen in allen Teilen Europas. Vorläufe können umgekehrt auf gleichem Wege erfolgen. Schaltstellen im Trans-Sea-Verkehr sind an der Ostsee die Häfen Riga (mit

Containerdiensten nach Rotterdam, Antwerpen, Hamburg, Tilbury, Hull, Dublin u. a.) und Tallinn (mit Diensten nach Kiel, Stockholm, Göteborg, Oslo, Kopenhagen und Arhus). Südeuropa wird von den Schwarzmeerhäfen Ilischowks bei Odessa (mit Seebrücke nach Varna) und Shdanow westlich von Rostov (mit Diensten nach Piraeus, Venedig, Ravenna, Neapel, Savona, Barcelona und Valencia) bedient. Die Transportzeiten im Trans-Sea-Dienst betragen je nach Zielort zwischen 30 und 35 Tage, trotz zweimaligem Seetransport.

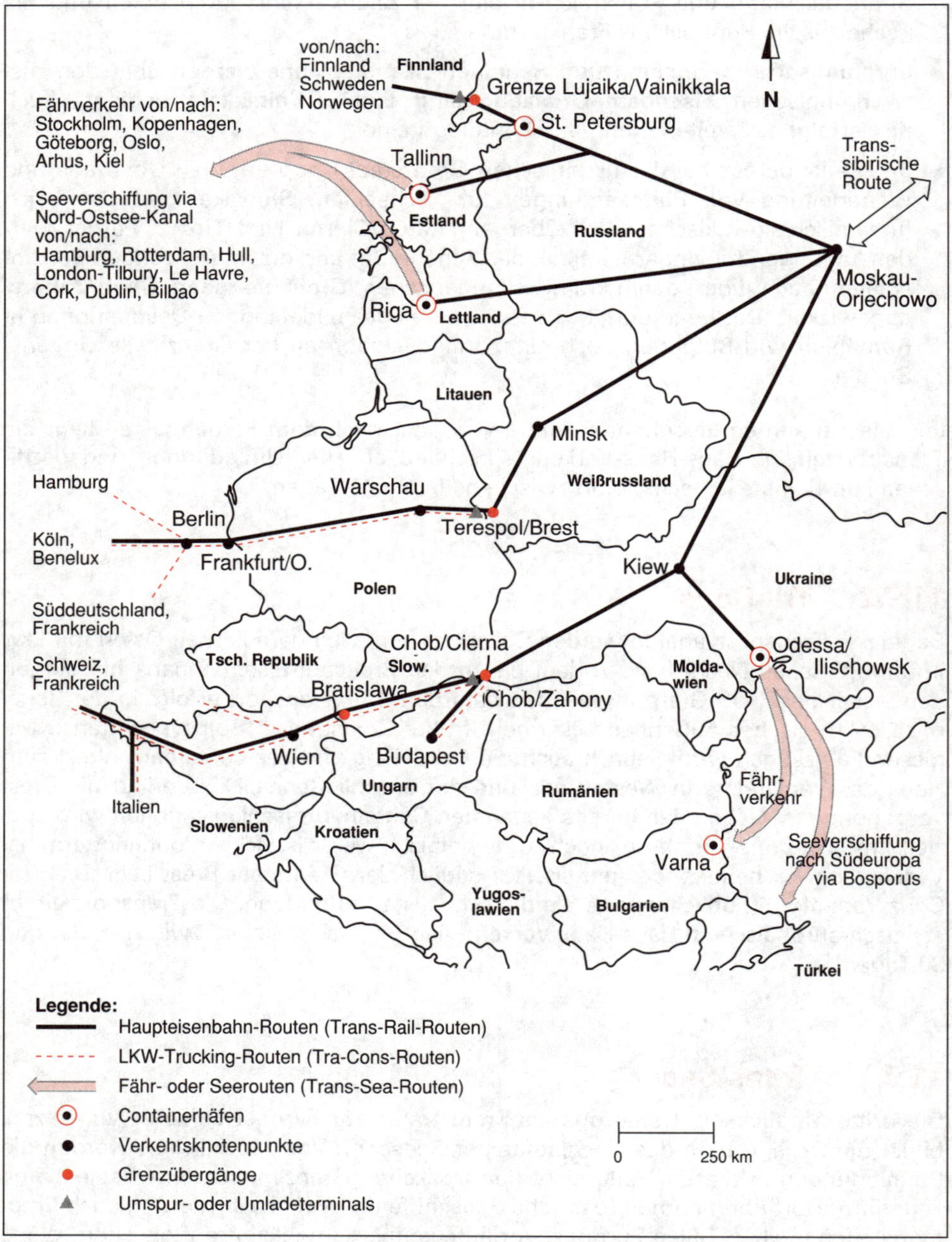

Europäische Vor- und Nachlaufrouten im Transsib-Containerverkehr

Zusammenfassung

1. Die Donau ist eine der größten europäischen Wasserstraßen, sie hat eine schiffbare Länge von 2 588 km.

2. Zu den Donau-Anliegerstaaten gehören Deutschland, Österreich, Slowakische Republik, Ungarn, Jugoslawien (Serbien), Rumänien, Bulgarien und Ukraine.

3. Die Nutzung des Cernavoda-Kanals in Rumänien verkürzt die Zufahrt von der Donau in das Schwarze Meer um mehr als 200 km.

4. Durch das Donau-Mündungsdelta nach und von den Binnenhäfen Galati, Braila (Rumänien) sowie Reni und Ismail (Ukraine) wird großmaßstäbiger Schub- und Fluß-Seeverkehr betrieben.

5. Das Fluß- und Kanalsystem des Wolga-Don-Bereichs stellt eine alternative Verkehrsroute für Transporte zwischen Europa und dem Nahen und Mittleren Osten dar. Der Wasserweg besteht aus den Flüssen Wolga und Don, mehreren Kanälen (Ostsee-Weißmeer-Kanal, Moskwa-Kanal, Wolga-Don-Kanal) und mehreren Stauseen.

6. Osteuropa ist der Transitraum für Nach- oder Vorläufe von Container-Landbrückenverkehren zwischen Westeuropa und dem Fernen Osten.

7. Unter dem Begriff Trans-Rail versteht man Nach- oder Vorläufe per Schiene im Zusammenhang mit Transsibirischen Landbrückenverkehren. Wegen abweichender Spursysteme müssen die Behälter an Grenzübergängen zu Polen, Slowakei und Ungarn umgesetzt werden. Die Hauptbahnrouten im Containertransit durch Osteuropa sind die Linien
   - Frankfurt/Oder–Warschau–Moskau über den Umschlaggrenzübergang Brest/Malaszewicze
   - Helsinki–St. Petersburg–Moskau über den Umschlaggrenzübergang Lujaika/Vainikkala
   - Prag/Wien/Budapest–Kiew–Moskau über die Umschlaggrenzübergänge Chob/Cierna n. T. (Ukraine/Slowakei) oder Chob/Zahony (Ukraine/Ungarn).

8. Unter dem Begriff Tra-Cons versteht man Nach- oder Vorläufe per Lkw im Zusammenhang mit Transsibirischen Landbrückenverkehren. Hauptgrenzübergänge sind zwischen Weißrußland und Polen Terespol/Brest und zwischen Polen und Deutschland Swiecko/Frankfurt-Oder.

9. Unter dem Begriff Trans-Sea versteht man Nach- oder Vorläufe per Schiff über Ostsee- und Schwarzmeerhäfen im Zusammenhang mit Transsibirischen Landbrückenverkehren. Hauptcontainerhäfen sind an der Ostsee Riga und Tallinn, am Schwarzen Meer Ilischowsk/Odessa und Shdanow/Rostov.

Aufgaben

1. Welche Staaten gehören zu den Donau-Anliegern, und welche wichtigen Binnenhäfen werden in diesen Staaten betrieben?

2. Referieren Sie über die Donau als herausragende Verkehrsmagistrale in Südosteuropa.

3. Welche Vorteile hat der Cernavodakanal für Rumänien und für ihn nutzende Binnenschiffe?

4. Das gewaltige Wasserstraßennetz des Wolga-Don-Systems übertrifft von seinen Ausmaßen her alle anderen europäischen Stromsysteme. Informieren Sie sich anhand von Atlas und Karten über dieses Wasserstraßensystem, und beschreiben Sie die Verbindungen zu den „fünf Meeren".

5. Erklären Sie, was unter TSR, BAM, Trans-Rail, Tra-Cons und Trans-Sea zu verstehen ist.

6. Von Köln aus sollen 5 Container über die euro-asiatische Landbrücke nach Fernost befördert werden. Beurteilen Sie die Vorlauf-Varianten von Köln nach Moskau, und schildern Sie den weiteren Transportablauf. Verwenden Sie Atlas und Karten bei der Erstellung einer verkehrsgeographischen Transportübersicht sowie das Lehrbuch Themenkreis 11, Abschnitt 6.1.1.1 ff.

Themenkreis 11: Welthandel und Welthandelswege

1 Ursachen und Umfang des Welthandels

Viele uns sehr vertraute Produkte des täglichen Lebens entstammen nicht den heimischen Regionen, sie werden importiert. Dies kann verschiedene Gründe haben. Die wichtigsten sind:

- die unterschiedlichen Klimaverhältnisse auf der Erde,
- die ungleiche Verteilung der Rohstoffe,
- günstigere Standort- bzw. Produktionsbedingungen in anderen Ländern,
- Unterschiede in der technischen und wirtschaftlichen Entwicklung der Länder,
- begrenzte Aufnahmefähigkeit der eigenen Märkte usw.

So sind etwa die unterschiedlichen Klimaverhältnisse auf der Erde ein wesentlicher Grund für den weltweiten Handel mit pflanzlichen Rohstoffen wie Kaffee, Kakao, Tee, Zucker, Tabak, Sojabohnen, Baumwolle, Edelhölzer u.a.m., da sie nur in den Tropen und Subtropen gedeihen können. Fast alle führenden Industrieländer sind heute auf die Einfuhr von Energie- und Mineralrohstoffen angewiesen, dies gilt insbesondere für Erdöl- und Erdgas, Kohle, Eisenerz, Kupfer, Bauxit, Zinn usw. Diese Länder besitzen entweder keine oder nicht ausreichende eigene Rohstoffvorkommen, oder ihre „Ressourcen“ sind erschöpft.

Beispiel:

Deutschland ist ein hochentwickeltes Industrieland mit nur wenigen eigenen Rohstoffvorkommen. Nur der Import bestimmter Rohstoffe sichert die industrielle Produktion. Auch die im deutschen Wirtschaftsgebiet erzeugten Nahrungsmittel könnten eine ausreichende Versorgung der Bevölkerung nicht gewährleisten. Eine Reihe von Nahrungsmitteln müssen daher eingeführt werden. Nach den USA ist Deutschland das größte Importland der Welt. Der deutsche Anteil an der Welteinfuhr beträgt fast 10 %.

In einigen Fällen, so etwa bei Steinkohle, kann der Zwang zum Kauf im Ausland auch darin begründet sein, daß die eigene Gewinnung im Vergleich zum Import zu teuer ist. Ein weiterer Grund für den Welthandel ist in der Tatsache zu sehen, daß viele Güter – vor allem industrielle Halb- oder Enderzeugnisse – heute nur noch mit hohen Kosten in den traditionellen Industriestaaten produziert werden können. Die Produktion verlagert sich immer mehr in Länder mit günstigeren Standortbedingungen, in die sogenannten Billiglohnländer. Auf diese Weise kommt es ständig zu internationalen Arbeitsteilungen und Gütertauschvorgängen, bei denen Gewinnung und Verbrauch, Produktion und Konsum in räumlich sehr weit voneinander getrennten Gebieten stattfinden. In allen Fällen entstehen Gebiete mit ausgeprägtem **Güterüberschuß** und **Gütermangel**. Dies hat letztlich zur Folge, daß täglich unablässig zwischen zahllosen Orten der Erde Güterverkehre stattfinden: es sind Warenströme zwischen Überschuß- und Mangelgebieten. Als Bindeglied im Zusammenspiel dieser weit gestreuten Produktionsräume und Konsumgebiete der Erde fungieren der Welthandel und der Weltverkehr.

Beispiel 1:

Bezüglich der Energierohstoffe sind der Nahe und Mittlere Osten Überschußgebiete für Erdöl. Die Erdöltransporte mit Tankschiffen oder Pipelines von der Golfregion in die Industrieländer gehören weltweit zu den bedeutendsten Warenströmen.

Beispiel 2:

Andererseits sind viele Wüstenstaaten am Persischen Golf wegen des spärlichen Pflanzenbewuchses nicht in der Lage, eine ausreichende Viehwirtschaft zu betreiben und damit die Fleischversorgung zu sichern. In großem Umfang werden daher Schafe, Rinder und Fleischerzeugnisse von Überschußregionen, etwa in Neuseeland und Australien, mit Spezialschiffen in die Golf-Region verfrachtet.

Beispiel 3:

Viele Staaten, wie etwa Ölländer in Afrika und am Persischen Golf, sind in Hinsicht hochwertiger Industrieerzeugnisse Mangelgeb ete, da eine eigene Produktion nicht existiert. Industriegüter werden daher in großen Mengen mit Containern dorthin verfrachtet.

Beispiel 4:

Der für die Industriestaaten außerordentlich wichtige Aluminiumrohstoff Bauxit stammt zu über 60 % aus nur wenigen Entwicklungsländern. Die Verarbeitung dagegen erfolgt zu mehr als 90 % in den westlichen Industrieländern.

In allen genannten Fällen kommt es zur Bildung von Verkehrsströmen, die den Charakter der **Unpaarigkeit** haben. Denn den Rohöllieferungen mit Tankschiffen z. B. nach Westeuropa und den von dort abgehenden Containerladungen in die nichtentwickelten Länder stehen keine gleichartigen Güter als Rückladungen gegenüber.

Die im Welthandel beförderten Warenmengen hatten 1992 einen geschätzen Wert von 3 580 Mrd. US-$, mengenmäßig lag der Welthandel bei über 6 Mrd. t. Davon wurden rund ein Drittel über **Land- und Luftwege**, zwei Drittel über **Seewege** transportiert. Damit wird deutlich, daß die Seeschifffahrt der Hauptträger des weltweiten Handelsverkehrs ist (vgl. hierzu ausführlicher Themenkreis 12). Weltseeverkehr und Weltwirtschaft stehen somit in einem besonders engen Zusammenhang. Die interkontinentalen Landverkehre und der Luftverkehr ergänzen die Seeschiffahrt zwar, sie können jedoch die notwendigen Transportleistungen der Seeschiffahrt in keiner Weise ersetzten. Es wird davon ausgegangen, daß das Wachstum der Weltwirtschaft und damit der Welthandel weiter zunehmen werden. Über die Ursachen der künftig weiter wachsenden Weltwirtschaft und die Auswirkungen auf den Weltverkehr informiert die folgende Übersicht.

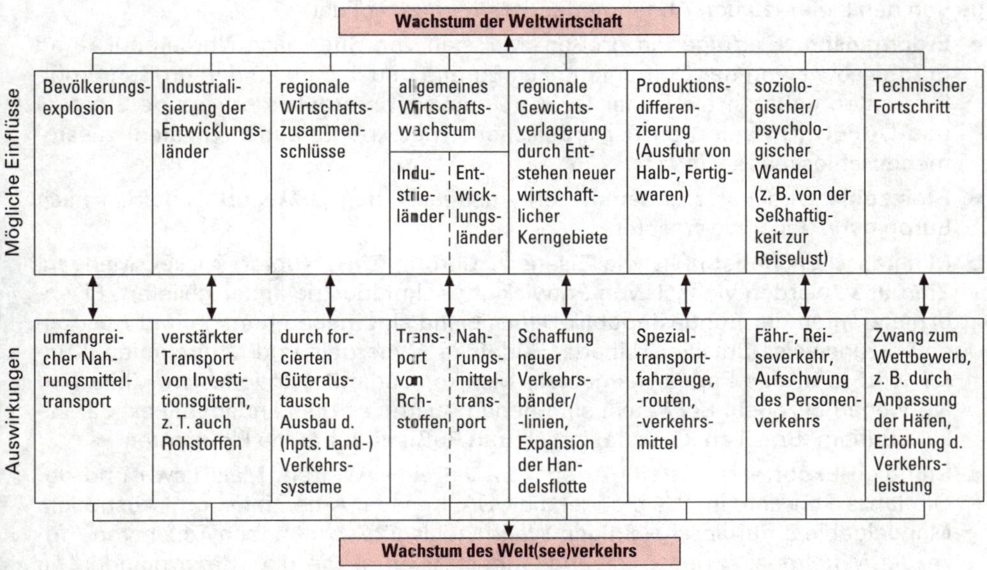

Zusammenhang zwischen der Weltwirtschaft und dem Weltverkehr

Quelle: Krüger, R.: Das Meer als Verkehrsraum, in: Praxis Geographie 10/90

2 Rohstoffgruppen und -lieferanten im Welthandel

Die Welthandelsgüter werden in die beiden Hauptgruppen **Massen- und Stückgüter** gegliedert. Mengenmäßig überwiegen die **Massengüter** deutlich, es handelt sich fast ausschließlich um Rohstoffe. Sie werden global gesehen fast immer über Seewege befördert. Je nach ihrem Zustand (fest oder flüssig) erfolgt dies in der **Trockenladungsfahrt** (Erze, Kohle, Ölsaaten, Weizen usw.) oder in der **Tank- und Produktenfahrt** (Erdöl, Erdgas, Raffinerieprodukte). In der Regel handelt es sich bei den seewärtigen Trockenladungen um geschlossene Schiffssendungen (Gesamtladungen) von Gütern in loser Schüttung, die von einem Versender stammen oder für einen Empfänger bestimmt sind. Sie werden auch als **Bulkladungen** bezeichnet, die Güter als **Bulkgüter**. Je nach der Art des Rohstoffes werden dabei an die Schiffe und ihre technische Ausstattung, die Verfrachter, Umschlagbetriebe, Spediteure, Lagerhalter und sonstige Beteiligte sehr spezielle Anforderungen gestellt.

Beispiel:

Der Transport von organischen pflanzlichen Rohstoffen für industrielle Zwecke (Jute, Baumwolle, Kautschuk, Holz) ist nicht unter den gleichen Bedingungen möglich wie der Transport von organischen pflanzlichen Rohstoffen für den Nahrungsmittelsektor (Zucker, Weizen, Soja, Reis) oder den Genußmittelbereich (Tabak, Kaffee).

In jüngster Zeit werden auch bestimmte Stückgüter in derart großen Mengen über Land und See befördert, daß sie den Charakter von Massengut annehmen. Diese Güter werden als „neue Massengüter" oder **Neo-Bulk** bezeichnet. Hierzu gehören etwa Fahrzeuge (vor allem Pkw), Holzerzeugnisse, Papier und Stahlprodukte.

Im Welthandel dominieren vier Rohstoff-Hauptgruppen, und zwar Erdöl, Steinkohle, Eisenerz und Getreide. Bei diesen Gütern haben sich regelrechte Hauptverkehrswege von den Liefer- zu den Abnehmerländern herausgebildet.

- **Erdöltransporte** erfolgen in großem Maßstab von Süd- nach Nordamerika und Europa sowie von der Golfregion nach Europa und Japan. Zu den großen Erdöllieferanten gehören die in der OPEC (Organisation erdölexportierende Staaten) und OAPEC (Organisation der arabischen erdölexportierenden Staaten) zusammengeschlossenen Länder.
- **Steinkohle** wird unter anderem von Australien, den USA und Südafrika nach Europa und Japan verfrachtet.
- **Mineralischen Rohstoffen** wie Eisenerz, Chrom, Zink, Kupfer, Nickel, Mangan, Zinn usw. werden vielfach von Entwicklungs- in Industrieländer geliefert. Eisenerzlieferanten der Bundesrepublik Deutschland sind neben Kanada und Australien vorzugsweise Brasilien, Liberia, Südafrika, Venezuela und Mauretanien. Kupfer wird u. a. aus Papua-Neuguinea, Mexiko, Südafrika, Indonesien, Chile und Norwegen bezogen. Bei Bauxit sind neben Australien die Länder Guinea, Jamaika, Surinam, Brasilien, Guyana, Indien und Rußland führende Lieferanten.
- Ständige Exporteure für alle Arten von **Getreide** (Weizen, Mais usw.) und der Ölpflanze **Soja** sind im Welthandel die USA, Kanada, Argentinien und Australien. Mangelgebiete für diese wichtigen Welthandelsgüter sind neben Teilen von Afrika die Mittelmeerländer, Süd- und Südost-Asien sowie die „Reformländer" in Ostmittel-, Ost- und Südosteuropa (u. a. die Gemeinschaft unabhängiger Staaten/GUS).

Beispiele für Güterarten im Seeverkehr

Massengüter									Stückgüter		
Rohstoffe									Industrieerzeugnisse unterschiedlichster Art		
Energierohstoffe		Mineralische Rohstoffe			Organische Rohstoffe						
Kohlenwasserstoffe	fossile Brennst.	Erze	NE-Metalle[1]	Düngemittel	pflanzliche Rohstoffe			tierische Rohstoffe	Halbwaren	Vorerzeugnisse	Enderzeugnisse
					Nahrungsmittel	Genußmittel	Ind.rohstoffe				
Erdöl Flüssiggas Erdölprodukte	Steinkohle Kokskohle Braunkohle	Eisenerz	Kupfer Blei Zinn Zink Nickel Bauxit	Phosphat Kalisalz	a) Weizen b) Futtergetreide c) Zucker d) Ölsaaten e) Reis f) Südfrüchte g) Tapioka	a) Kaffee b) Kakao c) Tee d) Rohtabak	a) Holz b) Kautschuk c) Baumwolle d) Sisal e) Hanf f) Jute	Wolle Häute Felle Fleisch Milchprodukte Frostfisch	beispielsweise: synth. Fasern Baustoffe Eisenhalbzeug chem. Halbwaren Zellstoff	Papier/Pappe Kunststoffe Röhren Gewebe	Bekleidung Papierwaren Glaswaren Maschinen elektrotechn. Erzeugnisse Feinmechanik Pharmazeutik Fahrzeuge Nahrungsmittel
		Schrott und Metallabfälle									
Tank -und Produktenfahrt	Trockenladungsfahrt										
									ca. 40 % als konventionelles Stückgut und 60 % als Containergut		

[1]) NE-Metalle = Nichteisen-Metalle

3 Handelsströme von Industriegütern

Im Gegensatz zu den vorwiegend aus den tropischen, subtropischen, subpolaren oder polaren Zonen stammenden massenhaft beförderten Rohstoffen stammen die im Welthandel bewegten hochwertigen Industriegüter fast nur aus drei großen Wirtschaftsräumen: Nordamerika, Westeuropa und Ostasien. Gerade zwischen den hochindustrialisierten Staaten dieser Regionen findet ein starker Warenaustausch statt, der sich in großen Warenhandelsströmen für Industrieprodukte rund um die Erde niederschlägt. Dies liegt vor allem daran, daß in den Ländern dieser Regionen je nach Voraussetzungen bestimmte qualitativ besonders hochwertige oder besonders preiswerte Produkte erzeugt werden, die von den anderen Ländern importiert werden. Für die Volkswirtschaften dieser Länder ist der Außenhandel von grundlegender Bedeutung.

Beispiel:

Die Bundesrepublik Deutschland ist neben Japan und den USA eines der führenden Exportländer der Welt. Sie ist aufs engste mit der Weltwirtschaft verflochten, denn jeder 4. Arbeitsplatz in der Industrie hängt direkt oder indirekt vom Export ab. Die deutsche Ausfuhr besteht fast ausschließlich aus Fertig- und Halbfertigwaren.

Die großen seewärtigen Warenströme für Industriegüter verlaufen zwischen Europa und Nordamerika über den Nordatlantik, zwischen Europa und Ostasien über den indischen Seeweg und die sibirische Landbrücke sowie in stark steigendem Umfang zwischen Ostasien und Nordamerika über den Nord- und Zentralpazifik. Da sich die Industrieerzeugnisse zum großen Teil „containerisieren" lassen, sind viele Handelswege für diese Produkte mit dem weltumspannenden „Containergürtel" identisch (vgl. Themenkreis 12 Abschnitt 4.2.7). Über die Luftverkehrswege werden gleichfalls beträchtliche Warenströme bewegt, zum Teil kommt es zu Kombinationen zwischen Luft- und Seeverkehren in Form des „Sea-Air-Service" oder zu Transportketten mit Seeschiffen, Landverkehrsmitteln und Flugzeugen.

Beispiel:

In Osaka/Japan werden für Kunden in Europa 10 20-Fuß-Container mit Kopiergeräten auf Seeschiffe verladen und über den Pazifik nach Los Angeles verfrachtet. Von dort werden die Boxen mit Lkw über die nordamerikanische Landbrücke nach Chicago gefahren. Auf dem Flughafen Chicago O'Hare International werden die Boxen in Nurfracht-Flugzeugen umgeladen und nach Amsterdam Schiphol geflogen. Lkw führen von Amsterdam aus die Nachläufe (Feinverteilung) zu den Empfängern durch.

Zusammenfassung

1. Ursache aller Handelsvorgänge, und damit auch des Welthandels, ist die Tatsache, das Gebiete mit Güterüberschuß und Gebiete mit Gütermangel räumlich auseinander liegen. Die weltweiten Güterverkehre sind daher Warenströme zwischen weit gestreuten Überschuß- und Mangelgebieten

2. Der Umfang des Welthandels hat in den letzten Jahrzehnten stetig zugenommen. Die wesentlichen Gründe hierfür sind
   - die Erschöpfung von Rohstoffvorkommen in den Industrieländern
   - das Fehlen bestimmter Rohstoffe in den Industrieländern
   - die Wachstumsbeschränkung vieler pflanzlicher Rohstoffe auf die tropischen und subtropischen Regionen
   - die standortbedingten Produktionsvorzüge einzelner Regionen oder Länder
   - die steigende Nachfrage nach hochwertigen Erzeugnissen aus den Industrieländern

3. In vielen Fällen sind die Welthandelsströme unpaarig.

4. Hauptverkehrsträger im Welthandel ist die Seeschiffahrt. Interkontinentale Landverkehre und der Luftverkehr ergänzen die Seeschiffahrt, sie können sie jedoch nie ersetzen.

5. Im Welthandel überwiegen mengenmäßig die flüssigen und festen Massengüter. Sie werden in der Tank- und Produktenfahrt sowie in der Trockenladungsfahrt über die Seewege befördert.

6. Die wichtigsten Massengüter sind im Weltverkehr die Rohstoffe Erdöl, Steinkohle, Eisenerz und Getreide. Für diese Güter haben sich einige globale Hauptverkehrswege zwischen Liefer- und Abnehmerländern gebildet.

7. Die dichtesten Handelsströme mit Industriegütern verlaufen zwischen den Produzentenländern in Nordamerika, Westeuropa und Ostasien.

Aufgaben

1. Formulieren Sie in wenigen Sätzen die „Ursachen des Welthandels".
2. Nennen Sie Beispiele für weltweite unpaarige Verkehrsströme!
3. Die Welthandelsgüter werden in die beiden Hauptgruppen Massen- und Stückgut gegliedert. Charakterisieren Sie diese Gütergruppen.
4. Erklären Sie die Fachbegriffe Bulkladung, Bulkgüter, Neo-Bulk, Trockenladungsfahrt, Tank- und Produktenfahrt.
5. Nennen Sie wichtige mineralische Rohstoffe.
6. Untersuchen Sie mit Hilfe von Atlas, Karten und dem Lehrbuch die Hauptverkehrswege der größten vier Rohstoffgruppen und die verkehrsgeographische Lage der bedeutendsten Liefer- und Abnehmerländer.
7. Da sich Industrieerzeugnisse zum großen Teil „containerisieren" lassen, sind viele Handelswege dieser Produkte mit dem weltumspannenden „Containergürtel" identisch. Interpretieren Sie diese Aussage und beachten Sie dabei Themenkreis 12, Abschnitt 4.2.7.

4 Staaten und Staatengruppen im Welthandel

4.1 Das Welt-Handelsgeflecht

Die großen Handelsströme der Welt vollziehen sich überwiegend in und zwischen nur drei Wirtschaftsräumen. Diese Wirtschaftsräume werden von sehr leistungsfähigen Staaten oder Staatenzusammenschlüssen gebildet. Die bedeutendsten Handelsnationen der Welt sind die **hochentwickelten westlichen Industrieländer**. Zu ihnen gehören fast alle Länder der EU, die EFTA-Staaten, USA, Kanada und Japan. Zunehmende Bedeutung im Welthandel erlangen ferner einige **junge Industrie- und Schwellenländer**, vor allem im asiatisch/pazifischen Raum. Darunter werden jene fortgeschrittenen Entwicklungsländer verstanden, die an der Schwelle zur Industrialisierung stehen. Zu ihnen gehören die stark exportorientierten Staaten Süd-Korea, Taiwan, Malaysia, Singapur, Thailand, weiterhin auch Länder wie Brasilien, Venezuela usw. Sie bringen bereits große Mengen von Industriegütern (Halb- und Fertigerzeugnisse) in den Welthandel ein. Geringere Anteile am Welthandel haben die im Wirtschaftsumbruch befindlichen Reformstaaten **Osteuropas** und die große Zahl der **Entwicklungsländer**.

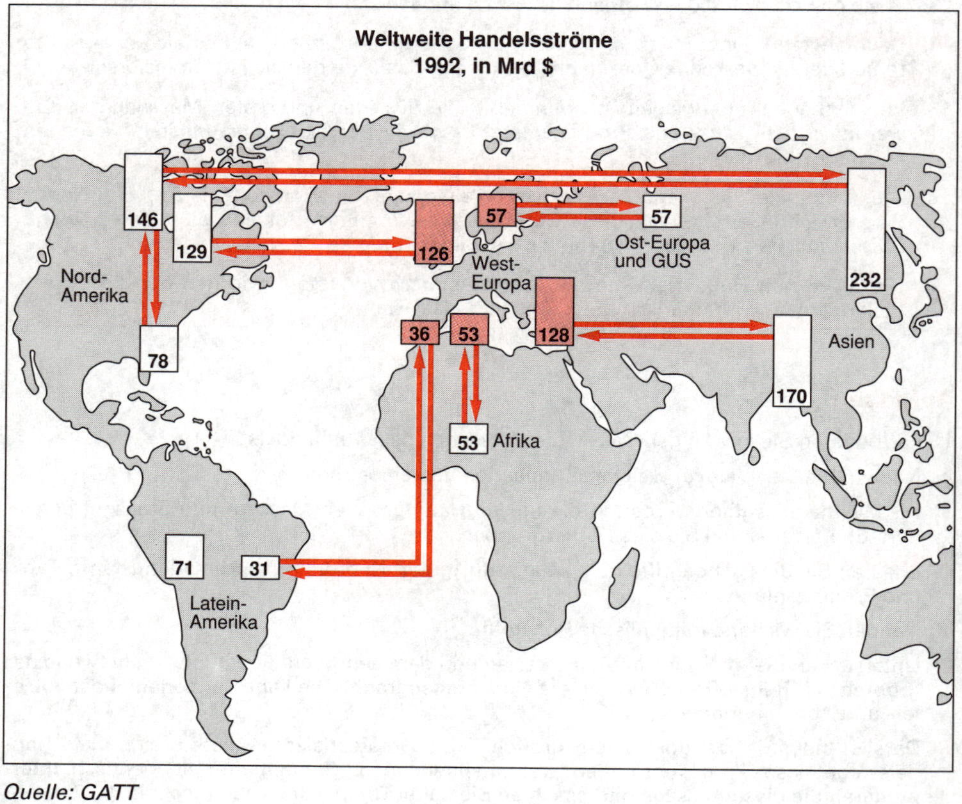

Quelle: GATT

4.2 Länderklassifikationen

Hinsichtlich ihrer Leistungs- und Wettbewerbsfähigkeit werden Länder vielfach in Gruppen zusammengefaßt. Unter Berücksichtigung verschiedener Meßwerte (sog. Indikatoren) können sehr vereinfacht fünf unterschiedliche Kategorien oder Länder-Klassen gebildet werden, denen die Staaten der Welt zugeordnet werden.

Beispiel:

Um den Entwicklungsstand eines Landes zu charakterisieren, verwendet man u. a. folgende Meßwerte: Bruttosozialprodukt (BSP), Industrieproduktion, Landwirtschaftsanteil, Energieverbrauch pro Kopf, Rohstoffvorkommen, Pro-Kopf-Einkommen, Transportmittelausstattung (Pkw-Anzahl/1 000 Ew., wirtschaftlich genutzte Fahrzeuge/1 000 Ew.), Bildungsstand, Ernährungssituation, Gesundheitsfürsorge, Lebenserwartung, Bevölkerungswachstum. Die Auswahl dieser Meßwerte und die darauf basierende Länderklassifikation ist jedoch umstritten.

Die anhand der Meßwerte-Zahlen gebildeten fünf Klassen werden gelegentlich auch als „Welten" bezeichnet. In der Wirtschaftsgeographie wird in diesem Zusammenhang von der „Fünf-Welten-Theorie" gesprochen. Im wesentlichen stehen sich dabei die Industrie- und die Entwicklungsländer (Oberbegriff: Less Developed Countries = LDC) gegenüber. Das zwischen ihnen bestehende und weiter zunehmende Wirtschafts- und Wohlstandsgefälle wird oft fälschlich mit den Schlagworten „Nord-Süd-Gegensatz" oder „Nord-Süd-Gefälle" bezeichnet. Die Begriffe sind insofern ungeeignet, da über 70 % der Entwicklungsländer auf der Nordhalbkugel liegen. Den Status von Entwicklungsländern haben z. B. auch einige Reformländer in Osteuropa. Allerdings ist eine genaue wirtschaftliche Abgrenzung zwischen den Staaten nicht möglich, die Grenzen sind oft fließend. Allgemein kann folgende Einteilung vorgenommen werden:

Industriestaaten:

1. Welt:

Zu dieser Gruppe gehören die hochindustrialisierten, wettbewerbsfähigen und stark am Weltmarkt orientierten Länder der Erde. Namentlich die westlichen „Großen Sieben" (sog. G-7-Staaten) USA, Kanada, Deutschland, Japan, Großbritannien, Frankreich und Italien. Dieser Gruppe gehören u. a. auch die Schweiz, Norwegen, die meisten EU-Staaten, Schweden, Finnland, Australien, Neuseeland, Österreich an.

2. Welt:

Zu dieser Gruppe werden industrialisierte, jedoch weniger wettbewerbsfähige und im Welthandel geringer in Erscheinung tretende Länder zusammengefaßt. Zur 2. Welt gehören neben einigen Industriestaaten der westlichen Welt (Irland, Portugal, Spanien, Griechenland), Südamerikas und Ostasiens vor allem die ehemaligen Staatshandelsländer des Ostblocks. Die Wirtschaft der ehemaligen Ostblockländer befindet sich derzeit in einem grundlegenden Reformprozeß oder teilweise gar am Rande des völligen Zerfalls.

Entwicklungsländer:

Sie können weder wirtschaftlich noch sozial als einheitliche Staatengruppe betrachtet werden. Generell gilt, daß Entwicklungsländer große wirtschaftliche, infrastrukturelle, soziale und/oder kulturelle Entwicklungsrückstände aufweisen. Die häufig verwendete Bezeichnung „Dritte Welt" für alle diese Länder ist sehr oberflächlich, weil zwischen diesen Ländern selbst enorme Unterschiede bestehen. Eine Möglichkeit, die Entwicklungsländer differenzierter zu betrachten, bildet eine Dreigliederung, die beispielsweise Rohstoffvorkommen und Exportwerte besonders berücksichtigt.

3. Welt:

Etwa 35 Länder der Erde gelten als fortgeschrittene Entwicklungsländer, die sich durch ihre steigende Industrialisierung auf dem Weg aus der Unterentwicklung befinden. Sie stehen quasi „an der Schwelle" zu entwickelten Industrienationen und werden daher Schwellenländer (engl.: take-off-countries oder newly industrialized countries/NIC) genannt. Ihre Zahl ist nicht genau festzulegen. Bedeutende Staaten dieser Gruppe sind u. a. Ägypten, Algerien, Brasilien, Chile, China, Kolumbien, Kuba, Mexiko, Philippinen, Türkei, Tunesien, Venezuela.

4. Welt:

Von der großen Zahl der Entwicklungsländer gelten mehr als 40 zwar als stark unterentwickelt, jedoch aufgrund ihrer Rohstoffvorkommen als Länder mit Weltmarktchancen. Sie werden der Gruppe der 4. Welt (auch: MSAC = Most Seriously Affected Countries) zugerechnet. Es handelt sich um Länder mit hohen Rohstoffexportanteilen, aber relativ geringer Industrialisierung. Angesichts stagnierender Exporterlöse und stark ansteigender Energiepreise z. B. bei Erdöl sowie der damit verbundenen Verteuerung der von diesen Ländern importierten Industrieprodukte geraten sie immer stärker in Verschuldung. Länder dieser Gruppe sind u. a. Marokko, Indonesien, Bolivien, Madagaskar, Indien, Kenia, Pakistan, Zaire, Nigeria.

5. Welt:

Rund 20 Staaten werden als „Die Ärmsten der Armen" bezeichnet, sie bilden die Gruppe der extrem unterentwickelten Länder, auch „Least Developed Countries" (LLDC) genannt. Ihre besonderen Merkmale sind: starke Agrarausrichtung, kein oder nur geringer Industrialisierungsgrad, fehlende Rohstoffvorkommen (damit einhergehend die Unmöglichkeit, am Welthandel erfolgreich teilnehmen zu können), hohe Verschuldung und geringe Alphabetisierung.

Eine Sonderrolle in dieser Klassifizierung spielen die erdölexportierenden Staaten mit hohen Einkommen und hohem Lebensstandard. Hierzu gehören die Golf-Staaten Saudi-Arabien, Kuwait, Oman, Katar, Bahrain, die Vereinigten Arabischen Emirate (VAR) und der südostasiatische Kleinstaat Brunei.

Länderklassifikation auf einen Blick

Gruppe	Untergruppe	Bezeichnung	Merkmale	Länderbeispiele
Industrieländer	1. Welt	hochentwickelte Industrie- und Handelsnationen der westlichen Welt	hohe Industrieproduktion, starker Außenhandel, hoher Lebensstandard	EU[1]), EFTA[2]), USA, Kanada, Australien, Neuseeland, Japan, Kuweit, Vereinigte Arabische Emirate, Brunei
	2. Welt	Industrie- und Handelsnationen	teilweise hohe Industrieproduktion, geringerer Außenhandel, geringerer Lebensstandard, teilweise hohe Verschuldung, teilweise desolate Volkswirtschaften	Irland, Spanien, Griechenland, GUS-Länder[3]), Israel, ehemaliges Jugoslawien, Portugal, Uruguay, Argentinien, Hongkong, Singapur, Bulgarien, Rumänien, Ungarn, ehemalige Tschechoslowakei, Südafrika

1) ohne Portugal, Spanien, Griechenland, Irland
2) ohne Island
3) die ehemaligen Ostblockländer Rumänien, Bulgarien und die Baltenstaaten Estland, Lettland, Litauen werden teilweise auch der 3. Welt zugerechnet.

Gruppe	Untergruppe	Bezeichnung	Merkmale	Länderbeispiele
Entwicklungsländer (LDC)[1]	3. Welt	Schwellenländer (NIC)[2]	steigende Industrieproduktion, abnehmende Unterentwicklung, zunehmende Wettbewerbsfähigkeit, teilweise zunehmend exportorientiert	Chile, China, Süd-Korea, Venezuela, Kuba, Libyen, Jamaika, Costa Rica, Albanien, Libanon, Mexico, Panama, Brasilien, Malaysia, Peru, Irak, Ägypten, Iran, Türkei, Vietnam, Kolumbien, Paraguay, Sri Lanka, Philippinen, Tunesien, Ecuador, Jordanien, Syrien, Thailand, Nicaragua, Simbabwe, Algerien, Kongo, El Salvador u. a.
	4. Welt	unterentwickelte Länder (MSAC)[3]	geringe Industrialisierung, Rohstoffreichtum, geringer Außenhandel, starke Verschuldung	Marokko, Guatemala Sambia, Indonesien, Honduras, Bolivien, Papua-Neuguinea, Myanmar, Madagaskar, Jemen, Indien, Kamerun, Kenia, Laos, Pakistan, Togo, Zaire, Ghana, Liberia, Senegal, Sudan, Tansania u. a.
	5. Welt	extrem unterentwickelte Länder (LLDC)[4]	Agrarstaaten, geringe Industrialisierung, keine Rohstoffe, kaum Außenhandel, auf Welthilfen angewiesen	Guinea, Angola, Somalia, Mauretanien, Uganda, Sierra Leone, Benin, Burundi, Niger, Bangladesh, Mali, Tschad, Burkina Faso, Nepal, Afghanistan, Äthiopien u. a.

4.3 Wirtschaftliche Zusammenschlüsse, Abkommen und Organisationen

Bis in die jüngste Zeit hinein verfolgten die meisten Staaten weitgehend einzeln ihre wirtschaftspolitischen Ziele. Es hat sich jedoch für viele Länder gezeigt, daß durch Zusammenschlüsse auf regionaler oder internationaler Ebene weltwirtschaftlich große Vorteile erzielt werden können. Die Zusammenschlüsse in Europa in Form der 1958 gegründeten Europäische Wirtschaftsgemeinschaft (EWG) und der daraus erwachsenen Europäische Gemeinschaft (EG) und jetzigen Europäischen Union (EU) belegen dies. Auch der jüngste Zusammenschluß der EU mit der 1960 gegründeten Europäischen Freihandelszone (EFTA) zum Europäischen Wirtschaftsraum (EWR) unterstreicht diese Entwicklung.

---

1) Less Developed Countries
2) Newly Industrialized Countries
3) Most Seriously Affected Countries
4) Least Developed Countries. Das doppelte L soll den Superlativ von LDC (Less Developed Countries) ausdrücken.

Zu unterscheiden sind internationale Wirtschaftsorganisationen, Wirtschafts-/Staatengemeinschaften und Freihandelszonen. Desweiteren gibt es eine Vielzahl von Handels- und Kooperationsabkommen unterschiedlicher Bedeutung.

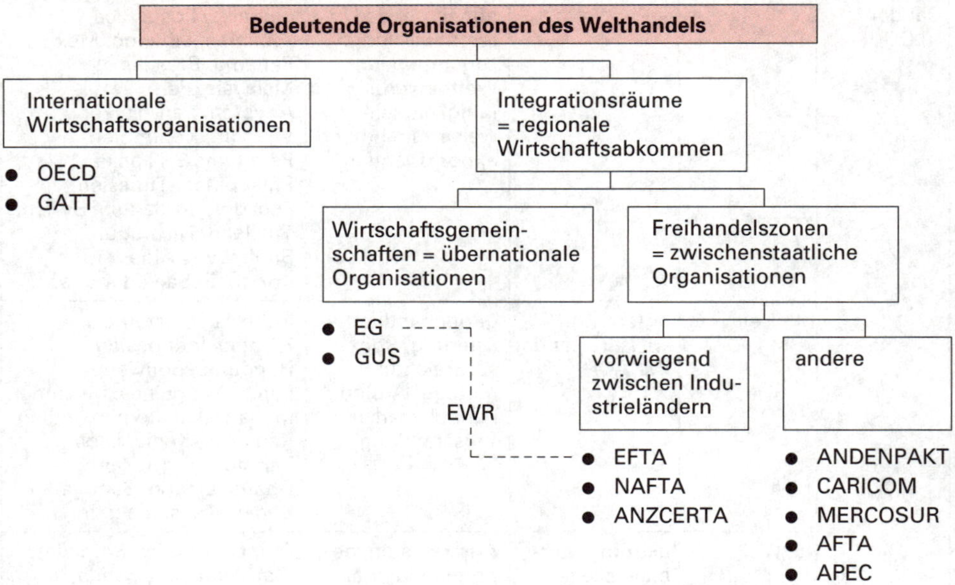

Internationale Wirtschaftsorganisationen

OECD: Organization for Economic Cooperation and Development (Organisation für wirtschaftliche Zusammenarbeit und Entwicklung)

Die OECD ist eine multilaterale Wirtschaftsorganisation. Ihre Mitglieder sind 24 westlich orientierte Industriestaaten unterschiedlicher Stärke. Ziel der 1960 gegründeten OECD (Sitz Paris) ist die Abstimmung der Wirtschaftspolitik ihrer Mitglieder untereinander und zu Drittländern. Dadurch soll das wirtschaftliche Wachstum in den Mitgliedsländern gefördert, der Welthandel dieser Länder verbessert und eine hohe Wirtschaftsstabilität bei Mitglieds- und Drittländern erzielt werden. OECD-Mitglieder sind die EG- und EFTA-Staaten, Australien, Japan, Kanada, Neuseeland, Türkei und USA.

GATT: General Agreement on Tariffs and Trade (Allgemeines Zoll- und Handelsabkommen)

Das GATT ist ebenfalls eine multilaterale Wirtschaftsorganisation mit derzeit 98 Staaten als Vollmitgliedern. Auf diese Länder entfallen rund 80 % des Welthandels. Das GATT (Sitz Genf) wurde bereits 1947 durch Mitwirkung der Vereinten Nationen (UN) gegründet. Das Abkommen hat folgende wesentliche Ziele: Vereinheitlichung der internationalen Zoll- und Handelspolitik, Abbau von Zöllen und weiteren (nicht tarifären) Handelshemmnissen, Beseitigung von Diskriminierungen im internationalen Handel. Einer der wichtigsten GATT-Grundsätze ist das Prinzip der Allgemeinen Meistbegünstigung. Danach soll ein GATT-Vertragsstaat die einem anderen Land zugestandenen Handelsvorteile und Begünstigungen unverzüglich und bedingungslos auch allen übrigen Vertragsstaaten gewähren. Das GATT-Regelwerk soll insgesamt die Liberalisierung des Welthandels vorantreiben.

Wirtschafts-/Staatengemeinschaften und Freihandelszonen

Es gibt derzeit zwei bedeutende, regionale übernationale Wirtschafts-/Staatengemeinschaften und mehrere zwischenstaatliche Zusammenschlüsse. Sie sind geographisch gesehen Integrationsräume. Ihre Zielsetzungen reichen von Handelserleichterungen über die Bildung einer Zoll- und Wirtschaftsunion bis hin zu enger politischer Zusammenarbeit. Unterstellen sich die Mitgliedsländer einer übernationalen Organisation, dann liegt ein sog. **supranationaler Zusammenschluß** vor. Dies ist bei der Europäischen Union mit ihrem Binnenmarkt der Fall. Die 1991 gegründete Gemeinschaft unabhängiger Staaten (GUS) ist ein Staatenbund mit ähnlichem Status und vergleichbaren Zielen. Sie besteht aus den ehemaligen, jetzt souveränen Sowjetrepubliken Armenien, Kasachstan, Kirgistan, Rußland, Tadschikistan, Turkmenistan, Ukraine, Usbekistan und Weißrußland. Die 9 GUS-Länder streben neben der Koordinierung ihrer Außenpolitik auch die Bildung eines gemeinsamen Wirtschaftsraumes an.

Von **internationalen Zusammenschlüssen** spricht man, wenn die gebildeten Organisationen rein zwischenstaatlichen Charakter haben. Dies gilt unter anderem für die Freihandelszone EFTA oder die 1993 gegründete Nordamerikanische Freihandelszone NAFTA. Die Gründung von Freihandelszonen hat in den letzten Jahren stark zugenommen.

Die wichtisten Inegrationsräume in Form von Freihandelszonen sind derzeit:

- **In Europa**

EFTA: European Free Trade Association
(Europäische Freihandelsassoziation)

1960 von einigen westeuropäischen Staaten als Gegengewicht zur zuvor gegründeten EWG gebildete Organisation zum Schutz von Handelsinteressen. Ziel ist die Förderung des wirtschaftlichen Wachstums und die Beseitigung von Handelshemmnissen. Nach dem Übertritt von Großbritannien, Dänemark und Portugal besteht die sog. Rest-EFTA derzeit aus Finnland, Island, Liechtenstein, Schweiz, Österreich, Norwegen und Schweden. Den Antrag auf EU-Mitgliedschaft haben Österreich (1989) und Schweden (1991) gestellt. Die EFTA ist seit 1991 mit der EU zum Europäischen Wirtschaftsraum (EWR) zusammengeschlossen.

- **In Nordamerika**

NAFTA: North American Free Trade Agreement
(Nordamerikanische Freihandelszone)

Dem Abkommen sind 1993 die Staaten USA, Kanada und Mexiko beigetreten. Der Freihandelsraum umfaßt rund 360 Mio. Menschen. Bedeutendstes Land der NAFTA-Gruppe sind die USA, auf die rund 70 % des Handels dieser Länder entfallen. Hauptziele der NAFTA sind die Senkung und Beseitigung von Zöllen und Handelsbarrieren und freie Marktzugänge.

- **In Lateinamerika**

Anden-Pakt (Anden Common Market)

Die Anden-Länder, Ecuador, Kolumbien, Bolivien und Venezuela haben mit Beginn des Jahres 1992 alle Binnenzölle abgeschafft. Die Freihandelszone Anden-Pakt bildet mit einigen anderen Staaten Mittel- und Südamerikas ferner die Lateinamerikanische Wirtschaftsorganisation SELA (Sistema economico latinamericano), die lateinamerikanische Interessen gegenüber der EG vertritt.

Caricom: Caribbean Common Market/Caribbean Community (Karibische Gemeinschaft)

1973 aus der ehemaligen Karibischen Freihandelszone (CARIFTA – Caribbean Free Trade Association) entstandene Organisation der karibischen Kleinstaaten Antigua, Belize, Barbados, Grenada, Guyana, Jamaika, Trinidad/Tobago, Dominica, Montserrat, St. Lucia, St. Kitts/Nevis/Anguilla, St. Vincent und Grenadinen. Endziel ist die Bildung einer Freihandelszone, die Verstärkung des Außenhandels usw.

MERCOSUR: Mercado Común del Cono Sur (Südamerikanischer Binnenmarkt)

Mitglieder dieser Freihandelszone sind die Länder Argentinien, Brasilien, Uruguay und Paraguay. Angestrebt wird die Bildung eines südamerikanischen Binnenmarktes nach europäischem Vorbild. Dazu sollen alle Binnenzölle und nichttarifären Handelshemmnisse in den nächsten Jahren abgebaut werden. Die 1991 gegründete Organisation umfaßt, vor allem durch die Mitgliedschaft der beiden wichtigsten Länder Südamerikas, Brasilien und Argentinien, fast 60 % der Fläche Lateinamerikas mit über 190 Mio. Einwohnern.

- **Im asiatisch-pazifischen Raum**

ANZCERTA: Australia-New Zealand Closer Economic Relations Trade Agreement

Wirtschaftsverbund der Staaten Australien und Neuseeland seit 1983.

AFTA: Asean Free Trade Area (Asiatische Freihandelszone)

Die Gründung der AFTA erfolgte 1991, sie sieht die Schaffung einer völligen Freihandelszone bis zum Jahre 2008 vor. Die AFTA ist aus der 1967 gegründeten **ASEAN (Association of Southeast Asian Nations = Verband südostasiatischer Staaten**) hervorgegangen. Sie ist ein international bedeutender politischer Zusammenschluß der Länder Indonesien, Malaysia, Philippinen, Singapur, Thailand und Brunei. Beobachter- bzw. Sonderstatus haben die Länder Papua-Neuguinea und Süd-Korea (Republik Korea). AFTA/ASEAN kooperiert mit der EG, Australien, Japan, Kanada, Neuseeland und den USA.

APEC: Asia-Pacific Economic Cooperation (Asiatisch-pazifische wirtschaftliche Zusammenarbeit)

Zusammenschluß von 12 Staaten des asiatisch-pazifischen Raumes mit folgenden Zielen: Liberalisierung des Handels in der Region, ungebundene Wirtschaftsbeziehungen, Technologieaustausch, gemeinsames Auftreten auf internationaler Ebene. APEC wurde 1989 mit den ASEAN-Ländern (Brunei, Indonesien, Malaysia, Philippinen, Singapur, Thailand) sowie Australien, Japan, Kanada, Süd-Korea, Neuseeland und USA gegründet. China, Taiwan und Hongkong traten 1991 der APEC bei.

Die EG hat mit vielen derartigen Organisationen und Drittlandsstaatengruppen Assoziierungs- und einseitige oder wechselseitige Handelsverträge abgeschlossen. Sie haben zum Ziel, den Waren-, Dienstleistungs- und Kapitalverkehr zu erleichtern und Handelsbarrieren zu beseitigen. Dies erfolgt in Form von Handelserleichterungen, sog. **Zollpräferenzen**. Regionen, denen derartige Zollerleichterungen eingeräumt werden, gelten als **Präferenzräume**. Die folgende Übersicht zeigt die wichtigsten Präferenzräume der Europäischen Union.

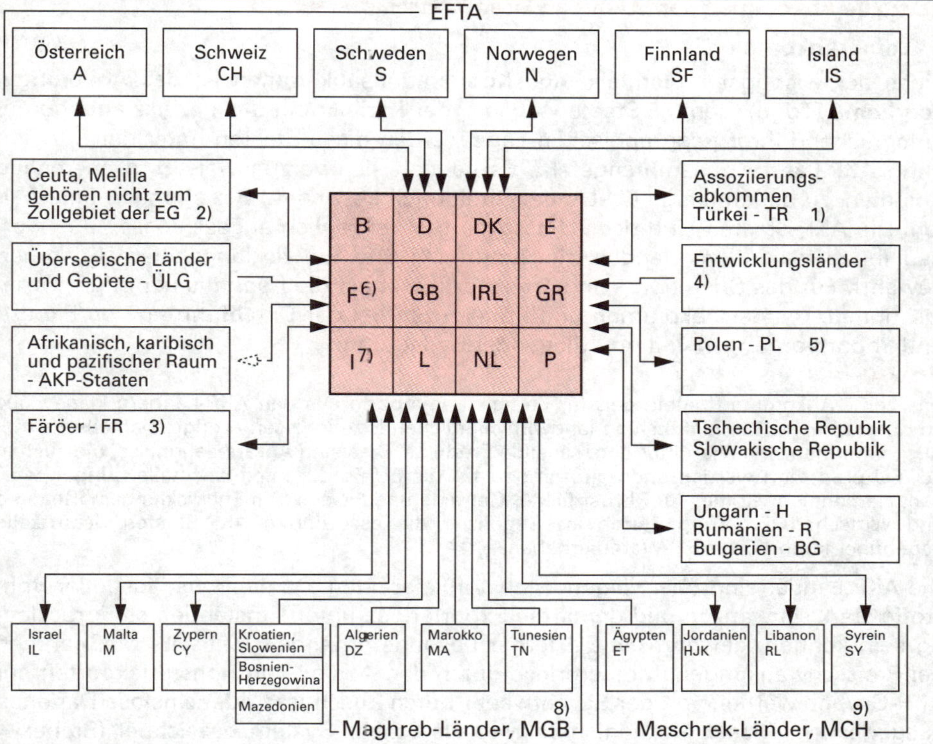

Die Pfeile zeigen die Richtung der Warenbewegungen an, bei denen eine Zollpräferenz gewährt wird. Gegenseitige Präferenzen wurden vereinbart zwischen der EU und den EFTA-Staaten, Polen, Ungarn, Tschechischen/Slowakischen Republik, ÜLG, Türkei, Malta, Zypern, Israel und Ceuta, Melilla. Für alle anderen Länder gilt, einige AKP-Staaten ausgenommen, daß nur die EG bei der Einfuhr von Ursprungswaren aus diesen Ländern eine Zollpräferenz einräumt.

1) Die Türkei ist der EU angeschlossen (assoziiert). Sie ist kein EU-Mitglied.

2) Ceuta und Melilla sind spanische Besitzungen in Nordafrika. Im Gegensatz zu den Kanarischen Inseln gehören sie nicht zum Zollgebiet der EU.

3) Die nordatlantische Inselgruppe der Färöer gehört zum Dänischen Königreich. Die Inseln sind in inneren Angelegenheiten autonom. Sie gehören nicht zum Zollgebiet der Union.

4) Zu den Entwicklungsländern gehören zum großen Teil auch die AKP-Staaten und ÜLG. Die EU definiert zur Zeit 162 Länder als Entwicklungsländer. In Europa gehören dazu Rumänien, Jugoslawien und Nachfolgestaaten, Bulgarien, Albanien, Lettland, Estland und Litauen.

5) Mit Polen, den Tschechischen und Slowakischen Republiken, Ungarn, Rumänien und Bulgarien sind Assoziierungsverträge (sog. Europaverträge) geschlosen worden.

6) Zu Frankreich gehören vier Überseedépartements (Départements d'Outre-Mer): Guadeloupe, Martinique, Französisch-Guayana und Réunion. Sie gehören zum Zollgebiet der EU. Dies gilt auch für das Fürstentum Monaco. Nicht zum EU-Zollgebiet gehören die französischen Überseegebiete und Andorra.

7) Vom EU-Zollgebiet ausgeschlossen sind in Italien die Territorien von Vatikanstadt und Campione d'Italia und Livigno. San Marino gehört zum Zollgebiet.

8) Maghreb (arab.: Westen), Regionalbezeichnung für die westlichen muslimischen Staaten in Nordafrika.

9) Maschrek (arab.: Osten) Regionalbezeichnung für die östlichen muslimischen Staaten in Nordafrika und der Levante.

Die wichtigsten Präferenzräume der Europäischen Union

Quelle: Vereinigung der Industrie- und Handelskammern des Landes Nordrhein-Westfalen, 1993 (modifiziert)

Spezielle Abkommen der EU mit anderen Wirtschaftsräumen

- **Lomé-Abkommen**

Eines der wichtigsten Handels- und Kooperationsabkommen ist das **Abkommen von Lomé** (Togo), dem 58 Staaten **A**frikas, der **K**aribik und des **P**azifiks angehören. Entsprechend ihrer geographischen Lage werden diese Staaten unter der Bezeichnung **AKP-Länder** zusammengefaßt. Es handelt sich vorzugsweise um ehemalige Kolonien, zu denen einige EU-Länder traditionell besondere Beziehungen unterhalten. Die AKP-Staaten sind der EU assoziiert (= vertraglich angeschlossen), es werden ihnen besondere Handelserleichterungen und Entwicklungshilfemaßnahmen gewährt. Für das Speditions- und Transportwesen ist die Kenntnis derartiger Organisationen, Handelsabkommen und Präferenzen bei der Durchführung von Export- und Importvorgängen von grundlegender Bedeutung.

Beispiel:

Das Lomé-Abkommen regelt, daß für Fertigwarenimporte aus den AKP-Ländern keine Zölle erhoben werden. Die Einfuhr von landwirtschaftlichen Erzeugnissen erfolgt ebenfalls zollfrei. Ausgenommen sind allerdings sog. sensible Produkte. Dies sind Agrarerzeugnisse, die auch in der EU produziert werden und deren Import für die EU-Produzenten Nachteile bringen würden. Namentlich gilt dies für Zitrusfrüchte, Getreide und Fleisch. Als Entwicklungsmaßnahme und Wirtschaftsförderung dürfen im Gegenzug die assoziierten AKP-Staaten Schutzzölle gegenüber importierten EU-Waren erheben.

Die AKP-Länder sind überwiegend Rohstofflieferanten. Da die Preise fast aller Rohstoffe stark schwanken und damit die Exporterlöse unter Umständen stark rückläufig sein können, gewährt die EU ferner besondere handelspolitische Maßnahmen bei Preisschwankungen. Mindererlöse durch den Ausfall von Rohstoffexporten der AKP-Gruppe werden von der EU entweder durch Zuschüsse oder zinslose Darlehen ausgeglichen. Dieser Mechanismus wird als Stabex-System bezeichnet (Stabex = System zur Stabilisierung von Exporterlösen).

- **ÜLG – Abkommen über die Assoziation der Überseeischen Länder und Gebiete**

Als Überseeische Länder und Gebiete werden jene Regionen verstanden, die von Mitgliedsländern der EU abhängig sind oder mit ihnen in einer besonderen Beziehung stehen. Derzeit umfaßt die Gruppe der ÜLG-Regionen 20 überseeische Gebietseinheiten. Im wesentlichen werden diese Regionen beim Warenverkehr so behandelt wie die Länder der AKP-Gruppe, d. h. sie erhalten Zollpräferenzen. Die „Mutterländer" dieser Gebietseinheiten sind die Niederlande, Frankreich, Großbritannien und Dänemark.

Übersicht der Überseeischen Länder und Gebiete

Mutterland	ÜLG
Königreich der Niederlande	– Niederländische Antillen (Bonaire, Curacao und Sankt Martin, Saba, Sankt Eustatius) – Aruba
Französische Republik	– Mayotte – Neukaledonien und Nebengebiete – Wallis und Futuna – Französisch Polynesien – frz. Süd- und Antarktis-Gebiete – St. Pierre et Miquelon
Vereinigtes Königreich Großbritannien und Nordirland	– Kaimaninseln – Sandwichinseln und Nebengebiete – Falklandinseln und Nebengebiete – Gilbert-Inseln – Turks- und Caicos-Inseln – Britische Jungferninseln – Montserrat – Pitcairn – St. Helena und Nebengebiete – Britisches Antarktis-Territorium – Britische Territorien im Indischen Ozean
Königreich Dänemark	Grönland

Vergleichbare Abkommen über die Gewährung von Präferenzen, zum Teil einseitig oder gegenseitig, bestehen mit einigen Ländern des Mittelmeerraumes und Osteuropas.

- **Andere Abkommen**

Speziell zur Sicherung von Rohstoffausfuhren und Exporterlösen sind mehrere international bedeutende **Rohstoffabkommen** mit unterschiedlich großen Erfolgen geschlossen worden. Hierzu gehören das Kautschuk-, Kaffee-, Kakao-, Zucker- und Zinnabkommen. Ein anderes bedeutendes Abkommen ist das **Welttextilabkommen (WTA)**. Es stellt für die EU eine besondere Schutzmaßnahme für ihre Textilindustrie dar, da die Billigeinfuhren aus Schwellen-, Entwicklungs- und ehemaligen Staatshandelsländern diesen heimischen Wirtschaftszweig zu ruinieren drohen.

Beispiel 1:

Mit dem internationalen Kaffee-Übereinkommen wird das Ziel verfolgt, zugunsten der Erzeugerländer weltweit einen vernünftigen Ausgleich zwischen Angebot und Nachfrage zu erreichen. Jedem Ausfuhrmitgliedsland sind Exportquoten zugeteilt.

Beispiel 2:

Die textilexportierenden Länder (z. B. Indien, Südkorea, Philippinen, China, Hongkong, u. a. m.) schränken ihren Lieferumfang im Rahmen des WTA freiwillig ein, im Gegenzug verzichtet die EU auf Schutzzölle. Das WTA-Abkommen garantiert damit den Exportländern einen beschränkten, jedoch sicheren Absatzmarkt.

Zusammenfassung

1. Die leistungsfähigsten und größten Wirtschaftsräume der Welt werden von den Staaten bzw. Staatenzusammenschlüssen USA, Kanada, EU, EFTA und Japan gebildet. Sie gehören zur Gruppe der hochentwickelten westlichen Industrieländer und dominieren im Welthandel.
2. Die ehemaligen Ostblockstaaten (einschl. China) und die Schwellen- und Entwicklungsländer bilden zwei weitere Welthandelsgruppen. Der Welthandel dieser Länder untereinander und mit den hochentwickelten Industrieländern ist wertmäßig bedeutend geringer.
3. Hinsichtlich ihrer am internationalen Maßstab gemessenen Leistungs- und Wettbewerbsfähigkeit können die am Welthandel beteiligten Länder nach fünf Gruppen oder Welten klassifiziert werden:
   - 1. Welt: Hochindustrialisierte und stark exportorientierte Staaten
   - 2. Welt: industrialisierte, weniger exportorientierte Staaten
   - 3. Welt: fortgeschrittende Entwicklungsländer auf dem Wege zur Industrialisierung (sog. Schwellenländer)
   - 4. Welt: Entwicklungsländer mit welthandelsfähigen Rohstoffen
   - 5. Welt: Entwicklungsländer ohne Rohstoffvorkommen
4. Weltweit gibt es eine Vielzahl von wirtschaftlichen Zusammenschlüssen, Abkommen und Organisationen mit dem Ziel, Handelsbarrieren abzubauen und Handelserleichterungen und -ausweitungen zwischen den Staaten herbeizuführen.
5. Zwischenstaatliche Organisationen werden internationale, übernationale Organisationen supranationale Zusammenschlüsse genannt.
6. Bedeutende internationale Wirtschaftsorganisation sind GATT und OECD. Der größte und bedeutendste Binnenmarkt der Welt wird von der EU gebildet. Wichtige andere Integrationsräume in Form von Freihandelszonen sind EFTA, NAFTA, AFTA und APEC.
7. Bedeutende Handels- und Kooperationsabkommen im Welthandel sind das Lomé-Abkommen mit den AKP-Staaten, verschiedene Rohstoffabkommen (Kautschuk-, Kaffee-, Kakao-, Zucker- und Zinnabkommen), das Welttextilabkommen (WTA).

Aufgaben

1. Interpretieren Sie das im Lehrbuch abgebildete Welt-Handelsgeflecht.
2. Nehmen Sie eine Länderklassifikation nach der Fünf-Welten-Theorie vor. Begründen Sie, warum derartige Klassifikationsschemata umstritten sind.
3. Erläutern Sie die folgenden Fachbegriffe und Abkürzungen: G-7-Staaten, LDC, Nord-Süd-Gefälle, Schwellenländer, NIC, MSAC, LLDC.
4. Im Welthandel spielen internationale und supranationale Zusammenschlüsse eine entscheidende Rolle. Erläutern Sie den Unterschied und nennen Sie Beispiele für derartige Zusammenschlüsse.
5. Was versteht man unter Assoziierungs- und Kooperationsabkommen?
6. Erläutern Sie die Begriffe AKP-Länder und ÜLG und beschreiben Sie, in welcher besonderen Verbindung diese Länder und Gebiete zur EU stehen.
7. Mit welchen Staaten, Staatengruppen oder Gebieten hat die EU besondere Assoziierungs- und Handelsverträge geschlossen?
8. Stellen Sie dar, welche Ziele mit internationalen Abkommen verfolgt werden.
9. Informieren Sie sich anhand von Atlas und Karten über die geographische Lage der wichtigsten regionalen bzw. internationalen Zusammenschlüsse (z. B. Freihandelszonen) und erläutern Sie deren jeweilige Zielsetzung und Aufgaben.
10. Stellen Sie in einer Übersicht die Lage der ÜLG zusammen. Verwenden Sie Atlas und Karten und geben Sie die geographischen Lagemerkmale (Meere, Kontinente usw.) an.

5 Räumliche und verkehrsgeographische Kurzcharakteristik der Kontinente

Die Seeschiffahrt und der Luftverkehr sind die beiden wichtigsten Verkehrsträger bei der Überwindung der weiten Distanzen im Güterverkehr zwischen den Kontinenten, dem interkontinentalen Warenhandel. Aber auch mit den Verkehrsmitteln Eisenbahn, Binnenschiff und Lastkraftwagen werden im Weltverkehr enorme Gütermengen bewegt. Zum einen erfolgt dies auf echten interkontinentalen Verkehrswegen wie etwa den euroasiatischen Eisenbahnstrecken. Zum anderen sind die drei Verkehrsträger in die großen weltweiten Transportketten eingebunden und erfüllen über große Entfernungen auf den Kontinenten Transitfunktionen mittels Landbrückenverkehren wie auch vielfältige Vor- und Nachlaufaufgaben für den See- und Luftverkehr. Somit sind die bedeutenden Landverkehrswege sehr eng mit den Ausgangs-, Ziel- oder Knotenpunkten der Hauptverkehrsrouten der Kontinente verbunden. Die Verkehrsbedingungen und Verkehrsleistungen auf den Kontinenten sind aufgrund unterschiedlicher natürlicher Voraussetzungen (Oberflächenform, Klima, Gewässernetz usw.) sowie der ökonomischen Entwicklung deren Länder sehr unterschiedlich, wie es nachfolgende Kurzcharakteristik verdeutlicht (Europa vgl. Themenkreis 10).

5.1 Asien

Asien ist der größte Kontinent. Mit rund 44,2 Mio. km² nimmt er fast ein Zwölftel der Erdoberfläche oder fast 30 % der festen Landflächen der Welt ein. Die **Abgrenzung** dieses Riesenkontinents wird seit dem 18. Jahrhundert traditionell durch die folgenden Punkte bestimmt: Im Westen durch das Uralgebirge und den Uralfluß, das Kaspische Meer, die Manytsch-Niederung und die Bosporus-Meerenge, im Südwesten durch Suezkanal und Rotes Meer, im Norden und Süden bilden das Nordpolarmeer bzw. der Indische Ozean die natürlichen Grenzen, im Osten der Stille Ozean und im Südosten eine gedachte Linie östlich der Molukken-Inseln und Timors. Die **Entfernungen** sind auf dem Kontinent Asien gewaltig. In West-Ost-Richtung erstreckt sich die Landfläche zwischen Kap Baba auf 26 Grad ö. L. (Anatolien) und Kap Deschnew auf 170 Grad ö. L. (Beringstraße) über rund 11 000 km. Die Nord-Süd-Ausdehnung beträgt zwischen Kap Tscheljuskin auf 78 Grad n. Br. und Kap Buru auf 1 Grad n. Br. (Malakka-Halbinsel) rund 8 500 km. Schließt man die Inselflächen bis Timor ein, reicht Asien bis nach 10 Grad s. Br. Es lassen sich sechs voneinander getrennte Großräume oder Großlandschaften in Asien bilden. **Nordasien** umfaßt Sibirien, die asiatischen Teile Rußlands und die Kaukasus-Region. Unter **Vorderasien** (oder Naher Osten) versteht man die Regionen der Türkei, die Levante (östlicher Mittelmeerraum), die Arabische Halbinsel und die Staaten Irak, Iran und Afghanistan bis zu deren nördlichen Gebirgsketten. **Südasien** wird von dem Subkontinent Indien und den umliegenden Staaten gebildet. Dies sind Pakistan, Nepal, Butan und Bangla Desh. Der sich östlich anschließende Raum **Südostasien** umschließt die Malayische Halbinsel (Birma/Myanmar, Malaysia, Singapur), die

Inselketten Indonesiens, die Philippinen und Hinterindien mit den Staaten Vietnam, Laos, Thailand, Kambodscha. **Ostasien**, auch Ferner Osten genannt, besteht im wesentlichen aus Süd- und Nordchina, Korea und Japan sowie Taiwan. Schließlich werden **Zentralasien** die inneren Hochländer mit Tibet, der Mongolei usw. zugerechnet. Entsprechend der enormen Ausdehnung sind in Asien alle **Bodengestalten** vom Hochgebirge (z. B. Himalaya als „Dach der Welt“) bis hin zu Tiefländern vertreten. Ebenso verhält es sich mit den **Klimaten**, die vom polaren Tundrenklima über Wüsten-, Monsun-, Mittelmeer- bis zum Tropenklima reichen. Aufgrund dieser vielfältigen natürlichen Voraussetzungen gestaltet sich das Wirtschafts- und Verkehrswesen sehr unterschiedlich. Dem hochindustrialisierten Japan und Hongkong sowie einigen Schwellenländern stehen Entwicklungsländer aller Kategorien gegenüber (vgl. Kap. 4.2). In Asien gibt es mehr als 40 Staaten. Durch die jüngsten politischen Veränderungen ist der Staatenbildungsprozeß auch hier neu in Gang gekommen. Das **Verkehrsspektrum** ist äußerst konträr. Es reicht von hochentwickelten Eisenbahnverkehrsnetzen mit Hochgeschwindigkeitszügen (Japan) über einige der weltweit größten Container- und Flugverkehrszentren (z. B. Singapur, Hongkong) bis hin zu den einfachsten Transportformen mittels Träger und Zugtieren (Karawanenverkehr).

Der Name Asien ist aus der assyrischen Sprache abgeleitet: das Wort „aszu“ bedeutet soviel wie Osten oder Morgenland (Gebiet der aufgehenden Sonne).

5.2 Afrika

Der massive Landblock von Afrika ist mit einer Fläche von 30,3 Mio. km^2 der zweitgrößte **Einzelkontinent**. Die Nord-Süd-Ausdehnung zwischen dem tunesischen Kap Blanc (Ra's als Abyad) auf 37 Grad 21' n. Br. und Cap Agulhas (Südafrika) auf 34 Grad 51' s. Br. beträgt rd. 8 000 km. Die West-Ost-Erstreckung erreicht rd. 7 600 km zwischen Cap Vert (Senegal) bei 17 Grad 34' w. L. und Kap Hafun (Ra's Hafun, Somalia) auf 51 Grad 25' ö. L. In Afrika gibt es (ohne die südafrikanischen Homelands) 52 selbständige Staaten, damit ist es der staatenreichste Kontinent. Die Bevölkerung beträgt über 500 Mio. Menschen, bei einer Bevölkerungsdichte von durchschnittlich 14 Ew/km^2. Die **Oberflächenform** Afrikas gilt als relativ ausgeglichen, dennoch treten einige markante Oberflächenformen als Hindernisse im Verkehrswesen auf, so u. a. das Atlasgebirge in Norden, die Randstufenlandschaften im Süden und die ostafrikanischen Hochlandsgebiete und Grabenbrüche. Die relativ glatte und wenig gegliederte Küste hat eine Länge von fast 28 000 km. Nur eine namhafte Halbinsel, die Somalia-Halbinsel (oder: Horn von Afrika) unterbricht den Eindruck einer völligen räumlichen Geschlossenheit. Einschneidenden Einfluß auf das Transportwesen hat besonders das **Klima**. Die hohen Niederschläge in Zentralafrika und die großen Temperaturschwankungen in anderen Teilen des Kontinents sowie die riesigen Wüstenzonen haben bislang den Bau von zusammenhängenden leistungsfähigen **Verkehrswegen** stark behindert. Als geographische **Großlandschaften** werden der Nilraum und die Mittelmeerzone, die Sahararegion, Sudan, Äquatorialafrika, West-, Ost- und Südafrika unterschieden. Die geographische Bezeichnung Afrika wurde erstmals von den Römern verwendet, die ihre Provinzen im Nordosten des Kontinents so benannten. Später wurde der Begriff auf alle anderen Gebiete des Kontinents übertragen.

5.3 Amerika

Augenfälliges Merkmal des aus Nord- und Südamerika bestehenden **Doppelkontinents** ist seine enorme Nord-Süd-Erstreckung. Von 72 Grad n. Br. bei Kap Murchison bis 54 Grad s. Br. bei Kap Hoorn auf Feuerland beträgt die Entfernung mehr als 15 000 km. In der maximalen West-Ost-Ausdehnung zwischen den natürlichen Kontinentgrenzen Pazifik und Atlantik sind beide Kontinentteile mit rund 5 000 km annähernd gleich breit. Insgesamt umfaßt der Doppelkontinent eine Fläche von 42 Mio. km^2 oder rund 28 % der Landoberfläche der Erde. Amerika ist der einzige Kontinent, der an den Klimazonen beider Erdhälften Anteil hat.

Die **Klimate** reichen von der polaren und subpolaren über die gemäßigte, subtropische bis zur tropischen Zone. Im Norden nähert sich Amerika bis auf 35 km Asien (Beringstraße), im Süden trennen den Kontinent knapp 1 000 km von der Antarktis.

Die **Oberflächengestalt** zeigt eine markante Dreigliederung: an der pazifischen Küste des Doppelkontinents verlaufen durchgehend Hochgebirge (Rocky Mountains, Anden), die atlantischen Küstenabschnitte sind von Mittelgebirgen (Appalachen, Bergland von Guayana u. a. m.) geprägt, in den inneren Kontinentflächen dominieren die Stromtiefländer (Kanadisches Tiefland, Mississippi-Missouri-Tiefland, Amazonas usw.).

Als eigenständige räumliche Einheiten werden Nord-, Mittel- und Südamerika unterschieden, die beiden letzten werden einschließlich Mexiko kulturgeographisch als Lateinamerika bezeichnet. Zu **Nordamerika** gehören die Staaten Kanada und USA. **Mittelamerika**, dem auch die Inselketten der Großen und Kleinen Antillen zugehören, bildet als Landbrücke die Verbindung zwischen dem Nord- und Südkontinent und wird von 13 Staaten und einigen abhängigen Gebieten eingenommen. **Südamerika** umfaßt 11 Staaten und das Überseegebiet Französisch Guayana. Insgesamt leben mehr als 500 Mio. Menschen auf dem Doppelkontinent.

Das **Verkehrswesen** ist in Nordamerika, also in den USA und Kanada, aufgrund der hochentwickelten Wirtschaft außerordentlich leistungsfähig und vielseitig, jedoch nicht überall gleichmäßig entwickelt. Dagegen sind in Mittel- und Südamerika noch beträchtliche Verkehrsausbauten notwendig. Im interkontinentalen Transportwesen kommt vor allem Nord- und Mittelamerika große Bedeutung im Rahmen von Landbrückenverkehren zu, ferner ist der Panamakanal herausragender Engpaß im weltweiten Seeverkehrsgefüge.

Dominantes Staatsgebilde sind die USA mit ihren 50 Bundesstaaten und einigen außerhalb des Kontinents liegenden abhängigen Territorien (u. a. Guam, Wake, Samoa, Midway).

Die geographische Bezeichnung Amerika erhielt der Kontinent im 16. Jahrhundert von dem italienischen Seefahrer Amerigo Vespucci, der Südamerika bereiste und erstmals beschrieb. An Christoph Kolumbus (richtiger Name Christóbal Colón) erinnern heute der Staatsname Kolumbien und die karibischen Hafenstädte Cristóbal und Colón am Panamakanal.

5.4 Australien, Neuseeland, Ozeanien

Aus geographischer Sicht werden die drei Wirtschafts- und Verkehrsräume Australien, Neuseeland und Ozeanien vielfach zu einer Einheit zusammengefaßt. Der Staat und **Inselkontinent Australien** bildet mit seiner Fläche von rd. 7,7 Mio. km^2 den kleinsten Erdteil, er liegt als einziger Kontinent auch ganz auf der Südhalbkugel. Australien zugehörig sind die Insel Tasmanien sowie einige der Ostküste vorgelagerte kleinere Inseln.

Neuseeland hat nur eine Fläche von rd. 0,269 Mio. km^2, die von der Nord- und Südinsel eingenommen werden. Beide Staaten sind nur sehr dünn besiedelt, wobei Australien den Status eines hochentwickelten Industriestaates hat, Neuseeland dagegen als Agrar-Industriestaat bezeichnet wird.

Unter dem Begriff **Ozeanien** faßt man neun Inselstaaten zusammen, die weit verstreut östlich von Australien/Neuseeland im Pazifischen Ozean liegen. Es handelt sich um die Kleinstaaten Fidschi, Kiribati, Nauru, Salomonen, Tonga, Tuvalu, Vanuatu und West Samoa sowie um den relativ großen Inselstaat Papua Neuguinea, nördlich von Australien. Diese insgesamt wenig entwickelten Gebiete haben trotz vereinzelter Rohstoffvorkommen im weltweiten Verkehrswesen kaum Bedeutung und werden hier vernachlässigt. Aus europäischer Sicht liegen die drei genannten Regionen am Gegenpol im Pazifik in einer verkehrsgeographischen Abseitslage, fern der großen Verkehrs- und Handelsrouten. Die Entfernung von Häfen Westeuropas via Kapstadt nach Sydney beträgt rund 12 500 Seemeilen, die Route über den Panamakanal ist fast genau so lang. Der Name Australien entstammt dem lateinischen „terra australis" = Südland.

Zusammenfassung

1. Der Kontinent Asien ist der größte der Welt. Er wird in sechs große Teilräume gegliedert: Nordasien, Vorderasien, Südasien, Südostasien, Ostasien und Zentralasien. Die Teilräume weisen unterschiedliche Wirtschafts- und Verkehrsentwicklungen auf.
2. Afrika ist der zweitgrößte Einzelkontinent. Als einzelne Wirtschafts- und Verkehrsräume können die folgenden geographischen Großlandschaften angesehen werden: Nilraum, Mittelmeerzone, Sahararegion und Sudan, Äquatorialafrika, West-, Ost- und Südafrika.
3. Der Doppelkontinent Amerika weist die größte Nord-Süd-Ausdehnung aller Kontinente auf. Er gliedert sich in die Wirtschafts- und Verkehrsräume Nord-, Mittel- und Südamerika.
4. Australien, Neuseeland und die Inselstaaten Ozeaniens bilden drei einzelne Wirtschafts- und Verkehrsräume, die verkehrsgeographisch zu einer Einheit zusammengefaßt werden.

Aufgaben

1. Nehmen Sie eine Abgrenzung des Kontinents Asien vor, und nennen Sie die einzelnen Großräume oder Großlandschaften. Bezeichnen Sie ferner genau die Meere und Meeresgebiete, die Asiens natürliche Grenzen bilden. Verwenden Sie Atlas und Karten.
2. Beschreiben Sie den Kontinent Afrika hinsichtlich Klima, Großlandschaften und Oberflächenformen, und nennen Sie genau die Meere und Meeresgebiete, die Afrikas natürliche Grenzen bilden. Verwenden Sie Atlas und Karten.

3. Beschreiben Sie den Doppelkontinent Amerika hinsichtlich Klima, Großlandschaften und Oberflächenform, und nennen Sie genau die Meere und Meeresgebiete, die Amerikas natürliche Grenzen bilden. Verwenden Sie Atlas und Karten.

4. Aus geographischer Sicht werden die drei Wirtschafts- und Verkehrsräume Australien, Neuseeland und Ozeanien vielfach zu einer Einheit zusammengefaßt. Charakterisieren Sie die drei Räume, und bewerten Sie die verkehrsgeographische Lage im Welthandelsnetz.

6 Landverkehrswege des Welthandels

6.1 Bedeutende Eisenbahnnetze

In den meisten Ländern der Welt, ausgenommen einige Entwicklungsstaaten, haben sich im Zuge der modernen Verkehrsentwicklung leistungsfähige Eisenbahnnetze herausgebildet. Da die Eisenbahn in vielen Staaten ein unverzichtbarer Verkehrsträger und in den überwiegenden Fällen sogar das Verkehrsrückgrat des binnenländischen Personen- und Güterverkehrs ist, kann sie weltweit als eines der wichtigsten Verkehrsmittel bezeichnet werden, trotz der steigenden Konkurrenz durch den Kraftfahrzeugverkehr. Weltweit wurden zu Beginn der 90er Jahre rund 1,31 Mio. km Eisenbahnstrecken unterhalten. Sie verteilen sich aufgrund der Formen der Erdoberfläche und der Kontinente auf mehrere voneinander getrennte Eisenbahnnetze, von denen wiederum vier ausgedehnte zusammenhängende Netzsysteme ins Auge fallen: das euroasiatische, nordamerikanische, südamerikanische und südafrikanische Bahnnetz. Die Verteilung der Eisenbahnnetze auf die Kontinente und die Betriebslängen zeigt die folgende Übersicht.

Das weltweite Eisenbahnnetz (Zahlen gerundet)

Kontinent	Amerika	Europa	Asien	Afrika	Australien
Gesamtlänge in km	650 000	300 000	210 000	105 000	45 000
in % der Weltstrecken	49,5	23	16	8	3,5
davon in km genutzt	USA 250 000 Kanada 95 000	GUS 141 000 Europ. Union 150 000 Deutschland 40 000 Frankreich 34 000	China 55 000 Indien 62 000	Südafrika 37 000	

6.1.1 Euroasiatische und japanische Eisenbahnen

Die miteinander verknüpften Schienennetze der Kontinente Europa und Asien, das sog. **euroasiatische Bahnnetz**, stellen das weltweit ausgedehnteste Bahnnetz dar. Es ermöglicht Personen- und Güterverkehre zwischen dem Atlantischen und dem Pazifischen Ozean und umfaßt die Teilräume West-, Mittel- und Osteuropa, Vorder- und Zentralasien, China und die Mongolei sowie die Pazifikküste. Das Eisenbahnnetz der Welthandelsnation Japan ist aufgrund der Insellage davon isoliert zu sehen. Entsprechend des wirtschaftlichen Entwicklungsstandes der einzelnen Länder stellen sich die Eisenbahnen im euroasiatischen Raum sehr unterschiedlich dar. Sehr hoch entwickelt sind die Bahnnetze in West- und Mitteleuropa sowie in Japan und Süd-Korea. In allen anderen genannten Regionen gibt es ausgedehnte, jedoch oft sanierungsbedürftige Bahnnetze.

Sehr ins Hintertreffen geraten sind, bis auf wenige Ausnahmen, die Bahnsysteme des Mittleren und Nahen Ostens, Süd- und Südostasiens. In diesen Ländern sehen sich die Eisenbahnen letztlich auch einer immer stärker werdenden Konkurrenz des Straßengüter- und Luftverkehrs ausgesetzt. Über große, aber vielfach unmoderne Bahnnetze verfügen die Staaten Pakistan und Türkei. In Pakistan werden rd. 8 000 km Gleise unterhalten. Herausragende Strecke ist die Nord-Süd-Trasse der **Indusbahn** zwischen dem Hafen Karatchi und Lahore. In der Türkei, in der die staatliche Eisenbahn TCDD über 8 400 km benutzt, ist die **Anatolische Bahn** zwischen Usküdar/Skutari und Aleppo/Haleb in Syrien eine der großen Bahnlinien. Im Nahen Osten sind bzw. waren weiterhin die Strecken der **Bagdadbahn** (Bagdad–Basra) in Irak und die **Hedschasbahn** (Damaskus/Syrien–Medina/Saudi-Arabien) von Bedeutung. In Indien, wo drei verschiedene Spurweiten benutzt werden, gehört die **Gangesbahn** zwischen der Hauptstadt Neu-Delhi und dem Hafen Kalkutta zu den wichtigen Strecken. In Indonesien gibt es vor allem auf der Hauptinsel Java umfangreiche Bahnnetze. Fast ohne Bahnstrecken ist der Staat Afghanistan (1989 = 851 m).

Beispiel:

Der wichtige Khyberpaß (Achse Kabul – Peshawar – Rawalpindi) zwischen Afghanistan und Pakistan ist als kürzester Durchgang von Vorderasien nach Südasien nur auf Straßen zu überqueren. Die einzige West-Ost-Bahn dieser Region verläuft von Iran (Sahedan) nach Pakistan (Quetta, Sukkur, Hyderabad) südlich der afghanischen Grenze und berührt dieses Land nicht.

Modernisiert und um mehrere tausend Kilometer ausgebaut werden sollen die Bahnstrecken in Saudi-Arabien, Syrien, Irak und Iran sowie in den Golfstaaten. Insgesamt werden in diesen Ländern über 45 000 Bahnkilometer betrieben. Da die meisten der genannten Bahnen, vor allem die im Nahen und Mittleren Osten, vorrangig dem nationalen bzw. regionalen Verkehr dienen, wird im Rahmen dieser verkehrsgeographischen Betrachtung auf eine genauere Beschreibung verzichtet.

6.1.1.1 Transsibirische Eisenbahn

Die Transsibirische Eisenbahn, kurz Transsib, bildet mit einer Länge von rund 8 000 km den Haupteisenbahnweg zwischen Europa und Asien. Die Strecke beginnt bei Tscheljabinsk am Osthang des Uralgebirges und reicht bis zum Pazifikhafen Wladiwostok. Sie ist die Fortsetzung der osteuropäischen Bahnen in Richtung Fernost und die längste Eisenbahnstrecke der Welt. Da die Transsib, deren Bau in den

Jahren 1891 bis 1907 erfolgte, für die Entwicklung des gesamten mittelasiatischen Raumes entscheidende Bedeutung gewann, wird sie vielfach als ein Gegenstück zur Durchquerung des nordamerikanischen Kontinents mit Eisenbahnen angesehen.

Die Linienführung der eigentlichen Transsib folgt im wesentlichen der klimatisch begünstigten Zone Sibiriens über die Zwischenstationen Omsk, Nowosibirsk, Krasnojarsk, Irkutsk, Ulan Ude, Tschita, Skoworodino und Chabarowsk nach Waldiwostok und dessen zivilen Nebenhafen Nachodka bzw. dem Pazifikhafen Vostochny. Gelegentlich werden Güterverkehre über die Transsibirien-Route (kurz TSR-Verkehre) auch von Moskau aus gerechnet, insbesondere bei den interkontinentalen Containerverkehren, da viele Boxen am Moskauer Umschlagplatz Orjechowo auf die Waggons gesetzt werden. Dann ergibt sich eine Gesamtentfernung bis Nachodka von 9 441 km. Bedeutende Stationen zwischen Moskau und Tscheljabinsk sind in diesem Falle die Orte Gorkij, Perm und Jekaterinburg.

Die TSR-Route ist zweigleisig ausgebaut und durchgehend elektrifiziert, allerdings befinden sich Gleisanlagen und Waggonpark vielfach in nicht zufriedenstellenden Zuständen. Die Reisedauer kann sich daher durch Verzögerungen im internationalen Containerverkehr auf bis zu 35 Tage erstrecken, während im regulären Personenverkehr zwischen 7 und 10 Tage gerechnet werden. Dies hat in den letzten Jahren zu einem Rückgang im Containerverkehr auf dieser Landbrückenroute und zu mehreren Versuchen einer Anhebung des Service-Niveaus geführt. Angestrebt wird, in den kommenden Jahren Transportzeiten über die TSR von 11–12 Tagen zwischen den Pazifikhäfen und der GUS-Westgrenze zu garantieren.

Im TSR-Geschäft sind verschiedene Speditions- und Transportunternehmen tätig. Unter anderem das japanische Transportunternehmen Jeuro Container Transport/Yokohama, das russisch/japanische Joint-Venture Eurasia Trans, Sotra (Soyuztransit) und mehrere in der „Gemeinschaft der Europäischen Transsibirien-Operateure" (GETO) zusammengeschlossene Spediteure.

Projektierte Transitzeiten beim westgehenden TSR-Verkehr ab Nachodka/Vostochny bis:

- Irland .... 35 Tage,
- Großbritannien .... 30 Tage,
- Westeuropa Kontinent .... 25 Tage,
- Skandinavien .... 25 Tage,
- Osteuropa .... 20 Tage,
- Finnland .... 15 Tage.

Auf der gesamten TSR-Strecke wird ein elektronisches Kontrollsystem für die Transitcontainer betrieben, die von Ostasien nach Europa und umgekehrt gehen. Seit den 60er Jahren wird die TSR als Landbrücke im West-Ost/Ost-West-Containerverkehr zwischen Japan und Westeuropa genutzt. Die Route ist vor allem dann eine konkurrenzfähige Alternative zum Seeweg, wenn die Ziel- und Empfangsorte weit von Seehäfen entfernt liegen. Zum Einsatz gelangen auf der TSR 20-Fuß-Container, die im direkten Bahnverkehr von Westeuropa aus z. B. an der weißrussisch/polnischen Grenze auf Breitspurwaggons umgesetzt werden müssen (vgl. Themenkreis 10, Abschnitt 11.9). Mehrere tausend Waggons sind spezielle „Container Rail Flatcars", auf denen je drei TEU verladen werden können. Eine Reihe westeuropäischer Spediteure führt in Zusammenarbeit mit russischen Spediteuren seit Jahren einen erfolgreichen Containerverkehr für Sammelgüter über die TSR durch. Ziel- oder Versandland in Fernost ist dabei nicht mehr allein Japan, es werden auch Container von und nach Korea, Taiwan, Philippinen, Hongkong, Singapur, Thailand, Indonesien und selbst Australien befördert.

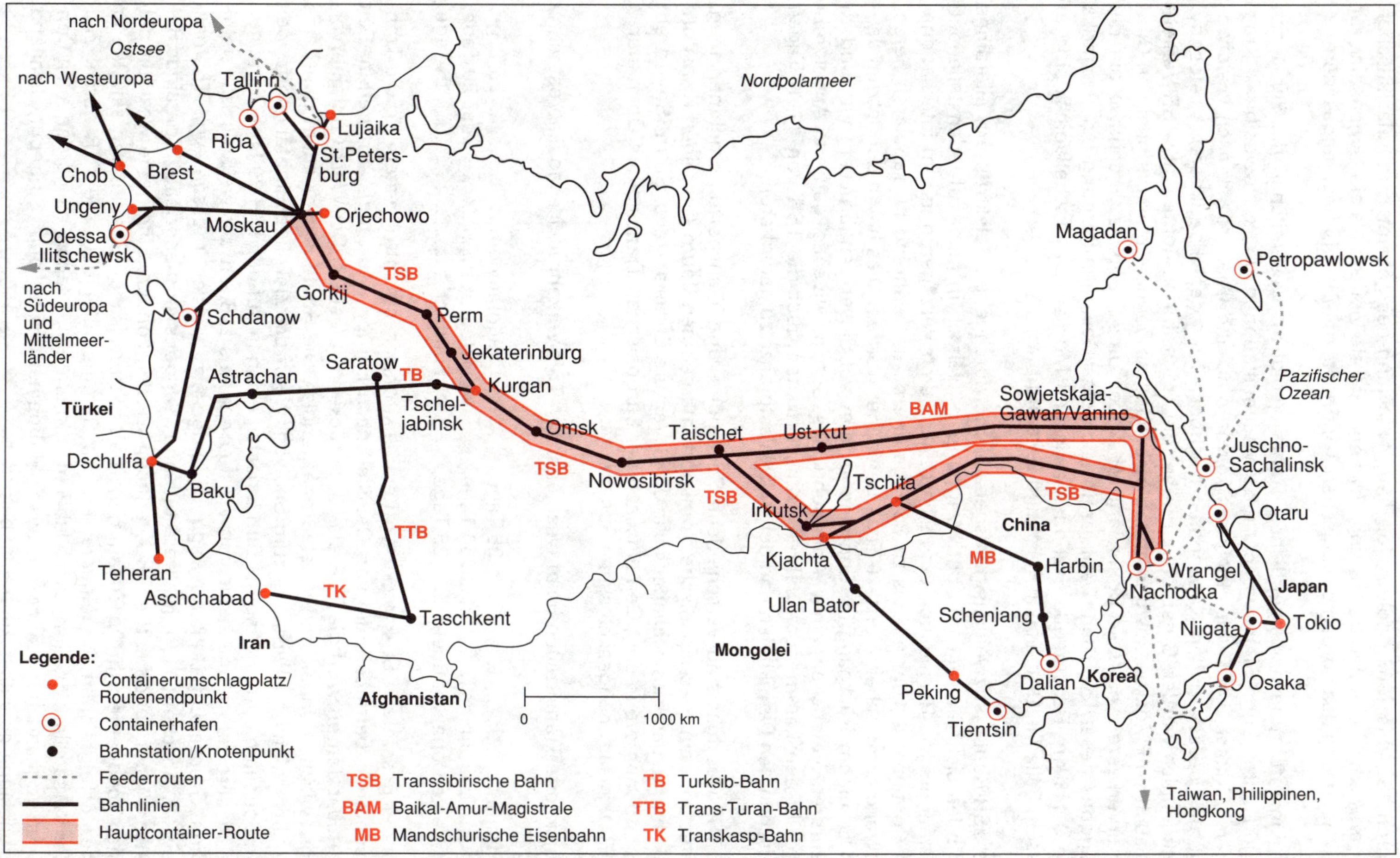

Transsibirische Landbrücke für Containerverkehre (Transib, BAM und angeschlossene Bahnen)

6.1.1.2 Baikal-Amur-Magistrale

Seit 1989 ist nördlich der Transsib in einer Entfernung von 300 bis 500 km die alternative Eisenbahnstrecke der Baikal-Amur-Magistrale (BAM) in Betrieb. Diese 3 102 km lange Bahnstrecke, die von der Transsib bei Tajschet abzweigt, verläuft durch außerordentlich schwieriges Gelände mit Dauerfrostboden, Erdbebengefahren und Schlammlawinen. Bei der BAM handelt es sich in erster Linie um eine Bahnstrecke, die der Erschließung von Bodenschätzen in Sibirien dienen soll und die aufgrund der strategisch größeren Entfernung von der chinesischen Grenze als sicherer eingeschätzt wird. Für den interkontinentalen Güterverkehr bedeutet die Nutzung der BAM von Moskau über Nowosibirsk, Tajschet, Bratsk, Ust-Kut, Tschara, Tynda, Urgal, Komsomolskna-Amure nach dem Pazifikhafen Sowjetskaja Gawan eine Verkürzung von mehr als 500 km.

6.1.1.3 Anschlußstrecken nach China und Vorderasien

Die Transsibirische Eisenbahnlinie ist der zentrale Bahntransitweg für fast alle europäisch-asiatischen Bahngüter. Von der Transsib zweigen drei Anschlußstrecken ab, über die China und Vorderasien, hier vor allem Iran, erreicht werden können.

In unmittelbarer Nähe des Baikalsee beginnt bei Ulan-Ude die Nord-Süd-verlaufende **Bahnstrecke Peking-Tientsin**. Die für den Containerverkehr nach Mittel- und Südchina wichtige Route durch die Wüste Gobi führt über den Umschlagplatz Kjachta (Umspurung auf Normalspur) in die Mongolei und nach der Stadt Ulan-Bator, von dort weiter nach Peking und der Hafenstadt Tientsin. Weitere Anschlüsse nach Hongkong sind von hier aus über Bahnstrecken oder im short-sea-Verkehr möglich. Diese Fernstrecke kürzt den bis gegen Ende der 60er Jahre vorzugsweise genutzten Weg der alten Mandschurischen Eisenbahn von Peking über Harbin nach Tschita an der Transsib um rund 5 000 km ab.

Die nordchinesische Industrieregion der Mandschurei kann ohne Transit durch die Mongolei mittels der oben genannten **Mandschurischen Eisenbahn** erreicht werden. Die Bahnlinie beginnt am Transsib-Abzweig bei Tschita. Die notwendige Umsetzung von Containern auf Waggons des Normalspursystem wird an der chinesischen Grenzstation Zabaikalsk/Manzhouli vorgenommen. Bedeutende Großstädte sind entlang der Strecke in Nordchina Harbin, Chang Chun, Shenyang und die Hafenstadt Dalian. In China selbst ist die zweite Nord-Süd-Bahnstrecke **Peking-Kanton** über Wuhan mit Anschluß nach Hongkong eine der großen binnenländischen Bahntrassen des Landes.

Das von Turkmenistan über Kasachstan nach Sibirien gebaute Eisenbahnnetz, die sog. **Turksib**, ist für Bahnverkehre von Fernost oder Europa nach Vorderasien, insbesondere nach Iran, von Bedeutung. Containerverkehre werden von der Transsib bei Kurgan/Tscheljabinsk nach Süden geführt und entweder über Taschkent zur turkmenischen Grenzstation Aschchabad oder via Astrachan und Baku zur Grenzstadt Dschulfa. Durchschnittliche Transitzeiten ab finnisch/russischer Grenze (Vainikkala/Lujaika) nach:

- Iran 7–10 Tage
- Afghanistan 15–21 Tage
- China 18–22 Tage
- Japan 18 Tage

Der Vollständigkeit halber ist noch zu erwähnen, daß innerhalb der ehemaligen Sowjetunion weitere große Überlandbahnnetze bzw. -linien existieren, die allerdings im internationalen Bahngüterverkehr kaum bzw. nur eine ergänzende oder entlastende Rolle spielen. Sie dienen vielmehr den binnenländischen Verkehren des Landes. Zu nennen sind hier vor allem die sog. **Murmansk-Bahn** zwischen St. Petersburg und dem eisfreien Seehafen Murmansk an der Barentssee sowie die **Petschorabahn** zwischen Moskau und den Kohlegebieten von Workuta und Petschora am Nordural-Gebirge. Ferner die **Turkestan-Sibirische-Bahn** zwischen Taschkent und Nowosibirsk, die **Transkaspische Eisenbahn** zwischen Taschkent und Krasnowodsk.

6.1.1.4 Japans Eisenbahnen

Besonders hoch entwickelt ist das Eisenbahn- und Schnellbahnnetz Japans, wo bereits seit 1964 Hochgeschwindigkeitszüge („Shinkansen“) fahren. Alle vier Hauptinseln Japans (Hokkaido, Honschu, Schikoku und Kiuschu) sind miteinander über Landwege verbunden, über die durchgehend Eisenbahn- und Autobahnstrecken verlaufen. Zwei herausragende Verkehrsbauten machen auf der großen Nord-Süd-Verkehrsachse die schnelle und ununterbrochene Beförderung von Personen und Gütern möglich: Der Seikan-Tunnel und die Große Seto-Brücke.

Der **Seikan-Tunnel** verbindet die nördlichste Insel, Hokkaido, mit der großen Hauptinsel Honschu. Er ist der längste Unterwassertunnel der Welt. Er übertrifft mit einer Gesamtlänge von 53,85 km und einer Tiefe von bis zu 240 m, davon 100 m unter dem Meeresboden, die Dimensionen des Eurotunnels (vgl. Themenkreis 10, Abschnitt 5.2). Der Seikan-Tunnel unterquert die Meerenge der Tsugaru Straße, über die seit Beginn dieses Jahrhunderts regelmäßig Fährdienste zwischen Hakodate (Hokkaido) und Aomori (Honschu) unterhalten wurden. Durch die Inbetriebnahme des Tunnels (1988) haben sich die Zugfahrzeiten zwischen den Metropolen Tokio und Sapporo beträchtlich verkürzt. Während Schnellzüge auf der Linie Tokio – Sapporo mit der Fähre noch 13 bis 14 Stunden benötigten, werden heute bei Einschluß der Shinkansen-Linie nur noch 11 Stunden benötigt. Täglich passieren über 30 Personenzüge und mehr als 40 Güterzüge den Tunnel, der Teil der 160,4 km langen „Tsugaru Kaikyo-Linie“ der Japan Railways (JR) zwischen Aomori und Hakodate ist. Für den Güterverkehr ist der Tunnel von enormer Bedeutung, da er einen sicheren und schnellen Transportweg zwischen den japanischen Märkten garantiert und auch im interkontinentalen Bahnverkehr eine attraktive Alternative zu langen Container-Feederdiensten darstellt. Güterzüge brauchen auf der Strecke Tokio – Sapporo derzeit rund 16 Stunden, ihre Fahrzeit hat sich durch den Bau des Seikan-Tunnels um 3,5 Stunden verkürzt.

Beispiel:

Im Zu- oder Nachlauf von Transsib-Containerverkehren nach und von Japan können durch Nutzung des Seikan-Tunnels Container schnell zum Hafen Otaru auf Hokkaido transportiert werden, von wo aus mittels Ro/Ro- oder Containerschiffen die russischen Pazifikhäfen und Transsib-Umschlagplätze Nachodka und Wrangel bedient werden können. Ähnliche Möglichkeiten bestehen über den nördlichen Hafen von Hokkaido, Wakkanai, zum BAM-Anschluß beim Hafen Sowjetskaja Gavan.

Die zweite überragende Landverbindung bildet die **Große Seto-Brücke,** eines der größten Brückenbauwerke der Welt, zwischen der Hauptinsel Honshu und der südlich vorgelagerten Insel Shikoku. Die Anlage besteht aus sechs Einzelbrücken mit einer Gesamtlänge von 37,4 km, mit der im eigentlichen Sinne fünf zwischengelagerte kleinere Inseln verbunden werden. Der Verkehr erfolgt zweistöckig: Autoverkehre oben und Eisenbahnverkehre darunter. Die Brücke ist bis zu bestimmten Graden taifun- und erdbebensicher, die Überfahrtzeit liegt zwischen 15 und 30 Minuten. Der ehemals mehr als einstündige Fährverkehr hat an Bedeutung verloren. Die Große-Seto-Brücke ist vor allem für die schnelle Versorgung der Ballungsräume Kobe/Osaka auf der einen und der Werft- und Raffineriestandorte Matsuyama/Niihama auf der anderen Seite von grundlegender Bedeutung.

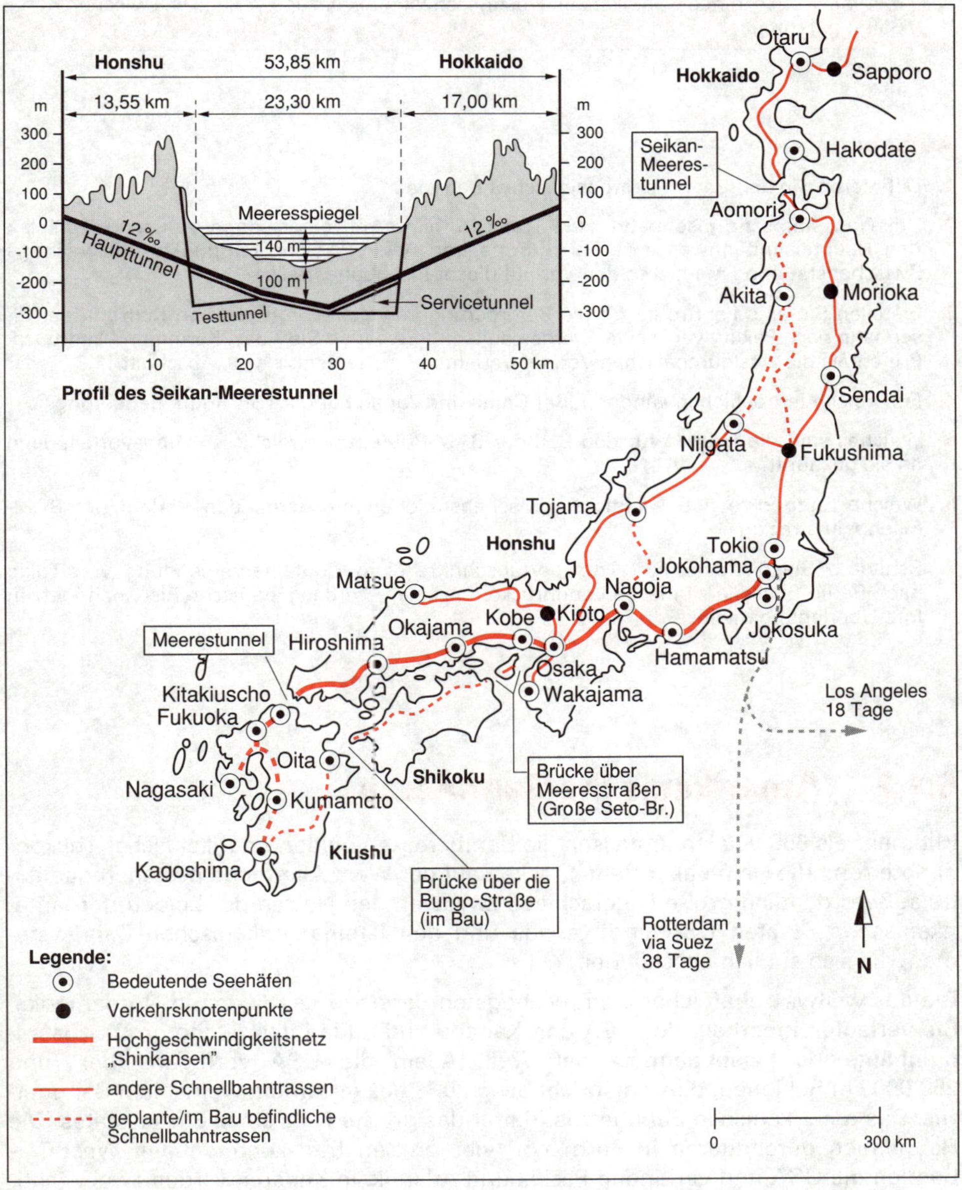

Verkehrsschwerpunkte in Japan

Zusammenfassung

1. Die Eisenbahn ist weltweit eines der wichtigsten Verkehrsmittel. Die dichtesten Eisenbahnnetze werden in Nordamerika und Europa unterhalten.
2. Die vier größten zusammenhängenden Eisenbahnnetzsysteme sind das euroasiatische, nordamerikanische, südamerikanische und südafrikanische Bahnnetz.
3. Die Transsibirische Eisenbahn (Transsib) und die Baikal-Amur-Magistrale (BAM) verbinden das westeuropäische Bahnnetz mit dem Ost- und Zentralasiens.
4. Japan verfügt über ein hochentwickeltes Eisenbahnsystem, das alle vier Hauptinseln miteinander verbindet. Shinkansen-Hochgeschwindigkeitszüge verkehren zwischen den Ballungsräumen.

Aufgaben

1. Definieren Sie den Begriff „euroasiatisches Bahnnetz".
2. Die Transsibirische Eisenbahn, kurz Transsib, bildet mit einer Länge von rund 8 000 km den Haupteisenbahnweg zwischen Europa und Asien. Welche Endpunkte und wichtige Zwischenstationen markieren den Verlauf dieser Eisenbahnstrecke?
3. Erstellen Sie eine Fahrtroute für die Beförderung von Containern, die von Köln mit der Eisenbahn nach Peking verfrachtet werden sollen. Verwenden Sie Atlas, Karten und Lehrbuch. Prüfen Sie die westeuropäischen Vorlauf-Varianten im Themenkreis 10, Abschnitt 11.9.
4. Für welche fernöstlichen Länder außer China und Japan hat die TSR-Route Bedeutung?
5. Welches sind die Gründe für den Bau der BAM-Route, und welche Nutzungsvorteile sind an sie geknüpft?
6. Welche Endpunkte und wichtigen Zwischenstationen markieren den Verlauf der BAM-Eisenbahnstrecke?
7. Schildern Sie die einzelnen Transportabschnitte einer Containerversendung von Tokio nach Berlin über die sibirische Landbrücke. Beziehen Sie das japanische Eisenbahnnetz in Ihre Überlegungen ein.

6.1.2 Amerikanische Bahnnetze

Mit mehr als 650 000 km umfassen die Bahnstrecken beider amerikanischer Teilkontinente rund die Hälfte aller Bahnstrecken auf der Welt. Allerdings bestehen qualitativ außerordentlich große Unterschiede zwischen den Netzen der beiden nordamerikanischen Staaten USA und Kanada und den lateinamerikanischen Bahnsystemen, die sich südlich anschließen.

Die aus weltwirtschaftlicher Sicht wichtigsten Bahnstrecken liegen in Nordamerika. Sie verlaufen innerhalb der USA und Kanada und bilden das zweite große **zusammenhängende Eisenbahnnetz** der Welt. Allein die USA verfügen über rund 250 000 km Schienen, dies entspricht etwa 20 % des gesamten weltweiten Bahnnetzes. Das amerikanische Bahnnetz ist damit das größte Netz eines Einzelstaates. Die Hauptlinien durchqueren in Form von vier großen transkontinentalen West-Ost-Bahnen die USA und verbinden Pazifik und Atlantik. In Kanada werden zwei wichtige West-Ost-Bahnstrecken unterhalten.

6.1.2.1 Das Bahnsystem in den USA

Die gewaltigen Binnenräume der USA konnten im 19. Jahrhundert wirtschaftlich nur mit der Eisenbahn erschlossen werden. Der somit sehr traditionsreiche Verkehrsträger dieses Landes hat allerdings stark an Bedeutung verloren, vor allem im Personenverkehr. Während noch um 1916 rund 460 000 km Bahnstrecken existierten, sind es gegenwärtig noch etwa 250 000 km, überwiegend in Normalspur-Breite. Durch das Anwachsen des Individualverkehrs mit Pkw und Flugzeugen verlor die Bahn in den USA fast völlig ihre Bedeutung für die Personenbeförderung. Im Güterverkehr dagegen ist sie mit einem Anteil von über 30 % am nationalen Transportaufkommen ein wichtiger Verkehrsträger. Der Personenverkehr soll in den kommenden Jahren durch Hochgeschwindigkeitsverkehre wieder attraktiver werden.

Beispiel:

Highspeed-Verkehre sind im sog. Nordost-Korridor von Amtrak zwischen den Ballungsräumen New York und Washington im Aufbau. Ähnliche Projekte gibt es für das Städteband Milwaukee-Chicago-St. Louis, in Kalifornien für die Strecke Sacramento-San Diego, in Florida (Tampa-Orlando-Miami) sowie an der Nordwestküste zwischen den Seehäfen Portland, Seattle und Vancouver.

Im wesentlichen wird das sehr dichte Eisenbahnnetz in den USA von privaten oder gemischtwirtschaftlichen Unternehmen betrieben. Die beiden beherrschenden Gesellschaften sind die „National Railroad Passenger Corporation“ (Amtrak) und die „Consolidated Rail Corporation“ (Conrail). Die seit 1970 existierende halbstaatliche Amtrak, die aus 13 Einzelgesellschaften gegründet wurde, unterhält ein Streckennetz von rund 43 000 Meilen (rd. 80 000 km). Darin eingeschlossen sind vier wichtige transkontinentale Eisenbahnlinien. Die speziell für den Frachtverkehr 1976 gegründete Conrail bedient vorrangig die amerikanische Nordost-Region. Ihr Streckennetz umfaßt etwa 25 000 Streckenmeilen (rd. 46 300 km).

6.1.2.2 West-Ost-Transkontinentalbahnen in den USA

Zwischen den hochentwickelten Wirtschaftsräumen an der amerikanischen Ost- und Westküste verlaufen vier große, den gesamten Kontinent querende Eisenbahnrouten.

- Im Norden ist es die alte Northern-Pacific-Route, auch **Nordbahn** oder **Nord-Pazifikbahn** genannt. Sie verläuft von New York zum Eisenbahn-Verkehrszentrum Chicago (Illinois) und verbindet dieses über Minneapolis (Minnesota), Fargo (Nord-Dakota), Billings und Butte (Montana) sowie Spokane (Washington) mit den Pazifikhäfen Seattle/Tacoma (Washington) und Portland (Oregon).
- Die Westküstenhäfen von San Francisco und Oakland (Kalifornien) sind über die **Union-Pacific-Bahn**, auch **Zentral-Pazifikbahn** genannt, mit Chicago und der Ostküste bei New York verbunden. Transporte ab San Francisco führen über Ogden, nördlich von Salt Lake City (Utah), Cheyenne (Wyoming) und Omaha (Nebraska) nach Chicago. Vom Bahnknotenpunkt Chicago aus können die Züge auf mehreren leistungsstarken Routen an die Ostküstenhäfen von New York/Jersey City, Philadelphia oder Baltimore geführt werden.
- Die dritte transkontinentale Bahn, die den Mittelwesten der USA an den Pazifik anbindet, ist die **Santa Fé-Pazifikbahn.** Ausgangspunkte sind die Pazifikhafenstädte Los Angeles und Long Beach bzw. San Francisco. Die Trasse führt über Flagstaff (Arizona), Albuquerque/Santa Fé (New Mexiko), Kansas City und St. Louis (Missouri) bis nach Chicago und dann weiter zu den Wirtschaftszentren der Ostküste.
- Die kürzeste Überland-Bahnverbindung zwischen den beiden Küsten ist die **Südbahn**, auch **Süd-Pazifikbahn** genannt, zwischen Los Angeles/Long Beach am Pazifik und den texanischen Wirtschaftsregionen Houston/Beaumont am Golf von Mexiko sowie New Orleans/Baton Rouge in Louisiana. Wichtige Stationen auf dieser Strecke sind Tucson (Arizona) und El Paso (Texas).

Diese großen Bahntrassen sind durch mehrere Nord-Süd-Bahnstrecken untereinander verbunden. Dies ist besonders in den dicht besiedelten und wirtschaftsstarken Regionen der östlichen USA der Fall. Auch entlang der pazifischen Küste verbindet eine bedeutende Bahnlinie den Großraum Vancouver (Kanada) via Seattle und Portland mit den kalifornischen Ballungsräumen.

6.1.2.3 Container-Landbrücken durch Nordamerika

Die genannten transkontinentalen West-Ost-Bahnstrecken sind nicht allein für den rein inneramerikanischen Güterverkehr von Bedeutung. In den letzten Jahrzehnten haben sich auf diesen Bahnstrecken in beträchtlichem Umfang west-östliche **Landbrücken-Verkehre** vorzugsweise mit Containern herausgebildet. Die Containertransporte über die nordamerikanische Landbrücke bilden eine alternative Route zum reinen Seeverkehr durch den Panama-Kanal. Die Zeitersparnis durch den Bahnverkehr auf der Relation New York – San Francisco kann gegenüber dem Seeweg zwischen drei und sechs Tagen liegen. Allerdings sind für diese Transporte mittels der Bahn die Energiekosten entscheidend. Steigende Energiepreise können derartige Alternativstrecken unwirtschaftlich werden lassen, wenn der eingesparten Zeit von wenigen Tagen sehr viel günstigere Seefrachtpreise gegenüberstehen.
Container-Überlandtransporte werden von verschiedenen Containerunternehmen und Reedereien im wesentlichen über die Zentral-, Santa Fé- und die Südbahn durchgeführt. Weitere Landbrücken sind entlang der Pazifikküste und zwischen den nördlichen Ostküstenhäfen (New York, Philadelphia, Baltimore, den Hampton Roads Häfen, Norfolk und Portsmouth) nach den US-Golf-Häfen Mobile, New Orleans und Houston/Galveston eingerichtet worden. Diese Eisenbahn-Landbrückenverkehre werden für Gütersendungen auf der Relation US-Ostküste – Fernost wie auch für Transitgüter von Europa nach Fernost und umgekehrt genutzt.

Beispiel:

Eine deutsche Exportsendung für Tokio wird in Antwerpen in Container gestaut und nach New York verschifft. Von New York aus wird der für Japan bestimmte Container mit der Bahn über die nordamerikanische Landbrücke nach Oakland oder Long Beach befördert. Von dort aus erfolgt die Weiterleitung der Box über den Seeweg zum Zielort in Japan.

Über kanadisches Territorium, das von zwei großen west-östlichen Transkontinentalbahnstrecken durchzogen wird, werden vergleichbare Bahn-Verkehre angeboten. Hauptroute ist die **„Südkanadische Bahn“** zwischen dem größten kanadischen Hafen Vancouver am Pazifik und Ottawa/Montreal am St. Lorenz-Strom, die über die Stationen Calgary, Regina, Winnipeg und Thunder Bay geführt wird. Von Montreal aus wird die Strecke bis zum westlichsten kanadischen Hafen Halifax fortgeführt. Die Gesamtstrecke Vancouver–Halifax mißt rund 4 600 Bahnkilometer. Die zweite Trasse, die **„Nordkanadische Bahn“**, verbindet den Pazifik vom dortigen zweitwichtigsten kanadischen Hafen Prince Rupert aus über Edmonton, Winnipeg und Cochrane mit Quebec am St.-Lorenz-Strom. Führende Bahngesellschaften sind die Canadian Pacific Rail (CP) und die Canadian National Railways (CN). Beide Gesellschaften bieten einen Schiff-Schiene-Service für intermodale Container (Container, die von verschiedenen Verkehrsträger befördert werden können) an.

Beispiel:

Für den von Europa nach Nordamerika gehenden Stückgutverkehr in Containern ist insbesondere der kanadische Atlantikhafen Halifax von Interesse. Seeschiffe können Halifax aufgrund der weit vorgeschobenen Lage einen Tag früher erreichen als jeden anderen nordamerikanischen Hafen. An den Terminals des Hafens werden die Container zum Teil doppelstöckig auf täglich verkehrende Container-Ganzzüge verladen und zu ihren Zielen auf dem ganzen Kontinent gefahren. Für die Doppelstock-Containerzüge gibt es ein fast flächendeckendes Bahnnetzwerk. Computersysteme überwachen die Reisen der Boxen innerhalb des Transportnetzes und ermöglichen jederzeit eine Auskunft darüber, wo sich die Ladung befindet (Status Controlle).

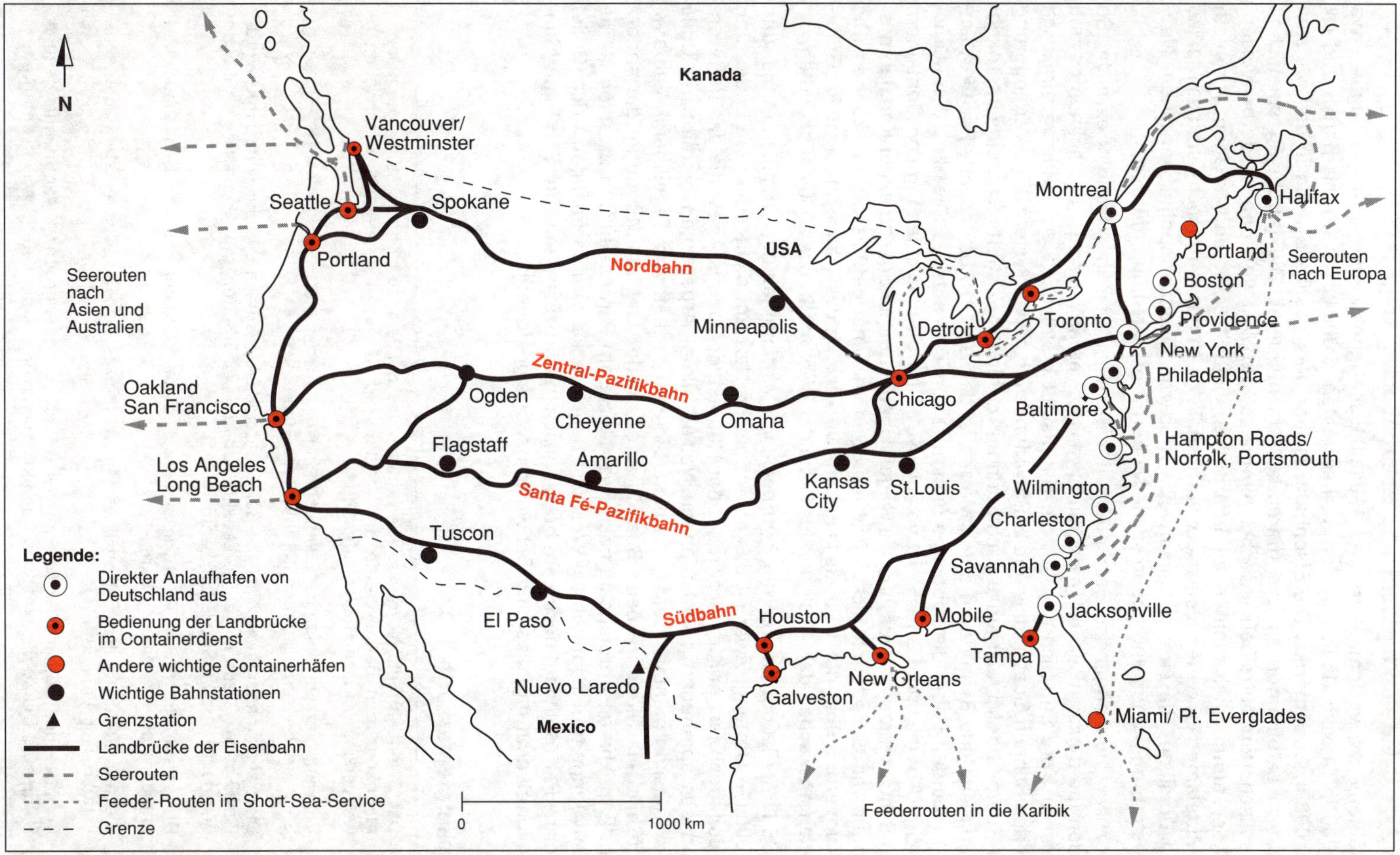

Hauptrouten der nordamerikanischen Container-Landbrücken-Verkehre

6.1.2.4 Lateinamerikanische Eisenbahnstrecken

Lateinamerika verfügt über rund 150 000 Eisenbahnkilometer. Davon liegen etwa 26 000 in Mexiko, 15 000 in den Karibikstaaten, 5 000 km in Mittelamerika und rd. 100 000 in Südamerika. Die Eisenbahn ist vor dem Lastkraftwagen in den meisten Ländern Lateinamerikas das führende Verkehrsmittel. Die durchweg staatlichen Gesellschaften betreiben jedoch Liniennetze, die weit von den modernen Eisenbahnsystemen in Nordamerika entfernt sind. Viele Strecken und Anlagen, vor allem in Mittelamerika, gelten als extrem vernachläßigt. In der Hauptsache sind es Mexiko und Brasilien, die eine vergleichweise moderne Eisenbahnpolitik verfolgen, Neubaustrecken planen und bauen sowie Modernisierungen durchführen.

Ein zusammenhängendes Gesamtnetz der Bahnen Lateinamerikas gibt es nicht. So bilden die mexikanischen Linien, die an das US-amerikanische Netz anknüpfen und meist in Nord-Süd-Richtung auf die Hauptstadt Mexiko-City zu verlaufen, praktisch mit den Bahnen Guatemalas und El Salvadors ein eigenes System. Eine Verlängerung der Route über Mittelamerika nach Südamerika hinaus existiert nicht. Eine international bedeutende Bahn-Route durch Mexiko ist die seit 1979 bestehende **Pazifik-Atlantik-Verbindung** über die Landenge (Isthmus) von Tehuantepec. Die als „Alpha-Omega-Linie" bezeichnete Strecke ist vorzugsweise für die Verschiebung von Containern und Schwergütern interessant, die wegen Überlastungen oder zu enger Kanalabmessungen mit Seeschiffen nicht durch den Panamakanal geführt werden können. Die Landquerung über den Isthmus kann eine Verkürzung des Transportweges für Güterverkehre zwischen der West- und Ostküste der USA von bis zu 4 000 km bedeuten.

In Südamerika dominieren die Bahnnetze von Argentinien und Brasilien mit je rund 40 000 km Umfang. Zwar ist das argentinische Netz am dichtesten, von Bedeutung ist es jedoch fast nur im Großraum der Hauptstadt Buenos Aires, die das Bahnzentrum des spinnenartig verlaufenden Netzes bildet. Argentinien betreibt mit Chile zwei transkontinentale West-Ost-Linien. Die eine verläuft vom Pazifikhafen Valparaiso (Chile) via Mendoza nach Buenos Aires an der La-Plata-Mündung, die andere vom Pazifikhafen Antofagasta nach Resistencia am Parana-Fluß. In Brasilien ist die relativ junge transkontinentale West-Ost-Bahnstrecke vom Pazifikhafen Arica (Chile) über La Paz (Bolivien) nach dem brasilianischen Wirtschaftszentrum Sao Paulo/Santos von Bedeutung, da sie für Schwertransporte geeignet ist.

Zusammenfassung

1. Das Eisenbahnnetz Nordamerikas bildet eines der längsten und modernsten zusammenhängenden Bahnsysteme der Welt. Es erfüllt neben inneramerikanischen auch weltverkehrswirtschaftliche Aufgaben.
2. Die Hauptverkehrslinien der Eisenbahn in Nordamerika verlaufen in West-Ost-Richtung. Sie werden als transkontinentale West-Ost-Bahnlinien bezeichnet.
3. Die transkontinentalen West-Ost-Bahnen der USA bestehen aus der Nordbahn (Nord-Pazifikbahn), der Zentral-Pazifikbahn (Union-Pacific-Bahn), der Santa Fé-Pazifikbahn und der Südbahn (Süd-Pazifikbahn).
4. Die transkontinentalen West-Ost-Bahnen Kanadas bestehen aus der Südkanadischen und der Nordkanadischen Bahn.
5. Die transkontinentalen Bahnstrecken Nordamerikas sind im Weltverkehr bedeutende Landbrücken-Verkehrswege.
6. In Mittel- und Südamerika (Lateinamerika) gibt es keine großen zusammenhängenden Bahnnetze. Dichte Einzelnetze werden in Mexiko, Argentinien und Brasilien unterhalten.

Aufgaben

1. Die gewaltigen Binnenräume der USA konnten im 19. Jahrhundert wirtschaftlich nur mit der Eisenbahn erschlossen werden. Beschreiben Sie, welche Bedeutung die Eisenbahn heute in Nordamerika hat.
2. Skizzieren Sie die Verläufe der großen transkontinentalen west-östlichen amerikanischen Bahnstrecken.
3. Nennen Sie Beispiele für transkontinentale west-östliche Landbrückenverkehre in den USA.
4. Containertransporte über die nordamerikanische Landbrücke bilden eine Alternative zum Seeverkehr. Wägen Sie die Vor- und Nachteile dieser Landbrückenverkehre ab.
5. Nennen Sie Beispiele für transkontinentale west-östliche Landbrückenverkehre in Kanada.
6. Kanadische und amerikanische Bahngesellschaften bieten einen Schiff-Schienen-Service für intermodale Container an. Erläutern Sie, was unter dieser Aussage zu verstehen ist.
7. Skizzieren Sie die Eisenbahnnetze der lateinamerikanischen Staaten.
8. Welche besondere Bedeutung hat der Isthmus von Tehuantepec für interkontinentale Güterverkehre?
9. Erstellen Sie die Fahrtroute für eine Gütersendung, die von Lima/Peru nach Buenos Aires/Argentinien befördert werden soll. Berücksichtigen Sie dabei die transkontinentalen West-Ost-Eisenbahnstrecken des Subkontinents.

6.1.3 Afrikanische Bahnsysteme

Bis heute hat sich das Fehlen einer leistungsfähigen Verkehrsinfrastruktur in weiten Teilen dieses Großkontinents als gravierender Nachteil für eine bessere regionale wie auch internationale wirtschaftliche Zusammenarbeit erwiesen. Im Vergleich mit allen anderen Kontinenten zeigt Afrika aufgrund seiner Armut und der schwach entwickelten Wirtschaft die schlechteste Verkehrsinfrastruktur. So nimmt der traditionelle Güterverkehr in einigen Gebieten noch immer großen Raum ein, da ein bedarfsgerechtes und modernes Verkehrswegenetz noch nicht vorhanden oder erst im Aufbau ist und die derzeitigen Verkehrslinien nur bestimmte Relationen abdecken. Im Nahverkehr sind besonders der Trägerverkehr, einfache Fuhrwerke und die Kanu- und Floßschiffahrt anzutreffen. Für weite Strecken werden auch noch Pack- und Zugtiertransporte zusammengestellt, besonders in Nordafrika. Insgesamt treten diese einfachen Verkehrsformen aber immer stärker zurück. Einzelne Staaten bzw. Regionen verfügen aufgrund ihrer kolonialen Geschichte über mehr oder weniger gut ausgebaute Straßen- und Bahnnetze, dies gilt namentlich für die Atlasländer, Ägypten, Angola und Südafrika. Die meisten dieser Bahnlinien entstanden Ende des 19. oder Anfang des 20. Jahrhunderts, durchweg entsprechen sie hinsichtlich der an moderne Transportsysteme gestellten hohen Anforderungen bei Qualität und Schnelligkeit längst nicht mehr der Zeit.

Der Eisenbahnverkehr Afrikas ist gekennzeichnet durch eine relativ geringe Netzdichte, kurze Streckenlängen und eine fehlende Systematik. Ein geschlossenes umfassendes Netz der über 100 000 Bahnkilometer existiert nicht. Die seit Jahrzehnten geplante große Nord-Süd-gerichtete transkontinentale Kap-Kairo-Bahn (Südafrika – Ägypten) ist nicht zustande gekommen. Viele einzelne Bahnstrecken sind als sog. Stichbahnen angelegt, die von einem Hafenplatz ins Landesinnere führen. Dies vor allem dort, wo seit der Kolonialzeit die gewonnenen Rohstoffe via Seehäfen in den Export gehen. Transafrikanische Eisenbahnen gibt es nur wenige, die bedeutendste ist die Benguela-Bahn, da sie die einzige derartige W-E-Verkehrsverbindung darstellt. Insgesamt ist das Netz der Eisenbahnen ungleich verteilt. Auf Staaten in Nordafrika entfallen rd. 16 %, auf Südafrika allein rd. 28 % aller Strecken. Gering ist der Bahnverkehr in Äthiopien, Mauretanien und Sierra Leone. Keinen Bahnverkehr haben 19 Staaten, hierzu gehören Niger, Gambia, Somalia, Rwanda, Burundi. Die Netzbildung innerhalb des Kontinents wird durch unterschiedliche Spurweiten erschwert.

Beispiel:
Die Kapspur, auch britische Spur genannt, hat eine Weite von 1 067 mm. Dieses Maß wird bei rund 57 % aller Strecken Afrikas verwendet. Die Meterspur, auch französische Spur genannt, umfaßt rd. 25 % der Bahnstrecken Afrikas. Die Normalspur (1 435 mm) hat einen Anteil von rd. 14 %, auf Schmalspurbahnen sowie sechs weitere Spurmaße entfällt der Rest.

Im wesentlichen haben sich drei internationale Eisenbahnverkehrssysteme entwickelt:

- Im südlichen Afrika der **Kapspur-Bereich** mit Bahnen in Angola, Botswana, Malawai, Mosambik, Simbabwe, Südafrika. Zu diesem Bereich werden die Benguelabahn bzw. die sich ihr anschließende Zentralafrikanische Bahn sowie die Tansania-Sambia-Bahn (Tansam) gerechnet.
- Im östlichen Afrika der **Meterspur-Bereich** (Tansania, Kenia, Uganda).
- Im nördlichen Afrika der **Normalspur-Bereich** mit Bahnen in Tunesien, Algerien und Marokko. Dort herrscht neben Südafrika die höchste Eisenbahndichte des Kontinents.

6.1.3.1 Benguelabahn

Die Hauptschienennetze des afrikanischen Kontinents entstanden während der Kolonialzeit bis in die 30er Jahre des 20. Jahrhunderts. In den meisten Fällen wurden die Linien zwischen einer Seehafenstadt, die üblicherweise auch immer Hauptstadt war, und den Rohstofflagerstätten im Landesinneren angelegt. Diese sog. Stichbahn-Systeme kennzeichnen bis heute das Bild des afrikanischen Bahnsystems. Im wesentlichen können nur zwei Bahnstrecken als transafrikanische Eisenbahnverbindungen bezeichnet werden.

Dazu gehören an erster Stelle die zwischen 1903 und 1931 gebaute **Benguelabahn**, die den Flächenstaat Angola von West nach Ost durchquert und den Atlantikhafen des Landes, Lobito, mit zwei großen, rd. 2 100 km entfernten Rohstoffgebieten verbindet: dem Kupferabbaugebiet von Lubumbashi (Region Shaba) im Staat Zaire und dem Kupfer- und Eisengürtel im nördlichen Sambia. Der Transport von Rohstoffen über die Benguela-Route mit Verschiffung via Lobito wurde allerdings lange Zeit durch Sabotageanschläge unterbrochen. Die Strecke Lobito-Lubumbashi findet als **Zentralafrikanische Bahn** in verschiedenen weiteren Abschnitten nach Süden und Osten eine Fortsetzung, so daß die Benguelabahn als einzige Bahnlinie Afrikas einen großräumigen transafrikanischen Charakter hat. Die Bahn verläuft durch zehn Staaten (Angola, Botswana, Malawi, Mosambik, Sambia, Simbabwe, Südafrika, Swasiland, Tansania und Zaire), wobei folgende Entfernungen gerechnet werden können:

Von	Nach	km	Wichtige Stationen
Lobito (Angola)	Beira (Mosambik)	4 700	Dilolo, Lubumbashi, Lusaka, Maramba, Bulawayo, Harare
Lobito (Angola)	Kapstadt (Südafrika)	5 800	Dilolo, Lubumbashi, Lusaka, Maramba, Bulawayo, Kimberley, Kapstadt
Lobito (Angola)	Maputo (Mosambik)	4 700	wie oben bis Bulawayo dann via Messina oder entlang des Limpopo-Flusses

6.1.3.2 Die Tansam-Bahnstrecke

Jüngeren Datums ist die Strecke der **Tansam/Tansania-Sambia-Bahn** (auch Tazara/Tansania-Zambia-Railway genannt), die zwischen 1969 und 1975 mit dem Ziel der besseren Erschließung Ostafrikas gebaut wurde. Sie stellt neben der in der ehemaligen Sowjetunion angelegten Baikal-Amur-Magistrale die bedeutendste Bahnstrecke dar, die in den letzten Jahrzehnten weltweit gebaut wurde. Die rund 1 860 km lange Bahntrasse verläuft vom Indik-Hafen Daressalam (Tansania) über eine gebirgs- und tunnelreiche Strecke nach Sambia bis zum Verkehrsknotenpunkt Kapiri Mposhi, wo der Anschluß an die Zentralafrika-Bahn hergestellt wird. Die Rohstoffe Sambias und Zaires (vorwiegend Kupfer, Eisenerz, Steinkohle, Edelhölzer) können mit der Bahn günstiger an die Küste befördert werden, andererseits dient die Bahn der Zufuhr dringend benötigter Importgüter, wie Industrieprodukte und Mineraldünger. Erschwert wird ein kontinuierlicher Gütertransport allerdings durch die Kapazitätsengpässe der Seehäfen, durch sich ändernde politische Situationen und die mangelhafte Aufrechterhaltung des Bahnbetriebes.

Beispiel:
Zeitweise wurden auf der Tansam-Strecke für Güterverkehre von Sambias Kupfergürtel an die Küste bis zu 40 Tage benötigt. Ein Transport auf einer alternativen Strecke durch Südafrika bis zum Hafen East London war trotz einer Entfernung von 3 200 km dagegen in wenigen Tagen zu schaffen.

Während die Tansam-Linie bzw. der sog. Tazara-Korridor (über den neben der Bahnlinie noch die Tanzam-Hauptverkehrstraße und eine Pipeline geführt werden) vor allem für den Rohstoffverkehr Bedeutung hat, ist die wesentlich kürzere Bahnlinie (815 km) des südlicheren **Beira-Korridors** (Seehafen Beira/Mosambik bis Harare/Zimbabwe) für den Containerverkehr zunehmend wichtig. Die Strecke ist für das Binnenland Zimbabwe die kürzeste Verbindung zum Meer. Eine Alternative zu dieser Strecke stellt die ebenfalls durch Mosambik verlaufende **Limpopo-Bahn** zwischen dem Seehafen Maputo/Mosambik und Zimbabwe dar (534 km). Sie ist aufgrund der weniger komplizierten Streckenführung vor allem für große und schwere Zugeinheiten geeignet. Ferner ist der Hafen Maputo als sog. Naturhafen mit einer größeren Tiefe ausgestattet und erlaubt größeren Schiffen das Einlaufen.

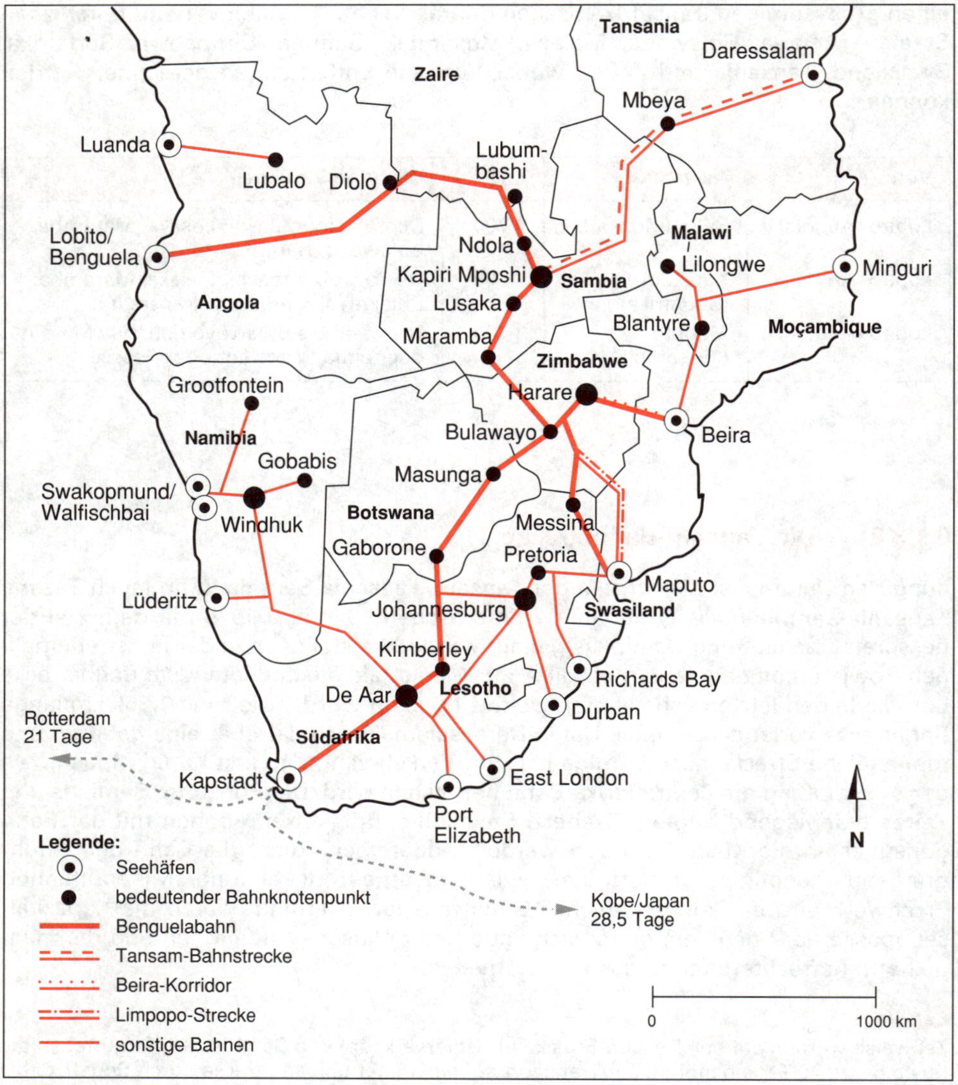

Bedeutende Eisenbahnlinien in Südafrika

6.1.4 Das Bahnnetz in Australien und Neuseeland

Die Verkehrsverhältnisse sind in Australien wie in Neuseeland gut. Der Straßengüterverkehr übertrifft jedoch den Schienengüterverkehr um rund das Vierfache. Seit jeher ist das Schienennetz beider Staaten generell im Vergleich zur Straße weniger gut entwickelt worden. In Australien ist es nur in den südlichen Küstenzonen recht dicht, wo die Bahnen sowohl von staatlicher wie privater Seite betrieben werden. Privatbahnen konzentrieren sich vorwiegend auf den Güterverkehr, sie sind vielfach als Stichbahnen ausgelegt und dienen dem Transport von massenhaften Export-Rohstoffen. Ähnlich wie in Afrika bestehen die rd. 40 000 Bahnkilometer in Australien aus drei Spurbreiten, die bislang eine Regionalnetzbildung erschwerten. Die Standardspurweite ist 1 435 mm, je Bundesstaat gibt es aber starke Variationen.

Eine der bedeutendsten Bahnachsen ist die West-Ost-Verbindung von den Häfen Perth/Fremantle über Kalgoorlie, Port Augusta, Port Pirie nach Sydney, die als **transaustralische Landbrücke** bezeichnet wird und u. a. in Containerdiensten Anwendung findet. Eine durchgehende Nord-Süd-Bahnlinie durch den Zentralkontinent existiert nicht. Als Teilstrecke ist die Verbindung Port Augusta–Alice Springs nach Norden von Bedeutung. Durch den Einsatz von besonders schnellen Expreßfrachtzügen („Superfreighter Express Rail“) konnten die vier australischen Staatsbahnen (Queensland Government Railway/Queensland, State Rail/New South Wales, Victoria-Line/Victoria, Westrail/West-Australien) in den letzten Jahren vor allem containerisiertes Frachtgut von der Straße abziehen, so daß der Bahn-Stückgutanteil derzeit bei fast 30 % liegt. Die Bahnen betreiben erfolgreich ein innerstaatliches Containerverkehrssystem (Interstate Container-Traffic) zwischen sog. intermodalen Terminals.

Beispiel:

Die „Superfreighter“-Expreßzüge sind Container-Blockzüge, die täglich mehrfach fahrplanmäßige Nonstop-Verkehre zwischen Bahn-Terminals in den Ballungsräumen und Haupthäfen des Kontinents durchführen. Die Zuggeschwindigkeit liegt bei durchschnittlich 115 km/h. Es können alle Arten von Containern (ISO-Norm, Non-ISO-Norm, Flatracks, Tank- und Refrigerated-Boxen usw.) befördert werden.

Die rd. 4 000 Bahnkilometer Neuseelands sind gleichfalls auf die Häfen ausgerichtet, stehen jedoch hinter dem Straßenverkehr zurück. Beide Inseln Neuseelands, getrennt durch die Cook-Straße, werden mit vier Eisenbahnfähren verbunden. Der Ro/Ro-Dienst wird zwischen den Häfen von Picton und Wellington abgewickelt.

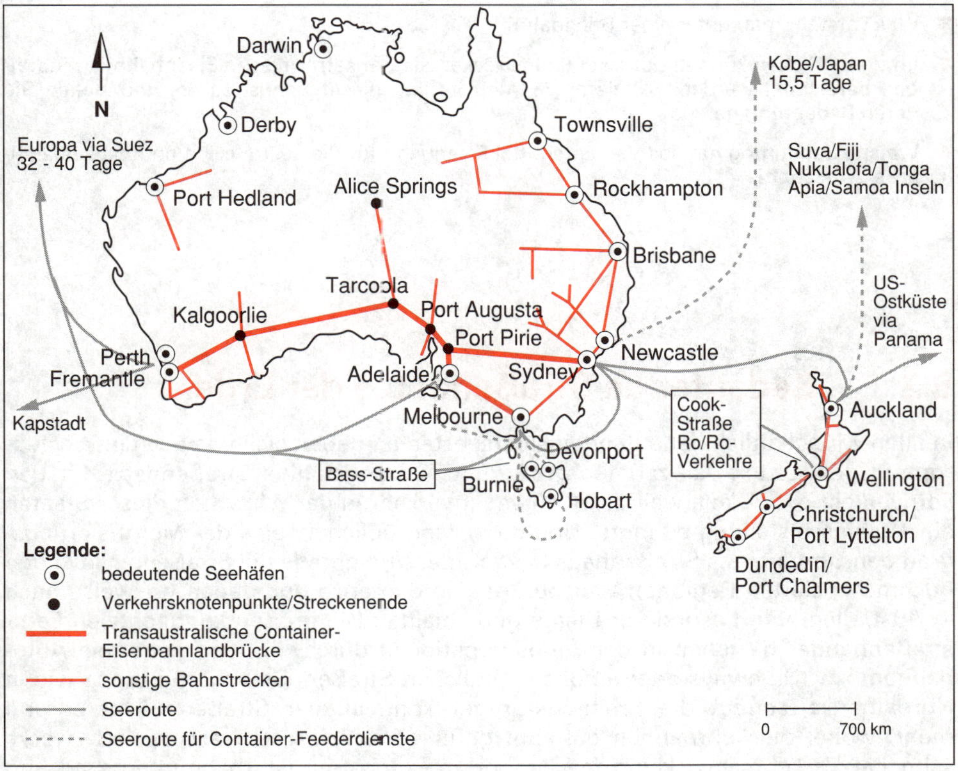

Eisenbahnlinien in Australien und Neuseeland

Zusammenfassung

1. In Afrika ist der Eisenbahnverkehr durch eine relativ geringe Netzdichte, kurze Streckenlängen (vor allem bei Stichbahnen) und eine fehlende Systematik gekennzeichnet. Die Netzbildung wird durch annähernd zehn unterschiedliche Spurweiten erschwert.
2. Bedeutende zusammenhängende Eisenbahnnetze gibt es in Südafrika (Kapspur-Bereich) mit der Benguelabahn, der Zentralafrikanischen und der Tansania-Sambia-Bahn; in Ostafrika (Meterspur-Bereich) und in Nordafrika (Normalspur-Bereich).
3. Die herausragende west-östliche transafrikanische Eisenbahnverbindung, die durch zehn Staaten verläuft, wird von der Benguelabahn und den sich ihr anschließenden Strecken der Tansam-Bahn, der Zentralafrikanischen Bahn und der Limpopo-Bahn gebildet.
4. In Australien ist die große West-Ost-Bahnstrecke von Perth/Fremantle nach Melbourne und Sydney als transaustralische Landbrücke die wichtigste Eisenbahnlinie. Eine durchgehende Nord-Süd-Eisenbahn gibt es nicht.

Aufgaben

1. Bis heute hat sich das Fehlen einer leistungsfähigen Verkehrsinfrastruktur in weiten Teilen Afrikas als gravierender Nachteil für eine bessere regionale wie auch internationale wirtschaftliche Zusammenarbeit erwiesen. Nehmen Sie zu dieser Aussage Stellung.
2. Welche besonderen Merkmale weist das Eisenbahnnetz Afrikas auf?
3. Was versteht man unter einer Stichbahn?
4. Im wesentlichen können nur zwei Bahnstrecken als transafrikanische Eisenbahnverbindungen bezeichnet werden. Skizzieren Sie den Verlauf dieser Bahnstrecken, und stellen Sie deren Bedeutung heraus.
5. Welche Bedeutung hat das Verkehrsmittel Eisenbahn für die australische und neuseeländische Wirtschaft?

6.2 Bedeutende Straßennetze der Erde

In allen wirtschaftlich bedeutenden Überseestaaten haben sich wie auch in Westeuropa in den letzten Jahrzehnten große und leistungsfähige Straßennetze für den Fernverkehr entwickelt, weil der Kraftwagenverkehr in der Wirtschaft dieser Staaten eine Schlüsselstellung erlangte. Und da bislang üblicherweise der Motorisierungsgrad den Umfang des Straßenbaus bestimmte, sind gerade die Straßennetze in den hochmotorisierten Regionen Westeuropa, Nordamerika und Japan (teilweise auch in Australien) von besonderer Dichte und Qualität. Die großen kontinentalen Fernstraßenbänder bestehen in den Industrienationen durchweg aus modernen Autobahnen bzw. Highways oder autobahnähnlichen Straßen. Sowohl in Europa wie in Nordamerika beträgt die Breite derartiger kontinentaler Straßen 30 Meter und mehr, wobei die Fahrbahnen getrennt geführt werden. Die Trassen sind zwecks schneller Verkehrsabwicklung fast immer kreuzungsfrei; Fahrbahnuntergrund und -oberflächen als Allwetterstraße gebaut und entsprechend belastbar.

Dagegen sind die Straßen und Straßennetze in einigen Kontinenten, vor allem in Südamerika, Afrika und Asien, über weite Strecken von nur mäßiger bis schlechter Qualität. Dennoch bildet der Personen- und Güterverkehr mit Kraftfahrzeugen für die Bevölkerung und die Wirtschaft vieler Staaten dieser Kontinente die einzige moderne Transportvariante. In einigen Fällen wurden in Entwicklungs- bzw. Schwellenländern zum Zwecke der Erschließung neuer Wirtschaftsräume unter extremen Bedingungen weiträumige Straßenverkehrsnetze gebaut, deren Bedeutung über den nationalen Rahmen hinausgeht. Dies gilt namentlich für die Erschließungsstraßen im brasilianischen Amazonastiefland. Straßen mit vergleichbarer Bedeutung sind aber auch in anderen Entwicklungsländern, z. B. in Indonesien mit dem Trans-Sumatra-Highway, gebaut worden. Einige Beispiele von großen Straßennetzen bzw. im Bau befindlicher Straßenprojekte werden nachfolgend beschrieben.

6.2.1 Panamericana – längste Straße der Welt

Mit rund 30 000 km ist die Panamericana (auch Panamerican Highway oder Carretera Panamericana genannt) die längste, bis auf einen kleinen Abschnitt zwischen Kolumbien und Panama durchgehende Transkontinentalstraße der Welt. Sie beginnt im weiteren Sinne als Trans-Alaska-Highway in Fairbanks (Alaska) und zieht sich entlang der Pazifikküste des Doppelkontinents von Nord- nach Mittel- und Südamerika bis zum Hafen von Puerto Montt in Südchile. Die Straße soll bis zum Ende dieses Jahrhunderts bis nach Feuerland an der Spitze Südamerikas fertiggestellt sein. Die Panamericana ist darüber hinaus die einzige Landverkehrsader, die durch die verschiedenen Klimazonen der Nord- und Südhalbkugel der Welt verläuft. Von der Panamericana zweigen in Nordamerika mehrere große West-Ost-Highways ab:

- Im südlichen Kanada der 8 000 km lange Trans-Canada-Highway. Diese Fernstraße verbindet die Atlantikregion bei St. Johns über Montreal, Ottawa, Winnipeg und Calgary mit der Pazifikregion bei Vancouver.
- In den USA, wo die Strecke im Fernstraßennetz als U. S. National Interstate Highway 5 registriert ist, zweigen wichtige andere ostgehende Fernstraßen des amerikanischen Interstate Highway-Systems bei Seattle, Portland, Sacramento und Los Angeles ab.

In Südamerika sind nicht alle Streckenabschnitte als Allwetterstraße ausgebaut worden. Die Panamericana trifft hier vor allem bei den Seehäfen Callao/Lima in Peru auf die sog. Transandina (Transanden-Straßen), die eine Fortführung der Transamazonika bildet. Über diese, das Andengebirge querende Straße wird eine Verbindung nach dem Amazonasgebiet und der Atlantikküste eröffnet.

Der Bau der Panamericana geht auf einen in Buenos Aires gefaßten Beschluß aus dem Jahre 1936 zurück, wobei der Ausbau der lateinamerikanischen Abschnitte vorwiegend durch finanzielle und technische Hilfe der USA vorgenommen wurde. Bislang nicht geschlossen ist die einzige Bruchstelle der Straße, ein ca. 250 km langer gebirgiger Abschnitt am mittelamerikanischen Isthmus von Darién zwischen Panama und Kolumbien.

6.2.2 Transamazonika und angebundene Erschließungsstraßen

Ein mittlerweile über 12 000 km umfassendes neues Fernstraßensystem ist von Brasilien in das Amazonastiefland gebaut worden. Es sind durchweg Erschließungsstraßen, die mehrere Aufgaben haben. Die Straßen, von denen die Transamazonika die bedeutendste ist, sollen in erster Linie die Erschließung gewaltiger bergmännischer und pflanzlicher Rohstoffvorkommen in der Regenwaldzone des Amazonas ermöglichen. Eisen, Kupfer, Bauxit, Mangan, Holz und andere, für den Export bestimmte Rohstoffe können über diese Straßenbänder zu den Versandhäfen des Landes am Atlantik befördert werden.

In zweiter Linie sollen sie den Aufbau von Industriezonen erleichtern sowie die Errichtung von großmaßstäbigen Viehzuchtbetrieben unterstützen.

Drittes Ziel ist die Ansiedlung von Bauern in den straßennahen Zonen und damit die Kolonisation der Amazonasregion.

Das riesige Fernstraßennetz umfaßt derzeit fünf untereinander verbundene Achsen:

West-Ost-Achsen

- **Transamazonika** (5 600 km) von der Hafenstadt Recife über Rio Branco und Cruzeiro do Sul (Knotenpunkt mit Perimetrale Norte) bis zur brasilianisch/peruanischen Grenze bei Boa Esperanca (ohne Asphalt), dort trifft sie auf die Transandenstraße
- **Perimetrale Norte** (2 300 km) von der Amazonasmündung bei Macapa bis Cruzeiro do Sul (ohne Asphalt)

Nord-Süd-Achsen

- die 2 010 km lange asphaltierte Straße von der Hafenstadt Belem zur Hauptstadt Brasilia,
- die rund 1 780 km lange Naturpiste zwischen Santarém und Cuiabá,
- die rund 850 km lange asphaltierte Straße vom Amazonashafen Manaus nach Porto Velho.

Ein recht dichtes und teilweise von Schnellstraßen und Autobahnen geprägtes Straßennetz gibt es in den brasilianischen Küstenzonen bei Rio de Janeiro, Sao Paulo und der Hauptstadt Brasilia.

6.2.3 Transafrikanische Fernstraßen

Der Güter- und Personenverkehr mit Kraftfahrzeugen ist auf dem afrikanischen Kontinent besonders stark klimatischen Einflüssen unterworfen, so daß ganzjährig nur wenige befestigte Überlandstraßen (Highways) zur Verfügung stehen. Nur etwa 17 % aller Straßen (geschätzt rd. 200 000 km) gelten als Allwetterstraßen mit einer festen Fahrbahndecke aus Kies, Schotter, Asphalt oder Beton. Diese Straßen finden sich vorzugsweise nahe den Hauptstädten, Seehäfen und Wirtschaftszentren oder auf einigen wenigen Hauptverkehrskorridoren. Nicht befestigte Straßen bilden dagegen den Großteil, es sind in der Regel planierte Erdpisten, deren Passage in der Regenzeit unmöglich ist. Transafrikanische Straßen existieren nur teilweise.

Ausbaupläne gibt es dagegen für mehrere Routen. Die Schaffung eines transafrikanischen Straßennetzes gehört zu den bedeutendsten Verkehrsprojekten des Kontinents. Seit den 70er Jahren wird in Form mehrerer Projekte und zum Teil mit Hilfe der Vereinten Nationen (UN) am Ausbau dieses Straßennetzes gearbeitet. Die Entscheidung, den kontinentalen afrikanischen Straßenverkehr auszubauen, obwohl die höchsten Verkehrsleistungen durch die Eisenbahnen erzielt werden, beruht auf folgenden Grundgedanken:

- Unterhalt und Bau der Straßen, insbesondere von Schotter- und Erdpisten, sind erheblich billiger als vergleichbare Strecken bei der Bahn.
- Die Spurvielfalt der afrikanischen Bahnen und der arbeitsintensive Bahnbetrieb lassen die Schiene im Vergleich zur Straße zu einer weniger effizienten Verkehrsvariante werden.
- Die hohe Flexibilität der Kraftwagen wird künftig stärker das afrikanische Verkehrsgeschehen bestimmen, während die Bahn den Massengutverkehr über große Entfernungen abwickeln wird.

Ziel der derzeitigen Straßenbaumaßnahmen ist es, mittels leistungsfähiger transafrikanischer Straßen die meisten Staaten verkehrsmäßig miteinander ganzjährig zu verknüpfen. Diese Transafrika-Highways bestehen aus Asphalt-, Schotter- und Erdestrecken und sind über einige tausend Kilometer bereits vorhanden. Die folgenden Achsen sind die Hauptverkehrsstrecken:

1. Trans-Saharastraße: Diese bedeutende, rund 3 500 km lange Nord-Süd-Route durch die Sahara, die über weite Teile (z. B. bis Tamanrasset in Algerien) vollendet ist, verbindet nach ihrem vollständigen Bau die algerische Haupt- und Hafenstadt Algier mit der nigerianischen Hafenstadt Lagos. Die Straße ist bedeutender Transportweg für algerische Erdöl- und Erdgasprodukte und verschafft dem Binnenstaat Niger Anschluß an die Seehäfen des Mittelmeer- und Atlantikraumes. Über einen Abzweig bei In Salah (Algerien) wird eine zweite Trans-Saharapiste bis nach Bamako in Mali geführt, womit auch dieser Binnenstaat eine Anbindung nach Norden erhält.

2. Transafrikanische Straße: Die auf eine Länge von über 6 500 km Länge projektierte West-Ost-Straße verbindet Westafrika von Lagos aus mit dem ostafrikanischen Seehafen Mombassa am Indischen Ozean. Die Straße führt im wesentlichen durch Zentralafrika und verknüpft sechs Staaten: Nigeria, Kamerun, die Republik Zentralafrika, Zaire, Uganda und Kenia.

3. Trans-Sahelroute: Entlang des Südsaums der Saharawüste verläuft mit über 8 300 km die längste afrikanische West-Ost-Route von der Hafenstadt Dakar (Senegal) nach der äthiopischen Hafenstadt Massaua am Roten Meer. Die über weite Strecken noch im Bau befindliche Straße berührt die Staaten Senegal, Mali, Burkina Faso, Niger, Nigeria, Kamerun, Tschad, Sudan und Äthiopien.

4. Atlantische Küstenstraße: Aufgabe dieser etwa 4 300 km langen Straßenverbindung entlang der Atlantikküste ist die Verknüpfung der staatenreichen Region Westafrika. Die Straße wird von Nouakchott in Mauretanien nach Süden geführt und durchquert die folgenden zwölf Staaten (in Klammern wichtige Verkehrsknoten bzw. Seehäfen): Mauretanien (Nouakchott), Senegal (Dakar), Gambia, Guinea-Bissau (Bissau), Guinea (Conakry), Sierra Leone (Freetown), Liberia (Monrovia), Elfenbeinküste/Cote d'Ivoire (Abidjan), Ghana (Sekondi-Takoradi und Akkra), Togo (Lomé), Benin (Cotonou und Porto Novo), Nigeria (Lagos).

5. Ostafrika-Route: Mit über 10 000 km ist diese Nord-Süd-Route von Kairo (Ägypten) bis zur Grenzstadt Gaborone (Botswana) der derzeit längste transafrikanische Highway. Die Straße verbindet im wesentlichen Großstädte Nordostafrikas mit denen Ostafrikas. Es handelt sich hierbei um Kairo (Ägypten), Khartoum und Omdurman (Sudan), Addis Abeba (Äthiopien), Nairobi (Kenia), Arusha/Moshi (Tansania), Lusaka (Sambia) und Gaborone (Botswana).

Weitere drei große transafrikanische Straßenkomplexe sollen das Netz abrunden. Im Norden ist dies die West-Ost-Verbindung von Mauretanien über die Maghreb-Staaten (Marokko, Algerien, Tunesien) nach Ägypten und anderen Mashrek-Ländern entlang der Mittelmeerküste über rd. 8 000 km. Südlich des Äquators soll eine 3 400 km lange West-Ost-Verbindung von den Häfen Lobito und Benguela (Angola) nach dem Hafen Beira (Mosambik) geführt werden. Von Norden aus ist eine über 9 000 km lange Verbindung von Tripolis (Libyen) nach dem südwestafrikanischen Windhuk (Namibia) geplant, wobei Teilstücke in den nationalen Straßennetzen bereits vorhanden sind.

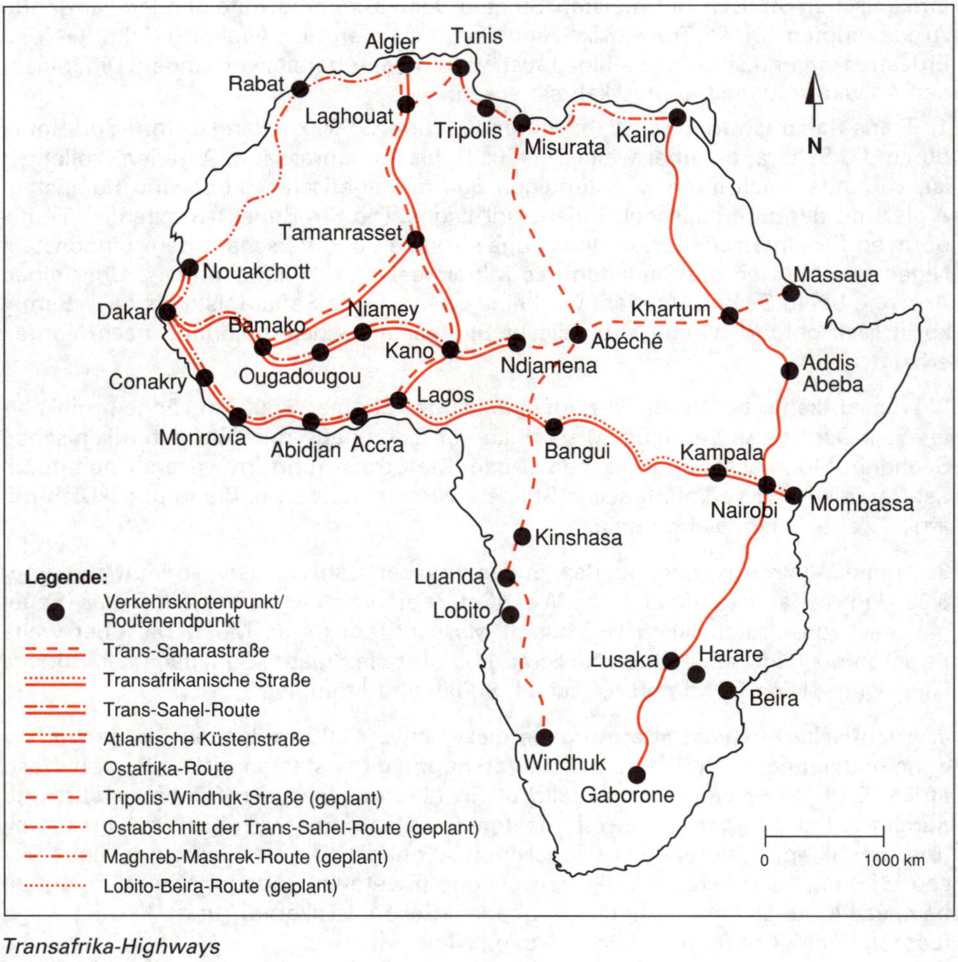

Transafrika-Highways

6.2.4 Australien

Der Ausbau der Verkehrswege und der Einsatz einzelner Verkehrssysteme wird in Australien deutlich von den großen Binnenentfernungen und der ungleichen Bevölkerungsverteilung bestimmt. So verfügt der Kontinent über ein sehr dichtes Netz von Bundesstraßen, die Kraftfahrzeug-Dichte ist eine der höchsten in der Welt. Der Straßengüterverkehr übertrifft den Eisenbahngüterverkehr um rund das Vierfache, er ist damit der Hauptträger des Güterverkehrs über Land. Selbst der Güterverkehr mittels der sog. „Road trains", die Tausende von Meilen durch das Landesinnere fahren, liegt annähernd 20 mal so hoch wie der Schiffsgüterverkehr entlang der Küste. Neuseeland verfügt über fast 100 000 Straßenkilometer, die in staatlicher Regie betrieben werden.

Zusammenfassung

1. Die dichtesten, modernsten und umfangreichsten Straßennetze befinden sich aufgrund des hohen Motorisierungsgrades vorzugsweise in Westeuropa, Nordamerika, Japan und Australien.
2. Die Straßen und Straßennetze sind in Südamerika, Afrika und Asien über weite Strecken von nur mäßiger bis schlechter Qualität.
3. Mit rund 30 000 km ist die Panamericana die längste durchgehende Transkontinentalstraße der Welt.
4. In Südamerika sind in den letzten Jahren mehrere neue Fernstraßen zur Erschließung der großen Binnenräume gebaut worden. Die wichtigsten sind die Transamazonika, die Perimetrale Norte sowie die Verbindungen Brasilia-Belem, Santarém-Cuiabá und Manaus-Porto Velho.
5. Das transafrikanische Straßennetz befindet sich noch im Aufbau. Als herausragende Hauptverkehrsstrecken befinden sich derzeit im Aus- und Aufbau: die Trans-Saharastraße, die Transafrikanische Straße, die Trans-Sahelroute, die Atlantische Küstenstraße und die Ostafrika-Route.

Aufgaben

1. Die Panamericana gilt als längste Straße der Welt. Verfolgen Sie den Verlauf dieser Straße mit Hilfe des Atlas vom Anfangs- bis zum Endpunkt, und nennen Sie große Wirtschaftszentren entlang der Straße.
2. Schildern Sie die Hintergründe für den Bau der großen Fernstraßensysteme in Südamerika, und skizzieren Sie die bedeutendsten Streckenverläufe.
3. Seit den 70er Jahren wird in Form mehrerer Projekte und zum Teil mit Hilfe der Vereinten Nationen (UN) am Ausbau eines transafrikanischen Straßennetzes gearbeitet. Informieren Sie sich über den Verlauf der geplanten Hauptstraßenachsen, und begründen Sie, warum diese Straßenprojekte weltwirtschaftlich von Bedeutung sind.

6.3 Bedeutende Binnenschiffsnetze

Jahrtausendelang waren in vielen Gebieten der Welt die schiffbaren Flüsse die herausragenden Verkehrswege, auf denen Güter jeder Art über große und größte Entfernungen transportiert werden konnten. Mit dem Aufkommen der Eisenbahnen ließ zwar der Stellenwert der Binnenschiffahrt nach, doch aufgrund der verhältnismäßig geringen Personal-, Kapital- und Energiekosten und des günstigen Verhältnisses von Nutzlast zum Eigengewicht der Schiffe spielt dieser Landverkehrsträger heute nicht nur in Mitteleuropa, sondern auch auf dem amerikanischen und asiatischen Kontinent eine bedeutende Rolle. Als klassisches Massengutverkehrsmittel kann sich die Binnenschiffahrt vor allem dort gut behaupten, wo weitverzweigte, zusammenhängende Gewässernetze mit günstigen Fahrwasserverhältnissen existieren. Denn diese Voraussetzungen ermöglichen den Einsatz großer wirtschaftlicher Schiffseinheiten, die umfangreiche Gütermengen über weite Distanzen in zum Teil pausenlosem Einsatz (Continue-Fahrt) bewegen. Derartig günstige Wasserwege liegen weltweit neben Europas im wesentlichen in vier weiteren Regionen. Diese Zentren der Binnenschiffahrt finden sich

- in **Nordamerika** in Form des St.-Lorenzstromes, der Großen Seen, des Mississippi-Missouri-Flußnetzes, zweier Küstenwasserwege (Intracoastal Waterways) und des Tennessee-Tombigbee-Wasserstraßennetzes;
- im tropischen und subtropischen **Südamerika**, wo es vor allem die gewaltigen Flüsse Amazonas, Orinoco, Rio Parana und andere sind, die Binnen- und teilweise auch Hochseeschiffen die Fahrten tief in den Kontinent ermöglichen;
- in **Asien** in der mittelchinesischen Region mit dem Stammfluß Jangtsekiang, dem Huang He-Fluß (Gelber Fluß) und dem Großen Kanal, die den Kernraum eines alten Binnenschiffahrtgewerbes darstellen und
- in **Afrika** auf den Flüssen Kongo, Nil und Niger.

In den nordafrikanischen Maghreb-Ländern (Marokko, Algerien, Tunesien), in Libyen und einigen Staaten der Saharazone, in Südafrika sowie auf dem australischen Kontinent existiert aufgrund der natürlichen Beschaffenheit der Regionen keine nennenswerte bzw. keine Binnenschiffahrt. Die nachfolgende Übersicht zeigt die größten Binnenschiffsnationen der Welt mit ihren jährlichen geschätzten Transportmengen in Mio. t sowie einige andere Staaten mit großen Gewässernetzen.

Ausgewählte Binnenschiffahrtsländer

Land	Länge der Wasserwege in km	Jährliche Transportmenge in Mio. t	%-Anteile am Gesamtverkehr
Gewässerreiche Staaten mit internationaler Binnenschiffahrt:			
Ehemalige Sowjetunion	148 000	610	5
China	110 000	550	20
USA	40 000	650	16
Frankreich	8 500	80	6
Niederlande	7 000	200	50
Deutschland	6 800	245	20
Polen	3 800	15	2
Belgien	2 000	120	20
Gewässerreiche Staaten ohne internationale Binnenschiffahrt:			
Zaire	16 300	3	–
Vietnam	11 400	14	34
Bangladesh	6 000	–	75
Ägypten	5 000	–	25

6.3.1 Wasserstraßen in Nordamerika

Alle bedeutenden Wirtschaftsgebiete der USA und die meisten kanadischen Wirtschaftszentren sind mit Binnenschiffen erreichbar. Das nordamerikanische Wasserstraßennetz hat eine Länge von rund 40 000 km, es besteht aus Flüssen, einigen wenigen Kanälen sowie zwei der Binnenschiffahrt zugänglichen Küstenwasserwegen. Die Fahrwasserbedingungen gelten als günstig, denn rund zwei Drittel aller Wasserwege haben eine garantierte Tauchtiefe von 2,75 m und mehr. Es können sechs einzelne, jedoch miteinander verbundene Wasserstraßensysteme unterschieden werden, die über große Strecken nicht nur dem reinen Flußverkehr dienen, sondern auch Fluß-Seeverkehre erlauben. Es sind dies das Wasserstraßennetz der Großen Seen, der St.-Lorenzstrom, das Flußsystem von Mississippi-Missouri, das Tennessee-Tombigbee-Wasserstraßennetz und die beiden Küstenwasserwege am Atlantik und dem Golf von Mexiko.

6.3.1.1 Große Seen und St.-Lorenzstrom

Die fünf im US-amerikanisch/kanadischen Grenzgebiet liegenden Großen Seen, die aus dem Oberen-, Michigan-, Huron-, Erie- und Ontariosee bestehen, und der St.-Lorenzstrom bilden gemeinsam die internationale Großschiffahrtstraße „St.-Lorenz-Seeweg". Zwischen dem Endpunkt am US-Hafen Duluth (Oberer See) und der Mündung in den Atlantischen Ozean mißt dieser kombinierte Binnen- und Seeschiffweg 3 768 km, davon sind 1 600 km (Atlantik bis Quebec) gezeitenabhängig. Als durchgehender Großschiffahrtsweg ist diese Wasserstraße seit 1959 in Betrieb, nachdem man den von Montreal bis zum Ontariosee reichenden Abschnitt, der viele Stromschnellen aufwies, überstaute und als Kanalstrecke mit Schleusen für den Verkehr nutzbar machte.

Der St.-Lorenzstrom ist als Verbindungsachse zwischen den Großen Seen und dem Atlantik Kanadas wichtigste Binnenwasserstraße. Der rund 300 km lange kanalisierte Abschnitt von Montreal bis zum Ontariosee wurde von Kanada und den USA gemeinsam gebaut und ist gebührenpflichtig. Die von den Verfrachtern zu zahlenden Abgaben gehen zu 73 % an Kanada, zu 27 % an die USA. Allerdings wird die St.-Lorenz-Wasserstraße für Transporte in das Große-Seen-Gebiet nicht von allen Reedern und Befrachtern in Anspruch genommen. Über die Hintergründe gibt folgender Zeitungsartikel Auskunft.

„Der von Romantik umgebene ‚St. Lawrence Seaway' ist mit vielen Problemen beladen. Für moderne Frachter ist er nicht breit und tief genug: auf der ... Strecke zwischen Montreal und dem Ontariosee sind sieben Schleusen zu passieren, das Gefälle beträgt 70 Meter. Der Wellandkanal mit insgesamt acht Schleusen und einem Gefälle von 100 Metern ist schon 53 Jahre alt. Eine weitere Schleuse mit einem Gefälle von mehr als sieben Metern ist zwischen dem Huron- und Obersee zu überwinden. Die Durchfahrt ist mithin zeitaufwendig. Hinzu kommt der lange Winterstopp, der das Frachtgeschäft ohnehin auf die anderen Verkehrsträger verlagert. Nach der Fertigstellung des Seeweges, der 470 Millionen Dollar erforderte, schien es zunächst steil aufwärtszugehen. So nahm das Frachtaufkommen, das den Wellandkanal passierte, bis 1979 im Jahresschnitt um fünf Prozent auf 66 Millionen Tonnen zu. Dann brach die ansteigende Kurve ab. Als am 14. Oktober (1985) eine Wand der Schleuse Sieben am 43 Kilometer langen Wellandkanal, der den Ontariosee mit dem Eriesee verbindet, einstürzte. ... waren plötzlich 128 Schiffe eingeschlossen. Der Schleusenschaden hat die Wasserstraße noch mehr ins Gerede gebracht. In den Augen der Reeder und Befrachter ist sie nicht zuverlässig und stellt ein immer höheres Risiko dar. Es kommt häufig zu Verzögerungen, so stand der Seeweg der Schiffahrt nach einem Ausfall der Hebebrücke bei Quebec für 18 Tage nicht zur Verfügung. Die Amerikaner transportieren ihr Exportgetreide bereits zunehmend auf dem Mississippi, auch bei Eisenerz und Kohle verschärft sich die Konkurrenz mit den Eisenbahnen und Schleppkähnen, die das Massengut zu den Atlantikhäfen an der Ostküste schaffen."

Quelle: Die Welt. Nr. 266, v. 14. 11. 1985 (didaktisch umgeformt)

Derzeit können Schiffe mit bis zu 35 000 tdw und einem Tiefgang bis zu 9,40 m die Kanalstrecke passieren. Der gesamte St.-Lorenzstrom hat wie auch die Großen Seen nur eine Navigationsperiode von acht Monaten im Jahr. Das heißt, Binnen- und Seeschiffahrt können wegen Vereisung nur während acht Monaten (üblicherweise April bis November) betrieben werden. Der Hauptverkehr findet von Juli bis Oktober statt. In den letzten Jahren hat sich aufgrund der beschriebenen Negativfaktoren der Güterverkehr immer mehr auf bestimmte Massengüter, wie Eisenerz, Holz, Metall, Zeitungspapier, Mineralölerzeugnisse, verlagert, während hochwertige Stückgüter, zum Beispiel in Containern, vielfach über die Atlantikhäfen New York, Baltimore und Halifax verschifft werden.

Die amerikanische Ostküste mit ihren nördlichen Atlantikhäfen hat über einen weiteren Kanal, den sog. „Großen Seen-Atlantik-Wasserweg", bestehend aus dem Hudsonfluß und den New-York-State-Barge-Canal (früher Erie-Kanal), eine kürzere und direkte Binnenschiffsverbindung mit den Großen Seen. Der Wasserweg, der zum Gewässersystem der Großen Seen gerechnet wird, ist rund 580 km lang, wobei allerdings auch hier 35 Schleusen zu befahren sind. Die einstmals zu den am stärksten befahrenen künstlichen Wasserstraßen gehörende Kanalstrecke mußte sich in den letzten Jahrzehnten jedoch gegen die immer stärker werdende Eisenbahn behaupten. Die jährliche Transportleistung auf diesem Wasserweg liegt derzeit nur zwischen einer und zwei Millionen Tonnen.

Das Große-Seen-Gebiet mit seinen fünf Teilgewässern ist mit Kanälen, kleineren Seen und Flußabschnitten untereinander verbunden. Vom **Oberen See** gelangen die Schiffe über zwei Schleusenkanäle des Sault-Saint-Marie-Kanalsystems (Länge je 2,5 km) in den **Huronsee**. Vom Huronsee aus führt bei Mackinaw-City die Mackinac-Straße in den **Michigansee**. Ein- und Ausfahrtstelle zwischen Huronsee und **Eriesee** bilden der Detroit-River, der Saint Clair-See und der Saint Clair-River, die zusammen eine Strecke von 124 km umfassen. Die Verbindung Eriesee–**Ontariosee** stellt nahe den Niagara-Wasserfällen der 45 km lange Wellandkanal her, mit dem eine Höhendifferenz von 100 m überwunden wird.

Der gesamte Wasserstraßenbereich von Große Seen, St.-Lorenzseeweg und Verbindungsflüssen berührt zwei kanadische Provinzen und acht US-Bundesstaaten. An den Ufern dieser Regionen liegen 45 mehr oder weniger große Häfen, davon die meisten in den USA. Dort befinden sich auch die umschlagstärksten und größten Hafenplätze des gesamten Gewässersystems, die Häfen Chicago, Detroit und Buffalo. Detroit ist aufgrund seiner Lage zwischen Erie- und Huronsee die zentrale Schaltstelle im gesamten Große-Seen-Gebiet. Hauptumschlaggüter der Große-Seen-Häfen waren bislang Kohle- und Erdölprodukte sowie Chemieerzeugnisse, speziell in Chicago kommen noch Stahlerzeugnisse und Automobile hinzu. Jahrzehnte lang galt der Massengutumschlagplatz Duluth-Superior am Ende des Oberen Sees als der größte Binnenhafen der Welt, seit Beginn der 80er Jahre hat diese Rolle der Duisburger Binnenhafen übernommen. Aufgrund der bedeutenden Häfen im Große-Seen-Gebiet und dem umfassenden Binnen- und Seeschiffsverkehr bezeichnet man in den USA das Große-Seen-Gebiet gerne als Amerikas vierte Küste.

Große Seen in Nordamerika

See	Länge in km	Fläche in km²	Wichtige Häfen
Oberer See	616	83 300	Duluth-Superior, Thunder Bay, Sault Ste. Marie
Huron See	359	59 500	Port Huron (St. Clair-R.)
Michigansee	555	58 100	Chicago/Gary, Milwaukee,
Eriesee	380	25 426	Detroit, Toledo, Cleveland, Buffalo
Ontariosee	257	18 760	Toronto, Hamilton

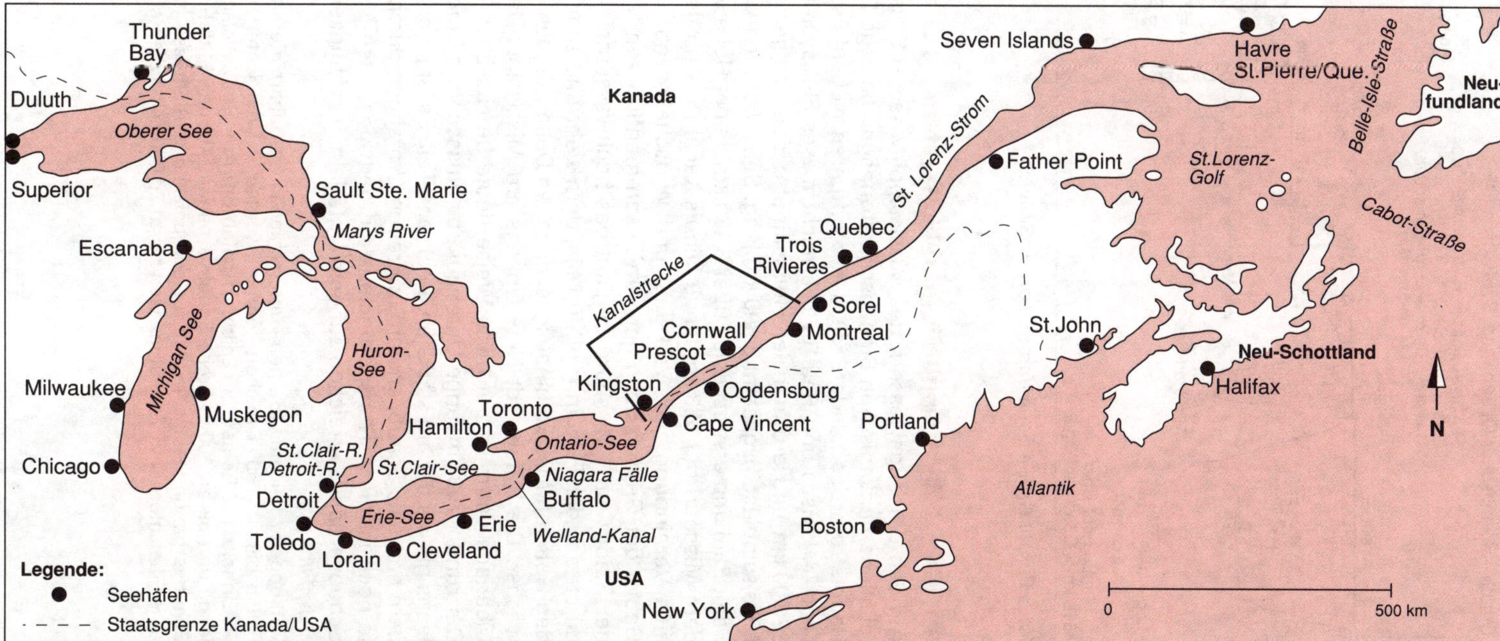

Lage und Verlauf der Großen Seen und des St. Lorenz-Seeweges/St. Lorenz-Strom

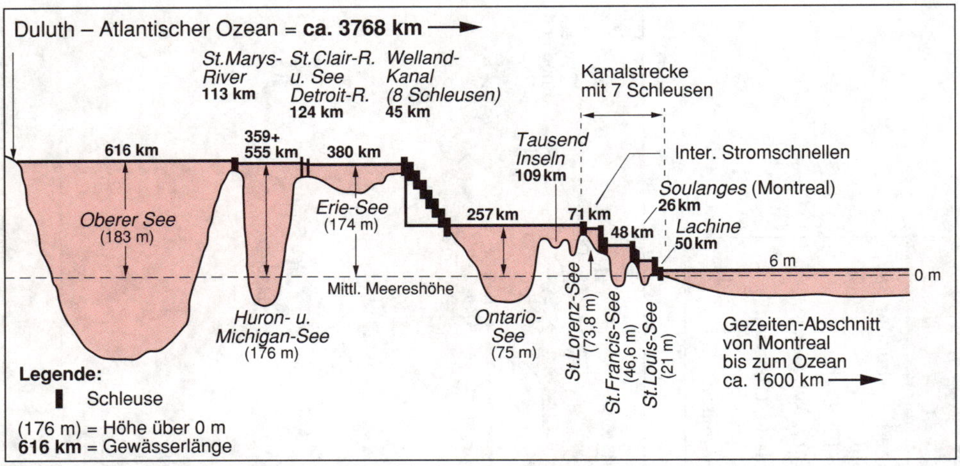

Kausalprofil Große Seen und St. Lorenz-Seeweg

6.3.1.2 Mississippi-Missouri-Flußsystem

Auf den Binnengewässern des Mississippi-Missouri-Systems werden fast zwei Drittel aller amerikanischen Binnenschiffstonnagen bewegt. Der Mississippi ist somit der Hauptstrom des Landes. Mit den schiffbaren Nebenflüssen Missouri, Illinois River, Ohio, Arkansas und Red River erreicht dieses Flußsystem einen Umfang von rund 32 000 km und eröffnet der Flußschiffahrt den riesigen Binnenraum der USA. Der Mississippi ist insgesamt 3 800 km lang. Seine Schiffbarkeit beginnt bei Minneapolis/Saint Paul und erstreckt sich über 3 130 km. In der Höhe von St. Louis mündet neben dem Missouri der 523 km lange Illinois-Kanal in den Mississippi. Dieser Kanal stellt eine Verbindung zum Verkehrs- und Wirtschaftszentrum Chicago und damit zum Gebiet der Großen Seen her. Am Zusammenfluß von Mississippi und Ohiofluß bei der Stadt Cairo (Missouri) beginnt das hochwassergefährdete Mississippi-Tiefland, durch das der Fluß in großen Mäandern zieht und schließlich in einem bis weit in den Golf von Mexiko hinausgeschobenen Delta mündet, das jährlich um rund 300 m wächst. Die Hafenstadt New Orleans am Mississippi-Delta, die früher eine direkte Meerlage hatte, ist auf diese Weise heute bereits über 100 km vom Meer entfernt. Der rund 1 700 km lange Unterlauf des Flusses vom Binnenhafen Cairo bis New Orleans gilt als der am stärksten befahrene Teil. Es ist jenes Verkehrsgebiet der Welt, in dem erstmals Schubverkehre in großen Umfängen durchgeführt wurden. Auch heute noch ist diese Transporttechnik auf dem gesamten Mississippi dominierend. Die Schubverbände erreichen auf dem Unterlauf Tragfähigkeiten bis zu 50 000 t.

Beispiel:

Verkoppelte Leichter (Bargen) unterschiedlicher Bauart, deren Tragfähigkeiten in extremen Fällen bis zu 4 500 t reichen können, werden auf der Unterlaufstrecke in Verbänden bis zu 45 Einheiten (9 Reihen à 5 Leichter) gefahren. Auf diese Weise entstehen nicht selten 400 m lange und bis zu 100 m breite Schubverbände. Auf den Mittel- und Oberlaufstrecken sind die Schubverbände kleiner, jedoch für europäische Verhältnisse immer noch gewaltig: 3 Reihen zu je 5 Leichtern und Tragfähigkeiten bis zu 20 000 t sind die Regel.

Die Schubverbände werden vorwiegend für Transporte von Mineralöl und petrochemischen Erzeugnissen von der Golfküste nach den Wirtschaftszentren des Nordens eingesetzt. Auf der Süd-Nord-Relation werden auch in großen Mengen Kohle, Koks, Baustoffe und Chemikalien bewegt. Daneben gelangt Exportgetreide per Schubschiffahrt von den Nordregionen zu den Golf-Häfen. Die gekoppelten Verbände werden üblicherweise in der besonders rationellen Continue-Fahrt (durchgehende Fahrt) eingesetzt. Dies bedeutet auf dem Mississippi-Stromgebiet, daß nicht nur allein durchgehend Tag und Nacht gefahren wird, wobei Bunkerung und Mannschaftswechsel während der Fahrt erfolgen, auch die Übernahme und Abgabe von Leichtern an Flußstationen wird während der Fahrt bei verlangsamter Geschwindigkeit durchgeführt.

6.3.1.3 Tennessee-Tombigbee-Waterway

Als alternative Zufahrt zum Golf von Mexiko ist seit 1985 die Tennessee-Tombigbee-Wasserstraße (kurz Tenn-Tom) in Betrieb. Der relativ junge Wasserweg ist 371 km lang und verbindet die Wirtschaftsräume an den Flüssen Tennessee und Ohio mit der Golf-Hafenstadt Mobil östlich von New Orleans. Da bis zur Eröffnung dieser neuen Wasserstraße alle Binnenschiffsverkehre von den genannten Regionen zum Golf über den Mississippi geführt werden mußten, ergeben sich heute bei Nutzung der Tenn-Tom-Route enorme Verkürzungen. Bei Verkehren vom Ohio-Flußsystem nach Mobile können rund 700 km, vom Tennessee-Flußsystem nach Mobile rund 1 500 km eingespart werden. Mit zehn Schleusen (je 193 m Länge und 33,5 m Breite) wird der Höhenunterschied von 104 m überwunden. Schubverbände mit acht Leichtern und bis zu 12 000 t Tragfähigkeit können die Wasserstraße und die Kanäle passieren. Die Hauptgütergruppen des Wasserweges bestehen aus Getreide, Forstprodukten und Export-Kohle.

6.3.1.4 Intracoastal-Waterways

Von der Binnenschiffahrt genutzt werden auch zwei Küstenwasserwege, sog. Intracoastal Waterways, die fast parallel zum Festland unter Ausnutzung von Buchten, Lagunen, Kanal- und Flußabschnitten verlaufen. Der atlantische Küstenwasserweg beginnt beim Ostküstenhafen Norfolk und zieht sich bis Key West im Süden der Florida-Halbinsel hin. Er hat eine Länge von knapp 2 000 km. Der zweite Küstenwasserweg erstreckt sich von Port Isabel an der amerikanisch/mexikanischen Grenze entlang des Golfs bis nach Nord-Florida. Der Golf-Küstenwasserweg ist rund 1 800 km lang. Für die Mississippi-Schiffahrt bietet dieser Wasserweg die Möglichkeit, die texanischen Flüsse Colorado und Rio Grande und den Alabama-River östlich von New Orleans zu erreichen. Der Aktionsradius der Binnenschiffe erweitert sich somit beträchtlich.

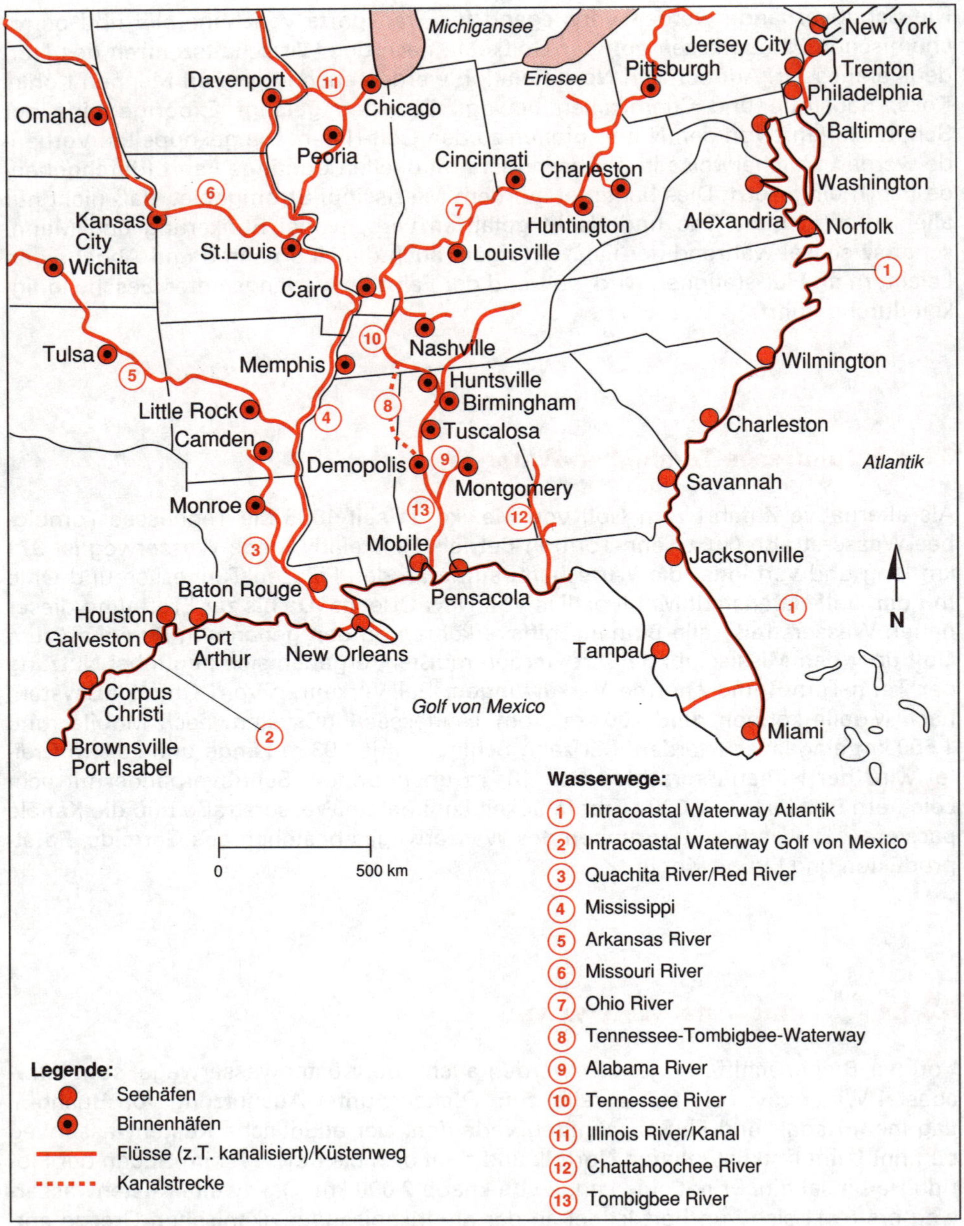

Hauptwasserwege in den Vereinigten Staaten

Zusammenfassung

1. Umfangreiche Binnenschiffahrt auf ausgedehnten Binnenwasserwegen wird neben Westeuropa in Nord- und Südamerika, Süd- und Ostasien sowie in West- und Zentralafrika betrieben.

2. Das nordamerikanische Netz der Binnenwasserwege wird aus sechs einzelnen Wasserstraßensystemen gebildet: Große-Seen-Gebiet, St.-Lorenzstrom, Mississippi-Missouri, Tennessee-Tombigbee-Wasserstraßen, atlantischer Küstenwasserweg und Golf-Küstenwasserweg.

3. Die internationale Großschiffahrtsstraße des „St.-Lorenz-Seeweges" mißt 3 768 km. Sie wird aus dem Oberen-, Michigan-, Huron-, Erie- und Ontariosee sowie dem St.-Lorenzstrom gebildet. Es handelt sich um einen kombinierten Binnen- und Seeschiffwasserweg.

4. Rund zwei Drittel der nordamerikanischen Binnenschiffstonnage wird über das Mississippi-Missouri-Flußsystem bewegt.

5. Der Tennessee-Tombigbee-Waterway ist die jüngste US-amerikanische Wasserstraße. Sie stellt streckenweise eine Alternativroute zum Mississippi dar.

6. Die Intracoastal-Waterways am Atlantik und dem nördlichen US-Golf sind geschützte, küstennahe Wasserwege für die Binnen- und Küstenschiffahrt.

Aufgaben

1. Welche Gewässer bilden den Schiffahrtsraum der Großen Seen?

2. Benennen Sie den Endpunkt des St.-Lorenzstroms.

3. Die St.-Lorenz-Wasserstraße als Transportweg von und nach dem Große-Seen-Gebiet wird nicht von allen Reedereien und Befrachtern in Anspruch genommen. Erläutern Sie die Hintergründe.

4. Schildern Sie den Verlauf eines Massenguttransports per Binnenschiff von Chicago nach New York auf der kürzesten und direktesten Binnenschiffsroute.

5. Beschreiben Sie die Bedeutung des gesamten Wasserstraßenbereichs von Große Seen, St.-Lorenzseeweg und den Verbindungsflüssen für Nordamerika, und nennen Sie die großen Wirtschaftszentren entlang der Wasserstraßen.

6. In den USA bezeichnet man das Große-Seen-Gebiet gerne als Amerikas vierte Küste. Wie ist diese Aussage zu verstehen?

7. Auf den Binnengewässern des Mississippi-Missouri-Systems werden fast zwei Drittel aller amerikanischen Binnenschiffstonnagen bewegt. Der Mississippi ist somit der Hauptstrom des Landes. Beschreiben Sie den Verlauf des Flußsystems, die schiffbaren Nebenflüsse und die Wirtschaftszentren, für die das Flußsystem eine wichtige Verkehrsachse bildet.

8. Erläutern Sie die Vorzüge der auf dem Mississippi-Missouri-System verwendeten besonders leistungsfähigen Binnenschiffstechniken, und beschreiben Sie den Einsatz dieser Techniken für Verkehre von und nach Europa.

9. Als alternative Zufahrt zum Golf von Mexiko ist seit 1985 die Tennessee-Tombigbee-Wasserstraße in Betrieb. Welche Vorzüge hat die Nutzung dieser Wasserstraße, und für welche Regionen der USA bildet sie einen alternativen Verkehrsweg?

10. Erklären Sie Bedeutung und Verlauf des Intracoastal-Waterways.

6.3.2 Asiatische Wasserstraßen

Der größte Kontinent der Welt verfügt über neun Flüsse, deren Länge jeweils mehr als 2 000 km beträgt. Da jedoch Bedarf und Voraussetzungen für eine großmaßstäbige Binnenschiffahrt sehr unterschiedlich sind, konzentriert sich ein bedeutender, über die lokalen oder engeren regionalen Erfordernisse hinausgehender Binnenschiffsverkehr fast gänzlich auf Ostasien und seine wasserreichen Ströme, insbesondere auf China.

Große Flüsse in Asien

Region	Fluß	Länge in km	Mündungsgebiet
Ostasien	Jangtsekiang Huang He	5 980 4 845	Ostchinesisches Meer Gelbes Meer
Südasien/ Südostasien	Mekong Indus Brahmaputra Ganges Saluen Irawadi	4 500 3 180 2 900 2 700 2 500 2 012	Südchinesisches Meer Arabisches Meer Golf von Bengalen Golf von Bengalen Andamanisches Meer Andamanisches Meer
Vorderasien	Euphrat Tigris	2 760 1 950	Persischer Golf Persischer Golf

6.3.2.1 Jangtsekiang und Huang He

China verfügt über ein gewaltiges schiffbares Wasserstraßennetz von mehr als 109 000 km. Auf diesem Netz werden jährlich über ein Viertel aller chinesischen Personen- und Gütertransporte abgewickelt. Nach der Eisenbahn ist die Binnenschiffahrt in China der Verkehrsträger Nummer zwei. Da viele Wasserwege allerdings im Frühjahr und Winter stark schwankende, zum Teil nur geringe Wasserführungen haben und einige Flüsse durch Schlammablagerungen (Lößlehm) in ihrer Nutzung eingeschränkt sind, konzentriert sich der eigentlich bedeutende Binnenschiffsverkehr nur auf einige Regionen Mittel- und Südchinas. Hier sind es vorzugsweise wiederum nur die dortigen von Westen nach Osten fließenden Ströme Jangtsekiang und Huang He (auch: Hwangho genannt).

Mit einer Gesamtlänge von annähernd 6 000 km ist der **Jangtsekiang** der mächtigste Fluß in Ostasien und der wichtigste westöstliche Schiffahrtsweg in China. Der im tibetanischen Hochland entspringende Fluß wird von zahlreichen Nebenflüssen gespeist und gilt neben dem Brahmaputra-Strom (Indien und Bangladesh) als einer der wasserreichsten Ströme Asiens. Dies hat entscheidende Vorteile für die Binnenschiffahrt. Von seinem Mündungsdelta bei der größten chinesischen Hafenstadt Shanghai aus ist der Strom landeinwärts bis zur Industriestadt Nanjing für mittelgroße Hochseeschiffe befahrbar, bis Wuhan für kleinere Seeschiffe. Im dann beginnenden Mittellauf werden Motorgüterschiffe, Schubschiffe und Lastdschunken verschiedener Bauarten eingesetzt. Für die tonnagereichen Binnenschiffe und Schubverbände endet die sichere Schiffbarkeit bei der Stadt Chungking (Chongging). Kleinere Dschunken (mit 500 t Tragfähigkeit) und Motorschiffe können den Jangtse-Fluß jedoch noch weiter stromaufwärts befahren. Bedeutende schiffbare Nebenflüsse sind auch Xiang und Gan. Entlang des westöstlich verlaufenden Jangtsekiang gibt es zahlreiche Industriestädte, die den Strom für die wasserseitige Zu- und Abfuhr von Gütern nutzen. Große Häfen sind von Nanjing an westwärts die Stationen Wuhu, Anging, Huangshi, Wuhan, Yueyang, Chungking, Luzhou und Yibin. Für die Schiffahrt problematisch ist jedoch das jährliche Hochwasser des Riesenstroms. Der Wasserspiegel kann bei Sommerhochwasser um bis zu 15 m, in Extremfällen bis zu 30 m ansteigen. Der Geröll- und Geschiebetransport des Flusses hat im Mündungsgebiet die Ablagerung der Materialien zur Folge, so daß das Yangtse-Delta jährlich weiter ins Ostchinesische Meer wächst. Die ehemals direkt am Meer gelegene Hafenstadt Shanghai hat mittlerweile ihre Küstenlage eingebüßt und liegt nun rund 30 km landeinwärts am Strom.

Zweitwichtigster Fluß ist in China der rund 4 850 km lange **Huang He** nördlich des Yangtse-Flusses. Er steht mengenmäßig jedoch deutlich hinter dem Yangtse zurück, da auf ihm wegen der schwierigen Schiffahrtsbedingungen nur kleinere Binnenschiffe verkehren. Derzeit werden umfangreiche Verbesserungsarbeiten vorgenommen, um diese große West-Ost-Verkehrsachse auf zwei Drittel ihrer Länge durchgängig schiffbar zu halten. Huang He heißt soviel wie Gelber Fluß, damit wird das Problem dieses Wasserweges bereits umrissen. Denn durch den enormen Transport von sehr fruchtbarem gelbem Lößboden, der die Ursache für viele Flußveränderungen, Überschwemmungen, Aufstauungen u. a. m. bildet, ist ein kontinuierlicher Massengutverkehr mit modernen Binnenschiffen nicht möglich. Um die südlich von Peking liegende Industriemetropole Tientsin (Tianjin) an eine leistungsfähige Wasserstraße anzubinden, wird ein Teil des Huang He-Wassers vor seiner Mündung in nord- und südgehende Kanalsysteme umgeleitet. Damit dient der Fluß als Wasserreservoir für die bedeutendste künstliche Wasserstraße des Landes, den Großen Kanal (Yun He).

6.3.2.2 Großer Kanal

Der Große Kanal, früher auch als Kaiserkanal bezeichnet, ist ein rund 1 700 km langer Schiffahrtsweg zwischen Peking im Norden und der Hafenstadt Hangtschou (Hangzhou) im Süden. Er verläuft parallel zur Küste und quert die Ströme Huang He, Huai He und Yangtsekiang. Der Kanal ist das wichtigste Bindeglied für die raumerschließende Binnenschiffahrt Chinas, da er die west-östlich fließenden Ströme an ihren Unterläufen miteinander verbindet und Nord-Süd-Verkehre erlaubt. Der Kanal stammt bereits aus dem 7. Jahrhundert und zeugt damit von der alten Binnenschiffstradition Chinas. Im Zuge von Gewässermodernisierungen soll der Große Kanal begradigt und auf 1 583 km verkürzt werden. Die Wasserstraße hat große Bedeutung für den Transport von Kohle und Erzen aus dem Norden nach dem Süden und für Getreideverkehre in umgekehrter Richtung. Endziel des derzeit für rd. 1 000 t-Schiffe passierbaren Kanals ist der Ausbau für Schiffe bis 2 000 t.

Nennenswerte weitere Wasserstraßen Chinas sind im Norden für die Industriegebiete um Harbin der chinesisch/russische Grenzfluß Amur und der abzweigende Sungari. In Südchina ist der Sinkiang (Hsichiang), dessen Mündung westlich von Hongkong liegt, für Seeschiffe bei günstigen Wasserstraßen fast 330 km stromaufwärts bis Wuzhou nutzbar.

6.3.2.3 Binnenschiffahrt in Vorder- und Südasien

Möglichkeiten für eine wirtschaftliche Binnenschiffahrt bestehen im vorderasiatischen Raum fast nur auf den irakischen Abschnitten der Flüssen Euphrat und Tigris, und zwar vor allem in den Frühjahrsmonaten, wenn aufgrund von Schneeschmelzen in den Gebirgen günstige Wasserstände eintreten. Vor den Golf-Kriegen wurden Agrarerzeugnisse, Erdölprodukte und diverse Rohstoffe vorzugsweise auf der Strecke zwischen Bagdad und dem Hafen Basra am Persischen Golf bewegt.

Im Zusammenspiel mit dem Seehafen Karachi spielt in Südasien die Indus-Schiffahrt ab Hyderabad für Pakistan eine gewisse Rolle. Sie ist jedoch gemessen am Güterverkehr auf dem indischen Ganges gering. Ganges und Brahmaputra, letzterer von Indien und Bangladesh genutzt, sind die Hauptwasserwege beider Länder. Die wasserreichen, unter anderem von den Monsunregen gespeisten Ströme werden vor allem für Güterverkehre von den Flußstationen zu den Seehäfen genutzt. Für Indien ist daher Kalkutta, für Bangladesh Chittagong Knotenpunkt im See-Binnenschiffsverkehr.

In Südostasien ist der Mekong die zentrale Wasserader mehrerer Anliegerstaaten. Binnenschiffahrt wird in unterschiedlicher Intensität unter Einbezug des größten See der Region, des Tonle Sap, in Laos, Kambodscha und Vietnam betrieben. Kleinere Seeschiffe können den Mekong stromaufwärts bis Phnom Penh in Kambodscha nutzen. Regional bedeutende Binnenschiffahrt wird im Mekong-Delta Vietnams betrieben; ähnliches gilt für den Irawadi-Fluß, der Burmas (Myanmar) zentrale Wasserstraße ist und vorzugsweise im Mündungsgebiet um die Hauptstadt Rangun verkehrswirtschaftlich wichtige Aufgaben übernimmt.

6.3.2.4 Russische Wasserstraßen in Asien

Das Wasserstraßennetz der ehemaligen Sowjetunion hat den gewaltigen Umfang von 142 000 km. Doch zwei Drittel aller Wasserstraßen (vgl. Themenkreis 10, Abschnitt 11.8) befinden sich im europäischen Teil des Landes. Die asiatischen Wasserwege stellen trotz ihrer riesigen Ausmaße nur ein Drittel. Auf ihnen wird auch vergleichweise wenig transportiert, nämlich nur rund 10 % der jährlichen Gesamttonnage. Dies hat seinen Grund im Verlauf der Flüsse und der extremen Klimate. Die meisten großen Flüsse östlich des Uralgebirges entwässern nach Norden, d. h., sie münden in das Nordpolarmeer. Als Transportwege stehen sie damit genau im Gegensatz zu den kontinentalen und interkontinentalen Handelsströmen, die in West-Ost-Richtung und umgekehrt verlaufen. Zu dem „falschen Verlauf" der Flüsse kommen die langanhaltenden extremen Frostperioden, in deren Folge alle nach Norden fließenden Ströme halbjährlich vereisen. Die meisten Flüsse frieren bereits im Oktober zu und sind vor Ende April nicht schiffbar.

Beispiel:

In Ostsibirien können sich bei Minustemperaturen von 60 Grad und mehr bis zu 2,50 m starke Eisdecken auf den Flüssen bilden. Restlose Eisfreiheit gibt es in manchen Fällen, so bei Ob und Jenissej, teilweise erst im Mai und Juni. Die Navigationsperiode von 120 bis 130 Tagen ist somit außerordentlich kurz und schränkt die Bedeutung der Flüsse von vornherein drastisch ein.

Während der Sommermonate werden die Wasserwege von den Reedereien jedoch intensiv genutzt. Die Betriebe verlegen dann Teile ihrer Binnenflotten vom europäischen in den asiatischen Teil. Die Flüsse sind in dieser Zeit unter anderem die Haupttransportwege zu den verschiedenen Rohstoffabbaugebieten, die einen großen Bedarf an Ausrüstungen, Fahrzeugen und Maschinen haben. Die See-Flußschiffe und Schubeinheiten befördern vielfach Kohle und andere mineralische Rohstoffe, Baumaterialien, Holz, Maschinen und diverse Industrieausrüstungen, Ro/Ro-Einheiten sowie auch Container zwischen den Küsten und den Binnenstandorten. Der Rohstoff Holz wird vereinzelt auch noch im Floßverkehr zu den Küstenhäfen transportiert. Einige Binnenhäfen werden in den verkehrsreichen Monaten zu ausgesprochenen Verkehrsdrehscheiben. Dies ist dort der Fall, wo die transkontinentalen Bahnlinien von Transsib und Baikal-Amur-Magistrale die Ströme kreuzen und den Umschlag Bahn-Binnenschiff erlauben. Derartige Knotenpunkte sind die Binnenhäfen Tobolsk, Omsk, Nowosibirsk und Krasnojarsk. In Krasnojarsk, wo der Jenissej zur Gewinnung von Elektrizität aufgestaut ist, befindet sich ein Schiffshebewerk mit längsgeneigter Ebene, über das die Binnenschiffe in den Oberlauf des Flusses geleitet werden. Auf diese Weise werden die Kraftwerks-Staustufen umgangen und Umladungen zwischen den Binnenschiffen gespart.

Anderen Behinderungen sind die südlicheren Flüsse Syrdarja und Amudarja ausgesetzt. Es sind Wüstenflüsse, die in den Aralsee münden. Sie sind zwar ganzjährig nutzbar, verfügen jedoch wegen der ständigen Wasserverluste nur über geringe Wassertiefen, ihre Fahrwasser sind schmal, Sandstürme blockieren nicht selten die Schiffahrt. Entsprechend diesen Verhältnissen, werden lediglich kleine Schiffe eingesetzt, die den westeuropäischen Penischen entsprechen.

Russische Flußsysteme in Asien

Flußsystem	Schiffbarkeit in ca. km	Wichtige Einzelflüsse	Länge in km	Haupthäfen	Mündung in
Irtysch-Ob-System	22 000	Irtysch	4 248	Tobolsk Omsk Pawlodar	Nordpolarmeer
		Ob	3 650	Nowosibirsk	
		Tobol	1 670		
Jenissej-Angara-System	16 000	Jenissej	4 130	Igarka Dudinka Krasnojarsk	
		Angara	1 826	Bratsk	
		Baikalsee	750	Irkutsk	
Lena-System	15 000	Lena	4 270	Jakutsk Oljokminsk Kirensk Ust-Kut	
		Aldan	2 000		
		Wiljni	1 500		
Amur-System	4 000	Amur	2 824	Nikolajewsk Komsomolsk Chabarowsk Blagoweschtschensk	Pazifik
Syrdarja und Amudarja	4 000	Syrdarja	2 212	Ksyl-Orda	Aralsee
		Amudarja	1 415	Urgentsch Tschardshou	

Zusammenfassung

1. Das umfangreichste schiffbare Binnenwasserstraßennetz in Asien wird von China unterhalten.

2. Der chinesische Binnenschiffsverkehr konzentriert sich in Mittel- und Südchina auf die West-Ost-Flüsse Jangtsekiang und Huang He sowie den küstenparallelen Großen Kanal (Kaiserkanal).

3. Unterschiedlich starke Binnenschiffahrt wird in Vorder-, Süd- und Südostasien auf den Strömen Euphrat, Tigris, Indus, Ganges, Brahmaputra, Irawadi und Mekong durchgeführt.

4. Binnenschiffahrt auf den großen nordasiatischen Flüssen Rußlands ist durch die langanhaltene Vereisung (Oktober bis April) nur periodisch möglich. Die Flüsse büßen ferner wegen ihres entgegen den Handelsströmen verlaufenden Weges an Verkehrsbedeutung ein.

Aufgaben

1. Charakterisieren Sie die Binnenschiffahrt Asiens.
2. Welche chinesischen Wasserwege dienen als Hinterlandverbindung von Seehäfen?
3. Die asiatischen Wasserwege der ehemaligen Sowjetunion stellen trotz ihrer riesigen Ausmaße nur ein Drittel aller Binnenwasserwege des Landes. Auf ihnen wird mit jährlich rd. 10 % der Gesamttonnage vergleichsweise wenig transportiert. Beschreiben Sie die Probleme, denen sich die Binnenschiffahrt in den nördlichen, zentralen und südlichen asiatischen Regionen ausgesetzt sieht.
4. Erklären Sie den Begriff Navigationsperiode.

6.3.3 Binnenschiffahrtswege in Südamerika

Auf dem südamerikanischen Teilkontinent sind fast alle großen Ströme durch die ganzjährig beständigen tropischen Niederschläge sehr wasserreich. Geringe Gefälle und hohe Tauchtiefen gewährleisten, daß neben Binnenschiffen und große Schubeinheiten auch Seeschiffe die Flüsse bis weit in die Oberlaufstrecken nutzen können. Binnenschiffahrt wird in unterschiedlicher Intensität in sieben Staaten (Argentinien, Brasilien, Kolumbien, Paraguay, Peru, Uruguay und Venezuela) betrieben. Die großen Wasserwege sind dabei sowohl innerkontinentale Handelsrouten für den Güteraustausch zwischen einigen dieser Staaten wie auch wichtige End- und Beladepunkte im interkontinentalen Seeverkehr und damit im Welthandel. Von den sechs großen Gewässersystemen Südamerikas ist das Amazonassystem das bedeutendste.

6.3.3.1 Amazonas-Flußsystem

Der größte Strom des Subkontinents bildet mit seinen mehr als 200 Nebenflüssen, von denen über 100 schiffbar sind, das größte Stromsystem der Welt. Die Fläche, die das Stromsystem insgesamt „entwässert“, nimmt 7 Mio. km^2 ein und entspricht damit derjenigen des Kontinents Australien. Die schiffbaren Wasserstraßen des Flußsystems haben einen Gesamtumfang von rund 25 000 km. Der Amazonas wird durch mehrere Quellflüsse, die in den peruanischen Kordilleren entspringen, westlich der peruanischen Binnenhafenstadt Iquitos gebildet und verläuft dann 6 518 km bis zur Atlantikküste. Dort mündet er in Form mehrerer Mündungsarme in einen sich bis zu 300 km weitenden Trichter in den Atlantik. Trotz der gewaltigen Wassermassen, die der Amazonas ständig in den Atlantik abgibt, unterliegt er im Mündungstrichter und rund 800 km stromaufwärts den Gezeiten des Meeres, was im wesentlichen auf das geringe Gefälle des Stroms zurückzuführen ist. Der Mündungstrichter und die einzelnen Mündungsarme werden von der Schiffahrt häufig umgangen, da der Gezeitenwechsel zu ständigen Wasserstandsschwankungen und Fahrrinnenverschiebungen führt. Im gesamten Mündungsgebiet gibt es auch nur einen wichtigeren Umschlagsplatz, den Hafen von Macapá am Nord-Kanal, dem nördlichsten Amazonas-Mündungsarm. Als besonders gefährlich gilt in der Mündung die mit der Flut, vor allem mit der Springflut, eintretende gewaltige Mündungsflutwelle („Pororoca"). Die See- und Flußschiffahrt wird daher oft gezwungen, eine andere Zu- bzw. Ausfahrt zu wählen.

Beispiel:

Der südöstliche Mündungsarm des Amazonas, der Rio Pará, ist gegenüber den nördlichen Mündungsarmen, dem Nord- und Süd-Kanal, einer der stilleren Seitenarme des Amazonas. Die Seeschiffahrt benutzt daher vielfach diesen Wasserweg und die vorgelagerte Marajó-Bai als Zufahrt. Der Rio Pará verläuft vom Flußmündungshafen Belém südlich um die Marajó-Insel und stößt einige hundert Kilometer weiter auf den Amazonas.

Der größte Teil des Amazonas-Stroms verläuft durch Brasilien, kurze Anteile am Flußverlauf haben daneben Kolumbien und Peru. Über die Amazonas-Nebenflüsse Madeira und Madre de Dios ist weiterhin noch der Binnenstaat Bolivien an den Amazonas angebunden. Für die traditionelle Binnenschiffahrt Brasiliens hat der Strom allerdings nicht die Bedeutung, die seine Länge vermuten läßt. Vielmehr ist er ein wichtiger Wasserweg für die See- und Küstenschiffahrt. Über eine Strecke von mehr als 1 000 km ist der Fluß von seiner Mündung bis zum Binnenhafen von Manaus für Hochseeschiffe befahrbar. Auf dieser Strecke wird die Größe der Schiffe gewöhnlich auch nicht durch die Wassertiefe begrenzt. Kleinere Seeschiffe mit bis zu etwa 3 000 tdw können den Amazonas ungehindert bis zum Binnenhafen von Iquitos (Peru) nutzen. Von den über 100 Binnenhäfen und Umschlagplätzen am Strom ist in Brasilien der Binnenhafen von Manaus am Amazonas-Nebenfluß Rio Negro der bedeutendste. Die Großstadt ist Hauptstadt des brasilianischen Bundesstaates Amazonas und verfügt über eine Freihandelszone. Wichtige Produkte im Binnenumschlag von Manaus sind die weltwirtschaftlich bedeutenden Rohstoffe der Amazonasregion wie Holz, Kakao, Kaffee, daneben Holzerzeugnisse, Lederwaren, Industriegüter und -ausrüstungen. Peru verfügt über mehrere Umschlagplätze an den Flüssen Ucayali und Maranón. Haupthafen der Binnenschiffahrt ist Iquitos. Der Hafen von Iquitos bildet den Endpunkt der See-Flußschiffahrt auf dem Amazonas, er ist gleichfalls wichtiger Lagerplatz für die vielfältigen Rohstoffe des Amazonasbeckens. Für den Außenhandels Kolumbiens ist der einzige landeseigene Amazonashafen Leticia nur von eingeschränkter Bedeutung, da die Import- und Exportvorgänge vorrangig über die pazifischen und karibischen Seehäfen des Landes abgewickelt werden.

Dagegen nutzt der südamerikanische Binnenstaat Bolivien den Amazonas als Transitachse im gebrochenen Massengutverkehr. Bolivianische Binnenschiffe laden in Belém Importgüter für Bolivien und befördern sie bis zum brasilianischen Binnenhafen Porto Velho am Amazonasnebenfluß Rio Madeira. Die Güter müssen von dort wegen ungünstiger Fahrwasser und Wasserfälle für 200 bis 300 km über eine Bahnstrecke (Flußumgehungsbahn) bis nach den brasilianischen Flußhäfen Villa Murtinho oder Guajará-Mirim geführt werden, wo ein erneuter Umschlag auf Binnenschiffe erfolgt. Über den Rio Madre de Dios laufen die Binnenschiffe den bolivianischen Flußhafen Riberalta an. Derartige Transporte dauern rund zwei Wochen. Aufgrund des geringeren Schadenrisikos wird diese Binnenschiffsroute dem alternativen Straßen- und Eisenbahnlandweg vom Pazifikhafen Arica (Chile) via Andengebirge nach Bolivien oft vorgezogen.

6.3.3.2 Verkehre auf dem Orinoco

Einschließlich der Nebenflüsse bilden die Gewässer des Orinoco-Flusses das zweitgrößte Wasserstraßennetz in Südamerika. Fast einziger Nutznießer des Flusses ist das rohstoffreiche Venezuela. Als Wasserstraße ist der über 2 500 km lange Fluß bis zur Stadt Ciudad Bolivar bedeutsam, dies sind rund 450 km Stromkilometer. Insgesamt sind über 1 900 km schiffbar. Der wichtigste Orinoco-Hafen befindet sich in der jungen Großstadt Ciudad Guayana, wo der Caroni-Fluß in den Orinoco mündet. Der über 350 km vom offenen Meer entfernt liegende Hafen der Stadt, Puerto Ordaz, ist der größte Exportplatz für Erze und Stahlprodukte in Venezuela, da er im Zentrum eines der größten Bergbau- und metallverarbeitenden Industriegebiete in ganz Lateinamerika liegt. Massengutfrachter bis zu 30 000 tdw können den Hafen direkt anlaufen und Exporterze laden; auch die Bundesrepublik Deutschland bezieht aus der Region Eisenerze. Der Orinoco hat ein ausgedehntes Mündungsdelta mit 17 Mündungsarmen und -kanälen. Der See-Flußverkehr nutzt den fast durchgängig auf 10 m Tiefe gehaltenen südlichen Flußarm des Rio Grande als Fahrrinne zu den Binnenhäfen.

6.3.3.3 Flüsse der La Plata-Region

Die beiden mächtigen Flüsse Paraná und Uruguay, die sich zu dem 300 km langen und rund 200 km breiten Mündungstrichter des Rio de la Plata vereinigen, sind mit ihren Nebenflüssen wichtige Verkehrswege für Nordargentinien, die Staaten Paraguay und Uruguay sowie für Südbrasilien. Bedeutende Binnenhäfen mit mehreren Millionen t Umschlag sind in Argentinien am Paraná-Fluß Campana, Rosario, Santa Fe und Corrientes, die alle von Hochseeschiffen angelaufen werden können. Der flußaufwärts liegende Binnenstaat Paraguay hat an dem gleichnamigen Fluß (der nördlich von Corrientes in den Paraná mündet und der über 2 000 km schiffbar ist) zwei große Binnenhäfen, Asunción und Concepción, wovon Asunción von Linienseeschiffen bedient wird. Für Paraguay ist die Fluß-Seeschiffahrt von erheblicher Bedeutung, da diese das Paraná-Paraguay-Gewässer ungehindert für den Außenhandel nutzen kann. Paraguay ist dadurch nicht ausschließlich auf Straßen/Bahn-Transitwege durch die Nachbarstaaten angewiesen. Die Binnenschiffahrt kann den Paraguay-Fluß insgesamt bis zum brasilianischen Binnenhafen Corumbá nutzen. Im Vergleich zu den Flüssen Paraná und Paraguay ist der Uruguay-Fluß mit rund 1 600 km schiffbarer Strecke klein. Über große Binnenhäfen verfügt entlang dieses Grenzflusses in nennenswertem Umfang nur Uruguay, es sind die Häfen von Mercedes, Paysandú, Salto und Uruguaiana. Die genannten Wasserstraßen sind vorzugsweise Handelswege für einige wichtige Welthandelsgüter, die nach Nordamerika und Westeuropa gehen. Zu den Exportgütern der Flußanlieger gehören insbesondere Baumwolle und Ölsaaten (Paraguay), Fleischerzeugnisse, Wolle, Textilien und Leder (Uruguay) sowie Getreide und Rindfleisch (Argentinien).

Wichtige Wasserwege in Südamerika

Flußsystem	Schiffbarkeit in ca. km	Wichtige Einzelflüsse	Länge in km	Haupthäfen	Mündung in
Rio Magdalena-System	1 000	Magalena	1 350	Puerto Wilches/K. Barrancabermeja/K. La Dorada/K. Honda/K.	Karibik
		Canca	900		
Orinoco-System	2 000	Orinoco	2 736	Puerto Ordaz/V. Ciudad Bolivar/V.	Atlantik
		Apure	800	San Fernando/V.	
		Meta	870	Puerto Carreno/K.	
Amazonas-System	25 000	Amazonas	6 518	Santarém/B. Iquitos/Pe.	
		Rio Negro	1 550	Manaus/B. Moura /B.	
		Madeira	3 200	Porto Velho/B.	
		Xingu	1 980	Altamira/B.	
		Ucayali	1 960	Pucallpa/Pe.	
		Huallaga	1 200		
Paraná-Paraguay-System	6 000	Paraná	4 700	Rosario/A. Santa Fe/A. Corrientes/A. Posadas/A. Porto Mendes/B. Guaira/B. Très Lagoas/B.	
		Paraguay	2 230	Asuncion/Pa. Concepción/Pa. Corumbá/B.	
		Salado	1 300		
Uruguay-System	800	Uruguay	1 650	Paysandu/U. Salto/U. Uruguaiana/U.	
Rio Negro-System	1 000	Rio Negro	1 700	Neuquéu/A.	
		Limay	500		

A = Argentinien, B = Brasilien, K = Kolumbien, Pe = Peru, Pa = Paraguay, U = Uruguay, V = Venezuela

6.3.4 Flußschiffahrt in Afrika

Am Weltmaßstab gemessen gehört die afrikanische Binnenschiffahrt zu den am schwächsten ausgeprägten. Binnenschiffahrt kann und wird in gewissem Umfang auf den Flüssen und Flußsystemen von Nil, Senegal, Gambia, Niger, Kongo, den ostafrikanischen Seen und einigen Lagunen in Westafrika betrieben. Insgesamt ist dieser Verkehrsträger auf dem Kontinent aber von untergeordneter Bedeutung, da seine Leistungen durch die starken Wasserstandsschwankungen, Wasserfälle und Stromschnellen und die periodischen Trockenheiten einiger Flußsysteme stark beeinträchtigt werden. In vielen Staaten existiert überhaupt keine Flußschiffahrt.

Als überragender Wasserweg kann der zentralafrikanische Fluß **Kongo** (auch Zaire-Fluß genannt) mit seinen Nebenflüssen und dem rd. 13 000 km umfassenden Wasserstraßennetz herausgestellt werden. Es ist das größte und wasserreichste auf dem Kontinent und für den Staat Zaire eine Hauptwasserstraße. Die Binnenschiffahrt mit Motorschiffen und Schubeinheiten beginnt in der Hauptstadt und Verkehrsdrehscheibe Kinshasa und endet nach rund 1 500 km in Kisangani. Zu Berg werden Industriegüter und Treibstoffe, zu Tal Exportrohstoffe wie Kupfer, Kaffee, Rohöl, Holz und Ölfrüchte transportiert. Ihren Wert erhält die Binnenschiffahrt in Zaire wie in einigen anderen Teilen Afrikas vorzugsweise durch die Kombination mit dem Massengutverkehrsmittel Eisenbahn. Für den rohstoffreichen Staat Zaire ist die wichtigste Verkehrsader die etwa 2 800 km lange sog. „Voie Nationale". Hierbei handelt es sich um eine kombinierte Binnenschiff-Eisenbahn-Strecke, die die Rohstoffabbaugebiete (Kupfer, Blei) im Südosten bei Lubumbashi mit dem Fluß-Seehafen Matadi im Westen verbindet.

Beispiel:

Massengutverkehre über den Transportkorridor der „Voie Nationale" werden auf dem Abschnitt Matadi – Kinshasa über die Schiene befördert, um das Verkehrshindernis Livingstone-Wasserfälle zu umgehen, dann auf Flußschiffe umgeschlagen und über den Kasai und andere Nebenflüsse bis zum Binnenhafen Kananga verschifft. Zwischen Kananga und Lubumbashi erfolgt erneut ein Schienentransport.

In Nordafrika hat als einziges natürliches Gewässer der **Nil**, der mit 6 671 km längster Fluß der Welt ist, Bedeutung für die Binnenschiffahrt. Eine durchgehende Nutzung der insgesamt über 6 000 km langen Nil-Schiffahrtswege ist allerdings aufgrund von Stromschnellen und Staudämmen nicht möglich. Die größte Schiffahrtsintensität wird in Ägypten auf dem durchgängig befahrbaren Streckenabschnitt zwischen Assuan und dem Mündungsdelta bei Damietta erreicht. Die beträchtliche Binnenschiffsflotte Ägyptens besteht aus Motorgüterschiffen und Schubverbänden. Daneben werden Güter wie zur Pharaonenzeit noch mit einsegligen Schiffen, den sog. Feluken, befördert. Die Querverbindung vom Nil zum Suez-Kanal wird durch den Ismailia-Kanal geschaffen. Im Sudan erfüllt der Nil wichtige Aufgaben im nationalen Nord-Süd-Verkehr des Landes. Über ein halbes Dutzend größerer Binnenhäfen (Wadi Halfa, Dongola, Karima, Khartum, Wäw und Juba) unterstreichen die nationale Bedeutung des Nils und seiner südlichen Nebenflüsse für den größten Flächenstaat Afrikas.

Der westafrikanische Fluß **Niger** ist für Nigeria eine rund 1 600 km lange Wasserstraße. Ausgedehnte Binnenschiffahrt findet sich aber überwiegend nur im Mündungsdelta und dem Flußunterlauf bis zur Mündung des Benue-Flusses. In den Hochwasserphasen ist der Niger weiterhin gut schiffbar in den Binnenstaaten Niger (mit den Binnenhäfen Gaya und Niamey) und Mali (mit den Binnenhäfen Gao, Mopti und Bamako).

Afrikanische Binnenschiffswege

Flußsystem	Schiffbarkeit in ca. km	Wichtige Einzelflüsse	Länge in km	Haupthäfen	Mündung in
Kongo-System	13 000	Kongo	4 650	Kinshasa/Z. Matadi/Z. Boma/Z. Brazzaville/K. Mbandaka/Z. Aketi/Z. Kisangani/Z. Kongolo/Z. Bukama/Z.	Atlantik
		Kasai	1 950	Tshikapa/Z.	
		Ubangi	1 250	Bangui/ZAR	
Nil-System	6 000	Nil	6 671	Kairo/A. Assuan/A. Wadi Halfa/S. Dongola/S. Karima/S. Khartum/S.	Mittelmeer
		Weißer Nil			
		Bahr el Ghazal	700	Wäw (Wau)/S.	
		Bahr el Djebel	750	Juba/S.	
Niger-System	3 500	Niger	4 160	Gaya/Ni. Niamey/Ni. Gao/M. Mopti/M. Bamako/M. Onitsha/Ng.	Atlantik
		Benue	900	Garoua/K.	
Senegal	250	Senegal	1 430	Podor/Se.	Atlantik
Gambia	350	Gambia	750	Basse Santa Su/Ga.	Atlantik

A = Ägypten, G = Gambia, K = Kamerun, M = Mali, Ni = Niger, Ng = Nigeria, S = Sudan, Se = Senegal, Z = Zaire, ZAR = Zentralafrikanische Republik.

Zusammenfassung

1. Die südamerikanische Binnenschiffahrt erfolgt auf sechs großen, nicht untereinander verbundenen Gewässersystemen: Amazonas-Flußsystem, Orinoco-Fluß, Parana-Paraguay-System mit der La Plata-Mündung, Rio Magdalena-Flußsystem, Uruguayfluß und Rio-Negro.
2. Fast alle Ströme sind durch die ganzjährig beständigen Tropenregen sehr wasserreich. Geringe Gefälle und hohe Tauchtiefen gewährleisten, daß neben Binnenschiffen und großen Schubeinheiten auch Seeschiffe die Flüsse bis weit in die Oberlaufstrecken nutzen können.
3. Die Binnenschiffahrt treibenden Staaten Südamerikas sind Argentinien, Brasilien, Kolumbien, Paraguay, Peru, Uruguay und Venezuela.
4. Der Amazonas bildet mit seinen mehr als 100 schiffbaren Nebenflüssen das größte schiffbare Stromsystem der Welt.
5. Über eine Strecke von rund 1 000 km ist der Amazonas von seiner Mündung bei Belém bis zum Binnenhafen Manaus für Hochseeschiffe befahrbar. Küsten- und Binnenschiffe mit bis zu etwa 3 000 tdw können den Fluß ungehindert bis zum Binnenhafen von Iquitos (Peru) nutzen.
6. Die Flußschiffahrt Afrikas erfüllt auf den Strömen Nil, Senegal, Gambia, Niger und Kongo meist regionale Transportaufgaben. Insgesamt ist die Binnenschiffahrt für Afrika von untergeordneter Bedeutung.

Aufgaben

1. Die großen Wasserwege Südamerikas sind sowohl innerkontinentale Handelsrouten für den Güteraustausch auf dem Subkontinent wie auch wichtige End- und Umschlagpunkte im interkontinentalen Seeverkehr und damit im Welthandel. Belegen Sie diese Aussage durch Beispiele.
2. Informieren Sie sich über die Quell- und Nebenflüsse des Amazonasstromgebietes, und grenzen Sie die schiffbaren Wasserstraßen dieses Flußsystems ab.
3. Welchen nautischen Problemen sind Binnen-, Küsten- und Seeschiffahrt auf dem Amazonasstromgebiet ausgesetzt?
4. Welche südamerikanischen Staaten können das Amazonasstromgebiet für Güterverkehre nutzen?
5. Nennen Sie Beispiele für Transitverkehre auf dem Amazonas.
6. Erklären Sie die mit der Flußschiffahrt zusammenhängenden Fachbegriffe Entwässerung, Stromsystem, Flußumgehungsbahn.
7. Welche Bedeutung hat der Orionocofluß für die Rohstoffexporte Venezuelas?
8. Der Mündungstrichter des Rio de la Plata wird von mehreren mächtigen Flüsen und deren Nebenflüssen gespeist. Nennen Sie die bedeutendsten Flüsse der La-Plata-Region!
9. Welche Staaten und Binnenhäfen können in Südamerika über die La-Plata-Region von Linienseeschiffen angelaufen werden?
10. Informieren Sie sich in Fachzeitschriften über Linienverkehre deutscher und europäischer Reedereien nach der La-Plata-Region.
11. Welches sind die Gründe dafür, daß die Binnenschiffahrt auf Flüssen in Afrika – gemessen an der Größe des Landes – bislang nur von untergeordneter Bedeutung ist?

Themenkreis 12: Die Seeschiffahrt: Hauptträger des Welthandels

1 Bedeutung der Seeschiffahrt sowie Seeverkehrs- und Seeschiffarten

Die Seeschiffahrt ist der bedeutendste Verkehrsträger im internationalen Warenhandel. Rund zwei Drittel aller Welthandelsgüter werden über Seewege befördert, damit ist der Seetransport ein elementarer Bestandteil der Weltwirtschaft. Im Jahre 1991 belief sich die Menge der weltweit seewärtig beförderten Güter auf über 4,1 Mrd. t. Mehr als 130 Staaten der Welt betreiben mit See- und Küstenschiffen nationale und/oder internationale Handelsschiffahrt.

Die Vorzüge der Seeschiffahrt liegen vor allem darin, große Gütermengen über große Entfernungen zu günstigen Transportpreisen zu befördern. Dies ist vor allem für jene Güter bedeutsam, die aufgrund ihres geringen Eigenwertes nur in beschränktem Umfang mit Frachtkosten belastet werden können. Als nachteilig im Vergleich zu anderen Verkehrsträgern sind bei der Seeschiffahrt die naturbedingten relativ hohen Risiken, die mangelnde Pünktlichkeit und Regelmäßigkeit, die weniger stark ausgeprägte Netzdichte und Frequenz bei den Abfahrten zu nennen. In vielen Fällen ist der Seetransport aber nicht allein die kostengünstigste Transportvariante sondern auch die einzig mögliche, man denke hier an die Handelsbeziehungen zu Amerika, Afrika und Australien.

Die Seeschiffahrt arbeitet im Welthandelsgefüge nicht ohne Konkurrenz. Auf einigen Gebieten konkurriert sie mit der Eisenbahn und Binnenschiffahrt, vor allem wenn es um Landbrückenverkehre geht. Für bestimmte Güter ist wiederum der Luftverkehr ein bedeutender Wettbewerber, vorzugsweise dann, wenn Schnelligkeit, Sicherheit und Zuverlässigkeit gefordert werden. Nicht selten verbinden sich aber auch die Leistungen der Seeschiffahrt mit der des Luftverkehrs in Form des sog. Sea-Air-Dienstes.

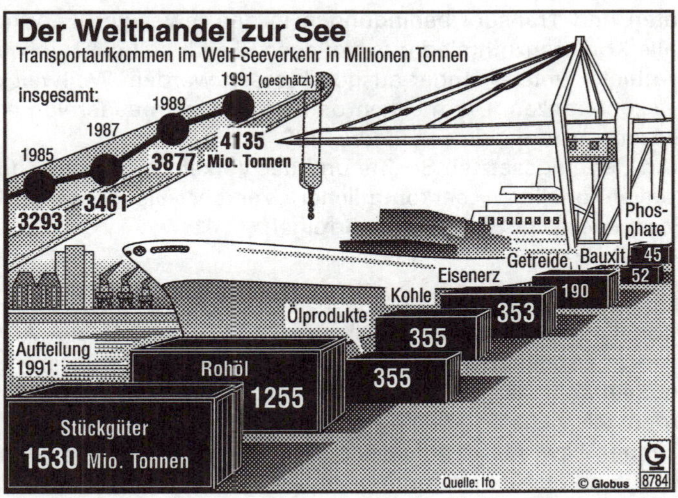

Die Art und Weise, wie die Seeverkehrsleistung durch die Reedereibetriebe erbracht wird, bezeichnet man als Betriebsform. Die Betriebsform entscheidet über den Einsatz der Schiffsarten und Schiffstypen. Generell werden die Betriebsformen Linienverkehr und Gelegenheitsverkehr unterschieden, denen jeweils Sonderformen zugeordnet werden.

Betriebsformen

Linienverkehre

- konventioneller Liniendienst
- Containerlinienverkehre
- sonstige Liniendienste
  - Lash-Verkehre
  - Ro/Ro-Verkehre einschl. Fährverkehre

Gelegenheitsverkehre

- Bedarfs- oder Trampverkehre
- Kontrakt- und Konsekutivverkehre

1.1 Linienverkehre

Das Hauptbetätigungsfeld der Linienschiffahrt ist die Beförderung von Stückgütern. Diese Güter können verschiedener Art sein. Zu den **Stückgütern** gehören industrielle Fertigerzeugnisse aller Art (Maschinen, Textilien, Ersatzteile, Konsumartikel usw.), industrielle Halbfertigwaren (Gewerbe, Chemikalien, Vorprodukte usw.) sowie diverse Rohstoffe (Baumwolle, Tabak, Kautschuk, Kaffee, Tee usw.). Entscheidend ist, das die Güter zählbar oder meßbar einzeln oder in kleinen oder mittelgroßen Partien zur Verschiffung gelangen. Die Linienschiffahrt transportiert im **Pendelverkehr** Stückgüter im Rahmen fester Fahrpläne und Routen zwischen festgelegten Lade- und Löschhäfen einzelner Fahrtgebiete. Dabei ist die Zusammensetzung der Transportgüter und die Auslastung des Schiffes unerheblich. Ebenfalls festgelegt sind die Abfahrts- und Ankunftszeiten, Beförderungsbedingungen und -entgelte. Linienreeder bieten damit den Befrachtern oder Empfängern Dispositions- und Kalkulationsgrundlagen für die Versandarbeiten und Warenpreisberechnungen.
Um Liniendienste regelmäßig und zu stabilen Frachtraten aufrecht erhalten zu können, sind viele Reedereien sog. **Schiffahrtskonferenzen** angeschlossen. Diese freiwilligen Zusammenschlüsse von Reedern unterschiedlicher Nationen verfolgen das Ziel, Frachtraten und Transportbedingungen in den jeweiligen Fahrtgebieten verbindlich für alle Konferenzmitglieder festzulegen. Damit soll ein ruinöser Preiswettbewerb der Anbieter untereinander ausgeschlossen werden. Weltweit gibt es über 350 Schiffahrtskonferenzen. Die meisten deutschen Linienreedereien sind in Schiffahrtskonferenzen vertreten, derzeit in über 100.
Je nach der Art der eingesetzten Schiffe und der Verkehrssysteme kann der Liniendienst als konventioneller (= herkömmlicher) Verkehr, als Container-Liniendienst oder in der Form spezieller Seeverkehre erfolgen.

1.1.1 Konventioneller Liniendienst

Von konventionellem Liniendienst spricht man, wenn Schiffe alle Arten von herkömmlichen, nicht containerisierten Gütern laden und die Beförderungen zu weitgehend allen Seehäfen der Welt vornehmen können. Konventionelle Stückgüter sind außerordentlich vielfältig, da sie unterschiedlichste Eigenschaften, Verpackungen, Abmessungen bzw. Maße aufweisen können. Der Umschlag derartigen Güter ist zeitaufwendig und nur in bestimmten Umfängen mechanisierbar.

Beispiele für Verpackungsarten und Stückgüter

Verpackungsart	Beispiele für typische Stückgüter
Ballen	Zellwolle, Felle, Tabak, Seide, Baumwolle
Bunde	Draht, Eisenschienen, Bleche, Holz
Drums	Nickel, Schmierseife, Klebstoffe
Eisenflaschen	Quecksilber
Fässer	Natronsalz, Sardinen, Leinöl
Kartons	Konservendosen, Garne, Schuhe
Kisten	Maschinen, Metallwaren, Möbel, Tee
Paletten	Synthese-Gummi, Kartons, Steine
Rollen	Papier, Linoleum, Gewebe, Kunststoffe
Säcke	Salpeter, Zucker, Reis, Mehl, Kaffee
Stahlflaschen	Sauerstoff
Trommeln	Salmiakgeist, Farben
Verschläge	Preßspanplatten, Motorräder

Um diese traditionellen Seeverkehre ausführen zu können, verfügen konventionelle Frachtschiffe, die selten sehr große Tragfähigkeiten haben, über besondere technische Einrichtungen. Hierzu gehören klimatisierte oder nicht klimatisierte Stauräume, Unterdeck- und Oberdeck-Stellflächen, Tanks für Flüssiggüter, eigene Ladegeschirre unterschiedlicher Tragfähigkeiten, Schwergutkrane u. a. m. Die aufwendige Bauweise dieser „All-Round-Schiffe" ist notwendig, da sie auf ihren Reisen sehr unterschiedliche Produkte befördern müssen und in vielen Entwicklungsländern der Umschlag nur mit den bordeigenen Geräten vorgenommen werden kann.

Beispiel:

Ein konventioneller Linienfrachter mit einer Tragfähigkeit von 12 800 tdw läuft in Hamburg mit Maschinen, Kraftfahrzeugen und anderen Industrieprodukten für Santos/Brasilien aus. Auf der Rückreise führt der Frachter Baumwolle, Kaffee, Kautschuk, Speiseöl, Chromerze und Walzwerkerzeugnisse mit. Die pflanzlichen Produkte erfordern hinsichtlich der Stauung und Klimatisierung völlig andere Bedingungen als etwa die Fertig- oder Halbfertigwaren der Hinreise.

Der konventionelle Stückgutfrachtverkehr hat sich trotz der Konkurrenz durch Container- und Spezialverkehre auf vielen Linien behauptet. Er ist heute vor allem dort zu finden, wo die Hafenausstattungen und Hinterlandverbindungen schwach ausgebaut sind. Dies gilt für einige Fahrtgebiete wie Mittelamerika, die afrikanische Ostküste, die südamerikanische Westküste, Indonesien usw.

1.1.2 Container-Liniendienste

Die Fahrt der „Ideal-X" von Port Newark (New Jersey) nach Houston (Texas) im Jahr 1956 ist aus heutiger Sicht ein fast schon als historisch zu betrachtendes Ereignis: das Schiff hatte (erstmalig) 58 Container an Bord und initiierte damit eine neue Entwicklungsrichtung im Transportwesen. Diese nahm zwar erst einige Jahre später richtig ihren Lauf, als am 23. April 1966 das Sea-Land-Schiff „Fairland" mit 226 35-Fuß-Containern nach seiner Reise von Elizabeth (New Jersey) die europäischen Häfen Rotterdam, Bremen und Grangemouth (GB) anlief, doch wie weitreichend und nachhaltig die Folgen sein würden, die diese Pionier-Fahrten nach sich zogen, war damals wohl kaum abzusehen. Hier bahnte sich mit der Einführung der intermodalen Containerisierung eine Entwicklung an, die einen Großteil der Umschlagtechnik revolutionierte und zudem großen Einfluß auf den Schiffbau ausübte. Die Vorteile der neuen Beförderungsart lagen auf der Hand. Empfindliche Waren, auch zerbrechliche und temperaturabhängige Güter, wurden sicher in geschlossenen Behältern transportiert (was besonders bei den Empfängern auf positive Resonanz stieß), und der Lade- und Löschvorgang beschleunigte sich derartig, daß sowohl die teuren Liege- als auch die Reisezeiten der Schiffe insgesamt erheblich verkürzt werden konnten.
Quelle: Transportdienst/Wirtschafts-Correspondent. Heft Nr. 7/8 1991, S. 38.

Der containerisierte Frachtverkehr hat sich bis heute immer schneller auf fast allen bedeutenden Schiffahrtsrouten durchgesetzt, ein Ende der Container-Entwicklung ist noch nicht abzusehen. Daß sich der Container als Transport-Konzept durchgesetzt hat, läßt sich auch am „**Containerisierungsgrad**" der Hafen ablesen. Darunter wird der Anteil der in Containern umgeschlagenen Güter am gesamten Stückgutumschlag verstanden. In einigen Seehäfen liegt der Containerisierungsgrad heute bereits bei über 80 % und mehr.

Beispiel:

Im Hamburger Hafen wurden im Jahre 1992 30,2 Mio. t Stück- und Sackgüter umgeschlagen, davon entfielen 22,5 Mio. t auf Containergüter und 7,7 Mio. t auf konventionelles Stückgut. Der Containerisierungsgrad Hamburgs betrug zu diesem Zeitpunkt 74,5 %. Berechnung: Containertonnage x 100 : Gesamtumschlag Stückgut.

Gegenüber dem konventionellen Liniendienst laufen die Containerlinien in der Regel nur Häfen mit Container-Terminals an, da nur über diese speziellen Anlagen der Umschlag der in Behältern gestauten Stückgüter sicher und schnell durchgeführt werden kann, entsprechende Stellplätze vorhanden sind und ein genügendes Aufkommen an Behältern für die Rückreise gesichert ist. Häfen mit geringem Containeraufkommen werden nicht von den Containerlinien bedient, sondern von Zubringerschiffen (Feederdienste). Die Container-Linienschiffahrt zeichnet sich durch schnelle Seebeförderungen, schnellen Umschlag, kurze Hafenliegezeiten, häufige und regelmäßig Abfahrten, Sicherheit und andere Vorzüge aus. Die Vorteile für die Befrachter sind im Vergleich zum konventionellen Linienverkehr vor allem im Haus-Haus-Verkehr, verkürzter Kapitalbindung der Transportgüter, verringertem Risiko bezüglich Verderb, Beschädigung oder Diebstahl u. a. m. zu sehen.

Mit dem Einsatz von Containern im Stückgutverkehr hat eine ungeheure Rationalisierung von Transport- und Umschlagarbeiten im internationalen Transportwesen eingesetzt. Da Container die Eigenschaft besitzen, ungleichartige (**heterogene**) Stückgüter zu gleichartigen (**homogenen**) Massengütern umzufunktionieren, spricht man oft auch von einer Industrialisierung des Seetransports und Güterumschlags.

Beispiel:

Für das Löschen von 9 000 t konventionellen Stückguts aus einem Frachtschiff kann eine Umschlagzeit von einer Woche (ohne Nachtschichten) gerechnet werden. Die gleiche Lademenge in 800 bis 900 Containern verstaut, erfordert dagegen nur noch eine Umschlagzeit von 10–12 Stunden.

Zur Verschiffung gelangen Container verschiedenster Größe. Standardmaß ist der 20-Fuß-Container, weitere wichtige Maße sind 35, 40 und 45 Fuß. Um Überseecontainer zu weltweit nutzbaren „intermodalen Transportbehältern", d. h. von und zwischen allen Verkehrsträgern nutzbaren Behältern, zu machen, wurden die Außenabmessungen im Jahre 1964 durch den Internationalen Normenausschuß (International Organization for Standardization, ISO) in Genf auf 8 x 8 x 20 Fuß für die Standardbox festgelegt. Überseecontainer werden daher auch ISO-Container genannt. International gebräuchliche Zähleinheit für die Standardbox ist die „Twenty Feet-Equivalent Unit" (TEU), die 20-Fuß-Verrechnungseinheit. Zwei TEU entsprechen demnach einem 40-Fuß-Container. Baumaterial und Innenabmessungen der Container sind variabel. Die containerisierten Güter bestehen heute nicht mehr allein aus Stückgut in Form von diversen Industrieerzeugnissen. In den speziellen Behältern für Schütt- und Flüssiggut, mit Kühl- oder Wärmedämmung, mit Belüftungseinrichtung und anderen Einrichtungen werden zunehmend auch Rohstoffe (z. B. Kupfer, Wolle und Kautschuk) oder Nahrungs- und Genußmittel (Tabak, Fleisch, Früchte, Bier usw.) befördert.

Beispiel für einen Bulk-Container (Schüttgut-Container)

Bauweise	Stahlrahmen, Sperrholzwände beschichtet mit glasfaserverstärktem Kunststoff Bau- und Prüfvorschriften: Nr. Klassifikation: Germanischer Lloyd		
Abmessungen	Länge	Breite	Höhe
außen: innen: Lichte Türöffn.: Bodenhöhe:	20′ = 6 058 mm $19'5^{1}/_{4}$ = 5 925 mm	8′ = 2 438 mm $7'8^{1}/_{2}$″ = 2 350 mm 7′8″ = 2 335 mm	8′ = 2 438 mm $7'2^{1}/_{4}$″ = 2 190 mm 7′ $^{1}/_{2}$″ = 2 145 mm $5^{7}/_{8}$″ = 148 mm
Gewichte	zul. Gesamtgewicht: 44 800 lbs = 20 320 kg Eigengewicht: 5 070 lbs = 2 300 kg max. Zuladung: 39 730 lbs = 18 020 kg (in Ausnahmefällen höhere Zuladung möglich, da Container für zulässiges Gesamtgewicht von 52 913 lbs = 24 000 kg getestet)		
Inhalt	1 080 cbf = 30,5 m^3		
Besonderheiten	Wie 20′ Standard-Container der Baureihen HLCU 2163195 bis HLCU 223 8490 ferner: Drei runde Einfüllöffnungen im Dach, lichte Öffnung 450 mm. Abstand von Mitte zu Mitte Einfüllöffnung 1 830 mm. Schwenkbare Leiter an der Türseite zur Erreichung der Dachöffnungen. Zwei Entleerungsklappen in den Türflügeln, lichte Öffnung 300 x 450 mm. In den Öffnungen sind kurze Entleerungsschläuche angebracht. Die Schläuche erlauben eine Lenkung der Ladung in eine gewünschte Richtung. Verwendung bei Schüttgut wie Malz, Kunststoffgranulat u.a.m.		
Angaben nach: Hapag-Lloyd			

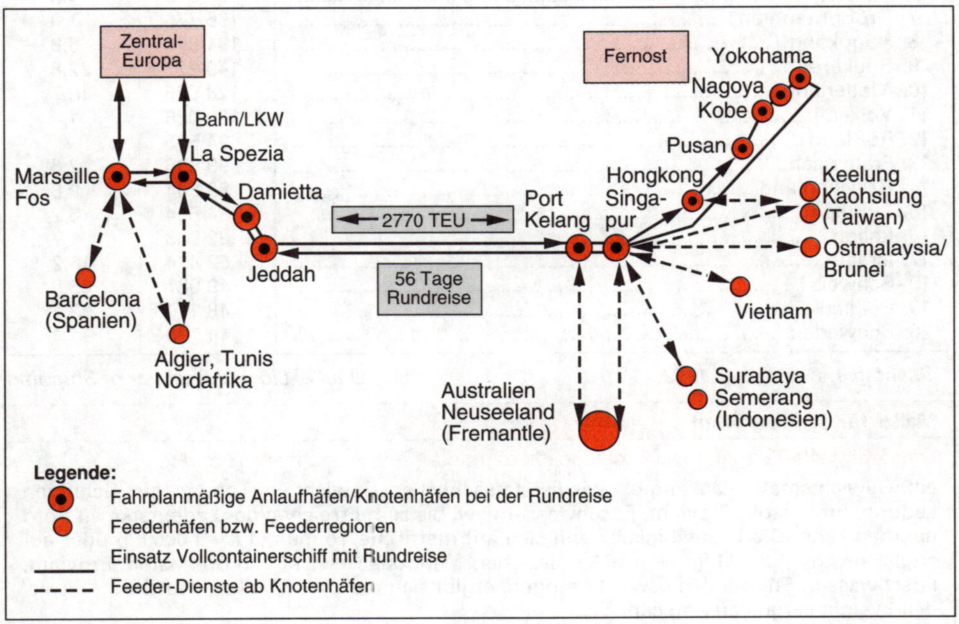

Ablaufschema einer Container-Rundreise Mittelmeer–Fernost mit wöchentlichen Abfahrten

Die verwendeten Containerschiffe sind in den letzten Jahren ständig größer geworden. Je nach ihrer Größe werden die nur für überseeische Containerverkehre gebauten Schiffe, die sog. **Vollcontainerschiffe**, unterschiedlichen Bau-Generationen zugeordnet. Es kommen daneben auch Mischformen, sog. **Semi-Containerschiffe** (lat.: Semi = halb), zum Einsatz. Sie eignen sich sowohl für die Beförderung von genormten Boxen wie für konventionelles Stückgut. Die derzeit größten Containerschiffe mit einer Tragfähigkeit von 64 500 tdw haben ein Fassungsvermögen von bis zu 4 500 TEU. Sie werden als Containerschiffe der 4. Generation bezeichnet. Gemessen an der Kapazität können derartige Containerschiffe sechs bis acht konventionelle Stückgutschiffe ersetzen. Ihre Geschwindigkeit liegt über denen von Stückgutschiffen. Der entscheidende Vorteil der Containerschiffahrt ist jedoch für Reedereien nicht die Fahrtgeschwindigkeit, sondern die Verkürzung der Hafenliegezeit durch den rationellen und schnellen Umschlag. Containerschiffe verbringen daher weit mehr Zeit auf den Seewasserwegen als im Hafen: dies erhöht die Produktivität der Schiffe.

Beispiel:

Im Rahmen einer Gesamtreise zu verschiedenen Häfen kann ein konventionelles Linienschiff rund 50 % der gesamten Betriebszeit in Häfen liegen. Ein Containerschiff ankert dagegen nur rund 15 bis 20 % der Gesamtzeit in Häfen, die restliche Zeit erfüllt es seinen eigentlichen Zweck als Beförderungsmittel auf See.

Die 20 bedeutendsten Containerflotten

Sitz der Reederei	TEU	Zuwachs 1991/1992 in Prozent*
1. Bundesrepublik Deutschland	441 594[1])	10,2
2. Japan	343 608	7,9
3. USA	286 227	7,3
4. Taiwan	223 135	9,2
5. Dänemark	179 973	6,3
6. Norwegen	157 562	4,3
7. Großbritannien	155 776	7,0
8. Hongkong	151 810	5,8
9. Südkorea	149 227	22,8
10. Niederlande	128 236	18,7
11. Volksrepublik China	128 086	1,4
12. Rußland	94 505	–
13. Frankreich	90 836	2,6
14. Griechenland	88 664	9,8
15. Singapur	84 534	6,2
16. Italien	62 883	1,7
17. Israel	52 424	16,2
18. Schweiz	49 087	45,8
19. Belgien	48 111	33,7
20. Schweden	44 799	–1,1

** Stichtag 1. November 1992* — *Quelle: Lloyd's Register of Shipping*

Maße für Schiffsgrößen

Ladefähigkeits-Tonnen (tdw = tons deadweight oder dwt = deadweight tons)

ein Gewichtsmaß, das angibt, wieviel tatsächliches Gewicht in Tonnen ein Schiff an Ladung, Brennstoff, Proviant, Frischwasser usw. bis zum Erreichen der Lademarke an Bord nehmen kann. Die Ladefähigkeit kann sich auf metrische Tonnen (1 t = 1 000 kg) oder auf englische Longtons (1 lgt = 1 016 kg) beziehen. Wird das Gewicht von Brennstoff, Proviant, Frischwasser, Ersatzteilen usw. abgezogen, ergibt sich die Ladefähigkeit (Nutzlast) = dwcc/deadweight cargo carrying capacity.

---

[1]) *darunter auch Zusatzregister*

Maße für Schiffsgrößen

Brutto-Raumzahl (BRZ)
künstliche Maßzahl für den Brutto-Raumgehalt aller Schiffsräume, weltweit gültig ab 1994. Die BRZ wird errechnet durch die Multiplikation von Brutto-m^3 x festem Umrechnungsfaktor. Die BRZ kennzeichnet die Schiffsgröße. Die BRZ entspricht in etwa der alten Maßeinheit BRT.

Netto-Raumzahl (NRZ)
künstliche Maßzahl für den verdienenden Raum (Nutzraum) eines Schiffes, weltweit gültig ab 1994. Die NRZ wird errechnet durch die Netto-m^3 x festem Umrechnungsfaktor. Die NRZ entspricht in etwa der alten Maßeinheit NRT.

Brutto-Registertonne (BRT)
ein Raummaß das angibt, welchen Raumgehalt ein Schiff insgesamt hat. 1 BRT entspricht 100 engl. Kubikfuß (cbf) = 2,83 m^3. Die BRT kennzeichnet somit die Schiffsgröße.

Netto-Registertonne (NRT)
ein Raummaß das angibt, welcher Raumgehalt (Nutzraum) für Ladungen und damit für den eigentlichen Verdienst zur Verfügung steht. Die NRT kennzeichnet somit die Transportkapazität. NRT-Angaben sind für d e Berechnung von Kanal-, Lotsen-, Hafen- und anderen Gebühren ausschlaggebend.

1.1.3 Sonstige Liniendienste

Liniendienste mit Transportkonzepten in Form von LASH- oder Barge- sowie Ro/Ro-Beförderungen haben sich vielfach dort etabliert, wo entweder ständig gleichmäßig hohe Güteraufkommen zu verladen sind oder die Container-Nachlaufverkehre per Landweg Behinderungen unterliegen. Bei der Lash-Schiffahrt (LASH = Lighter-Aboard-Ship), die wie die Seabee und Bacat-Systeme eine Nebenform des Containerverkehrs darstellen, werden „schwimmende Container" (Leichter oder Bargen) fast ohne die Nutzung von Seehafenanlagen zu den Zielpunkten befördert. Entscheidende Voraussetzung ist das Vorhandensein von Fluß- oder Kanalanschlüssen. Die Leichter können in Binnen- oder Seehäfen geladen und als Verband zu den auf Reede liegenden Trägerschiffen (LASH-Carrier) geschoben werden. Die Trägerschiffe nehmen die Behälter mittels Bordkränen auf oder schwimmen sie in den Rumpf ein. Aufgrund des großen, je nach Bautyp unterschiedlichen Fassungsvermögens können Leichter sowohl für Stück- wie Massengüter verwendet werden. Ihr flexibler Einsatz erlaubt schnelle und rationelle Verkehre etwa zwischen Flußmündungsgebieten oder in Regionen mit schlechter Hafeninfrastruktur.

Beispiel:
An der Mississippi-Mündung übernimmt ein Lash-Carrier 85 Leichter (Länge 18,75 m, Breite 9,5 m, Höhe 3,96 m und Tragfähigkeit 370 t je Leichter) für Rotterdam. In Rotterdam werden die Leichter ausgeschwommen und ohne weiteren Umschlag in Schubverbänden über den Rhein stromaufwärts zu Zielplätzen an deutschen Niederrheinhäfen befördert.

Ro/Ro-Liniendienste (Ro/Ro = Rcll on/Roll off) befassen sich ausschließlich mit dem Transport von rollender oder rollbarer Ladung, die horizontal umgeschlagen werden kann. Hierzu gehören im wesentlichen Lastkraftwagen, Sattelauflieger, Anhänger, Eisenbahnwaggons und rollbare Ladepritschen. Die Fahrzeuge oder Ladeeinheiten werden auf eigenen oder fremden Fahrgestellen durch Seiten-, Heck- oder Bugpforten in die Schiffe gerol t. Derartige Liniendienste arbeiten in Europa u. a. auf der Nordsee und im Kanalgebiet im Rahmen von Verkehren mit Großbritannien sowie auf der Ostsee im Skandinavienverkehr. Überseeische Zielgebiete von Ro/Ro-Linienverkehren sind u. a. Nordamerika, der Nahe und Ferne Osten und Australien.

Im Ro/Ro-Dienst werden z. B. japanische Autoexporte nach den USA und Westeuropa abgewickelt. Den Ro/Ro-Verkehren ist auch die Fährschiffahrt, die der eigentliche Wegbereiter dieser heute weit verbreiteten Transporttechnik war, zuzuordnen.

Vergleich von Frachtschiffen (Durchschnittswerte)

Schiffsart	Länge in m	Breite in m	Tiefgang in m	Geschw. in Kn	Tragfähigkeit in tdw	Laderaum/ Kapazität in TEU/m³ t
Containerschiffe						
1. Generation	170	24,5	7,9	20	11 300	1 000 TEU
2. Generation	215	28,9	11,0	22	31 610	2 000 TEU
3. Generation	280	32,0	12,0	27	48 750	3 045 TEU
4. Generation	300	39,0	13,5	23	64 500	4 400 TEU
Konventionelle Stückgutfrachter	165	24,5	10	21	12 800	22 000 m³
Tanker	378	69,0	22,9	20	415 000	421 500 t

1.2 Gelegenheitsverkehre

Der Transport von Massengut ist die Domäne des Gelegenheits- oder Trampverkehrs. Die von den Reedereien je nach Bedarf bereitgestellten Massengut- oder Trampschiffe werden in Charter gefahren. Problematisch ist bei dieser Betriebsform die Auslastung des Transportraumes, da die vorwiegend aus Rohstoffen gebildeten Massengutströme unpaarig sind. Dies zwingt die Reedereien, ständig auf dem Frachtmarkt nach geeigneter Ladung zu suchen. Um dauerhafte Beschäftigung zu erreichen, werden sog. Kontraktfahrten vereinbart, bei denen große Ladungen in mehreren Reisen befördert werden. Wird der Schiffsraum für mehrere aufeinander folgende Reisen gechartert, spricht man von Konsekutivfahrt. Beide Betriebsformen ähneln der Linienschiffahrt, da Lade- und Löschhäfen, Route, Transportmenge und Abfahrtszeit festgelegt sind.

Von diesen Sonderformen abgesehen, ist die Trampschiffahrt jedoch das genaue Gegenteil der Linienschiffahrt. Sie operiert nicht auf festen Routen, arbeitet weder nach festen Fahrplänen noch nach festen Seefrachtraten. Befördert werden von Fall zu Fall geschlossene Ladungen. Die Transportpreise regeln sich durch Angebot und Nachfrage. Die Trampschiffahrt befördert flüssige wie trockene Massengüter (Bulk-Ladungen). Die traditionellen flüssigen Güter der Tankschiffahrt sind Erdöl und Erdölprodukte. Sie überwiegen mengenmäßig deutlich. Ihr Transport wird aus Kostengründen vielfach mit Super-Tankern von 300 000 tdw aufwärts vorgenommen. Die trockenen Bulk-Güter bestehen vor allem aus Kohle, Eisenerz, Bauxit, Aluminium, Phophat, Getreide, Düngemittel, Ölsaaten, Futtermittel, Steinen und Erden. In geringeren Mengen kommen ferner je nach Marktlage Zucker, Zement, Salze, Schwefel und chemische Grundstoffe zur Verschiffung. Seit mehreren Jahren erfolgt auch die massenhafte Verschiffung bestimmter Stückgüter, wie u. a. Holzprodukte, Pkws, Papier und Zellulose, so daß diese Fertig- und Halbfertigwaren den Charakter von Massengut erhalten haben. Sie werden daher als neue Massengüter oder „Neo-Bulk" bezeichnet. Der in der heutigen Form praktizierte gewaltige Massengutverkehr mit großen Tankern und kombinierfähigen Trockengut-Schiffen existiert erst wenige Jahrzehnte.

Beispiel:

Reine Massengutfrachter entstanden in größerer Zahl erst nach dem 2. Weltkrieg mit den anschwellenden Verkehrsströmen. Zur Senkung der Transportkosten pro t wurden Massengutschiffe bis 150 000 tdw gebaut, während die vielseitigeren Tramper 10 000 bis 15 000 t tragen. Spezialisierte Einheiten sind für den Transport von Erz verstärkt oder können wahlweise Erz oder Öl bzw. Erz oder Öl oder anderes Massengut fahren. Solche kombinierten Schiffe erreichen bei den unpaarigen Massengutströmen eine bessere Auslastung, da sie oft – wenn es schon keine Ladung für den Rückweg gibt – in Dreiecksverkehren eingesetzt werden können. Die vor 1939 gebauten Tanker trugen 10 000 bis 15 000 t. Nach 1945 herrschte der US-Kriegsstandardtanker „T 2" mit 16 000 tdw vor. Die naheliegende Idee, zunehmende Öltransporte mit größeren Schiffen zu bewältigen, verwirklichten zuerste griechische „Tankerkönige".
Quelle: Sozial- und Wirtschaftsgeographie 2. München 1982, S. 90.

Die Entwicklung der Welthandelsflotte nach Seeschiffsarten

Jahr	Total	Tanker	Mehrzweckfrachter	Massengutfrachter	Sonstige Schiffe
			Mio. tdw		
1985	605,3	239,3	35,6	197,5	132,9
1986	595,2	233,0	33,4	196,0	132,8
1987	588,0	228,9	33,7	193,2	132,2
1988	593,8	232,1	33,3	195,5	132,9
1989	609,1	239,3	32,3	202,5	135,0
1990	624,0	245,2	32,1	208,8	137,9
1991	637,3	252,7	31,9	212,3	140,4

Quelle: DVZ Nr. 9 v. 22.01.91

Der Trampverkehr erstreckt sich auch auf den Transport von flüssigem Erdgas mit Spezialtankschiffen. Die Trampschiffahrt ist in diesem Bereich ein wichtiges Bindeglied in den weltweiten Transportketten, die für Erdgas wie Erdöl bestehen. Über die Verflechtung von Gelegenheitsschiffahrt und Pipelines bei der Beförderung von flüssigem Erdgas gibt das folgende Schema Auskunft.

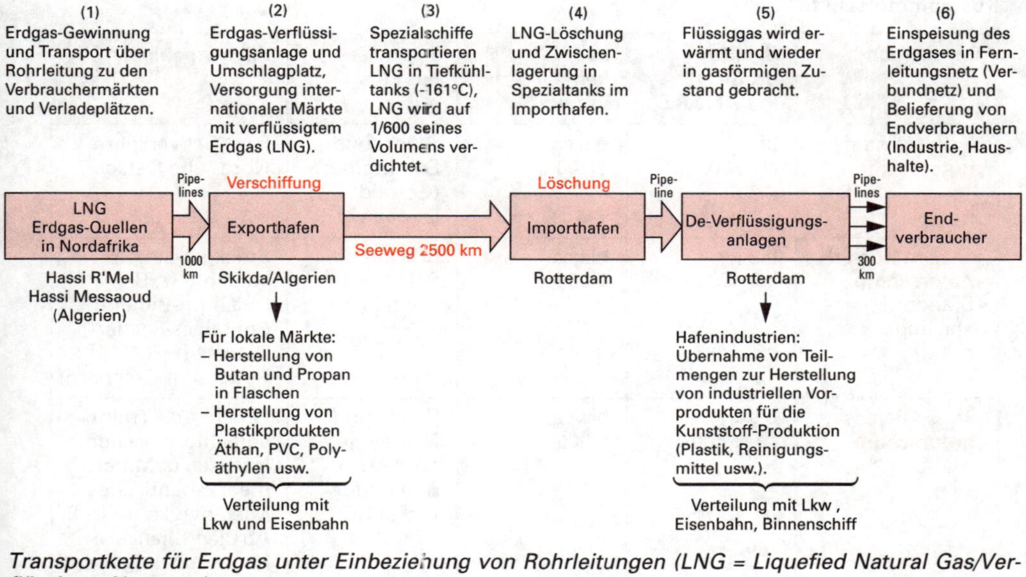

Transportkette für Erdgas unter Einbeziehung von Rohrleitungen (LNG = Liquefied Natural Gas/Verflüssigtes Naturgas)

1.3 Küstenschiffahrt

Im Gegensatz zur Überseeschiffahrt (= Große Fahrt) wird die Küstenschiffahrt, die im deutschen Sprachgebrauch auch als „Kleine Fahrt" bezeichnet wird, ausschließlich in den küstennahen Gewässern der ozeanischen Randmeere und auf den interkontinentalen und intrakontinentalen Mittelmeeren ausgeübt. In vielen Fällen befährt die Küstenschiffahrt auch die Binnenwasserstraßen, so daß See- und Binnenschiffahrt direkt ineinander übergehen. Die Fahrtgebiete erstrecken sich in Nordwesteuropa auf den gesamten Ostseebereich, die Nordsee und das Europäische Nordmeer, die Irische See und den Golf von Biskaya. In Südeuropa werden sämtliche Häfen des Mittelmeeres und des Schwarzen Meeres von der Küstenschiffahrt bedient. Die Fahrtgebiete der Küstenschiffahrt erstrecken sich teilweise auch bis an die westafrikanische Küste. Alle europäischen Küstenstaaten unterhalten eigene mehr oder weniger umfangreiche und leistungsfähige Küstenschiffsflotten. Die Schiffe werden sowohl in der Betriebsform der Linien- wie der Trampschiffahrt eingesetzt. Zum Einsatz gelangen vor allem im Bereich der Nord- und Ostsee spezielle Küstenmotorschiffe, die kurz als „Kümos" bezeichnet werden. Es sind Schiffe in der Größenordnung von durchschnittlich 250 bis 750 BRT mit einer Länge von 50 bis 60 m und mehr sowie einer Breite bis zu rund 10 m. Je nach Bauart und Tiefgang sind sie rhein- und/oder kanalgängig und oft mit klappbaren Masten und hydraulisch versenkbaren Kommandobrücken ausgerüstet.

Beispiel:
Im Rhein-Seeverkehr zwischen Duisburg und dem englischen Nordseehafen Boston werden kombinierte Container-Roll-on/Roll-off-Dienste (ConRo-Dienst) unterhalten. Zum Einsatz gelangen bei dieser Fluß-Küstenschiffahrt spezielle Mehrzweckfrachter, die Schwergut-Kolli und konventionelles Stückgut, Container (über 150 TEU-Stellplätze) und Lkw-Trailer (bis zu 20 Stellplätze) aufnehmen können.

Im wesentlichen werden drei Kümo-Kategorien unterschieden, die in der folgenden Tabelle zusammengefaßt sind.

Küstenmotorschiffe

Bezeichnung	Schiffsgröße in BRT/BRZ	Ladefähigkeit in tdw	Typische ladungsgüter	Einsatzgebiete
Kleine Küstenmotorschiffe	bis ca. 300	bis ca. 1 100	Stück- und Schüttgüter (Getreide, Erze usw.)	Fluß-Seeverkehre, Nord- und Ostsee
Mittlere Küstenmotorschiffe (Standardfahrzeug)	bis ca. 500	bis ca. 2 000	Stück- und Schüttgut, Container	Stückgut-Linienverkehre (z. B. Duisburg-Bilbao), Container-Feeder-Dienste (z. B. Rotterdam-Göteborg)
Groß-Küstenmotorschiffe	bis ca. 1 600	bis ca. 6 000	Stück- und Massengüter aller Art, Rohstoffverkehre.	Linien- und Trampverkehre zwischen Nordsee u. Mittelmeer, atlantische Küstenverkehre (z. B. Abidjan/Ghana–Le Havre und umgekehrt.

Kümos befördern alle Arten von Waren, so etwa Massengüter (Holz, Schüttgut) wie auch konventionelle oder sperrige Stückgüter (Maschinen, Fahrzeuge, Ausrüstungsgegenstände usw.). Die Laderäume sind in der Regel durchgehend in Kastenbauweise erstellt und können von zusammenklappbaren eigenen Bordkränen beladen werden. Moderne Kümos verfügen ferner über hydraulisch zu betätigende Faltdeckel-Lukenabdeckungen. In Tank-Kümos werden Flüssigladungen aller Art befördert, spezielle Container-Kümos übernehmen bei den großen Containerverkehren die Feederdienste zwischen den Überseeterminals und den Endhäfen entlang der Küsten und entlang der Flüsse im Binnenland. Die Küstenschiffahrt findet sich auf allen Meeren der Welt. In vielen Ländern, vor allem Insel- und Halbinselstaaten, ist sie der Hauptträger des Inlandgüterverkehrs (Kabotage). In Europa hat die Küstenschiffahrt für die skandinavischen Länder, Griechenland, Großbritannien, Spanien und Italien große Bedeutung.

Beispiel:

In Norwegen führt die Küstenschiffahrt über die Hälfte aller Inlandsgüterverkehre durch, sie bildet für bestimmte schwerzugängliche Landesteile entlang der Fjordküsten die einzige ständige Verbindung. Umfangreich ist die Küstenschiffahrt auch in Italien, wo die auf diese Weise transportierte Gütermenge die der italienischen Eisenbahn FS übersteigt.

Regionen mit ausgeprägter Küstenschiffahrt sind ferner zum Beispiel die amerikanische Ostküste, der Golf von Mexiko und die Karibik, Rotes Meer, Persischer Golf und Indik, das südchinesische Meer und die Pazifikküste Asiens sowie die Rand- und Binnenmeere der indonesischen Inselwelt (Celebessee, Bandasee, Arafurasee usw.).

Zusammenfassung

1. Die Seeschiffahrt ist der bedeutendste Verkehrsträger im internationalen Warenhandel. Rund zwei Drittel aller Welthandelsgüter werden über Seewege befördert.
2. Die Art und Weise, wie Seeverkehrsleistungen durch die Reedereien erbracht werden, bezeichnet man als Betriebsform. Die Betriebsform entscheidet über den Einsatz der Schiffsarten und Schiffstypen. Generell werden Linien- und Gelegenheitsverkehr unterschieden.
3. Das Hauptbetätigungsfeld der Linienschiffahrt ist die Beförderung von Stückgütern.
4. In der konventionellen Linienschiffahrt befördern Schiffe alle Arten von herkömmlichen (nicht containerisierten) Gütern zwischen weitgehend allen Seehäfen der Welt.
5. Die Container-Linienschiffahrt bedient in der Regel nur Häfen mit Container-Terminals, da nur diese Häfen spezielle Anlagen für den schnellen und sicheren Behälterumschlag besitzen, entsprechende Stellplätze vorhalten und ein genügendes Aufkommen an Behältern für die Rückreise sichern. Die Container-Linienschiffahrt zeichnet sich insbesondere durch schnelle Seebeförderungen, kurze Umschlag- und Hafenliegezeiten, häufige und regelmäßige Abfahrten und hohe Sicherheit aus.
6. Zu den sonstigen Liniendiensten der Seeschiffahrt gehören Transportverfahren in Form von LASH- oder Barge- sowie Ro/Ro-Beförderungen. Sie werden dort angewendet, wo entweder ständig gleichmäßig hohe Güteraufkommen zu verladen sind oder die Container-Nachlaufverkehre per Landweg Behinderungen unterliegen.
7. Gleichartige Güter, wie z. B. Massengüter, werden homogene, ungleichartige Güter, wie z. B. Stückgutladungen, heterogene Güter genannt.
8. Der Gelegenheits- oder Trampverkehr über See befördert vorzugsweise Massengüter.
9. Die Küstenschiffahrt (auch Kleine Fahrt genannt) wickelt in vielen Ländern der Welt Inlandsgüterverkehre ab.

2 Schiffahrtsländer und Handelsflotten

Annähernd 80 % aller Staaten der Welt unterhalten Handelsflotten und betreiben aktiv Seeverkehr. Hierzu gehören alle Industriestaaten, selbst jene, die aufgrund ihrer Binnenlage keinen direkten Meeresanschluß haben (z. B. Schweiz, Österreich). Die Welthandelsflotte, darunter versteht man die im Seeverkehr eingesetzten Schiffe aller Nationen, bestand Anfang 1992 aus insgesamt 34 330 Schiffen mit rund 405,1 Mio. BRT oder 658,1 Mio. tdw. Rund die Hälfte aller auf den Weltmeeren fahrenden Schiffe sind konventionelle Stückgutfrachter, sie stellen jedoch nur knapp 16 % der gesamten weltweiten Ladefähigkeit (tdw). Den größten Tonnageanteil der Welthandelsflotte nehmen mit rund 70 % die Massengutschiffe ein. Diese Zahlen unterstreichen den hohen Stellenwert, den der seewärtige Massengutverkehr im Welthandel einnimmt. Die Anteile einzelner Schiffsarten an der gesamten Welttonnage verdeutlicht folgende Übersicht.

Welthandelsflotte nach Schiffstypen 1992

Rang	Schiffsart	Anzahl	Tonnage in Mio. tdw. (gerundet)
1	Stückgutfrachter	17 165	101,7
2	Öltankschiffe	6 035	263,5
3	Massengut- und Erzfrachtschiffe	4 685	203,3
4	Containerschiffe	1 273	29,6
5	Chemikalientanker	1 031	6,7
6	Flüssiggastanker	865	12,0
7	Passagier- und Fährschiffe	2 918	3,9
8	Sonstige Schiffe	358	37,4
Insgesamt		34 330	658,1

Quelle: Fischer, Weltalmanach 1994.

Durch die zwingende Eintragung der Seeschiffe in Schiffsregister erhalten die Schiffe die Nationalität und den diplomatischen Schutz des Staates, in dessen Register sie eingetragen sind. Sie führen als äußeres Kennzeichen die Nationalflagge des Landes. Fahren Seeschiffe unter der Flagge ihres Heimatlandes, spricht man von **eigener Flagge**. Werden sie dagegen in Registern anderer Länder geführt, fahren sie unter **fremder Flagge** – die Schiffe sind „ausgeflaggt". Wenngleich die großen Industriestaaten durchweg unter eigener Flagge am Weltseehandel teilnehmen, so gehören sie doch nicht mehr zu den größten und wichtigsten Schiffahrtsländern. Viele Reedereien in Europa und Nordamerika lassen ihre Seeschiffe unter fremden Flaggen fahren.

Beispiel:

Die Bundesrepublik Deutschland unterhielt im Jahre 1992 832 Seeschiffe mit 5,5 Mio. BRT oder 6,9 Mio. tdw unter eigener Flagge. Fast 300 deutsche Schiffe mit mehr als 3,2 Mio. BRT waren dagegen unter fremder Flagge registriert. In der Liste der Handelsflotten rangiert die Bundesrepublik Deutschland erst an 20. Stelle.

Die führenden Schiffahrtsländer sind seit Jahren die sog. Billigflaggenländer, allen voran die Staaten Liberia und Panama. Sie unterhalten sog. offene Register, in denen jedes Schiff ohne Rücksicht auf Herkunft, Firmensitz, Reederei oder Eigner registriert werden kann. Besonderes Merkmal der Billigflaggenländer ist, das die unter ihrer Flagge fahrende Anzahl der Seeschiffe in keinem Verhältnis zur weltwirtschaftlichen Bedeutung des Landes steht. Rund 35 % der gesamten Welthandelstonnage sind gegenwärtig in nur fünf Billigflaggenländern eingetragen (Liberia, Panama, Zypern,

Bahamas, Singapur). Die am Weltseeverkehr teilnehmenden Schiffahrtsnationen können in fünf Gruppen unterteilt werden:

1. Billigflaggenländer: Hierbei handelt es sich um Staaten, die wegen ihrer besonders günstigen Steuersätze, den niedrigen Lohnkosten (vgl. Diagramm), den geringen Sicherheitsauflagen sowie den großzügigen Sozial- und Arbeitsgesetzgebungen von vielen Reedereien als Registerstaaten gewählt werden. Der treffendere Begriff für derartige Flaggen ist die Bezeichnung „Bequemlichkeitsflaggen" (flags of convenience). Führendes Land in dieser Gruppe ist der afrikanische Kleinstaat Liberia mit 12,6 % Anteil an der Welthandelstonnage. Deutschland hat 1989 ein Zusatzregister (auch Zweitregister genannt) eingeführt, um weitere Ausflaggungen deutscher Schiffe zu verhindern. Für das Zusatzregister gelten die strengen Vorschriften des Erstregisters ebenfalls. Allerdings kann die Besatzung nach den Löhnen ihres Heimatlandes bezahlt werden, was zu erheblichen Personalkosteneinsparungen führt. Unter Bequemlichkeitsflaggen fahren vor allem Staaten aus Hochlohnländern wie den USA, Japan, Großbritannien und Deutschland.

Personalkostenvergleich: Containerschiff 25 000 BRZ/1 800 TEU/23 Mann Besatzung

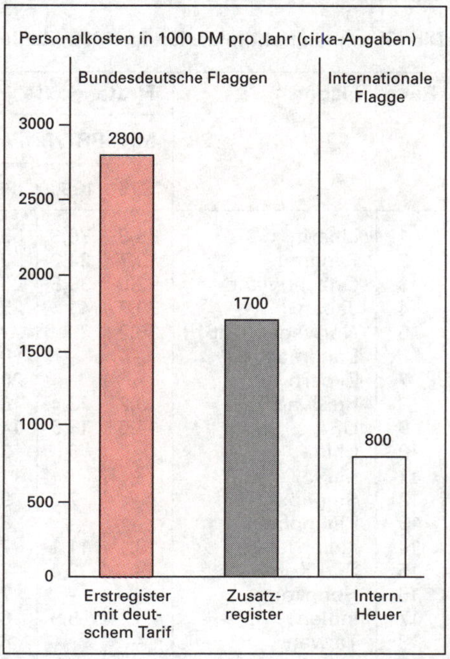

Quelle: nach Verband Deutscher Reeder VDR, Hamburg 1994

2. Cross-Trader: Länder, die aufgrund ihrer günstigen seewärtigen Lage seit eh und je traditionell beträchtliche Seeverkehrsleistungen erbringen, gelten als „Fuhrleute der Meere". Die von ihnen unterhaltenen Handelsflotten übersteigen bei weitem den eigenen Bedarf, sie üben daher in großem Umfang Seeverkehre zwischen Drittländern, sog. „cross trade", aus. Länder dieser Gruppe sind u. a. Norwegen, Griechenland und Dänemark.

3. Osteuropäische Reformländer: Mehrere ehemalige Staatshandelsländer Osteuropas hatten bis zum Zusammenbruch ihrer Volkswirtschaften aus devisenwirtschaftlichen Gründen mit geringen Frachtraten (Dumping-Preise) in den Weltseehandel eingegriffen. Die sich heute in einer Wirtschaftsreform befindlichen Länder unterhalten ebenfalls Flotten, deren Größe über dem Eigenbedarf liegt. Zu dieser Gruppe werden u. a. Polen, Rußland, Ukraine und Rumänien gerechnet.

4. Hochentwickelte Industrieländer: Dieser Gruppe gehören jene Industriestaaten der nördlichen Hemisphäre an, die aufgrund ihrer starken Verflechtung mit den Weltmärkten große eigene, gut funktionierende Handelsflotten benötigen. Die Heimathäfen der Schiffe gehören zu den größten Hafenplätzen der Welt. Führende Schiffahrtsnationen dieser Gruppe sind die USA, Japan, Italien, Großbritannien, die Bundesrepublik Deutschland, Frankreich und andere.

5. Entwicklungs- und Schwellenländer: Die Anzahl der Handelsflotten dieser Gruppe, die vornehmlich aus ehemaligen Kolonialstaaten besteht, ist in den letzten Jahren stark angestiegen. Sie setzen eigene Handelsschiffe ein, um Devisen zu sparen, Arbeitsplätze zu schaffen oder durch das Zeigen der eigenen Flagge das Nationalgefühl zu stärken. Sie werden daher als „Prestige-Flaggen" bezeichnet. Teilweise gehören Sie auch der Billigflaggen-Gruppe an. Die größten Schiffahrtsnationen dieser Art sind u. a. China, die Philippinen, Süd-Korea, Indien, Brasilien, Hongkong und Taiwan.

Die führenden Schiffahrtsländer 1993 (Zahlen gerundet)

Rang	Flagge	Flottengröße						Anteil an der Welthandelstonnage 1993 in % tdw	Gruppe[4]
		Mio. BRT/BRZ			Mio tdw				
		1975	1980	1993	1975	1980	1993[3]		
1	Liberia	65,8	80,3	55,9	126,1	158	97,6	12,6	B
2	Panama	13,7	24,2	52,5	22,2	39	82,5	11,8	B
3	Griechenland	22,5	39,5	25,7	37,5	67	47,7	5,8	C
4	Japan	39,7	41	25,1	64,5	67,3	36,5	5,6	I
5	Norwegen (NIS)[1]	26,2	22	22,2	21,5	45,6	37,1	5,0	C
6	Bahamas	–	–	20,6	–	–	33,5	4,6	B
7	Zypern	–	–	20,5	–	–	36,2	4,6	B
8	Rußland[2]	19,2	23,4	16,3	20,1	25,9	14,1	3,7	R
9	USA	14,6	18,5	14,4	20,6	27,5	20,0	3,2	I
10	China	–	6	13,9	–	9,2	20,0	3,1	E
11	Malta	–	–	11,0	–	–	18,6	2,5	B
12	Singapur	–	7,7	9,9	–	12,5	15,9	2,2	B
13	Philippinen	–	–	8,5	–	–	13,8	1,9	E
14	Italien	10,1	11,1	7,5	15,6	18	10,0	1,7	I
15	Süd-Korea	–	3,4	7,4	–	5,7	11,0	1,7	E
16	Hongkong	–	–	7,3	–	–	12,3	1,6	E
17	Indien	–	5,9	6,5	–	9,5	10,2	1,5	E
18	Taiwan	–	–	6,2	–	–	9,3	1,4	E
19	Großbritannien	*)	*)	5,7	*)	*)	*)	1,3	I
20	Deutschland	8,5	8,4	5,4	13,6	13,3	6,4	1,2	I

Quelle: nach Lloyd's Register, World Fleet Statistics, Verband Deutscher Reeder 1993

Viele Entwicklungs- und Schwellenländer beeinflussen den internationalen Wettbewerb im Seeverkehr negativ durch staatliche Eingriffe. Derartige Eingriffe in die Freizügigkeit des Weltseehandels können zum einen durch das Verbot der Kabotage erfolgen, damit wird ausländischen Flaggen untersagt, zwischen Häfen eines Landes Seegüterverkehre auszuüben. Zum anderen ist die Bevorzugung der eigenen Flagge (sog. Flaggenprotektionismus) bei allen Transporten, die das eigene Land verlassen oder erreichen, weit verbreitet. Die somit an Schiffe unter der Flagge des Ziel- oder Verladestaates gebundenen Seetransporte dürfen von Reedern anderer Seeschiffsnationen nicht durchgeführt werden. Dieses Vorgehen bezeichnet man aus der Sicht der Benachteiligten als Flaggendiskriminierung.

Beispiel:

Eine Metallwarenfabrik in Dortmund schließt mit einer brasilianischen Importfirma in Recife einen Kaufvertrag über die Lieferung von 3 400 kg Spezialschrauben. Im Kaufvertrag wird vorgeschrieben, daß die deutschen Exportprodukte mit einem Schiff brasilianischer Flagge nach Recife befördert werden müssen. Der in Hamburg für die Verschiffung eingeschaltete Seehafen-Spediteur muß die Buchung des Schiffsraumes entsprechend vornehmen.

---

1) NIS = Norway International Shipping Register
2) bis 1992 Sowjetunion
3) Stand 1. 1. 1993
4) B = Billigflagge; C = Crosstrader; I = Industrienation; R = Reformland; E = Entwicklungs- oder Schwellenland
*) keine Angaben

Zusammenfassung

1. Über zwei Drittel der gesamten Seeschiffstonnagen der Welt entfallen auf Massengutschiffe.
2. Führende Schiffahrtsländer sind die sog. Billigflaggenländer. Über ein Drittel aller Schiffe sind in den Schiffsregistern von nur fünf Ländern (Liberia, Panama, Zypern, Bahamas und Singapur) eingetragen.
3. Cross Trade ist Schiffahrt zwischen Drittländern.
4. Rund 80 % aller Staaten betreiben Seeschiffahrt. Man kann neben den Billigflaggenländern vier weitere Staatengruppen bilden, die aktiv Seeverkehr betreiben: sog. Fuhrleute der Meere, ehemalige Staatshandelsländer bzw. jetzige Reformländer, hochentwickelte Industrienationen und Entwicklungs-/Schwellenländer.

Aufgaben

1. Begründen Sie, warum die Seeverkehrswirtschaft elementarer Bestandteil der Weltwirtschaft ist.
2. Skizzieren Sie die Vor- und Nachteile des Verkehrsträgers Seeschiff, und zeigen Sie mögliche konkurrierende Verkehrsträger auf.
3. Die Art und Weise, wie die Seeverkehrsleistung durch die Reedereibetriebe erbracht wird, bezeichnet man als Betriebsform. Welche Betriebsformen werden unterschieden, und was sind ihre besonderen Merkmale?
4. Erstellen Sie eine Übersicht der wesentlichen Merkmale des konventionellen und des Containerliniendienstes.
5. Berechnen Sie den Containerisierungsgrad eines Hafens, der folgende Umschlagmengen aufweist: Gesamtumschlag 21,5 Mio. t, davon Stückgut 12,8 Mio. t, konventionelles Stück- und Sackgut 7,2 Mio. t, Containergut 5,6 Mio. t, trockenes Schüttgut 8,7 Mio. t.
6. Der containerisierte Frachtverkehr hat sich bis heute immer schneller auf fast allen bedeutenden Schiffahrtsrouten durchgesetzt. Zeigen Sie die Vorzüge dieser Transporttechnik und der Container-Linienschiffahrt auf.
7. Interpretieren Sie die Aussage: Container besitzen die Eigenschaft, heterogene Stückgüter zu homogenen Massengütern umzufunktionieren.
8. Erklären Sie die folgenden Fachbegriffe und Abkürzungen: intermodal, ISO, Konferenzmitglieder, TEU, Semi-Containerschiff, BRT, NRT, tdw, BRZ, NRZ, LASH, lgt, Ro/Ro.
9. Geben Sie Beispiele für unterschiedliche Bau-Generationen in der Containerschiffahrt.
10. Geben Sie Beispiele für Güter, die traditionell in der Trampschiffahrt befördert werden.
11. Erklären Sie den Unterschied zwischen Bulk- und Neo-Bulk-Gütern.
12. Die führenden Schiffahrtsländer sind seit Jahren die sog. Billigflaggenländer. Schildern Sie die Hintergründe dieser Entwicklung. Erklären Sie in diesem Zusammenhang ferner die Begriffe Heimatflagge, Flaggenprotektionismus, Flaggendiskriminierung, Ausflaggen, Prestige-Flagge.
13. Was versteht man unter Cross-Trade und Flucht-Tonnage?
14. Welche Aufgaben erfüllt die Küstenschiffahrt?
15. Nennen Sie die klassischen Fahrtgebiete der europäischen Küstenschiffahrt.
16. Skizzieren Sie knapp die Entwicklung der großen Massengutschiffe und ihre Bedeutung im heutigen seewärtigen Verkehr.
17. Auf welchen Relationen kommen heute Lash-Verkehre vorrangig zur Anwendung?
18. Die am Weltseeverkehr teilnehmenden Schiffahrtsnationen können in fünf Gruppen unterteilt werden. Führen Sie die Gruppen und deren jeweilige Charakteristik auf.

3 Die Seehäfen: End- und Knotenpunkte im Weltseeverkehr

In den Seehäfen, den „Toren zur Welt“, bündeln sich die Handelsströme des Weltseeverkehrs und werden mit den Landverkehrsmitteln verknüpft. Seehäfen sind wie Flughäfen üblicherweise die herausragendsten Verkehrsanlagen eines Landes. Besondere Bedeutung haben die Seehäfen für Industriestaaten mit großem Außenhandelsvolumen wie die Bundesrepublik Deutschland, da sie über ihre Häfen mengen- und wertmäßig den größten Anteil ihres weltweiten Warenaustauschs abwickeln. Die Bedeutung der Seehäfen erstreckt sich aber bei weitem nicht nur auf den Güterumschlag, vielmehr sind die großen Seehäfen heute auch immer Konzentrationspunkte von Handel und Industrie.

Die Verkehrseinrichtung Seehafen (als Welthafen) beeinflußt unmittelbar die gesamte Wirtschaft eines Landes: Sie stellt im Rahmen der Weltwirtschaft den Bezugspunkt der interkontinentalen und eines großen Teils der kontinentalen Handels- und Verkehrsverknüpfungen dar. Nicht zufällig hat der Welthafen Hamburg nächst dem Welthafen New York die meisten Konsulate – Handelsdependancen also aus aller Welt. Jede an der See gelegene Nation wird innerhalb ihrer Verkehrswirtschaft ein besonderes Gewicht auf leistungsfähige Häfen legen, um so mehr, je stärker ihre Volkswirtschaft auf einen weltweiten Güteraustausch angewiesen ist ...

Quelle: Bökemeier/Jolmes: Welthäfen; zitiert in: Engelhard, Weltverkehr, 1981

Weltweit gibt es mehr als 7 000 Seehäfen. Überwiegend erfüllen sie lokale oder regionale Aufgaben. Als sog. Welthäfen können kaum mehr als 1 500 Seehäfen angesehen werden. Um als **Welthafen** eingestuft zu werden, muß ein Seehafen bestimmte Leistungsmerkmale aufweisen. So muß er in das Netz der Linienschifffahrt eingebunden sein, über vielseitige Umschlaganlagen verfügen (Suprastruktur), Reparatur-, Werft- und Versorgungsanlagen besitzen und umfangreiche Hinterlandverbindungen über alle Landverkehrsträger gewährleisten (Infrastruktur). Den Status von universell arbeitenden umschlagstarken Welthäfen mit jährlichen Umschlagleistungen von über 20 Mio. t haben mehr als 60 Seehafenplätze auf der Welt.

Suprastruktur – alle Einrichtungen, die der Besorgung, dem Umschlag, der Lagerung, der Verarbeitung, der Weiterbeförderung innerhalb einer Verkehrsanlage, z. B. eines Seehafens oder darüber hinaus dienen. Die sog. „suprastrukturellen Einrichtungen“ wie Kräne, Lagerhäuser, Silos, Förderbandanlagen, Kühlhäuser, Gefahrgutlagerflächen und -hallen, Speditions-, Agentur- und Maklerbüros usw. werden von hafenansässigen Unternehmen bereitgestellt. Sie haben den Charakter privater Anlagen.

Infrastruktur – alle Einrichtungen und Anlagen, die notwendig sind, um die Arbeit einer Verkehrsanlage, z. B. eines Seehafens, zu ermöglichen und sicherzustellen. Die sog. „infrastrukturellen Einrichtungen“ wie Straßen, Gleisanschlüsse, Rangierbahnhöfe, Strom- und Wasserversorgung, Wasserstraßenanschlüsse, Hafenkais, Spundwände, Gewerbeflächen, öffentliche Verkehrsmittelanschlüsse und vieles mehr werden von den öffentlichen Einrichtungen (Gemeinden, Städte, Bundesländer) bereitgestellt. Sie haben den Charakter öffentlicher Anlagen.

3.1 Lage und Entwicklung von Seehäfen

Ein Blick in die Geschichte der Seehäfen zeigt, daß fast alle Seehäfen bis zum Ende des 19. Jahrhunderts dort angelegt wurden, wo die natürlichen Bedingungen die Anlage eines Hafens, dessen Zufahrt und die Abwicklung der Hafenarbeiten begünstigten. Die bevorzugten Standorte für Seehäfen lagen daher nicht an der offenen See, sondern in geschützten Gewässern. Hierzu gehörten in Verbindung mit Städten die Astuar-Mündungsbereiche der großen Flüsse, Fjorde, tiefe Buchten, Meerengen und geschützte Stellen hinter Inseln. Alle diese Standorte boten ausreichenden Schutz gegen den Einfluß von Seegang und Wind und erlaubten den Hafenausbau mit Kunstbauten (Kaianlagen, Hafendämmen, Betriebseinrichtungen usw.), da in den seltensten Fällen ausreichende natürliche Wasserbecken vorhanden waren. Gleichzeitig konnten bei den Flußmündungshäfen die Güter weit ins Hinterland befördert werden, so daß der weniger leistungsfähige und teurere Landtransport eingespart werden konnte.

Beispiel:

In Europa entwickelten sich im Laufe der Jahrhunderte große leistungsfähige Seehäfen nicht an der offenen See, sondern stromaufwärts an großen Flüssen. Namentlich gilt dies u. a. für die Häfen London, Hamburg, Bremen, Antwerpen, Rouen, Bordeaux und Stettin.

Mit der Industrialisierung und zunehmenden Technisierung änderten sich die Standortanforderungen an die Seehäfen. Dies war zum einen bedingt durch das Aufkommen der Eisenbahn als leistungsfähigem Landverkehrsträger, der Ablösung der Segelschiffahrt durch die Dampf- und später die Dieselschiffahrt, die Verwendung von Stahl im Schiffbau, der eine beträchtliche Zunahme der Schiffsgrößen folgte. Für viele historisch gewachsenen Seehäfen hatte dies den Zwang zur künstlichen Vertiefung der Zufahrtswege zur Folge. Wo dies technisch und finanziell nicht mehr durchgeführt werden konnte, ging man zur Anlage von Vor- oder Außenhäfen, die näher an der offenen See lagen, über. Die Vorhäfen boten und bieten den Vorteil, über tieferes Wasser zu verfügen, gleichzeitig ersparen sie zeitraubende und gefährliche Flußfahrten zwischen der offenen See und den stromaufwärts liegenden Seehafenplätzen.

Die Tendenz, Seehäfen an der offenen See zu bauen, hat sich mit dem Aufkommen der großen Öltanker und Erzfrachter nach dem Zweiten Weltkrieg verstärkt. In manchen Fällen überflügelten die ehemals als Vorhäfen gebauten Seehafenplätze die Leistung und Bedeutung ihres ursprünglichen Haupthafens. Einige Hafenstädte planen seit Jahren, die vor allem für ihren Massengutumschlag notwendigen Teile der Hafenwirtschaft an die Küste oder gar weit in die offene See in tiefes Wasser hinaus zu verlagern.

Beispiel:

Hamburg verfolgt seit Jahren die Überlegung, einen Tiefwasserhafen bei Neuwerk/Scharhörn vor Cuxhaven in der Nordsee einzurichten. Das Bauvorhaben ist umstritten und mehrfach zurückgestellt worden. Auch der Bau des neuen Dollart-Hafen in der Emsmündung bei Emden ist ein Tiefwasserhafen-Projekt, das den Einsatz von modernen Massengutschiffen erlauben soll.

Beispiele für Häfen und Vorhäfen

Ursprünglicher Hafen	Entfernung zur offenen See in ca. km	Vorhafen	Entfernung zur zur offenen See in ca. km
Hamburg	120	Cuxhaven	25
		Brunsbüttel	50
Bremen	100	Bremerhaven	50
Rotterdam	40	Maasvlakte	7
		Europoort	15
Rostock	16	Überseehafen	8
Amsterdam	30	Ijmuiden	–
Brügge	15	Zeebrügge	–
Ipswich	20	Felixstowe	–

Die Entwicklung und die Bedeutung eines Seehafens ist jedoch nicht allein von der Lage zum offenen Meer oder von der Entfernung zu seinem Hinterland abhängig. Vier weitere wichtige Faktoren bestimmen die Bedeutung und Qualität eines Seehafens:

- Lage, Umfang und wirtschaftliche Bedeutung des **Hinterlandes**, die wirtschaftliche Bedeutung des **Seehafens** selbst sowie die seiner unmittelbaren Umgebung;
- **Verkehrsanbindung** des Hinterlandes an den Seehafen mittels Straßen, Schienen, Wasserwegen und Rohrleitungen;
- **technische** und **personelle Voraussetzungen** für das Betreiben einer reibungslosen umfassenden Seehafenwirtschaft einschließlich aller Einrichtungen für Stückgut- und Massengutumschlag, Lagerung usw.;
- Anschluß des Seehafens an das weltweite Netz der **Linienschiffahrt**, Anzahl der Liniendienste und Häufigkeit der Abfahrten von Linienschiffen sowie deren Reichweite.

Von den genannten Voraussetzungen kommt der Frage des Hinterlandes und der Hinterlandverbindungen zentrale Bedeutung zu, denn ohne ein großes Hinterland kann sich ein Seehafen nicht entwickeln.

Zum Einzugsbereich oder **Hinterland** eines Hafens wird allgemein jener Raum gerechnet, der die über den Seehafen eingeführten Importgüter aufnimmt oder die für den Export bestimmten Güter bereitstellt. Die Reichweite des Hinterlandes endet dort, wo die Aus- und Einfuhrvorgänge über einen anderen Hafen billiger erfolgen können. Mittels wirtschafts- und verkehrspolitischer Maßnahmen eines Staates kann das natürliche Hinterland von Häfen erweitert werden. Wirtschaftliche Maßnahmen sind u. a. der Verkehrswegeausbau (Autobahnen, Bahnlinien, Kanäle) und Hafenerweiterungen. Verkehrspolitische Maßnahmen sind die Einführung bestimmter Zollmaßnahmen, Lkw-Konzessionierungen oder Tarife (Ausnahmetarife wie Seeaus- und Seeeinfuhrtarife für Landverkehrsträger). Ferner können politische Einflüsse große Auswirkungen auf die Seehafen-Hinterländer ausüben. So kann sich die Bedeutung des Hinterlandes durch politische Entscheidungen sowohl verbessern, andererseits aber auch gänzlich verschlechtern, wie sich dies nach 1945 in Europa deutlich gezeigt hat.

Beispiel 1:

Der Rotterdamer Hafen hatte durch seine Lage am Endpunkt der Rheinachse immer eine natürliche Lagegunst zu seinem Hinterland, da der Rhein als zentraler Wasserweg Westeuropas alle wichtigen industriellen Ballungsräume dieses Gebietes berührt. Durch die Bildung der EWG verstärkte sich die Rolle Rotterdams überdimensional, der Hafen wurde in nur wenigen Jahrzehnten der wichtigste Einfuhrhafen für die jetzige Europäische Union.

Beispiel 2:

Der Hamburger Hafen büßte durch die Spaltung Deutschlands nach 1945 große Teile seines natürlichen Hinterlandes von Mitteldeutschland und einigen angrenzenden Staaten ein. Gleichzeitig geriet die Stadt innerhalb der EG in eine Randlage, da die großen Verkehrsströme von und nach der Gemeinschaft über die Rhein-Schelde-Mündungshäfen liefen. Hamburgs Rolle war für Jahrzehnte vorrangig die eines Versorgungshafens für die Bundesrepublik Deutschland.

Beispiel 3:

Seit der deutschen Wiedervereinigung erstreckt sich der Einzugsbereich Hamburgs wieder auf sein traditionelles Hinterland. Der Hafen der Hansestadt ist für Ostdeutschland und einige Staaten Osteuropas der nächstliegende und günstigste Nordseehafen. Im Zuge dieser Entwicklung verliert dagegen der ehemals führende ostdeutsche Seehafen Rostock an Bedeutung, da sich große Verkehrsverlagerungen zugunsten Hamburgs abzeichnen. Bis zum Jahr 2000 wird in Hamburg mit einer Verdoppelung des Umschlags auf über 100 Mio. t jährlich gerechnet.

3.2 Seehafentypen

Seehäfen können nach verschiedenen Gesichtspunkten oder Faktoren betrachtet werden, so daß man von unterschiedlichen Hafentypen sprechen kann. Derartige Merkmale sind unter anderem die Lage des Hafens zum Meer sowie der Einfluß der Gezeiten, der Zweck des Hafens und die damit verknüpften Funktionen, die Hafeneinrichtungen in Form der technischen Ausstattung und Umschlagtechnik, die Art der umgeschlagenen Güter und die Verkehrsbedeutung des Hafens. Eine mögliche Gliederung der Hafentypen zeigt die folgende Übersicht.

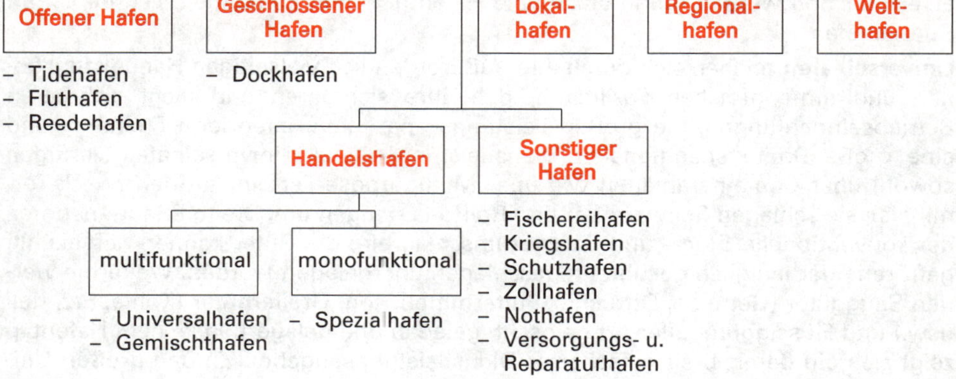

3.2.1 Hafentypen nach Meereslage und Gezeiteneinfluß

Zu der Gruppe der offenen Häfen gehören Tide-, Flut- und Reedehäfen. Offene **Tidehäfen** sind Hafenplätze, die mit dem Meer in freier Verbindung stehen. Sie können von Seeschiffen unterschiedlicher Größe jederzeit unabhängig der Gezeiten angelaufen werden. Die Gezeiten wirken sich zwar auf dem Zufahrtsweg und im Hafengebiet aus, jedoch ist der Einfluß nicht so stark, um die Ein- und Ausfahrten der Schiffe zeitlich einzuschränken oder die Abfertigung erheblich zu beeinflussen. Der Vorteil offener Tidehäfen besteht vor allem in dem schleusenlosen und damit zeitsparenden Hafenzugang. Bautechnisch müssen Tidehäfen so ausgelegt sein, daß sie den unterschiedlichen Wasserständen gerecht werden. Beispiele für offene Tidehäfen sind die Häfen Hamburg, Bremen und Rotterdam. **Fluthäfen**, wie z. B. der Hafen von Sevilla, können dagegen nur während der rund sechsstündigen Flut zur Ein- oder Ausfahrt genutzt werden. Den Eintritt der Flut müssen einfahrende Schiffe auf See oder einem Reedeplatz abwarten. Häfen, die starken Gezeitenunterschieden unterliegen, sind durch Schleusenkammern oder Docks abgeschlossen worden, um vom äußeren Wasserstand unabhängig arbeiten zu können. Diese Häfen werden geschlossene Häfen oder **Dockhäfen** genannt. Beispiele für Dockhäfen sind London, Liverpool, Amsterdam, Antwerpen, Bremerhaven, Emden, Le Havre und Saint Malo. Unter **Reedehäfen** versteht man geschützte Ankerflächen (sog. Reede) vor der Küste. Der Umschlag von Gütern erfolgt mittels Leichtern, Schuten oder anderen Booten. Reedehäfen finden sich vorzugsweise dort, wo die wirtschaftliche Bedeutung eines Hafenplatzes gering ist oder die Finanzierung von Hafenanlagen bislang nicht erfolgen konnte. Dies gilt für eine Reihe von vorderasiatischen und westafrikanischen Hafenplätzen. Über einen Reedehafen verfügt u. a. der Hafen von Tanger (Marokko).

3.2.2 Hafentypen nach Zweck und Funktion

Multifunktionale Häfen

Die eigentliche Aufgabe von Seehäfen ist die des Güterumschlags zwischen der See und dem Land. Handelshäfen erfüllen diese Aufgabe in hohem Maße, da sie Güter sammeln, zwischen den Verkehrsträgern umschlagen, lagern, kommissionieren, Transit-, Export- und Importarbeiten durchführen oder koordinieren. In der Regel nehmen alle bedeutenden Handelshäfen diese und viele andere Aufgaben war, sie werden als multifunktionale Häfen bezeichnet. Sie gliedern sich in Universalhäfen und Gemischthäfen. Während die Universalhäfen Güter aller Art, jeglichen Gewichts und jeglicher Verpackung abfertigen können, sind sog. Gemischthäfen auf mehrere verschiedene Güterarten und deren Abfertigung ausgelegt. Häfen mit nur einer Funktion werden monofunktionale Häfen genannt. Es handelt sich dabei um Spezialhäfen.

Universalhäfen zeichen sich durch ihre außerordentlich vielseitigen Handelsfunktionen und umfangreichen Fazilitäten, d. h. ihre sichtbaren und nicht sichtbaren Betriebseinrichtungen, die großen Leistungskapazitäten, integrierte Freihäfen und eine große Breite speditioneller Dienstleistungen aus. Universalhäfen verfügen sowohl über Containeranlagen wie über Multipurpose-Terminals (Mehrzweck-Terminals), sie schlagen Schwergüter und Ro/Ro-Ladungen um. Breiten Raum nehmen der konventionelle Stück- und Sackgutumschlag ein; die Güter können tiefgekühlt, gefroren oder lediglich gekühlt umgeschlagen und gelagert werden. Weiterhin werden Sauggüter (Getreide, Ölfrüchte, Futtermittel), sog. Greifergüter (Kohle, Erz, Kali usw.) und Flüssiggüter aller Art gelöscht, geladen und gelagert. In keinem Hafentyp zeigt sich ein derart breit gefächertes Dienstleistungsangebot. Zu den großen Universalhäfen der Welt gehören u. a. Rotterdam, Hamburg, Bremen/Bremerhaven, Antwerpen, London, Singapur, Kobe, Hongkong, New York, Tokio. In der Regel gehören diese Häfen gleichzeitig zu den größten Containerhäfen der Welt.

Gemischthäfen schlagen ständig mehrere Güterarten um, jedoch nicht alle. Eine Abgrenzung zu den Universalhäfen kann daher nur grob erfolgen. Einige Gemischthäfen nehmen durch ihre stets stärker werdende Spezialisierung zunehmend den Charakter von Spezialhäfen an (z. B. Emden), so daß auch hier die Grenzen fließend sind. Ihre auf einige Schwerpunkte ausgerichtete Handelsfunktion ergänzen Gemischthäfen nicht selten durch Industriefunktionen. Zu der Gruppe der Gemischthäfen können u. a. die Häfen von Rouen (Stückgut, Getreide), Kiel (Stückgut, Ro/Ro-Verschiffung), Le Havre (Stückgut, Container, Flüssiggüter) und Emden (Schüttgüter, Fahrzeuge) gerechnet werden.

Spezialisierte (monofunktionale) Häfen

Das Bild der Spezialhäfen ist außerordentlich breit. Ihr besonderes Kennzeichen ist die Spezialisierung auf ein bestimmtes Gut (meist Massengut), eine bestimmte Handelsform oder gar nur eine bestimmte Verkehrsrichtung. Viele dieser Spezialhäfen, deren Namen oft wenig bekannt sind, weisen die höchsten Umschlagzahlen der Welt auf, sie sind jedoch keine Welthäfen. Mehrere stark spezialisierte Einfuhrhäfen wie u. a. Rotterdam (Erdöl, Erze) verfügen neben den Massengut-Umschlaganlagen über große Stückgut-Abfertigungsanlagen, so daß einige Teile des Hafens Spezial-, andere Universalhäfen sind. In technischer Hinsicht unterscheiden sich die meisten Spezialhäfen von anderen Häfen deutlich durch ihre Einrichtungen. Spezialhäfen für die Erdölein- und Erdölausfuhr verfügen über umfangreiche Übergabevorrichtungen für Rohrverbindungen zwischen Schiff und Hafen, weitflächige Tanklager, Pumpstationen, Pipeline-Anschlüsse und Abfüllstationen für Eisenbahn-Kesselwagen. Schüttgutein- und Schüttgutausfuhrhäfen arbeiten mit Lang- und Kurzstreckenförderbändern, Verladebrücken, Teleskop-Bandauslegern, Greiferanlagen, Dreh- und Wippkränen, Sauganlagen (Elevatoren), großflächigen Freilagerflächen und anderem mehr. Aufgrund der heute verwendeten großen Tank- und Bulkschiffe sind viele Spezialhäfen an Tiefwasserplätzen angelegt worden, sie sind daher vielfach auch Tiefwasserhäfen.

Beispiele für bedeutende Spezialhäfen

Hafentyp	Umschlagsgut	Häfen	Tiefwasser[1])
Flüssiggut-exporthafen	Rohöl und Ölderivate	Ras Tanura (Saudi Arabien)	x
		Kharg (Iran)	
		Marsa al-Briga (Libyen)	
		Port Harcourt/Bonny (Nigeria)	x
		Warri (Nigeria)	
		Arzew (Algerien)	x
		Corpus Christi (USA)	
Flüssiggut-importhafen	Rohöl und Ölderivate	Fos-sur-mer/Lavéra (Frankreich)	x
		Milford Haven (Großbritannien)	x
		Bantry Bay (Irland)	x
		Rotterdam (Niederlande)	x
		Philadelphia (USA)	
		Wilhelmshaven (Deutschland)	x
		Triest, Genua (Italien)	x
		Le Havre (Frankreich)	x
		Chiba (Japan)	x

[1]) Vorhandene oder geplante Wassertiefe für Schiffe mit Tragfähigkeiten von mehr als 250 000 tdw

Hafentyp	Umschlagsgut	Häfen	Tief-wasser[1])
Schüttgut-exporthafen	Kohle	Cardiff (Großbritannien) Norfolk/Hampton Roads (USA) Richard's Bay (Südafrika) Gdingen/Gdynia (Polen)	
	Erze	Narvik (Norwegen) Lulea (Schweden) Vitória (Brasilien) Huasco (Chile)	
	Phosphat und Kali	Akaba (Jordanien) Pointe-Noire (Kongo) Wismar (Deutschland) Morehead City (USA)	
Schüttgut-importhafen	Kohle/Erz	Rotterdam (Niederlande) Fos-sur-mer (Frankreich) Dünkirchen (Frankreich) Kashima, Oita (Japan)	x x x x
Sonstige Exporthäfen	Baumwolle	Houston (USA) Alexandria (Ägypten)	 x
	Holz	Archangelsk (Rußland)	
	Kaffee	Santos (Brasilien)	
	Reis	Rangoon (Myanmar = Birma)	
Sonstige Spezialhäfen	Transitgut	Singapur Hongkong, Colombo (Sri Lanka), Kapstadt (Südafrika)	x

Häfen mit Sonderfunktionen

Viele Häfen dienen nicht in erster Linie einem umfangreichen Handelstausch, sondern erfüllen vorrangig andere, im Rahmen des Seeverkehrs und der Seewirtschaft anfallende Aufgaben.

Fischereihäfen sind Standorte der fischverarbeitenden Industrie und Heimathäfen der Fischfangflotten. In der Bundesrepublik Deutschland ist Cuxhaven der führende Fischereihafen.

Kriegs- oder Marinehäfen erfüllen militärische Funktionen, nicht selten auch Funktionen bei der Seewacht und der Seenotrettung. Ausgesprochene Marinehäfen sind z. B. die Häfen (bzw. Hafenteile) von Toulon (Frankreich) und Den Helder (Niederlande).

Schutz- oder Nothäfen dienen zum Anlaufen bei Sturm oder zur kurzfristigen Reparatur nach Havarien. Wichtiger deutscher Schutzhafen ist u. a. auch Cuxhaven.

Als **Versorgungs- und Reparaturhäfen** gelten jene, in denen Schiffe Versorgungsgüter aufnehmen oder zu grundlegenden Überholungen eingefahren werden.

[1]) Vorhandene oder geplante Wassertiefe für Schiffe mit Tragfähigkeiten von mehr als 250 000 tdw

Quarantänehäfen sind Hafenteile, in die Schiffe zur Überprüfung von Seuchengefahren eingewiesen werden.

Im **Heimat- oder Registerhafen** st das Schiff in das Schiffahrtsregister eingetragen.

Weitere Sonderfunktionen drücken sich in den Bezeichnungen Orderhafen, Werfthafen, Zollhafen usw. aus.

Am Beispiel des Hamburger Hafens wird deutlich, daß für einen Hafen aufgrund der unterschiedlichen Merkmale mehrere Bezeichnungen zutreffen können.

„Der Hamburger Hafen ist der größte **Seehafen**[1]) der Bundesrepbulik. Er steht weltweit mit mehr als 1 000 Seehäfen in ständiger Liniendienst-Verbindung und wird jährlich von mehr als **15 000 Seeschiffen** und mehr als **14 000 Binnenschiffen**[2]) angelaufen. Der Hamburger Hafen ist ein **Universalhafen**[3]) von großer Mannigfaltigkeit der Umschlaggüter. Unter diesen überwiegen mit rd. 70 % die Massengüter, während Stückgüter nur rd. 30 % des Umschlags ausmachen. Hamburg ist zudem der wichtigste bundesdeutsche **Transithafen**[4]), denn mehr als die Hälfte des Transithandels der Bundesrepublik wird über den Hamburger Hafen abgewickelt. Die Umschlagfunktion des Hafens wird ergänzt durch seine Lagerfunktion. Die Speicherstadt dient der Langzeit-Lagerung ungenormten Stückguts, während auf den ausgedehnten Stapelflächen der großen Terminals **Container**[5]) lagern und zahlreiche Schuppen zur Zwischenlagerung des ungenormten Stückguts bestimmt sind. Daß ein Gebiet von 16,2 km^2 im nördlichen Teil des Hafens den Status eines **Freihafens**[6]) besitzt, ist besonders für diese Lagerfunktion von Vorteil: Im Freihafen können Import- und Transitgüter zollfrei gelagert, aber auch besichtigt, gehandelt und auch be- und verarbeitet werden. Der Hafenausbau Hamburgs im ausgehenden 18. und 19. Jahrhundert wurde von der Diskussion um die alternative Anlage eines **Dockhafens**[7]) oder eines offenen **Tidehafens**[8]) bestimmt. Die Entscheidung für den offenen Tidehafen ist bis zur Gegenwart von günstiger Auswirkung: Während Schleusen Wartezeiten entstehen lassen, erlaubt der offene Hafen die ständige Aus- und Einfahrt, und außerdem ist eine bessere Manövrierfähigkeit der Schiffe gegeben, was sich hinsichtlich der rapide gestiegenen Schiffsgrößen zunehmend günstig auswirkt."

Quelle: Möller, I.: Hamburg, Klett-Länderprofile. Stuttgart 1985. S. 176–180 (didaktisch umgeform).

Der Hamburger Hafen ist:

1. größter deutscher Seehafen mit Hunderten von Linienanschlüssen in alle Welt, damit hat er den Charakter eines Welthafens (= Verkehrsbedeutung),

2. Seehafen und gleichzeitig einer der größten Binnenhäfen der Bundesrepublik Deutschland, damit erfüllt er eine Doppelrolle im Verkehrswesen (= Funktion),

3. Universalhafen, das heißt, aufgrund der unterschiedlichsten Umschlaganlagen können Güter aller Art und aller Verpackungsformen umgeschlagen, behandelt und weiterbefördert werden (= multifunktionaler Handelshafen),

4. Transithafen und damit Durchlaufstation für große Mengen von Gütern, die in Drittländern hergestellt oder für sie bestimmt sind, z. B. Transitgüter für Schweden, Dänemark, Ungarn usw. (= multifunktionaler Handelshafen),

5. Containerhafen mit allen notwendigen technischen Einrichtungen und Stellflächen (= multifunktionaler Handelshafen),

6. ein Hafen mit einem der größten Freihafen-Areale in der Welt, die den Handel erheblich begünstigen (= multifunktionaler Handelshafen),

7. und **8.** ein offener Tidehafen mit dem Vorzug des ständigen ungehinderten Meereszugangs (= Meereslage).

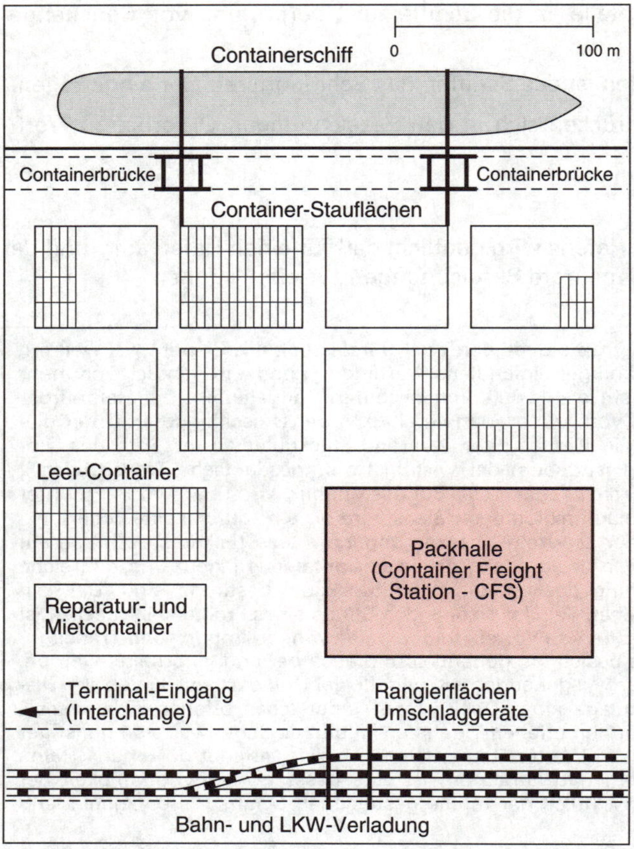

Containerschiff-Liegeplatz

Die Umschlaganlagen für Container gehören zu den hochproduktiven Betriebsanlagen in den Seehäfen. Die Anlagen bestehen aus mehreren Teilbereichen. Als **Terminal** wird der Liegeplatz des Containerschiffes mit den Containerbrücken bezeichnet. Auf den vorgelagerten **Stauflächen** werden beladene Container für die Verladung bereitgestellt. Die **Container-Freight-Station** ist eine Anlage, in der Containersammelladungen bearbeitet werden. Hier erfolgen Empfang oder Auslieferung von LCL-Ladungen durch die Kunden. Ein **Container Yard** dient dagegen dem Empfang oder der Auslieferung von geschlossenen Containersendungen (FCL-Ladung) oder leeren Boxen durch die Kunden. Die Registrierung und Kontrolle von Containern wird am **Interchange**, dem Eingang des Kaibetriebes oder der Container-Anlage, durchgeführt. Die Beförderung der Boxen innerhalb der Anlage und ihre Plazierung auf den Stauflächen erfolgt mittels Van Carriern. Die Handlingkosten auf dem Terminal können als THC (Terminal Handling Charge) oder als CSC (Container Service Charge) dem Auftraggeber in Rechnung gestellt werden.

3.3.3 Übersicht großer Seehäfen der Welt

Güterverkehr in führenden Seehäfen 1991 (Auswahl)
(Umschlag in Mio. t/davon Mineralöl und -produkte)

Seehafen	Umschlag in Mio. t	Seehafen	Umschlag in Mio. t
Rotterdam (Niederlande)	290,815 / 122,433	Long Beach (USA)	72,398 / 30,986
Singapur	206,429 / –	Inchon (Rep. Korea/ Süd-K.)	70,959 / 17,657
Kobe (Japan)	174,101 / –		
Chiba (Japan, 1989)	164,182 / 57,572	Los Angeles (USA)	70,910 / 27,584
Shanghai (VR China, 1990)	139,590 / 13,680	Vancouver (Kanada)	70,714 / 4,526
Nagoya (Japan)	136,794 / 37,618	Pusan (Rep. Korea/Süd-K.)	66,547 / –
Yokohama (Japan)	121,942 / 45,119	Hampton Roads (USA)	66,358 / –
Hongkong	104,502 / –	Hamburg (Deutschland)	65,533 / 15,400
Antwerpen (Belgien)	101,346 / –	Corpus Christi (USA)	63,894 / –
Kitakyushu (Japan)	98,680 / 9,671	Houston (USA)	61,290 / –
Osaka (Japan)	98,659 / –	Philadelphia (USA)	58,831 / 46,947
Kawasaki (Japan, 1987)	90,442 / 15,945	London (Großbr.,1990)	58,149 / 25,353
Marseille (Frankreich)	89,360 / 63,714	Le Havre (Frankreich)	57,220 / 36,907
Tokio (Japan, 1990)	79,335 / –	Richards Bay (Südafrika)	56,596 / –
		Tubarao (Brasilien, 1987)	56,083 / –
Kaohsiung (Rep. China/ Taiwan)	77,126 / 24,063	Tampa (USA)	46,302 / 10,788

Seehafen	Umschlag in Mio. t	Seehafen	Umschlag in Mio. t
Newcastle (Australien)	43,873 / –	Genua (Italien)	41,836 / 26,022
New Orleans (USA)	43,100 / –	Dünkirchen (Frankreich)	40,737 / 11,080
Port Hedland (Australien)	43,092 / –	Milford Haven (Großbritannien)	35,819 / 35,318
New York/New Yersey (USA)	42,716 / –	Triest (Italien)	35,494 / 29,105
Tees-Hartlepool (Großbritannien)	42,427 / 25,286	Sao Sebastiao (Brasilien, 1988)	33,496 / –

Quelle: Institut für Seeverkehrswirtschaft, Bremen, u. a.; zitiert in: Fischer Weltalmanach 1994

Zusammenfassung

1. In den Seehäfen bündeln sich die Handelsströme des Weltseeverkehrs und werden mit den Landverkehrsmitteln verknüpft.
2. Weltweit gibt es mehr als 7 000 Seehäfen, überwiegend erfüllen sie lokale oder regionale Aufgaben. Den Status von Welthäfen haben rund 1 500 Seehäfen.
3. Welthäfen verfügen über umfangreiche infrastrukturelle und suprastrukturelle Einrichtungen.
4. Weit im Binnenland liegenden Seehäfen sind oft Vorhäfen vorgelagert.
5. Die Entwicklung eines Seehafens wird entscheidend beeinflußt durch
   - seine Lage zum offenen Meer,
   - Lage, Umfang und Wirtschaftskraft des Hinterlandes,
   - Verkehrsverbindungen zwischen Hafen und Hinterland,
   - technische und personelle Ausstattung der Hafenwirtschaft,
   - Anschluß an das Transportnetz der Linienschiffahrt,
   - Anzahl der Liniendienste, deren Abfahrtfrequenz und deren Reichweite.
6. Es werden verschiedene Hafentypen unterschieden. Nach der Meereslage trennt man offene (Tide-, Flut-, Reedehafen) von geschlossenen (Dock) Seehäfen. Nach der Funktion unterscheidet man multifunktionale (Universal-, Gemischthafen) und monofunktionale Handelshäfen. Unter dem Gesichtspunkt der Verkehrsbedeutung gibt es Lokal-, Regional- und Welthäfen.
7. Universalhäfen zeichnen sich durch ihre außerordentlich vielseitigen Handelsfunktionen und umfangreichen Fazilitäten (sichtbare und nicht sichtbare Betriebseinrichtungen), große Leistungskapazitäten, integrierte Freihäfen und eine große Breite speditioneller Dienstleistungen aus.
8. Gemischthäfen schlagen mehrere, jedoch nicht alle Güterarten um. Die Grenze zwischen Gemischt- und Universalhäfen ist vielfach fließend.
9. Spezialhäfen sind Häfen, in denen nur ein bestimmtes Gut (meist Massengut) umgeschlagen wird, eine bestimmte Handelsform praktiziert oder gar nur eine bestimmte Verkehrsrichtung bedient wird.
10. Die führenden zehn Seehäfen der Welt sind die Häfen Rotterdam, Singapur, Kobe, Chiba, Shanghai, Nagoya, Yokohama, Hongkong, Antwerpen und Kitakyushu.

Aufgaben

1. Seehäfen erfüllen vielfältige Aufgaben. Erstellen Sie eine Übersicht spezifischer Hafenaufgaben.
2. Nennen Sie Merkmale eines Welthafens.
3. Erklären Sie, was unter den Begriffen Suprastruktur und Infrastruktur in bezug auf Seehäfen zu verstehen ist.

4. Begründen Sie, warum in zunehmendem Maße Häfen an der offenen See gebaut oder ausgebaut werden, während die binnenwärtig gelegenen Hafenplätze in manchen Fällen an Bedeutung verlieren.

5. Die Bedeutung und Qualität eines Seehafens hängt von mehreren Faktoren ab. Führen Sie wichtige Faktoren auf.

6. Erklären Sie den Begriff Hinterland.

7. Erstellen Sie mit Hilfe von Atlas und Karten eine Übersicht über die Einzugsbereiche folgender Seehäfen: Rotterdam, Hamburg, Le Havre, New York, Genua, Singapur, Hongkong, Göteborg. Verfahren Sie nach folgendem Schema:

Hafen	Hinterland	Wichtige Hinterlandverbindungen	Konkurrenzhäfen
Triest	Süddeutschland Österreich, Ungarn Schweiz, Norditalien, Slowenien	Autobahn- und Bahnverbindungen Pipeline	Rijeka, Koper, Venedig

8. Nach der Bauweise können offene und geschlossene Seehäfen unterschieden werden. Zeigen Sie die jeweiligen Vor- und Nachteile dieser Hafentypen auf.

9. Erklären Sie die Unterschiede zwischen multifunktionalen und monofunktionalen Häfen, und erstellen Sie eine Übersicht mit typischen Umschlaggeräten und Hafenanlagen dieser beiden Hafentypen.

10. Nennen Sie Beispiele für multi- und monofunktionale Seehäfen in Europa und Übersee.

11. Nennen Sie Beispiele für Häfen mit ausgesprochenen Sonderaufgaben.

12. Verdeutlichen Sie am Beispiel des Hamburger Hafens, daß für einen Hafen aufgrund der unterschiedlichen Merkmale mehrere Hafenbezeichnungen zutreffen können.

4 Haupt-Seeverkehrswege und Fahrtgebiete

Unter Berücksichtigung von verschiedenen Einflüssen, die politischer, natürlicher, technischer oder nautischen Art sein können, sind die Seeverkehrswege die jeweils kürzest mögliche Verbindung zwischen zwei Häfen oder tarifmäßig zusammengefaßten Hafengruppen, den sog. Ranges. Die natürlichen Seeverkehrswege, die auf den offenen Meeren als solche nicht erkennbar sind, verlaufen in unterschiedlicher Dichte und Streckenführung über die Meere und bilden ein weltumspannendes Netz. Ihre Endpunkte bilden die Seehäfen. Allein die künstlich geschaffenen Seeverkehrswege, die Seekanäle, und die Meeresengen (vgl. Kap. 5) lassen durch ihre bündelnde Funktion den Seeverkehr auch optisch sehr deutlich werden. Seeverkehrswege stellen keine bleibenden Verkehrslinien dar. Je nach Einfluß der Natur kann es kurzfristig beträchtliche Routenänderungen geben und je nach Grad des Handelsaustausches werden langfristig neue Routen befahren, während andere an Bedeutung verlieren.

4.1 Hoheitsgewässer

Das Befahren der Seeverkehrswege ist generell Schiffen aller Nationen gestattet, denn es gilt das Grundprinzip der **„Freiheit der Hohen See"** (auch „Freiheit der Meere" genannt), das von dem niederländischen Rechtsgelehrten Hugo Grotius 1625 aufgestellt wurde. Aus Grotius Zeit stammt gleichermaßen der Grundsatz, daß jeder Küstenstaat das Recht hat, sein Hoheitsgebiet zum Schutze der Küste um 3 Seemeilen aufs Meer hinaus zu erweitern. 3 Seemeilen (1 sm = 1,852 km) entsprach seinerzeit der üblichen Schußweite von Kanonen. Die so geschaffene **„Dreimeilenzone"** markierte bis in die jüngste Zeit traditionell die Hoheitsgewässer von Küstenstaaten. Somit sind nach internationalem Recht die Meere mit Ausnahme der küstennahen Hoheitsgewässer internationale, hoheitsfreie Gebiete, frei zugängig und nutzbar. Von den fast 120 Küstenstaaten der Erde gingen in den letzten Jahrzehnten aus wirtschaftlichen Gründen viele einseitig dazu über, ihre „Dreimeilenzone" zu erweitern, die meisten auf 12 Seemeilen, einige weit darüber. 1982 verabschiedete die UN-Seerechtskonferenz eine **neue Seerechtskonvention** mit einer neuen seerechtlichen Zoneneinteilung. Danach werden die Territorialgewässer der Küstenstaaten aus einer **12-Seemeilen-Zone** gebildet und innerhalb einer 200-sm-Zone (**Wirtschaftszone**) haben Küstenstaaten die alleinigen Hoheitsrechte zur Ausbeutung von Meeresrohstoffen (Tiefseebergbau, Erdölförderung, Fischerei). Bei Festlandssockeln von > 200 sm Ausdehnung kann unter Auflagen diese Zone auf 350 sm erweitert werden. Die darüberhinausgehenden Tiefseegebiete wurden zum „gemeinsamen Erbe der Menschheit" erklärt. Die Konvention brachte für viele Küstenstaaten große territoriale Zugewinne.

Beispiel:

Besonders vorteilhaft ist die Regelung für Langküsten- und Inselstaaten. In km^2 gerechnet, erhielten die folgenden Staaten an Zugewinn: USA (15 Mio.), Australien (6,6 Mio.), Indonesien (5,4 Mio.), Neuseeland (4,8 Mio.), Kanada (4,7 Mio.), Japan (3,9 Mio.). Auf die Bundesrepublik Deutschland entfielen 0,04 Mio. km^2.

Da durch diese Regelung über 100 bislang zur Hohen See gehörende Meerengen zu Territorialgewässern von Küstenstaaten wurden, erhielten die meisten den Status von **„Transit-Meerengen"**. Schiffe von Nicht-Anrainern haben das Recht auf friedliche Durchfahrt, ihre Flugzeuge das Recht auf friedlichen Überflug. Die Handelsschifffahrt ist durch die 12-sm-Zone somit kaum betroffen, die Durchfahrt sichergestellt und willkürliche Schließungen etwa von Meerengen vertraglich ausgeschlossen. Gleichwohl gilt in den Zonen die volle Souveränität der Küstenländer und damit ggf. deren besondere nautische Ordnungen. Die Bundesrepublik Deutschland führte 1984 teilweise in der Nordsee die 12-sm-Zone ein.

Zusammenfassend kann gesagt werden, daß die Seerechtskonvention von 1982 regelt, daß die Kompetenzen der Küstenstaaten, also ihre Rechte und Pflichten, seewärts immer mehr abnehmen. Die Abbildung verdeutlicht dies:

- Im Küstenmeer (12-sm-Zone) gilt die volle Souveränität eines jeden Anrainerlandes, und zwar sowohl auf dem Wasser, dem Meeresboden und im Luftraum.
- In der Wirtschaftszone (200-sm-Zone) erhält der Küstenstaat die Souveränität über die Rohstoffe.
- In der sich anschließenden Zone der Hohen See, die internationales Gewässer ist, herrscht für die Schiffahrt die volle Freiheit, ebenso gilt dies für Überflüge, Kabel- und Rohrleitungsverlegungen, Fischerei und Meeresforschung.
- In besonderen Fällen kann ein Küstenstaat, nämlich dann, wenn der Kontinentalrand über 200 sm hinausreicht, gegen Auflagen untermeerische mineralische Rohstoffe ausbeuten. Er hat dafür Abgaben an eine internationale Behörde zu entrichten.

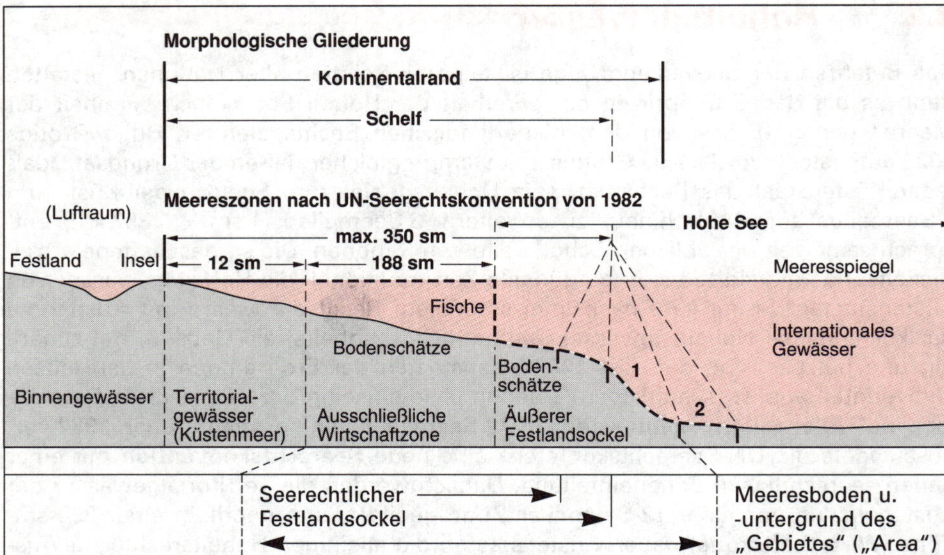

Küstenstaat:	**Küstenstaat, u. a.:**	**Küstenstaat:**	**Außerhalb küstenstaatlicher Zuständigkeit:**
volle Souveränität **Nicht-Anrainer-Rechte:** Friedliche Durchfahrt	– **Nutzungsrechte** lebende u. mineralische Ressourcen des Untergrundes, Bodens, Wassers – **Kontrollrechte:** Forschung, Umweltschutz u. a. **Nicht-Anrainer-Rechte:** – (Friedl.) Schiffahrt, Überflug, Verlegung einer Pipeline – Ausnahmebestimmungen zugunsten von Binnenstaaten (Landlocked states)	(Wenn Festlandsockel > 200 sm Ausdehnung:) Nutzungsrecht für nichtlebende Ressourcen gegen Auflagen bis max. 350 sm ins Meer. Ggf. einschl. (1) Kontinentalabhang oder (2) Kontinentalfuß	**Für Wassersäule:** Prinzip „Freiheit der Meere" **Für Tiefseeboden:** Prinzip „Menschheitserbe" **Allen zugänglich:** lebende Ressourcen **Internationale Meeresbodenbehörde:** Mineralische Ressourcen **Anbau im „Gebiet":** teils behördeneigene Gesellschaften „Enterprise" teils lizensierte Privatunternehmen (gegen Auflagen)

——— Veranschaulichung der nach außen abnehmenden Kompetenz des Küstenstaates o. Berücksichtigung des Luftraumes über dem Meer

Nicht eingezeichnet: „Anschlußzone" im Anschuß an Küstenmeer (äußere Grenze max. 245 m von der Basislinie aus) mit Sonderrechten des Küstenstaates (Zoll-, Finanz-, Einwanderungs-, Gesundheitsbestimmungen)

Meereszonen nach der UN-Seerechtskonvention von 1982

Quelle: Praxis Geographie 2/1986 (verändert)

4.2 Allgemeine Fahrtrouten der Linienschiffahrt

Eine deutliche Dominanz an Seeverkehrswegen ist auf der Nordhalbkugel festzustellen. Zwischen den großen Wirtschaftsräumen von Nordamerika, Europa und Fernost sowie den Rohstoffgebieten am Persischen Golf erstrecken sich weltumspannend die dichtesten Seeverkehrsbänder. Auf der Südhalbkugel dagegen gibt es bislang keine sehr stark ausgeprägten weltumspannenden Seeverkehrslinien, sondern vielmehr nur einzelne Seeverkehrszentren. In vereinfachter Form können die großen weltweiten Seehandelsströme wenigen herausragenden Verkehrsrichtungen bzw. Verkehrsrouten zugeordnet werden.

4.2.1 Die transatlantische Verkehrsroute

Die transatlantische Verkehrsroute verbindet die führenden Wirtschaftsräume in Europa mit denen in Amerika. Seit der Entdeckung des amerikanischen Kontinents (der „Neuen Welt") ist diese Verkehrsroute jahrhundertelang die bedeutendste von allen gewesen. In den letzten Jahren zeichnet sich jedoch ab, das die transpazifische Seeverkehrsroute zwischen Nordamerika und Ostasien an Bedeutung gewinnt. Die transatlantische Verkehrsroute hat drei wichtige Einzelseewege:

- Der nördliche Atlantik zwischen Westeuropa und der amerikanisch/kanadischen Ostküste wird über den nordatlantischen Seeweg befahren. Die Entfernung von Hamburg zur amerikanischen Ostküste beträgt im Mittel 3 500 sm (rd. 5 000 km).
- Der mittelatlantische Seeweg zwischen Europa und dem Golf von Mexiko/Karibik hat seine überragende Bedeutung weniger durch die Zielhäfen der genannten Fahrtgebiete als vielmehr durch den in Mittelamerika liegenden Panamakanal, der durchgehenden Seeverkehr etwa an die US-Westküste erlaubt. Die Entfernung von Hamburg bis zum Panamakanal liegt im Mittel bei 5 000 sm.
- Der dritte Seeweg ist die Südatlantikroute, die eine Nord-Süd-Verbindung zwischen Europa und Südamerika bildet. Sie ist somit eine der Verkehrsrouten zwischen der Nord- und Südhemisphäre und damit auch eine jener Routen, die fast ausschließlich Industrie- und Entwicklungsländer miteinander verbindet.

4.2.2 Transpazifische Verkehrsrouten

Diese Seeverkehrswege zwischen Nordamerika und Ostasien sind mit dem Aufstieg Japans zu einer Weltwirtschaftsmacht und dem Aufstieg einiger Entwicklungsländer zu Schwellenländern (Singapur, Taiwan, Korea, Malaysia usw.) in ihrer Bedeutung enorm angestiegen. Heute zieht sich über den Pazifik von diesen Ländern nach Nordamerika und umgekehrt eines der dichtesten Handelsbänder des Seeverkehrs, auf dem Güter aller Art transportiert werden. Herausragende Seeverkehrsachse ist der Nordpazifische Seeweg. Im wesentlichen verläuft er entlang des nördlichen Wendekreises. In der Höhe von Hawaii gabelt sich dieses Verkehrsband in eine Panamalinie und eine US-Westküstenlinie. Über diesen Seeweg erfolgt der Hauptverkehr zwischen Fernost und Nordamerika. Die Inseln und Kleinstaaten des Pazifik werden über die Zentralpazifik-Route (Central Pacific Trade Route), eine weniger durch große Linienverkehre bediente Verkehrsroute, angefahren. Die zentralen Hafenplätze befinden sich u. a. auf den Inseln Guam/USA, Fiji, Amerikanisch-Samoa und Tahiti. Eingebunden sind ferner die Kleinstaaten West-Samoa, Kribati, Nauru, Tuvalu und Papua Neuguinea mit dem einzigen wichtigen Regional-Containerhafen Lae.

4.2.3 Suez-Indik-Route und die Südasienroute

Die von Europa oder Nordamerika nach dem Nahen und Fernen Osten oder umgekehrt gehenden Linienseeverkehre nutzen die Suez-Indik-Route. Ihr Verlauf ist durch die Passage des Suezkanals und einer Reihe großer und kleinerer Meerengen vor und nach der Kanaldurchfahrt geprägt. Über diesen bedeutenden Seehandelsweg werden das Rote Meer, Ostafrika, der Nahe und Ferne Osten und Australien/Neuseeland angefahren. Die Suez-Indik-Route findet ab Indien ihre Fortsetzung in der entlang des Kontinents verlaufenden Seeroute nach Fernost, die auch Südasienroute genannt wird. Auch ihr Verlauf ist je nach Zielhafen durch die Passage mehrerer Meerengen und -straßen (z. B. Zehn-Grad-Straße, Malaccastraße, Straße von Singapur, Sundastraße) geprägt.

4.2.4 Kap-Route

Im Weltseeverkehr stellt die Route um das Kap der Guten Hoffnung für Stückgut-Linienverkehre ein weniger bedeutende Strecke dar, sie ist dagegen der Haupttransportweg für massenhafte Rohöllieferungen vom Persischen Golf nach Europa und Nordamerika. Die Route bildet für viele Massengutschiffe einen Zwangsweg, da diese Schiffe wegen ihrer Abmessungen und Tiefgänge die erheblich kürzere Suez-Route nicht befahren können. Auf der Kap-Route werden die größten Schiffe der Welt eingesetzt, sog. VLCC-Schiffe (Very Large Crude Carrier) mit Tonnagen bis zu 300 000 tdw und ULCC-Schiffe (Ultra Large Crude Carrier) mit Tragfähigkeiten über 300 000 tdw. Neben den Rohöltransporten werden über die Kap-Route ferner große Mengen trockener Bulkgüter, wie beispielsweise Eisenerz und Kohle, von Südafrika und Australien nach Europa befördert.

4.2.5 Westpazifische Süd-Nord-Route

Die intensiven Handelsbeziehungen zwischen dem traditionellen Rohstoffexportland Australien und dem rohstoffarmen Industriestaat Japan hat im westlichen Pazifik große seewärtige Warenströme zwischen beiden Ländern zur Folge. Diese südnordgehenden Verkehre bestehen zum großen Teil aus Getreide, Bauxiten oder Aluminium, Phosphaten, Kohle, Eisenerzen sowie vielen anderen metallischen Bodenschätzen. Die Verkehre verlaufen von der West- und Ostküste Australiens durch die Inselgruppen des Westpazifiks nach Norden. Ähnliche Wege nehmen Rohstoffexporte (Gas, Bergbauprodukte usw.) von Papua Neuguinea, Westirian und anderen indonesischen Inseln nach Japan, Korea und Taiwan. In nordsüdlicher Richtung werden in der Linienfahrt Stückgüter aller Art zwischen den genannten Räumen befördert.

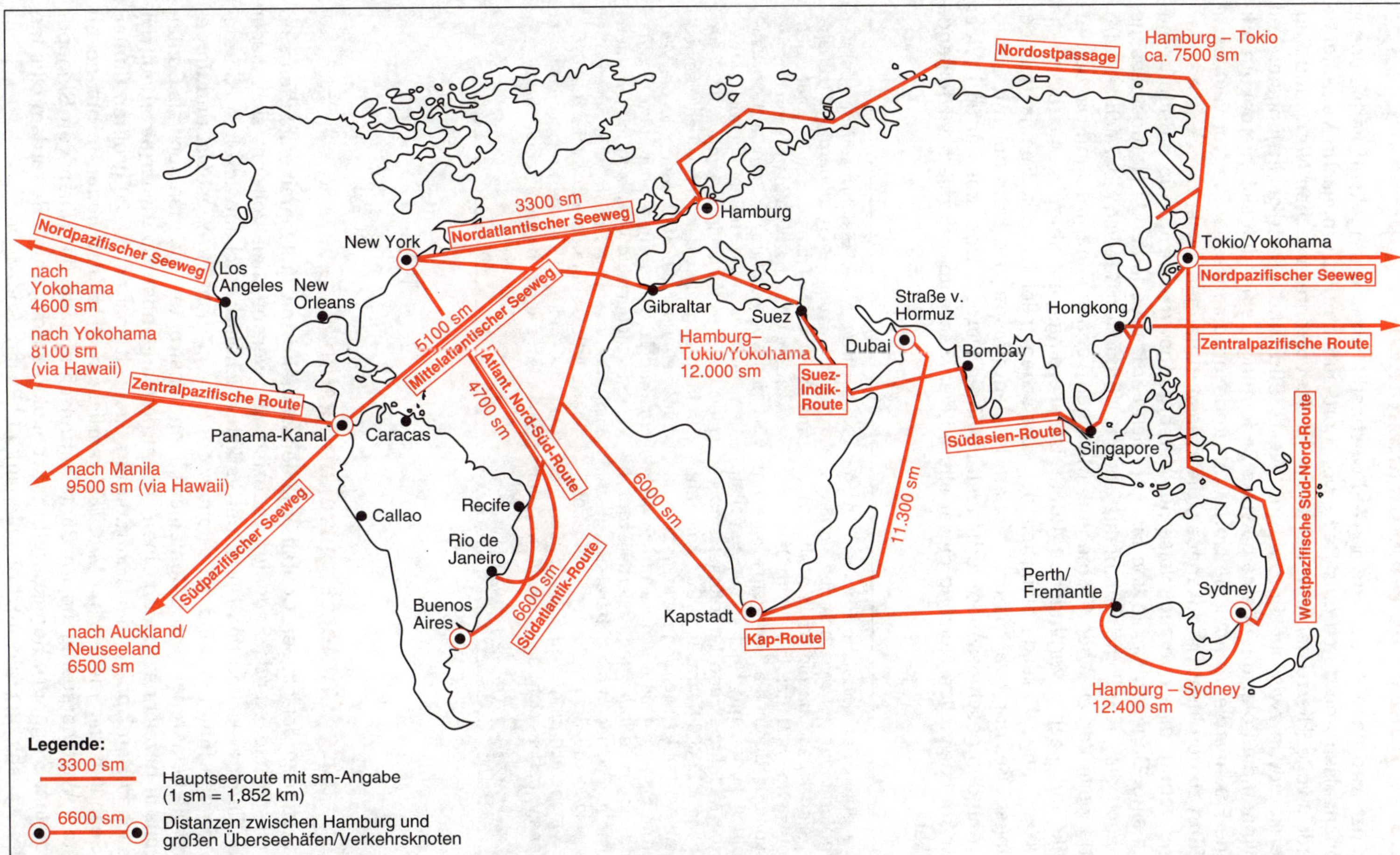

Seeverkehrswege (Auswahl) und Cirka-Distanzen in sm

4.2.6 Polare und andere Fahrtrouten

Ergänzt wird das Bild der vorwiegend west-östlichen und umgekehrt verlaufenden Seehandelsströme durch eine Reihe von nord-südlich und umgekehrt verlaufende Handelswege. Hierzu gehören vor allem die Seeverkehre zwischen Nord- und Südamerika sowie zwischen Europa und West-, Süd- und Ostafrika. In jüngster Zeit gewinnen die Polarrouten eine gewisse Bedeutung. Es handelt sich hierbei um arktische Frachtverkehre über die Nordwest- und Nordostpassage. Die Norwestpassage führt zu den Inseln Nordkanadas, die Transportmengen dieser Strecke sind allerdings gering, da es vorzugsweise nur Versorgungsverkehre für die Erdölfördergebiete sind. Dagegen ist die von Europa nach Fernost verlaufende Nordostpassage, die auch als „Nördliche Durchfahrt" oder „Nördlicher Seeweg" bezeichnet wird, mittlerweile Verkehrsweg für mehrere Millionen Tonnen Güter im Jahr. Die den Atlantik und Pazifik verbindende Route ist allerdings auf ihrer Kernstrecke, die 5 600 km lange Passage zwischen der russischen Insel Nowaja Semlja und der Beringstraße, nur zwei bis drei Monate im Jahre eisfrei, sie kann nur mit Eisbrechern und in geschlossenen Verbänden befahren werden. Über das Für und Wider einer kommerziellen Nutzung dieser alternativen Seeroute informiert der folgende Artikel.

„Die durch das nördliche Eismeer führenden Verbindungen zwischen den Kontinenten sind kürzer als die traditionellen Südrouten. So mißt der Weg von Oslo nach Yokohama durch die Nordostpassage um Sibirien herum nur rund 7 200 Seemeilen, durch Mittelmeer und Suez-Kanal sind es dagegen 12 000 Seemeilen. Der Zeit- und Kostenvorteil ist allerdings schwer zu realisieren. Eisgang macht das Polarmeer während langer Perioden unpassierbar. Und in jedem Fall schlagen die höheren Baukosten für eisgängige Schiffe bei den Wirtschaftlichkeitsberechnungen zu Buch. Besonders intensiv haben sich die Russen mit den Möglichkeiten der Eisfahrt auseinandergesetzt. Sie verwenden neuerdings zunehmend Leichter-Transportschiffe auf den Polarrouten. Mit den Leichtern kann der für Sibirien so wichtige Flußtransport sozusagen ‚hafenlos' mit dem Seetransport kombiniert werden. Vorläufig sind die Kosten für Verfrachtung über den nördlichen Seeweg höher als über die Südrouten, wo die Verfrachtung durch billiger konstruierte Schiffe ohne Eistauglichkeit vorgenommen werden kann. Für westliche Schiffe wird eine Fahrt über die Polarroute ohnehin unkalkulierbar, weil es keine Versicherungsgesellschaft gibt, die Risiken in diesem Gebiet deckt."

Quelle: DVZ Nr. 124 v. 18.10.1988

4.2.7 Der Containergürtel und seine Häfen

Die Stationen der großen Container-Linienschiffahrt mit Vollcontainerschiffen sind auf einige bedeutende Seehäfen reduziert. Im wesentlichen vollzieht sich dieser Liniendienst zwischen den Häfen der verkehrstechnisch hochentwickelten Fahrtgebiete in den führenden Industriestaaten der Erde in Richtung West-Ost und umgekehrt. Die befahrenen festen Container-Liniendienstrouten, die man auch als Containerachsen bezeichnet, bilden einen zusammenhängenden **Containergürtel** auf der nördlichen Hemisphäre, der sich rund um die Welt spannt. Die 20 größten Container-Seehäfen mit mehr als 1 Mio. TEU jährlichem Umschlag liegen in nur neuen Staaten. Weit herausragend im Containerumschlag sind die Häfen von Singapur (Stadtstaat Singapur), Hongkong (brit. Kronkolonie Hongkong), Rotterdam (Niederlande), Kaoshiung (Taiwan), Kobe (Japan) und Pusan (Südkorea).

Umschlagentwicklung in den größten Containerhäfen der Welt

Rang	(Vorjahr)	Hafen	(in TEU) 1992	1991	Differenz in TEU	in Prozent
1	(2)	Hongkong	7 972 000	6 200 000	1 772 000	28,6
2	(1)	Singapur	7 560 000	6 350 000	1 210 000	19,1
3	(3)	Rotterdam	4 122 782	3 765 791	356 991	9,5
4	(4)	Kaohsiung	3 960 518	3 611 000	349 518	9,7
5	(6)	Pusan	2 859 935	2 465 000	394 935	16,0
6	(5)	Kobe	2 595 000	2 635 426	– 40 426	– 1,5
7	(8)	Los Angeles	2 289 039	2 040 000	249 039	12,2
8	(7)	Hamburg	2 268 481	2 188 953	79 528	3,6
9	(10)	New York	1 965 000	1 900 000	65 000	3,4
10	(9)	Keelung	1 950 000	2 007 752	– 57 752	– 2,9
11	(11)	Yokohama	1 886 798	1 796 368	90 430	5,0
12	(14)	Antwerpen	1 835 595	1 761 422	74 173	4,2
13	(13)	Long Beach	1 829 457	1 770 000	59 457	3,4
14	(16)	San Juan	1 700 000	1 400 000	300 000	21,4
15	(15)	Felixstowe	1 529 915	1 433 859	96 056	6,7
16	(12)	Tokio	1 467 923	1 783 836	– 315 913	– 17,7
17	(17)	Bremen/ Bremerhaven	1 308 680	1 264 091	44 589	3,5
18	(20)	Bangkok	1 303 310	1 084 000	219 310	20,2
19	(18)	Oakland	1 232 100	1 190 000	42 100	3,5
20	(19)	Seattle	1 151 000	1 130 000	21 000	1,9
Summe			52 781 533	47 777 498	5 010 035	7,48

Quelle: Hafen Hamburg, Marktforschung

Containerverkehre werden in großen Umfängen aber auch mit Staaten der Südhemisphäre unterhalten, vor allem sind hier Australien, Neuseeland, Südafrika, Argentinien und Uruguay zu nennen, deren Häfen zählen jedoch nicht zu den großen Knotenpunkten der Behälterverkehre.

Alle heute führenden großen Container-Hafenplätze waren bereits vor der Containerisierung führende Seehäfen. Es sind Häfen mit einem weitreichenden, leistungsfähigen, industrie- und bevölkerungsstarken Hinterland, das in der Regel außerordentlich gut per Bahn-, Straßen- und Wasserwegen an die Seehäfen angeknüpft ist (eine Ausnahme bildet Singapur). Diese großen Häfen waren auch am ehesten in der Lage, die hohen Investitionen für moderne Containerterminals aufzubringen. Dies erklärt auch, warum die meisten Entwicklungsländer keinen oder nur einen Containerhafen besitzen. Eine große Rolle spielt weiterhin das tiefe Fahrwasser in den großen Häfen, das günstige Anlaufmöglichkeiten für Containerschiffe der 3. und 4. Generation schafft. Viele der bedeutenden Containerhäfen liegen zudem geographisch zentral zu anderen Seehäfen, so daß von ihnen aus im seewärtigen Zubringerdienst die Verteilung von Containern zu anderen Hafenplätzen erfolgen kann. Einer der bedeutendsten Achsen-, Relais- oder Transithäfen ist Singapur, von wo aus Feederdienste nach Indien, den Philippinen, Indonesien, Malaysia, Thailand und Myanmar (Burma) unterhalten werden. Ähnliche Funktion haben ferner Hongkong und Rotterdam, die mit Singapur die Spitzenplätze unter den Containerhäfen bilden, sowie der Containerhafen von San Juan/Puerto Rico (USA) in der Karibik. Die besondere Rolle von Singapur, Hongkong und Puerto Rico wird nachfolgend kurz dargestellt. Zu Rotterdam vgl. Themenkreis 10, Abschnitt 6.2.

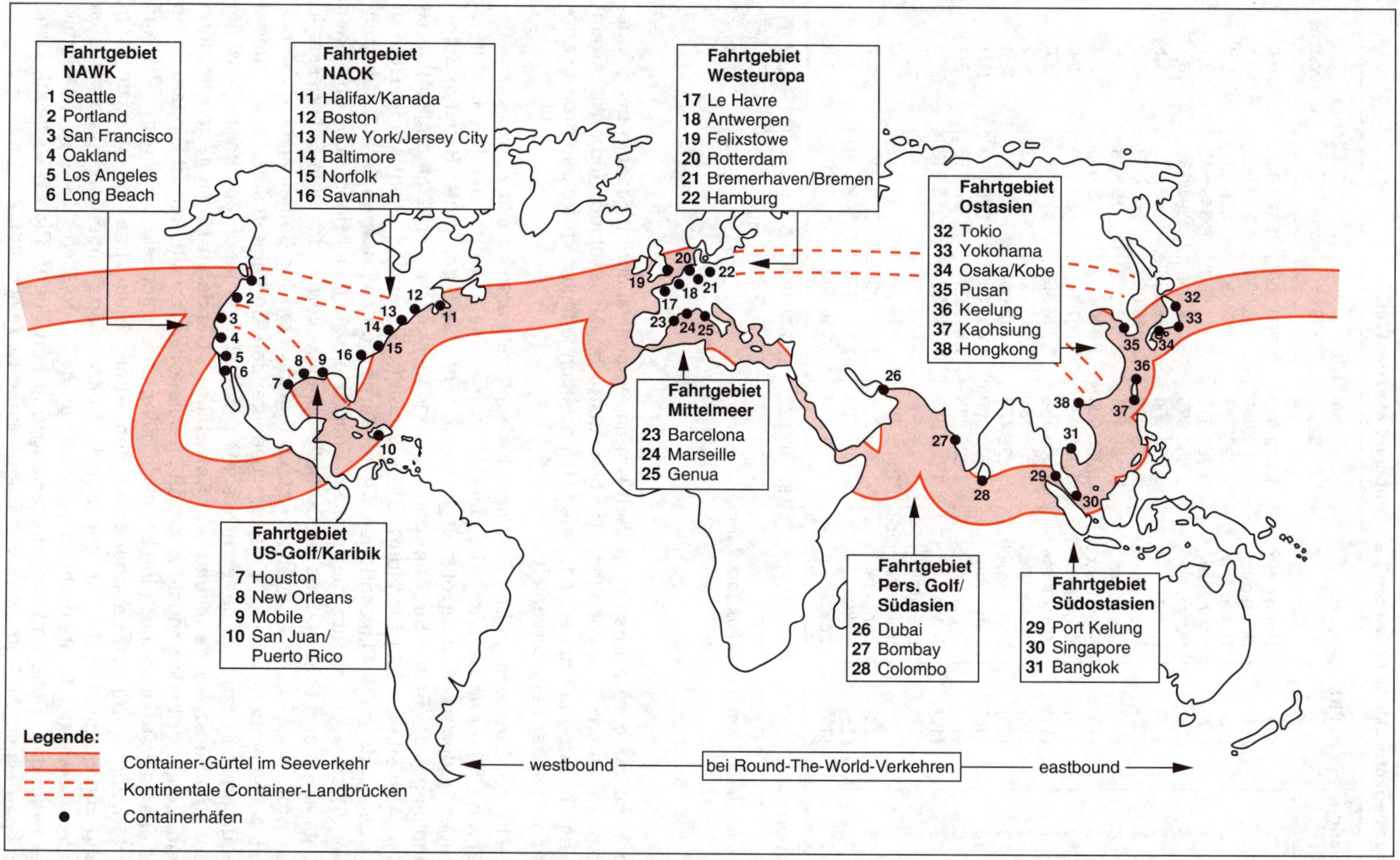

Der Containergürtel und seine bedeutendsten Containerhäfen

Singapur

Der tropische Stadtstaat Singapur liegt knapp oberhalb des Äquators in Südost-Asien. Flächenmäßig ist der Staat etwas kleiner als Hamburg. Seit 1990 ist Singapur mit über 5 Mio. TEU Umschlag im Jahr einer der größten Containerhäfen der Welt. Die rasante Entwicklung dieses Hafenplatzes verdeutlicht der folgende Text:

> Im Jahr 1989 erst hatte sich der Hafen wie kein anderer in dieser Welt auf engstem Raum am Rande einer 40 mal 25 Kilometer messenden Insel voller Hügel an der südlichen Spitze der Halbinsel Malaysia zusammengedrängt, mit einem Umschlag von 4,36 Millionen TEU an die Spitze der führenden Containerhäfen der Welt gesetzt. 15 Jahre zuvor waren dort nur 175 000 TEU gezählt worden. Dann begann die „Achsenfunktion" des dafür außerordentlich günstig gelegenen Hafens. Zehn Jahre später gingen gut zwei Mio. TEU über seine Anlagen. 1987 wurde die Vier-Millionen-Grenze überschritten und 1990 waren es 5 Mio. TEU. Diese Ladung war die Fracht, die 9 000 Containerschiffe umgeschlagen hatten – also 13 150 TEU durchschnittlich an jedem Tag oder neun 20-Fuß-Container pro Minute jeden Tages. Dabei hat dieser Stadtstaat mit seinen 2,7 Millionen Einwohnern keine eigene Schwerindustrie, und er verfügt auch nicht über ein industrialisiertes Hinterland mit voluminösen Produktenaufkommen oder -bedarf ... es sind nur 35 bis 40 Prozent des Güterumschlages, der aus eigenem Ex- oder Import herrührt.
>
> *Quelle: Transportdienst/Wirtschafts-Correspondent Nr. 1/2 1991, S. 32.*

Hongkong

Der Tiefwasserhafen von Hongkong, ebenfalls am Containergürtel gelegen, ist der zweite große Containerknotenpunkt in Südostasien. Fast alle führenden internationalen Containerreedereien nutzen diesen fernöstlichen „Hub Port" (zentraler Verteilerhafen) für Feederdienste nach Manila (Philippinen), Kaoshiung (Taiwan), Kanton und Shanghai (China). Hongkong profitiert ähnlich wie Singapur bislang von den ungünstigen Fahrwasserverhältnissen anderer Häfen der Region, für die der Hafen Ausgangspunkt der Feederverkehre ist sowie von den mangelhaften technischen Einrichtungen etwa der chinensischen Häfen. Das noch bis 1997 als britische Kronkolonie (danach zu China gehörend) geltende Hongkong wird künftig verstärkt aufgrund seiner modernen Umschlaganlagen die chinesischen Wirtschaftsräume in seinem Hinterland bedienen.

San Juan

Zu den 20 weltweit bedeutendsten Containerhäfen wird auch San Juan auf der Karibikinsel Puerto Rico gerechnet. Die Insel ist als autonomer Staat den USA angeschlossen und liegt strategisch und verkehrsgeographisch günstig an der Monapassage, die einen der Zufahrtswege des Panamakanals bildet. Insgesamt verfügt Puerto Rico über drei Seehäfen, neben San Juan kommt im Containerverkehr noch dem Hafen Ponce Bedeutung zu. San Juan ist Knoten- und Verteilerpunkt für weite Teile des karibischen Fahrtgebiets. Nach erheblichen Rückgängen in den 80er Jahren werden in San Juan seit Beginn der 90er Jahre jährlich wieder über 1,3 Mio. TEU umgeschlagen. Vorzugsweise für Destinationen auf dem nord- und südamerikanischen Kontinent. Die hohen Containerumschlagmengen basieren jedoch nicht allein auf der günstigen geographischen Lage am Containergürtel vor den Toren Nord- und Südamerikas und der damit einhergehenden Verteilerfunktion. Verstärkt wird die wirtschaftliche Entwicklung durch viele Standortvorteile wie Steuererleichterungen und -befreiungen sowie andere Ansiedlungsanreize für Unternehmen aus aller Welt, die große Mengen ihrer Produktion für Nord- und Südamerika dort herstellen.

Round-The-World-Verkehre

Die großen Container-Linienreedereien bedienen heute aus Zeitgründen vorzugsweise jene Containerhäfen, die günstige Fahrwasserverhältnisse aufweisen, dem massenhaften Umschlag von Containern aufgrund ihrer Supra- und Infrastruktur gewachsen sind und zudem großes Ladungsaufkommen garantieren. Die Auswahl von nur wenigen zentralen Häfen erlaubt es, die Fahrtzeit für eine Rundreise insgesamt zu verkürzen, die Abfahrtsdichte dagegen attraktiv zu erhöhen. Die enormen Zeitverkürzungen lassen sich beispielhaft an den Europa-Fernost-Verkehren darstellen.

Im 17. Jahrhundert brauchten Schiffe der Holländischen Ostindien-Kompanie zwischen acht und 12 Monate für die Gewürztransporte von Fernost nach Europa. Um 1860 fuhren die berühmten Tee-Clipper dieselbe Strecke in 90 bis 100 Tagen. Expreß-Containerverkehre mit schnellaufenden Containerschiffen der 4. Generation benötigen heute auf der Europa-Fernost-Relation extrem kurze Fahrtzeiten:

Rotterdam	(Niederlande)	–	Hongkong	(Hongkong)	22 Tage
Antwerpen	(Belgien)	–	Singapur	(Singapur)	19 Tage
Le Havre	(Frankreich)	–	Port Kelung	(Malaysia)	17 Tage
Hamburg	(Deutschland)	–	Yokohama	(Japan)	34 Tage

In einigen Fällen arbeiten Reedereien statt im traditionellen **Pendelverkehr** im Rund-um-die Welt-Dienst („Round-The-World-Service").

Beispiel:

Beim „Round-The-World-Dienst" wird das Prinzip des **Kreisverkehrs** angewendet. Dabei werden nur die großen Häfen des Weltseehandels angefahren. Im Wochenrhythmus setzen die Reeder ihre Schiffe sowohl west- als auch ostwärts ein, einige große Containerreedereien fahren entweder nur in westliche (westbound) oder nur in östliche (eastbound) Richtung. Eine Rundreise dauert je nach Anzahl der bedienten Häfen zwischen 60 und 80 Tage.

Die Auslastung der Containerschiffe ist je nach wirtschaftlichen Einflüssen (Dollarkursentwicklung, Exportförderungen, Nachfrageänderungen usw.) auf den Verkehrsrichtungen sehr unterschiedlich. Ostgehende Round-The-World-Dienste profitieren unter Umständen auf der Suez-Indik-Route von den hohen Importen der Länder im Nahen Osten und auf der Transpazifikroute von denen der USA. Dagegen kann der ostgehende transatlantische Verkehr von den USA nach Europa sowie der Verkehr von Europa nach Fernost schwächer ausgeprägt sein. Umgekehrt ergeben sich ähnliche Effekte.

Nach dem Löschen der Behälter in den Zentralhäfen wird ihre Weiterbeförderung auf dem Landweg intermodal per Lkw, Bahn oder Binnenschiff, oder auf dem Seeweg mit Feederschiffen im Kurzstreckenverkehr („Short-Sea-Verkehr") vorgenommen. Feederschiffe ergänzen den überseeischen Containerverkehr ideal, da sie eine Erweiterung der Einzugsbereiche der großen Seehäfen darstellen, die Netzbildung der Containerdienste erhöhen, auch kleine Häfen mit Containerladungen versorgen und sie an das weltweite Netz anbinden.

Beispiel:

Vom Containerterminal in Bremerhaven werden ständig Überseecontainer im Küstenverkehr gefeedert. Zum Einsatz gelangen Feederschiffe mit Kapazitäten zwischen 100 und 200 TEU. Die Zufuhrdienste von und nach Bremerhaven erstrecken sich u. a. auf Dänemark, Schweden, Finnland, Polen und Großbritannien.

Da sich die Wettbewerbssituation im Containerverkehr verschärft hat, beschränken sich viele Container-Linienreeder nicht mehr allein auf die Seebeförderung. Sie wollen ihren Kunden mehr bieten und halten daher rund um den Container eine entsprechende Logistik, Zubringerdienste und sonstige Dienstleistungen vor, um die gesamte Transportkette im Haus-Haus-Containerverkehr selbst abwickeln zu können.

Beispiel:

Eine Containerreederei hat einen 20-Fuß-Behälter von einem Versender in Hannover nach Des Moines/Iowa im FCL/FCL-Verkehr zu befördern. Sie stellt die leere Box dem Versender auf seinem Betriebsgelände, übernimmt den Zulauf der gefüllten Box zum Versandterminal Hamburg-Waltershof, führt die Seebeförderung Hamburg – New York mit einem ihrer Linienschiffe durch und organisiert und kontrolliert den Bahn-Nachlauf des Containers zum endgültigen Bestimmungsort. Im Rahmen eines derartig umfassenden Service nehmen die Seetransportkosten nur noch rund ein Drittel aller anfallenden Kosten ein.

4.3 Beispiele für Tramprouten

Die sich je nach Bedarf ergebenden Routen der Trampschiffahrt sind sehr vielfältig. Sie werden beeinflußt durch den schwankenden Bedarf an bestimmten massenhaften Welthandelsgütern in den Industrie- wie auch in den Entwicklungsländern. Für einige ständig über Seewege beförderte flüssige und trockene Massengüter haben sich feste Linien herauskristallisiert:

- **Erdöltransporte** erfolgen im wesentlichen auf vier großen Verkehrslinien. Die höchste Intensität weist die Route Persischer Golf – Kap der Guten Hoffnung – Westeuropa auf. Dichte Exportströme von Rohöl und Ölprodukten gibt es weiterhin zwischen dem Persischen Golf und Japan, zwischen Venezuela und Nordamerika und zwischen Westafrika und Westeuropa.
- Die Hauptrouten der **Eisenerzverkehre** sind von Südamerika nach Nordamerika und Westeuropa, von Afrika nach Westeuropa und Fernost sowie von Australien nach Fernost.
- Im interkontinentalen **Kohletransport** dominieren die Routen Nordamerika – Westeuropa, Nordamerika – Fernost, Südafrika – Westeuropa und Australien – Fernost.
- Seewärtige **Getreideverkehre** verlaufen traditionell von den großen Erzeugerländern USA, Kanada, Argentinien und Australien in alle Welt. Vorrangig sind die Abnehmer in fernöstlichen Staaten und den ehemaligen Ostblockländern zu finden. Je nach eigenen Ernten der Empfängerländer gelangen große Getreidelieferungen per Seeschiff nach Indien und in mehrere Staaten Afrikas und Südamerikas.

Zu den meist im Trampverkehr beförderten agraren Welthandelsgütern gehört die vielseitig nutzbare Sojabohne. Der Rohstoff wird in der Trampfahrt mit Trockengut-Frachtschiffen zu den Zielhäfen befördert, dort mit Elevatoren (Saughebern) gelöscht und den hafenansässigen Ölmühlen zugeführt, die den Raffinerieprozeß durchführen. Gelegentlich gelangen Sojalieferungen per Leichter in die Ölmühlen von Binnenhäfen entlang des Rheins. Die anspruchlose Ölpflanze gedeiht in der Bundesrepublik Deutschland nicht. Hauptlieferanten sind die USA, Brasilien, China und Argentinien. Die Sojabohne gehört zu den Schlüsselrohstoffen der Lebensmittelindustrie. Verwendung findet sie ferner in der Chemie, Pharmazie und bei der Futtermittelproduktion.

Beispiel:

Aus Sojabohnen werden u. a. Margarine, pflanzliches Speiseöl, Back- und Bratfett gewonnen, zermahlen zu Sojamehl und Sojagries dient der Rohstoff zur Toast-, Keks- und Kuchenherstellung. Auch bei Chemie- und Pharmazieunternehmen findet die Sojabohne bei der Herstellung von Arzneien, Ölen, Lacken, Kleb- und Kunststoffen Anwendung. Schließlich ist Sojaschrot wichtiger Bestandteil von Viehfutter.

Zusammenfassung

1. Das Befahren der Seeverkehrswege ist generell Schiffen aller Nationen gestattet. Es gilt das Grundprinzip der „Freiheit der Hohen See" – auch „Freiheit der Meere" genannt.

2. Die Territorialgewässer von Küstenstaaten werden durch die 12-Seemeilen-Zone begrenzt.

3. Die meisten Meerengen gehören zu den Territorialgewässern von Küstenstaaten. Sie sind aufgrund ihrer internationalen Bedeutung zu Transit-Meerengen ernannt worden und können von Schiffen friedlich durchfahren werden.

4. Die dichtesten Seeverkehrswege erstrecken sich über die Nordhalbkugel. Es handelt sich um
   - die transatlantischen Seeweege,
   - die transpazifischen Seewege,
   - die Suez-Indik-Route und
   - die Südasienroute.

5. Auf der Seeverkehrsroute um das Kap der Guten Hoffnung (Kap-Route) werden die weltweit größten Massengutschiffe eingesetzt. Es ist eine der Hauptrouten für die Beförderung von Rohöl, Erdölerzeugnissen und massenhaften mineralischen Rohstoffen.

6. Als Containergürtel werden die weltumspannenden zusammenhängenden Hauptverkehrslinien der Containerschiffahrt bezeichnet. Der Containergürtel verbindet die 20 größten Containerhäfen der Welt miteinander.

7. Die bedeutendsten Containerhäfen liegen in nur neun Staaten. Herausragend sind unter den Containerhäfen die Umschlagplätze Singapur, Hongkong, Rotterdam, Kaoshing, Kobe, Pusan, Los Angeles, New York, Hamburg und Keelung.

8. Führende Reedereien unterhalten Containerdienste „Rund-um-die-Welt". Bei diesen weltumspannenden Kreisverkehren mit Containerschiffen dauert eine Rundreise zwischen 60 und 80 Tage. Es wird entweder in westliche (westbound) oder östliche (eastbound) Richtung gefahren.

9. Die Routen der Trampschiffahrt werden von Angebot und Nachfrage der massenhaften Welthandelsgüter bestimmt. Für Erdöl, Eisenerz, Kohle, Getreide und Ölpflanzen haben sich weitgehend feste Seeverkehrsrouten gebildet.

Aufgaben

1. Informieren Sie sich anhand von Atlas und Karten über die Verläufe der großen Seeverkehrsrouten.

2. Was besagt das weltweit gültige Grundprinzip der „Freiheit der Hohen See"?

3. Erläutern Sie die Abgrenzung von Hoheitsgewässern.

4. 1982 verabschiedete die UN-Seerechtskonferenz eine neue Seerechtskonvention mit einer neuen seerechtlichen Zoneneinteilung. Welche Regelungen sind in dieser Konvention verankert, und welches Territorialreglement praktiziert die Bundesrepublik Deutschland?

5. Nennen Sie Beispiele für Transit-Meerengen, und erläutern Sie, welche seerechtlichen Regelungen für derartige Verkehrsnadelöhre geschaffen wurden.

6. Beschreiben Sie die Endpunkte (Ranges) der drei transatlantischen Seeverkehrsrouten.

7. Beschreiben Sie die Endpunkte (Ranges) des transpazifischen Seeverkehrsweges.

8. Beschreiben Sie den Verlauf der Suez-Indik- und der Südasienroute.

9. Die sog. Kap-Route ist für viele Seeschiffe eine Zwangsroute. Nehmen Sie zu dieser Aussage Stellung.

10. Welche Einflüsse können den Streckenverlauf von Seeverkehrswegen beeinträchtigen oder verändern?

11. Erklären Sie die Fachbegriffe Range, VLCC, ULCC, Nördlicher Seeweg, TEU, Hub Port, Relaishafen.

12. Begründen Sie, warum sich polare Seewege nur bedingt kommerziell für den Seeverkehr nutzen lassen.

13. In der Hafenwirtschaft spricht man vielfach von Supra- und Infrastrukturen. Machen Sie die Unterschiede deutlich.

14. Beschreiben Sie den Verlauf des Containergürtels.

15. Was versteht man unter Feederdienst und Short-Sea-Verkehr?

16. Erstellen Sie ein Fahrtprogramm für einen Container-Pendeldienst von Kontinentaleuropa via Suez nach Japan und zurück. Wählen Sie mehrere Haupthäfen für den Direktverkehr aus, und nennen Sie je Haupthafen mehrere per Feederdienst zu bedienende Seehäfen entlang der Transportroute.

17. Nennen Sie die wichtigsten Routen der Trampverkehre.

4.4 Fahrtgebiete und Häfen

In der internationalen Linienschiffahrt werden einzelne Regionen mit ihren Seehäfen zu geographisch abgegrenzten Raumeinheiten, den sog. **Fahrtgebieten**, zusammengefaßt. Insgesamt können mehr als 40 Fahrtgebiete unterschieden werden, denen eine allgemein verwendete, jedoch nicht zwingende Reihenfolge zugrunde gelegt wurde. Die Fahrtgebiete werden in dieser Reihenfolge üblicherweise in Schiffslisten bzw. Schiffabfahrtslisten von Fachzeitschriften, z. B. der Deutschen Verkehrs-Zeitung (DVZ) wöchentlich veröffentlicht. Die Bezeichnungen der Fahrtgebiete richten sich nach den geographischen Namen von Küsten, Meeren, Einzelstaaten oder Staatengruppen. Da nicht selten dadurch lange Bezeichnungen entstehen, werden zur Vereinfachung vor allem bei stark frequentierten Fahrtgebieten Abkürzungen verwendet.

Die Häfen in den jeweiligen Fahrtgebieten werden von einer Reihe von Reedereien direkt oder mit Umladungen (**Transshipment**) bedient. Viele Reedereien haben sich auf einzelne Fahrtgebiete spezialisiert. Die ein Fahrtgebiet bedienenden Reedereien, die eingesetzten Schiffstypen, deren Lademöglichkeiten und Abfahrtszeiten sowie andere Angaben werden detailliert in den Schiffslisten (alter Ausdruck: Segellisten) veröffentlicht. Die Fahrtgebiete werden vielfach von Reedereien bedient, die in Konferenzen zusammengeschlossen sind. Das folgende Beispiel einer Schiffsliste (Auszug) stammt aus der Deutschen Verkehrs-Zeitung.

Beispiel:

Bezeichnung des Fahrtgebietes

Australien/Neuseeland	Südamerika Westküste
ABC Container Line (Reederei)	**EUROSAL** (Hapag-Lloyd/Transnave/Linabol/Nedlloyd)
Fremantle, Adelaide, Melbourne, Sydney, New Castle, Brisbane, Auckland, Wellington, Dunedin, Christchurch, Lyttelton, Port Chalmers (Zielhäfen ab Rotterdam)	**Buenaventura, Guayaquil, Arica, Valparaiso, Antofagasta, Callao** (Zielhäfen ab Antwerpen)
12. 2. Ellen Hudig (Abfahrtstag und Schiffsname)	4. 2. Isla de la Plata Ⓒ
Oceanica ☎ 4 04 05 55 (Buchungsagentur)	14. 2. Andes Ⓒ
Balt-Australia Line	25. 2. Nedlloyds Clement Ⓒ
Melbourne, Sydney, Brisbane, Adelaide, Devenport, Fremantle	8. 3. Bo Johnson Ⓒ
3. 2. A Vasilyev Ⓚ Ⓒ r/r	24. 3. Humboldt Express Ⓒ
Melbourne, Sydney, Brisbane, Fremantle, Devonport	**Guayaquil, Callao, Ilo, Arica/Iquique, Talcahuano**
17. 2. P. Masherov Ⓚ Ⓒ	23. 2. Tribels
Melbourne, Sydney, Brisbane, Adelaide, Fremantle	**Hapag -Lloyd ☎ 5 45 06 11**
2. 3. SK. Zalkalns Ⓚ Ⓒ	**Nedlloyd ☎ 5 40 60 11**
Transworld ☎ 4 87 34 00	Gemeinschaftsdienst der Reedereien Hapag-Lloyd, Transnave, Linabol und Nedlloyd

besondere Fazilitäten des Schiffes: hier
Ⓚ = Kühlräume Ⓒ = Container r/r = Roll on/Roll off

Übersicht der Fahrtgebiete

Lfd. Nr.	Fahrtgebiet	Übliche Abkürzung	Ausdehnung	Wichtige Haupthäfen
1	Kanada/Große Seen	Kan./Gr. S.	Neufundlandküste Neuschottlandküste St. Lorenz-Seeweg Große-Seen-Gebiet	St. John's Halifax Quebec, Montreal Toronto, Detroit, Chicago
2	Nordamerika Ostküste	NAOK	Kanadische Grenze bis Kap Hatteras (bei Norfolk)	Boston, Providence, New York, Jersey City, Philadelphia, Baltimore, Newport News, Norfolk
3	US-Südatlantik	Südatl.	Kap Hatteras bis Key West/Florida einschl. Bermudas	Wilmington, Charleston, Savannah, Jacksonville, Port Everglades, Miami, Hamilton/Bermudas
4	US-Golf	Golf	Key West bis Grenze Mexiko	Tampa, Mobile, New Orleans, Beaumont, Houston, Galveston Corpus Christi
5	Kuba/Mexiko	Mex.	US-Grenze bis Yukatan-Halbinsel	Tampico, Veracruz/Mexiko Havanna/Cuba

Lfd. Nr.	Fahrtgebiet	Übliche Abkürzung	Ausdehnung	Wichtige Haupthäfen
6	Zentralamerika Westküste	ZAWK	US-Grenze bis Panamakanal	Guaymas/Mex., Mazatlán/Mex., Puntarenas/Costa Rica, Balboa/Panama
7	Mittelamerika/ Westindien	WIMA	Bahamas, Karibikinseln, Karibikanrainerstaaten	Nassau/Bahamas, San Juan/ P. Rico, Maracaibo/Venezuela, Pt.-au-Prince/Haiti
8	Nordamerika Westküste	NAWK	Alaska bis Grenze Mexiko einschl. Hawaii	Vancouver/Kan., Seattle, Oakland, San Francisco, Los Angeles, Long Beach, San Diego, Honolulu (Hawaii)
9	Südamerika Westküste	SAWK	Panamakanal bis Kap Hoorn	Buenaventura/Kolumbien, Guayaquil/Ecuador, Chimbote, Callao, Matarani/Peru, Arica, Antofagasta, Valparaiso/Chile
10	Südamerika Ostküste	SAOK	Recife bis Kap Hoorn	Salvador, Rio de Janeiro, Santos, Porto Alegre/Brasilien, Montevideo/Uruguay, Buenos Aires/Argentinien, Asunción/Paraguay
	Nordostküste		Guyana bis Recife einschl. Orinoco und Amazonas	Paramaribo/Surinam, Cayenne/Frz. Guayana, Manaus, Belem, Sao Luis, Fortaleza, Natal, Recife/Bras.
11	Nordafrika/ Marokko	NAfr.	Afrikanische Nordwestküste vom Senegal bis Libyen	Dakar/Senegal, Agadir, Casablanca, Rabat, Tanger/Mar., Algier, Annaba/Alg., Tunis/Tunesien, Tripolis/Libyen
12	Atlantische Inseln	Atl. In.	Azoren, Madeira, Kanar. Inseln, Kapverd. Inseln, Ascension, St. Helena	Pt. Delgada/Azoren, Funchal/Madeira, St. Cruz/Teneriffa
13	Westafrika	WAfr.	Senegal bis Angola	Dakar/Senegal, Conakry/Gui., Freetown/SL., Monrovia/Lib., Abidjan/Elf., Sekondi-Takoradi, Accra/Gha., Lomé/ Tog., Cotonu/Benin, Lagos, Pt. Harcourt/Nigeria, Duala/Kam., Libreville/Gabun, Pt. Noire/Kon., Luanda, Lobito/Angola
14	Südafrika	SAfr.	Namibia bis Mosambique	Swakopmund, Walvis Bay, Lüderitz/Nam., Kapstadt, Pt. Elizabeth, Durban/SA., Lour. Marques, Beira/Mosamb.
15	Madagaskar	OAfr.	Inseln von Madagaskar, Réunion, Mauritius	Tamatava/Madagaskar, La Pointe des Galets/Réunion, Port Louis/Mauritius

Lfd. Nr.	Fahrtgebiet	Übliche Abkürzung	Ausdehnung	Wichtige Haupthäfen
16	Ostafrika	OAfr.	Tansania bis Kap Guardafui	Daressalam/Tansania, Mombasa/Kenia, Mogadishu/Somalia
17	Rotes Meer	Rotes M.	Golf von Suez bis einschl. Golf von Aden	Berbera/Som., Djibouti/Dji., Mukalla, Aden, Hodeidah/Jem., Massaua/Äth., Port Sudan/Sud., Jeddah, Sd. Ar., Akaba/Jord., Suez/Ägypten
18	Persischer und Arabischer Golf	Pers. G.	Persischer Golf und Golf von Oman	Maskat/Oman, Dubai, Abu Dhabi/VAR, Doha/Katar, Bahrain, Dammam/S.Ar., Kuwait, Basrah/Irak, Khorramschahr, Bandar Abbas/Iran
19	Indien, Pakistan, Sri Lanka Birma (Myanmar)	Ind./Pak.	Indusmündung bis Irawadi-Mündung einschl. Sri Lanka, Malediven u. Seychellen	Karachi/Pak., Bombay, Marmagao, Cochin, Tuticorin, Pondicherry, Madras, Vishakahapatnam, Kalkutta/Indien, Khulna, Chittagong/ Bangla Desh, Rangun/Myan., Colombo, Trincomalee/Sri Lanka
20	Indonesien	Indon.	gesamtes Staatsgebiet von Indonesien (ohne West-Irian, Neuguinea)	Belawan, Djakarta, Semarang, Surabaja, Balikpapan
21	Nord-Borneo/ Neuguinea/ Südsee	NBorn/ Neug.	die malayischen Staatsgebiete von Sarawak und Sabah, Papua Neuguinea, Brunei und Teile von Indonesien, pazifische Inselstaaten	Kuching, Sibu, Kota, Kinabalu/Malay, Port Moresby/Pap. Neuguinea, Biak/Indon, Ampa/Brunei, Tahiti/Gesellschafts-, Inseln, Viti Levu/Fiji
22	Ostasien	OAs.	Malaysia bis Japan einschl. Philippinen, Taiwan und Hongkong	Penang, Butterwort, Kelang/Mal., Singapore/Sing., Bangkok/Thailand, Kompong Son/Kambodscha, Saigon, Haiphong/Vietnam, Manila, Cebu, Davao, Zamboanga/Phil., Keelung, Kaoshiung/ Taiw., Hongkong, Shanghai, Tsingtao, Dairen/China, Pusan, Incheon/Rep. Korea, Moji, Kobe, Osaka, Nagoya, Yokohama, Nagasaki/Japan
23	Australien	Austr.	gesamter Kontinent	Fremantle, Adelaide, Melbourne, Sydney, Brisbane
24	Neuseeland	Neusld.	das gesamte Staatsgebiet	Auckland, Wellington, Lyttelton, Dunedin
25	Mittelmeer	–	Algerciras/Spanien bis Tarent/Itallen	Algeciras, Cartagena, Valencia, Barcelona, Marseille, Toulon, Savona, Genua, Livorno, Neapel, Palermo
	Adria	–	Triest bis Brindisi	Triest, Venedig, Bari, Koper, Rijeka, Split

Lfd. Nr.	Fahrtgebiet	Übliche Abkürzung	Ausdehnung	Wichtige Haupthäfen
26	Levante und Schwarzes Meer	–	östl. Mittelmeer und Schwarzes Meer	Patras, Piräus, Thessaloniki, Heraklion, Istanbul, Izmir Limassol, Larnaca, Tripoli, Beirut, Haifa, La Valletta Alexandria, Port Said,
				Varna, Konstanza, Odessa, Trabzon, Samsun,
27	Kaspisches Meer	–		Anzali, Nowshar/Iran

Innerhalb Europas werden gewöhnlich als eigene Fahrtgebiete die am Atlantik und an Nord- und Ostsee gelegenen Staaten genannt. Als Beispiele können folgende Fahrtgebiete aufgeführt werden: Island, Spanien (Atlantikhäfen), Portugal, Großbritannien, Irland, Frankreich, Dänemark, Schweden, Finnland, Baltische Staaten, Rußland u. a. m. Da die wichtigsten Häfen dieser Fahrtgebiete bereits im Themenkreis 10 behandelt worden sind, wird an dieser Stelle auf eine Auflistung verzichtet.

4.5 Verkehrsgeographische Charakteristik ausgesuchter Fahrtgebiete

4.5.1 Nordamerika-Ostküste (NAOK)

Das Fahrtgebiet NAOK umfaßt in etwa einen Küstenstreifen von 1 200 km Länge zwischen der Grenze USA/Kanada im Norden bis zum Kap Hatteras. Es liegt in der Zone kontinentalen Klimas, die Häfen sind alle durch den Golfstromeinfluß eisfrei. Südlich schließt sich das Fahrtgebiet US-Südatlantik-Häfen an. Die nordatlantischen US-Häfen sind dicht an der Küste gestaffelt und außerordentlich leistungsstark. Die größten Häfen sind Boston, Providence, New York/Jersey City, Albany, Alexandria, Philadelphia, Baltimore, Newport News und Norfolk. In einigen Fällen handelt es sich um Hafengruppen, denen mehrere Kleinhäfen zugehören.

Beispiel:

Der Hafen von Philadelphia besteht insgesamt aus acht Einzelhäfen, die unter der Bezeichnung „Ports of Philadelphia“ oder auch „Ameriport“ arbeiten. Neben der Stadt Philadelphia gehören dem Hafenverband Camden, Gloucester, Chester, Marcus Hook, Paulsboro, Wilmington/Del. und Trenton an.

Die günstigsten Wasserverhältnisse hat der Hafen Baltimore, der als Tiefwasserplatz für Schiffe über 200 000 tdw geeignet ist. Das Hinterland der NAOK-Häfen umfaßt den gesamten Osten der USA und den Mittleren Westen. Aufgrund der Hafendichte in der NAOK-Range einerseits und durch die Konkurrenz der Südatlantikhäfen, der Große Seenhäfen und der Golfhäfen andererseits wird der Wettbewerb um Ladung hart ausgetragen. Im NAOK-Fahrtgebiet wurde erstmals die Container-Verkehrstechnik durchgeführt, was im wesentlichen auf die hohe Verkehrsdichte innerhalb der Region und die Art der Güter zurückzuführen ist. Fast alle große Häfen des Fahrtgebietes weisen heute sehr hohe Containerisierungsquoten auf, wenngleich allein die Hafengruppe New York/New Jersey die Millionengrenze bei Containern überschreitet.

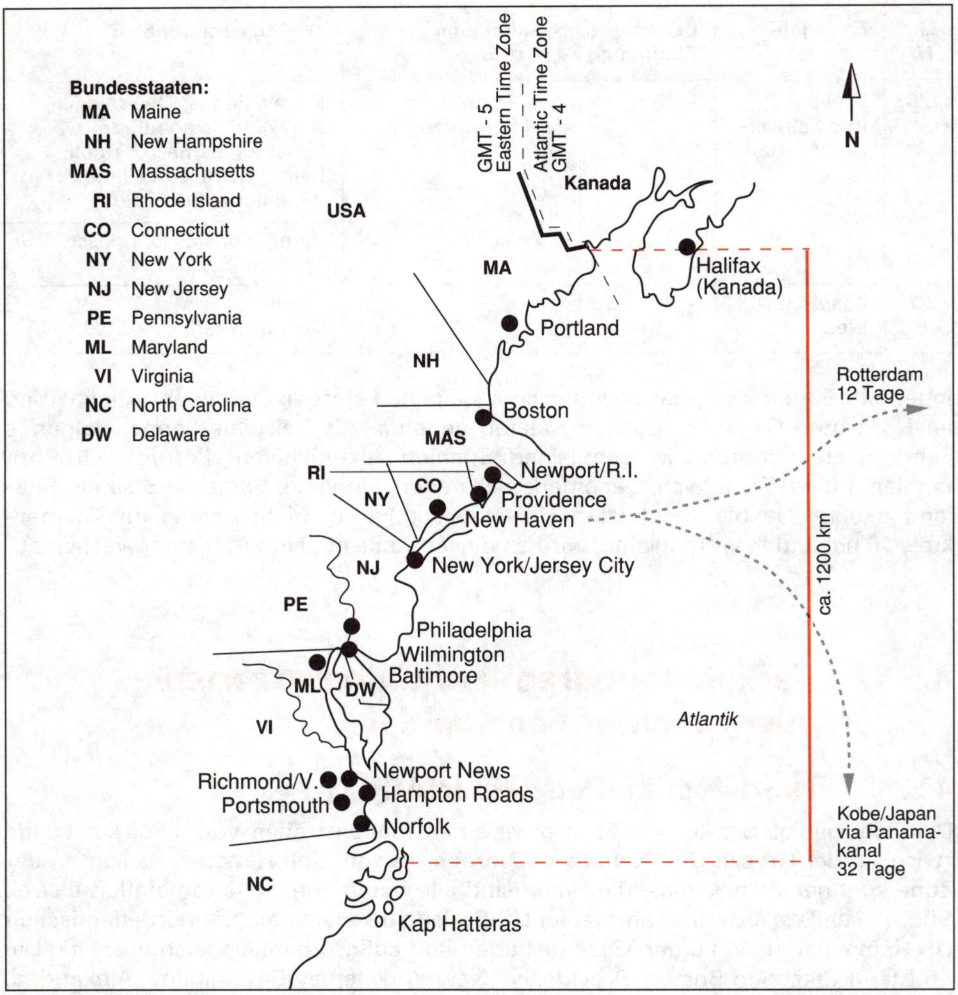

Fahrgebiet Nordamerika – Ostküste (NAOK) mit bedeutenden Seehäfen

4.5.2 US-Golf-Region

Dieses Fahrtgebiet hat eine Ausdehnung von rd. 2 200 km und reicht von der US/mexikanischen Grenze bis zur Südspitze der Florida-Halbinsel. Klimatisch ist die Golfregion den Subtropen zuzuordnen, was auch durch die jährlich mehrfach in diesem Fahrtgebiet auftretenden Stürme (Hurrikans, Tornados) unterstrichen wird. Bedeutende Häfen sind Port Brownsville, Corpus Christi, Galveston, Houston, Beaumont, Port Lake Charles, New Orleans, Mobile, Tampa und Port Everglades. Die speziellen Anforderungen des Hinterlandes, das in großem Umfang durch Rohölgewinnung und -verarbeitung geprägt ist, haben zu einer Spezialisierung einzelner Häfen geführt. Für den Ölumschlag wichtig sind u. a. Tampa und New Orleans. Stahleinfuhren erfolgen in großen Mengen über Houston. New Orleans, Corpus Christi und Mobile fertigen beträchtliche Gütermengen über die Lash-Technik ab. Zentrale Häfen für Containerdienste sind Houston und New Orleans. Von Houston werden Landbrückenverkehre an die US-Westküste durchgeführt. New Orleans ist Zentrum für

Feederdienste auf die Inseln der Großen, Kleinen und Niederländischen Antillen (Karibik) und an die Ostküste Mittelamerikas. Diese Aufgabe teilt sich New Orleans mit dem großen Containerterminal von San Juan auf Puerto Rico.

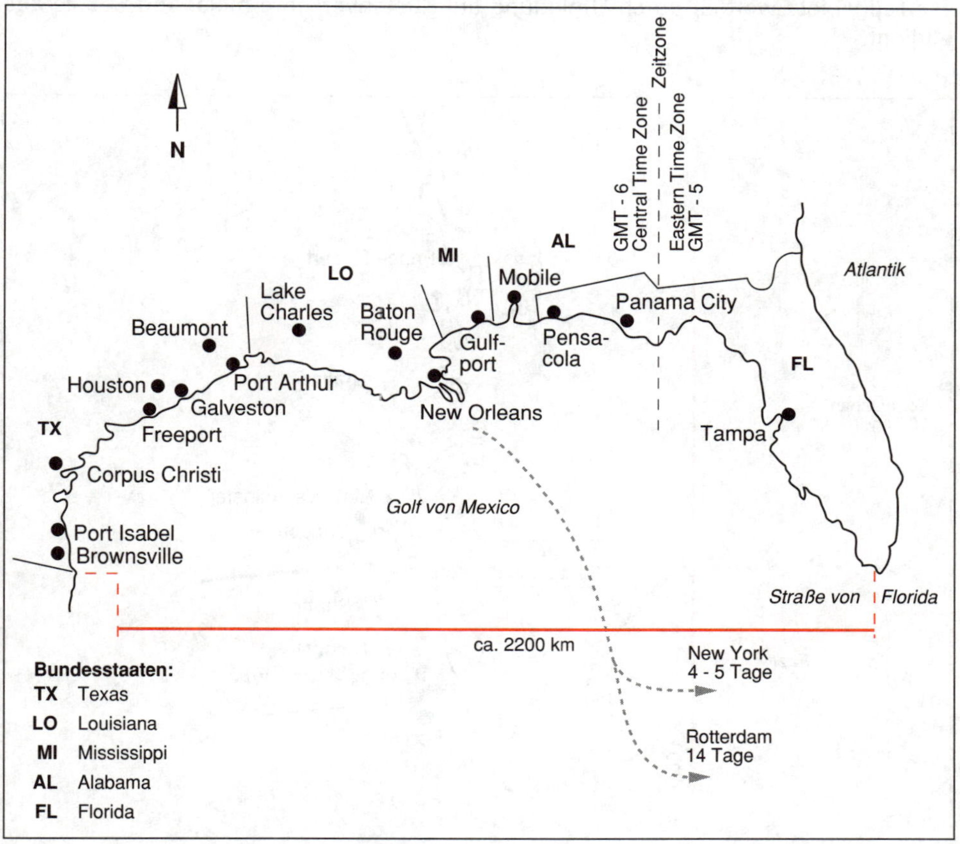

Fahrtgebiet US-Golf-Region mit bedeutenden Seehäfen

4.5.3 Nordamerika Westküste (NAWK)

Zum Fahrtgebiet NAWK, das eine Ausdehnung von rund 4 000 km hat, werden alle Häfen zwischen Alaska und der US/mexikanischen Grenze gerechnet, also auch die kanadischen Häfenplätze am Pazifik sowie die US-Inseln der Hawaii-Gruppe. Entsprechend der Ausdehnung sind die klimatischen Einflüsse an der Festlandsküste: die nördlichen Abschnitte unterliegen hohen Niederschlägen und zeitweise heftigen Stürmen, die Region um San Francisco und Oakland ist für ihren Nebelreichtum bekannt. Bedeutende Festlandshäfen sind Vancouver (Kanada), Seattle, Tacoma, Richmond, Oakland, San Francisco, Los Angeles, Long Beach und San Diego. Auf Hawaii sind die Häfen Honolulu, Nawiliwili und Port Allen nennenswert. Im NAWK-Fahrtgebiet ist vor allem der Containerverkehr via die Pazifikrouten von großer Bedeutung.

Beispiel:

Vier der 20 weltweit größten Containerterminals liegen in NAWK-Häfen: Los Angeles, Long Beach und Oakland und Seatlle, Europazifische Dienste fahren diese Containerhäfen jedoch nicht stark an. Westgehende Container werden vielfach über Landbrücken (New York – Los Angeles oder Houston – Oakland) den Häfen zugeführt.

Im Massengutsektor sind die Häfen von San Diego (Getreide), Long Beach (Öl) und San Francisco (Öl, Erze) stark vertreten. Liniendienste von Europa nach den nördlichen NAWK-Regionen werden nicht in großem Umfang angeboten, die Häfen dieser Teilgebiete werden durch Umladung auf Küstenverkehre meist von Seatlle aus bedient.

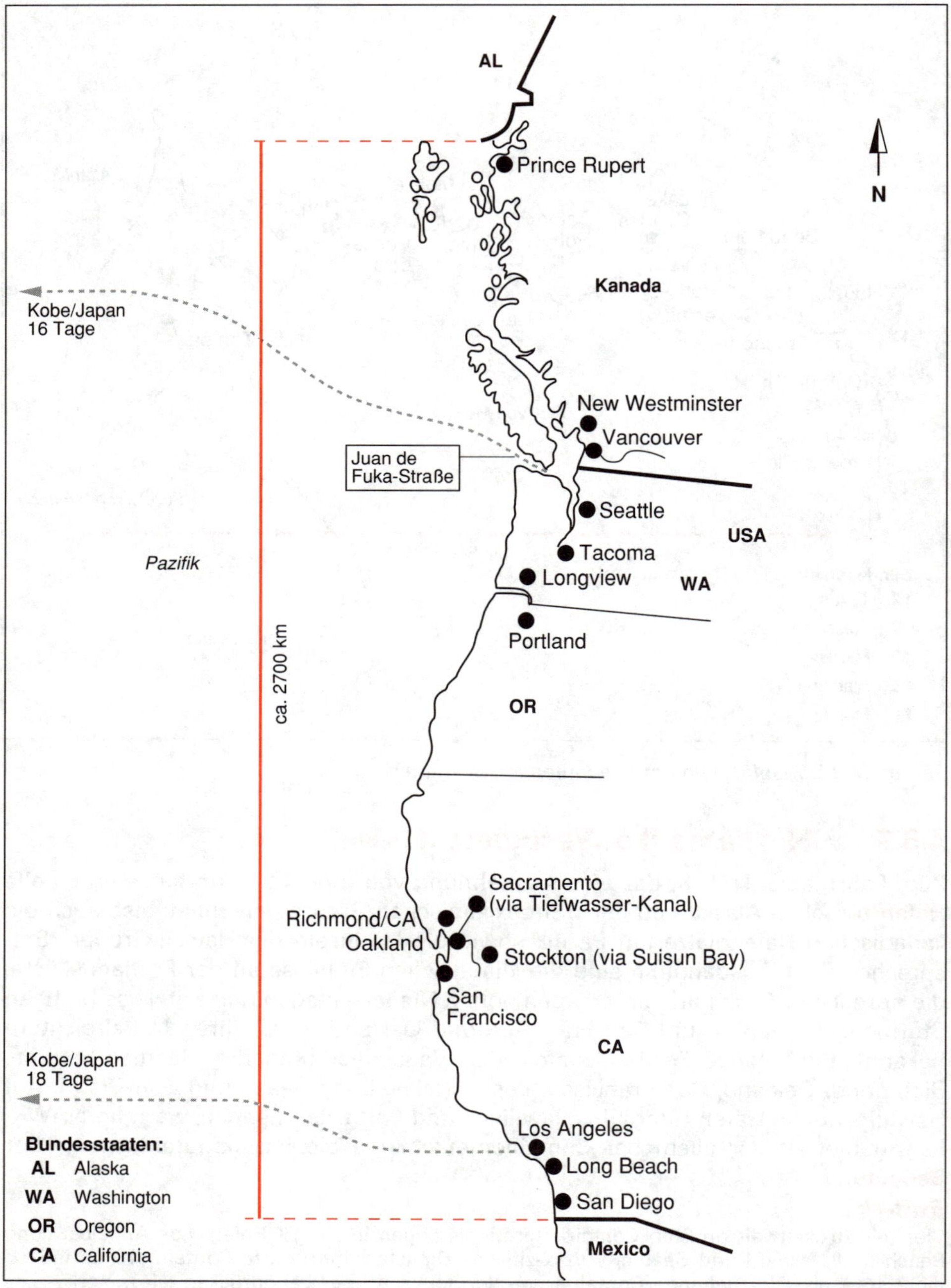

Fahrtgebiet Nordamerika Westküste (NAWK) mit bedeutenden Seehäfen (ohne Alaska)

4.5.4 Rotes Meer und Persischer Golf

Beide Fahrtgebiete sind in den Sommermonaten durch extrem hohe Temperaturen und hohe Luftfeuchtigkeit geprägt. Das Fahrtgebiet **Rotes Meer** erstreckt sich vom Golf von Suez bis einschließlich zum Golf von Aden, die Ausdehnung mißt rund 2 500 km. Für zehn Staaten stellt das Rote Meer den seewärtigen Verkehrsanschluß dar. Die bedeutendsten Häfen entlang der arabischen und afrikanischen Küste sind: Eilat (Israel), Akaba (Jordanien), Djeddah, Jizan und Yembo (Saudi Arabien), Hodeidah, Mokha, Aden und Mukalla (Jemen), Berbera (Somalia), Djibouti (Djibouti), Massaua, Assab (Äthiopien), Port Sudan (Sudan), Suez (Ägypten). Durchweg sind es mittelgroße Universalhäfen, in denen auch Container teilweise von Voll-Containerschiffen umgeschlagen werden. Einige Häfen übernehmen Spezialaufgaben, so u. a. Djeddah im Viehumschlag, Akaba im Phosphathandel und Djibutti im Transitverkehr für Äthiopien. Die Erschließung des Hinterlandes mit Straßen und Schienen ist vielfach noch unzureichend.

Das Fahrtgebiet **Persischer Golf** erstreckt sich vom Euphrat/Tigris-Mündungsgebiet (Schatt el-Arab) über die Straße von Hormuz bis einschließlich zum Golf von Oman. Die Ausdehnung beträgt mehr als 1 000 km. An der Westküste des Golfs haben sich aufgrund der dort liegenden kaufkraftstarken und durch einen hohen Lebensstandard gekennzeichneten Ölstaaten mittlerweile sehr viele leistungsstarke Seehäfen für den Container- und Ro/Ro-Verkehr etabliert. Wichtige Häfen im Linienverkehr sind: Masquat, Mina Qaboos (Sultanat Oman), Abu Dhabi, Port Khalid/Sharjah, Port Rashid/Dubai, Fujairah (Vereinigte Arabische Emirate), Doha und Um Said (Sultanat Katar), Mina Sulman/Manama (Bahrain), Dammam und Jubail (Saudi-Arabien), Kuwait, Mina-Al-Ahmadi (Kuwait), Basrah und Um Qasr (Irak), Khorramshar, Bushire, Bandar Khomeini, Bandar Abbas (Iran).

Durch die gewaltigen Handelsverkehre bedingt, existieren viele Erweiterungs- und Neubaupläne für Seehäfen. Einzelne Seehäfen, wie z. B. Dubai, wachsen wegen ihrer günstigen Lage am Containergürtel langsam in die Rolle von „Transhipment-Plätzen" (Umladungstationen) für die Region und für Indien heran. Dubais Seehafen Port Rashid hat sich in zunehmendem Maße auch zu einem Knotenpunkt im Sea-Air-Güterverkehr entwickelt.

Beispiel:

Textilien aus den Schwellenländern des südostasiatischen Raumes werden mit Containern bis Port Rashid befördert, dort nach kurzer Zwischenlagerung und Umladungen mit Frachtflugzeugen zu den Destinationen in Westeuropa geflogen. Der Vorteil dieser kombinierten See-Luft-Transportketten liegt in der Zeitverkürzung und in günstigen Durchschnittsfrachtkosten.

Generell leiden die Häfen des Fahrtgebietes jedoch an der Güterstruktur der Warenströme.

Beispiel:

Die Golfregion bezieht über die Container-Linienschiffahrt alle Arten von Konsum- und Investitionsgütern, während entgegengesetzt die großen Ölhandelsströme verlaufen. Diese unpaarigen Verkehrsströme stellen ein Problem für den Containerverkehr dieses Fahrtgebietes dar, da für die von Europa eingehenden Boxen kein nennenswertes Containergut für die Rückreise zur Verfügung steht. Die Boxen müssen meist leer nach Europa zurückbefördert werden.

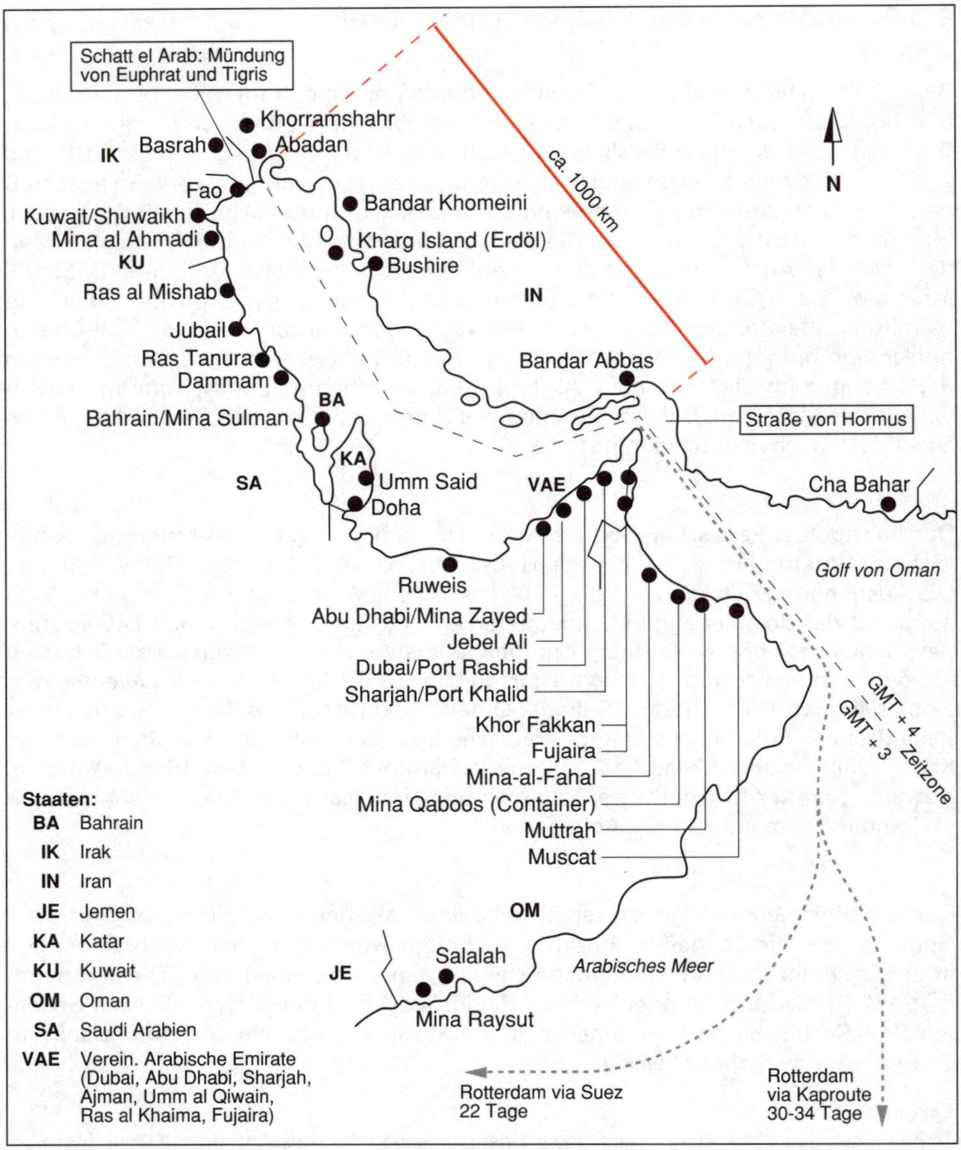

Fahrtgebiet Persischer Golf (einschl. Arabisches Meer) mit bedeutenden Seehäfen

4.5.5 Südostasien

Die verkehrsgeographische Umschreibung Südostasiens weicht in der Seeschiffahrt von der üblichen geographischen Abgrenzung ab. Danach ist das Fahrtgebiet Südostasien der südliche Teil des Fahrtgebietes Ostasien, ausgenommen die Inselrepublik Indonesien, Nord-Borneo und Neuguinea. Es umfaßt somit einen rund 3 000 km langen Küstenstreifen zwischen der Malaysia-Halbinsel (ohne den Staat Birma/Myanmar) im Südwesten und der Insel Taiwan im Norden und die Inselgruppe der Philippinen. Klimatisch ist die gesamte Region den Tropen zuzuordnen, beherrschend sind die periodisch wechselnden Monsune mit hohen Niederschlägen und hoher Luftfeuchtigkeit. Das Fahrtgebiet hat seit Jahren einen enormen Aufschwung zu verzeichnen. Mehrere Staaten des Gebietes gehören zu den erfolgreich aufstrebenden Schwellenländern der Welt.

Beispiel:

Zu den Ländern, die in ihrer wirtschaftlichen Entwicklung auf der Stufe zum Industriestaat stehen, gehören Südkorea, Singapur, Taiwan und Hongkong. Sie werden wegen ihres dynamischen überdurchschnittlichen Wirtschaftswachstums als die „vier kleinen Tiger" bezeichnet. Hongkong ist für die Volksrepublik China größter Handelspartner und wichtigstes Tor zum Welthandel. Die Handelsmetropole geht am 1. 7. 1997 an China über. China hat in vier Häfen des Fahrtgebietes Sonderwirtschaftszonen eingerichtet, in denen ausländischen Investoren unter Vorzugsbedingungen vielfältige Wirtschaftskooperationen angeboten werden. Die Häfen sind Freihäfen.

Herausragender Hafen und Verkehrsdrehscheibe der gesamten Region ist derzeit Singapur als einer der größten Containerhäfen der Welt. Weitere wichtige Hafenplätze sind Penang, Port Kelang (Malaysia), Bangkok (Thailand), Saigon (Vietnam), der Tiefwasserhafen Hongkong und Manila (Philippinen). Im Rahmen der weltweit zunehmenden maritimen Kriminalität in Form der Piraterie gilt das Fahrtgebiet Südostasien als das gefährlichste der Welt.

Beispiel:

Das International Maritime Bureau (IMB) in London registrierte 1990 rund 120 offiziell gemeldete schwere Fälle von Piraterie auf große Handelsschiffe. Besonders betroffen ist die Straße von Malakka und der zur Straße von Singapur gehörende Phillip Channel. Die Kaperungen erfolgten auf konventionelle Stückgutfrachter wie auf Containerschiffe. Die vorzugsweise dabei erbeuteten hochwertigen Handelswaren (z. B. Textilien, Unterhaltungselektronik usw.) repräsentieren nicht selten Werte von mehreren Millionen Mark. Ähnliche Verhältnisse finden sich in den Fahrtgebieten Westafrikas, in der Karibik und der südamerikanischen Ostküste.

4.5.6 Ostasien

Als Fortsetzung des Teilraumes Südostasien erstreckt sich das Fahrtgebiet Ostasien in etwa von Taiwan entlang der chinesischen Küste bis zur Nordspitze der japanischen Insel Hokkaido. Die Küstenlänge beträgt in der Luftlinie rund 3 000 km. Klimatisch ist auch Ostasien vom Monsun geprägt, in den Sommermonaten treten heftige Taifune auf. Während allerdings die Region um Taiwan noch den Randtropen zugehört, weist Nordjapan Temperaturen der gemäßigten bis kalten Zone auf. Ostasien nimmt im Containerverkehr eine herausragende Stellung ein. Sechs der 20 größten Containerhäfen der Welt liegen in diesem Fahrtgebiet, es handelt sich um Kaoshiung und Keelung (Taiwan), Kobe, Yokohama und Tokio (Japan) sowie Pusan (Südkorea). Bedeutende Seehäfen sind in China Fuchou, Shanghai, Tsingtau, Tianjin und Dalian, in Südkorea ferner Incheon und der Massenguthafen Kwangyan Bay. Innerhalb des Fahrtgebietes haben 14 Küstenstädte Chinas eine den Sonderwirtschaftszonen vergleichbare bevorzugte Stellung. Die dichteste Kette von Häfen weist die dem Pazifik zugewandte Seite der japanischen Hauptinsel Honshu auf.

Beispiel:

Mehr als ein Dutzend großer Häfen reiht sich von Tokio aus südwärts aneinander. Viele dieser Häfen erfüllen spezielle Funktionen, stellvertretend seien hier genannt: Tokio (Container-Linienverkehre, Schwergut, Ro/Ro), Kawasaki und Yokohama in der Tokio-Bay (Gas- und Tankgüterumschlag, Container-Linienverkehre), Shimizu (Container, Gas- und Tankterminal), Sakai (Schwergüter, Gas- und Tankterminal), Osaka (Universalhafen), Kobe (größter Hafen Japans mit Containerverkehren, Ro/Ro, Schwerstgüterumschlag, Schiffsbau und -reparaturen).

Zu den großen Häfen der japanischen Inseln werden ferner die Plätze Kitakyushu, Nagasaki, Nagoya und Kagoshima gezählt. In gewissem Maße unterliegt der Containerverkehr von diesem Fahrtgebiet nach Westeuropa und umgekehrt der Konkurrenz von Landbrücken-Verkehren in Form der Transsibirischen Eisenbahn bzw. der Baikal-Amur-Magistrale. Die russischen Ausgangshäfen für diese kombinierten Land-See-Verkehre (u. a. über Nachodka, Wrangel und Sowjetkaja Gawan) sowie sibirische Häfen weiter nördlich waren bislang nicht dem Fahrtgebiet zugehörig eingestuft worden.

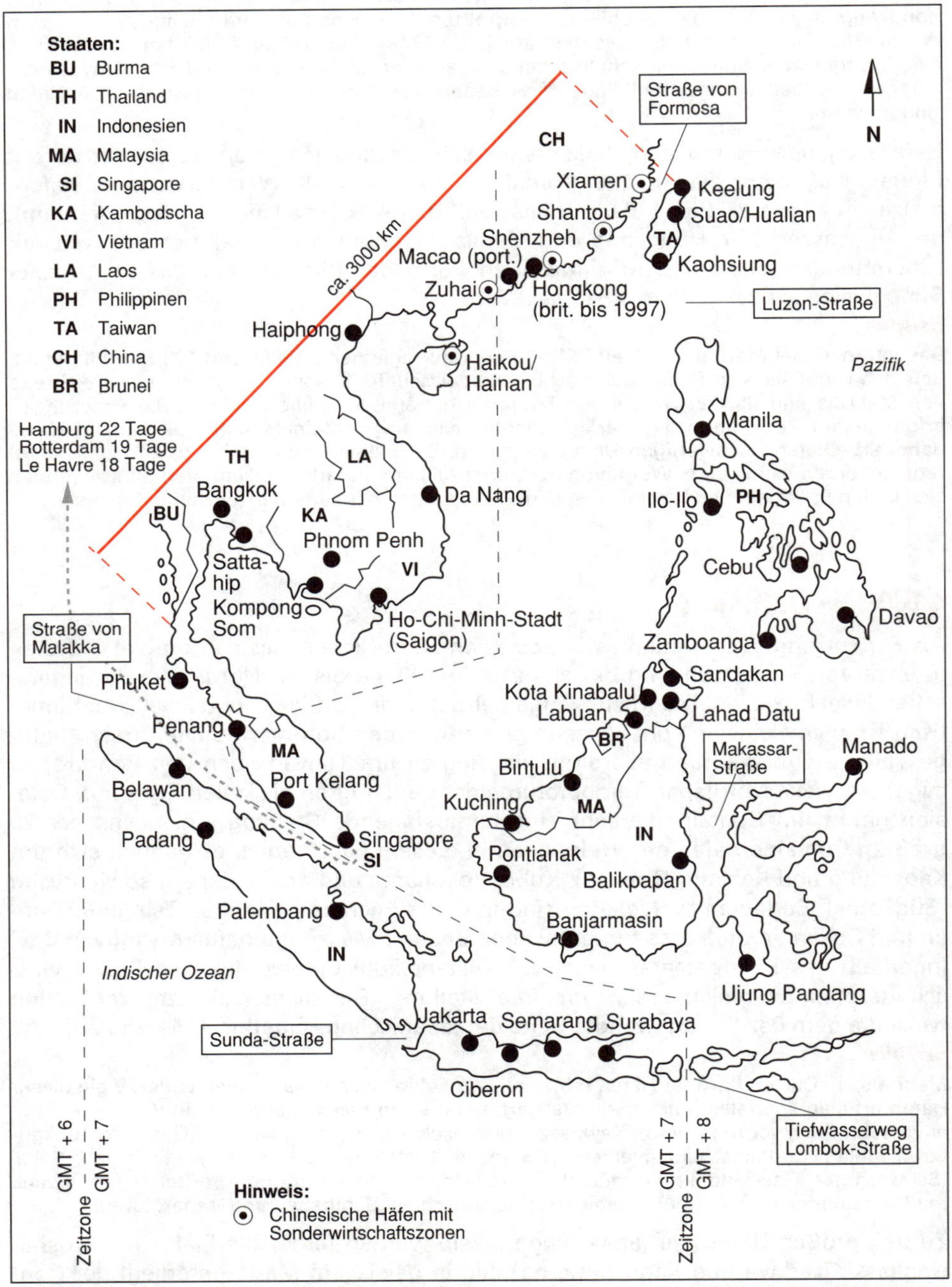

Fahrtgebiet Ostasien (Südabschnitt) und Fahrtgebiet Indonesien mit bedeutenden Seehäfen

4.5.7 Afrikanische Fahrtgebiete

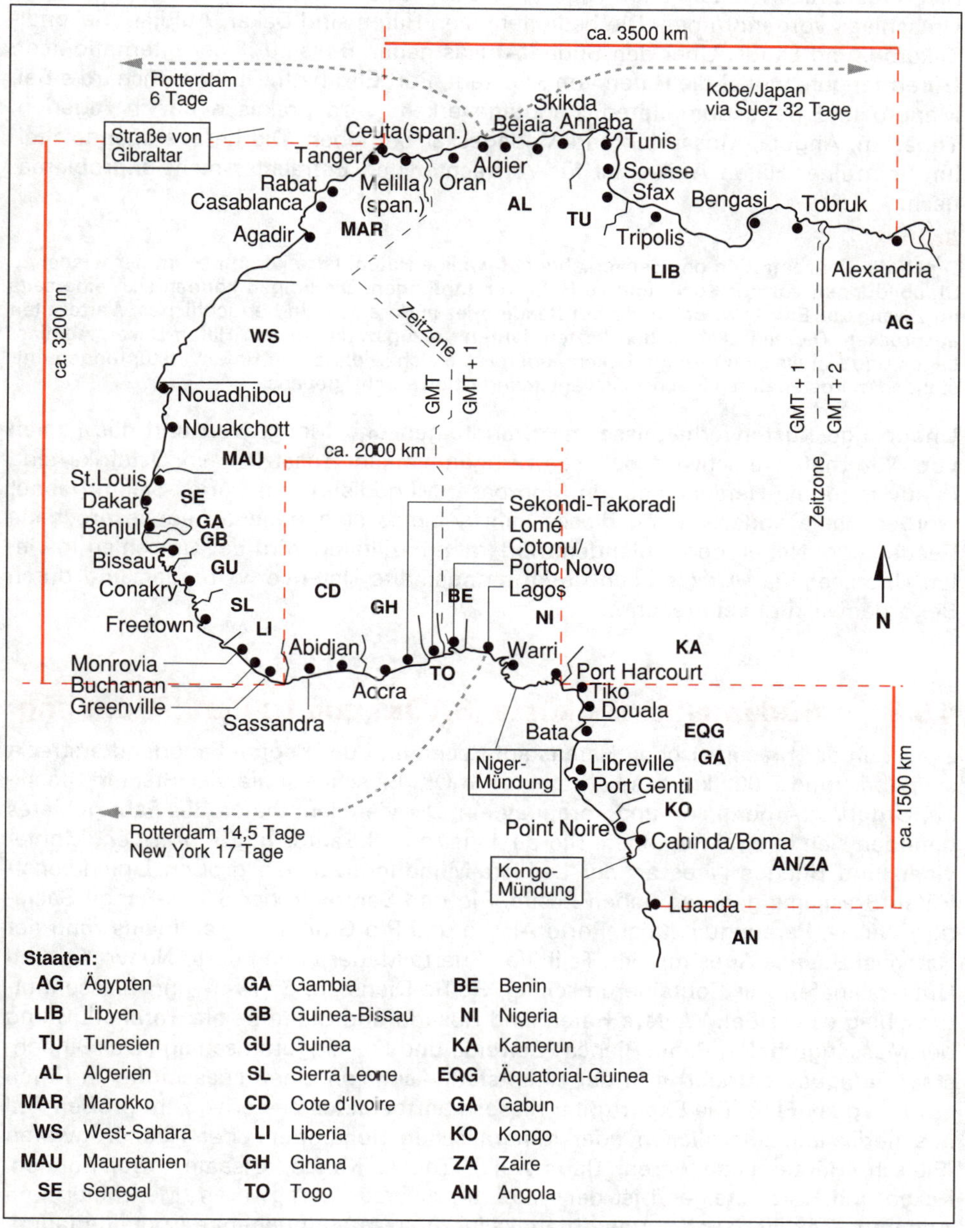

Fahrtgebiete Nord- und Westafrika mit bedeutenden Seehäfen

Die Seeschiffahrt ist der herausragende Verkehrsträger im Außenhandel Afrikas. Obwohl die Küsten Afrikas über 550 Seehäfen aufweisen, konzentriert sich die Seeschiffahrt auf nur rund 35 leistungsfähige internationale Häfen in einigen Staaten.

Im Fahrtgebiet Nordafrika sind dies z. B. Libyen, Algerien, Marokko und Tunesien, die rd. 40 % des seewärtigen Gesamtumschlags des Kontinents abwickeln. Die wichtigsten Häfen sind hier Alexandria, Tripolis, Algier und Casablanca. Im Fahrtgebiet Westafrika werden über Nigeria, Liberia und Cote d'Ivoire etwa 30 % des Umschlags vorgenommen. Die bedeutendsten Häfen sind Dakar, Abidjan, Sekondi-Takoradi und Lagos. Über den Süden Afrikas gehen 8 bis 10 % der internationalen Gütermengen, wobei die Häfen von Kapstadt, Port Elizabeth, Durban, Richard's Bai, Maputo und Beira dominieren. Kabotageverkehr wird praktisch nur in Algerien, Tunesien, Angola, Mosambik und Madagaskar betrieben. Die herausragende Stellung einzelner Häfen Afrikas ist für Verfrachter und Befrachter nicht unproblematisch.

Beispiel:

Durch die Konzentration des Seeverkehrs auf wenige Hafenplätze kommt es immer wieder zu Staubildungen vor der Küste und zu Hafenverstopfungen. Die Folgen können sich einerseits im Zwang zur Ent- bzw. Beladung auf Reede oder andererseits in beträchtlichen Wartezeiten ausdrücken. Dies hat sich in den letzten Jahren vorzugsweise in den Häfen Dakar, Abidjan, Lagos und Daressalam gezeigt. Linienreedereien gleichen die durch Hafenverstopfungen entstehenden Kosten durch Frachtzuschläge (congestion surcharge) aus.

Ungünstige Küstenverhältnisse mit Brandungen und Mangroven und das Fehlen von Naturhäfen erschwert den seewärtigen Verkehr zusätzlich. In Ostafrika sind relativ moderne Hafenanlagen in Mombasa, Mogadishu und Dar-es-Salam gebaut worden, viele andere Häfen dieses Fahrtgebietes sind dagegen ausgesprochene Reedehäfen. Neben den fehlenden modernen Fazilitäten wird der Umschlag in vielen Überseehäfen Afrikas auch durch mangelhafte Hafenverwaltungen und durch Behördenwillkür beeinträchtigt.

4.5.8 Südamerika Ostküste (SAOK) und La Plata-Mündung

Zwischen der brasilianischen Hafenstadt Recife und der Region Feuerland erstreckt sich über rund 7 000 km das Fahrtgebiet SAOK. Es schließt die vier Staaten Brasilien, Uruguay, Argentinien und Paraguay ein. Die vier Haupthäfen des Fahrtgebietes befinden sich in zwei Regionen: Rio de Janeiro und Santos in Südbrasilien, Montevideo und Buenos Aires an der La-Plata-Mündung. Zu den großen Liniendienst-Häfen Brasiliens gehören neben Recife, Rio und Santos in der SAOK-Range Salvador, Vitória, Paranagua, Itajai, Porto Alegre und Rio Grande. Argentiniens zentraler Hafen ist Buenos Aires mit den Teilhäfen Puerto Madero und Puerto Nuevo. Es sind Universalhäfen mit Containerumschlag, Ro/Ro-Diensten, Schwer- und Massengutumschlag (Getreide). Weitere Häfen sind Rosario und Santa Fé am Paranáfluß und der Massenguthafen Bahia Blanca (Getreide und Flüssiggutumschlag). Der Binnenstaat Paraguay betreibt in in der Hauptstadt Asunción einen seeschifftiefen Hafen am Paraguay-Fluß. Die Exportgüter dieses Fahrtgebietes bestehen zum großen Teil aus tierischen, pflanzlichen oder mineralischen Rohstoffen oder Halbfertigwaren (Fleisch, Häute, Lederwaren, Baumwolle, Tabak, Kaffee, Ölsaaten, Sojabohnen, Kakao und Holz), steigend ist der Anteil an diversen Fertigwaren (Maschinen und Apparate, Textilien, Fahrzeuge, Chemikalien u. a. m.). Eingehende Containerladungen mit Industrieerzeugnissen müssen in vielen Häfen noch mit eigenem Schiffsgeschirr umgeschlagen werden.

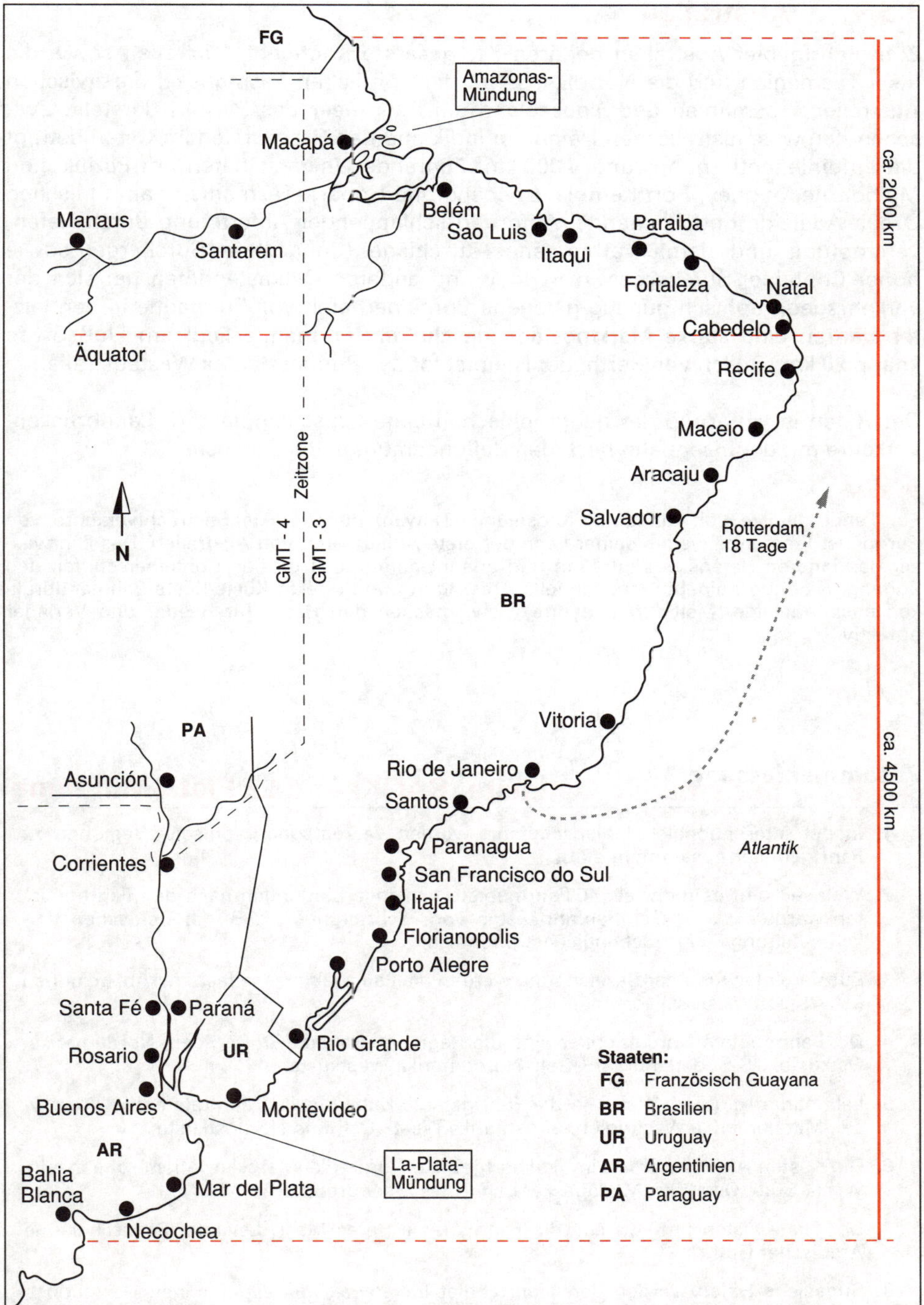

Fahrtgebiet Südamerika Ostküste (SAOK) und bedeutende Seehäfen

4.5.9 Australien

Zum Fahrtgebiet Australien gehören der gesamte Kontinent Australien sowie die Insel Tasmanien und die Norfolk-Insel in der nördlichen Tasmansee, die zwischen Australien, Tasmanien und Neuseeland ein Randmeer des Pazifiks darstellt. Zwischen den westaustralischen Häfen am Indik und den Pazifikhäfen im Osten beträgt die Luftlinienentfernung rund 4 000 km. Führende Universalhäfen am Pazifik sind Melbourne, Sydney, Port Kembla, Brisbane und Hobart (Tasmanien), am Indischen Ozean Adelaide und Fremantle. Aufgrund schleppender Abfertigung durch Hafenverstopfung und damit verbundener Zuschläge (Congestion Surcharge) sowie hoher Container-Surcharges in Sydney und anderen Ostküstenhäfen hat sich der verkehrsgeographisch günstig gelegene Containerhafen von Fremantle in den letzten Jahren eine starke Marktposition geschaffen. Fremantle liegt am Fluß Swan knapp 20 km südlich von Perth, der Hauptstadt des Bundesstaates Westaustralien.

Der Hafen ist aufgrund der geographischen Lage Umschlagplatz für Landbrückenverkehre mit der Eisenbahn nach den Ballungsräumen der Ostküste.

Beispiel:

Für Feederdienste von Singapur, Kaoshiung (Taiwan) oder direkte Seefrachtverkehre von Europa ist Fremantle wegen seiner Lage der erste Anlaufhafen von Australien. Das Fahrwasser des inneren Hafens beträgt 13 m und erlaubt damit auch großen Containerschiffen den Zugang. Niedrige Kaigebühren, schnelle Abfertigung und direkte Küste/Küste-Bahnlandbrükken nach Adelaide, Melbourne, Sydney usw. machen den Hafen für Reeder und Verlader attraktiv.

Zusammenfassung

1. In der internationalen Linienschiffahrt werden verkehrsgeographische Regionen zu Fahrtgebieten zusammengefaßt.
2. Weltweit gibt es mehr als 40 Fahrtgebiete. Linienverbindungen nach den Fahrtgebieten werden u. a. in Schiffabfahrtslisten von Fachzeitungen (z. B. der Deutschen Verkehrs-Zeitung/DVZ) wöchentlich veröffentlich.
3. Zur Vereinfachung der Bezeichnung werden die Fahrtgebiete vielfach mit Abkürzungen (ZAWK, NAWK usw.) versehen.
4. Die Fahrtgebiete Nordamerikas sind die Regionen Kanada/Große Seen, Nordamerika-Ostküste, US-Südatlantik, US-Golf, Nordamerika-Westküste.
5. Lateinamerika gliedert sich in die Fahrtgebiete Kuba/Mexiko, Zentralamerika-Westküste, Mittelamerika/Westindien, Südamerika West-, Ost- und Nordostküste.
6. Die Küsten Afrikas werden in die Fahrtgebiete Nordafrika/Marokko, Atlantische Inseln, West-, Süd-, Ostafrika, Madagaskar und Rotes Meer gruppiert.
7. Der Nahe Osten umfaßt u. a. die Fahrtgebiete Rotes Meer, Levante, Persischer und Arabischer Golf.
8. Südasiens Häfen werden dem Fahrtgebiet Indien/Pakistan zugerechnet. Der südostasiatische Inselstaat Indonesien bildet ein eigenes Fahrtgebiet.
9. Das Fahrtgebiet Ostasien reicht von der Malayischen Halbinsel bis nach Japan. Die Regionen Nord-Borneo, Neuguinea und Südsee bilden ein eigenes Fahrtgebiet.
10. Australien und Neuseeland werden jeweils als eigene Fahrtgebiete angesehen.

Aufgaben

1. Erklären Sie die Fachbegriffe Transhipment, Fahrtgebiet, Schiffsliste, Containerisierungsquote, Kabotageverkehre, Fazilitäten.

2. Für welche geographischen Regionen stehen die folgenden Abkürzungen und Fachbegriffe in der Linienschiffahrt: NAOK, ZAWK, WIMA, NAWK, SAWK, SAOK, WAfr., OAfr., Levante.

3. Erstellen Sie eine Übersicht wie nachfolgend. Fassen Sie darin die zu einem Fahrtgebiet gehörenden Seehäfen in Gruppen zusammen, und geben Sie an, zu welchen Fahrt- bzw. Meeresgebieten sowie Staaten die unten aufgeführten Seehäfen des Linienverkehrs gehören. Verwenden Sie Atlas, Karten und Lehrbuch.

Fahrtgebiet	Seehafen	Meer/Meeresgebiet	Staat
NAOK	Norfolk	Nordatlantik	USA

Seehäfen:
Balboa, Bangkok, Conakry, Corpus Christi, Cotonu, Detroit, Djakarta, Dubai, Durban, Fremantle, Halifax, Havanna, Jeddah, Karachi, Keelung, Kelang, Koper, La Valletta, Limassol, Livorno, Lobito, Manaus, Manila, Mobile, Mombasa, Montreal, Philadelphia, Port Moresby, Port Said, Port Sudan, Pusan, Rangun, Salvador, San Diego, San Juan, Santos, Savannah, Sekondi-Takoradi, St. Cruz, Trabzon, Tripolis, Valparaiso, Wellington, Yokohama.

4. Charakterisieren Sie die Fahrtgebiete US-Golf, Nordamerika Ostküste und Nordamerika Westküste.

5. Welche Länder verfügen über Seehäfen am Roten Meer und Persischen Golf?

6. Grenzen Sie das Fahrtgebiet Ostasien ab, und beschreiben Sie die besondere Bedeutung dieses Fahrtgebietes.

7. Die Fahrtgebiete Afrikas weisen einige Besonderheiten gegenüber anderen Fahrtgebieten auf. Nennen Sie die einzelnen Fahrtgebiete, grenzen Sie sie voneinander ab, und beschreiben Sie die für die Linienschiffahrt auftretenden Probleme natürlicher, politischer oder administrativer Art.

8. Nennen Sie die Haupthäfen des Fahrtgebietes SAOK und der La Plata-Mündung, und umreißen Sie deren Bedeutung im Weltseehandel.

5 Seeschiffahrtskanäle und Meerengen

Im internationalen Schiffsverkehr werden annähernd 20 Seeschiffahrtskanäle und über 120 Meerengen benutzt. Während die **Meerengen** oder Meeresstraßen natürliche Wasserwege sind, handelt es sich bei den **Seeschiffskanälen** um künstliche, aus wirtschaftlichen Gründen angelegte Wasserstraßen. Sie werden als Zufahrtswege für landeinwärts gelegene Seehäfen oder als Verbindungswege zwischen Meeren oder Meeresteilen genutzt. Die meeresverbindenden Kanäle, die in der Hauptsache dem Durchgangsverkehr (Transit) dienen, sind weltwirtschaftlich die bedeutendsten. Unter ihnen ragen wiederum drei große Seeschiffahrtskanäle heraus: der Nord-Ostsee-Kanal, der Suezkanal, der Panamakanal. Der St.-Lorenz-Seeweg (vgl. Themenkreis 11 Abschn. 6.3.1) mit seinen verschiedenen Kanalstrecken ist nicht meeresverbindend. Die als Hafenzufahrten gebauten Seeschiffskanäle weisen entsprechend den an ihren Endpunkten liegenden Seehäfen nicht selten außerordentlich große Dimensionen auf. Die Seekanäle werden in drei Gruppen unterteilt: offene Seekanäle, spiegelgleiche Kanäle und Wasserscheiden überwindende Kanäle.

Seekanäle		
offene Seekanäle	**spiegelgleiche Seekanäle**	**Wasserscheiden überwindende Seekanäle**
verbinden Meere untereinander oder Seehäfen mit Meeren ohne Wasserspiegelunterschiede, Schleusen entfallen	verbinden Meere untereinander oder Seehäfen mit Meeren mit geringen Spiegelunterschieden (als Folge von Gezeiten oder Windstaus) Einfahrtschleusen notwendig	verbinden Meere untereinander oder Seehäfen mit Meeren durch Überwindung von Wasserscheiden, mehrere Schleusen notwendig
Beispiel: Suezkanal, Kanal von Korinth	Beispiel: Nord-Ostsee-Kanal	Beispiel: Panamakanal

5.1 Nord-Ostsee-Kanal

Der in internationalen Schiffahrtskreisen als „**Kiel-Kanal**" bezeichnete Nord-Ostsee-Kanal (NOK) ist eine Bundeswasserstraße mit weltweiter Bedeutung. Er hat eine Länge von 98,7 km, seine Endpunkte werden von den beiden Hafenstädten Brunsbüttel (an der Elbe) und Kiel-Holtenau (an der Ostsee) markiert. 1992 wurde der Kanal 105 Jahre alt. Trotz anfänglicher heftiger Debatten über den politischen, militärischen und wirtschaftlichen Wert dieser die Nord- und Ostsee verbindenden Wasserstraße beschloß der Deutsche Reichstag am 16. März 1886 mit dem „Reichsgesetz betreffend die Herstellung des Nord-Ostsee-Kanals" die Aufnahme der Bauarbeiten. Die Grundsteinlegung erfolgt am 3. Juni 1887 durch Kaiser Wilhelm I., die Wasserstraße trug daher früher die Bezeichnung „Kaiser-Wilhelm-Kanal".

5.1.1 Bau und technische Daten

Der eigentliche Anlaß für den Bau (1887 bis 1895) dieser heute internationalen Wasserstraße waren strategische Überlegungen des Deutschen Reiches. Der Kanal sollte das schnelle Verschieben von Flotteneinheiten zwischen der Nord- und Ostsee ermöglichen. Für die Handelsschiffahrt gewann der Wasserweg zunehmend als sichere und schnelle Route an Bedeutung, da er die zeitraubende und gefährliche Passage um das stürmische Skagerrak ersparte. Im Verlaufe der letzten Jahrzehnte verzeichnete der NOK entsprechend den Schwankungen des Welthandels ein stetes Auf und Ab bei den Schiffsverkehren und Frachtmengen. Eine Rekordmarke wurde im Jahre 1965 mit 90 000 Passagen erreicht, seither wird die Kanalstrecke jährlich von 42 000 bis 46 000 Schiffen benutzt. Gemessen an der Anzahl der durchfahrenden Schiffe ist der NOK der am meisten befahrene Seekanal der Welt.

Beispiel:

Ohne Berücksichtigung der Sport- und Kleinfahrzeuge passieren den NOK täglich im Durchschnitt 125 Schiffe. Die durchschnittlichen Tagesfrequenzen der beiden anderen großen Seekanäle sind niedriger, beim Panamakanal sind es 32, beim Suezkanal 54 Schiffe täglich.

Als internationale Wasserstraße kann der NOK von allen Nationen genutzt werden, das heißt, es herrscht keine Flaggendiskriminierung bzw. kein Protektionismus. Schiffe mit Heimathäfen in 90 Staaten werden jährlich auf dem NOK registriert. Am stärksten vertreten sind Schiffe der Bundesrepublik Deutschland (rund zwei Drittel aller Passagen), der Niederlande (rd. 6,5 %), der ehemaligen UdSSR (rd. 6 %), Schwedens rd. 5 %) und Polens (rd. 4,5 %). Bedeutende andere Flaggen sind Dänemark, Finnland und Panama.

Nach verschiedenen Bau- und Ausbaumaßnahmen ist der Kanal heute an der Wasseroberfläche 162 m breit. Die Sohlenbreite liegt bei 90 m und die Wassertiefe bei 11 m. Entsprechend einer Staffelung nach Länge und Breite können Schiffe bis zu 9,5 m Tiefgang den Wasserweg nutzen. Für Handelsschiffe ist der NOK Tag und Nacht befahrbar. Von einem bestimmten Tiefgang an ist die Durchfahrt lotsenpflichtig. An den Ausgangspunkten bei **Brunsbüttel** und **Kiel-Holtenau** müssen Schleusen passiert werden. Die Schleusen sollen einen Ausgleich der Wasserstandsschwankungen gewährleisten, die an der Nordsee in Form des Tidenhubs und an der Ostsee in Form von Windstaus sowie durch die Zuflüsse anderer Gewässer entstehen. In Brunsbüttel wie Kiel werden jeweils eine alte und eine neue Schleuse betrieben. Die neuen Schleusen haben eine Nutzlänge von 310 m bei einer Breite von 45 m (alte Schleusen: Länge 125 m, Breite 25 m). Die Schleusungszeiten betragen zwischen 30 und 45 Minuten. Insgesamt beträgt die Durchfahrtzeit 7 bis 9 Stunden.
Wichtige Teilabschnitte auf der 98,7 km langen Kanalstrecke sind die 12 sog. „Weichen". Dies sind Ausweichstellen unterschiedlicher Abmessungen. Sie dienen dazu, daß sich größere Schiffe oder Fahrzeuge mit gefährlichen Gütern sicher begegnen können. Für den reibungslosen Ablauf der Passagevorgänge sorgt eine Verkehrslenkung.

Beispiel:
Die Verkehrslenkung erfolgt über Lichtsignale, die an den „Weichen" angebracht sind. Außerdem wird mittels Sprechfunk von einer Verkehrslenkungsstelle (sog. Revierfunk) für die Schifffahrt ein halbstündlicher Verkehrslagebericht durchgegeben.

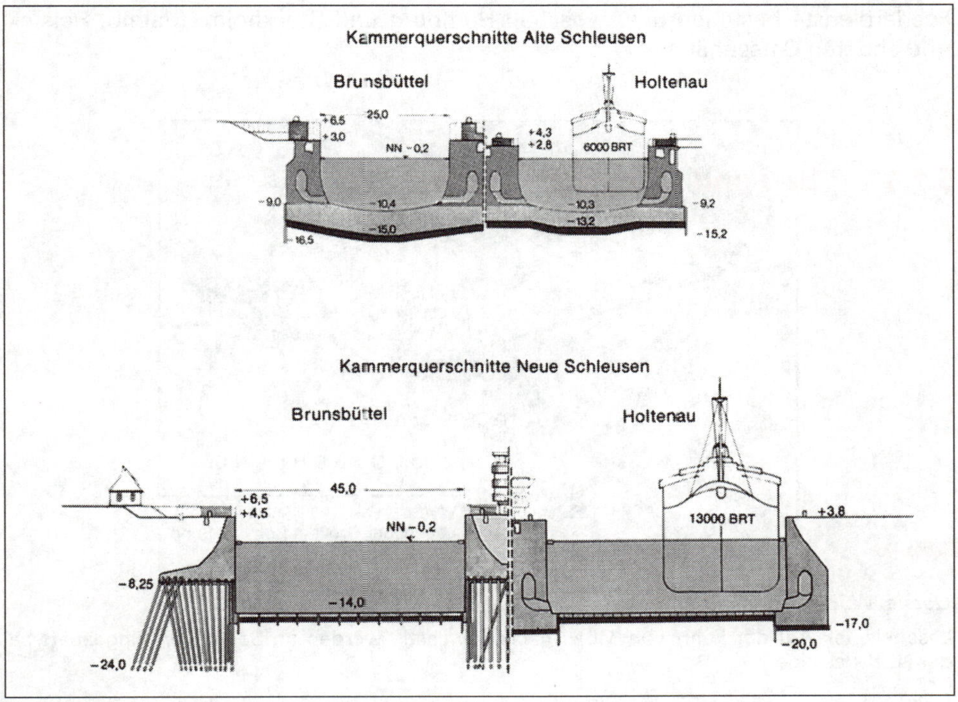

Kammerquerschnitt der NOK-Schleusen
Quelle: WSD Nord, Kiel

5.1.2 Vorteile der Kanalnutzung

Wie bei allen anderen Seeschiffskanälen liegt die besondere Bedeutung des NOK darin, daß sich bei seiner Benutzung eine mehr oder minder große Einsparung an Wegestrecke und Zeit ergibt. Allerdings ist der NOK in dieser Hinsicht im Vergleich zum Panama- und Suezkanal eher bescheiden zu bewerten. Während sich beim Panamakanal ein Zeitgewinn von ca. 15 Tagen, beim Suezkanal von rd. 10 Tagen (von und zu Mittelmeerhäfen über 20 Tage) errechnen läßt, liegt die Zeitersparnis beim NOK zwischen 8 und 14 Stunden, je nach Route, Schiffsgröße und Wetterverhältnissen.

Beispiel:

Ein mit Exportholz beladenes Schiff verläßt Helsinki mit Ziel Hamburg. In Höhe der dänischen Insel Möen können je nach Tiefgang des Schiffes drei Routen nach Hamburg gewählt werden: Die Passage durch den NOK, die Passage durch den Öresund zwischen Schweden und Dänemark und die Passage durch den Großen Belt zwischen Seeland und Fünen.

Route und Tiefgang	ca. Entfernung in Seemeilen (sm)	Einsparung an Wegstrecke in sm	in %
Nord-Ostsee-Kanal (bis 9,5 m)	220	–	–
Öresund (bis 7,5 m)	560	340	60
Großer Belt (über 7,5 m)	660	440	67

Die Einsparung an Zeit, Wegstrecke und damit auch Betriebskosten ist je nach Zielhafen unterschiedlich hoch. Besonders hoch ist der Zeitgewinn für Schiffe, die im Feederdienst beispielsweise bei Containerverkehren zwischen der Nord- und Ostsee eingesetzt werden, denn sie fahren viele relativ kurze Strecken. Derartige Container-Feederdienste bestehen u. a. zwischen Hamburg und Stockholm, Malmö, Helsinki und anderen Ostseehäfen.

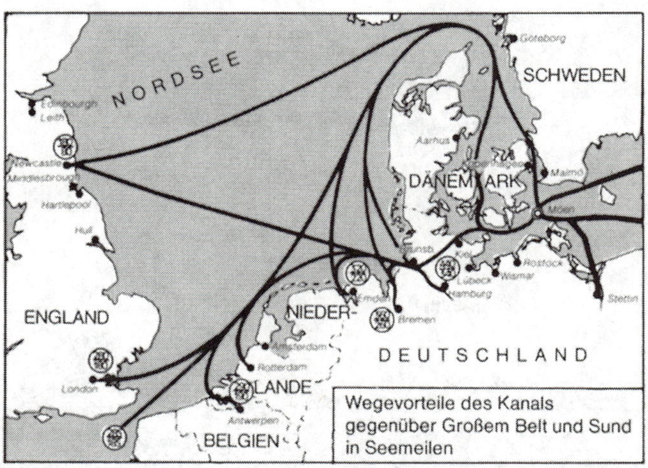

Quelle: WSD Nord, Kiel

Lesebeispiel: Auf der Fahrt von Möen nach Newcastle werden an Seemeilen eingespart bei der NOK-Passage

180/80
- 180 → gegenüber der Großen Belt-Route 180 Seemeilen
- 80 → gegenüber der Öresund-Route 80 Seemeilen

5.1.3 Verkehrsentwicklung

Die Anzahl der Schiffe, die den Kanal befahren, hat sich seit den 70er Jahren ständig verringert, wenngleich sich die Bruttotonnage und auch die Ladungsmenge in den letzten Jahren auf einem bestimmten Niveau eingependet haben. Jährlich liegt die den Kanal passierende Bruttotonnage im Durchschnitt zwischen 80 und 90 Mio. t, die Gütermengen schwanken zwischen 50 und 60 Mio. t. Daß sich insgesamt die Wettbewerbsposition des NOK gegenüber anderen Verkehrsträgern und Verkehrswegen (d. h. Belte und Sund) nicht verbessert hat, hängt mit Veränderungen im Seeverkehr und den wirtschaftlichen Bedingungen zusammen. Folgende Aspekte müssen in diesem Zusammenhang gesehen werden:

- Der NOK ist generell nicht mehr für alle Schiffe attraktiv. Die vergleichsweise **geringe Zeiteinsparung** durch die Kanalnutzung kann von den modernen schnellen Seeschiffen über die Skagerrak/Kattegat-Route bereits so weit ausgeglichen werden, daß die Benutzungsgebühr für den Kanal in keinem wirtschaftlichen Verhältnis mehr zur geringen Zeitersparnis steht.
- In den letzten Jahren haben die Schiffsgrößen immer weiter zugenommen. Durch die **Tiefgangsbeschränkung** auf 9,5 m (oder durchweg cirka 25 000 tdw/13 000 BRZ) wird der Kreis der Kanalnutzer immer weiter eingeschränkt. Da der Kanalverkehr vorwiegend Massengutverkehr ist, sind von dieser Einschränkung gerade die großen Massengutschiffe betroffen.
- Der **Roll-on/Roll-off-Fährverkehr** von und zu deutschen Ostseehäfen ist sprunghaft angestiegen. In Verbindung mit den Containertransporten haben die Verkehrsträger Lkw und Bahn beträchtliche Stückgutmengen im Ro/Ro-Verkehr übernommen, die früher zum Teil von der Küstenschiffahrt durch den NOK befördert wurden.
- Aus Übersee kommende Stückgutladungen, die für Schweden, Dänemark und Finnland bestimmt sind, können bereits in dem westschwedischen Haupthafen **Göteborg** umgeschlagen werden. Göteborg hat sich innerhalb von 20 Jahren zum Zentralhafen für direkte Seeverkehre der genannten Länder entwickelt. Die Kanalpassage beim Anlaufen des Hafens Göteborg entfällt.
- Schließlich sorgen die zeitweise beträchtlichen **Preisschwankungen** bei den Charterraten, den Bunkerpreisen (Treibstoffkosten) oder Devisenkursen dafür, daß die Kanalbefahrung im Vergleich zum Seeweg um die dänische Halbinsel zu teuer wird.

Der Nord-Ostsee-Kanal ist eine **gebührenpflichtige** Wasserstraße. Die Kanalbenutzungsgebühren richten sich nach der Schiffsgröße. Weitere Kosten entstehen durch den Einsatz eines Lotsen, der für die 7 bis 9 Stunden dauernde Durchfahrt an Bord genommen werden muß. Kleinere Schiffe können den Kanal jedoch mit eigenem Rudergänger befahren, so daß für sie die Lotsengelder entfallen. Grundlage für die Berechnung ist der Schiffsmeßbrief, in dem neben der Wasserverdrängung auch die Brutto-Register-Tonnen (BRT) aufgeführt sind. Die Gebühren werden nicht allein bei Handelsschiffen erhoben, auch Kriegsschiffe der Bundesmarine müssen die Gebühren entrichten.

Beispiel:

Für einen mittelgroßen Frachter von 12 000 BRT kann folgende Kostenaufstellung gelten:

Befahrungsabgaben (einschl. Tiefgangszuschlag)	DM 4 328,00
Lotsengeld NOK	DM 3 363,00
Lotsenabgaben NOK	DM 436,00
Kanalsteuerentgelt	DM 1 598,00
Gesamt	DM 9 725,00

(Preisbeispiel für 1992/93 n. WSD Nord, Kiel)

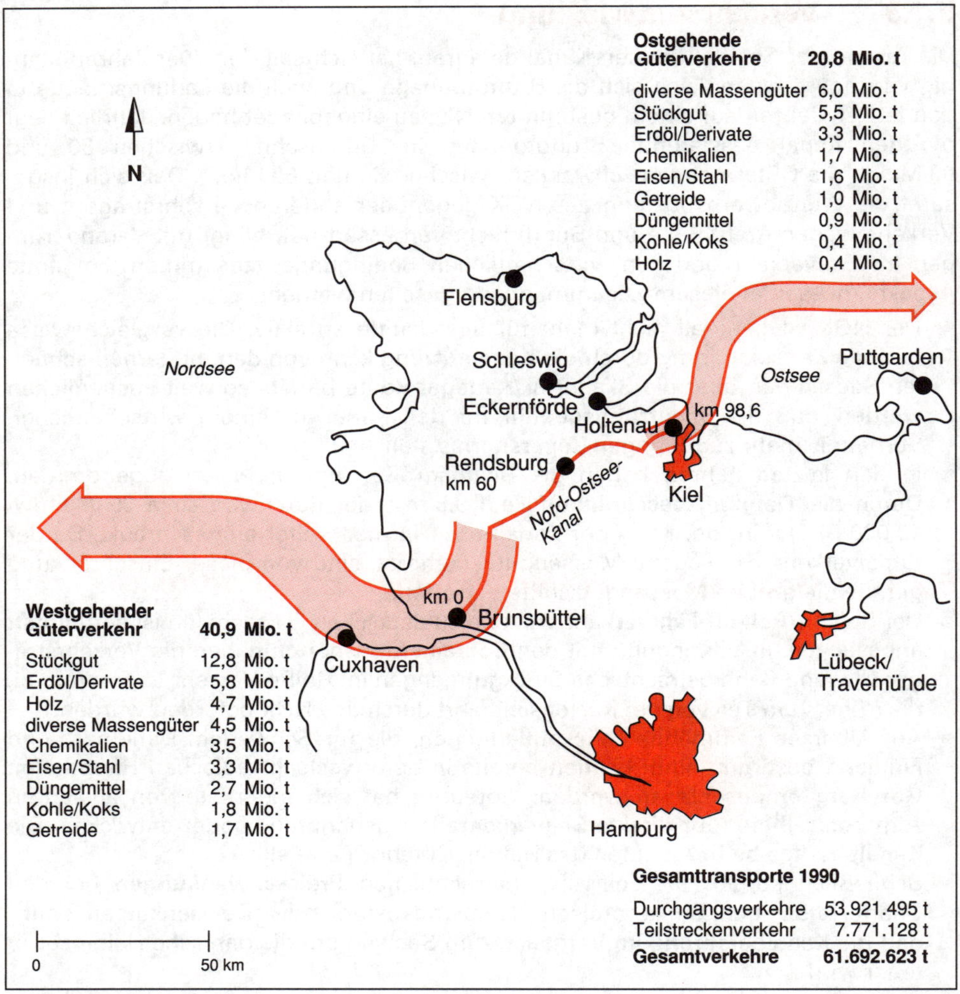

Verlauf und Verkehrsstruktur des Nord-Ostsee-Kanals
Zahlen nach: WSD Nord, Kiel

5.2 Suezkanal

Kaum ein anderer künstlicher Seeverkehrsweg hat im Laufe der Geschichte eine derart spektakuläre Bedeutung erlangt und auf den Schiffsbau einen vergleichbaren Einfluß ausgeübt wie der Suezkanal. Er wurde 1869 eröffnet und ist damit der älteste der bedeutenden Seekanäle. Der „Wasserweg durch den Wüstensand" Ägyptens ist wichtigster Devisenbringer des Landes, für die Reedereien bringt die Befahrung in vielen Fällen Kosten- und Zeitvorteile. Der Suezkanal stand aber seit seiner Eröffnung immer wieder im Mittelpunkt wirtschaftlicher und politischer Interessen. Dies machte die Durchfahrtregelung mittels internationaler Verträge notwendig, wie nachfolgender Text verdeutlicht.

„Noch in den fünfziger Jahren war der Suezkanal eine Aorta des weltweiten Wasserstraßennetzes. Diese überragende Bedeutung hat das Bauwerk durch die achtjährige Stillegung nach dem Sechstagekrieg und den Bau von Supertankern – deren große Belademöglichkeiten die Fahrt ums Kap der Guten Hoffnung rentabel macht – zwar eingebüßt, aber auch heute noch schieben sich Tag für Tag Schiffe aus aller Herren Länder beinahe im Minutentakt durch den Kanal. Daß diese Fahrt für Schiffe aller Nationalitäten gleichermaßen unproblematisch ist, sichert ein bis heute gültiges Abkommen: die bereits im Oktober 1888 von allen großen Seefahrtsnationen unterzeichnete ‚Konvention von Konstantinopel'. Die von den Schiffseignern zu entrichtenden Transitgebühren gehören zu den wichtigsten Devisenquellen des hoch verschuldeten Ägypten. Insbesondere Containerschiffe und Frachter nutzen die Abkürzung von Port Said bis Suez. Neben den unverzichtbaren Devisen, die die Gebühren einbringen, tragen die Freihandelsgebiete entlang des Kanals zur wirtschaftlichen Entwicklung der Region bei. Wirtschaftliche Gründe waren auch der Anlaß zur Schaffung der künstlichen Verbindung zwischen Mittelmeer und Rotem Meer. Zeit ist Geld – und die Fahrt von Port Said bis Suez ersparte den Handelsfahrern den nicht nur langwierigen, sondern auch gefährlichen Umweg um den afrikanischen Kontinent."

Quelle: VDI Nachrichten Nr. 46 v. 17.11.1989, S. 60.

5.2.1 Geographischer Verlauf und Nutzungsvorteile

Die reine Kanalstrecke mißt 162,5 km, einschließlich der Meereszufahrten sind es 193,5 km. Der schleusenlose Suezkanal beginnt beim Hafen Port Said am Mittelmeer und verläuft bis zum Hafen von Suez (Port Taufiq) am Roten Meer. An den beiden Kanalenden befinden sich Freihandelszonen. Der Kanaldurchstich war im Vergleich zu anderen Seekanalprojekten technisch nicht sehr schwierig, da aufgrund des geringen Gefälles zwischen dem Wasserniveau des Mittelmeeres und jenem des Roten Meeres der Bau von Schleusen nicht notwendig war. In seinem Verlauf wird der Kanal durch drei natürliche Seen geführt, den Timsahsee und den Großen und Kleinen Bittersee.

Geplant und realisiert wurde der Kanalbau durch den Franzosen Ferdinand de Lesseps, die Bauzeit betrug 15 Jahre. Die Finanzierung erfolgte durch eine speziell gegründete Aktiengesellschaft, die „Compagnie du Canal Maritime du Suez" mit Sitz in Alexandria. Anfängliche Hauptaktionäre waren Frankreich und Ägypten, später Großbritannien. Bis 1957, dem Jahre der Enteignung durch den ägyptischen Präsidenten Nasser, blieb der Kanal unter britischer Verwaltung. Mehrere politische Krisen (1956/1957 und 1967 bis 1975) führten zur Sperrung des Kanals. Den einschneidendsten Eingriff in den Kanalverkehr stellte der sog. „Sechstagekrieg" 1967 zwischen Israel und den arabischen Staaten dar. Der Kanal wurde in Folge des Krieges vom Juni 1967 bis zum Juni 1975 geschlossen. Dies hatte entscheidenden Einfluß auf die Entwicklung von Großtankschiffen, die mit ihren hohen Rohöl-Tonnagen die Route um das Kap der Guten Hoffnung fahren mußten. Der während der Schließung verlorene Ölverkehr ist bis heute vom Suez-Kanal nicht wieder in gleichem Umfang zurückgewonnen worden.

Die Nutzung des Suezkanal bedeutet für die Reedereien eine große Wege- und Zeiteinsparung. Dies trifft vor allem für Transporte von westeuropäischen Häfen und Mittelmeerhäfen nach dem Nahen und Fernen Osten zu. Einsparungen ergeben sich auch für Verkehre zwischen dem Nahen Osten und Nordamerika.

Einsparungen für Verkehre durch den Suezkanal (Beispiele)

Relation	Suez-Route in sm	Kap-Route in sm	Differenz in sm	Zusätzliche Strecke bei Kap-Route in % (ca. Werte)
Bremerhaven–Tokio/Japan	11 400	14 900	3 500	30
Bremerhaven–Singapur	8 500	12 000	3 500	40
Bremerhaven–Bombay/Indien	6 500	10 900	4 400	70
Bremerhaven–Sydney/Australien	11 800	12 900	1 100	10
Marseille–Djeddah/Saudi Arabien	2 200	11 500	9 300	420
Kuwait–New York	8 300	12 000	3 700	45

Quelle: Institut für Seeverkehrswirtschaft und Logistik, Bremen

5.2.2 Entwicklung der Fahrwassertiefen

Seit der Inbetriebnahme des Kanals im Jahre 1869 sind die Kanaltiefe und -breite von der ägyptischen Kanalbehörde ständig erweitert worden. Ursprünglich konnten nur Schiffe mit einem Tiefgang von 6,8 m (Kanaltiefe rd. 8 m, Breite 58 m) den Wasserweg nutzen. Bis zum Jahre 1956 wurde der Kanal auf 12 m Tiefe gebracht und für Schiffe mit 10,67 m Tiefgang zugelassen. 1967 wurde die Wassertiefe auf 13 m ausgebaggert und die Kanalpassage für Schiffe mit Tiefgang bis zu 11,58 m erlaubt. Seit Beginn der 80er Jahre sind durch umfangreiche Arbeiten der Kanalbehörde überall 19 bis 20 m Wassertiefe und eine Mindestbreite von 300 m erreicht worden. Damit können derzeit voll beladene Schiffe mit einem Tiefgang von 16,15 m (53 feet) und einer Breite von 43,89 m (144 feet) den Suezkanal passieren. Umgerechnet in Tragfähigkeit bedeutet dies rd. 150 000 tdw. Nach Abschluß der laufenden Baggerarbeiten soll der Kanal für Schiffe bis zu 17,07 m (56 feet) Tiefgang und 49,99 m Breite (164 feet) nutzbar sein. Dies würde bedeuten, daß beladene Tankschiffe bis 180 000 tdw die Route befahren können. Keine Größenbeschränkungen gibt es hingegen für unbeladene Supertanker.

Beispiel:

Riesentankschiffe mit Tragfähigkeiten von bis zu 555 000 tdw können den Kanal in Ballast befahren. Das heißt, diese Schiffe befördern keine zahlende Fracht, sondern sind nur soweit mit Ballastwasser beladen, daß sie den notwendigen Mindesttiefgang erreichen, um sicher gefahren werden zu können. Derartige „Leerfahrten" ergeben sich wegen der unpaarigen Rohölverkehrsströme bei Rückreisen von der US-Ostküste oder Rotterdam nach dem Persischen Golf.

Mit weiteren hohen Investitionen will Ägypten die Kanalstrecke in den kommenden Jahren ausbauen. Die Tiefe der Wasserstraße soll um drei Meter auf 23 m erhöht werden, außerdem sollen Verbreiterungen durchgeführt werden. Angestrebt wird, Tankschiffen mit einem Tiefgang von 21,95 m oder 270 000 tdw die Durchfahrt zu ermöglichen.

5.2.3 Kanalgebühren

Für die Passage des Kanals mußten stets Kanalgebühren entrichtet werden. Im Finanzjahr 1990/1991 nahm die ägyptische Kanalbehörde rd. 1,78 Mrd. US-$ an Gebühren ein. Die Gebühren werden in Sonderziehungsrechten (SZR) kalkuliert, einer Kunstwährung, die aus fünf führenden Währungen gebildet wird. Ausschlaggebend für die Berechnung ist die Nettotonnage der Schiffe, die auf einer bestimmten, sog. Suez-Vermessung basiert und in „Suez Canal Net Tons" (SCNT) ausgedrückt wird. Bei den Gebühren wird unterschieden nach beladenen und unbeladenen Schiffen, nach Schiffstypen, wie Tankern, Bulkschiffen und sonstigen (konventionelle Stückgutschiffe, Containerschiffe usw.), sowie nach Größenklassen. Die Gebühren übersteigen je nach Schiffsgröße und -typ mehrere hunderttausend Mark je Durchfahrt, von Fall zu Fall sind Gebührensenkungen in Form von Rabatten möglich.

Beispiel:

„Für einen beladenen Tanker mit bis zu 150 000 Tonnen Öl kann die Passage leicht 400 000 DM und mehr kosten. Für Containerschiffe übersteigt die Rechnung oft 100 000 DM. Seit Mai 1987 werden ... ‚Sonderangebote' für Tanker- und Bulkreeder gemacht. Wenn diese nachweisen, daß der Kanal (bei üblichen Gebühren) teurer kommt als die Fahrt um das Kap, gibt die Kanalbehörde einen Sonderrabatt. Der Reeder muß Charterrate, Besatzungs- und Treibstoffkosten sowie erwartete Reisedauer per Telex mitteilen. Die Angaben werden in Ismailia überprüft, dann macht die Kanalbehörde ein Angebot oder lehnt den Rabatt ab."

(Quelle: DVZ v. 15. 12. 1990)

5.2.4 Kriseneinflüsse

Während des Golfkrieges zu Beginn des Jahres 1991 wurde der Suezkanal von mehreren Reedereien aus Sicherheits- und Kostengründen umgangen, weil zu den bereits hohen Kanalgebühren während der Golfkrise die Zahlung von hohen Versicherungsprämien (Kriegsrisikoprämien), die den Umweg um das Kap der Guten Hoffnung kostenmäßig günstiger machten, fällig wurde. Davon betroffen waren vor allem neue und moderne Schiffe, während ältere (bereits abgeschriebene Fahrzeuge) die Zusatzkosten besser auffangen konnten.

Beispiel:

Für Containerschiffe wurden während des Golfkrieges Kriegsrisikoprämien von 200 000 bis 500 000 Dollar gerechnet. Die Zusatzkosten für den Umweg via Kap der Guten Hoffnung wurden mit rund 150 000 Dollar veranschlagt. Der Umweg konnte von den schnellen auf 24 Knoten ausgelegten Containerschiffen in rund sieben Tagen bewältigt werden. Langsamer fahrende Bulk-Carrier benötigten neun zusätzliche Reisetage. *(Quelle: DVZ v. 19. 02. 1991)*

5.2.5 Transportumfang

Die meisten Güter werden auf dem Suezkanal in Süd-Nord-Richtung bewegt. Das Verhältnis der Süd-Nord und umgekehrt verlaufenden Transportströme beträgt in etwa 3 : 2. Im Jahre 1990 wurden insgesamt rund 272 Mio. t an Ladung durch den Kanal transportiert, davon rund 171 Mio. t nordgehend und 101 Mio. t südgehend. Fast 40 % der gesamten den Kanal passierenden Schiffstonnage wird von Öltankern gestellt. Die von diesen Schiffen transportierten Güter (Rohöl und Ölprodukte) bilden rund ein Drittel aller Güter. Der früher mehr als die Hälfte der Verkehre ausmachende Ölverkehr durch den Suezkanal ist seit Jahren rückläufig. Dies liegt einerseits im Einsatz von Supertankern, die wegen ihres Tiefganges nicht den

Kanal, sondern die Kaproute benutzen und andererseits an Pipeline-Transporten. Allein durch die sog. Sumed-Pipeline zwischen dem Roten Meer und dem Mittelmeer (von Ain Sukhna nach Alexandria/Sidi Kerir) wurden 1990 rund 66 Mio. t Rohöl befördert. Konventionelle Stückgutschiffe und Containerschiffe bilden die zweitgrößte Gruppe. Vor allem die Containerschiffe nehmen immer stärker zu, derzeit sind rund 20 % der den Suezkanal befahrenden Fahrzeuge Vollcontainerschiffe.

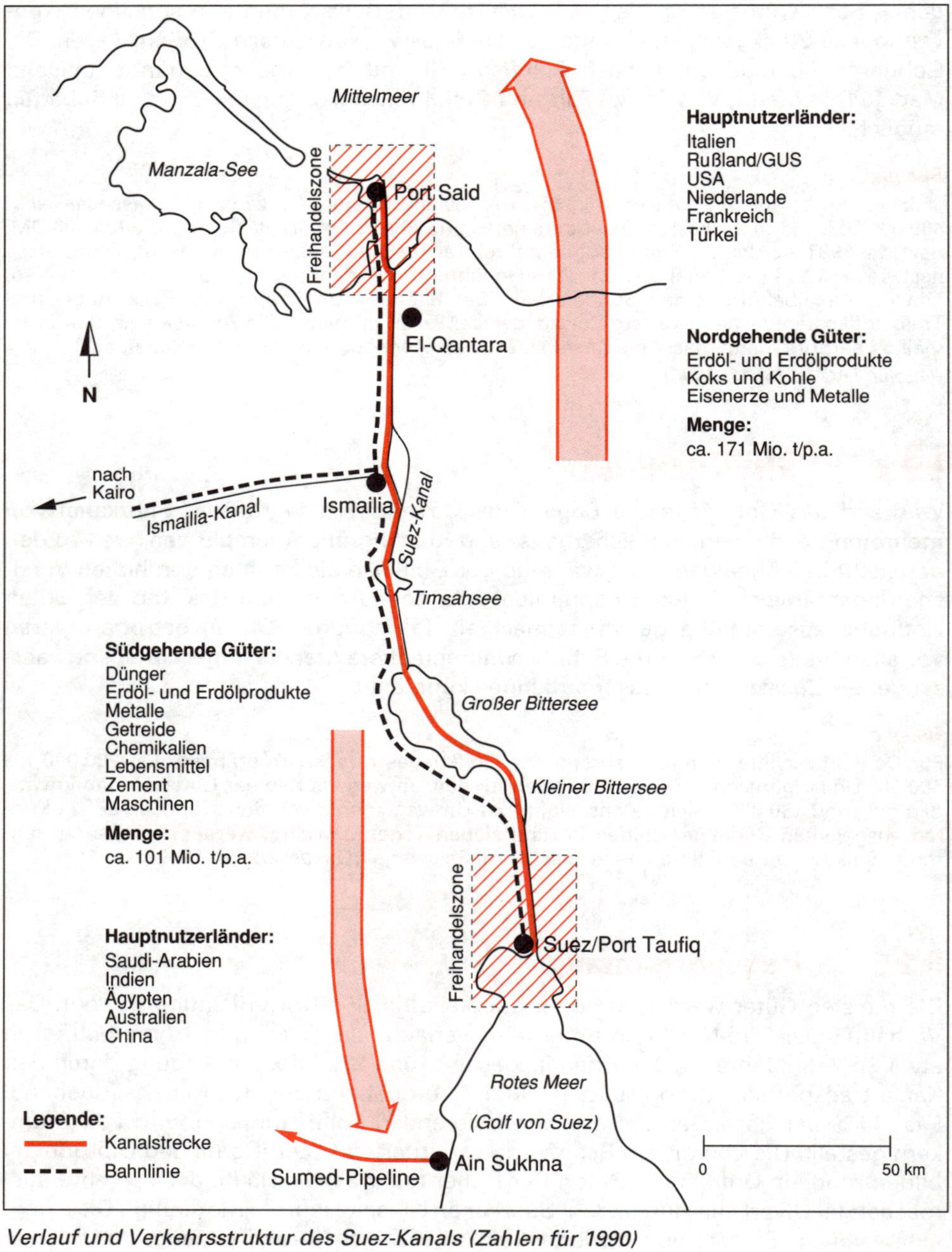

Verlauf und Verkehrsstruktur des Suez-Kanals (Zahlen für 1990)

Suezkanal: Verkehrsstruktur 1989 und 1990

	1989			1990			
Kategorie	Zahl	Netto-Tons (1000)	Prozent	Zahl	Netto-Tons (1000)	Prozent	Änderung in Prozent
Tanker	3 424	134 924	36,1	3 682	158 655	38,7	+ 17,59
Bulker	3 158	64 366	17,2	2 959	60 036	14,6	– 6,73
Combined Carriers	172	8 045	2,2	254	12 955	3,2	+ 61,03
General Cargo	5 094	39 388	10,6	4 444	35 265	8,6	– 10,47
Container	2 957	76 073	20,4	3 077	81 706	19,9	+ 7,40
Barge-Carrier	110	3 290	0,9	145	4 545	1,1	+ 38,15
RoRo	729	12 859	3,4	813	14 581	3,6	+ 13,39
Autotransporter	731	29 821	8,0	760	31 596	7,7	+ 5,95
Passagierschiffe	39	406	0,1	56	569	0,1	+ 40,15
Kriegsschiffe	168	796	0,2	441	6 994	1,7	+ 778,64
Andere	1 046	3 461	0,9	1 033	3 420	0,8	– 1,18
Gesamt	17 628	373 429	100	17 664	410 322	100	+ 9,88

Zahlen nach Suez Canal Authority (Tonnenangaben = Suez Canal Net Tons)

5.3 Panamakanal

Der den Pazifik und Atlantik verbindende Panamakanal, einer der bedeutendsten Wasserwege der Welt, wurde zwischen 1906 und 1914 von den USA gebaut und ist damit eine vergleichweise junge Wasserstraße. Für die internationale Seeschiffahrt wurde die Kanalstrecke, die gebührenpflichtig ist, 1920 freigegeben. Der Kanal durch den Isthmus von Panama ist 81,7 km lang und zwischen 100 und 300 m breit, die Mindestwassertiefe beträgt 12,5 m. In seinem Verlauf nutzt er über eine große Strecke den aufgestauten Gatunsee. An seinen Endpunkten befinden sich jeweils drei Doppelkammerschleusen, mit denen ein Niveauunterschied von jeweils fast 27 m überwunden wird. Die tägliche Schleusenkapazität liegt bei rund 35 Schiffen.

5.3.1 Geographischer Verlauf und Nutzungsvorteile

Auf der atlantischen Seite beginnt die mangrovengesäumte Kanalstrecke etwa bei den Seehäfen Christóbal und Colón, sie führt dann zu der dreistufigen Schleusenanlage von Gatun. Nach Passage des Gatunsee werden die Schiffe durch den 13 km langen und 91,5 m breiten einbahnigen Gaillard-Graben (Gaillard Cut) geführt, der eine Verkehrsengstelle im Kanalsystem bildet. Auf diesem Abschnitt überwindet der Panamakanal die rund 28 m hohe Wasserscheide zwischen den beiden Weltmeeren. Auf der pazifischen Seite bringen die Schleusen von Pedro Miguel (einstufig) und Miraflores (zweistufig) die Schiffe wieder auf Meeresniveau. Der Kanal endet bei der Pazifikhafenstadt Balboa.

Vor allem für die USA hat der Kanal wirtschaftliche und strategische Bedeutung. Seetransporte zwischen der amerikanischen Ost- und Westküste müßten ohne die Kanalpassage den enorm langen, zeitraubenden und gefährlichen Weg um das Kap

Hoorn bzw. durch die Magellanstraße an der Spitze Südamerikas nehmen. Auch für Verkehre zwischen Europa und der US-Westküste, zwischen Europa und dem Fernen Osten sowie zwischen Nordamerika und der südamerikanischen Westküste stellt diese Wasserstraße eine außerordentliche Einsparung an Zeit und Kilometern und somit an Kosten dar.

Einsparungen für Verkehre durch den Panamakanal (Beispiele)

Relation	Panamaroute in ca. sm	Kap-Route in ca. sm	Ersparnis in %
Hamburg–San Francisco	8 000	14 000	42
New York–San Francisco	5 000	13 000	61
Hamburg–Calao/Peru	6 600	10 600	38
New York–Calao/Peru	3 500	9 500	63

5.3.2 Kanalbau und politische Entwicklung

Die USA schlossen mit dem 1903 gegründeten Staat Panama zu Beginn des 20. Jahrhunderts mehrere Verträge, in denen den USA das Recht zum Bau eines Kanals, dessen Verwaltung und Kontrolle zugestanden wurden. Mit dem Bau des Wasserweges richteten die USA entlang seiner gesamten Strecke eine 10 Meilen breite Hoheitszone ein, die sog. Panama-Kanalzone, die territorial zwar zu Panama gehörte, in der jedoch die USA praktisch unbeschränkte Gebietshoheit besaßen. Vergleichbar der Konvention von Konstantinopel, mit der dem Suezkanal ein neutraler Status zugemessen wurde, ist auch der Panamakanal bis heute eine neutrale Wasserstraße, auf der Schiffe aller Staaten das Recht zur freien Durchfahrt unter „gleichen und gerechten Bedingungen" haben. Im Jahre 1977 wurden neue Panamakanalverträge zwischen den USA und Panama unterzeichnet, in deren Folge am 1. Oktober 1979 die Kanalzone mit allen Einrichtungen an die Republik Panama übergeben wurde. Seither wird der Kanalbetrieb von einer gemischten Kommission aus beiden Staaten überwacht und gesteuert. Die Kommission soll in der bestehenden Form bis zum Ende dieses Jahrhunderts arbeiten. Am 1. Januar 2000 laufen die derzeit gültigen Verträge aus, dann soll die volle Kontrolle über diesen interozeanischen Wasserweg allein dem Staat Panama übertragen werden.

5.3.3 Transportleistungen und Alternativrouten

Die jährliche durchschnittliche Transportmenge beträgt auf dem Panamakanal rund 100 Mio. t, davon werden fast zwei Drittel vom Atlantik zum Pazifik und ein Drittel vom Pazifik zum Atlantik befördert. Die höchste Schiffsfrequenz wurde 1982 mit täglich 40 Fahrzeugen gezählt. Mit dieser Anzahl ist die Kanalkapazität völlig ausgeschöpft. Das Haupttransportgut ist allerdings nicht mehr Rohöl und anderes Massengut, sondern containerisiertes Stückgut. So ist der Panamakanal in den weltumspannenden Containerliniennetzen jener Reedereien, die „Round-the-World-Service" betreiben, eine wichtige Schaltstelle geworden. Allerdings setzen die Kanaldimensionen und die Schleusenabmessungen allen passierenden Schiffen enge Grenzen. Um die Durchfahrtmöglichkeiten optimal zu nutzen, sind bereits seit Jahren sog. „Panamax-Schiffe" im Einsatz. Dieser Schiffstyp ist von dem Maßen her exakt auf die Passierbarkeit der Kanalschleusen abgestimmt. Die maximalen Abmessungen der Schiffe liegen bei 31 m Breite, 243 m Länge und 11,34 m Tiefgang. Sie werden vorzugsweise für den Stückgut-, Container- und Autotransport von Japan, Südkorea, Taiwan und Singapur nach der US-Ostküste und Westeuropa eingesetzt. Die meisten Vollcontainerschiffe der dritten und vierten Generation können den Kanal nicht passieren. Die eingeschränkte Nutzbarkeit des Panamakanals ist auch der Grund für Überlegungen, einen neuen größeren Kanal durch die mittelamerikanische Landenge zu bauen. Allerdings kommen neuerdings spezielle Vollcontainerschiffe mit Panamax-Klasse in Fahrt.

Beispiel:

Die deutsche Reederei Hapag-Lloyd hat ein Vollcontainerschiff der 4. Generation, die „Hoechst-Express", mit einer Tragfähigkeit von über 4 400 TEU in Dienst gestellt. Das Schiff hat aufgrund spezieller Bauweisen und hochwertiger Materialien trotz der hohen Zuladung eine Breite, mit der es den Panamakanal durchfahren kann. Die „Hoechst Express" gilt als eines der modernsten Schiffe seiner Art, sie ist in der Lage, statt der üblichen zehn Container elf nebeneinander zu stauen.

Trotz der Zeit- und Kilometereinsparungen bei der Kanalpassage haben sich in den letzten Jahren beträchtliche Verlagerungen von Güterströmen zu Lasten des Kanals ergeben. Rohöltransporte von Alaska an die US-Ostküste und anderen atlantischen Zielen werden seit 1982 ausschließlich durch eine Pipeline im Norden Panamas über die Landenge geführt. Auch im Stückgutsektor hat der Panamakanal durch den Ausbau von Landbrücken-Verkehren Anteile verloren.

Beispiel:

Container-Stückgut, insbesondere Autoteile und industrielle Zulieferungen, werden in immer stärkeren Maße aus Japan und den asiatischen Schwellenländern im kombinierten See-Landverkehr, und nicht mehr allein auf dem Seeweg durch den Kanal, nach den USA exportiert. Der alternative Beförderungsweg wird aus dem Schiffstransport Ostasien–US-Westküste mittels Hochtemposchiffen und einem daran anschließenden Eisenbahn-Landbrücken-Verkehr, unter anderem unter Einsatz von sog. „Double-Stack-Trains" gebildet. Ebenso werden Warenströme aus Westeuropa mit Ziel US-Westküste unter Umgehung des Panamakanals über die nordamerikanische Landbrücke geführt. *(Quelle: Handelsblatt Nr. 238 v. 11./12. 12. 1987)*

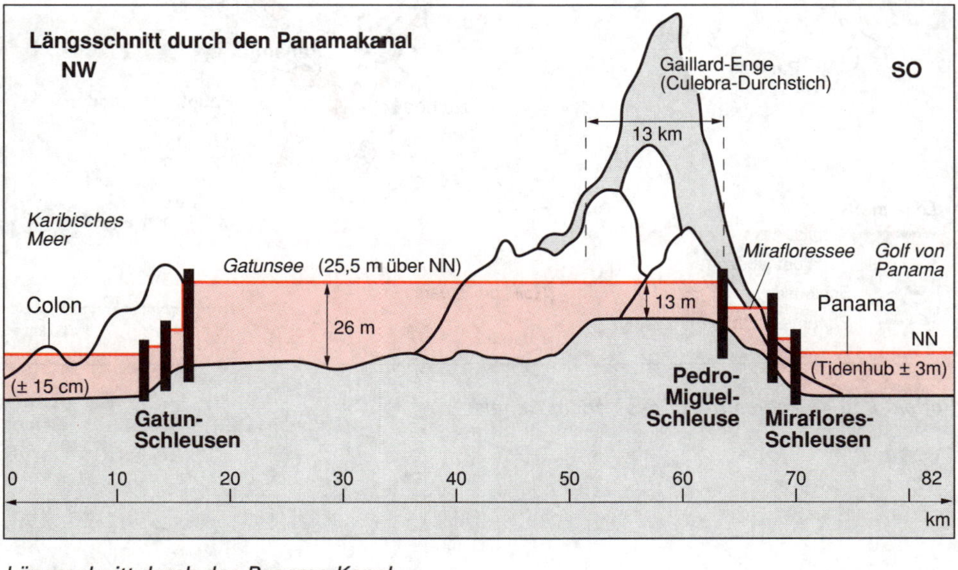

Längsschnitt durch den Panama-Kanal

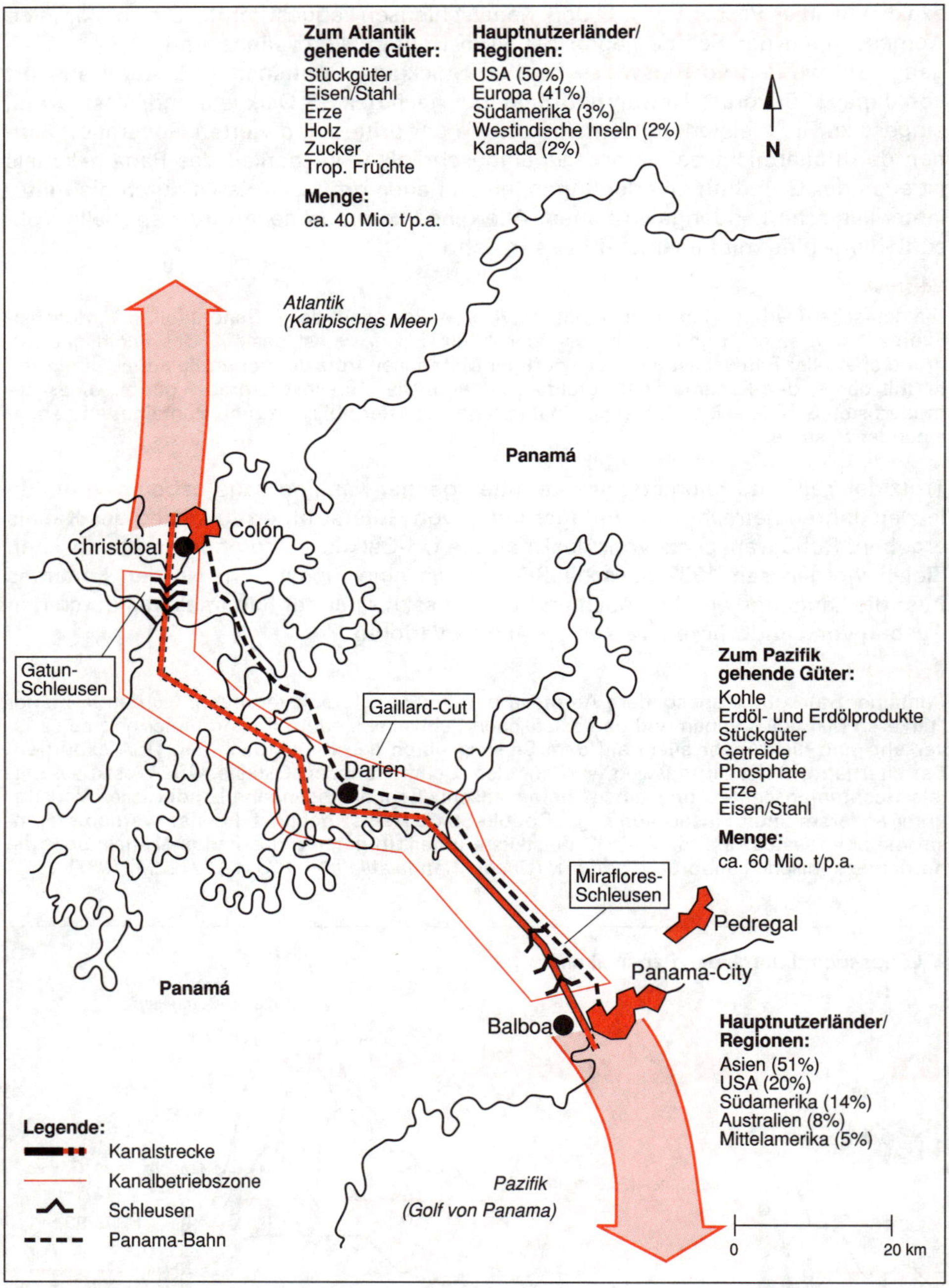

Verlauf und Verkehrsstruktur des Panamakanals

5.4 Die drei bedeutendsten Seekanäle im Vergleich

Merkmal	Nord-Ostsee-Kanal	Suezkanal	Panamakanal
Verbundene Meere	Nord- und Ostsee	Mittelmeer und Rotes Meer	Atlantik und Pazifik
Endpunkte	Brunsbüttel (Nordsee) und Kiel (Ostsee)	Port Said (Mittelmeer) und Suez (Rotes Meer)	Colon/Christóbal (Atlantik) und Balboa (Pazifik)
Zulässige Schiffsgröße in ca. BRZ	13 000	70 000	70 000
Länge in km	98,7	161	81,6
Breite in m (Wasserspiegel)	162	100–135	100–300
Tiefe in m	11	15	12,5
Anzahl der Schleusen	2	–	6
Durchfahrtzeit/Std.	7–9	12–15	15–18
Beispiele für Einsparungen an Wegstrecke in sm	Hamburg–Helsinki 440	London–Singapur 4 500	New York–Kobe/Japan 7 000
Status	Bundeswasserstr.	neutral	neutral
Territorium	Bundesrep. Deutschland	Ägypten	Panama
In Kanalstrecke eingebundene Seen	–	Timsahsee Kleiner u. Großer Bittersee	Gatunsee

5.5 Sonstige Seeschiffahrtskanäle

Im Rahmen des Weltseeverkehrs, des internationalen Küstenverkehrs und des kombinierten Fluß-Seeverkehrs werden eine Reihe weiterer Seeschiffahrtskanäle befahren. Je nach ihrer Breite und Tiefe sowie den Abmessungen vorhandener Schleusen können sie von Küstenmotorschiffen und kleineren oder größeren Seeschiffen mit bestimmten Maßen befahren werden. Es handelt sich dabei einerseits um nur relativ kurze Transitstrecken, wie den 6,3 km langen Kanal von Korinth in Griechenland, der eine Verkürzung für den Seeverkehr zwischen dem Ionischen und Ägäischen Meer darstellt. Ähnliche Funktionen erfüllt der Cape-Cod-Kanal (28 km) an der US-Ostküste südlich von Boston. Andererseits dienen viele Seekanäle als Zufahrten bedeutender Seehäfen. Zu den ältesten Seekanälen dieser Art gehören der Nordseekanal (24 km), der Amsterdam an die Nordsee anbindet, der Nieuwe Waterweg (33 km) als Zufahrt nach Rotterdam und der Manchester-Ship-Canal (68 km) als Zufahrt zum Hafen von Manchester (Großbritannien). Zu den längsten Kanalstrecken für Seeschiffe werden die Kanalabschnitte des St.-Lorenz-Seeweges, unter anderen mit dem Wellandkanal (45 km) als Zufahrt zum Große-Seen-Gebiet in Nordamerika und der Wolga-Ostsee-Schiffahrtsweg zwischen dem Finnischen Meerbusen und der Wolga gerechnet.

Weiterere Seeschiffskanäle

Kanalbezeichnung	Verbindung	Eröffnungsjahr	Länge in km	Tiefe in m[1]	Schleusenanzahl	Tragfähigkeit in t für Seeschiffe
Europa:						
Wolga-Ostsee-Schiffahrtsweg	Tscherepowez/Wolga–Ostsee[2]	1964[3]	1 100	5,5	7	5 000
Ostsee-Weißmeer-Kanal	Powenets/Onegasse–Belomorsk	1933	227	4,0	19	3 000
Moskwa-Kanal	Moskwa/Moskau–Iwankowostausee (Wolga)	1937	128	8,5	11	18 000
Wolga-Don-Kanal	Krasnoarmejsk/Wolga–Kalatsch/Don	1952	101	4,0	13	3 500
Amsterdam-Rhein-Kanal	Amsterdam–Lek (bei Wijk) und Waal (bei Tiel)	1952	72,4	8,0	4	5 000
Cernavoda-Kanal	Cernavoda/Donau–Konstanza/Schwarzes Meer	1984	64	7,0	2	5 000
Manchester-Ship Canal	Manchester–Liverpool/Irische See	1894	64	8,5	5	Seeschiffe[4]
Saimaa-Kanal	Lappeenranta/Saimaaseen–Wyborg/Ostsee	1856	42,9	4,5	8	2 500
Nieuwe Waterweg	Rotterdam/Nieuwe Maas–Hoek van Holland/Nordsee	1872	33	12,5	–	Seeschiffe
Brüssel-Rupel-Kanal	Brüssel–Antwerpen/Schelde (Nordsee)	1922	32	6,4	4	6 000
Gent-Terneuzen-Kanal	Gent–Terneuzen/Westerschelde (Nordsee)		28	12,5	1	Seeschiffe[4]
Nordseekanal	Amsterdam–Ijmuiden/Nordsee	1876	24	14,5	1	Seeschiffe[4]
Boudewijn-Kanaal (Brügger Seekanal)	Brügge–Zeebrügge/Nordsee	1907	10	8,5	2	6 000
Kanal von Korinth	Ionisches Meer–Ägäisches Meer	1893	6	8,0	–	Seeschiffe[4]
Nordamerika:						
Houston-Kanal	Houston–Galveston/Golf v. Mexiko	1940	91	10,5	–	Seeschiffe
Welland-Kanal	Ontariosee–Eriesee	1931	45	8,8	8	Seeschiffe
Cape-Cod-Kanal	Cape Cod-Bay Buzzard Bay/Atlantik	1914	28	9,7	–	Seeschiffe
Lake-Washington-Kanal	Lake Washington–Puget Sound/Pazifik	1934	13	9,5	1	Seeschiffe[4]

1) Mindesttiefe, gerundet
2) Der Schiffahrtsweg umfaßt Teilabschnitte von Seen und Kanälen. Der Verlauf insgesamt: Rybinsker Stausee-Scheksnafluß-Weißer See–Marienkanal–Onegasee–Swirkanal–Ladogasee–Newa–Ostsee bei St. Petersburg
3) Abschlußjahr des Ausbaus
4) Beschränkungen bei Tiefgang und Schiffsabmessungen durch Schleusen oder Fahrwasserbreite

5.6 Meerengen und Meeresstraßen

Die Meerengen oder Meeresstraßen sind natürliche, vielfach nur sehr schmale Verbindungswege, an denen sich die großen Schiffahrtsrouten und Handelsströme bündeln. Teilweise werden Meeresstraßen unter den Bezeichnungen Sund, Kanal oder Passage geführt. Einige Meerengen sind, vergleichbar den Seekanälen, seit jeher Brennpunkte im weltwirtschaftlichen Geschehen, da durch sie fast alle seewärtigen internationalen Warenhandelsbewegungen geführt werden. Ihre wichtigste Funktion ist die der Durchfahrt. Weitere Funktionen von Meerengen bestehen darin, daß sie als Aus- oder Einfahrt in Nebenmeere oder als Landbrücken dienen. Viele Meerengen sind aufgrund ihrer besonderen Lage jahrhundertelang als strategische Sperren für die Handels- und Kriegsschiffahrt genutzt worden, sie waren damit immer wieder Krisenpunkte im weltweiten Schiffsverkehr, einige sind es heute noch. Je nach ihrer Lage üben die Meerengen mehrere oder nur eine der genannten Funktionen aus. Eine Reihe von Meerengen sind aufgrund ihrer abseitigen Lage zu den Schiffahrtsrouten für den Weltverkehr bedeutungslos oder können wegen natürlicher Behinderungen nicht genutzt werden. Die wichtigsten Meerengen sind unter anderen die Straße von Dover, die Straße von Gibraltar, die Windward-Passage, Dardanellen und Bosporus, Bab el Mandeb, die Straße von Hormuz und die Malakka-Straße. Sie befinden sich alle auf der Nordhalbkugel, wo sich auch die dichtesten Verkehrsbänder des Seehandels erstrecken.

Unter nautischen Gesichtspunkten stellen die Meerengen vielfach gefährliche Streckenabschnitte dar. Starke und teilweise komplizierte Strömungsverhältnisse, bedingt durch unterschiedliche Wasserhaushalte der verbundenen Meere (Straße von Gibraltar), geringe Fahrwassertiefen (Straße von Malakka), hohe Tidenhubwerte und die Bildung von Nebeln (Straße von Dover) sowie letztlich die große Verkehrsdichte bilden ständig Gefahrenmomente für alle Fahrzeuge in diesen Zonen.

Politische Bedeutung

Um den Seehandel durch die Nadelöhre der Meerengen zu sichern, wurden in den letzten Jahrhunderten von den führenden Seemächten an den wichtigsten Meerengen Festungen und Flottenstützpunkte eingerichtet. Während der Blütezeit des britischen Weltreiches wurden u. a. britische Stützpunkte an der Straße von Gibraltar, der Straße von Hormuz und der Malakkastraße angelegt. Die internationale Schifffahrt darf die Meerengen, die als Teile der Hohen See betrachtet werden, für friedliche Durchfahrten nutzen, auch wenn die Meerengen die Territorialgewässer (Hoheitsgewässer) eines Staates bilden.

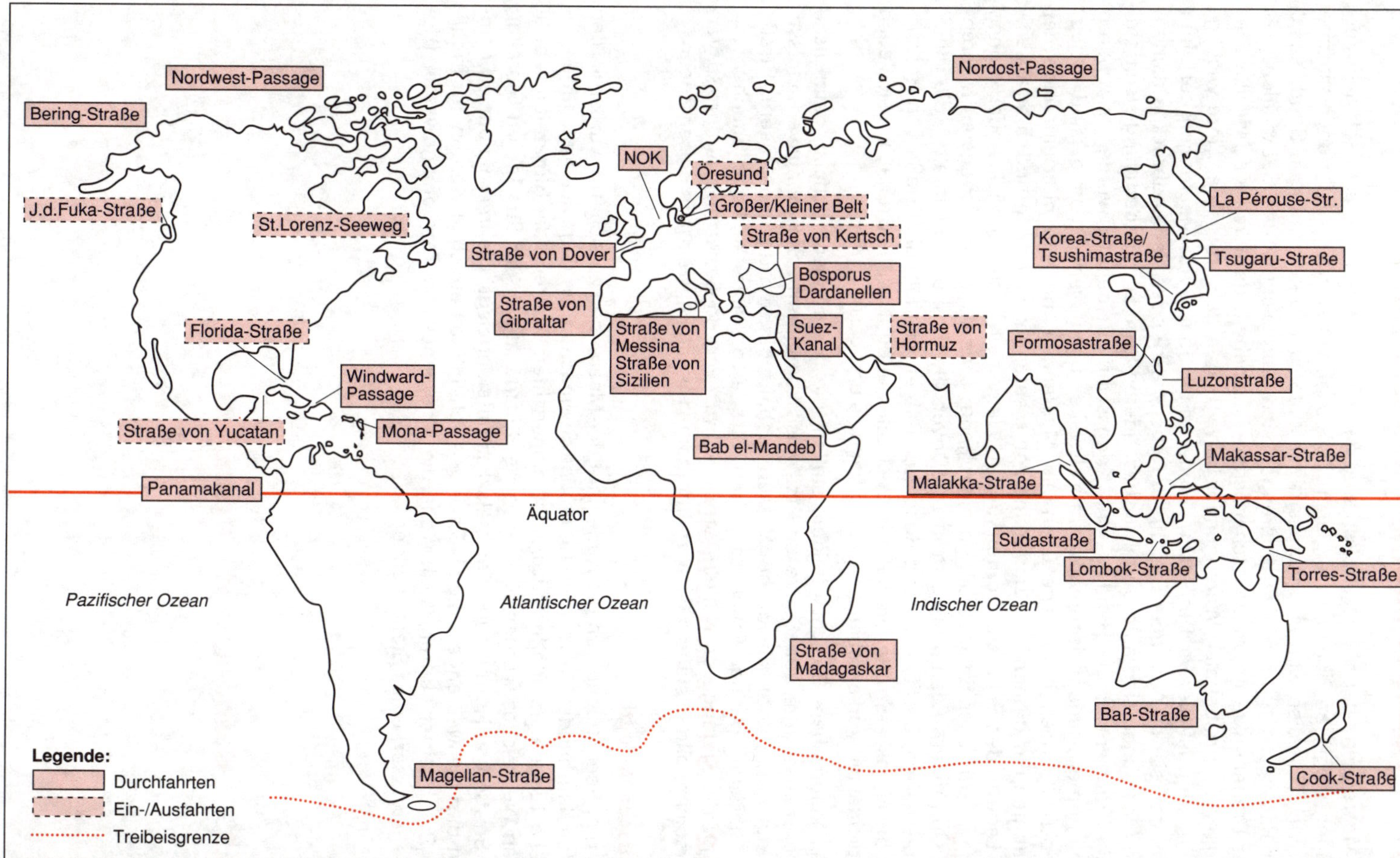

Die Lage wichtiger Meeresstraßen und Seekanäle

5.6.1 Straße von Dover

Als meistbefahrene Wasserstraße der Welt gilt die nur 31 bis 40 km schmale Straße von Dover, auch Straße von Calais (frz.: Pas de Calais) genannt; sie ist die engste Stelle des Ärmelkanals. Bis zu 300 Schiffe durchqueren täglich dieses Verkehrsnadelöhr, hinzu kommen je nach Saison bis zu 150 Fährschiffe und Luftkissenboote, die den Hauptverkehrsstrom rechtwinklig kreuzen. Durch diese Meeresstraße verläuft fast der gesamte Schiffsverkehr zwischen Atlantik und Nordsee. Das hohe Verkehrsaufkommen resultiert aus der Tatsache, daß nördlich der Straße von Dover die größten Seehäfen Europas liegen und südlich der Wasserstraße fünf wichtige Seerouten zusammenlaufen: die Nord-, Mittel- und Südatlantik-Route, die Kap-Route und die Suez-Route. Insgesamt durchläuft fast zwei Drittel der weltweit betriebenen Schiffahrt die Straße von Dover. Die Passage ist aufgrund natürlicher Einflüsse problematisch. So beträgt der Gezeitenstrom rd. 5 sm je Stunde und der Tidenhub 5–6 m. Häufige Nebel und damit schlechte Sicht erschweren trotz moderner technischer Hilfsmittel die Durchfahrt dieser hochfrequentierten Meeresstraße. Als Sicherungsmaßnahme wird ein Verkehrslenkungssystem betrieben.

Beispiel:

Seit 1977 gilt auf der Straße von Dover das System des Rechtsfahrens. Nordgehende Schiffe müssen sich bei der Durchfahrt auf der französischen, südgehende Schiffe auf der englischen Seite halten. Die Fahrwasser sind in der Mitte durch gedachte Trennungslinien oder Verkehrstrennungszonen abgegrenzt. Gleichfalls abgetrennt von den großen Nord-Süd-Fahrwassern sind in Küstennähe die Fahrwasser für die Küstenschiffahrt. Die Hauptfahrwasser dürfen nicht verlassen oder gekreuzt werden, ausgenommen sind die westöstlich fahrenden Kanalfähren und Schiffe, die zu Häfen abzweigen oder aus ihnen in die Hauptfahrwasser einbiegen.

5.6.2 Straße von Gibraltar

Diese verkehrsgeographisch überragende Meerenge bildet die einzige natürliche Zufahrt vom atlantischen in den mittelmeerischen Raum. Der Wasserweg hat eine Länge von 60 km, die engste Stelle befindet sich mit 14,2 km zwischen Punta Marroqui (Spanien) und Punta Cires (Marokko), die geringste Wassertiefe wird mit 324 m in der Mitte der Straße erreicht. Die Bedeutung der Gibraltar-Straße ist aufs engste mit dem Suezkanal verknüpft, denn beide Wasserwege stellen Zwangswege auf der kürzesten Verbindung zwischen Europa und den Fahrtgebieten am Indik und in Fernost dar. Die jährliche Anzahl der passierenden Schiffe liegt bei rund 7 000 Einheiten. Die Stadt Gibraltar ist seit 1704 britische Kolonie und heute als britisches Dominion mit beschränkter Selbstverwaltung ausgestattet. Die gesetzgeberische Gewalt liegt beim britischen Kommandanten, der gleichzeitig Gouverneur ist. Gibraltar verfügt über einen Handels- und einen Kriegshafen, der keine große Bedeutung mehr hat. Der Handelshafen übt im wesentlichen die Funktion eines Transit- und Reparaturhafens aus, ferner die einer Bunkerstation.

5.6.3 Bosporus und Dardanellen

Beide Meerengen bilden den Verbindungsweg zwischen dem Mittelmeer und dem Schwarzen Meer, sie sind gleichzeitig die Grenze zwischen Europa und Asien. Der 30 km lange und zwischen 700 und 3 000 m breite Bosporus verläuft ausschließlich durch türkisches Territorium und wird von der Türkei kontrolliert. Er hat einen relativ stark gewundenen Lauf, da er von seinem Ursprung her ein überflutetes Flußtal ist. Der Bosporus verläuft vom Schwarzen Meer bis zum Marmarameer bei Istanbul. In Istanbul wird die Meerenge von zwei Brücken (Bosporus-Brücke und Fatih-Sultan-Mehmet-Brücke) überquert. Es sind weltweit die einzigen Brücken, die Kontinente verbinden. Die 65 km lange Meerenge der Dardanellen verknüpft das Marmarameer mit der Ägäis. Es ist ebenfalls ein überflutetes Flußtal, dessen Breite heute ein bis sieben Kilometer beträgt, die Tiefe liegt bei rd. 100 m. Beide Meerengen sind an der Oberfläche von starken Strömungen, die bis zu 10 km/h erreichen können, gekennzeichnet. Die Strömungen bewegen sich vom Schwarzen Meer in das Mittelmeer. Die Wasserstraßen sind sehr stark befahren und unfallträchtig. Vor allem das Verkehrsnadelöhr Bosporus gilt als gefährliche Strecke, da er durch die Enge und die starke Strömung großen Schiffen das Manövrieren erschwert. Aufgrund der außerordentlich bedeutenden strategischen Lage waren beide Meerengen bis in die jüngste Geschichte hinein Gegenstand von Auseinandersetzungen.

Beispiel:

Zwischen 1770 und 1878 versuchten die damaligen Großmächte Rußland und England mehrmals vergeblich, die von der Türkei gesperrte Meerenge gewaltsam zu öffnen. 1920 wurde die Meerenge internationalisiert und der türkischen Kontrolle entzogen. 1936 wurde mit dem sog. Meerengen-Abkommen von Montreux die türkische Souveränität über die Wasserwege wieder hergestellt, das Abkommen gilt noch heute. Danach kann die Türkei unter bestimmten Voraussetzungen die Meerengen sperren. Die Handelsschiffahrt durchquerte bislang beide Meerengen üblicherweise nachts.

5.6.4 Straße von Hormus

Als Verbindungsweg zwischen dem Persischen Golf und dem Indischen Ozean (Golf von Oman) stellt die Straße von Hormus den seewärtigen Zugang zu den gewaltigen Ölvorkommen des Nahen Ostens dar. Der Wasserweg, dessen Breite zwischen 60 und 100 km beträgt, hat den Charakter einer ausgesprochenen „Energiestraße", da durch ihn Millionen Tonnen Rohöl und Ölprodukte zu den Industriestaaten befördert werden. Mittlerweile ist die Meerenge nicht mehr allein durch diese einseitigen Warenströme gekennzeichnet. Denn große Mengen an Industrie- und Konsumgütern werden im Gegenzug in steigendem Maße durch die Meerenge zu den Abnehmerländern am Golf befördert. Im Zuge dieser Entwicklung entstanden zahlreiche große Containerterminals in den kapitalkräftigen Golfstaaten, u. a. in den Vereinigten Arabischen Emiraten, in Bahrain, Katar, Saudi-Arabien und Kuwait. Aufgrund der günstigen Fahrwasserverhältnisse können Supertanker mit Tragfähigkeiten bis zu 500 000 tdw die Meerenge passieren. Entlang der Golfküste steht für diese Riesentanker eine ungewöhnlich dichte Kette von Tiefwasserhäfen und -liegeplätzen bereit. Die größten derartigen Ölumschlaghäfen sind Mina al-Ahmadi in Kuwait, Zuluf/Ras al Khafji, Ras Tanurah und Juaymah in Saudi Arabien sowie Kharg in Iran.

5.6.5 Bab el-Mandeb

Die 26 km breite Wasserstraße verbindet das Rote Meer, das aufgrund seiner Lage zwischen Afrika und Asien ein interkontinentales Mittelmeer ist, mit dem Golf von Aden (Indischer Ozean). Der Bab el-Mandeb (arab.: „Tor der Wehklage") wird durch eine Insel, die zum arabischen Staat Jemen gehört, in zwei Fahrrinnen geteilt: eine östliche (3,2 km Breite) und eine westliche (20 km Breite). Auch diese Meerenge unterstand lange der Kontrolle der Kolonialmächte. Auf arabischer Seite im heutigen Staat Jemen durch England, auf afrikanischer Seite im heutigen Staat Djibutti durch Frankreich.

5.6.6 Malakkastraße und Straße von Singapur

In Südostasien sind die Malakkastraße zwischen der Halbinsel Mayasias und der Insel Sumatra und die daran anschließende Straße von Singapur, die um die Spitze der Halbinsel führt, die meistbefahrenen Wasserstraßen. Die Passage beider Meerengen bildet die kürzeste Entfernung von Indien nach Ostasien und Nordaustralien. Die Malakkastraße ist an der engsten Stelle 67 km breit, die Singapur-Straße nur wenige Kilometer. Die Kontrolle der Wasserstraße übte zunächst Portugal, dann die Niederlande und schließlich Großbritannien durch Inbesitznahme der Häfen Penang (1786) und Singapur (1819) aus. Heute ist der auf einer Insel gelegene Stadtstaat Singapur einer der führenden Welthäfen. Als Folge der günstigen Lage an der Meerenge wird er vor allem als zentraler Containerhafen (Transit- oder Relaishafen) und Ausgangshafen für Feederdienste genutzt. Nachteilig wirkt sich allerdings die relativ geringe Wassertiefe beider Meerengen auf die internationale Schiffahrt aus. Die wachsenden japanischen Ölimporte, die mit immer tiefergehenden Großtankschiffen jahrelang die Meerengen passierten, sind aufgrund der Havariegefahren und damit verknüpften Umweltkatastrophen auf die tiefere Lombok-Straße (zwischen den indonesischen Inseln Lombok und Bali) verlegt worden. Diese Tiefwasserroute stellt einen beträchtlichen Umweg für die Supertankschiffe dar.

Zusammenfassung

1. Meerengen und Meerestraßen sind natürliche Wasserwege. Seeschiffkanäle sind künstliche, aus wirtschaftlichen Gründen angelegte Wasserstraßen. Sie können hafen- oder meeresverbindend sein und als offene, spiegelgleiche oder Wasserscheiden überwindende Kanäle angelegt sein.

2. Seeschiffskanäle, die Meere oder Meeresteile miteinander verbinden, heißen meeresverbindende Kanäle. Sie dienen hauptsächlich dem Transitverkehr und sind weltwirtschaftlich von überragender Bedeutung. Die wichtigsten derartigen Seeschiffahrtskanäle sind der Nord-Ostsee-Kanal, der Suezkanal und der Panamakanal.

3. Die Kanalstrecken des St.-Lorenz-Seeweges haben den Charakter von hafenverbindenden Seekanälen.

4. Die Nutzung von Seeschiffskanäen bedeutet für die Reedereien in der Regel Zeit-, Wegstrecken- und Betriebskosteneinsparungen. Alle großen Seeschiffskanäle sind gebührenpflichtig.

5. Der Nord-Ostsee-Kanal hat eine Länge von 98,7 km, er wird international als Kiel-Kanal bezeichnet. Gemessen an den Schiffspassagen ist der Nord-Ostsee-Kanal der am stärksten genutzte Seekanal der Welt. Die Kanalend- und Schleusenpunkte liegen bei den Häfen Brunsbüttel (Nordsee) und Kiel-Holtenau (Ostsee).

6. Der Suezkanal verbindet Mittelmeer und Rotes Meer, er ist der älteste und wichtigste Seekanal der Welt. Die Kanallänge beträgt 162,5 km. Der schleusenlose Kanal kann von Schiffen bis 150 000 tdw genutzt werden. Die Kanalendpunkte liegen bei den Häfen Port Said (Mittelmeer) und Suez (Rotes Meer).

7. Der Panamakanal verbindet das Karibische Meer beim Hafen Colon mit dem Pazifik beim Hafen Balboa. Der mit sechs Schleusen ausgestattete Kanal ist 81,6 km lang und für große Seeschiffe mit bestimmten Abmessungen (Panamax-Schiffe) geeignet.

8. Die im Weltseeverkehr am stärksten benutzten Meerengen und Meeresstraßen sind die Straße von Dover, die Straße von Gibraltar, die Windward-Passage, Dardanellen und Bosporus, Bab el-Mandeb, Straße von Hormuz, Malakka- und Singapur-Straße. Große Bedeutung haben ferner in Europa Öresund, Großer und Kleiner Belt, Straße von Sizilien, Straße von Messina und Straße von Otranto.

Aufgaben

1. Führen sie die grundlegenden Unterschiede zwischen Seekanälen und Meerengen auf.
2. Referieren Sie über die Bedeutung des Nord-Ostsee-Kanals.
3. Referieren Sie über die Bedeutung des Suezkanals.
4. Referieren Sie über die Bedeutung des Panamakanals.
5. Welche wirtschaftlichen und verkehrstechnischen Ursachen sind dafür verantwortlich, daß einige Seekanäle an Bedeutung eingebüßt haben?
6. Welchen Zusammenhang sehen Sie zwischen dem Bau von Supertankschiffen und dem Suezkanal?
7. Werten Sie die Karte der Meeresstraßen und Seekanäle aus, und erstellen Sie eine Übersicht der wichtigsten Meerengen. Verfahren Sie dabei nach folgendem Muster:

Meerenge	Lage nach Erdteilen	Verbindung zwischen den Meeren	Funktion/Funktionen Bedeutung
Magellan-Straße	Südamerika	Atlantik – Pazifik	Durchfahrtsweg, Bedeutung durch Abseitslage und Naturgefahren (Eis) gering

8. Geben Sie an, welche Maßnahmen zur Abwendung von Havarien auf Seekanälen und Meerengen ergriffen werden, und nennen Sie konkrete Beispiele für einige Wasserstraßen.
9. Ein 2 000 TEU fassendes Containerschiff wird von Hamburg im Round-the-World-Dienst eingesetzt. Es fährt westgehend die wichtigsten Seehäfen in Nordamerika, Ost- und Südostasien, der Golfregion und dem Mittelmeerraum an und kehrt dann zu seinem Heimathafen zurück. Listen Sie mit Hilfe des Atlas alle zu durchfahrenden Meerengen und Seekanäle in der Reihenfolge der Passage auf.
10. Charakterisieren Sie die wichtigsten Meeresstraßen der Welt und stellen Sie mögliche Besonderheiten heraus.

Themenkreis 13: Der Luftfrachtverkehr

1 Entwicklung und Bedeutung des Luftverkehrs

Die Güterbeförderung im Linienfracht- und Charterverkehr, die seit den 60er Jahren fast ununterbrochen von Wachstum geprägt war, entwickelte sich mit Beginn der 80er Jahre weltweit zum dynamischsten Bereich auf dem Transportsektor und zeigt derzeit boomhafte Züge. Seit Anfang der 70er Jahre hat sich das Frachtaufkommen um mehr als das Vierfache gesteigert, bis zum Jahre 2000 wird eine Verdoppelung der jetzigen Frachtmengen erwartet. Bei fast allen international bzw. interkontinental arbeitenden Unternehmen der unterschiedlichsten Branchen nimmt dieser moderne und schnelle Verkehrsträger trotz seines vergleichsweise hohen Frachtratenniveaus einen außerordentlich hohen Stellenwert ein. In nicht wenigen Fällen ist die Konkurrenzfähigkeit derartiger Unternehmen eng mit dem Funktionieren des Luftfrachtverkehrs verknüpft, da bei einigen Spezialprodukten die Lieferung nicht mehr über den Seeweg erfolgt, sondern entweder völlig oder über Teilstrecken (Sea/Air-Kombidienste) in die Luft verlagert wurde.

Technische Entwicklung

Wie kein anderer Verkehrsträger hat sich der Luftverkehr in weniger als drei Jahrzehnten zu einem über weite Strecken konkurrenzlosen Anbieter von Transportleistungen entwickelt. Es ist die jüngste Verkehrsart, ihre Entwicklung begann erst um die Jahrhundertwende. Meilensteine in der Entwicklung des Luftverkehrs waren um 1901 die Konstruktion des ersten lenkbaren Luftschiffes „Graf Zeppelin", dem eine Luftschiff-Phase mit gewisser verkehrspolitischer Bedeutung folgte, und die ersten Flüge mit Motorflugzeugen durch die Gebrüder Wright (1903) und den Franzosen Blériot (1904). Nach den ersten Non-Stop-Atlantiküberquerungen in West-Ost-Richtung 1928 durch die Deutschen Köhl und Hünefeld wurden die bis dahin kontinentalen Flugnetze interkontinental erweitert. Mit vielen Zwischenstationen und technischen Spezialkonstruktionen (z. B. Flugbooten) wurden weltumspannende Linienverkehre aufrechterhalten. Nach dem Zweiten Weltkrieg und der Einführung der Turbo-Strahltriebwerke (1939) setzte sich die Entwicklung rasant bis heute fort. Propellergetriebene Flugzeuge wurden in den 50er Jahren langsam durch Düsenverkehrsflugzeuge ersetzt. Im Jahre 1950 wurde in Großbritannien die „Comet 1" (40 Passagiere, 800 km/h) als erstes Düsenverkehrsflugzeug der Welt in Dienst gestellt. Es folgten amerikanische Düsenverkehrsflugzeuge der Hersteller Boeing (B 707), Lockheed und Douglas und in der damaligen Sowjetunion Düsenverkehrsflugzeuge u. a. der Tupolew-Werke (1956). Von da an erreichte der Massentransport von Personen immer höhere Zahlen, ähnlich verhielt es sich im Luftfracht- und Luftpostverkehr. Seit den 60er Jahren wird der Langstrecken-Luftverkehr mit Gütern und Passagieren durch den Einsatz von Großraum-Flugzeugen bestimmt. Die sog. „Jumbo-Jets" erreichen Geschwindigkeiten von fast 1 000 km/h, befördern fast 500 Passagiere oder adäquate Luftfracht und verfügen über Reichweiten von über 10 000 Kilometern. Seit Jahren bereits sind auch Nurfracht-Großraumflugzeuge, z. B. Boeing B 747 F (F = Frachtversion) im Einsatz, die Kapazitäten von über 100 t bei Frachträumen von fast 630 m³ aufweisen.

Bedeutung

Alle kommerziellen Lufttransporte, die keine Fluggastbeförderung darstellen, werden mit dem Oberbegriff **CARGO** bezeichnet. Hierzu ist neben den Luftpostbeförderungen und den Kuriersendungen vor allem die Luftfracht zu zählen, die den größten Anteil der Lufttransporte auf sich vereinigt. Während Postverkehr und Kuriersendungen, diese Versendungsform zeichnet sich in der Regel durch einen hohen Wert bei niedrigem Gewicht aus, im Passagedienst abgewickelt werden können, sind im Frachtverkehr besondere Investitionen erforderlich, hierzu gehören beispielsweise eigenes geschultes Abfertigungspersonal, spezielle Verkaufsorganisationen, Umschlaganlagen und anderes mehr.

Der interkontinentale Luftfrachtverkehr befördert gegenwärtig zwar nur rund 1 % aller weltweit bewegten Güter, diese Güter stellen jedoch mehr als 10 % der Welthandelswerte dar. Hieraus wird deutlich, daß die Cargo-Mengen aus bestimmten Gütergruppen bestehen. Es handelt sich vorzugsweise um eilbedürftige und/oder hochwertige Erzeugnisse, denen die arteigenen Vorteile des Luftverkehrs (Schnelligkeit, Sicherheit, Zuverlässigkeit, Frequenz und Netzdichte) entgegenkommen. Generell können die Güter des Luftfrachtaufkommens drei Gruppen zugeordnet werden.

Güter des Luftfrachtaufkommens

Gruppe	Güterbeispiele
1. Außerplanmäßige Sendungen in Notfällen	Ersatzteillieferungen, Medikamente, Hilfsgüter
2. Planmäßige Sendungen verderblicher Güter	Gemüse, Früchte, Fleisch, Eier, Schnittblumen
3. Planmäßige Sendungen nichtverderblicher Güter	Industrieerzeugnisse, wie Pharmazeutik, Maschinen, Uhren, Filme, Teppiche, Fahrzeuge, Textilien usw.

Von besonderer Bedeutung sind die Güter der 3. Gruppe, da sie künftig noch stärker die Güterstruktur im Luftverkehr bestimmen werden. Denn als hochwertige, sehr spezielle Industrieerzeugnisse bilden sie das Gros der Import/Export-Güter besonders der großen Industrienationen oder sind aufgrund immer stärkerer internationaler Arbeitsteilungen (z. B. in Just-in-Time-Konzepten) in die Produktionsprozesse vieler Hersteller eingeplant. Der Transport von nichtverderblichen Gütern per Luftfracht bietet für Versender trotz höherer Transportkosten vielfach Einsparungsmöglichkeiten. Diese treten immer dann auf, wenn der Wert des Gutes pro Gewicht- oder Volumeneinheit relativ groß ist. Im Gegensatz zum Transport dieser Güter auf dem Land- oder Wasserweg können durch die Luftfracht nicht nur hohe Zusatzkosten vermieden werden (z. B. Zinsausfall durch Kapitalbindung, geringere Verpackung, günstige Versicherungsprämien usw.), sondern die beschleunigte Bestellbearbeitung kann zudem erhebliche Wettbewerbsvorteile gegenüber Konkurrenten bewirken. Genau genommen sind daher nicht nur hochwertige Computerteile, Elektronik u. a. m. die vorrangigen Güter in der Luftfahrt, viele Dinge des täglichen Lebens können zusammengepackt als Sammelgut hohe Werte pro Kilogramm darstellen, die einen Lufttransport rentabel erscheinen lassen. Insgesamt ist aufgrund immer günstigerer Frachtraten und leistungsfähigerem Fluggerät die Palette von Luftfrachtgütern stark gewachsen. Auch weniger hochwertige Produkte mit hohen Einzelgewichten werden heute auf Luftwegen befördert.

Entwicklung des Luftverkehrs weltweit:

	1987	1988	1989	1990	1991/1992
Länge der Flugreise in km/Passagier	1 547	1 582	1 603	1 626	1 640
Anzahl der Passagiere in Mio.	1 027	1 082	1 118	1 164	1 113

Quelle: BBE-Dokumentation, Köln 1993

2 Bedeutende Luftverkehrsgesellschaften

In der „Internationalen Zivilluftfahrtorganisation" ICAO sind die Fluggesellschaften von 174 Mitgliedsländern vertreten. Diese Gesellschaften erbrachten 1992 eine Flugleistung von über 245 Mrd. Tonnenkilometern (tkm). Die Anzahl der beförderten Passagiere betrug etwa 1,17 Mrd. Personen, der Luftfrachtverkehr hatte einen Umfang von über 18 Mio. Tonnen. Es wird davon ausgegangen, daß die weltweite Tonnage bis zum Ende des Jahrzehntes auf jährlich 30 Mio. Tonnen anwachsen wird.
Die Deutsche Lufthansa gehört zu den führenden Linienfluggesellschaften der Welt, sie ist auch im Frachtgeschäft stark engagiert. Denn rund 20 % des Gesamtgeschäftes werden bei der Lufthansa von der Luftfracht bestimmt. Am weltweiten Luftfrachtgeschäft hat die Lufthansa einen fast konstanten Anteil von 3,6 %. Damit rangiert sie in der Spitzengruppe der Frachtgesellschaften. Die Anbieter von Luftfrachtverkehren sind:

- **Reine Frachtgesellschaften**, wie beispielsweise die Lufthansa-Tochtergesellschaft German Cargo Service oder Cargolux (Luxemburg), an der die Lufthansa beteiligt ist. Im weiteren Sinne gehören zu den Frachtgesellschaften auch jene großen Express- und Kurierunternehmen, die umfangreiches eigenes Fluggerät unterhalten und weltweit Expreßgutverkehre betreiben. Bedeutende Unternehmen auf dem Expreßgutmarkt sind u. a. Federal Expreß, DHL Worldwide Expreß und UPS (alle USA), TNT (Australien).
- **Linienfluggesellschaften**, die hauptsächlich in der Passage tätig sind, jedoch auch umfangreiche Luftfrachtverkehre ausüben. Die bedeutendsten Unternehmen dieser Gruppe sind Lufthansa, Japan Air Lines, Air France und Aeroflot. Die Liniengesellschaften kooperieren in vielen Fällen mit den weltweiten Expreßdiensten.

Alle namhaften Luftverkehrsgesellschaften sind in der Luftfracht vertreten. Die zehn bedeutendsten Fluggesellschaften sind in folgender Tabelle zusammengefaßt.

Rang	Fluggesellschaft	Land	Umsatz 1991 in Mio. US-$	Änderung gegenüber Vorjahr in %	Beförderung in Mio. tkm
1	American Airlinies	USA	12 993	10,1	26 100
2	Air France Gruppe	Frankreich	11 824	13,3	10 336
3	United Airlinies	USA	11 748	5,3	24 725
4	Japan Airlinies	Japan	10 627	7,9	12 465
5	Lufthansa	Deutschland	9 714	7,8	12 986
6	Delta Air Lines	USA	9 171	6,9	21 693
7	British Airways	Großbritannien	9 064	0,6	12 865
8	Northwest Airlines	USA	7 534	3,8	18 912
9	All Nippon Airways	Japan	6 634	14,5	
10	USAir Gruppe	USA	6 533	0,5	

Quelle: Airlines Business 1992

3 Das Weltluftverkehrsnetz und wichtige Einzelstrecken

Das gesamte weltweite Luftverkehrsnetz wird wie der Seeverkehr aus einer Vielzahl einzelner Verbindungsachsen zwischen den Flughäfen gebildet. Besonders dicht ist das Luftverkehrsnetz auf der Nordhalbkugel der Erde. Dort verlaufen die großen Luftstraßen fast kreisförmig um den Nordpol und verbinden die führenden Industrienationen untereinander. Von den Knotenpunkten entlang dieses west-östlichen Luftverkehrsbandes, den internationalen Flughäfen, werden eine Reihe von Verkehrslinien nach Süden zu den Wirtschaftszentren der Kontinente Afrika, Südamerika und Australien/Neuseeland geführt. Es gibt mehrere besonders intensiv beflogene Strecken.

- Die **Nordatlantikroute** von Westeuropa nach Nordamerika und umgekehrt gilt als die am dichtesten mit Flugverkehrslinien versehene Achse. An ihren Endpunkten liegen einige der weltweit größten Flughäfen. In Europa sind dies u. a. London-Heathrow, Frankfurt Rhein-Main, London-Gatwick, Paris-Orly, Amsterdam-Schiphol, Rom (Leonardo da Vinci), an der US-Ostküste und an den Großen Seen Chicago-O'Hare, New York-J. F. Kennedy, New York-Newark, Boston-Logan, Detroit-Wayne County, Miami-International und andere.

- Auf dem nordamerikanischen Kontinent setzt sich diese Hauptverkehrsachse des Luftverkehrs als **transamerikanische West-Ost-Linie** fort bis hin zu den großen Flughäfen Los Angeles-International, San Francisco-International.

- Von der US-Westküste und den genannten Airports verläuft via Hawaii die **Transpazifik-Route** als dichtes Luftverkehrsband nach dem Fernen Osten und Australien. Die großen Airports auf dieser Relation sind u. a. in Fernost Tokio-Haneda und Tokio-Narita, Honolulu-International (Hawaii), Osaka-International, Hongkong-Kai Tak, Seoul-Kimpo International, Singapur-Changi, Bangkok-International und Sydney-Kingsford.

- Flugverkehre nach Destinationen im südlichen Südamerika verlaufen über die **Südatlantikroute** zwischen Westafrika und Kap Sao Roque, wo der Atlantik seine engste Stelle aufweist. Ziele sind die Fughäfen der brasilianischen und argentinischen Wirtschaftszentren sowie via Anden Chile.

- Die Nord-Süd-Verkehre von Europa nach Afrika und umgekehrt werden im wesentlichen über zwei Hauptachsen geführt: über die **westafrikanische Nord-Süd-Linie** Algier-Lagos-Kinshasa-Kapstadt und die **ostafrikanische Nord-Süd-Linie** Kairo-Khartum-Nairobi-Johannesburg.

- Als **Südroute** wird allgemein das von Europa nach Fernost verlaufende Flugverkehrsband entlang des Südrandes des asiatischen Kontinents bezeichnet. Es weist drei große Luftkreuze bzw. Knotenpunke auf: den Raum Naher Osten mit den dominanten Flughäfen von Dubai und Abu Dhabi, Südostasien mit den Drehkreuzen Singapur und Bangkok sowie in Fernost Japan und Hongkong.
  Von Singapur aus verlaufen sternförmig verschiedene Routen nach Australien, Neuseeland, Indonesien, Ozeanien, die Philippinen und anderen Zielorten des Raumes.

Die Südroute ist jedoch bei weitem nicht die kürzeste oder direkteste Verbindung nach Fernost. Flugverkehre von Europa nach Fernost vor allem aber nach der US-Westküste werden in Form der **Polroute** über das Nordpolargebiet und Alaska geführt, womit mehrere Flugstunden und entsprechende Betriebskosten eingespart werden können. Wichtige Zwischenstation ist auf dieser Route der Flughafen von Anchorage in Alaska.

- Eine weitere Alternative zur Südroute bildet für Verkehre Europa – Japan/China die **Sibirische Flugroute** über Moskau, die nach einer Zwischenlandung von Moskau aus oder auch direkt Non-Stop benutzt werden kann.

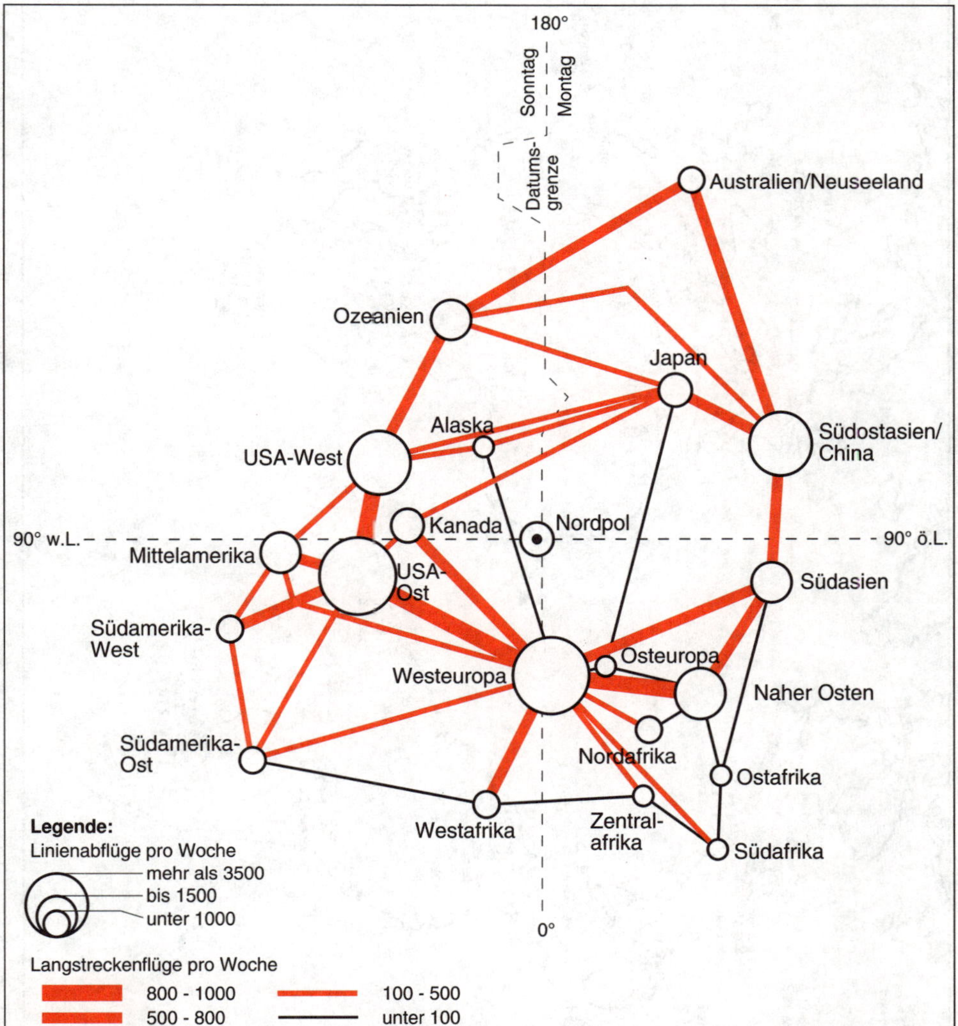

Der Weltluftverkehr nach Regionen

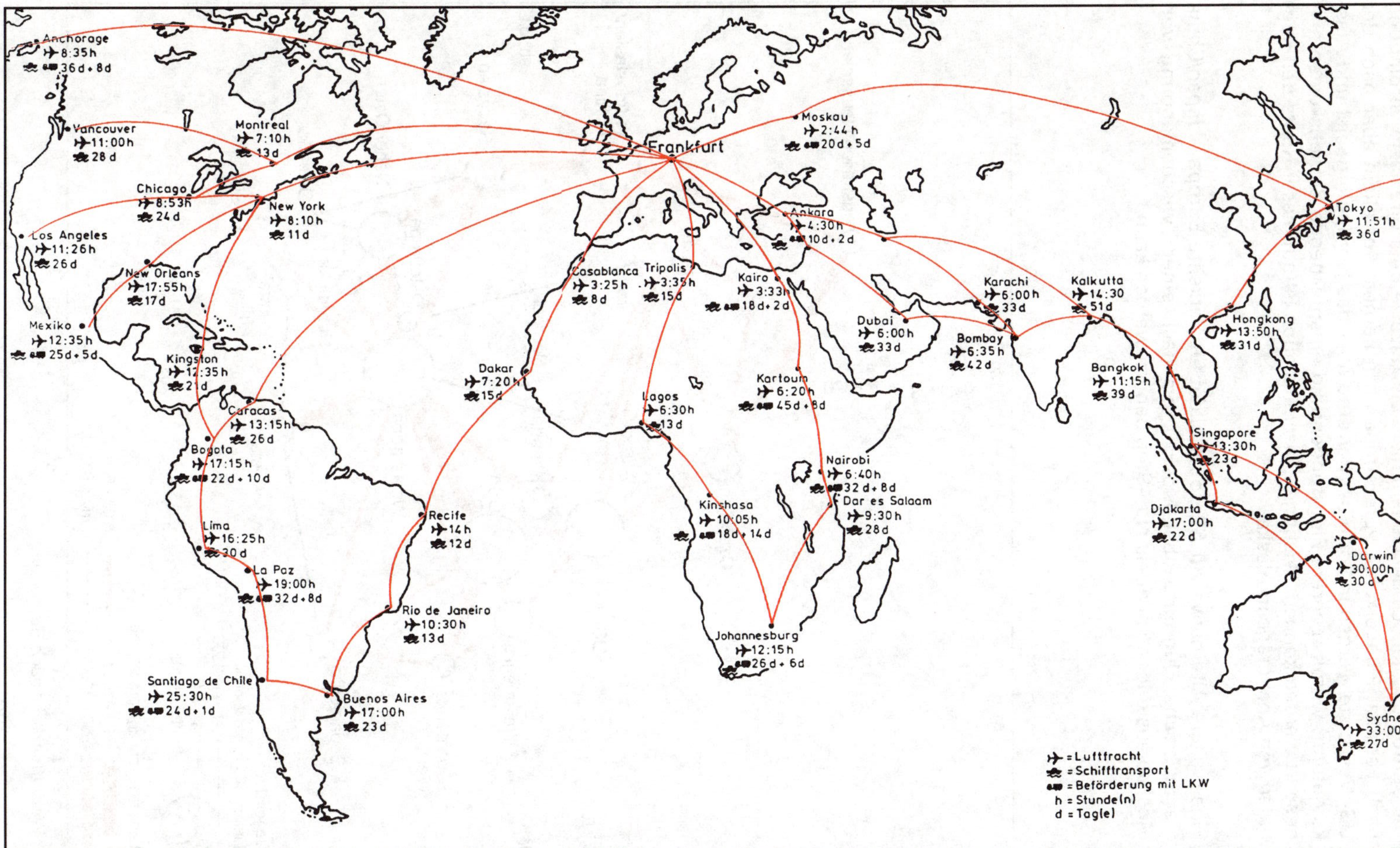

Wichtige Luftverkehrsverbindungen von Frankfurt/Main nach außereuropäischen Flughäfen mit Transportzeitenvergleich zum Oberflächenverkehr

4 Die großen Flughäfen der Welt

Weltweit gibt es mehr als 50 Flughäfen, auf denen jährlich jeweils über 10 Mio. Passagiere und Tausende von Tonnen Luftfracht abgefertigt werden. Der am stärksten frequentierte Fughafen ist in der Passage mit Abstand Chicago-O'Hare International mit rund 60 Mio. Fluggästen und über einer Mio. t Luftfracht pro Jahr. Speziell im Luftfrachtverkehr sind die beiden Airports New York-J. F. Kennedy und Frankfurt-Rhein Main mit ebenfalls über einer Mio. t die bedeutendsten (vgl. Tabelle). Diese überragenden internationalen Fughäfen haben eine Reihe gemeinsamer Merkmale:

- Ihre **Lage** ist dadurch charakterisiert, daß sie in Ballungsräumen mit hoher Wirtschaftskraft und einem großen Einzugsbereich liegen.

- Die **natürlichen Voraussetzungen** zur Errichtung und zum wirtschaftlichen Betrieb dieser Flughäfen sind gut. Die großen Airports verfügen in der Regel über hochmoderne ausreichend lange Start- und Landebahnen auf ebenen Flächen sowie über gute Anflug- und Landemöglichkeiten.

- Die **technischen Einrichtungen** sind gleichfalls hochmodern und vielfältig und erlauben von der Abfertigung bis zur Reparatur alle Tätigkeiten im Zusammenhang mit dem Luftverkehr.

- Die **Verkehrsanbindung** ist üblicherweise durch dichte Straßen-, Autobahn- und Eisenbahnverbindungen, die bis zu oder gar in die Airports reichen, gekennzeichnet. Ferner werden regelmäßige Regionalfluglinien von den internationalen zu den regionalen Flughäfen unterhalten.

- Aufgrund der zentralen kontinentalen Lage üben diese großen Airports die **Funktion** von Drehkreuzen (Hubs) im interkontinentalen Flugverkehr aus.

  Beispiel 1:

  Drehkreuze werden von den Fluggesellschaften eingerichtet. Ihr Vorteil liegt darin, daß Fluggäste/Cargo durchgängig von einer Airline befördert werden können, ohne daß Verkehrsaufkommen an Konkurrenzgesellschaften verloren geht (Interlining). Die Kombinationsmöglichkeiten durch Hubs sind beträchtlich: Wenn statt drei voneinander unabhängig geführte Punkt-zu-Punkt-Dienste (Solitärstrecken) diese über einen zentralen Punkt (Hub) geführt werden, steigt die Anzahl der bedienten Städte-Paar-Verbindungen von 3 auf 21 an.

  Beispiel 2:

  Die Lage eines Hub wird verkehrsgeographisch nach den über diesen zentralen Punkt geplanten Hauptverkehrströmen gewählt. „Sanduhr-Drehkreuze" (z. B. Chicago, Dallas) begünstigen eindirektionale Langstrecken. „Hinterland-Drehkreuze" sind Verkehrsschnittstellen, die das Kurzstrecken-Aufkommen den Langstreckenverbindungen zuführen (Heathrow, Frankfurt, Ch. de Gaulle). „Umgehungs-Drehkreuze" (Raleigh/Durham in North Carolina) entlasten stark frequentierte Hubs.

  Quelle: BBE, Flughäfen 1993

Im Gegensatz zu den Regionalflughäfen stehen die weltweiten bedeutenden Flughäfen und Luftdrehkreuze in viel stärkerem Maße immer wieder vor neuen Anpassungsprozessen, da das Transportvolumen ständig wächst, größere Flugzeuge, höhere Geschwindigkeiten und vielfältige Spezialisierungen zu berücksichtigen sind. Die sich ändernden Flugtechniken, die steigende Flugverkehrsdichte und die immer mehr ins Blickfeld geratene Umweltbelastung vor allem durch Lärm fordern eine vorausschauende Raumplanung bei der Erweiterung, Modernisierung oder dem Neubau von Flughäfen mit internationalen Dimensionen.

Verkehrsleistungen führender internationaler Flughäfen 1989 (1988) – Auswahl –
(nach „Arbeitsgemeinschaft der deutschen Verkehrsflughäfen"/ADV 1990)

Flughafen	Fluggäste 1989	(in Mio.) (1988)	Veränderung in %	Luftfracht (in Tsd. t) 1989	(1988)	Veränderung in %
			jeweils Ankünfte und Abflüge			
Chicago/O'Hare Intern., USA	59,250	(58,860)	+ 0,7	958,540	(755,019)	+27,0
Dallas-Fort Worth, USA	47,579	(44,271)	+ 7,5	361,075	(347,043)	+ 4,0
Los Angeles/Intern., USA	45,700	(44,399)	+ 2,9	997,810	(960,440)	+ 3,9
Atlanta/W. B. Hartsfield, USA	43,312	(45,900)	– 5,6	379,323	(400,128)	– 5,2
London/Heathrow, Großbritannien	39,611	(37,525)	+ 5,6	692,151	(644,882)	+ 7,3
Tokio/Haneda, Japan	36,491	(32,177)	+13,4	462,244	(431,097)	+ 7,2
New York/J. F. Kennedy, USA	30,323	(31,166)	– 2,7	1 258,768	(1 179,906)	+ 6,7
San Francisco/Internat., USA	29,940	(30,506)	– 1,9	451,050	(447,404)	– 3,5
Denver/Stapleton Intern./USA	27,568	(31,808)	–13,3	185,384	(189,038)	– 1,9
Frankfurt/Rhein-Main, BR Deutschland	25,868	(24,344)	+ 6,3	1 055,570	(1 007,106)	+ 4,8
Paris/Orly, Frankreich	24,118	(22,206)	+ 8,6	248,109	(236,167)	+ 5,1
Miami/Internat., USA	23,385	(24,525)	– 4,6	742,813	(686,796)	+ 8,2
New York/La Guardia, USA	23,158	(24,159)	– 4,1	57,598	(51,235)	+12,4
Boston/Logan, USA	22,216	(23,660)	– 6,1	285,538	(302,339)	– 5,6
Honolulu/Internat., USA	21,449	(20,156)	+ 6,4	320,093	(284,133)	+12,7
London/Gatwick, Großbritannien	21,183	(20,761)	+ 2,0	210,283	(193,755)	+ 8,5
Detroit, Wayne County, USA	20,998	(19,708)	+ 6,5	112,631	(101,040)	+11,5
New York/Newark, USA	20,928	(22,496)	– 7,0	400,381	(407,995)	– 1,9
Phoenix/Sky Harbour Int., USA	20,711	(19,178)	+ 8,0	57,039	–	–
Paris/Ch. de Gaulle, Frankreich	20,275	(17,887)	+ 13,4	584,726	(575,297)	+ 1,2
St. Louis/Lambert, USA	–	(20,170)	–	–	(59,403)	–
Minneapolis/Internat., USA	19,401	(18,664)	+ 3,9	166,703	(171,602)	– 2,9
Osaka/Intern., Japan	17,695	–	–	319,102	–	–
Orlando/Internat., USA	17,232	(16,497)	+ 4,5	103,280	(90,298)	+14,4
Pittsburgh, USA	17,145	(17,987)	– 4,7	67,283	(61,544)	– 9,3
Tokio/Narita, Japan	16,990	(14,659)	+15,9	888,257	(783,321)	+13,4
Toronto/L. B. Pearson Int., Kanada	–	(16,760)	–	–	(257,619)	–
Las Vegas/Mc Carran Intern., USA	16,684	(16,231)	+ 2,8	15,065	(13,089)	+ 15,1
Hongkong/Kai Tak	16,201	(15,864)	+ 2,1	730,096	(704,575)	+ 3,6
Houston/Intercont., USA	16,007	(15,110)	+ 5,9	159,656	(144,663)	+10,4
Rom/Leonardo da Vinci, Italien	15,564	(14,346)	+ 8,5	227,075	(202,122)	+12,3
Amsterdam/Schiphol, Niederlande	15,338	(14,582)	+ 5,2	582,228	(575,297)	+ 1,2
Seattle/Tacoma Intern., USA	15,241	(14,496)	+ 5,1	228,743	(211,232)	+ 8,3
Washington/National., USA	15,140	(15,751)	– 3,9	13,771	(16,402)	–16,0
Madrid/Barajas, Spanien	14,246	(13,243)	+ 7,6	208,218	(178,892)	+16,4
Stockholm/Arlanda, Schweden	14,077	(13,145)	+ 7,2	80,835	(72,148)	+12,0
Seoul/Kimpo Intern., Korea	13,936	(10,403)	+34,0	621,965	(467,941)	+32,9
Philadelphia/Internat., USA	13,349	(14,085)	– 5,2	194,729	(149,194)	+30,5
Singapur/Changi	12,973	(11,381)	+14,0	577,550	(511,540)	+12,9
Bangkok/Internat., Thailand	12,669	(10,555)	–20,0	348,546	(297,528)	+17,1
Sydney/Kingsford, Australien	–	(12,222)	–	–	(232,668)	–
Charlotte, USA (1986)	11,987	–	–	73,239	–	–
Salt Lake City/Intern., USA	11,899	(10,408)	+14,3	62,525	(66,988)	– 6,7

Flughafen	Flug-gäste 1989	(in Mio.) (1988)	Verände-rung in %	Luftfracht (in Tsd. t) 1989	(1988)	Verände-rung in %
			jeweils Ankünfte und Abflüge			
Zürich/Kloten, Schweiz	11,690	(10,825)	+ 8,0	258,437	(241,731)	+ 6,9
Kopenhagen/Kastrup, Dänemark	11,622	(11,262)	+ 3,2	127,414	(121,093)	+ 5,2
Palma de Mallorca, Spanien	11,516	(11,712)	− 1,7	19,227	(22,073)	−12,9
Mexiko City/B. Juarez, Mexiko	11,116	(9,676)	+14,9	127,150	(113,488)	+12,0
San Diego/Lindbergh Intern., USA	11,111	(10,749)	+ 3,4	41,092	(41,805)	− 1,7
Athen/Hellinikon, Griechenland	10,514	(10,183)	+ 3,3	85,072	(95,267)	−10,7
Düsseldorf, BR Deutschland	10,405	(10,022)	+ 3,8	45,196	(42,977)	+ 5,2

Quelle: Fischer Weltalmanach 1992

5 Verkehrsgeographische Charakteristik ausgewählter Luftverkehrsregionen

5.1 USA

Welche überragende Bedeutung der Luftverkehr in den USA einnimmt, wird deutlich, wenn man die Verkehrsleistungen der führenden internationalen Flughäfen analysiert. Von den 30 größten Airports der Welt liegen allein 20 in den USA, davon sind vier Airports gleichzeitig die weltweit führenden. Es sind dies Chicago (O'Hare International), Dallas-Fort Worth, Los Angeles (International) und Atlanta (Hartsfield). Das Flugliniennetz ist hervorragend ausgebaut, es gibt mehr als 15 000 Flughäfen und -plätze. Diese enorme Dichte hat dazu geführt, daß der öffentliche Personenverkehr mittlerweile zu 75 % per Flugzeug abgewickelt wird. Pro Tag finden mehr als 10 000 Inlandsflüge in den USA statt, dies sind zwei Drittel aller auf der Welt täglich durchgeführten Binnenflüge. Die herausragenden Knotenpunkte sind die vielfach völlig überlasteten großen Flughäfen. Neben den oben genannten sind dies die drei New Yorker Flughäfen (J. F. Kennedy, La Guardia, Newark), Denver (Stapelton), Miami (International), Boston (Logan), Honolulu (International), Detroit (Wayne County), Phoenix (Sky Harbour), St. Louis (Lambert), Minneapolis (International), Orlando (International), Pittsburgh, Las Vegas (Mc Carran International) und Houston (Interkontinental). Das Flugnetz der USA wird von privaten Fluggesellschaften bedient.

Beispiel:

Durch die Mitte der 80er Jahre aufgehobene Preisbedingung im Flugverkehr und dem sich daran anschließenden Preiskampf konnten sich viele der über 100 kommerziellen Gesellschaften nicht halten, sie gingen in Konkurs oder wurden aufgekauft. Dies hat dazu geführt, daß heute nur wenige Fluggesellschaften in den USA bis zu 80 % aller Flugverkehre abwickeln. Zu diesen „Megacarriern" gehören American Airlines, United Airlines, Delta Airlines, Northwest und Continental Airlines, ferner der reine Frachtcarrier Federal Express.

Einige Flughäfen der USA sind im Luftfrachtgeschäft zu bedeutenden Schaltstellen im Sea/Air-Verkehr geworden, hierzu gehört neben Chicago und New York auch der Flughafen von Seattle-Tacoma. Von Japan aus gesehen ist der Airport Seattle-Tacoma der nächstgelegene nordamerikanische Kontinentalflughafen. Dieser geographische Vorzug hat dazu beigetragen, daß Seattle-Tacoma im weltweiten Sea/Air-Verkehr, vorzugsweise auf der Relation Fernost–Europa, wöchentlich mehrere hundert Tonnen See/Luft-Ladungen umschlägt.

Beispiel:

Über den Seeweg eingehende Ladung kann in rund 15 Min. vom See- zum Flughafen Seattle bewegt werden. Mehrere Fluggesellschaften, darunter auch Nurfracht-Carrier, fliegen die Güter im Nonstop-Verkehr nach Europa zu Großflughäfen in Großbritannien, der Bundesrepublik Deutschland und Skandinavien. Die Laufzeit Tokio-Europa beträgt bei dieser Transportvariante rund 14 Tage und ist besonders für zeitunempfindliches Gut interessant. Aufgrund geringen lokalen Luftfrachtaufkommens kann in Seattle der Sea/Air-Verkehr besonders schnell abgewickelt werden.

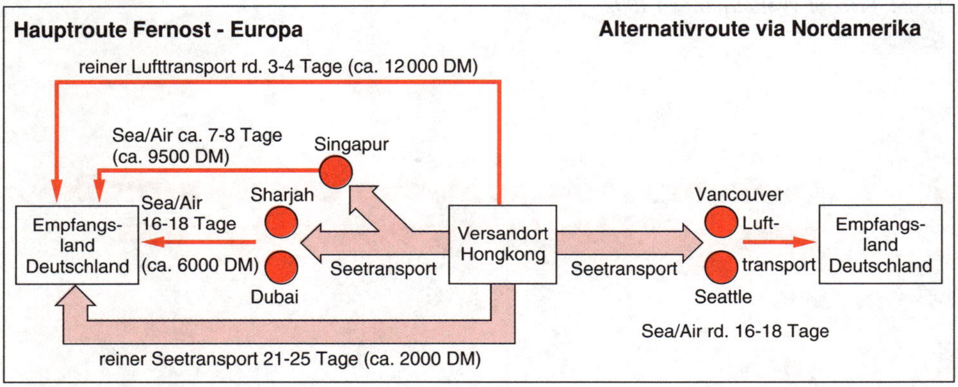

Schematische Darstellung von Sea/Air-Kombinationen

Beispiel: Versand von 2 000 kg/15 cbm Schuhe Hongkong-Deutschland (ohne Nachlaufkosten) ca. Preise Stand Januar 1994

5.2 Europa

Ähnlich dicht ist das Luftverkehrsnetz in Europa, hier vorzugsweise in den EWR-Ländern. Alle größeren Staaten des Kontinents unterhalten eigene Luftflotten. Die bedeutendsten weltweit arbeitenden europäischen Fluggesellschaften sind die „Deutsche Lufthansa“, „Air France“, „British Airways“ (BA), „Swissair“ (Schweiz) und „Alitalia“ (Italien). Zu den bekannten westeuropäischen Carriern gehören ferner die niederländische KLM (Koninklijke Luchtvaart Maatschappij), die belgische SABENA, SAS (Scandinavian Airlines System/Norwegen, Dänemark, Schweden), „Iberia“ (Spanien), TAP (Portugal), AUA (Österreich), „Finnair“ (Finnland) und „Olympic Airways“ (Griechenland). Regional oder auf binnenländische Luftverkehre spezialisiert sind u. a. die französischen Gesellschaften UTA (Union de Transports Aériens) und „Air Inter“. Als reine Nurfracht-Fluggesellschaft arbeiten mehrere Carrier, z. B. die „Cargolux“ (Luxemburg) und die „German Cargo“. In Osteuropa ist die ehemals sowjetische Staatsfluglinie „Aeroflot“ die dominierende Gesellschaft. Insgesamt gehört die „Aeroflot“ aufgrund ihrer riesigen Luftflotte und den hohen Passage- und Cargozahlen zu den führenden Luftverkehrsunternehmen der Welt. Im Zuge der politischen Veränderungen in Osteuropa werden derzeit neue Gesellschaften gegründet oder alte umbenannt. Das vielfältige Bild des europäischen Luftverkehrs mit den bedeutendsten interkontinentalen Airports, deren Kürzel (nach IATA 3-letter-code) sowie wichtigen Fluggesellschaften verdeutlicht die folgende Tabelle.

Flughäfen und Flugesellschaften in Europa (Auswahl)

Land	Standort	Flughafen	Code	Fluggesellschaft
Westeuropa (EU/EFTA):				
Belgien	Brüssel	Internat.	BRU[1]	Sabena
Bundesrepublik Deutschland	Frankfurt	Rhein-Main	FRA	Deutsche Lufthansa
	Düsseldorf	Rhein-Ruhr	DUS	
	Köln	Köln/Bonn	CGN	
	Hamburg	Fuhlsbüttel	HAM	
	Berlin	Tegel	TXL	
		Schönefeld	BER	
Dänemark	Kopenhagen	Kastrup	CPH	SAS
Frankreich	Paris	Orly	ORY	Air France, UTA
		Charles-de-Gaulle	CDG	
Finnland	Helsinki	Vantaa	HEL	Finnair
Griechenland	Athen	Hellenikon	ATH	Olympic Airways
Großbritannien	London	Heathrow	LHR	British Airways
		Gatwick	LGW	
Irland	Dublin	Internat.	DUB	Aer Lingus
Island	Reykjavik	Internat.	REK	Icelandair
Italien	Rom	Leonardo da Vinci	ROM	Alitalia
		Ciampino	CIA	
Niederlande	Amsterdam	Schiphol	AMS	KLM
Norwegen	Oslo	Forneby	OSL	SAS
Österreich	Wien	Schwechat	VIE	Austrian Airlines
Portugal	Lissabon	Internat.	LIS	TAP Air Portugal
Schweden	Stockholm	Arlanda	STO	SAS
Schweiz	Zürich	Kloten	ZRH	Swissair
Spanien	Madrid	Barajas	MAD	Iberia, Aviaco
Ost- und Südosteuropa:				
Bulgarien	Sofia	Internat.	SOF	Balkan Air
Tschech. Rep.	Prag	Internat.	PRG	CSA/Ceskoslovenske Aerolinie
Jugoslawien	Belgrad	Internat.	BEG	JAT/Jugoslowenski Aeortransport
Polen	Warschau	Internat.	WAW	LOT/Polskie Linie Lotnicze
Rumänien	Bukarest	Baneasa	BUH	Tarom
Rußland	Moskau	Scheremetjewo,	SVO	Aeroflot
		Wnukowo	MOW	
	St. Petersburg		LEN	
Ungarn	Budapest	Ferihegy	BUD	Malev

[1] Die Kürzel (Three-Letter-Code) beziehen sich auf das von der IATA eingeführte Codesystem für Flughäfen. Genau genommen sind es sog. Airimp-codes (ATC/IATA Reservations Interline Message Procedure) für exakte Buchungs- und Reservierungsmitteilungen.

5.3 Ost- und Südostasien

Kaum vergleichbar mit anderen Regionen in der Welt ist die Flugverkehrsentwicklung in Ost- und Südostasien verlaufen. Innerhalb weniger Jahre entstanden in mehreren Staaten neue und sehr leistungsfähige Flughäfen, die alte und zu kleine Airports ablösten oder seither ergänzen. Die rasante wirtschaftliche Aufwärtsentwicklung hat auf diese Weise in Singapur (Flughafen Changi), Manila (International Airport), Bangkok (International Airport), Hongkong (Kai Tak), Seoul (Kimpo International Airport), Tokio (Haneda und Narita) und Osaka (International Airport) interkontinental bedeutende Weltluftverkehrszentren entstehen lassen. Eine Vielzahl von Nonstop-Verbindungen verknüpft diese Region heute mit Europa, Nordamerika und Australien. Gleichzeitig wird ein dichtes Liniennetz innerhalb der Region unterhalten, bedingt auch die durch Insellage vieler Wirtschaftsgebiete. Als führende Fluggesellschaften sind u. a. auch im Frachtgeschäft JAL („Japan Air Lines"), SIA („Singapore Airlines") und „Cathay Pacific" (Hongkong) tätig. Bedeutende regionale und internationale Liniennetze unterhalten ferner „China Airlines", MAS (Malaysian Airline System, Kuala Lumpur/Malaysia), „Garuda Indonesien Airways" (Djakarta/Indonesien), „Thai Airways" (Bangkok/Thailand), PAL („Philippine Airlines") und „Korean" (Seoul/Süd-Korea).

5.4 Naher Osten und Südasien

Die Flughäfen des Nahen Ostens und Südasiens befinden sich auf halbem Weg entlang der Südroute zwischen Europa und Destinationen in Fernost/Australien. Sie werden von einer Reihe großer Fluggesellschaften als Zwischenstopps und zum Wechsel des Flugpersonals genutzt. Einige dieser Airports haben sich seit Mitte der 70er Jahre auch zu Verteilerkreuzen entwickelt. Dies gilt beispielsweise für die indischen Flughäfen Bombay und Neu Delhi, für den pakistanischen Flughafen Karachi und für Teheran (Iran). In der Golfregion erfüllen diese Aufgaben die hochmodernen Flughäfen von Dubai und Abu Dhabi (beide Vereinigte Arabische Emirate), der Flughafen von Manama (Bahrain), Kuwait und Dhahran (Saudi-Arabien). Die Golfanrainerstaaten unterhalten aufgrund des starken Wirtschaftsaufschwungs der letzten Jahrzehnte ein sehr dichtes Regionalnetz mit mehreren außerordentlich modernen und komfortablen Flughäfen. Einige Fluggesellschaften, namentlich „Gulf Air" (Bahrain), „Saudi" (Saudi-Arabien) und „Kuwait Airways" (Kuwait) bieten auch weltweite Flugverkehre an. Zu den bedeutenden Fluggesellschaften in Nahost und Südasien gehören ferner die israelische „El Al" (Heimatflughafen Tel Aviv/Ben Gurion), „Air India" (interkontinentale Flüge) und „Indian Airlines" (innerindische Flüge und Verbindungen zu Nachbarländern) sowie „Pakistan International Airlines" (PIA).

5.5 Lateinamerika

In fast allen Ländern Lateinamerikas, insbesondere in Südamerika, hat die gebirgige oder regenwaldreiche Landesstruktur dem Landverkehr seit eh und je große Probleme bereitet. Der Luftverkehr spielt daher eine beträchtliche Rolle beim nationalen Personen- und Güterverkehr. Rund 50 Flughäfen, davon 20 internationale, werden beispielsweise im Flächenstaat Mexiko von der Staatsgesellschaft ASA („Aeropuertos y Servicios Auxiliares") unterhalten. Zentralflughafen ist Mexiko City/Benito

Juarez. Für die stark nord-süd-ausgedehnten Länder Argentinien, Brasilien und Chile ist der Flugverkehr ebenfalls wichtiger Faktor im Transportwesen. Buenos Aires Flughafen Ezeiza, Heimatflughafen der staatlichen Gesellschaft „Aerolineas Argentinas", ist einer der führenden Airports des Subkontinents. In Chile üben die Privatgesellschaft „Ladeco" und die nationale LAN („Línea Aéra Nacional") als größte Unternehmen den Flugverkehr aus. Wichtige Airports sind neben Santiago Puerto Montt, Arica und Antofagasta. Brasiliens führende und international arbeitende Fluggesellschaft ist die staatliche VARIG („Empresa de Ciacao Aéra Rio Grandese S. A.") mit Zentralflughäfen in Sao Paulo (Congonhas), Rio de Janeiro (Galeao und Santos Dumont) und Brasília. Über zwei internationale Flughäfen (La Paz und Santa Cruz) verfügt der Binnenstaat Bolivien, dessen Staatsgesellschaft „Lloyd Aéro Boliviano" mehrere Flugrouten nach den USA und innerhalb Lateinamerikas unterhält. Die älteste Fluggesellschaft des Subkontinents ist die schon 1919 gegründete kolumbianische Fluggesellschaft „Avianca", die ein umfangreiches Binnenflugnetz mit internationalen Flughäfen in Bogotá, Medellín, Barranquilla, Cartagena und San Andrés betreibt. Gerade für Kolumbien spielt der Luftfrachtverkehr eine immense Rolle, denn nach den für den Export angebauten Agrarprodukten Kaffee und Bananen (die per Schiff das Land verlassen) bilden Schnittblumen das dritte große Agrargut im Export. Der Transport erfolgt ausschließlich auf dem Luftweg, Kolumbien ist nach den Niederlanden der größte Blumenexporteur der Welt.

Beispiel:

Kolumbianische Schnittblumen (hauptsächlich Edelnelken, Chrysanthemen und Rosen) werden täglich tonnenweise zum Hauptabnehmerland USA geflogen. Die Flugzeit von nur 4 Stunden und geringe Frachtkosten verschaffen diesem Wirtschaftszweig hervorragende Vermarktungschancen in den USA. Ausfuhren nach Europa benötigen auf der Relation Bogotá–Frankfurt rund 15 Stunden. Blumen, die mittwochs oder donnerstags geschnitten, sortiert, verpackt, gekühlt und dann verladen werden, können freitags nach Frankfurt geflogen werden, kommen montags in die Geschäfte. Für den relativ langen Flug werden die Blumen mit Konservierungsstoffen behandelt. Im Europaverkehr steht Kolumbien in scharfer Konkurrenz mit Blumenexporten aus Kenia, für die günstigere Frachten aufgrund der geringeren Entfernung gelten, was sich deutlich auf die Marktpreise auswirkt.

5.6 Australien/Ozeanien

Aufgrund der Raumausdehnung und geographischen Zersplitterung der ozeanischen Inselstaaten spielt der Flugverkehr im Raum Australien/Neuseeland/Ozeanien eine überragende Rolle. Australien gehört, gemessen an seiner Einwohnerzahl, zu den Ländern mit dem intensivsten Luftverkehr. Die über 60 öffentlichen und fast 400 Privatflughäfen werden von mehreren Fluggesellschaften bedient. Im inneraustralischen Luftverkehr arbeiten die staatliche „Australian Airlines" und die Privatgesellschaft „Ansett", die u. a. auch ozeanische Destinationen, wie zum Beispiel Vanuatu/Neue Hebriden, bedient. Der Überseeflugverkehr wird von der staatlichen Fluggesellschaft „Qantas Airway" durchgeführt. Im Bereich des Kurier- und Frachtverkehrs ist die große australische Transportgruppe TNT (Thomas Nationwide Transport) weltweit mit eigenem Fluggerät tätig. Der führende Airport ist bei Passage und Cargo Sydney-Kingsford. Weitere internationale Flughäfen des Landes befinden sich in Brisbane, Melbourne, Darwin und Perth. In Neuseeland wird der In- und Auslandsflugverkehr durch die nationale „Air New Zealand" abgewickelt.

5.7 Afrika

Der Luftverkehr dient innerhalb Afrikas überwiegend dem Personenverkehr, da der innerafrikanische Handel noch gering ausgeprägt ist. Der Flugverkehr ist wichtiger Entwicklungsfaktor des Kontinents, da die Landverkehrswege unzureichend ausgebaut sind. Obwohl mittlerweile ein relativ dichtes Flugliniennetz Afrika überspannt, verlaufen die Hauptflugrouten in N-S-Richtung mit Ziel auf Europa. Weniger dicht ist das Netz von Flugverbindungen in W-E-Richtung, da der Bedarf an innerafrikanischen Verbindungen noch gering ist und die hohen Kosten für Lufttransporte den zügigen Ausbau bislang hemmten. Einzelne Staaten, wie zum Beispiel Madagaskar („Air Madagascar") und Zaire („Air Zaire"), betreiben vergleichsweise dichte binnenländische Flugnetze. Insgesamt bildet Afrika weltweit das Schlußlicht bei diesem Verkehrsträger. International bedeutende Fughäfen liegen an den afrikanischen Küsten: Im Westen sind dies u. a. Dakar, Abidjan und Lagos, im Norden Algier, Tunis und Kairo. Entlang der östlichen Zone sind Karthoum, Nairobi und Mombasa von Bedeutung, im Süden Johannesburg und Kapstadt. Von den über 50 Staaten des Kontinents unterhalten mehrere Staaten eigene, mehr oder weniger leistungsfähige Fluggesellschaften. Eine der größten ist die „South African Airlines" (SAA) mit Sitz in Johannesburg.

6 Gliederung der Luftverkehrsgebiete nach IATA-Geographie

Die von den internationalen Fluggesellschaften gegründete Dachorganisation des gewerblichen Luftverkehrs, die **IATA** (International Air Transport Association) mit Sitz in Montreal, vertritt als internationale Körperschaft die weltweiten kommerziellen Interessen des Luftverkehrs. Der Zielkatalog dieser Institution umfaßt die Festlegung von Tarifen und damit Frachtpreisen, die Vereinheitlichung von Dokumenten, die Erstellung von Richtlinien für die Beförderung von Passagieren und Luftfracht, die Bedingungen für die Zulassung von IATA-Agenten und anderes mehr. Hauptziel ist die Förderung eines sicheren, regelmäßigen und wirtschaftlichen Luftverkehrs und die Vereinheitlichung der Beförderungs- und Abfertigungsvorgänge. Die Mitgliedschaft ist freiwillig, derzeit sind über 210 Fluggesellschaften (sog. IATA-Carrier) der IATA angeschlossen. Die insbesondere für Spediteure wichtigen Fragen, zum Beispiel zur Normung von Luftfrachtbriefen, Gefahrengutbeförderungen, Luftfrachtraten, werden in drei regionalen Verkehrsgebieten (Traffic Conference Areas 1, 2 und 3), für die jeweils eine IATA-Verkehrskonferenz zuständig ist, besprochen und ggf. als Beschlüsse (IATA-Resolutionen) verabschiedet. Die Einteilung der Erde in die drei Verkehrsgebiete weicht von der üblichen geographischen Einteilung ab, sie wird daher als **IATA-Geographie** bezeichnet. Der Hintergrund dieser besonderen IATA-Geographie ist in der Tatsache zu sehen, daß neben einer Vielzahl wirtschaftlicher Besonderheiten einzelner Fluggebiete viele Fluggesellschaften auch nur regional begrenzte Flugverkehre anbieten. Die Konferenzbeschlüsse der jeweiligen TC-Areas werden damit den speziellen Bedürfnissen und Bedingungen einzelner Regionen besser gerecht. Nach dieser Geographie ergeben sich folgende Konferenzgebiete (Areas):

- **TC 1 (Sitz: New York)**: Diese Konferenz umfaßt den gesamten amerikanischen Doppelkontinent (Nord-, Mittel-, Südamerika) und alle benachbarten Inseln einschließlich Grönland, Bermudas, Westindien, Karibische Inseln, Hawaii und die amerikanische Insel Palmyra/Polynesien.

- **TC 2 (Sitz: Genf):** Diese Konferenz umfaßt ganz Europa einschließlich des europäischen Teils Rußlands sowie alle benachbarten Inseln, ferner Island, die atlantische Inselgruppe der Azoren, ganz Afrika einschließlich alle benachbarten Inseln (z. B. Seychellen, Komoren, Maskareninseln mit Réunion und Mauritius), die Atlantik-Insel Ascension und den westlichen Teil Asiens (Naher und Mittlerer Osten) einschließlich Iran.
- **TC 3 (Sitz: Singapur):** Diese Konferenz umfaßt ganz Asien (mit Ausnahme des zur TC 2 gehörenden Teils) und die benachbarten Inseln (z. B. Malediven, Diego Garcia), weiterhin Australien, Neuseeland und die pazifischen Inselgruppen (mit Ausnahme der zur TC 1 gehörenden Inseln).

Innerhalb der einzelnen TC-Gebiete werden jeweils Unterregionen gebildet. Besonders defniert werden innerhalb der TC 2 die geographischen Begriffe „Europa", „Mittlerer Osten" und „Afrika", da sie von der üblichen Geographie abweichen:

IATA-Europa	das geographische Europa bis westlich des Urals einschließlich dem Kaspischen Meer, die Türkei (europäischer und asiatischer Teil), die Kanarischen Inseln, die Azoren und Madeira, die drei nordafrikanischen Staaten Algerien, Tunesien und Marokko, die Mittelmeer-Inseln, nicht aber Zypern
Mittlerer Osten	der geographische Mittlere Osten mit dem Iran, ferner auch Ägypten und Sudan sowie Zypern
IATA-Afrika	das geographische Afrika ohne Algerien, Tunesien, Marokko, Ägypten und Sudan, aber mit den Kapverdischen Inseln, Ascension, Madagaskar und Mauritius

Die Deutsche Lufthansa unterhält Linienflugverbindungen in alle drei Tarifkonferenzgebiete.

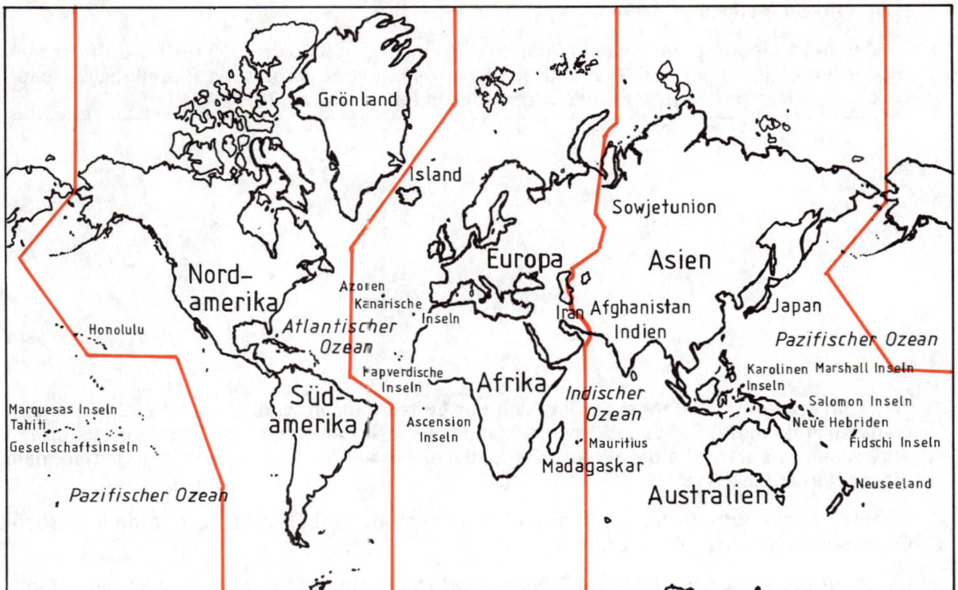

IATA-Tarif-Konferenzgebiete

Zusammenfassung:

1. Der Verkehrsträger Luftverkehr hat sich in wenigen Jahrzehnten zu einem vielfach konkurrenzlosen Anbieter von Transportleistungen entwickelt.

2. Im Welthandel befördert der interkontinentale Luftfrachtverkehr rund 1 % aller Güter, diese Güter stellen mehr als 10 % der Welthandelswerte dar.

3. Wie im Passagierverkehr wird auch beim Luftfrachtverkehr zwischen Linien- und Charterbetrieb unterschieden. Alle kommerziellen Luftfrachttransporte werden mit dem Oberbegriff CARGO bezeichnet.

4. Das weltweite Luftverkehrsnetz wird ähnlich dem Seeverkehr aus einer Vielzahl einzelner Verbindungsachsen zwischen den Flughäfen gebildet. Besonders dicht ist das Luftverkehrsnetz auf der Nordhalbkugel, die großen Luftstraßen verlaufen dort fast kreisförmig um den Nordpol und verbinden die führenden Industrienationen untereinander.

5. Die Hauptrouten des Luftverkehrs sind
   - die Nordatlantikroute zwischen Westeuropa und Nordamerika
   - die transamerikanische West-Ost-Linie
   - die transpazifische Route zwischen der US-Westküste und Fernost/Australien
   - die Südatlantikroute zwischen Europa und Südamerika
   - die Südroute zwischen Europa und Fernost entlang des Südrandes des asiatischen Kontinents
   - die Polroute zwischen Europa und Fernost sowie der US-Westküste über das Nordpolargebiet und Alaska
   - die Sibirienroute für Direktverkehre zwischen Europa und Japan/China via Moskau.

6. Interkontinental bedeutende Flughäfen haben folgende gemeinsame Merkmale: Zentrale Lage inmitten wirtschafts- und bevölkerungsstarker Räume oder zentrale kontinentale Lage, günstige natürliche Voraussetzungen, hochmoderne technische Einrichtungen, vielfältige Verkehrsanbindungen, umfangreiche Flugverbindungen in alle Welt, Drehscheiben- und Verteilerfunktion für umliegende Regionen und Länder.

7. Regionen mit extrem hohem Luftverkehrsaufkommen sind Nordamerika, Westeuropa, Ost- und Südostasien.

8. Unter IATA-Geographie versteht man die Einteilung der Erde in die drei tariftechnischen Verkehrsgebiete TC 1, 2 und 3. Diese verkehrsgeographische Einteilung weicht von den üblichen geographischen Erdgliederungen ab.

Aufgaben

1. Wie kein anderer Verkehrsträger hat sich der Luftverkehr in weniger als drei Jahrzehnten weltweit zu einem über weite Strecken konkurrenzlosen Anbieter von Transportleistungen entwickelt. Erläutern Sie die Hintergründe dieser Entwicklung und die Leistungsmerkmale dieses Verkehrsträgers.

2. Generell können die Güter des Luftfrachtaufkommens drei Gruppen zugeordnet werden. Beschreiben Sie diese Gütergruppen.

3. Informieren Sie sich anhand der Tabellen und Übersichten über die weltweit bedeutendsten Luftverkehrsflotten und ihre Anteile am Luftfrachtverkehr.

4. Aus welchen Hauptflugrouten setzt sich das Weltluftverkehrsnetz zusammen?

5. Welche gemeinsamen Merkmale weisen die führenden interkontinentalen Flughäfen auf?

6. Tragen Sie in einer Tabelle ein, n welchen Städten, Staaten und Traffic Conference Areas die unten aufgeführten Flughäfen liegen. Verwenden Sie Atlas und Lehrbuch, und verfahren Sie nach folgendem Muster:

Flughafen	Stadt	Staat	TC-Gebiet
Lindbergh International	San Diego	USA	TC 1

Interkontinentale Flughäfen:

Arlanda, Barajas, Changi, Gatwick, Haneda, Hartsfield, Heathrow, Hellinikon, Kai Tak, Kastrup, Kennedy-Airport, Kimpo International, Kloten, La Guardia, Leonardo da Vinci, Narita, Newark, O'Hare International, Orly, Scheremetjewo, Schiphol, Schwechat.

7. Beschreiben Sie die Bedeutung des Luftverkehrs in und zwischen den drei größten Weltwirtschaftsräumen.

8. Erklären Sie den Fachbegriff Sea/Air-Transport, und nennen Sie Beispiele.

9. Für welche europäischen Flughäfen stehen die folgenden IATA-Three-Letter-Codes: AMS, ATH, BRU, BUD, DUS, LGW, MOW, ORY, PRG, TXL, VIE, WAW, ZRH.

10. Welche geographischen Regionen umfassen die TC-Areas 1, 2 und 3?

11. Erläutern Sie an einigen Beispielen, inwiefern die sog. IATA-Geographie von den üblichen geographischen Bezeichnungen für Raumeinheiten abweicht.

12. Welche Unterregionen werden in der TC 2 gebildet?

13. Die Deutsche Lufthansa unterhält Linienflugverbindungen in alle Welt. Erstellen Sie mit Hilfe des Lehrbuchs und des Atlas Flugrouten für die unten angegebenen Relationen. Nennen Sie dabei die zu überfliegenden Staaten und mögliche Flughäfen für Zwischenstopps sowie ggf. Alternativrouten.

a) Frankfurt–Singapure
b) Hamburg–San Francisco
c) Düsseldorf–Johannesburg
d) Frankfurt–Kinshasa
e) Berlin–Rio de Janeiro
f) Frankfurt–La Paz
g) Frankfurt–Haneda

14. Ordnen Sie den Flugverbindungen jeweils den zu überfliegenden Staat zu, der auf der direkten Route liegt.

Flugverbindungen:	**Zu überfliegender Staat:**
Dakar–Bombay	Algerien
Frankfurt–Tokio	Deutschland
Kopenhagen–Zürich	Griechenland
London–Lagos	Indonesien
Melbourne–Bangkok	Italien
Moskau–Kairo	Mexiko
Paris–Belgrad	Nepal
Rom–Tel Aviv	Rußland
San Diego–Santiago	Sudan
Seoul–New Delhi	Türkei

Stichwortverzeichnis

A
ABC-Kanal 273
Adriatische Häfen 322, 324
Afrika 360
Afrikanische Bahnstrecken 375 ff.
Afrikanische Fahrtgebiete 455
AFTA 352
Agribulk 282
AKP-Länder 355, 356
Albertkanal 273
All-Round-Schiff 407
Alpen-Verkehrskorridore 309, 312
Alpenländer 305,
Alpenpässe 315
Alpenstraßen 307
Alpentransit 310
Alpentunnel 315
Alpha-Omega-Linie 374
Amazonas 398
Amerika 361
Amerikanische Bahnnetze 370
Amplitude 56, 306
Amsterdam 288
Amsterdam-Rhein-Kanal 288
Amtrak 371
Anatolische Bahn 364
Andenpakt 352
Andorra 301
Antwerpen 271 ff.
Anzcerta 352
APEC 352
Apenninhalbinsel 320
Apulische Häfen 324
Äquator 12, 14
ARA-Häfen 268, 269, 288
Asiatische Eisenbahnen 364 ff
Asiatische Fahrtgebiete 452 ff.
Asiatische Wasserstraßen 394 ff.
Asien 359
Ästuar 34
Atlantischer Ozean 41
Atmosphäre 54
Ausflaggen 416
Ausgleichsküsten 207 ff.
Australien/Neuseeland 362, 385
Australische Bahnen 378
Australische Fahrtgebiete 458
Außengrenzen 108
Autobahn-Fahrzeiten 111, 112
Autobahnen 103 ff.
Autobahngebühr 296
Autobahnnetz Deutschland 106, 111, 112
Autobahnnumerierung 103

B
Bad el-Mandeb 478
Bagdadbahn 364
Bahn-Containerverkehre 122
Bahn-Direktionsbezirke 117
Bahn-Grenzübergänge 133, 135, 246
Bahn-Neubaustrecken 126
Bahnstrecken Neue Bundesländer 132
Baltische Länder 250, 328
BAM 328, 338, 366, 367, 397
Basel 307
Basistunnel 308
Beaufort-Skala 65
Beira-Korridor 377
Belgien 268
Belgische Seehäfen 268 ff
Belgrader Akte 333
Benelux 268
Benguelabahn 376
Bergverkehr 146
Berlin 84
Berliner Eisenbahn-Außenring 85, 132
Berliner Flughäfen 220
Berliner Wasserstraßen 170
Betuwelijn/Betuwe-Linie 287
Bilbao 302
Billigflagge 417 ff.
Binnengrenzen 108
Binnenhäfen 89, 176, 180
Binnenhafentypen 177
Binnenmarkt 243
Binnenschiffahrt 71, 141 ff.
Binnenschiffskanäle 164
–, Datteln-Hamm-Kanal 168,
–, Dortmund-Ems-Kanal 165,
–, Elbe-Havel-Kanal 170
–, Elbe-Lübeck-Kanal 164
–, Elbe-Seitenkanal 164
–, Küstenkanal 168,
–, Main-Donau-Kanal 171
–, Mittellandkanal 168,
–, Oder-Havel-Kanal 170,
–, Oder-Spree-Kanal 170,
–, Rhein-Herne-Kanal 167,
–, Rheinseitenkanal 161
–, Spoykanal 158
–, Wesel-Datteln-Kanal 167
Binnenschiffsnetze der Welt 386
Binnenwasserwege/Flüsse 141 ff.
–, Donau 171
–, Elbe 163
–, Havel 163
–, Main 161
–, Mosel 159
–, Neckar 161
–, Oder 165
–, Rhein 151 ff.
–, Ruhr 158
–, Saale 163
–, Saar 159
–, Weser 162
Boddenküste 207 ff.

Bosporus 331, 477
Breitenkreise 14
Breitspur 116, 302
Bremen 87, 197 ff.
Bremerhaven 87, 187 ff.
Bremische Häfen s. Bremen
Brenner-Route 310
Britische Inseln 261
Bulk-Container 409
Bulkgüter 344
Bundesautobahnen 101 ff., 104, 106
Bundesländer 79
Bundesstraßen 103
Bundesverkehrswegeplan 102
Bundeswasserstraßen 142 ff.

C

Caricom 352
Cernavoda-Kanal 334
Charterflugzentrum 219
China Seehäfen 464
Congestion Surcharge 457
Conrail 371
ConRo-Dienst 414
Container-Rundreise 409
Container-Seeverkehre 407
Container-Transportketten 441
Containerbahnhöfe 122, 125
Containerflotten 410
Containergürtel 436, 438
Containerhäfen 437
Containerisierungsgrad 408
Containerschiff-Liegeplatz 428
Containerschweiß 74
Containerterminal 428
Containerterminal Hamburg-Waltershof 195
Containertransitrouten Osteuropa 338
Cross Trade 417
Cross-Trader 417

D

Dänemark 250, 252 ff.
DanLink-Route 129, 255, 256, 259
Dardanellen 477
Datumsgrenze 18
Dekretzeit 17
Deltamündung 34, 35
Deutsche Bahn AG 116, 117 ff.
Deutsche Bucht 192, 194
Deutsche Bundesbahn 117 ff.
Deutsche Flughäfen 215, 218
Deutsche Lufthansa 214, 221, 483
Deutsche Nordseehäfen 192 ff.
–, Brake 200
–, Bremen 197
–, Bremerhaven 197
–, Brunsbüttel 202
–, Cuxhaven 202
–, Elsfleth 200
–, Emden 201
–, Glückstadt 203
–, Hamburg 192
–, Leer 201
–, Nordenham 200
–, Oldenburg 200
–, Papenburg 201
–, Stade 203
–, Wilhelmshaven 200
Deutsche Ostseehäfen 204 ff.
–, Kiel 204
–, Lübeck-Travemünde 204
–, Mukran 211
–, Puttgarden 204, 206,
–, Rostock 208,
–, Saßnitz 210,
–, Stralsund 209,
–, Wismar 209,
Deutsche Reedereien 193
Deutsche Reichsbahn 117 ff.
Deutsche Wirtschaftsräume 82, 84 ff.
Deutscher Wetterdienst 68
Deutsches Seewetteramt 68
Deutschland 77 ff.
–, Bahngrenzübergänge 133, 135
–, Binnenhäfen 176
–, Bundesautobahnen 103, 104, 106, 111, 112
–, Bundeswasserstraßen 142 ff.
–, Eisenbahnnetz 116 ff., 130, 132, 137
–, Flughäfen 217 ff.
–, Grenzen 77
–, Grenzübergänge Straße 109
–, Großkilometrierung 83
–, Klima 80
–, Lage 77
–, Landschaften 80
–, Luftverkehr 214
–, politische Gliederung 79
–, Rohrleitungsverkehre 224
–, Seehäfen 192, 199, 201, 204
–, Straßennetz 101
Dockhafen 423, 424
Dollart 201, 421
Donau 171, 332 ff.
Donau-Seeverkehr 335
Donauabschnitte 333
Donauhäfen 171, 335
Donauhafen Regensburg 188
Donaukommission 333
Donaukonvention 333
Donauländer 335
Double-Stack-Train 471
Drehkreuze Luftverkehr 487
Dreiecksverkehr 413
Dreimeilenzone 431
Dresden 94
Duisburg 89, 181
Düsseldorf 88

E

EFTA 230, 352, 355
Eifeltor (Köln) 89, 122, 129
Eigene Flagge 416
Einfuhrhäfen Erdöl 227

Eisenbahn-Netzdichte 131
Eisenbahnfähren 210, 211, 259
Eisenbahnknoten 132
Eisenbahnnetz Deutschland 137
Eisenbahnnetze weltweit 363 ff.
Eisenbahntunnel 318
Eisenerzimport 281
Eisernes Tor 334
Elbemündung 202
Entwicklungsländer 348 ff., 418
Erdabbildungen 21
Erde 11
Erdölfernleitungen 225
Erstregister 417
EU 108, 230 ff., 236, 352, 355
Eurolink 236 ff.
Europa 229
–, Ausdehnung 229,
–, Bevölkerung 229,
–, Bodengestalt 229
–, Eisenbahngrenzübergänge 246
–, Flughäfen 222, 491
–, Staaten 230,
–, Straßengrenzübergänge 243
–, Verkehrsinfrastruktur 232,
–, Verkehrsmagistralen 233,
–, Wasserstraßen 241,
–, Wirtschaftszentren 234 ff.
Europäische Freihandelszone s. EFTA
Europäische Gemeinschaft s. EU
Europäische Union s. EU
Europäische Wirtschaftszentren 234 ff.
Europäischer Wirtschaftsraum s. EWR
Europaleichter 144
Europaschiff 144
Europastraßen 107, 238
Europoort 278, 279
Europort du Sud 299
Eurotunnel 263, 264,
EWR 78, 352

F

Fährhäfen/Fährlinien Mittelmeer 324
Fährhäfen/Fährlinien Nordsee 266
Fährhäfen/Fährlinien Ostsee 210
Fahrtgebiete Seeverkehr 430, 443 ff.
Feederdienste 288, 408
Finnjet 257
Finnland 250 ff.
Flags of Convenience 417
Fluggesellschaften 483, 491
Flughäfen Berlin 220
Flughäfen Deutschland 215 ff.
Flughafen Düsseldorf 219
Flughäfen Europa 222, 491
Flughafen Frankfurt 218
Flughafen Köln/Bonn 220
Flughafen München 220
Flughäfen weltweit 487 ff., 491
Flughafentabelle 488
Flußkanalisierung 161
Flußmündungen 34
Flußregulierung 161
Flußsysteme 31
Flußtypen 32
Flußumgehungsbahn 400
Fluthafen 423, 424
Fos-sur-mer 299
Frankfurt 89
Frankreich 292 ff.
Französische Autobahnen 296
Französische Seehäfen 294, 299
Französische Überseeterritorien 292
Freibordmarke 45
Freihafen Bremen 198
Freihafen Duisburg 184
Freihafen Hamburg 196
Freihandelszonen 352
Fremde Flagge 416

G

Gaillard-Graben 469
Gangesbahn 364
GATT 352
Gefahrenmomente Seeverkehr 53
Gefahrenzonen Seeverkehr 73
Gelegenheitsverkehre 412
Gemischthafen 423, 425
Genua 322
Geoid 11
Gezeiten 48, 49
Gibraltar 301, 304
GMT (Greenwich Mean Time) 17
Golfstrom 46
GONG-Verkehre 239
Gotthard-Route 312
Gradnetz 13, 14
Grenzübergänge 109, 110, 134, 135 ff., 243 ff., 246 ff.
Griechenland 330
Großbritannien 261, 263
Große Fahrt 414
Große Seen 387
Große Seto-Brücke 368
Große Sieben 349
Großer Kanal 395
Grundliniennetz 120
GUS 326 ff., 344, 352
Güterkraftverkehr 100 ff.
Güterverteilzentren (GVZ) 236

H

Hafengebundene Industrie 280
Haffmündung 34
Halifax 372
Halle 94
Hamburg 86, 128, 192 ff., 427
Hamburg Maschen 128 ff.
Handelshafen 423
Hannover 93
Hansalinie 87
Hauptmeere 41
Hedschasbahn 364
Heterogene Güter 408

Himmelskörper 11
Hinterland 422
Hoheitsgewässer 431
Homogene Güter 408
Hongkong 439
Horizontale Erdbetrachtung 24
Huang He 394
Hub 487
Huckepack-Verkehr 123 ff.
Hurtigrouten 252
Hypsometrische Kurve 37

I

IATA-Geographie 494
IATA-Tarif-Konferenzgebiete 495
Iberische Halbinsel 301
Indischer Ozean 41
Indonesien Seehäfen 454
Indusbahn 364
Industriegasse 86, 92
Industriegüter 346
Industrieländer 348 ff.
Inseln 31
InterCargo-Netz 119, 120
Intermodale Transportcenter 236, 321
International Maritime Bureau 453
Internationaler Moselvertrag 160
Internationales Rheinstatut 156
Intracoastal-Waterways 391
Inversionen 306
Irland 261 ff.
Island 250
Isothermen 58
Isthmus 30, 31, 374
Italien 320 ff.

J

Jadegebiet 200
Jangtsekiang 394
Japan 368 ff.

K

Kabotage 157, 415
Kalmen 63
Kanalfähren 266
Kanalhafen Dortmund 188
Kap-Route 434
Karawankentunnel 315
Karlsruhe 186
Kartenarten 23
Kartenmaßstäbe 23
Kartenprojektion 21
Kiel-Kanal 460
Kleine Fahrt 414
Klima 54 ff.
Klimadiagramm 57
Klimaelemente 56
Klimazonen 57 ff.
Knotenhäfen 409
Köln 88
Kombinierter Ladungsverkehr 121
Kombiverkehr Umschlagbahnhöfe 125
Kondensation 66
Kongo 402
Kontinentalklima 56
Kontinente 27, 359
Konvention von Konstantinopel 465, 470
Konventioneller Liniendienst 406
Koordinaten 14
Kraftverkehrswege 100
Kreisverkehr 440
Kreuzschleusung 171
Küstengliederung 28
Küstenschiffahrt 414
Küstentypen 29
Küstenverkehrszone 194

L

La Plata-Region 400, 457
Lademarke 45
Ladungsschweiß 74
Landengen 30
Länderklassifikation 349
Längenkreise 13
LASH-System 411
Lateinamerikanische Bahnstrecken 374
Lavéra 299
LDC 349
Le Havre 294
Le Havre-Hamburg-Range 272, 294
Leipzig 94
Levante 330
Liechtenstein 306
Ligurische Häfen 322, 324
Linienfluggesellschaften 483, 491
Linienseeverkehre 406
Liquefied Natural Gas (LNG) 201, 413
LLDC 350
Lomé-Abkommen 356
Lübeck 204
Luftfeuchtigkeit 66
Luftfrachtgüter 482
Luftfrachtumschlag 215
Luftfrachtverkehr 481
Luftverkehr 214, 481
Luftverkehrsnetz 484
Luftverkehrsregionen 489
Luxemburg 268

M

Maas 273
Maasvlakte 278, 279
Maghreb-Länder 355, 384
Main-Donau-Kanal 171 ff.
Mainzer Akte 156
Malakkastraße 479
Mandschurische Bahn 367
Mannheimer Akte 157
Märkisches Wasserstraßennetz 85, 170
Marseille 299
Maschrek-Länder 355, 384
Massengüter 345
Meere 40, 43
Meerengen 30, 459, 475

Meeresböden 44
Meeresstraßen 475
Meeresströmungen 45 ff.
MERCOSUR 352
Meridiane 13
Meteorologie 67
MEZ 17
Mineralölfernleitungen 224 ff.
Mississippi-Missouri 390
Mittelmeere 41
Mittelmeerhäfen 298 ff., 302 ff.
Mittlerer Neckar 92
Monofunktionaler Hafen 423 ff.
Monsun 63
Mont Blanc-Route 314
Motorschiffe 144
Multifunktionaler Hafen 423 ff.
Multipurpose Terminal 424
München 93
München Nord 130

N

NAFTA 352
NAOK 447
Nasse Grenzübergänge 109
Nationalstraßen 295
Navigationsperiode 396
NAWK 449
NEAT 313
Nebelregion 51
Nebenmeere 41
Neo-Bulk 282, 344
Neue Eisenbahn-Alpentransversal s. NEAT
Neue Industrieländer s. NIC
Neuer Wasserweg 268 ff.
Neuseeland 362
NIC 349 ff.
Niederlande 268, 291
Niederländische Seehäfen 268, 270,
Niederschlag 66
Nigerfluß 403
Nil 402
Nord-Ostsee-Kanal 202, 460 ff.
Nord-Süd-Alpentransit 309
Nord-Süd-Autobahnen 111
Nordafrika Seehäfen 455
Nordamerikanische Bahnen 370 ff.
Nordamerikanische Freihandelszone s. NAFTA
Nordamerikanische Wasserwege 387 ff.
Nordatlantikroute 484
Nordatlantikstrom 46
Nordeuropa s. Nordische Länder
Nordhäfen 288 ff.
Nordhalbkugel 25
Nordic-Link 236 ff.
Nordische Länder 250 ff.
Nördlicher Seeweg 436
Nordpazifik-Bahn 371
Nordseefähren 266
Nordseehäfen 199 ff., 250, 261 ff., 268 ff., 436
Nordseekanal 288
Normalspur 116
Norwegen 250 ff.
Nullmeridian 13
Nurfracht-Flugzeuge 481
Nürnberg 92

O

OAPEC 344
Oberflächenformen 37 ff.
OECD 352
OEZ 17
OPEC 344
Orinoco 400
Ostasien 359, 364 ff., 394, 453
Österreich 305 ff.
Osteuropa 326 ff., 364 ff.
Ostseeanrainer 250
Ostseefährlinien 254, 257 ff.
Ostseeverkehre intern/extern 254
Ostseezugänge 258
Ozeanien 362

P

Panamakanal 469
Panamax-Schiff 471
Panamericana 381
Paris 295
Passat 63
Pazifischer Ozean 40
Péage 296
Pegel 143
Pendelverkehr 406, 440
Perimetrale Norte 382
Persischer Golf 451
Personalkostenvergleich 417
Pipelines 224, 323
Polen 250
Polroute 485
Port autonome de Marseille 299
Port autonome Paris 297
Portugal 301, 304
Präferenzräume 355
Prestige-Flagge 418
Produktenleitungen 224
Pyrenäenübergänge 303

R

Raffineriestandorte 225 ff.
Railship 257
Randmeere 41
Rangierbahnhöfe 127
Reedehafen 423 ff.
Reflexion 11
Reformländer 230, 344 ff., 355, 417
Regionalflughäfen 217, 221
Revolution 12
Rhein 151 ff.
Rhein-Containerhäfen 189
Rhein-Containerverkehre 156
Rhein-Main-Flughafen 217 ff.
Rhein-Main-Gebiet 89
Rhein-Marne-Kanal 159

Rhein-Neckar-Raum 90
Rhein-Ruhr-Flughafen 219
Rhein-Ruhr-Hafen 181, 185
Rhein-Seehafen Neuss 187
Rhein-Seeverkehre 155, 414
Rhein-Verkehrsdichte 151
Rheinhafen Karlsruhe 186
Rheinhafen Ludwigshafen 186
Rheinhafen Mannheim 186
Rheinmündung 270
Rheinschiene 88
Rheinseitenkanal 161 ff.
Rhônetal 298
Ro/Ro-Binnenhäfen 189
Ro/Ro-System 282, 411
Rohrleitungen 200, 224
Rohstoffe 345
Rohstoffgruppen 344
Rollende Landstraße 123
Roßbreiten 63
Rotation 11
Rotes Meer 451
Rotterdam 276 ff., 413
Rotterdamer Hafenbecken 278 ff.
Rouen 294 ff.
Round-The-World-Verkehr 438, 440
Ruhrgebiet 88
Russische Wasserstraßen 396
Rußland 250

S

Saargebiet 91
Sächsisches Industrierevier 94
Salinität 44
San Juan 439
Santa Fé-Pazifikbahn 371
SAOK 457
Sauerlandlinie 105
ScanLink-Route 255 ff.
Scheiteltunnel 308
Schelde 273
Schelde-Rhein-Wasserstraße 273
Schelf 44
Schiffahrtskonferenzen 406
Schiffahrtsländer 416 ff.
Schiffsgrößen 199, 281, 412
Schiffshebewerk 164, 165
Schiffsliste 444
Schiffsmaße 410
Schiffsroutenauswertung 69
Schiffsschweiß 72
Schiffstypen 199
Schiffsverluste 72
Schlingenlösung 162
Schubleichter 144
Schubverband 144
Schubverkehre 154, 390
Schwarzmeer-Häfen 337
Schweden 250 ff.
Schweiz 305 ff.
Schwellenländer 348, 418, 451
Sea-Air-Kombidienste 481, 490
Sedimentation 33
Seehäfen 420 ff.
Seehäfen in Deutschland 192
Seehafen-Hinterland s. Hinterland
Seehafentypen 423
Seekanäle 459 ff., 473 ff.
Seekanäle-Vergleich 473
Seeklima 56
Seemeile 15
Seen 35
Seerechtskonvention 431
Seeschiffahrt 405 ff.
Seeschiffahrtskanäle s. Seekanäle
Seeschiffarten 405
Seeverkehr 405 ff.
Seeverkehr Güterarten 345
Seeverkehrshindernisse 50
Seeverkehrswege 430
Seezollhäfen 198
Seikan-Tunnel 368, 369
Semi-Containerschiff 410
Shinkansen-Netz 369
Short-Sea-Verkehr 440
Sibirische Route 485
Singapur 439
Skandinavien 250
Slowakische Republik 326 ff.
Sonderziehungsrechte 467
Spanien 301, 304
Speditionshafen 87
Spezialhafen 423, 425
Spurweiten 116, 376
St.-Lorenz-Seeweg 387
St.-Lorenzstrom 387
Staatengemeinschaften 352 ff.
Staatenlage 28
Standortbezogene Hafenindustrien 280
Stichbahnen 376
Stichkanäle 148
Straße von Dover 477
Straße von Gibraltar 477
Straße von Hormuz 478
Straße von Singapur 479
Straßengrenzübergänge in Europa 243
Straßenkategorien 102
Straßennetze 101, 238, 380
Straßentunnel 317
Stromgebiete 147 ff.
Stückgutumladestellen 134
Stürme 51
Süd-Pazifikbahn 371
Südamerika Ostküste (SAOK) 456
Südamerikanische Wasserstraßen 398 ff.
Südasienroute 434
Südatlantikroute 484
Südhäfen 303, 322
Südhalbkugel 25
Südkanadische Bahn 372
Südostasien 452
Südosteuropa 326, 329 ff.
Südroute 485
Suez Canal Net Tons 467
Suez-Indik-Route 434

Suezkanal 464
Sulina-Mündung 334
Sumed-Pipeline 468

T

Talverkehr 146
Tankschiffahrt 411, 412
Tansam-Bahn 377
Tauchtiefe 143, 199
Tazara-Korridor 377
Tdw 410 ff.
TEEM 118, 129, 133 ff., 238 ff.
TEF-Verkehre 239
TEM 331
Temperatur 55
Tennessee-Tombigbee-Waterway 391
TEU 408 ff.
Tide 48 ff.
Tidehafen 423 ff.
Tidenhub 48 ff.
Tiefwasserhafen 200, 421, 453
Tra-Cons 339
Tramprouten 441
Trans Sea 339
Trans-Alaska-Highway 381
Trans-Canada-Highway 381
Transafrika-Highways 383
Transalpine Verkehrswege 307 ff.
Transamazonika 382
Transamerikanische Landbrücken 372
Transandina 381
Transaustralische Landbrücke 379
Transfesa 303
Transit-Meerengen 431
Transitrelationen in Europa 234 ff.
Transpazifik-Route 484
Transportgefahren 71
Transshipment 443
Transsib 72, 328, 338, 364 ff., 397
Transsibirien Route 328
Transsibirische Bahn s. Transsib
Transsibirische Landbrücke 364 ff.
Treibeis 51
TRES-Verkehre 239
Trichtermündung 34
Triest 322, 323
trockene Grenzübergänge 109
Tschechische Republik 326 ff.
TSR s. Transsib
Türkei 330
Turksib 367
Tyrrhenische Häfen 324

U

Überseezentrum Hamburg 195
Uferstaatenprinzip 157
Ukraine 326
ULCC-Schiffe 434
ÜLG 355 ff.
Umachsung 303
Universalhafen 192, 197, 423 ff.
Unpaarige Verkehrsströme 343
Unterelbe 86
Unterweser 87, 200
US-Golf-Region 448
USA Eisenbahnen 372, 373
USA Seehäfen 447, 448, 449, 450
UTC 17

V

Vereisung 50
Verkehrsflughäfen 216
Verkehrsinfrastruktur Europa 232
Verkehrsleitlinien 27
Verkehrsmagistralen Europa 233
Verkehrsprojekte Deutsche Einheit 95
Verpackungsarten Seeverkehr 407
Versandung 35
vertikale Erdbetrachtung 24
VLCC-Schiffe 434
Vogelfluglinie 254 ff.
Voie Nationale 402
Vollcontainerschiff 410
Vorhäfen 422

W

Wasserführung Rhein 153
Wasserstraßenklassen 144, 147 ff.
Wasserstraßenkreuze 142
Wasserwege 142 ff.
Weißrußland 326, 340
Welthafen 423
Welthandel 342, 348
Welthandelsflotte 413, 416
Welthandelswege 342 ff.
Weltluftverkehrsnetz 484
Weltmeere 27
Weltseeverkehr 343
Weltwirtschaft 343
Werkshäfen 177
West-Ost-Autobahnen 112
Westafrika Seehäfen 455
Westdeutsches Kanalnetz 165, 166, 169
Wetter 55
Wettersatellitensystem 67
WEZ 17
Windgürtel 61 ff.
Windsysteme 61
Wirbelstürme 64
Wirtschaftsorganisationen 351
Wirtschaftszone 431
Wirtschaftszusammenschlüsse 351
Wolga-Don-System 336 ff.
World Meteorological Organization 64, 67
WTA 357

Z

Zeitzonen 17, 19
Zenit 12
Zentral-Bahn 371
ZKR 157
Zusatzregister 410, 417
Zweitregister s. Zusatzregister
Zyklone 63

Quellenverzeichnis

Fachliteratur

Achilles, F. W.: Wasserstraßen und Häfen in Mitteleuropa und Nordrhein-Westfalen. Deutscher Planungatlas Bd. I: Nordrhein-Westfalen; Hannover 1979

ADEKRA, Handbuch des internationalen Straßengüterverkehrs, Bonn

BBE-Unternehmensberatung GmbH (Hrsg.): Flughäfen, Airlines und Luftverkehr im nationalen und internationalen Wettbewerb, Köln 1993

Boesch, H.: Weltwirtschaftsgeographie, Braunschweig 1966

Channel Tunnel Group: The channel tunnel projekt; Folkstone 1985

Deutsche Bundesbahn: Verkehrsgeographie 1990, DB-Fachbuch Bd. 6/11

Deutsche Bundesbahn: Rangierbahnhof Maschen, Hamburg 1991

Dloczik, M./Schüttler, A./ Sternagel, H.: Bundesrepublik Deutschland, Fischer-Informationsatlas, Frankfurt 1992

Duisburg-Ruhrorter Häfen AG (Hrsg.): Duisburg. Häfen und Industrie an der Rheinreede. Heft 1 und 2. Duisburg 1985

Eckart, K.: DDR, Stuttgart 1984

Engelhard, K.: Weltverkehr, Braunschweig 1981

Fischer Taschenbuch Verlag GmbH (Hrsg.): Fischer Weltalmanach, Frankfurt/Main, versch. Ausg.

Fochler-Hauke, G.: Verkehrsgeographie, Braunschweig 1976

Friese H.W./Hofmeister B.: Die USA, Frankfurt 1980

Fuchs, G.: Die Bundesrepublik Deutschland, Stuttgart 1984

Gläßer, E./Vossen, K./Woitschützke C.P.: Nordrhein-Westfalen, Stuttgart 1987

Gläßer, E.: Dänemark, Stuttgart 1980

Gueterbrock, A.: The Channel Tunnel Projekt, 1987

Gütertransport im Seeverkehr. Handbuch für den seewärtigen Versand, Hamburg 1990 bis 1994

Hahn, R.: USA, Stuttgart 1984

Harms Handbuch der Geographie, Sozial und Wirtschaftsgeographie 2, München 1982

Heineberg, H.: Großbritannien, Stuttgart 1983

Industrie- und Handelskammer Lübeck: Verkehrsmarkt Ostsee, Ostsee-Jahrbuch 1987

Jacob, G. (Ltg.): Verkehrsgeographie, Gotha 1986

Jahrbuch für Export- und Versandleiter 1993, 42. Aufl., Hamburg 1992

Leitfaden für den internationalen Eisenbahn-Güterverkehr, UIC/FIATA

Lorenz, W.: Leitfaden für die Berufsausbildung des Spediteurs, Hamburg 1993

Möller, I.: Hamburg, Stuttgart 1985

Nauticus, 38. Aufl., Hamburg

Neef, E. (Hrsg.): Das Gesicht der Erde, Frankfurt/M., Zürich 1970

Otremba, E.: Allgemeine Geographie des Welthandels und des Weltverkehrs, Stuttgart 1957

Otremba, E.: Handel und Verkehr im Weltwirtschaftsraum, Stuttgart 1978

Pletsch, A.: Frankreich, Stuttgart 1978

Port of London Authority: London Port Handbook 1991

Prager, H.G.: Zu Schiff durch Europa, Herford 1988

Puls, K.E.: Ladungsschäden durch Wetter + Klima, Hamburg o.J.

Scholz, F. (Hrsg.): Die kleinen Golfstaaten, Stuttgart 1985

Schönknecht R./Gewiese A.: Auf Flüssen und Kanälen, Berlin 1988

Seehafen-Verlag (Hrsg.): Hamburger Hafen Handbuch, versch. Aufl.

Seidenfus, H. St. (Hrsg.): Die deutschen Universalhäfen und ihre Hinterlandverbindungen. Göttingen 1981

Stadtwerke AG Dortmund (Hrsg.): Der Dortmunder Hafen, Dortmund 1982

Stöhr, A. (Hrsg.): Die Weltseewirtschaft, Gotha 1984
Uhlemann, H.J.: Berlin und die Märkischen Wasserstraßen, Berlin 1987
Van Krimpen, A.: Gateway Rotterdam, Mainport of Europe, Rotterdam 1992
Voppel, G.: Wirtschaftsgeographie, Stuttgart/Düsseldorf 1970
Vossen K./Woitschützke C.P.: Güterverkehr, BBE-Branchenreport, Köln 1989
Wilhelmy, H.: Kartographie in Stichworten, 2. Aufl.; Kiel 1972

Zeitschriften, Statistiken

Airlines Business 1992
Bundesminister für Verkehr (Hrsg.): Verkehrsnachrichten, Bonn, versch. Jg.
Bundesverband des deutschen Güterfernverkehrs (BDF): Verkehrswirtschaftsliche Zahlen, versch. Jg.
Bundesverband öffentlicher Binnenhäfen: Deutsche Binnenhäfen, Neuss
Centraal Bureau voor de Statistik, Amsterdam
Containerization International Yearbook, versch. Jg.
Deutsche Verkehrs-Zeitung (DVZ), Hamburg, versch. Jg.
Die Welt 266/1985, Die Zeit 42/1981
Duisburg, 15. Jg., Heft 4, Duisburg 1988
Eurocargo, versch. Jg.
Europäische Gemeinschaft: Eurostat, Brüssel
Geographische Rundschau 10/79, 49/91
Hamburger Hafenhandbuch, versch. Ausg.
Handelsblatt, Düsseldorf, versch. Jg.
Hansa, Hamburg 5/1987
Havengids Rotterdam 1992
Internationales Verkehrswesen, Hamburg, versch. Jg.
Lloyd's Register of Shipping, versch. Jg.
Lufthansa Jahrbuch, versch. Jg.
Port of London Authority: London Port Handbook, London 1991
Praxis Geographie 02/1986, 09/1993, 10/1990
Städtische Hafenbetriebe Neuss: Central Hafen Neuss, Neuss 1992
Statistisches Bundesamt (Hrsg.): Verkehrsstatistiken, versch. Ausg.
Transportdienst/Wirtschafts-Correspondet 7/8 1991
VDI-Nachrichten 46/1989
Verband Deutscher Reeder/VDR (Hrsg.): Seeschiffahrt-Jahresberichte
Verkehrs-Rundschau, München, versch. Ausg.
Weser Lotse, Bremen, versch. Ausg.
Zeitschrift für Binnenschiffahrt und Wasserstraßen, versch. Jg

Informationsmaterial von Institutionen, Unternehmen:

Allgemeiner Deutscher Automobilclub (ADAC), München
Arbeitsgemeinschaft deutscher Verkehrsflughäfen, Stuttgart
Bremer Lagerhaus-Gesellschaft (BLG), Bremen
Bundesministerium für Verkehr (BMV), Bonn
Bundesverband Spedition und Lagerei (BSL), Bonn
Combined Container Service (CCS), Bremen
Deutsche Bundesbahn, Frankfurt
Deutsche Lufthansa, Köln
Deutsche Reichsbahn, Berlin

Deutsches Institut für Wirtschaftsforschung
DSR-Lines, Deutsche Seereederei Rostock GmbH, Rostock
Duisburg Ruhrorter Häfen AG (Hafag), Duisburg
Eidgenössisches Verkehrs- und Energiewirtschaftsdepartment, Bern
Flughafen Frankfurt AG, Frankfurt
Hafen Hamburg, Verkaufsförderung und Werbung
Hamburger Hafen- und Lagerhausgesellschaft AG (HHLA), Hamburg
Hamburger Landesamt für Seeschiffahrt, Hamburg
Hapag Lloyd, Bremen/Hamburg
Industrie- und Handelskammer Düsseldorf
Institut für Seeverkehrswirtschaft und -logistik (ISL), Bremen
Kombiverkehr KG, Frankfurt
Österreichische Bundesbahn (ÖBB), Wien
Planco Consulting, Essen
Port of Marseille Authority, Marseille
Presse- und Informationsamt Berlin
Puerto Autonomo de Bilbao, Bilbao
Rhein-Main-Donau AG, München
Rhein-Ruhr-Flughafen Düsseldorf
RMS Europa Schiffahrtsgesellschaft, Duisburg
Rotterdam Municipal Port Management, Rotterdam
Schweizerische Bundesbahn (SBB), Bern
Seewetteramt Hamburg
Stena Line Service AB, Göteborg
Suez Canal Authority, Kairo
Transfesa, Transportes Ferroviarios Especiales, S.A., Madrid
Verband Deutscher Reeder (VDR), Hamburg
Vereinigung der Industrie- und Handelskammern des Landes Nordrhein-Westfalen
Viktoria Air-Cargo, Düsseldorf
Wasser- und Schiffahrtsdirektion (WSD) Mitte, Hannover
Wasser- und Schiffahrtsdirektion (WSD) Nord, Kiel
Wasser- und Schiffahrtsdirektion (WSD) Südwest, Mainz
Wasser- und Schiffahrtsdirektion (WSD) West, Münster